Altwein/Rübben · Urologie

4. Auflage

ENKE REIHE ZUR AO[Ä]

UROLOGIE

Herausgegeben von
Jens E. Altwein und Herbert Rübben

Unter Mitarbeit von

M. Goepel
M. Hartmann
H. Heidler
J. Joost
K. F. Klippel
K.-H. Kurth
M. Meyer-Schwickerath
T. Otto
E. Petri

4., überarbeitete Auflage

765 Einzeldarstellungen, 137 Tabellen

Ferdinand Enke Verlag Stuttgart

Prof. Dr. med. Jens E. Altwein
Chefarzt an der Urologischen Abteilung
Krankenhaus der Barmherzigen Brüder
Romanstraße 93, D-8000 München 19

Prof. Dr. med. Herbert Rübben
Direktor der Urologischen Klinik und Poliklinik
Medizinische Einrichtungen der Universität – GHS –
Hufelandstraße 55, D-4300 Essen 1

Die Deutsche Bibliothek – CIP-Einheitsaufnahme

Urologie / hrsg. von Jens E. Altwein und Herbert Rübben.
Unter Mitarb. von M. Goepel ... – 4., überarb. Aufl.
– Stuttgart : Enke, 1993
(Enke-Reihe zur AO, (Ä))
ISBN 3-432-89934-3
NE: Altwein, Jens E. [Hrsg.]

Wichtiger Hinweis

Wie jede Wissenschaft ist die Medizin ständigen Entwicklungen unterworfen. Forschung und klinische Erfahrung erweitern unsere Erkenntnisse, insbesondere was Behandlung und medikamentöse Therapie anbelangt. Soweit in diesem Werk eine Dosierung oder eine Applikation erwähnt wird, darf der Leser zwar darauf vertrauen, daß Autoren, Herausgeber und Verlag große Sorgfalt darauf verwandt haben, daß diese Angabe dem **Wissensstand bei Fertigstellung des Werkes** entspricht.

Für Angaben über Dosierungsanweisungen und Applikationsformen kann vom Verlag jedoch keine Gewähr übernommen werden. **Jeder Benutzer ist angehalten**, durch sorgfältige Prüfung der Beipackzettel der verwendeten Präparate und gegebenenfalls nach Konsultation eines Spezialisten, festzustellen, ob die dort gegebene Empfehlung für Dosierungen oder die Beachtung von Kontraindikationen gegenüber der Angabe in diesem Buch abweicht. Eine solche Prüfung ist besonders wichtig bei selten verwendeten Präparaten oder solchen, die neu auf den Markt gebracht worden sind. **Jede Dosierung oder Applikation erfolgt auf eigene Gefahr des Benutzers.** Autoren und Verlag appellieren an jeden Benutzer, ihm etwa auffallende Ungenauigkeiten dem Verlag mitzuteilen.

Geschützte Warennamen (Warenzeichen®) werden **nicht immer** besonders kenntlich gemacht. Aus dem Fehlen eines solchen Hinweises kann also nicht geschlossen werden, daß es sich um einen freien Warennamen handelt.

1. Auflage 1979
2. Auflage 1986
3. Auflage 1991

Satz und Druck: Heinz Neubert GmbH, D-8580 Bayreuth
Filmsatz: 9/10 p Times, System MCS 10 5 4 3

Geleitwort zur 4. Auflage

Ein in der vierten Auflage aufgelegtes, in 14 Jahren mehrfach nachgedrucktes Lehrbuch für Studenten bedarf keiner weiteren Empfehlung. *J. Altwein* und *H. Rübben* haben trotz dieses Erfolges ihre Aufgabe ernst genommen und die zweite Auflage völlig neu überarbeitet. Erstmals fanden die Ergebnisse der Konsenskonferenzen aus Onkologie und kongenetialen Malformationen in einem Lehrbuch Eingang. Der Wissenszuwachs wurde durch die Straffung des Umfanges wettgemacht und damit die schon von den vorausgegangenen Auflagen her bemerkenswerte lesbare Form des Buches beibehalten. Geschickt im Text verarbeitete typische Krankheitsfälle nehmen daran einen entscheidenden Anteil.

Eine umfangreiche Information auf knappem Raum zählt sicher zum didaktischen Prüfstein jedes Autors. Um so nachdrücklicher sei Hochschullehrern und Assistenten, die an der praktischen Unterrichtsgestaltung mitbeteiligt sind, dieses Buch empfohlen, sei es, um knapp vor dem Unterricht noch einmal nachzuschlagen, sei es, um die Grenzen des zu vermittelnden Lehrstoffes festzulegen.

Erneut haben sich Herausgeber und Verlag viel Mühe mit der Ausstattung dieses Buches gemacht, mit einfachen Schemata, verständlichen Skizzen und typischen Röntgenbildern.

Zusammenfasend ein wohl gelungenes Werk, das um so bemerkenswerter ist, da es viel schwieriger ist, ein altes Buch neu zu bearbeiten, als ein Erstlingswerk zu verfassen.

Prof. Dr. *R. Hohenfellner*
Direktor der Urologischen Klinik und Poliklinik der Johannes Gutenberg-Universität Mainz

Vorwort zur 4. Auflage

Die Abstände zwischen den Auflagen wurden zunehmend kürzer; dies spiegelt die Entwicklung des Fachgebietes Urologie wider und ist zugleich Ausdruck der Akzeptanz dieses Lehrbuchs. In ein Lehrbuch sollten nur die Neuentwicklungen aufgenommen werden, die bei kritischer Prüfung der wissenschaftlichen Daten nicht nur vorübergehende Popularität genießen, sondern im Fach fest verankert werden. Dies wurde bei der Gestaltung der 4. Auflage berücksichtigt. So wurde das aktuelle Thema Screening des Prostatakarzinoms, da seine Berechtigung gegenwärtig unbewiesen erscheint, lediglich in dem Abschnitt über Vorsorge bzw. Krebsfrüherkennung abgehandelt. Auch die um Indikation ringende minimal invasive Chirurgie ist zwar ein höchst interessantes wissenschaftliches Problem, aber ihre Berechtigung etwa in Form der laparoskopischen pelvinen Lymphadenektomie oder Varikozelenligatur konnte noch nicht überzeugend gestützt werden.

Größerer Wert wurde auf die Darstellung der diagnostischen und therapeutischen Möglichkeiten gelegt als auf die Angabe ihrer Effizienz. Der Rahmen dieses Lehrbuches würde gesprengt, wenn beispielsweise neben dem Spektrum der bildgebenden Diagnostik des Prostatakarzinoms auch bereits eine Rangordnung der einzelnen Verfahren nach Sensitivität und Spezifität angeboten würde. Ähnliche Überlegungen lagen auch der Besprechung der einzelnen therapeutischen Modalitäten zugrunde; auch in diesem Kontext könnten zahllose prospektiv randomisierte Studien (Phase III-Studien) aufgelistet werden, die diese oder jene Behandlungsform in den Vordergrund rückten. Die Ergebnisse derartiger Phase III-Studien lassen sich aber nicht nur in Form einer verkürzten Schlußfolgerung wiedergeben, sondern es müßten die Studien-Details ebenfalls diskutiert werden. Allein beim Prostatakarzinom gibt es beispielsweise 22 Phase III-Studien, die sich der Frage der partiellen versus kompletten Androgendeprivation widmen. Da eine abschließende Therapieempfehlung auf der Basis dieser Studien noch nicht möglich ist, werden die prinzipiellen Möglichkeiten der Androgendeprivation in den Vordergrund gerückt.

Ein Kernstück der Urologie ist die benigne Prostatahyperplasie, denn nach aktuellen Hochrechnungen werden 43 % aller Männer über 45 Jahre wegen einer obstruktiven Prostatahyperplasie behandlungsbedürftig. Die operative Therapie, besonders die transurethrale Prostataresektion, scheint das Etikett „Goldstandard" verloren zu haben, ohne daß zeitgleich erwiesenermaßen erfolgreiche Behandlungsalternativen zur Verfügung stünden. Immerhin sind heute die Therapie-Variationen so zahlreich, daß ein Spektrum der Therapiemodalitäten von der Phytotherapie bis zur offenen Prostataadenomektomie angeboten werden kann. Dies erschwert die Entscheidung für die „maßgeschneiderte" Therapie.

In der vierten Auflage wurde das Prinzip beibehalten, möglichst repräsentative Fallbeispiele im Bild vorzustellen.

Wie in der dritten Auflage werden wesentliche Konsensus-Konferenzen mit aufgeführt. Diese Konferenzen sind das Ergebnis von Werkstattgesprächen unter Experten auf der Suche nach dem „kleinsten gemeinsamen Nenner" in Diagnostik und Therapie. Entsprechend wurden die Ergebnisse der Konsensus-Konferenzen für die renale Dysplasie, die Urolithiasis und die wichtigsten urologischen Tumoren behandelt. Neu gestaltet wurde das Kapitel über Notfälle unter Berücksichtigung der onkologischen Notfälle. Völlig neu hinzugekommen ist ein Kapitel über die praktische Durchführung der Chemo- und Immuntherapie bei urologischen Tumoren.

Bei der Entwicklung dieses Lehrbuches hat Professor Dr. *G.H. Jacobi* entscheidend mitgearbeitet. Unser Dank gilt weiterhin dem Ferdinand Enke Verlag, der dieser bearbeiteten Neuauflage zugestimmt hat. Herr *Michael Heft* hat an der zügigen verlagstechnischen Bearbeitung entscheidenden Anteil.

J.E. Altwein, München *H. Rübben*, Essen

Inhalt

1 Pathomechanismen, allgemeine Symptomatologie und Prinzipien der Therapie (GK 3-1) *(H. Rübben)*

2 Urologische Leitsymptome (GK 3-2) *(H. Rübben, T. Otto)*

3 Urologische Diagnostik (GK 3-3) *(M. Meyer-Schwickerath, H. Rübben)*

4 Urologische Therapie (GK 3-4) *(J.E. Altwein)*

5 Fehlbildungen (GK 3-5) *(J.E. Altwein)*

6 Entzündungen (GK 3-6) *(H. Rübben)*

7 Tumoren (GK 3-7) *(K.-H. Kurth, H. Rübben)*

8 Urolithiasis (GK 3-8) *(J. Joost, H. Rübben)*

9 Verletzungen (GK 3-9) *(K.-H. Kurth)*

10 Nebenniere (GK 3-10) *(H. Rübben)*

11 Andrologie (GK 3-11) *(H. Heidler)*

12 Urologische Erkrankungen im Kindesalter (GK 3-12)

(K.F. Klippel, J.E. Altwein)

13 Urologische Erkrankungen der Frau (GK 3-13) *(E. Petri)*

14 Neurogene Blasenfunktionsstörungen (GK 3-14) *(H. Heidler)*

15 Urologische Notfallsituationen (GK 3-15)
(ohne Verletzungen) *(M. Hartmann)*

16 Praktische Hinweise zur Durchführung der Chemo- und Immuntherapie *(T. Otto, H. Rübben)*

Mitarbeiterverzeichnis

Professor Dr. med. Jens E. Altwein
Chefarzt an der Urologischen Abteilung
Krankenhaus der Barmherzigen Brüder
Romanstraße 93, D-8000 München 19

Dr. med. Mark Goepel
Oberarzt an der Urologischen Klinik
und Poliklinik
Medizinische Einrichtungen der Universität
– GHS – Essen
Hufelandstraße 55, D-4300 Essen 1

Flottenarzt Dr. med. Michael Hartmann
Leitender Arzt der Urologischen Abteilung
Bundeswehrkrankenhaus Hamburg
Lesserstraße 180, D-2000 Hamburg 70

Primarius Univ.-Doz.
Dr. med. Helmut Heidler
Vorstand der Abteilung für Urologie
Allgemeines öffentliches Krankenhaus
Krankenhausstraße 9, A-4020 Linz

Primarius Univ.-Doz. Dr. med. Jörg Joost
Leiter der Urologischen Abteilung
A.ö. Bezirkskrankenhaus Hall in Tirol
Milserstraße 10, A-6060 Hall i.T.

Professor Dr. med. Karl Friedrich Klippel
Chefarzt der Urologischen Abteilung
Allgemeines Krankenhaus Celle
Siemensplatz 4, D-3100 Celle

Professor Dr. med. Karl-Heinz Kurth
Direktor der Urologischen Universitäts-Klinik
Academisch Ziekenhuis bij de
Universiteit van Amsterdam
Academisch Medisch Centrum
Meibergdreef 9, NL-1105 AZ Amsterdam

Priv.-Doz.
Dr. med. Martin Meyer-Schwickerath
Oberarzt an der Urologischen Klinik
und Poliklinik
Medizinische Einrichtungen der Universität
– GHS – Essen
Hufelandstraße 55, D-4300 Essen 1

Dr. med. Thomas Otto
Oberarzt an der Urologischen Klinik
und Poliklinik
Medizinische Einrichtungen der Universität
– GHS – Essen
Hufelandstraße 55, D-4300 Essen 1

Professor Dr. med. Eckhard Petri
Chefarzt der Frauenklinik
Städtische Krankenanstalten
Akademisches Lehrkrankenhaus
Dr.-Ottmar-Kohler-Straße 2,
D-6580 Idar-Oberstein

Professor Dr. med. Herbert Rübben
Direktor der Urologischen Klinik
und Poliklinik
Medizinische Einrichtungen der Universität
– GHS – Essen
Hufelandstraße 55, D-4300 Essen 1

Abkürzungen

AFP	Alpha Fetoprotein
ANV	Akutes Nierenversagen
AUG	Ausscheidungsurogramm
BPH	Benigne Prostatahyperplasie
CT	Computertomographie
DSA	Digitale Subtraktionsangiographie
DSD	Detrusor Sphinkter Dyssynergie
ED	Erektile Dysfunktion
ESWL	Extrakorporale Stoßwellenlithotripsie
GFR	Glomeruläre Filtrationsrate
HCG	Humanes Choriongonadotropin
ING	Isotopennephrogramm
i.v. P.	Intravenöse Pyelographie
KM	Kontrastmittel
LHRH	Luteinisierendes Hormon freisetzendes Hormon
MMC	Meningomyelozele
MRT	Magnetresonanztomographie
MZU	Miktionszystourethrogramm
NV	Nierenversagen
PCN	Perkutane Nephrostomie
PNL	Perkutane Nephrolitholapaxie
PSA	Prostataspezifisches Antigen
SKAT	Schwellkörperautoinjektionstherapie
TRUS	Transrektaler Ultraschall
VUR	Vesikoureterorenaler Reflux

1 Pathomechanismen, allgemeine Symptomatologie und Prinzipien der Therapie (GK 3-1)

H. Rübben

Die Nieren sind besonders kapillarreiche Organe, auf deren Durchblutung 25 % des Herzminutenvolumens entfallen. Dabei werden zwischen 135 bis 180 l Primärharn täglich gebildet; das entspricht dem Zehnfachen des Extrazellulärvolumens. Das Nephron ist die kleinste Funktionseinheit der Niere und übernimmt die Bereitung des Endharns entsprechend den vier Partialfunktionen *Filtration* (Glomerulum), *Sekretion und Reabsorption* (proximaler und distaler Tubulus) sowie *Abtransport* (Sammelrohr; Abb. 1.1).

Die Niere erfüllt folgende Aufgaben:

- Glomeruläre Filtration und tubuläre Sekretion von Stoffwechselendprodukten und Medikamenten.
- Regulation des Elektrolyt und Säure-Basen-Haushalts unter dem Einfluß hormonaler Faktoren.
- Produktion von Mediatoren und Hormonen wie Prostaglandine, Renin und Erythropoetin.

Nierenfunktionsstörungen

Eine Abschätzung der Nierenfunktion erfolgt klinisch meist anhand der Konzentration des Serumkreatinins; da bereits ein bedeutender Verlust von Nephronen vorliegen kann, ohne daß Abweichungen erfaßt werden, empfiehlt sich die Bestimmung der glomerulären Filtrationsrate (GFR). Ein Anstieg des Kreatinins im Serum ist bei Nephropathien

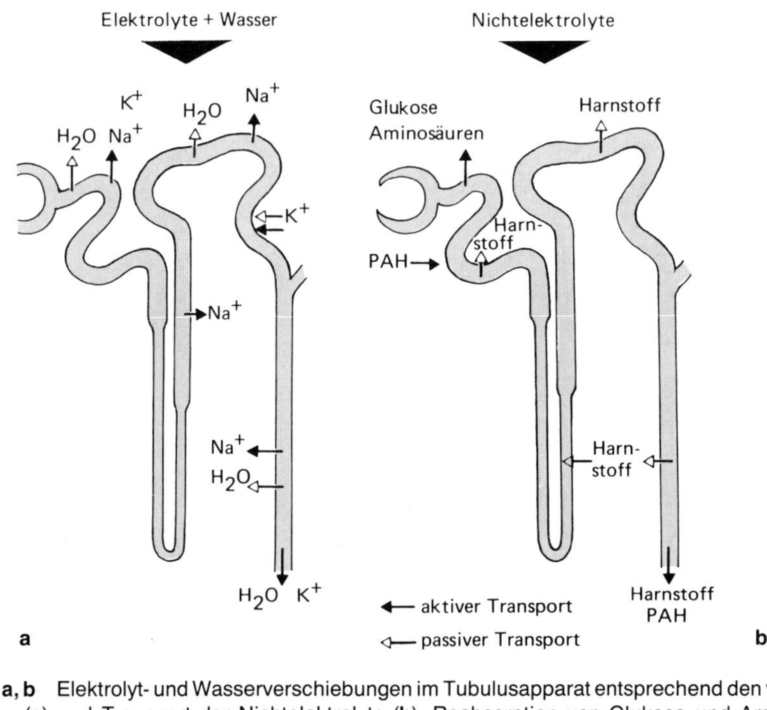

Abb. 1.1 a, b Elektrolyt- und Wasserverschiebungen im Tubulusapparat entsprechend den vier Partialfunktionen (**a**) und Transport der Nichtelektrolyte (**b**): Reabsorption von Glukose und Aminosäuren, Sekretion von *P*ara*a*mino*h*ippursäure (PAH), Diffusion von Harnstoff.

Klinisches Syndrom	Klinisches Bild	Urinbefunde	Serum-veränderung	Primäre Glomerulonephritis (GN)	Verlauf und Prognose
1. Akute Glomerulo-nephritis	„Akutes nephritisches Syndrom“, Hypertonie	Makro- und Mikrohämaturie, dysmorphe Erythrozyten, Protein 3 g / 24 h	Schneller Kreatininanstieg (Tage)	Poststreptokokken-GN, Postinfektiöse GN (selten andere primäre GN)	Meist Ausheilung
2. Rapid-progressive Glomerulo-nephritis	Rasche Nieren-insuffizienz, Krankheitsgefühl	Wie bei 1.	Wie bei 1. (Tage bis Wochen)	Idiopathische rapid-progressive GN (extrakapilläre GN, selten andere primäre GN)	Ohne aggressive Immunsuppression terminale Nieren-insuffizienz (NI)
3. Nephrotisches Syndrom	Schleichender Beginn, ausge-prägte Ödeme, meist keine Hypertonie	Proteinurie 3,5–5 g / 24 h, meist Mikrohämaturie	Kreatinin normal, S-Albumin, Cholesterin, Triglyzeride	„Minimal-changes“-GN, fokal-segmental sklerosierende GN, membranöse GN, membranoproliferative GN (mesangioproliferative GN und IgA-Nephritis)	Gut mit Therapie, in 50 % terminale NI in 5–10 Jahren (unterschiedlich), in 10–15 Jahren terminale NI (unterschiedlich)
4. Asymptomatische Proteinurie und Hämaturie	Unauffällig, keine Hypertonie, normale Nierenfunktion	Glomeruläre Proteinurie und/oder Hämaturie	Keine	IgA-Nephritis, mesangioproliferative GN selten wie bei 1. und 3.	20–25 % Progression bis zur terminalen NI (10–20 Jahre)
5. Chronische Glomerulo-nephritis	Niereninsuffi-zienz, meist Hypertonie, sonographisch kleine Nieren	Wie bei 4.	Kreatinin erhöht	Wie bei 1.–4. außer „Minimal-changes“-GN	Schlecht, terminale NI in wenigen Jahren

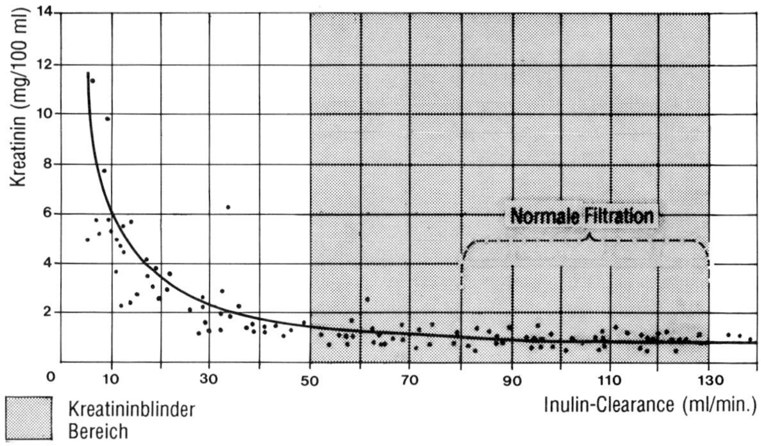

Abb. 1.2 Korrelation zwischen Plasma-Kreatinin und Inulin-Clearance; bei einem Kreatininanstieg auf nur 1,5 mg / 100 ml kann die Inulin-Clearance (Maß für GFR) bereits auf 50 ml/min (30–50 % der Norm je nach Alter) abgesunken sein. Die Clearanceuntersuchung erfaßt diesen „Kreatinin-blinden Bereich".

erst bei Absinken der GFR auf 40–50 % der Norm nachweisbar (vgl. Abb. 1.2).

Nephropathien lassen sich grundsätzlich einteilen in glomeruläre und tubulointerstitielle Erkrankungen.

Glomerulopathien werden überwiegend in der nephrologischen Klinik angetroffen und können nach *ätiologischen, pathogenetischen, histopathologischen und klinischen Gesichtspunkten* betrachtet werden, wobei sich für die Praxis die Einteilung nach der klinischen Präsentation bewährt hat (vgl. Übersicht S. 2).

Da das klinische Syndrom im Vordergrund steht, ist die Unterscheidung zwischen primären und sekundären, im Gefolge von Systemerkrankungen auftretenden Glomerulopathien von entscheidender diagnostischer und prognostischer Bedeutung.

Während die übrigen Glomerulopathien aufgrund ihrer Befunde leicht von urologischen Erkrankungen der oberen Harnwege abgegrenzt werden können, bedingt die isolierte glomeruläre Hämaturie differentialdiagnostische Schwierigkeiten. Häufigste Ursache ist die IgA-Nephropathie (20 % aller Glomerulonephritiden). Die Makrohämaturie tritt typischerweise 2–3 Tage nach unspezifischen Infekten der oberen Luftwege auf, 30 % der Patienten klagen über lumbale Schmerzen, die Hämaturie verschwindet spontan. Urologische Ursachen werden am einfachsten durch Sedimentuntersuchungen auf *Erythrozytenzylinder* und *dysmorphe Erythrozyten* im Phasenkontrast ausgeschlossen (s.S. 47) und von weiterer invasiver Diagnostik kann Abstand genommen werden.

1.1 Tubuläre Schäden

Im Gegensatz zu den Glomerulopathien sind die tubulointerstitiellen Erkrankungen in der Urologie von größerer Bedeutung. Einerseits lassen sich wichtige urologische Symptome auf Tubulusschäden zurückführen; andererseits können den unteren Harntrakt betreffende urologische Erkrankungen Ursache funktioneller und morphologischer Veränderungen des renalen Tubulusapparates sein. Neben den seltenen hereditären Tubulopathien stehen überwiegend Erkrankungen aus dem Formenkreis der interstitiellen Nephritis im Vordergrund. Anders als bei den Glomerulopathien ist die *Ursache* einer tubulointerstitiellen Nephritis häufig *anamnestisch und klinisch* faßbar. Wichtige Ursache der interstitiellen Nephritis als Folge urologischer Erkrankungen sind:

1. Entzündung
   - akute bakterielle Pyelonephritis
   - chronische Pyelonephritis
   - Reflux-Nephropathie
2. Obstruktive Uropathie durch
   - Konkremente
   - Tumoren
   - Strikturen
   - Fehlbildungen
   - funktionelle Störungen

Führt nicht die Ursache zur Diagnose, sondern fällt die Nephritis durch ihre eigene Symptomatik auf, so muß die Differentialdiagnose insbesondere gegenüber der *medikamenteninduzierten Nephritis* und der *Uratnephropathie* erfolgen. Seltene Ursachen sind die *hyperkalzämische und hypokaliämische Nephropathie*, die *Strahlennephritis*, die *Balkan-Nephropathie* und die *zystische Nierenerkrankung*. Neben den *bildgebenden Verfahren* liefert das *Urinsediment* diagnostische Hinweise. In schwierigen Fällen kann die *Urinelektrophorese* mittels SDS-PAGE (Sodiumdodecyl-sulfat-Polyamid-Gelelektrophorese) den Nachweis tubulärer Proteine wie α-1-Mikroglobulin und N-Acetyl-β-D-Glucosaminidase (NAG) erbringen. Die *Proteinurie* liegt unter 1,5 g / Tag. Neben der Symptomatik der zugrundeliegenden Erkrankung ist die Klinik der tubulointerstitiellen Nephritis durch *gestörte Tubulus-Partialfunktionen* bestimmt:

Proximaler Tubulus
- Azidose
- tubuläre Proteinurie
- Fanconi-Syndrom
- Aminoazidurie
- Phosphaturie
- Glucosurie

(Aminoazidurie, Phosphaturie, Glucosurie: nach Fanconi-Syndrom)

Distaler Tubulus
- Azidose
- Natriumverlust
- Hyperkaliämie

Sammelrohre (Medulla)
- reduziertes Konzentrationsvermögen

Sekundäre Glomerulibeteiligung
- reduzierte GFR
- Hypertonie
- Proteinurie

Der Verlauf kann akut oder chronisch sein; aufgrund des eingeschränkten Konzentrationsvermögens beträgt die Urinosmolalität in der Regel weniger als 400–500 mosmol/l. Polyurie und Nykturie sind häufig.

1.1.1 Entzündliche Nephro-Tubulopathien

Die grobhöckrige, schrumpfende Vernarbung der chronisch pyelonephritisch veränderten Niere spiegelt den feingeweblichen Umbau wider: als bakterielle oder interstitielle Form mit perivaskulären Infiltraten, interstitieller Fibrose und Schädigung des Tubulusapparates mit Dilatation, abgeflachten Epithelien und Nekrosen. Die Pathogenese der Pyelonephritis ist im Kapitel 6 (Entzündliche Erkrankungen des Urogenitaltraktes) abgehandelt. Als pathophysiologisch bedeutsam erwiesen sich immunologische Vorgänge im Niereninterstitium nach bakterieller Infektion sowie im Gefolge von Autoimmunerkrankungen wie *Sjögren-Syndrom* oder disseminierter *Lupus erythematodes*. Die chronische Pyelonephritis führt zur Degradation des Parenchyms und damit zur Änderung der Antigenität mit Bildung gewebsspezifischer Autoantikörper, so daß die fortschreitende tubuläre Schädigung unterhalten wird.

Weitere Pathomechanismen beinhalten: Zerstörung essentieller enzymhaltiger Zellorganellen des Niereninterstitiums und Tubulusapparates durch nephrotrope Keimstämme; Auflösung von Zellmembranen durch bakterielle Hämolysine mit nachfolgender Zellautodigestion; auf die Nierenzelle gerichtete, hoch toxische Lipid A-Komponenten des Endotoxins.

Charakteristisch für den interstitiellen und tubulären Prozeß sind folgende, im Verlauf einer chronisch fortschreitenden Pyelonephritis auftretenden Störungen:

1. *Tubuläre Partialfunktionsstörungen*
   - Abnahme der Konzentrationsfähigkeit, Polyurie
   - Abnahme der Ionenreabsorption („Salzverlustniere", „Kaliumverlustniere")

- Kalziumverlust und Phosphatstau (sekundärer Hyperparathyreoidismus)
- Störung der H^+-Ionensekretion (Azidose).

2. *Filtrationsschwäche* für Schlackenstoffe (Kreatinin, Harnstoff → Azotämie) anfangs noch als „kompensierte Retention" mit nur leicht erhöhtem Serumkreatinin bei bereits deutlich eingeschränkter endogener Kreatinin-Clearance.
3. *Globale Niereninsuffizienz* mit Übergang in Urämie.

1.1.2 Obstruktive Nephro-Tubulopathie

Der obstuktiven Tubulopathie liegen Harnabflußstörungen (vgl. Tab. 1.1, S. 15) zugrunde. Neben einer Erhöhung der arteriellen Nierenperfusion durch Abnahme des renalen Gefäßtonus kommt es im Gefolge einer obstruktionsbedingten Druckerhöhung im Ureter zu einer entsprechenden Drucksteigerung im Tubulusapparat mit Abnahme der glomerulären Filtrationsrate (GFR). Die Schädigung auf zellulärer Ebene besteht am Tubulusapparat in einer Veränderung der Zellpermeabilität mit Veränderungen des Reabsorptionsvermö-

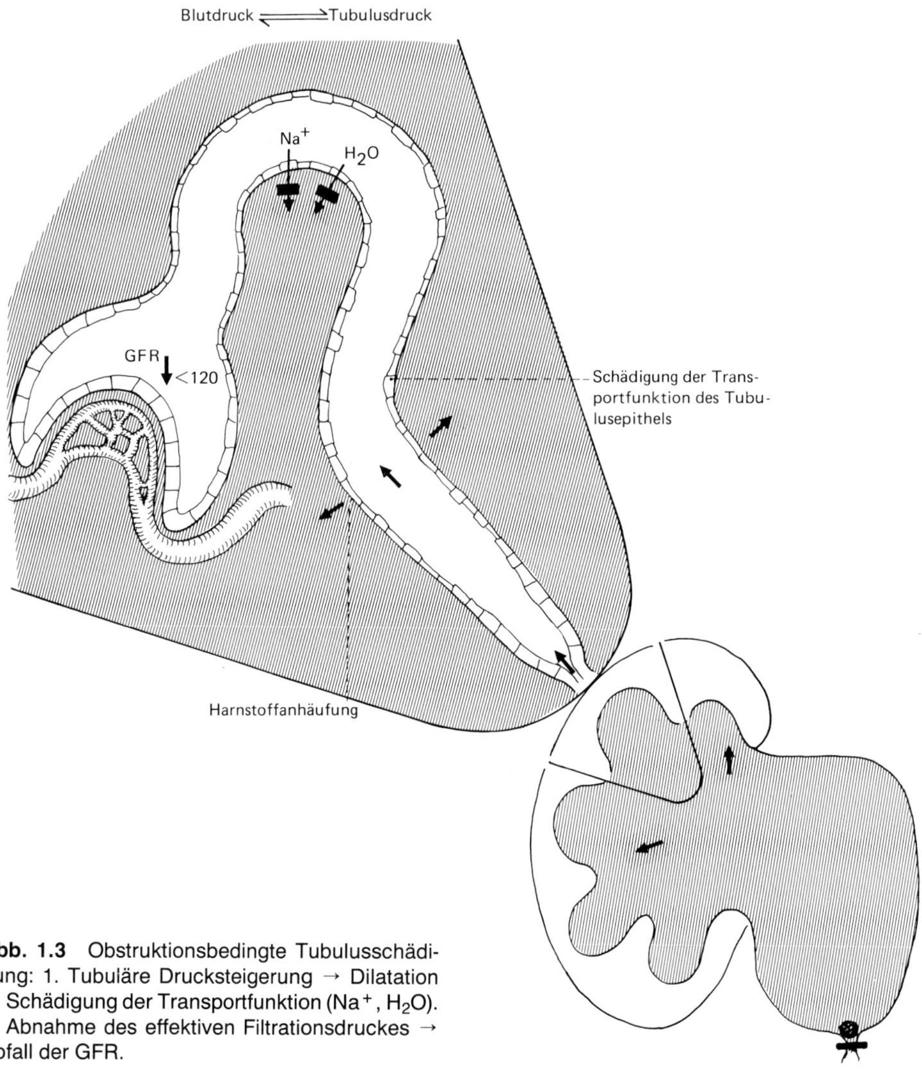

Abb. 1.3 Obstruktionsbedingte Tubulusschädigung: 1. Tubuläre Drucksteigerung → Dilatation → Schädigung der Transportfunktion (Na^+, H_2O). 2. Abnahme des effektiven Filtrationsdruckes → Abfall der GFR.

gens (Abb. 1.3) der Tubulus-Epithelien (Abnahme der Transportkapazität). „Spezifische" Komplikationen der obstruktiven Nephropathie sind die Folge:

- nephrogener Diabetes insipidus,
- Entlastungspolyurie nach Aufhebung der Obstruktion,
- distal tubuläre Azidose Typ IV.

Hierdurch kommt es zu folgenden Störungen des Wasser- und Elektrolythaushaltes:

- Natriumverlust,
- Zunahme der Clearance freien Wassers,
- Verminderung der maximalen Urinkonzentrierung,
- Sekretionsschwäche für hypotonen Urin (Verdünnungsschwäche),
- Verminderung der Harnansäuerung,
- Ausscheidungsschwäche für Ammoniak.

Auf den Gesamtorganismus bezogen, resultiert eine empfindliche Störung des Milieu interne, eine metabolische Azidose (hyperchlorämisch, hyperkaliämisch) und Hyponatriämie infolge osmotischer Diurese mit Veränderungen des extra- und intrazellulären Volumens (zelluläre Hydration, hypotone Dehydration) und Retention toxischer harnpflichtiger Substanzen (Azotämie).

Mineralstoffwechselstörungen als Folge der Nephro-Tubulopathie

Kalzium

Die Plasmakonzentration von freiem und gebundenem Kalzium beträgt 2,3–2,7 mmol/l (4,6–5,7 mval/l). Rund 1,3 mmol/l sind ionisiertes Ca^{++}, 0,2 mmol/l sind komplex an Phosphat oder Zitrat gebunden; der Rest von 1,2 mmol/l ist an Plasmaproteine gebunden und somit nicht frei filtrierbar. Nur etwa die Hälfte des Plasmakalziums unterliegt daher der glomerulären Filtration. Täglich werden etwa 270 mmol/l mit dem Primärharn filtriert, wovon nur 0,5–3 % im Urin erscheinen. Kalzium wird zu 99 % tubulär resorbiert, davon 50–60 % im proximalen Tubulus, 20–30 % in der Henleschen Schleife, 10 % im distalen Tubulus und nur 5 % im Sammelrohr. Im distalen Tubulus erfolgt die Feineinstellung der Kalziumausscheidung unter hormoneller Kontrolle von Parathormon, welches zusammen mit 1,25-Dihydroxykalziferol die Ausscheidung vermindert.

Bei der *idiopathischen Hyperkalziurie* ist die tubuläre Reabsorption von Kalzium gestört, ohne daß eine Kalziumverarmung des Blutes eintritt. Hierfür ist eine kompensatorische Kalziummobilisation aus dem Skelettsystem mit Demineralisation des Skelettes verantwortlich.

Phosphat wird glomerulär filtriert und zu 80–95 % überwiegend im proximalen Tubulus resorbiert. Parathormon wirkt jedoch auf die Phosphatausscheidung fördernd. Überschreitet das Produkt von Kalziumkonzentration mal Phosphatkonzentration einen bestimmten Wert (Löslichkeitsprodukt) kommt es zur Ausfällung von schwer löslichem Kalziumphosphat vorwiegend im Knochen, in extremen Fällen aber auch in anderen Teilen des Körpers. Nephrolithiasis und Nephrokalzinose sind die Folge.

Natrium

Bei einem Ultrafiltrat von 180 l täglich werden 1,5 kg NaCl filtriert. Davon werden bereits 99 % im proximalen Tubulus durch aktiven Transport reabsorbiert. Etwa 1 % werden täglich ausgeschieden, entsprechend einer Menge von 15 g.

2–3 % der Ultrafiltratmenge von Kochsalz unterliegen dem Einfluß des Mineralokortikoids Aldosteron über das Renin-Angiotensin Reglersystem. Diese Feinregulation der NaCl-Rückgewinnung findet im distalen Tubulus statt. Versagt die Aldosteronwirkung – entweder z.B. nach Adrenalektomie oder bei Schädigung des distalen Tubulus im Rahmen einer akuten Tubulusnekrose, interstitiellen Nephritis oder chronischen Niereninsuffizienz – so kommen 30–40 % NaCl täglich im Urin zur Ausscheidung; es entsteht das klinische Bild der Salzverlustniere. Aufgrund der osmotischen Wirkung kommt es zu einer Polyurie mit hypotoner Dehydratation.

Die Bestimmung von NaCl im Urin kann zur Differentialdiagnose des akuten Nierenversagens beitragen, allerdings ist die NaCl-Konzentration im Urin im Zusammenhang mit der NaCl-Konzentration des Plasmas zu bewerten. Dies kommt in der Bestimmung der *frak-*

tionierten Natriumexkretion (FNE) zum Ausdruck, welche nach folgender Gleichung berechnet wird:

$$FNE(\%) = (UNa/PNa)/(UKrea/PKrea) \times 100$$

U = Urin, P = Plasma

Bei prärenalem Nierenversagen würde man eine FNE von unter 1 % erwarten, bei intrarenalem oder postrenalem Nierenversagen würde die FNE als Ausdruck der Schädigung der aldosteronempfindlichen distalen Tubulusabschnitte auf über 1 % erhöht sein.

Die Fähigkeit der Niere zur Harnkonzentrierung und Verdünnung ist abhängig von der Steuerung durch das antidiuretische Hormon des Hypopohysen-Hinterlappens (Adiuretin). Dabei bedeutet die Urinkonzentrierung für die Niere eine größere osmotische Leistung als die Verdünnung. Im Verlaufe einer Niereninsuffizienz geht das Konzentrierungsvermögen zuerst verloren. Das normale spezifische Gewicht des Harns schwankt zwischen 1016 und 1025 und kann nach Dursten bis auf 1040 (= 1320 mosm/l) ansteigen, nach einem „Wasserstoß" (Trinken von 1 l Tee) bis auf 1005 g/l abfallen. Unter Verdünnungsleistung produziert die Niere einen wasserähnlichen, hellen Urin: *Wasser-Diurese.* Bleibt das spezifische Gewicht des Urins auch nach Dursten oder Trinken konstant bei Werten um 1010, so liegt eine *Isosthenurie* vor. Bei geringerer Funktionseinbuße mit einer noch mäßigen Konzentrierungsleistung (bis 1020) oder Verdünnungsleistung (bis 1008) liegt eine *Hyposthenurie* vor. Bei fortschreitendem Verlust der Nierenfunktion besteht im Endstadium eine *Isosthenurie* mit *Oligurie.*

Harnsäure

Wird bei vermehrt glomulär-filtrierter Harnsäure die maximale tubuläre Transportkapazität überschritten, so kommt es auf dem Boden einer Hyperurikämie zu einer Urikosurie (primäre Gicht, Hämoblastosen, vermehrter Zellzerfall durch Zytostatika).

Die unbehandelte *Hyperurikosurie* führt zu folgenden schweren Veränderungen der Harn-Hohlraumwege:

proximal ↓

- Harnsäureauskristallisation in den Tubuli,
- Mikrolithen mit tubulärem Rückstau,
- Nephrolithiasis,
- Uratverstopfung.

↓ distal

Die sogenannte *Gichtnephropathie* beinhaltet die interstitielle Nephritis, die entzündungsbedingte Schrumpfniere, den renoparenchymatösen Hochdruck und schließlich die chronische Niereninsuffizienz (s.S. 11).

1.2 Niereninsuffizienz

Terminologie von Veränderungen der Urinproduktion

Die Menge des pro Zeiteinheit ausgeschiedenen Urins ist im Sinne eines Bilanzproblems primär abhängig von der Nierenfunktion, sekundär vom Hydratationszustand des Organismus. Die durchschnittliche tägliche Harnbereitung beträgt 1000–1200 ml. Urinmengen von weniger als 500 ml pro Tag bezeichnet man als *Oligurie*; Urinmengen von weniger als 100 ml pro Tag als *Anurie*; keine Urinproduktion als *komplette Anurie* und Urinmengen über 2 L pro Tag als *Polyurie.*

Der Oligurie und Anurie liegen verschiedene Pathomechanismen zugrunde:

- Absinken der glomerulären Filtration (Glomerulopathien),
- tubuläre Prozesse,
- interstitielle Prozesse,
- urologisch bedingte Oligo-Anurie: Totale infrarenale Obstruktion, obstruktive Uropathie.

Die Polyurie im Verlaufe eines Nierenversagens wird durch eine Verschiebung des glomerulo-tubulären Gleichgewichtes in den noch funktionstüchtigen Nephronen hervorgerufen. Das Haarnadel-Gegenstromprinzip ist außer Kraft, die Harnkonzentrierung unterbleibt, es bildet sich eine *Zwangspolyurie* aus: Die Niere wird gezwungen, die Gesamtheit der harnpflichtigen, osmotisch aktiven Substanzen über das noch verbliebene, zahlenmäßig reduzierte Nephronen-System auszuscheiden. Kommt es nach Behebung einer Ostruktion der unteren Harnwege im Verlaufe eines postrenalen Nierenversagens zu einer dramatischen Harnproduktion (6–8 l pro Tag), so spricht man von einer postobstruktiven *Entlastungspolyurie.* Diese kann mit einem beträchtlichen Verlust von Mineralien *(Salzverlustniere)* einhergehen und bedarf intensivmedizinischer Überwachung.

1.2.1 Pathogenese des Nierenversagens

Das Versiegen der filtrativen und tubulosekretorischen Nierenfunktion kann je nach dem zeitlichen Ablauf in ein *akutes, chronisches* oder *terminales* Nierenversagen unterteilt werden. Die verschiedenen Theorien der Pathogenese beruhen auf zwei prinzipiellen Möglichkeiten:

1. Primär intakte Glomerula – weitgehend erhaltene glomeruläre Filtration, aber passive Rückdiffusion des Glomerulumfiltrates durch den zerstörten Tubulusapparat in das Interstitium und die Blutbahn. Dieser Pathomechanismus wird unterstützt durch die Tatsache, daß beim akuten Nierenversagen im Urogramm eine nephrographische Phase sichtbar wird, d.h. Kontrastmittel wird glomerulär filtriert, ohne später im Endharn, d.h. im Hohlraumsystem, zu erscheinen.
2. Primäres Versiegen der glomerulären Filtration aufgrund einer morphologischen und funktionellen Schädigung des renalen Mikrogefäßsystems.

Der erstgenannte mögliche Pathomechanismus wird unterstrichen durch die Tatsache, daß fast allen Formen des akuten Nierenversagens als mophologisches Substrat die Tubulusnekrose (Abb. 1.4) zugrunde liegt. Bei der *Tubulusnekrose* handelt es sich um einen schnell (akute Tubulusnekrose) oder langsam verlaufenden Untergang von Tubulusepithelien mit Zelldesquamation. Nekrotisches Zellmaterial verlegt die Kanälchenlichtung und führt zu einer Schädigung mit Permeabilitätsänderung der Basalmembran. Weitere Folgen

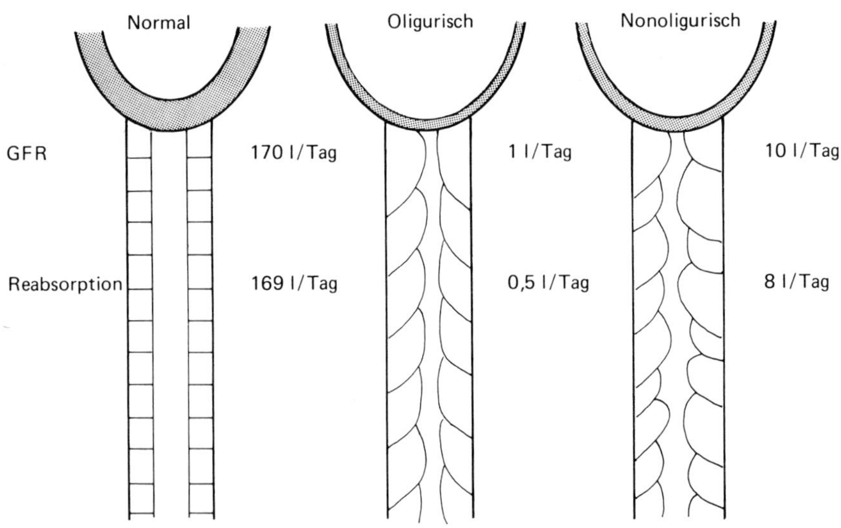

Urinausscheidung:

	Normal	Oligurisch	Nonoligurisch
Volumen	1 l/Tag	0,5 l/Tag	2 l/Tag
$[U/P]_{Kreatinin}$	170	2	5
[Na]	<5 mmol/l	>30 mmol/l	>30 mmol/l
[K]	>20 mmol/l	<20 mmol/l	<20 mmol/l

Abb. 1.4 Pathophysiologie der oligurischen und „nonoligurischen" Form der akuten *T*ubulus*n*ekrose (ATN) mit unterschiedlichem Tubulusschaden.
1. Oligurische ATN: Urinvolumen 50% der GRF → Urin/Plasma [U/P] Kreatininverhältnis nur 2;
2. Nonoligurische ATN: noch 8 von 10 l Glomerulumfiltrat können tubulär reabsorbiert werden; es erscheint ein scheinbar normales Volumen (hier 2 l / Tag) als Endharn. Hier ist die Elektrolytverschiebung der Indikator der Schwere des Nierenversagens.

sind interstitielles Ödem und Gefäßkompression mit konsekutiver Abnahme der glomerulären Filtration. Minderdurchblutung und Nephrotoxine führen schließlich zum Vollbild der *glomerulo-tubulären Globalinsuffizienz* mit verminderter Urinproduktion (Oligo-Anurie) und Retention harnpflichtiger Substanzen (Azotämie).

Die Erhöhung der harnpflichtigen Substanzen beinhaltet Reststickstoff-Substanzen und aromatische Schlackenstoffe. Praktisch wichtig ist das Serumkreatinin als empfindlichster Parameter, von großem prognostischem Aussagewert das Serum-Kalium.

Liegt das Verhältnis von Serum-Harnstoff zu Serum-Kreatinin über 10 : 1, so ist eine prärenale Ursache des ANV zu vermuten.

Ist die Harnproduktion noch nicht vollständig versiegt, so finden sich im Urin Epithelzylinder, Erythrozyten und Leukozyten infolge erhöhter Diapedese sowie Eiweiß. Obwohl die Azotämie als Clearanceproblem vorwiegend von der Größe des Glomerulumfiltrates bestimmt wird, können, wie bei der akuten Tubulusnekrose auch tiefere, d.h. nicht mehr sekretorisch aktive Abschnitte des Nephrons ursächlich beteiligt sein. Beim Serum-Kreatininanstieg infolge distaler Harnwegsobstruktion (postrenales Nierenversagen) mit Rückstau liegt eine sogenannte „Reabsorptionsazotämie“ vor.

1.2.2 Ätiologie des akuten Nierenversagens (ANV)

Man unterscheidet drei Formenkreise des akuten Nierenversagens (s.a. Kap. 15.1.2).

A Prärenales akutes Nierenversagen
zirkulatorisch-ischämisch
(sogenannte Schockniere):
Schock bei Blutung, Hypovolämie, Sepsis, Herzinfarkt, kurzzeitiger RR-Abfall

B renales akutes Nierenversagen

- *toxisch:*
  durch endogene und exogene Toxine bei Hämolyse, Myolyse, Pankreatitis, Ileus, Arzneimittel, Chemikalien, pflanzliche Gifte
- *entzündlich:*
  Formen der Immunkomplex- und Antibasalmembran-Glomerulonephritis, zum Beispiel Goodpasture-Syndrom; akute interstitielle Nephritis
- *vaskulär:*
  Verschluß der Nierengefäße

C Postrenales akutes Nierenversagen
Abflußbehinderung der ableitenden Harnwege durch Stein, Tumor, Harnblasen-Erkrankungen

Morphologisch kann das akute Nierenversagen unter folgenden Bildern ablaufen:

- Akute Tubulusnekrose
- Akute Glomerulonephritis
- Akute bilaterale Pyelonephritis, Papillennekrose
- Bilaterale Nierenrindennekrose
- Bilaterale massive Nierenembolie

A. Prärenales Nierenversagen

1. Hypovolämie: z.B. traumatischer Schock (Abb. 1.5), Endotoxin-Schock (Urosepsis), anaphylaktischer Schock, profuse Durchfälle oder anhaltendes Erbrechen.

2. Ischämie: z.B. Nieren-Gefäßverschluß bei Embolie, Thrombose der Nierenvenen oder traumatischer Nierenstielabriß.

Das mitunter nach länger andauernden Operationen bei kardiovaskulär gefährdeten Patienten auftretende, passagere, postoperative Nierenversagen ist meist Folge eines intra- oder postoperativen Blutdruckabfalles mit vorübergehender Nierenischämie.

Außerdem können ausgedehnte Gewebsdestruktionen, wie sie bei größeren Muskulaturverletzungen oder Verbrennungen vorgefunden werden, durch intravasale Hämolyse oder Freisetzung von Myoglobin ein akutes, prärenales Nierenversagen hervorrufen. Hierbei kommt es zu einer plötzlichen Verlegung der Nierentubuli durch Hämoglobin und Myoglobin und nachfolgender Tubulusnekrose („Crush-Niere“).

Das akute Nierenversagen als Folge eines *TUR-Syndroms* ist prärenaler Genese. Beim TUR-Syndrom handelt es sich um eine schwerwiegende Störung des Wasser- und Elektrolythaushaltes: Bei Verwendung isotoner Spülflüssigkeiten im Rahmen der *t*rans*u*rethralen

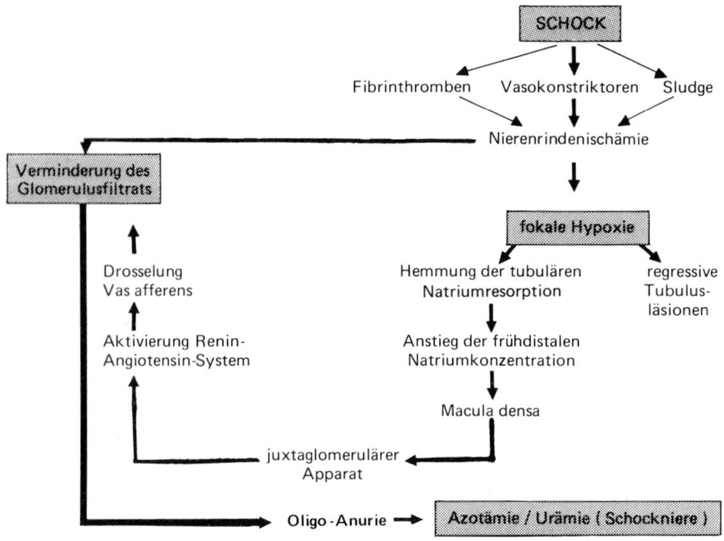

Abb. 1.5 Pathophysiologie des prärenalen Nierenversagens. Die *Hypovolämie* führt entweder direkt über eine Verminderung der GFR oder indirekt über einen *hypoxiebedingten* Tubulusschaden zum Nierenversagen.

*R*esektion (= TUR des benignen Prostataadenoms) kann es durch Kapselperforation und Eröffnung der großen Venenplexus zur intravasalen Einschwemmung kommen. Im weiteren Verlauf entsteht eine *hypotone Hyperhydratation* (Wasserintoxikation, Hyponatriämie, metabolische Azidose), die in schweren Fällen bis zu Schockzuständen mit akutem Nierenversagen führt. Der Anästhesist erkennt dieses Resektionssyndrom an Nausea, Unruhe, Blässe, Bradykardie und initialem Blutdruckanstieg. Die Elektroresektion wird sofort abgebrochen. Zur Reduzierung der Einschwemmung werden während der TUR ein Diuretikum sowie prophylaktisch *NaCl* gegeben und außerdem die Grenze der Resektionsdauer auf 60 Minuten festgelegt (vgl. Tab. 4.6; S. 114).

B. Renales Nierenversagen

Toxische Einflüsse wie Tetrachlorkohlenstoff, Chloroform, Toluol, Schlangen- und Pilzgifte sowie entzündliche Noxen (z.B. infolge einer Urosepsis) können zu einer direkten Schädigung der Tubuli oder Glomerula führen (s. GK „Innere Medizin").

Eine besondere Form des renalen Funktionsverlustes ist die *fokale Glomerulosklerose*. Diese Glomerulopathie wird bei unilateraler Agenesie der Niere, frühkindlicher Nephrektomie oder unilateraler chronischer Pyelonephritis beobachtet und auf die Hyperperfusion und Hyperfiltration der verbleibenden Nephrone zurückgeführt (*Brenner* 1982). Nach der Pubertät muß der Nephronenverlust erheblich sein, um eine fokale Glomerulosklerose der Restniere nach sich zu ziehen. Bei Lebendspendern einer Niere wurde dies im Laufe einer 20jährigen Kontrolle nicht beobachtet (*Tapson* 1985).

C. Postrenales Nierenversagen

Jede bilaterale, akute, nicht überwindbare Obstruktion der ableitenden Harnwege kann über einen Harnstau mit Volumen- und Druckbelastung des renalen Tubulusapparates zum Nierenversagen führen. Von den drei möglichen postrenalen Ebenen der Obstruktion (Ureter, Blasenhals, Harnröhre) ist die akute Einengung beider Ureteren (vgl. Tab. 1.1, S. 15) sowie des Blasenausganges am häufigsten (s. Kapitel 1.3 „Störungen des Harntransportes"). Häufigste Ursache eines akuten postrenalen Nierenversagens auf Ureterebene ist die bilaterale Ureterokklusion durch Harnsäurekonkremente und -ausgüsse: *Uratverstopfung*.

1.2.3 Klinische Zeichen des akuten Nierenversagens

Das Kardinalsymptom des akuten Nierenversagens ist die plötzliche Reduktion der Harnausscheidung *(oligurische Phase)*. Die Oligurie kann, muß aber nicht in eine komplette Anurie übergehen.

Bei leichter Schädigung im Rahmen eines prärenalen ANV beobachtet man häufig, daß die oberflächlichen Nephrone funktionstüchtig bleiben. Sie sind mit ihrer kurzen Henleschen Schleife weniger empfindlich, weisen aber ein geringeres Konzentrationsvermögen auf. Durch ihre erhöhte osmotische Belastung entsteht das sogenannte non- oder polyurische akute Nierenversagen.

Wird noch Urin ausgeschieden, so liegt eine Isosthenurie vor. Klinisch treten Inappetenz, Nausea, Erbrechen und evtl. Hypertonie auf; der Patient wird somnolent. Mit zunehmender Intoxikation durch die Azotämie und Störung des Elektrolyt- und Säure-Basen-Haushaltes (Hyperkaliämie, Hyponatriämie, metabolische Azidose) werden die Zeichen der *Urämie*, die den ganzen Organismus erfaßt, manifest:

- *ZNS:* Urämische Enzephalopathie, Koma, neuromuskuläre Übererregbarkeit.
- *Herz:* AV-Block, Kammerflimmern bis zum Herzstillstand, urämische Perikarditis.
- *Lunge:* Pneumonie, Pleuritis, „Fluidlung".
- *Magen-Darmtrakt:* Gastroenteritis, Durchfälle.

Der weichenstellende Untersuchungsschritt ist der abdominale Ultraschall (Abb. 1.6)

1.2.4 Terminales chronisches Nierenversagen

Das akute Nierenversagen kann, falls eine restistutio ad integrum wegen der Schwere und des Ausmaßes der primären Schädigung des Nephron-Apparates nicht eintritt, in eine chronisch-progrediente Verlaufsform übergehen.

Ursachen sind in folgender Häufigkeit: Glomerulonephritis (50%), Pyelonephritis (20%), Zystennieren (8%), seltener renovaskuläre Erkrankungen und medikamentenbedingte Nephropathien, beispielsweise Phenazetinnieren. Die wesentliche urologische Ursache der chronisch-progressiven Niereninsuffizienz ist allerdings die fortschreitende, destruierende Entzündung auf dem Boden einer chronischen Pyelonephritis (s.S. 153).

Neben den die chronische Pyelonephritis begünstigenden und unterhaltenden Faktoren wie Harnabflußstörungen des unteren Traktes (s.S. 15), vesikoureteraler Reflux, Mißbildungen, Urolithiasis, iatrogene Fremdkörper (Nephrostomie) können Prozesse, die eine progrediente Rarefizierung des intakten Nierenparenchyms hervorrufen, eine chronische Niereninsuffizienz induzieren: multiple Nierenzysten, Zystennieren, Tumor in einer Einzelniere oder Tuberkulose einer Einzelniere.

Das klinische *Syndrom* der chronischen Niereninsuffizienz beinhaltet neben der Azotämie und den Wasser-, Elektrolyt- und Säure-Basen-Störungen folgende Begleiterscheinungen.

- Anämie,
- renale Osteodystrophie,
- gastrointestinale Störungen,
- neuromuskuläre Störungen,
- kardiopulmunale Störungen.

Entsprechend der Hypothese des *„intakten Nephrons"* reagieren die noch erhaltenen funktionstüchtigen Nephrone mit einer adaptiven Erhöhung der glomerulären Filtration. Da hierdurch eine erhöhte Konzentration harnpflichtiger Substanzen im Primärharn dieser gesunden Nephrone erscheint, antwortet das noch erhaltene Tubulussystem mit einer verminderten Wasserreabsorption — die Bedingungen einer osmotischen Diurese entstehen (Abb. 1.7).

Das Durstgefühl ist in der Regel ungestört und sorgt für einen ausreichenden Ersatz der durch die osmotisch bedingte „Zwangspolyurie" verlorene Flüssigkeit. Eine Flüssigkeitszufuhr von 2—3 Litern täglich ist dabei sinnvoll, da über einen höheren Urinfluß mit geringerer tubulärer Kontaktzeit eine Mehrausscheidung von Harnstoff möglich ist. (Harnstoff unterliegt der glomerulären Filtration und einer von der tubulären Kontaktzeit abhängigen tubulären Reabsorption). Das

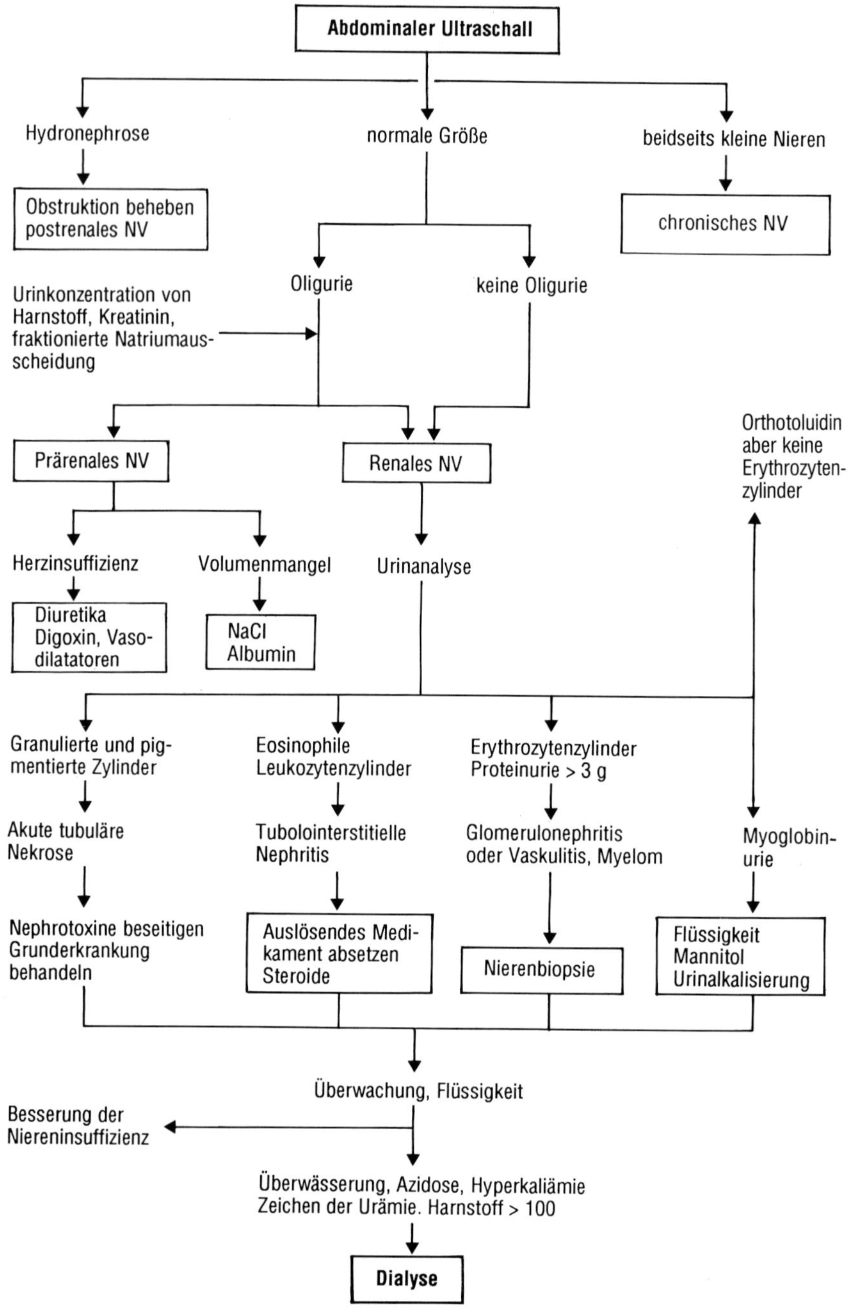

Abb. 1.6 Untersuchungsgang bei erhöhtem Serumkreatinin nach Anamnese und klinischer Untersuchung.

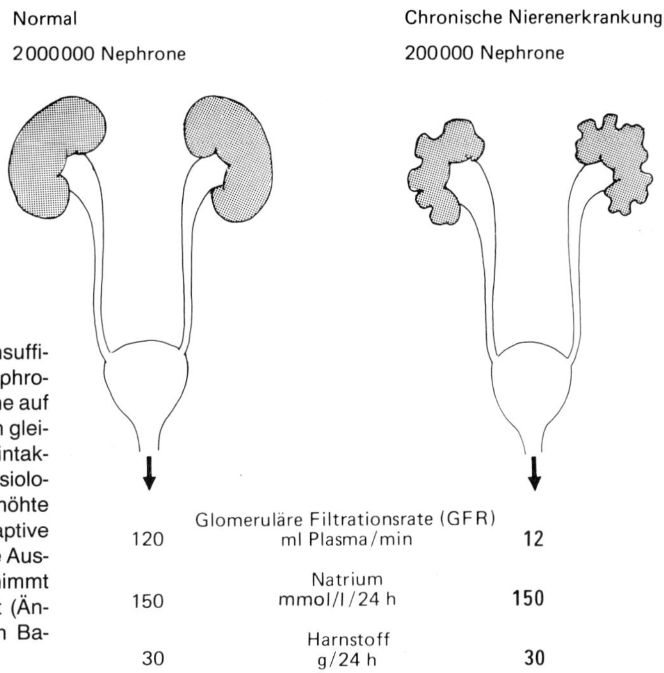

Abb. 1.7 Chronische Niereninsuffizienz: Adaption erhaltener Nephrone. Ist die Zahl intakter Nephrone auf 1/10 reduziert, so ist die GFR im gleichen Verhältnis vermindert. Die intakten Nephrone reagieren „physiologisch", sie bewältigen eine erhöhte Ladung gelöster Stoffe, eine adaptive osmotische Diurese tritt ein: Die Ausscheidung gelöster Stoffe nimmt *nicht* zu, da die GFR abnimmt (Änderung der glomerulotubulären Balance).

Maximum der Harnstoffausscheidung liegt bei 2,5 Litern täglich.

Die Polyurie bei chronischer Niereninsuffizienz ist also nicht nur Folge der geschädigten Nephrone, sondern ebenso Ausdruck der kompensatorischen Funktionssteigerung verbliebener funktionstüchtiger Parenchym-Anteile. In diesem Stadium der Kompensation können insuffiziente Nieren mitunter mehrere Jahre (Kreatinin im Serum 4–6 mg%; SI = 354–530 μmol/l) verharren. Erst wenn diese erhöhte glomerulo-tubuläre Balance nicht mehr aufrechterhalten werden kann, tritt der Übergang in eine *terminale Niereninsuffizienz* ein.

Besondere Vorsicht ist im Stadium der kompensierten und dekompensierten Retention bei der Applikation von Röntgenkontrastmittel geboten. Es besteht die Gefahr einer Osmodiurese mit Dehydration und weiterer Funktionseinschränkung der Niere durch Hypovolämie.

Schließlich werden Hämodialyse oder Nierentransplantation zur Lebenserhaltung notwendig. Bei der Auswahl chronisch niereninsuffizienter Patienten zur Hämodialyse sind folgende Kriterien zu beachten:

- Weitere Grunderkrankungen (Diabetes, Hypertonie, Malignom, Tuberkulose);
- Reduzierter allgemeiner Gesundheitszustand;
- Eingeschränkte Lebenserwartung;
- Möglichkeit der Heim- und Urlaubs-Dialyse (Beruf, Intelligenz, häusliche Situation, Ehepartner, Möglichkeit ärztlicher Überwachung).

Nachteile der Hämodialyse sind Zeitverlust durch die dreimal wöchentliche Dialyse, schmerzhafte Fistelpunktion, Abhängigkeit von der Verfügbarkeit der Maschine, eingeschränkte Trinkmenge bei oligoanurischen Patienten und kaliumarme Kost. Außerdem sind die urämiespezifischen Komplikationen, wie Anämie, Osteopathie, Neuropathie, erektile Dysfunktion und Hepatitis-Risiko zu nennen. Aus diesen Nachteilen für die Dialyse resultieren die Vorteile der Nierentransplantation. Ein Patient mit einem funktionstüchtigen Transplantat kann deutlich mehr berufliche Tätigkeiten ausüben als ein dialysepflichtiger Patient (soziale Rehabilitation). Nachteile der Nierentransplantation sind perioperative Mortalität (bis 5%), operationsbedingte

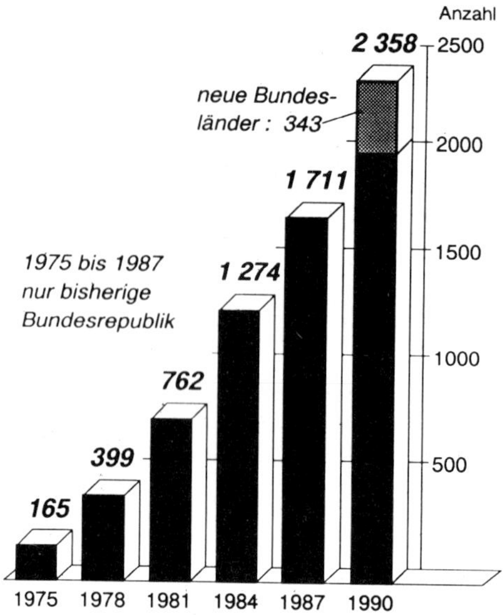

Abb. 1.8 Nierentransplantationen in Deutschland 1975–1990. Im Jahr 1990 ist die Zahl der transplantierten Nieren in der bisherigen Bundesrepublik erstmals auf über 2000 gestiegen. Einschließlich der 343 Organübertragungen in den neuen Ländern konnten somit 2358 Patienten die Unabhängigkeit von der Dialyse erlangen (Kuratorium für Heimdialyse 1991).

Komplikationen (z.B. Striktur der Harnleiterblasenanastomose, Insuffizienz der Gefäßanastomose), Komplikationen der immunsuppressiven Therapie mit Zyklosporin A, Kortikosteroide oder Azathioprin.

Hauptproblem der Nierentransplantation ist die eingeschränkte Verfügbarkeit von Spendernieren, so daß geeignete Empfänger trotz der Eurotransplantat-Organisation mit Sitz in Leiden häufig Wartezeiten bis zu mehreren Jahren in Kauf nehmen müssen. Trotz der erfreulichen Entwicklung (Abb. 1.8) bleiben die Transplantationszahlen hinter dem Bedarf zurück.

Voraussetzung und Vorbereitung des Patienten für die Nierentransplantation s.S. 13.

1.2.5 Antibiotikatherapie bei Niereninsuffizienz

Für Penicilline und Cephalosporine mit großer therapeutischer Breite kann in der Regel eine Niereninsuffizienz bis zu einem Plasmakreatinin von etwa 2,5 mg/dl unberücksichtigt bleiben. Aminoglykoside sollten auch dosisreduziert nur ausnahmsweise, d.h. mit enger Indikationsstellung, bei Niereninsuffizienz angewendet werden. Generell können alle Antibiotika bis zu einem Kreatininwert von 1,5 mg/100 ml (SI: 132 μmol/l) normal dosiert werden, bei höhreren Werten ist Nitrofurantoin gefährlich; andere vorwiegend harnantiseptische Antibiotika werden abnehmend wirksam. Im Einzelfall ist eine strenge Dosisanpassung (höchste empfohlene Dosis, Dosisintervall) an die GFR nach entspechenden Tabellen (*Höffler* 1984) notwendig.

1.3 Störungen des Harntransportes

Ist der Harnabfluß zwischen der Papillenspitze und dem Meatus urethrae gestört, liegt eine *obstruktive Uropathie* im weitesten Sinne vor. Die Behinderung kann mechanisch oder funktionell sein. Beispiele sind: Der eingeklemmte Harnleiterstein *(mechanisch-intrinsisch)*, Zusammenschnürung des Harnleiters bei der retroperitonealen Fibrose *(mechanisch-extrinsisch)* und die neurogene Blasenentleerungsstörung *(funktionell)*. Die obstruktive Uropathie wird durch Harnstauung und Harnwegsinfekt kompliziert. Sie ist ein zentrales Problem in der Urologie.

1.3.1 Ätiologie und Pathogenese

Die Palette der Ursachen ist zu gliedern in *kongenitale* und *erworbene* Harnentleerungsstörungen (Tab. 1.1). Darüber hinaus unterscheidet man zweckmäßigerweise zwischen *supravesikalen, vesikalen* und *infravesikalen Harnentleerungsstörungen*. Bei supravesikaler Obstruktion kommt es zum Harnrückstau in der

Tabelle 1.1 Einteilung der Harnentleerungsstörungen (kursiv = häufig).

Sitz	Entstehung	Ursache
Supravesikal	**kongenital**	*subpelvine Stenose* hoher Ureterabgang Hufeisenniere retrokavaler Ureter V. ovarica dextra-Syndrom primärer Megaureter vesikoureteraler Reflux Ureterozele, Ureterektopie
	erworben	*Stein* (Papille, Koagel) urothelialer Tumor tuberkulöse Ureterstriktur postoperative Ureterstriktur radiogene Ureterstriktur extrinsische Ureterkompressionen (Morbus Ormond, Tumoren)
Vesikal	**kongenital**	neurogene Blase
	erworben	Blasentumor radiogene Schrumpfblase interstitielle Zystitis Blasenstein neurogene Blase
Infravesikal	**kongenital**	Blasenhalsstenose Urethralklappen Utrikuluszyste Meatusstenose Harnröhrenstenose Urethraldivertikel Phimose
	erworben	*benigne Prostatahyperplasie* *posttraumatische Harnröhrenstriktur* radiogene Harnröhrenstriktur Harnröhrentumor Prostatakarzinom

zugeordneten Niere: eine Abflußstörung im oder unter dem Blasenniveau wirkt sich auf beide Nieren aus. Es gilt die Regel, je näher zur Niere eine Abflußbehinderung lokalisiert ist, um so kürzer ist der Zeitraum bis zur Entwicklung einer hydronephrotischen Nierenatrophie.

1.3.2 Rückwirkungen auf Nierenparenchym und ableitende Harnwege

Eine akute Abflußbehinderung führt zur Harnstauungsniere, eine Krankheitsbezeichnung für einen *reversiblen* Prozeß mit Ektasie des Harnleiters und des Nierenhohlsystems. Im Ausscheidungsurogramm hängt die Kontrastmittelausscheidung der betroffenen Seite gegenüber der gesunden Niere nach. Der Parenchymmantel, der das Nierenbeckenkelchsystem umgibt, ist noch normal breit, d.h. 1,5–2,5 cm.

Der chronische Verschluß des Harnleiters führt zur *irreversiblen* ischämischen Atrophie (nicht Druckatrophie) des Nierenparenchyms. Die Ursache hierfür ist ein Spasmus präglomerulärer Gefäße. Dieser wird durch ein vasoaktives Prostaglandin ausgelöst (*Hu-*

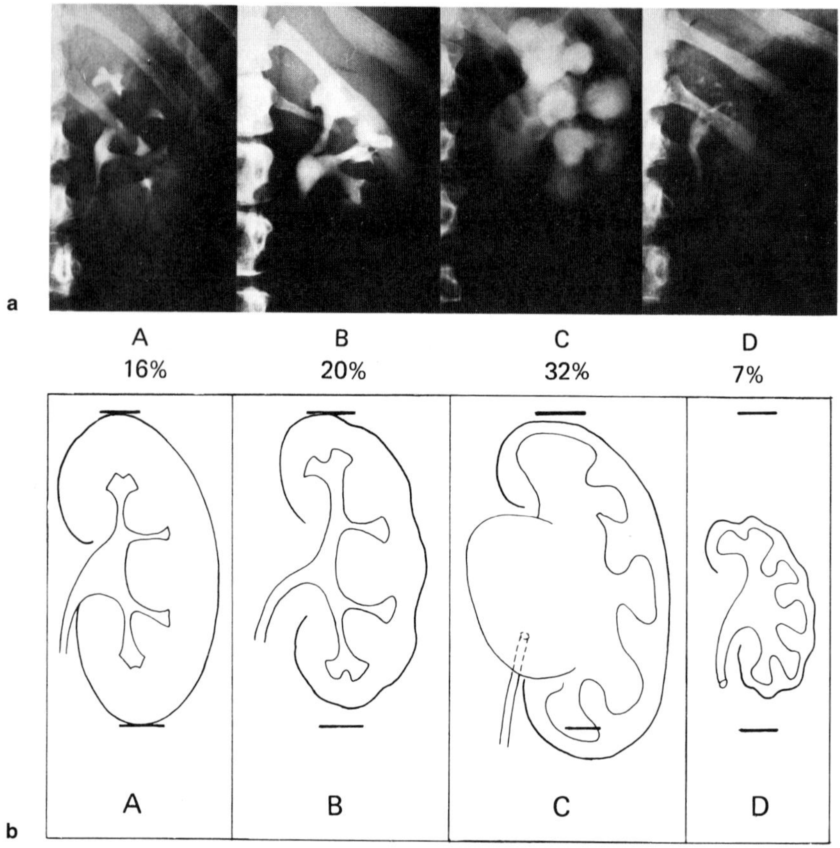

Abb. 1.9a, b Klassifikation entzündlich-obstruktiver Nierenschädigungen in Anlehnung an *Smellie*.
a Urogramm-Montage und Häufigkeitsverteilung am Beispiel der Reflux-Nephropathie im Erwachsenenalter.
b Schemazeichnung.
A = geringe radiomorphologische Vernarbung; B = ausgeprägte Vernarbung; C = Stauungsniere; D = Schrumpfniere (Endstadium).

land und Mitarb., 1983). Es besteht zwar auch eine Nierenbeckenkelchektasie wie bei der akuten Abflußbehinderung, aber die Sekundärkelche sind kolbig deformiert und meist unregelmäßig begrenzt. Pathologisch-anatomischer Endzustand ist die Hydronephrose mit Rarefizierung des Nierenparenchyms, das bis zu einer papierdünnen Hülle aufgebraucht sein kann (Abb. 1.9, Typ C).

Die chronische Obstruktion der harnableitenden Wege endet im Nierenversagen infolge des Stauungsdruckes und der Urinstase, die eine chronisch-destruktive Pyelonephritis begünstigt (Abb. 1.9, Typ D).

Im *Urogramm* wird das Ausmaß der Harnstauung der postobstruktiven renalen Parenchymschädigung nach *Smellie* (Abb. 1.9) und das Ausmaß der Harnstauung nach *Emmett* (Abb. 1.10) klassifiziert.

1.3.3 Pathophysiologie

Die pathophysiologischen Auswirkungen der Harnentleerungsstörung auf die Niere werden als *obstruktive Nephropathie* bezeichnet (Abb. 1.9 und 1.10).

Die Niere verfügt über intrinsische autoregulatorische Mechanismen, die eine Auswirkung von systemischen Blutdruckschwankungen auf die renale Durchblutung bis zu einem bestimmten Ausmaß vermeiden.

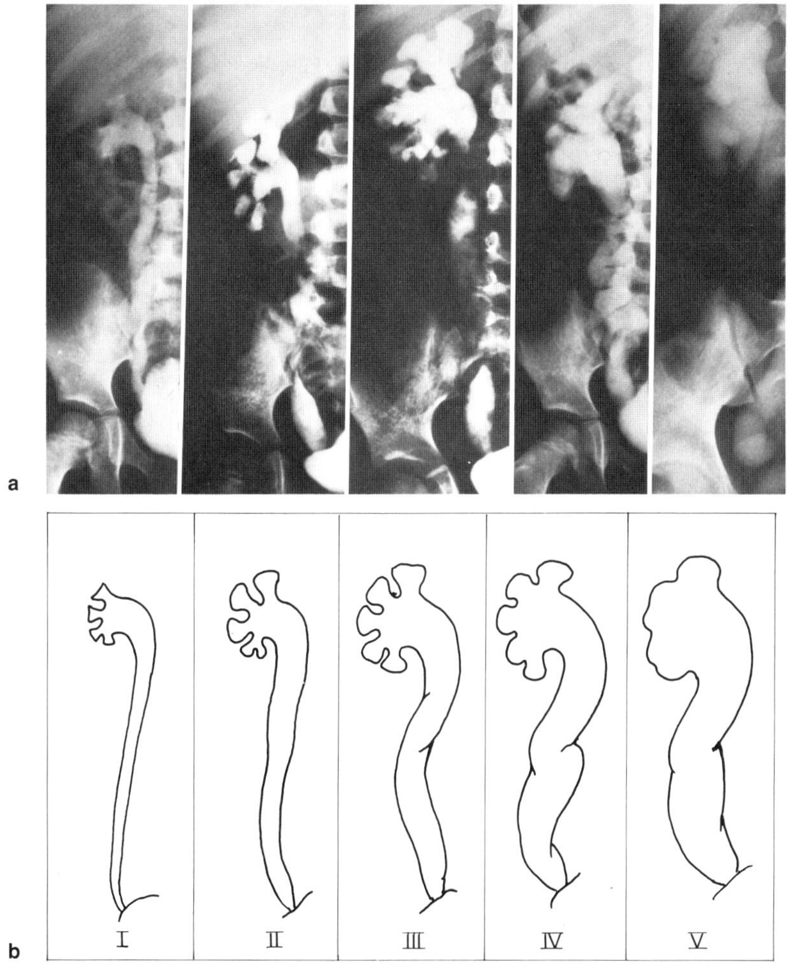

Abb. 1.10 a, b Klassifikation der Harnstauungsniere in Anlehnung an *Emmett*.
a Urogramm-Montage.
b Schemazeichnung.

Nach experimentell induzierter einseitiger Ureterobstruktion wurde das Verhältnis von Nierendurchblutung zum Ureterdruck untersucht. Dabei lassen sich drei Phasen voneinander unterscheiden. *Phase I* beginnt in der ersten Stunde der Obstruktion. Nierendurchblutung und Ureterdruck steigen an (Abb. 1.11). Durch eine maximale Weitstellung des Vas afferens erhöht sich der hydrostatische Druck proximal der efferenten Arteriole in der Glomerulumkapillare. Die Durchblutung von Mark und Rinde nehmen zu. Eineinhalb bis zwei Stunden nach Obstruktion beginnt die *Phase II*. Die Nierendurchblutung nimmt ab, während der Ureterdruck weiter ansteigt. Dies wird durch eine zunehmende Widerstanderhöhung im Bereich des Vas efferens bei zunehmender Engstellung des Vas afferens erreicht. Somit fällt die Nierendurchblutung mit zunehmender Ureterblockade wieder unter Präobstruktionswerte ab. In der *III. Phase*, auch chronische Phase genannt, (Auftreten 5–18 Std. nach Beginn der Obstruktion), fallen Nierendurchblutung und Ureterdruck offenbar durch eine Widerstandserhöhung im Bereich des Vas afferens ab, welche bereits in der

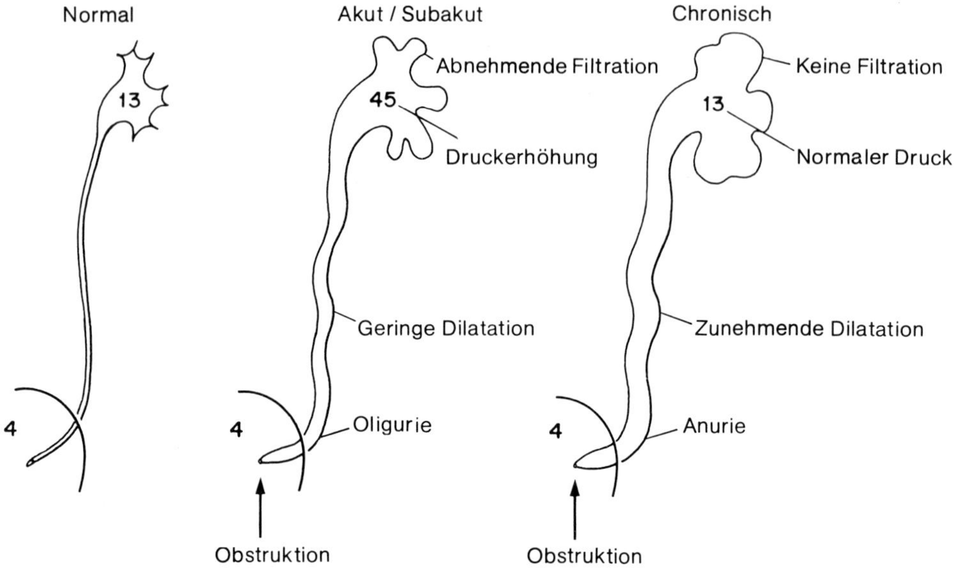

Abb. 1.11 Druckverhalten im Pyelon bei akuter, subakuter und chronischer Harnleiter-Obstruktion. Der intravesikale Druck bleibt konstant (Drucke in cm H_2O).

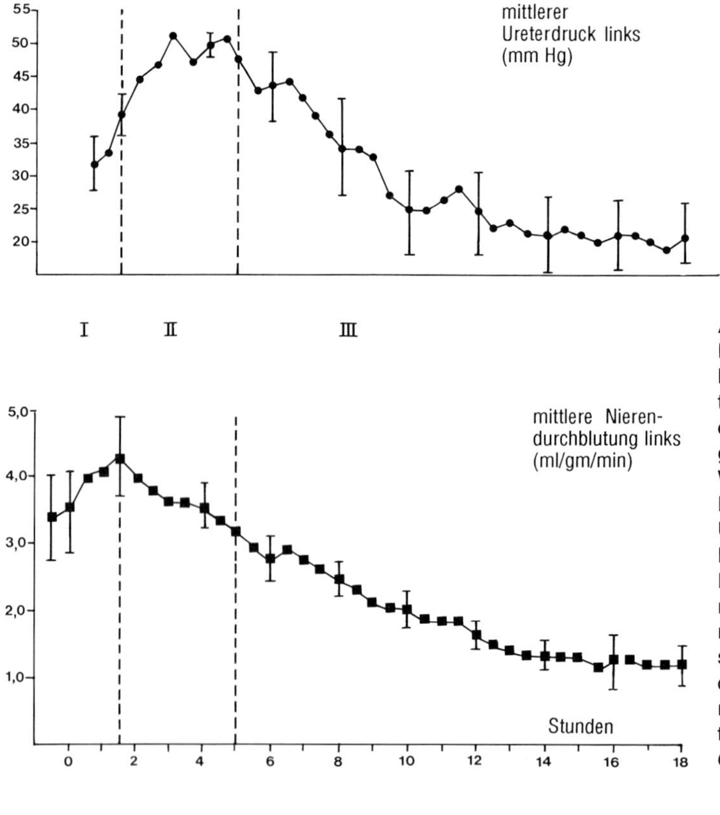

Abb. 1.12 Dreiphasige Beziehung zwischen ipsilateraler Nierendurchblutung und linkem Ureterdruck während 18stündiger Ureterokklusion links. Während Phase I steigen Nierendurchblutung und Ureterdruck gemeinsam. In der II. Phase fällt die Nierendurchblutung, während der Ureterdruck zunächst erhöht bleibt, dann sogar weiter ansteigt. In der III. Phase fallen Nierendurchblutung und Ureterdruck gemeinsam (nach *Gillenwater* 1986).

II. Phase beginnt, nun aber ihr Maximum erreicht (Abb. 1.12).

Die ischämische Schädigung betrifft überwiegend die distalen Nephronabschnitte und ist abhängig von Grad und Dauer der Obstruktion. Bereits frühzeitig fällt die Durchblutung der inneren Medulla auf ein Drittel der Nierendurchblutung. Mit zunehmender Obstruktion werden auch die proximalen Tubuli betroffen, was durch Bestimmung des proximalen Bürstensaumproteins γ-Glutamyl-Transferase und den lysosomalen Enzymen N-Acetyl-Glucosaminidase (NAG) und α-Glucosidase nachgewiesen werden konnte (*Tataranni* et al. 1987; Abb. 1.13).

Nach 5wöchiger Ureterobstruktion ist die Nierendurchblutung auf 22 ml/min (normal 138 ml/min) abgesunken. Die Beseitigung einer derartigen 5wöchigen Ureterblockade führt zum Ansteigen der Nierendurchblutung auf 75 ml/min (innerhalb von 2–3 Wochen). Offenbar spielt bei der ischämischen Atrophie nach vollständiger Ureterobstruktion ein durch das Prostaglandin Thromboxan α_2 bedingter Gefäßspasmus eine Rolle. Therapeutisches Prinzip ist der Einsatz von Prostaglandin-Synthetase-Hemmern (Imidazol). Bei bilateralem Auftreten der Ureterobstruktion resultiert Anurie.

Obstruktion und Blutdruck

Die akute Ureterobstruktion verursacht einen Anstieg der Reninsekretion (s. Abb. 1.18 und 1.19, S. 24 und 25). Die Beziehung zwischen Harnabflußstörung und Aktivierung des Renin-Angiotensin-Aldosteron-Systems mit Blutdruckanstieg ist nur teilweise geklärt.

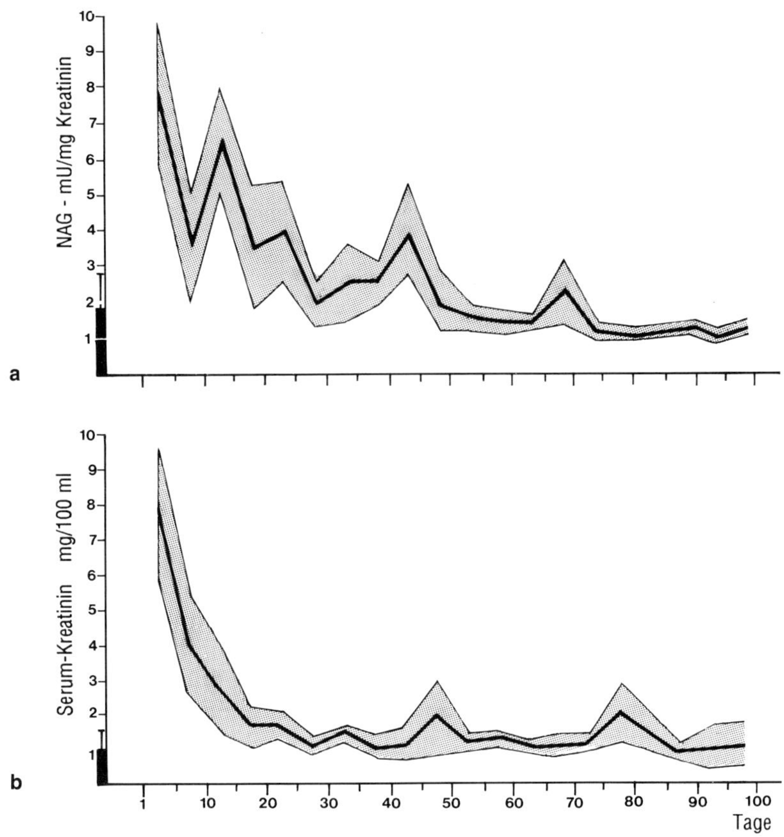

Abb. 1.13 a, b Abfall von NAG im Urin (**a**) und Kreatinin am Serum (**b**) nach Aufhebung der Obstruktion (Normalwert NAG 1,8 mU/mg Kreatinin) (nach *Tataranni* et al. 1987).

Offenbar wirkt die Harnstauung auf die Nierentubuli fort. Im proximalen Tubulus wird vermehrt Natrium resorbiert, und es resultiert im distalen Tubulus ein relativer Natriummangel im Bereich der Macula densa. Dieser Reiz ist offenbar spezifisch für die Reninausschüttung. Nach längerdauernder Stauung hört diese postobstruktiv vermehrte Renin-Sekretion auf.

Glomeruläre Filtration

Eine Ureterokklusion bewirkt einen Druckanstieg in den Nierentubuli und somit eine Abnahme der glomerulären Filtration. Nach 24-stündiger Ureterligatur sinkt die glomeruläre Filtrationsrate auf 50 % des Ausgangswertes. 3 Wochen nach Aufhebung der Ureterligatur ist die glomeruläre Filtrationsrate wieder auf 2/3 des Wertes vor der Ureterligatur angestiegen. Die Entfernung der Gegenniere verkürzt diese 3wöchige Erholungszeit *(Prinzip der renalen Counterbalance)*.

Tubulusfunktion während der Obstruktion

Die Urinosmolalität der akut obstruierten Niere steigt mit zunehmendem Ureterdruck unter einer Wasser- und Kochsalzdiurese. Überschreitet der Ureterdruck 40 cm H_2O (SI: 4 kPa), wird der intrarenale osmotische Druckgradient aufgehoben. Mikropunktionsstudien, mit denen allerdings nur oberflächliche Nephrone untersucht werden können, zeigten, daß unter Ureterdrucken bis 50 cm H_2O (SI: 4,9 kPa) das Absinken der glomerulären Filtrationsrate mit einem Anstieg der proximalen Tubulusresorption beantwortet wurde. Demnach bleibt bei partiellem Ureterverschluß die glomerulotubuläre Balance erhalten. Möglicherweise ist hierfür ein Ansteigen der tubulären Transitzeit unter Obstruktionsbedingungen verantwortlich.

Chronische teilweise Obstruktion führt zunächst zu einer Einschränkung der Konzentrationsfähigkeit. Mit zunehmender Dauer werden die Transportprozesse im proximalen Tubulus gestört, die glomeruläre Filtration wird erst später eingeschränkt. Im Vergleich zur nicht erkrankten Seite führt dies zur Produktion eines Urines von größerer Osmolalität, da die Filtrationsfraktion ansteigt.

Durch Clearanceuntersuchung mit Inulin und PAH kann man die Funktion der glomerulären Filtration und des proximalen Tubulus (renaler Plasmafluß) bestimmen. Der Quotient aus GFR und renalem Plasmafluß (RPF) ergibt die Filtrationsfraktion (FF) und bedeutet unter physiologischen Verhältnissen, das 1/5 des die Nieren durchfließenden Plasmas zu Filtrat wird. Verringert sich ausschließlich die proximale Tubulusfunktion (das tubuläre Transportmaximum für PAH sinkt), so steigt nach dem Quotienten

$$FF = GFR/RPF$$

die Filtrationsfraktion an und führt zu einer Mehrbelastung der distalen Tubuli mit Ultrafiltrat (Überlaufphänomen). Dies führt zu osmotisch bedingter Polyurie. Zusätzlich liegt eine ischämisch bedingte Schädigung der distalen Tubulusfunktion vor. Die distalen Tubuli sind ADH refraktär; nephrogener Diabetes insipidus ist die Folge.

Weitere Teilstörungen sind:

- eingeschränkte Konzentrationsfähigkeit,
- eingeschränkte Azidifikation und
- erniedrigte Ammoniumausscheidung (unter Ammoniumchloridbelastung).

Tubulusfunktion nach der Obstruktion

Je länger die Obstruktion anhält, um so größer ist die Funktionsschädigung. Bereits nach einer 5minütigen Ureterobstruktion wurde im Tierexperiment für die nachfolgenden 4 Stunden eine eingeschränkte Osmolalität gefunden. Besonders auffallend ist eine eingeschränkte Natrium- und Wasserreabsorption in der Henleschen Schleife, die bis zu einem 2fachen Anstieg der Natrium-Belastung für den distalen Tubulus führt. Es resultiert eine postobstruktive Salzverlustniere mit Kaliurese und Natriurese. Außer dem Salzverlust ist auch die vermehrte Wasserausscheidung (hypotone Polyurie) typisch für die *postobstruktive Diurese*. Eine Eindämmung der Wasserausscheidung mit ADH ist weder während der Obstruktion noch nach Beseitigung der Obstruktion möglich. Ursache für diese postobstruktive Salz- und Wasserdiurese ist ein Verlust des intrarenalen Osmogradienten zwischen Kortex und Papillenspitze. In der Folge kann das Haarnadel-Gegenstrom-Prinzip nicht mehr wirksam werden.

Neueren Untersuchungen zufolge scheint zusätzlich eine Ausschüttung von atrialem

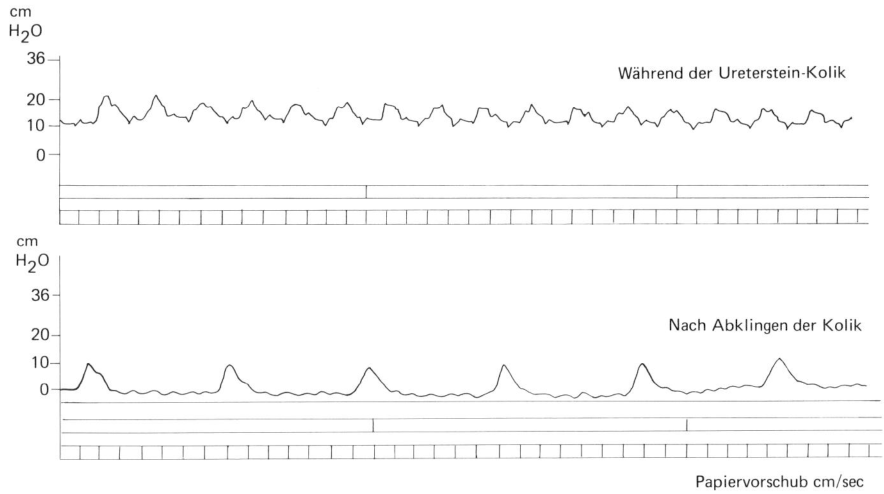

Abb. 1.14 Erhöhter Basisdruck und gesteigerte Kontraktionsrate ohne Anstieg der Kontraktionsamplitude während einer Ureterstein-Kolik. Normale Ureteraktivität nach Abklingen der Kolik.

natriuretischem Peptid (Auriculin), bedingt durch Hypervolämie bei bilateraler Ureterobstruktion, zur postobstruktiven Diurese und Natriurese beizutragen (*Laragh*, 1985).

Rückwirkung auf den Ureter

Die Auswirkungen der Ureterblockade können radiologisch (s.S. 17) und urorheomanometrisch erfaßt werden. Anhand von Druck- und Flowveränderungen lassen sich die Auswirkungen der Ureterabflußbehinderung besonders gut beschreiben (Abb. 1.14). Unter Verwendung des Zystoskops kann ein Urorheomanometer (entspricht einem Charr. 5-Ureterenkatheter) zur Messung in den Harnleiter eingeführt werden. Der Druck wird elektromanometrisch und der Flow anhand der Wärmeabgabe von einer Heizspirale im Sondenkopf registriert, wobei die abgegebene Wärmemenge eine Funktion der Flußgeschwindigkeit ist.

Jeder akute Steinverschluß mit Koliken zeigt eine Blockade des Harnflusses bei erhöhtem Basisdruck (Tonus) und erhöhter Frequenz ohne Veränderung der Amplitude der peristaltischen Welle (Abb. 1.15). Bei langdauernder Obstruktion mit urographisch nachweisbarer Megasierung des Harnleiters und Hydronephrose zeigt der Ureter einen

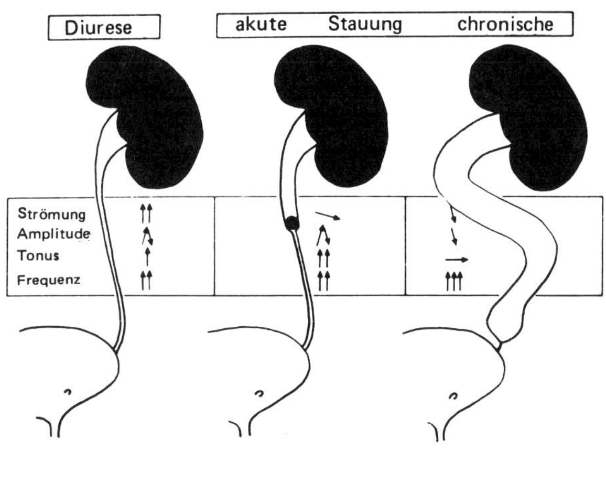

Abb. 1.15 Urodynamische Befunde im Harnleiter bei Diurese, akuter und chronischer Stauung (aus: *W. Lutzeyer* und *H. Melchior*, Ureterdynamik, Georg Thieme Verlag, Stuttgart, 1971).

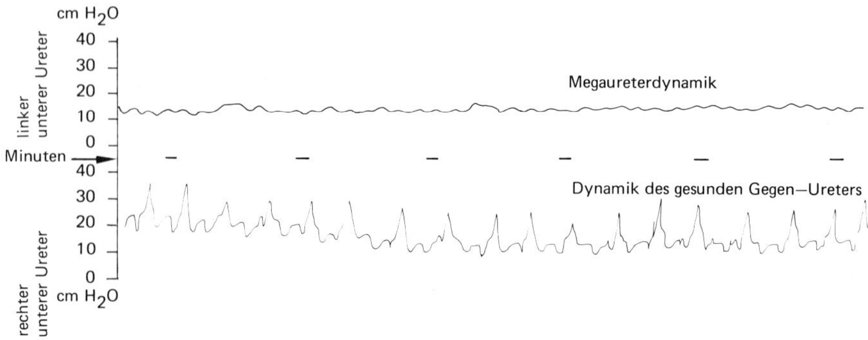

Abb. 1.16 Druckmeßkurve eines Megaureters mit minimaler Aktivität im Vergleich zur Aktivität des gesunden Gegenureters.

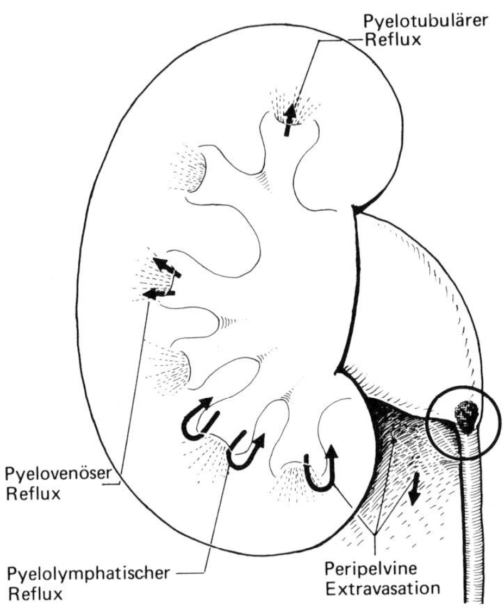

Abb. 1.17 Routen des Harnabtransportes bei akuter Steinblockade. Eine peripelvine Extravasation tritt als Folge einer Fornixruptur ein.

deutlichen Rückgang von Flow, Amplitude und Wandspannung. Die Frequenz kann gesteigert sein (Abb. 1.16). Bei vollständiger Ureter-Litagur ist der Ureterflow aufgehoben; von der blockierten Niere wird aber weiter Harn gebildet, der auf vier verschiedenen Routen abtransportiert wird (Abb. 1.17).

1.3.4 Lokalisation

Prädilektionsstellen für Abflußhindernisse der ableitenden Harnwege sind Ureterabgang, Gefäßkreuzungsstelle, transmuraler Ureterabschnitt, Blasenausgang, Beckenboden und Meatus.

1.3.5 Symptomatik

Leitsymptom der aktuten Harnleiterblockierung, meist durch einen Stein oder Blutkoagel, ist die Kolik, nach deren Abklingen noch dumpfe oder ziehende Schmerzen im Bereich des kostovertebralen Winkels bestehen (Nierenkapselspannung). Die Art der Schmerzausstrahlung läßt die Lage des Hindernisses vermuten. Hodenschmerzen treten vorwiegend bei hochsitzendem Hindernis auf. Bei Blasennähe werden die Beschwerden in die Skrotalhaut bzw. die Vulva fortgeleitet. Hat beispielsweise der Stein den transmuralen Ureterabschnitt erreicht, empfindet der Patient stechende Schmerzen in der Glans penis bzw. Klitoris mit begleitendem Harndrang.

Bei vorübergehender Einklemmung klingen die Schmerzen in wenigen Minuten oder erst nach Stunden oder Tagen (Dauer-Koliken) ab. Die Schmerzintensität verläuft wellenförmig. Vegetative Begleitsymptome sind Nausea, Erbrechen und Darmmotilitätsstörungen (Subileus). Die reflektorische Anurie ist selten. Eine Mikrohämaturie ist obligat, eine Makrohämaturie tritt bei Steinkoliken jedoch nur in einem Drittel der Fälle auf.

Der Kranke ist unruhig, sucht Schmerzlinderung durch Bewegung im Gegensatz zum Patienten mit Peritonitis. Die Haut ist blaß bis livide, kalt und schweißig. Das Nierenlager ist druck- und kopfschmerzhaft. Gelegentlich läßt sich auch ein Druckschmerz im Bereich des Ureterverlaufes auslösen. Abwehrspannung im ipsilateralen Ober- und Mittelbauch kann hinzutreten. Darmgeräusche sind spärlich oder fehlen, und es läßt sich ein tympanitischer Klopfschall hervorrufen.

Symptome der chronischen Harnentleerungs- beziehungsweise Harntransportstörung sind: diffuse, dumpfe Flanken- oder Oberbauchschmerzen sowie Druckdolenz im kostovertebralen Winkel. Eine längere Vorbehandlung unter der Annahme einer Diskopathie oder Ischialgie ist bis zur urographisch gesicherten Diagnose keineswegs selten (Differentialdiagnose des Kreuzschmerzes, Tab. 2.3, S. 43). Gastrointestinale Begleitsymptome, wie Nausea, allgemeines Krankheitsgefühl, Meteorismus oder Obstipation täuschen eine Erkrankung der Abdominalorgane (Ulcus duodeni, Cholezystopathie oder Adnexitis) vor.

Die partielle und intermittierende Harnstauung verursacht pyelonephritische Fieberschübe, zuweilen mit Schüttelfrost und stechenden Schmerzen durch vermehrte Nierenkapselspannung. Mikrohämaturie und Dysurie kennzeichnen die Phase des Harninfektes. Im Vordergrund stehen Miktionsbeschwerden und verleiten zur Diagnose rezidivierende Zystitis.

Bei der Untersuchung läßt sich über der betroffenen Niere ein diskreter Druck- und Klopfschmerz auslösen. Bei schlanken Patienten und ausgeprägter Hydronephrose ist die Niere zu tasten. Selten ist für kurze Zeit eine Erhöhung des systolischen und diastolischen Blutdrucks nachweisbar.

Die Abflußstörungen werden kompliziert durch:

1. Urosepsis mit oder ohne Endotoxin-Schock (s.S. 414);
2. Fornixruptur mit Urinextravasation (s.S. 39);
3. Hochdruckentstehung über eine Aktivierung des Renin-Angiotensin-Aldosteron-Systems (s.S. 24);
4. Steinbildung (s.S. 249).

1.3.6 Therapie

Bei kompletter Obstruktion einer Niere ist die Funktion noch nach 3 Wochen reversibel, wie Untersuchungen nach Ureterligatur zeigen. Nach Beseitigung des Hindernisses entwickelt sich eine *salzverlierende Niere*, die mehrere Liter Harn pro 24 Stunden bildet. Bei normaler kontralateraler Niere ist die Erholung der entlasteten Niere schlechter als bei geschädigter Gegenniere (renale Counterbalance-Theorie von *Hinman*; vgl. S. 20).

Die Behandlung der spezifischen Ursachen von Abflußstörungen ist in den jeweiligen Kapiteln angegeben.

1.4 Renale Hypertonie

Die mögliche renale Genese der *Hochdruckkrankheit* (= chronische Erhöhung des diastolischen Blutdruckes; WHO) gewann allgemein Anerkennung durch die klassische Versuchsanordnung von *Goldblatt*, in der dieser 1934 nachweisen konnte, daß einseitiges Abklemmen der Nierenarterie eine Hypertonie hervorruft, die nach Entfernung der Niere rückläufig ist. Die Hypothese der ischämieinduzierten arteriellen Hypertonie wurde danach durch klinische Beobachtungen einer Blutdrucknormalisierung nach Entfernung einer *entzündlich* oder *vaskulär* geschädigten, ischämischen Niere bestätigt.

Der Stellenwert der renalen Hypertonie im Rahmen der Gesamtheit möglicher Hypertonieformen ergibt sich aus Tabelle 1.2.

Pathophysiologie

Die renale Hypertonie ist als Entgleisung des normalen *Renin-Angiotensin-Aldosteron-Mechanismus* (RAA-System) aufzufassen, der a priori der Aufrechterhaltung eines suffizienten Kreislaufs (Normotonie und Normovolämie) dient (Abb. 1.18). *Renin*, ein Glykoprotein der α_2-Globulinfraktion, wird im juxtaglomerulären Apparat der Niere gebildet und wandelt in der Leber *Angiotensinogen* (Tetradekapeptid) in *Angiotensin I (Dekapeptid)* um. Durch Abspaltung von 2 Aminosäuren durch eine ubiquitäre Plasmapeptidase

Tabelle 1.2 Einteilung der chronischen Hypertonien.

A) Primäre (essentielle) Hypertonie

B) Sekundäre Hypertonieformen

1. *Renale Hypertonie*
   a) *Intrarenale Erkrankungen:*
   chronische Pyelonephritis
   chronische Glomerulonephritis
   diabetische Glomerulosklerose (Kimmelstiel-Wilson-Syndrom)
   Zystennieren
   chronische interstitielle Nephritis
   b) *ein- oder doppelseitige Nierenarterienstenose*
   c) *Seltenere Nierenerkrankungen:*
   Nierenamyloidose
   Plasmozytomniere
   Wegenersche Granulomatose der Nieren
   Nierenbeteiligung der Kollagenosen (Lupus erythematodes, Periarteritis nodosa)
   Reninbildender Nierentumor (primärer Reninismus)
   d) *Hochdruck bei Harnabflußstörungen:*
   Hydro- und Pyonephrose
   Strikturen bzw. Kompression des Ureters
   benigne Prostatahyperplasie
   Nephro- und Urolithiasis
2. *Kardiovaskuläre Hypertonie:*
   Aortenisthmusstenose
3. *Endokrin bedingte Hypertonieformen:*
   a) *Überfunktionszustände der Nebennierenrinde*
   Vermehrte Bildung von *Cortisol* (Cushing-Syndrom)
   Vermehrte Bildung von *Aldosteron* (primärer Aldosteronismus)
   Vermehrte Bildung von *Desoxycorticosteron*
   11β-Hydroxylasemangel
   17α-Hydroxylasemangel
   b) *Überfunktionszustände des Nebennierenmarks*
   Vermehrte Bildung von *Katecholaminen*
   Phäochromozytom und -blastom
   sog. Pseudophäochromozytom
   Nebennierenmarkhyperplasie

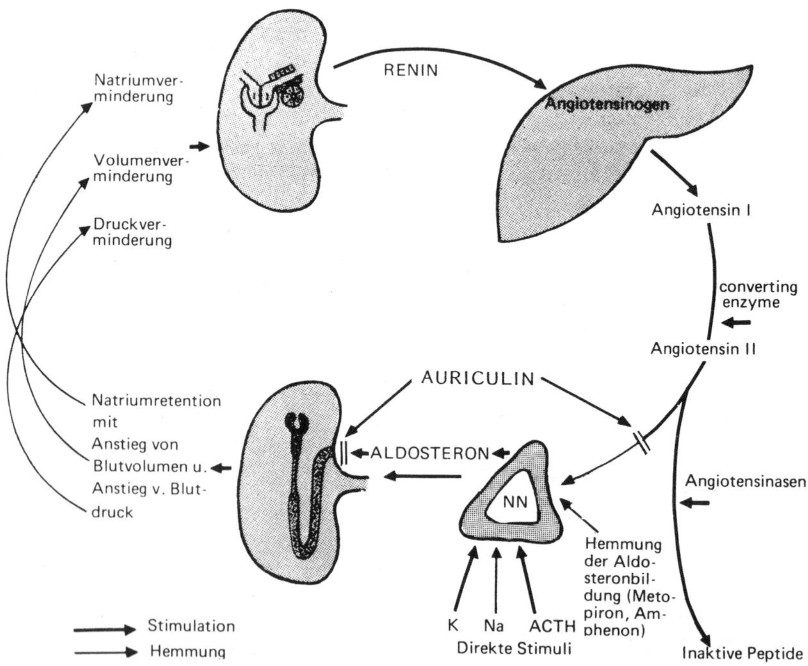

Abb. 1.18 *Renin-Angiotensin-Aldosteron* Regelkreis (RAA-System) → Normotonie + Normovolämie. Das atriale natriuretische Peptid (Auriculin) wirkt hemmend.

(„Converting-enzyme") entsteht das Oktapeptid *Angiotensin II*. Angiotensin II hat zwei blutdruckaktive Komponenten:

1. Starke vasopressorische Wirkung (ca. das 40fache des Norepinephrins).
2. Wichtigster Stimulator der adrenalen Aldosteronsekretion. Aldosteron ruft über eine vermehrte Natriumretention eine Vermehrung des Blutvolumens hervor.

Die Dysregulation der Reninausschüttung bei Nieren-Ischämie verläuft über Druck- und Volumenrezeptoren (Barorezeptoren) des juxtaglomerulären Apparates und über einen Elektrolytfühler an der Macula densa des distalen Tubulus, wo dieser an seinem aufsteigenden Schenkel das Glomerulum erneut berührt (Abb. 1.19).

Über beiden Rezeptorsystemen wird immer dann der Stimulus für die vermehrte Freisetzung von Renin gegeben, wenn der Körper (in diesem Falle die ischämische Niere) durch Hypovolämie sowie Hypotonie (und Salzverlust) bedroht ist (s. Abb. 1.18). Auriculin, das natriuretische Peptid, ist ein Opponent des Aldosterons der Niere und stoppt die Reninsekretion.

Damit wird die von der erkrankten Niere in die Vena renalis ausgeschiedene Reninmenge zum wichtigsten Parameter für die Diagnose der renal bedingten Hypertonie, oder anders ausgedrückt, für die Frage, ob bei Hypertonie eine gleichzeitig bestehende einseitige Nierenerkrankung als Hypertonieursache anzusehen ist (Reninlateralisation).

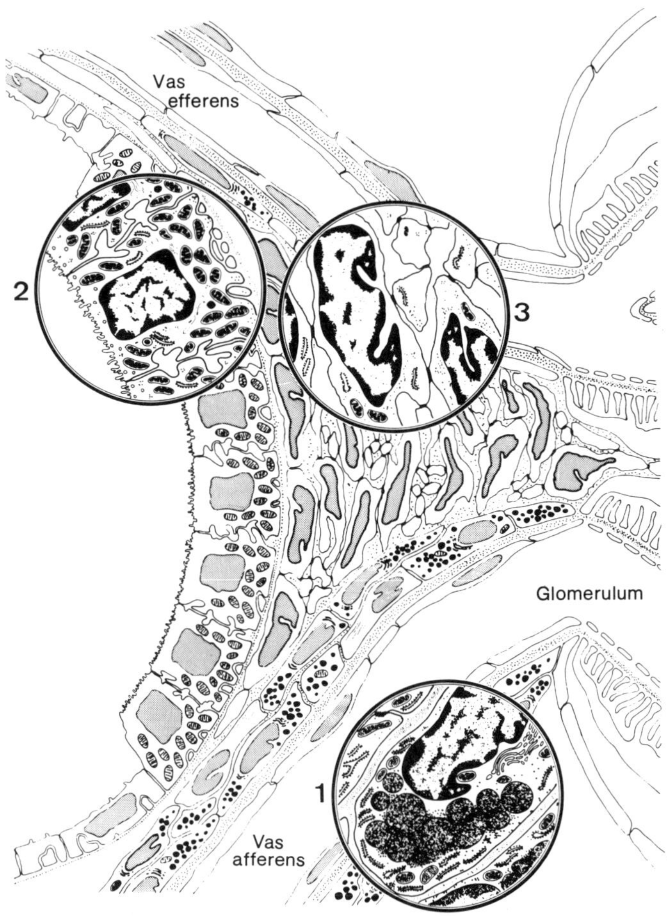

Abb. 1.19 Der juxtaglomeruläre Apparat besteht aus drei Zellkomplexen: den *epitheloiden Zellen* (1), der *Macula densa* (2) und den *Goormaghtigh-Zellen* (3). Die epitheloiden Zellen, in denen Renin synthetisiert wird, befinden sich im präglomerulären Gefäßabschnitt (*Peter* 1983).

Hochdruck bei einseitiger Nierenerkrankung

Unilaterale, hypertoniewirksame Nierenerkrankungen sind für den Urologen insofern von Bedeutung, als solche Hochdruckformen *operativ heilbar* sind. Pathophysiologisch ist eine Einteilung in *parenchymatöse* und *vaskuläre* Nierenveränderungen und ischämische Nierenschäden auf dem Boden von *Harnabflußstörungen* als Hypertonieursache möglich.

Die ischämische Niere ruft hervor:

- verminderte Urinproduktion,
- verminderte Natriumkonzentrierung,
- erhöhte Konzentration des Urinkreatinins,
- vermehrte Reninproduktion.

Einseitige hochdruckwirksame Parenchymveränderungen sind:

- Pyelonephritische Schrumpfniere (Hypertonie in 40% durch Nephrektomie heilbar);
- Chronische interstitielle Nephritis (40% mit Hypertonie);
- Zystennieren (bis zu 70% mit Hypertonie);
- Nierentuberkulose;
- Page-Niere (perirenales Hämatom; radiogene, konstriktive Perinephritis);
- Nierentumoren (Nierenzellkarzinom, Wilms Tumor, Reninom).

Die Page-Niere

Sie nimmt zwischen der renoparenchymatösen und renovaskulären Hypertonieform insofern eine Sonderstellung ein, als definitionsgemäß die Haupt-Nierengefäße frei durchgängig sind, ischämiewirksame Veränderungen der intrarenalen Hämodynamik jedoch durch Kompression oder Konstriktion der Niere bedingt sind. Die Nieren-Kompression ruft zunächst eine kortikale Ischämie mit erniedrigtem arteriellem und venösem Druck hervor und vermindert somit die glomeruläre Perfusion. Die Hypertonie tritt in Abhängigkeit von der zugrundeliegenden Ursache innerhalb von Stunden bis Jahren nach der Nieren-Kompression auf (*Page*, 1934).

Vorkommen

- Stumpfes Trauma mit sich organisierendem subkapsulärem oder perirenalem Hämatom,
- traumatisches oder postoperatives, chronisches pseudozystisches Extravasat (Urinom),
- spontanes, perirenales Hämatom (Tumor, Angiomyolipomatose, Periarteriitis nodosa),
- konstriktive, perinephritische Fibrose (nach Bestrahlungstherapie).

Diagnose

- Urogramm: abgeflachte Nierensilhouette, Verdrängung des Nierenbeckenkelchsystems;
- Angiographie: perirenale Gefäßdarstellung, Haupt-Nierengefäße intakt;
- Ultraschall: perirenal echoverstärkte Zone.

Therapie

In mehr als der Hälfte der Fälle kann die Hypertonie durch Nephrektomie oder Drainage und Evakuation der angesammelten Flüssigkeit (Dekompression) oder durch Dekortikation der Nieren-Einscheidung chirurgisch geheilt werden.

Hormonaktive Nierentumoren

Die häufisten reninsezernierenden Nierengeschwülste sind der Juxtaglomerularzelltumor (*Reninom*; primärer Reninismus) und der *Wilms Tumor* des Kindes. Vereinzelt wurden auch reninaktive *Nierenzellkarzinome* beschrieben, bei denen nach Tumornephrektomie eine Normalisierung des Blutdruckes eintrat.

Nicht alle Nierenkarzinom-Patienten mit gleichzeitiger arterieller Hypertonie (ca. 30%) reagieren nach Tumornephrektomie mit einer Normalisierung des Blutdruckes. Die Hochdruckkrankheit ist in solchen Fällen als selbständig anzusehen.

Einseitige vaskuläre Nierenveränderungen

- Nierenarterienstenose (Abb. 1.20),
- Nierenembolie mit Infarkt,
- Nierenvenenthrombose,
- Nierenarterienaneurysma (Abb. 1.20),
- Gefäßkomprimierende Nephroptose.

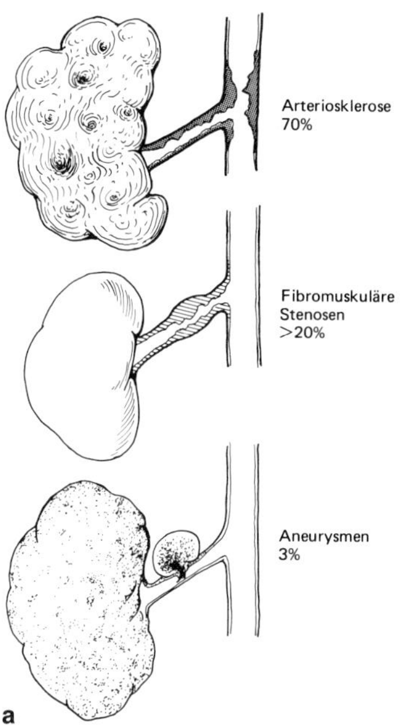

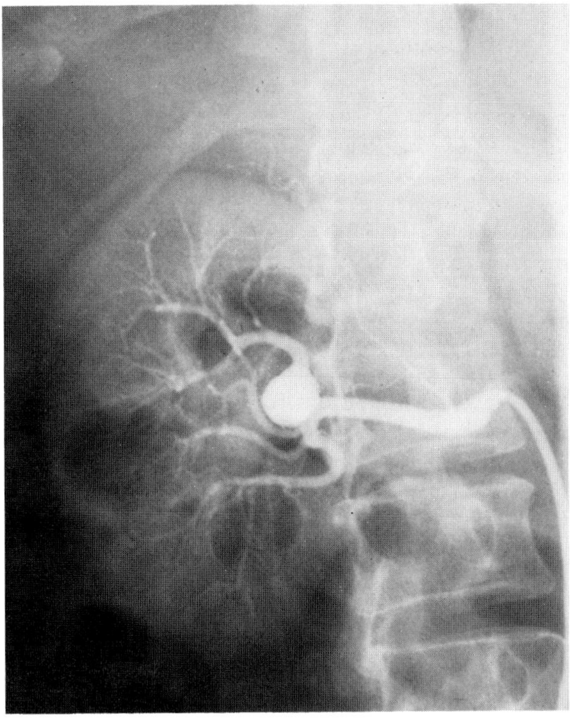

Abb. 1.20 a, b **a** Verschiedene Ursachen der renovaskulären Hypertonie mit mikroskopischer Nierenveränderung; in ca. 2,5 % sind kongenitale Mißbildungen, Embolien oder Kompressionen von außen ätiologisch.
b Nierenarterienaneurysma der rechten Seite bei einem 39jährigem Patienten mit arterieller Hypertonie und um den Faktor 2,1 erhöhtem Nierenvenen-Renin rechts (= Reninlateralisierung).

Tabelle 1.3 Ätiologien von Nierenarterienstenosen (Sammelstatistik nach *Heberer* und *Eigler;* n = 574).

Arteriosklerotische Stenosen	71,3 %
Fibröse Dysplasien	22,5 %
Aneurysmen	2,7 %
Hypoplasien	1,5 %
Idiopathische Thrombosen	1,1 %
Kompression von außen	0,5 %
Embolien	0,4 %

Die Ätiologie von Nierenarterienstenosen zeigt nach einer Sammelstatistik von *Heberer* und *Eigler* (1969) eine überwiegende Prädominanz arteriosklerotischer Stenosen (Tab. 1.3). Die chirurgische Erfolgsquote ist bei der fibrösen, anlagebedingten Dysplasie größer als bei der arteriosklerotischen Nierenarterienstenose. Es lassen sich Intima-, Media- und subadventielle Fibroplasien sowie fibromuskuläre Hyperplasien unterscheiden. Charakteristisch ist das Auftreten in der ersten Lebenshälfte.

Abklärung (Abb. 1.21)

Am Anfang der Abklärung des renovaskulären Hochdrucks steht neben der Anamnese die eingehende körperliche Untersuchung. Dabei ist der Beginn einer arteriellen Hypertonie von dem 30. oder nach dem 50. Lebensjahr auffallend. Der Verlauf der Hypertonie ist zunehmend progredient mit Entwicklung einer Retinopathie und zunächst unklarer Azotämie (Serum-Kreatinin >2.0 mg/dl; SI: > 170 μmol/l). Bei jedem zweiten Patienten mit Nierenarterienstenose ist 2—3 Querfinger neben dem Nabel ein Stenosegeräusch auskultierbar. Es folgen die digitale Subtraktionsangiographie (DSA) der Nierenarterien und ein IVP

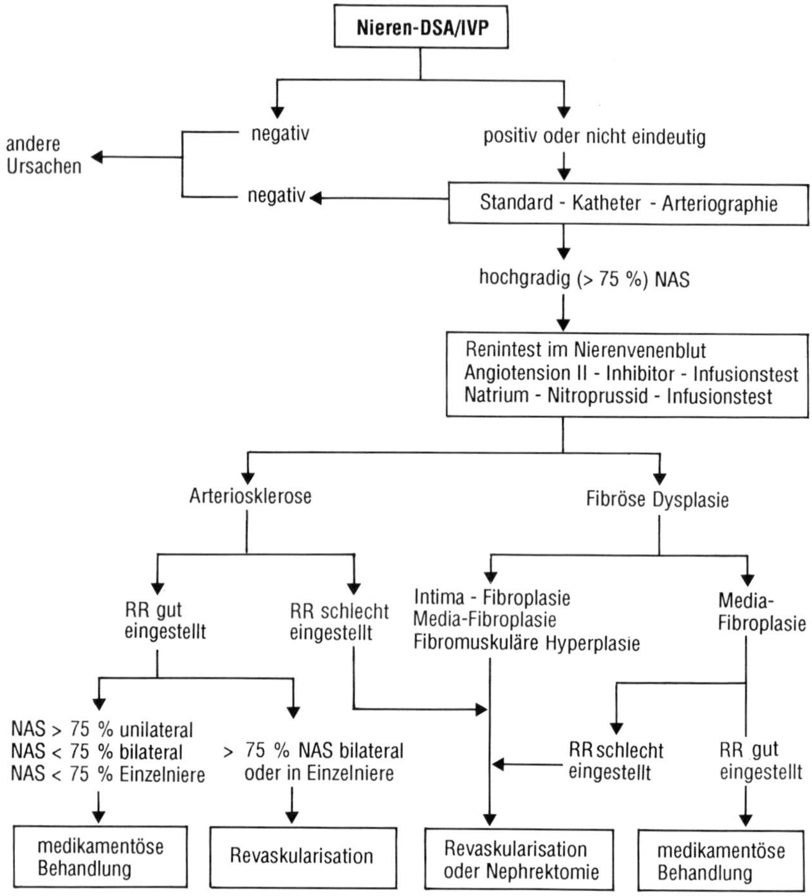

Abb. 1.21 Abklärung der arteriellen Hypertonie nach klinischen Untersuchungen und Anamnese (DSA = digitale Subtraktionsangiographie; IVP = intravenöses Urogramm; NAS = Nierenarterienstenose; RR = Blutdruck).

(Abb. 1.21). Bei Nachweis einer mehr als 75-prozentigen Nierenarterienstenose wird deren hämodynamische (also hypertensive) Wirksamkeit, wie auch anderer einseitiger Nierenveränderungen mit Hochdruck, in erster Linie durch die seitengetrennte Renin-Aktivität im Nierenvenenblut bestimmt. Ist die Renin-Konzentration in der Vene der betroffenen Niere mindestens um den Faktor 1,5 gegenüber der kontralateralen Seite erhöht, so wird von einer Hochdruckwirksamkeit ausgegangen und die Operationsindikation gestellt. Die Operationsindikation kann erleichtert werden, falls durch Gabe des kompetitiven Angiotensin II-Antagonisten *Saralasin* der Hochdruck signifikant senkbar ist. Die angegebenen Teste sind in ihrer Aussage durch falsch negative Ausfälle begrenzt.

Hochdruckwirksame Harnabflußstörungen

In Frage kommen:

- Hydronephrose (subpelvine Stenose),
- Strikturen des Ureters,
- retrokavaler Ureter und andere Ureter-Kompressionen,
- vesikoureteraler Reflux.

Bei 30 % aller chronischen Harnabflußstörungen wird eine begleitende arterielle Hypertonie beobachtet.

Bei allen *plötzlich* auftretenden Druckerhöhungen des Ureter-Nierenbeckenkelch-Systems (z.B. blockierender Ureterstein) antwortet der Ureter kompensatorisch mit einer Zunahme der Peristaltik-Frequenz und Erhöhung des Wandtonus, so daß noch bei Druckerhöhungen im Hohlraumsystem um das 10- bis 15fache der Norm die glomeruläre Filtrationsrate nahezu unverändert bleibt. Dies ist nur durch eine Druckerhöhung in der vorgeschalteten, afferten Strombahn möglich, und es kommen die reninitiierten bluthochdruckwirksamen Mechanismen bei der plötzlich auftretenden Harnobstruktion nicht in Gang. Bei Versagen der Autoregulations-Mechanismen (falls Filtrationsdruck = Nierenbecken-Ureterdruck) wird die Niere stumm.

Über die chirurgischen Möglichkeiten der einseitig bedingten Hypertonie s. Kapitel 4, S. 85.

[Blasenfunktion (GK 3-14), s.S. 379]

1.5 Nierenbeteiligung bei nicht renalen Erkrankungen

Differentialdiagnostisch bedeutsam sind für den Urologen eine Reihe von Nierenerkrankungen, die entweder im Rahmen einer Systemerkrankung die Nieren miterfassen oder sich vorzugsweise dort manifestieren, ohne daß der genaue Pathomechanismus zwischen auslösender Noxe und renaler Manifestation bekannt wäre.

Urologischerseits hervorstechendes Merkmal ist in der Mehrzahl der Fälle die urographisch *„kleine Niere“* (vgl. S. 12).

1.5.1 Gefäßerkrankungen

Arteriosklerose und Arteriolosklerose

→ Niere klein, Narbeneinziehungen, arterielle Hypertonie, Niereninsuffizienz, Veränderungen bds.

Arteriolonekrose (maligne Nephrosklerose)

→ Niere etwas verkleinert, junge Patienten; geht schnell in die Urämie über, arterielle Hypertonie.

Glomerulosklerose Kimmelstiel-Wilson

→ Niere normal groß; bei Diabetes mellitus; einhergehend mit Hypertonie, eventuell nephrotisches Syndrom; im Urogramm flaue Kontrastmittel-Ausscheidung. Niereninsuffizienz progredient.

Periarteriitis nodosa

→ Niere klein mit knotiger Oberfläche (Narbenherde), Sklerose; maligne Hypertonie; spontane Nierenruptur möglich; Urämie.

Amyloidose

→ Niere meist groß („weiße Amyloidniere“) oder selten „gelbe Amyloidschrumpfniere“; Tubulusatrophie, Niereninsuffizienz, eventuell mit nephrotischem Syndrom.

Eklampsie-Niere bie EPH-Syndrom (Ödem, Proteinurie, Hypertonie)

→ Beidseitiger Nierenbefall durch toxische Glomerulonephrose im Gefolge einer Schwangerschaftstoxikose; Rindennekrosen, nephrotisches Syndrom, Hypertonie.

1.5.2 Analgetikanephropathie

Die chronische Zufuhr phenazetinhaltiger *Analgetika-Mischpräparate* mit Aminophenazonderivaten, Barbituraten, Koffein, Codein und Paracetamol geht mit schweren Nierenschädigungen auf dem Boden einer primär chronischen, interstitiell-destruierenden Pyelonephritis mit Ausbildung von Papillennekrosen einher → chronische Niereninsuffizienz.

Die analgetikabedingte Nierenschädigung wird vor allem nach chronischer Einnahme von analgetischen *Misch*präparaten beobachtet. Analgetikaabuser erkranken auch signifikant häufiger an Nierenbeckentumoren (vgl. S. 190).

1.5.3 Gichtnephropathie

Das chronische *Hyperurikämie-Urikosurie-Syndrom* entsteht auf dem Boden entweder einer familiär gehäuften Stoffwechselerkrankung (primäre Gicht) oder sekundären Harnsäureausscheidungsstörung (Tumoren, Zytostika-Therapie). Bei der primären Gicht kommt es in 80 % der Fälle zu einer autoptisch gesicherten Nierenbeteiligung (80 % Pyelonephritis, 10 % infizierte Nephrolithiasis oder Amyloidose). Die Gichtniere, nicht die ossäre Verlaufsform der Gicht, diktiert die Prognose des Leidens *Gichtnephropathie:*

Interstitielle Nephritis
↓
Papillennekrose
↓
Schrumpfniere
↓
Renoparenchymatöser Hochdruck
↓
Chronische Niereninsuffizienz

1.5.4 Renaler Befall bei lymphatischen Systemerkrankungen

Lymphome, Leukosen

Es handelt sich hier meist um metastatischen Befall im Stadium der Generalisation, z.B.: Hodgkin-Niere, Leukämie-Niere. Die Nieren sind vergrößert, tumorähnlich deformiert, das Nierenbeckenkelchsystem teils bizarr verdrängt und die exkretorische Nierenfunktion geschädigt.

Plasmozytom-Niere

Vom Myelom gebildete pathologische Eiweißkörper (Paraproteine, hier: sogenannte leichte Ketten; Bence-Jones-Proteine) werden glomerulär filtriert: Mesangiale Glomerulopathie → kompakte Zylinder in den Tubuli → interstitielle Nephritis → Niereninsuffizienz. Insgesamt lassen sich beim Plasmozytom im Stadium der urämischen Nephropathie bis zu 70 % typische morphologische Veränderungen verifizieren.

Weiterführende Literatur

Bennet, W.H., G.A. Porter, S.P. Bagby, W.J. McDonald: Medikamtentöse Therapie bei Nierenkrankheiten. Enke, Stuttgart 1981

Brenner, B.M., T.W. Meyer, T.H. Hofstetter: The role of hemodynamically mediated glomerular injury in the pathogenesis of progressive glomerular sclerosis in aging, renal ablation, and intrinsic renal disease. New Engl. J. Med. 307 (1982) 652

Boyarsky, S., P. Labay: Ureteral Dynamics. Pathophysiology, Drugs, Surgical Implications. Williams & Wilkins, Baltimore (USA) 1972

Emmett, J.L.: Urinary stasis: The obstructive uropathies, atony and neuromuscular dysfunction of the urinary tract. In: *Emmett, J.L.* (Hrsg.) Clinical Urography. Band 1, 2. Aufl. W.B. Saunders, Philadelphia 1964 p. 308

Gillenwater, J.Y.: The pathophysiology of urinary obstruction, in Walsh PC, Gittes RF, Perlmutter AD, Stamey TA (Hrsg.): *Campbell's Urology*, 5. Aufl., 1986, 542

Goldblatt, H., J. Lynch, R.F. Hanzal, W.W. Summerville: Studies on experimental hypertension. I. The production of persistent elevation of systolic blod pressure by means of renal ischemia. J. Exp. Med. 59 (1934) 347

Heberer, G., F.W. Eigler: Operative Therapie bei arterieller Hypertonie. In: R. Heintz, H. Losse (Hrsg.) Arterielle Hypertonie. Thieme, Stuttgart 1969

Hinman sr., F.: Renal Counterbalance. Arch. Surg. 12 (1926) 1105

Höffler, D.: Pharmakotherapie bei chronischer Niereninsuffizienz. Therapiewoche 34 (1984) 6583

Huland, H., D. Gonnermann, H.P. Leichtweiß: Die Wirkung von Prostaglandin-Synthese-Hemmern auf den Gefäßspasmus hydronephrotischer Nieren nach kompletter Ureterligatur: Eine physiologische Voraussetzung, die Reversibilität hydronephrotischer Nierenschädigung zu testen. Akt. Urol. 14 (1983) 109

Jones, D.A., D. Holden, N.J.R. George: Mechanism of upper tract dilatation in patients with thick walled bladders, chronic retention of urine and associated hydroureteronephrosis. J. Urol. 140 (1988) 326

Köhler, H.: Erkrankungen der Nieren und Harnwege. In: *Wolff, H.P., T.R. Weihrauch* Internistische Therapie. Urban und Schwarzenberg, München 1988, p. 521

Kuhlmann, K., D. Walb: Nephrologie. Thieme, Stuttgart 1987

Laragh, J.H.: Atrial natriuretic hormone, the renin-aldosterone axis, and blood pressure-electrolyte homeostasis. New Engl. J. Med. 313 (1985) 1330

Lutzeyer, W., H. Melchior: Ureterdynamik. Thieme, Stuttgart 1971

Morris, P.J.: Kidney Transplantation. Principles and Practice. Grune und Stratton, London 1984

Novick, A.C.: Renal Vascular Disease. Urol. Clin. N. Am. 11 (1984) 435

Page, I.H.: The production of persistenil arterial hypertension by cellophane perinephritis. J. Am. Med. Assoc. 113 (1934) 2046

Peter, St.: Persönliche Mitteilung 1983

Ross, J.A., P. Edmond, I.S. Kirkland: Behaviour of the Human Ureter in Health and Disease. Churchill Livingstone, Edinburgh–London 1972

Sarre, H., U. Gessler, D. Seybold (Hrsg.): Nierenkrankheiten, 5. Aufl. Thieme, Stuttgart 1988

Sieberth. H.-G.: Nephrologie für Urologen: In: Hohenfellner, R., E.J. Hingg (Hrsg.) Urologie in Klinik und Praxis. Band II. Thieme, Stuttgart 1983 p. 1262

Smellie, J.M., I.C. Normand: Bacteriuria, reflux and renal scarring. Arch. Dis. Child. 50 (1975) 581

Smith, M.C., P.J. Shultz: Acute Renal Failure. In: *Resnick, M.* et al. (Hrsg.): Decision, Making in Urology. B.C. Decker/C.V. Mosby, St. Louis (USA) 1985

Tapson, J.S., R. Wilkinson: Management of unilateral chronic pyelonephritis. J. Roy. Soc. Med. 78 (1985) 278

Tataranni, G., R. Farinelli, G. Zavagli, G. Logallo, A. Farinelli: Tubule recovery after obstructive nephropathy relief: The value of enzymuria and Microproteinuria. J. Urol 138 (1987) 24

Weiss, R.M.: Clinical implications of ureteral physiology. J. Urol. 121 (1979) 401

Whitaker, R.H.: Methods of assessing obstruction in dilated ureters. Br. J. Urol. 45 (1973) 15

Wise, K.L., R.L. McCarnn, N.R. Dunnick, D.F. Paulson: Renovascular hypertension. J. Urol 140 (1988) 188

2 Urologische Leitsymptome (GK 3-2)

H. Rübben, T. Otto

2.1 Veränderte Harnausscheidung

Im Hinblick auf das Harnvolumen sind 3 pathologische Abweichungen von Bedeutung:

- Anurie: Urinproduktion unter 100 ml / 24 Stunden,
- Oligurie: Urinproduktion unter 500 ml / 24 Stunden oder weniger als 20 ml / Stunde
- Polyurie: Urinproduktion von mehr als 4000 ml / 24 Stunden.

Häufige Ursachen für eine Oligurie und Anurie sind die obstruktive Uropathie, Störungen des Wasser- und Elektrolythaushaltes, Schock (anaphylaktisch, haemorrhagisch, hypovolaemisch, kardiogen, neurogen oder septisch) und das terminale Nierenversagen. Die urologisch wichtige Form der Polyurie ist die postobstruktive Diurese; endokrine Ursachen sind der Diabetes mellitus sowie der Diabetes insipidus.

2.1.1 Urinbeschaffenheit (Abb. 3.2, s.S. 47)

Die Urinfarbe spiegelt Zusammensetzung und Konzentration des Harns wieder; die „Urinbeschau“ gehört zum ältesten Diagnostikum in der Urologie. „Normaler“ Urin ist hell- bis dunkelgelb, klar und ändert seine Farbe je nach Hydratationszustand des Organismus oder Konzentrationsfähigkeit der Nieren.

Die Harnfarbe kann durch Hämoglobin rot, Ikterus braun oder Ausscheidung von medikamentös zugeführten Farbstoffkomponenten verändert sein. Ist der frisch gelassene Urin trüb, so können Leukozyten, Schleim, Eiweiß, Fibrin, Zelldetritus, Prostatasekret (Spermaturie) oder eine Phosphaturie dafür verantwortlich sein.

Erythrozyturie

Der Gesunde scheidet täglich etwa 1 Million Erythrozyten im Harn aus (2 Erythrozyten pro Gesichtsfeld). Für die Quantifizierung der Mikrohämaturie ist die Kammerzählung aufschlußreicher. Eine Erythrozyturie kann Symptom einer Glomerulonephritis, einer Urotuberkulose, oder eines ruhenden Nierenkelchsteines sein. Folgende Malignome kommen als Ursache einer Mikrohämaturie in Betracht: Nierenzellkarzinome, Nierenbekken-, Harnleiter-, Blasen- und Harnröhrenkarzinome. In ca. 20 % der Fälle einer symptomlosen Mikrohämaturie finden sich keine Ursachen. Die Erythrozyturie bedarf einer urologischen Abklärung. Im Phasenkontrastmikroskop werden Erythrozyten morphologisch zwischen Erythrozyten glomerulären und urothelialen Ursprungs differenziert (vgl. S. 48).

Leukozyturie

Während die Erythrozyturie tumorbedingt sein kann, sind Leukozyturien meist entzündlicher Natur. Bei allen akuten Harnwegsinfekten ist die Leukozyturie obligat, auch bei der Urethritis oder Prostatovesikulitis. Die Leukozyturie bei fehlendem Keimwachstum auf konventionellen Nährböden („sterile Pyurie“) ist pathognomonisch für eine Urogenitaltuberkulose.

Proteinurie

Eiweißkörper mit einer Molekülmasse von < 69000 (freies Hämoglobin; Bence-Jones-Proteine beim Plasmozytom) passieren den gesunden Nierenfilter: glomeruläre Proteinurie. Ist die Permeabilität der Glomerula durch entzündliche, toxische oder immunpathologische Einflüsse erhöht, so erscheinen auch größere Eiweißkörper im Endharn.

Die Unterbrechung des venösen Abflusses bei der Nierenvenenthrombose bedingt die *hy-*

poxämische Proteinurie. Infolge des Zellzerfalls begleitet eine Albuminurie die Erythrozyt-, Leukozyt- und Bakteriurie.

Zylindrurie

Harnzylinder sind Ausgüsse der distalen Tubuli und Sammelrohre. Voraussetzung für ihre Bildung ist das Vorhandensein von Zellen und Eiweiß. Mikroskopisch werden im wesentlichen hyaline Zylinder (Eiweiß) und granulierte Zylinder (Eiweiß, Erythrozyten, Leukozyten oder Epithelien) unterschieden. Der Nachweis von Zylindern geht meistens mit einer Protein- oder Leukozyturie einher.

Bakteriurie

s. Kapitel 6

2.2 Miktionsstörungen

Miktionsbeschwerden geben bereits erste Hinweise auf die Natur einer urologischen Erkrankung (Tab. 2.1).

2.2.1 Dysurie

Dieser Überbegriff subsummiert die unangenehme bis schmerzhafte Miktion. Von *Algurie* spricht man bei schmerzhaftem Urinieren, z.B. im Verlaufe akuter Entzündungen des unteren Harntraktes. Treten die Schmerzen vorwiegend gegen Ende der Miktion, also bei der Entleerung der letzten Harnportion auf, so spricht dies für entzündliche Veränderungen des Blasentrigonums oder des Blasenhalses: *terminale Algurie.*

Ist die Miktionsfrequenz am Tage erhöht, so liegt eine *Pollakisurie* vor. Beträgt bei einem durchschnittlichen Blasenfassungsvermögen von 350—400 ml beim Mann und 400—450 ml bei der Frau unter normalen Diuresebedingungen das Miktionsintervall 4—6 Stunden, so kann dies bei Pollakisurie bis auf Minuten verkürzt sein (akute Zystitis, instabile Blase, Überlaufblase z.B. bei benigner Prostatahyperplasie, BPH).

Die *Nykturie* benennt gehäufte Miktionen bei Nacht, etwa im Stadium I der BPH. Die nächtliche Polyurie bei dekompensierter Herzinsuffizienz mit Flüssigkeitseinlagerung während des Tages imponiert gleichfalls als Nykturie.

Bei Zystitis, Urethritis und Prostatitis tritt schon bei geringer Blasenfüllung ein *imperativer Harndrang* auf, der nicht zu unterdrücken ist. Die abnorm reagierende Blase erzwingt eine Miktion noch auf dem Wege zur Toilette (Drang- oder Urge-Inkontinenz). Ist dieser Zustand mit starken Blasenschmerzen, Krämpfen oder Blasentenesmen verbunden, leidet der Patient an einer *Strangurie*. Sie ist

Tabelle 2.1 Beschreibung der urologischen Symptomatik.

Algurie	– Schmerzen bei der Miktion
Drang- oder Urge-Inkontinenz*	– schmerzhafter, gehäufter Harndrang mit nicht unterdrückbarem Harnabgang
Dysurie	– erschwerte, schmerzhafte Miktion
Enuresis*	– Einnässen, d.h. intermittierender, unwillkürlicher Harnabgang
Fäkalurie	– Stuhlbeimengung zum Harn
Hämaturie	– Blutbeimengung zum Urin
Harninkontinenz*	– unwillkürlicher, nicht unterdückbarer Harnabgang
Imperativer Harndrang	– zwanghaftes, nicht unterdrückbares Miktionsbedürfnis
Nykturie	– nächtliche Miktionshäufigkeit
Palmurie	– kräftiger gespaltener Harnstrahl
Pneumaturie	– Luftbeimengung zum Urin
Pollakisurie	– gehäufte Miktionsfrequenz (dagegen Polyurie – vermehrtes Harnvolumen)
Streß-Inkontinenz*	– belastungsbedingter, unwillkürlicher Harnabgang
Strangurie	– heftigste, mit krampfartigen Blasenschmerzen einhergehende Miktion

* zugleich auch Diagnose

Tabelle 2.2 Symptomen-Score für die schmerzhafte Blasenerkrankung (einschließlich der interstitiellen Zystitis; *Holm-Beutzen* et al., 1987).

Skala	Symptomatik
1	keine Schmerzen oder Dysurie; Pollakisurie; Nykturie oder Dysurie
2	leichte Schmerzen, Miktion 2–3 stdl., Nykturie 2–3 mal
3	mäßige Schmerzen, Miktion 1–2 stdl., Nykturie 3–4 mal
4	schwere Schmerzen, Miktion 1/2 stdl., Nykturie 5–6 mal
5	schwerste Schmerzen, Miktion $<$ 1/2 stdl., Nykturie $>$ 6 mal

Jedes der vier Symptome erhält außerdem den Wert 1 bis 5; um den Score zu erhalten wird die Quersumme durch 4 geteilt.

Zeichen einer tiefgreifenden Entzündung des Detrusormuskels, z.B. bei der interstitiellen Zystitis, der radiogenen Zystitis oder der entzündlichen Harnblasenveränderung infolge einer Bilharziose.

Die interstitielle Zystitis (s.S. 162) wird dem Syndrom „schmerzhafte Blasenerkrankung" (*Bourgne*, 1951) zugeordnet, das zudem die sensorische Blasenerkrankung (syn. sensorische Urge, Reizblase) und die chronische bakterielle Zystitis umfaßt (*Holm-Beutzen* et al., 1987). Klinisch unterscheiden sich die drei Subgruppen der schmerzhaften Blasenerkrankung nicht, hingegen fällt bei der interstitiellen Zystitis in der Blasenwandbiopsie eine Mastzellvermehrung ($>$ 28/mm^3) und eine Bindegewebsvermehrung zwischen den Muskelfaszikeln des Detrusors auf (daher der Name „interstitiell").

Die Schwierigkeit, die Beschwerden eines Kranken zu quantifizieren, führte dazu, daß man sog. Symptom-Scores (to score — zählen) erhebt. Dies ist hilfreich für die Wahl der Behandlung (etwa konservative oder operative Therapie bei der benignen Prostatahyperplasie) oder die Durchführung von Arzneimittel-Studien (etwa bei der interstitiellen Zystitis; Tab. 2.2).

2.2.2 Gestörter Miktionsablauf

Beim Gesunden wird durch den Dehnungsreiz der Harnblase auf nervalem Wege die Blasenentleerung eingeleitet und mit einer Flußrate von 20—30 ml/sec in 10—15 sec restharnfrei abgeschlossen (Uroflowmetrie). Der Symptomenkomplex: *abgeschwächter Miktionsstrahl, verzögerter Miktionsbeginn* und *verlängerte Miktion* weisen auf eine subvesikale Obstruktion hin, wie sie z.B. bei der noch kompensierten BPH vorliegt.

Gewöhnlich wird über Nachträufeln von Harn geklagt oder der Patient hat das Gefühl der unvollständigen Blasenentleerung: *Restharn* (Abb. 2.1). Der Restharn ruft eine Pollakisurie, der stasebedingte Harnwegsinfekt eine Algurie hervor.

Bei der *Palmurie* ist der Harnstrahl zwar kräftig, aber gespalten oder fächerförmig verbreitet, infolge von Strikturen oder Entzündungen der vorderen Harnröhre sowie Veränderungen am Meatus urethrae (Entzündung, Stenose, Condylomata accuminata).

Von einer *zweizeitigen Miktion* spricht man, wenn nach dem Urinieren erneut Harndrang mit Entleerung einer zweiten Urinportion auftritt. Das zweite Harnvolumen kann aus einem Blasendivertikel oder nach vesikoureteralem Reflux aus dem oberen Harntrakt stammen (renaler Restharn).

Der *unterbrochene Harnstrahl*, die stakkatoartige Miktion, wird hervorgerufen durch Blasensteine, die im Verlauf der Miktion zeitweise den Blasenausgang verlegen. Auch andere subvesikale Störfaktoren der normalen Urodynamik wie Detrusor-Sphinkter-Dyssynergie, und Blasenentleerung wie Fremdkörper, Harnröhrentumoren oder -divertikel können einen unterbrochenen Harnstrahl hervorrufen.

Hat der Patient lediglich das Gefühl eines unterbrochenen Strahls, ohne daß der Harnfluß sistiert, so kann dies durch Luftblasen hervorgerufen werden: Die *Pneumaturie* kann erstes und einziges Symptom einer vesiko-intestinalen Fistel, meist als entzündliche, tumorbedingte oder radiogene Kommunikation

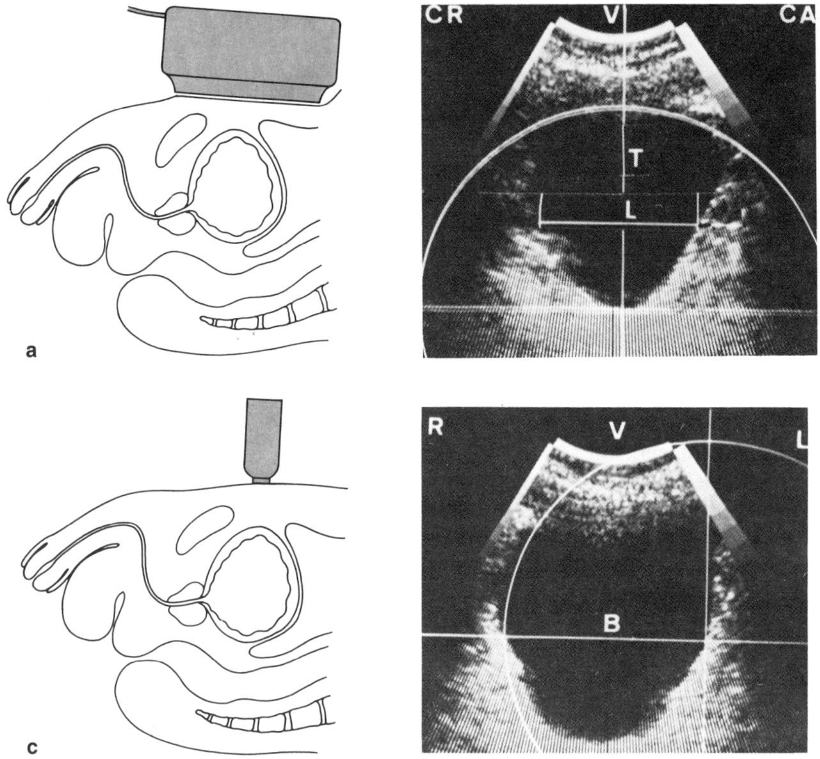

Abb. 2.1 a–d Sonographische Restharnbestimmung. Das Blasenvolumen nach der Miktion wird aus den longitudinalen (**a, b**) und transversalen (**c, d**) Ultraschallschnittbildern in Anlehnung an die Rotationsellipsoidformel (Tiefe T x Länge L x Breite B x 0,52) berechnet. Der Restharn beträgt im Beispiel: 8,5 (T) x 6,6 (L) x 8,4 (B) x 0,52 = 245 ml. *Rageth* et al. (1982) ermitteln den Restharn anhand eines Nomogramms aus der größten longitudinalen und transversalen Fläche.
CR = kranial; CA = kaudal; V = ventral; R, L = rechts, links.

zwischen Harnblase und meist Colon sigmoideum sein.

Das Vorliegen einer solchen Fistel ist offensichtlich bei gleichzeitiger Durchmischung des Urins mit Stuhlbestandteilen: *Fäkalurie*.

Harnverhaltung

Der akute Harnverhalt kann im Verlauf obstruktiver (z.B. Prostatahyperplasie) oder neurogener (z.B. Multiple Sklerose) Entleerungsstörungen auftreten. Häufig ist auch der postoperative Harnverhalt; s.S. 395). Die chronische Harnretention führt zur Überlaufblase. Wegen des ständigen, unwillkürlichen Einnässens entsteht der Eindruck einer Harninkontinenz (Ischuria paradoxa = wenig Urinabgang bei großem Angebot).

Harninkontinenz (Tab. 13.1, s.S. 373)

Der unwillkürliche, unkontrollierbare Harnabgang wird als *Inkontinenz* bezeichnet. Die anatomische oder nervale Insuffizienz des Blasenverschlusses (z.B. extrasphinktere Ureterektopie oder Sphinkterläsion nach Beckenfraktur) verursacht die komplette Inkontinenz.

Sammelt sich während der normalen Miktion in einem infravesikalen Hohlraum Urin (z.B. Harnröhrendivertikel), der im Miktionsintervall ohne willkürliche Beeinflussung nach außen entleert wird, so entsteht die temporäre Inkontinenz.

Streßinkontinenz (s.S. 373), Enuresis (s.S. 354).

2.3 Hämaturie

Makrohämaturie

Die *Makrohämaturie* ist nicht nur eines der augenfälligsten urologischen Leitsymptome, sondern gleichzeitig ein Alarmsignal. Ist die gesamte Harnportion blutig, so spricht man von einer *totalen* Makrohämaturie, ansonsten von einer *initialen* oder *terminalen* Makrohämaturie.

Die schmerzhafte Makrohämaturie ist häufig bedingt durch eine Urolithiasis. Die typische Kolik ist uretersteinverdächtig; ein Nierenbeckenstein (beweglich) ruft dumpfe Schmerzen des Nierenlagers mit rezidivierenden, weniger dramatischen Hämaturien (intermittierend nur Erythrozyturie) hervor. Die schmerzhafte, intermittierende Miktion mit rezidivierender Hämaturie kennzeichnet den nicht abgangsfähigen Blasenstein.

Die Makrohämaturie mit Kolik ist nicht ausschließlich steinbedingt. Blutende Nierentumoren können durch Bildung abgangsfähiger Blutkoagel ebenfalls typische Ureterkoliken hervorrufen.

Eine zweite Gruppe schmerzhafter Hämaturien ist entzündlicher Art: hämorrhagische Zystitis (Bakterien, Fremdkörper, Zytostatika) und die akute Urethritis.

Die zystitische Hämaturie ist terminal; bei der Urethritis wird eine initiale Blutbeimengung beobachtet.

Schwerste Blutungen in den Harntrakt werden gelegentlich in der Blase retiniert. Eine derartige *Blasentamponade* (s.S. 414) muß umgehend über einen Resektoskopschaft entleert werden.

Die schmerzlose Hämaturie ist immer verdächtig auf einen Tumor der ableitenden Harnwege. Die rektale Untersuchung sichert Hinweise auf ein fortgeschrittenes Prostatakarzinom; die Sonographie wird zum Ausschluß eines Nierenkarzinoms oder größeren Nierenbecken- oder Harnblasenkarzinoms durchgeführt. Ist ein Konkrement die Ursache, wird im Stadium der akuten Kolik eine Abdomenübersichtsaufnahme, im schmerzfreien Intervall ein Urogramm angefertigt (s.S. 62). Findet sich sonographisch der Verdacht auf einen Blasentumor, wird die Zystoskopie, bei einem Nierentumor ein Computertomogramm durchgeführt. Besteht eine Hämaturie asymptomatisch ohne erkennbare klinische und sonographische Ursache, ist die sofortige Zystoskopie zur Lokalisation der Blutungsquelle indiziert. Bei Verdacht auf eine hämorrhagische Zystitis wird die Zystoskopie nach Abklingen der Beschwerden durch die antibiotische Therapie des Harnwegsinfektes durchgeführt.

Trotz des augenfälligen Symptoms Makrohämaturie liegen die beobachteten Intervalle zwischen erstem Auftreten und diagnostischer Abklärung („Diagnoseverschleppung") oft bei mehreren Monaten. Primär konservative „Therapie"-Versuche mit Antibiotika oder Hämostyptika sind bei allen Formen der Blutung ohne gezielte Diagnostik **kontraindiziert**.

Mikrohämaturie

Die kontrollkonstante (positiver Sangur®-Test), in der Kammer ausgezählte Mikrohämaturie ist meist renaler Genese, falls röntgenologische oder endoskopische Untersuchungen das Harnabflußsystem als Quelle ausgeschlossen haben. Wichtig ist die Phasenkontrastmikroskopie zur Unterscheidung von Erythrozyten renalen (dysmorph) und urothelialen Ursprungs (eumorph). In diesem Zusammenhang ist der Nachweis von Akanthozyten bei der Beurteilung dysmorpher Erythrozyten von differentialdiagnostischer Bedeutung (s.S. 48).

2.4 Schmerz

Der Schmerz ist häufigstes Leitsymptom urologischer Erkrankungen. Schmerz tritt im Urogentialsystem vor allem dann auf, wenn parenchymatöse Organe durch Entzündung oder Tumor gedehnt werden oder Hohlorgane durch Stein, Blutkoagel oder Tumor verlegt sind. Der Ureterschmerz ist durch eine spastische Komponente charakterisiert. Eine Schmerzdifferenzierung (lokale und pathologische Zuordnung des Schmerzes) setzt genaue Kenntnisse des Krankheitsbildes und der anatomischen Organbeschaffenheit voraus. Hierbei ist der Schmerz*charakter* (scharf, dumpf, in Attacken, brennend, pochend) und die Schmerz*ausstrahlung* von hohem diagnostischem Wert. Für die Beurteilung der Schmerz*quantität* und *-qualität* sind die Art und Weise sowie Gestik, mit der der Patient über seine Schmerzen Auskunft gibt, wichtig.

2.4.1 Prinzipien der Schmerzperzeption und -leitung

Die Schmerzperzeption erfolgt in den sensiblen Nervenendigungen oder in den subsynaptischen Bezirken der Dendriten. Es existieren spezifische Schmerzrezeptoren, deren Noxe chemischer, ther-

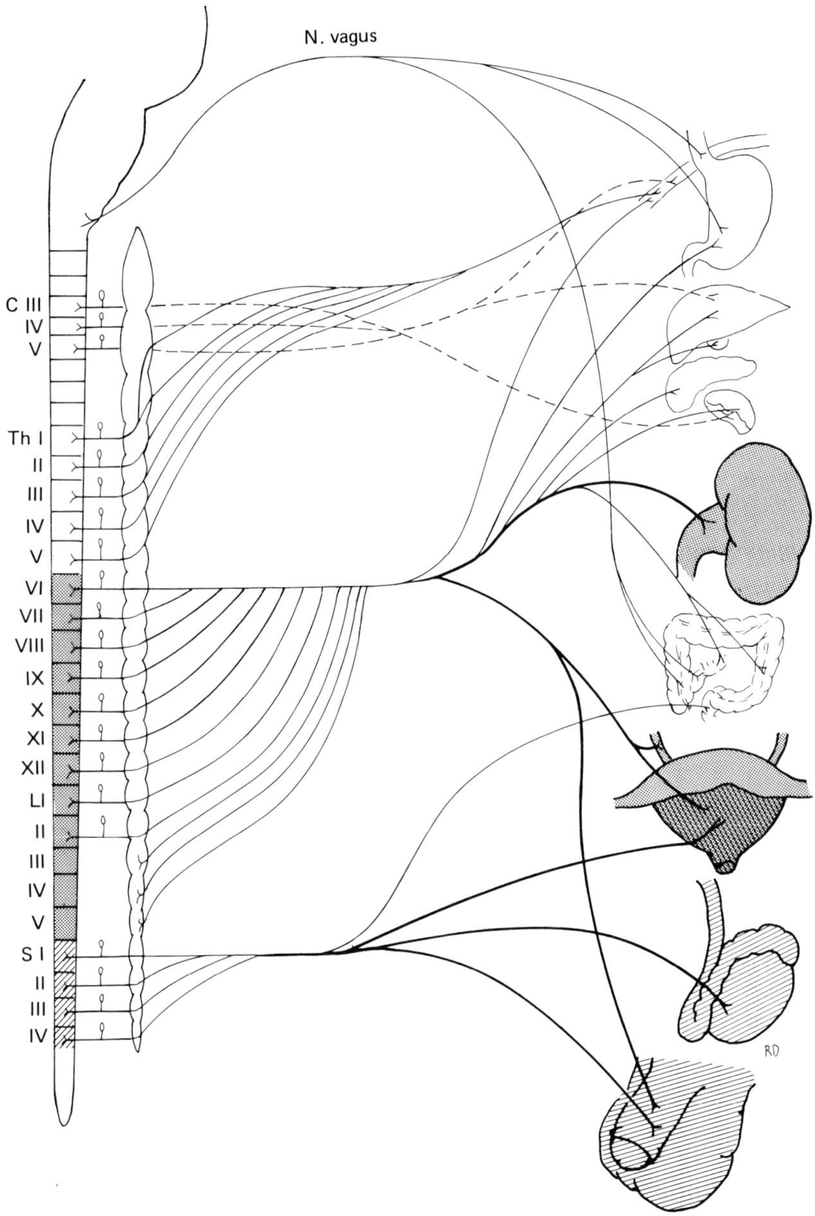

Abb. 2.2 Graphische Darstellung der sensiblen Versorgung des Urogenitaltraktes.

mischer oder mechanischer Natur sein kann. Spezifische Stoffwechselveränderungen, die der Noxe folgen, sind die Freisetzung von Histamin und Plasmakininen. Die Erregungsleitung geht über die Neuriten des peripheren Neurons und Spinalganglions zum Hinterhornzellapparat des Rückenmarks, kreuzt auf die Gegenseite über das Halsmark, Medulla oblongata zum Thalamus (tractus spinothalamicus) und weiter zum Hypothalamus und der Großhirnrinde.

Die nervöse Versorgung des Urogenitalsystems
(Abb. 2.2)

Autonome Versorgung

Niere, Ureter und Hoden ↔ Nn. splanchnici
M. detrusor vesical ↔ Ggl. hypogastricum inferius (S II bis IV)
Trigonum + terminaler Ureter ↔ Ggl. mesentericum inferius (Th XII bis L III)
Penis, Skrotum ↔ Ggl. mesentericum inferius + Ggl. hypogastricum inferius.

Sensible Versorgung

Niere, Ureter, Penis, Skrotum ↔ Th VI bis L V
M. detrusor vesical ↔ Th VI bis L V + S I bis S IV
Trigonum, Hoden, Penis, Skrotum ↔ S I bis S IV

Parenchymschmerz

Durch rasche Volumenzunahme eines parenchymatösen Organs mit straffer Organkapsel (Niere, Hoden) durch entzündliches Ödem oder expansiven Tumor entsteht ein Kapseldehnungsschmerz, der auf Nachbarstrukturen, wie Peritoneum, Oberbauchorgane (vgl. Abb. 2.4, S. 40), Hoden, Nebenhoden und Samenstrang übertragen werden kann. Die intraparenchymatöse Druckerhöhung drosselt die Sauerstoffversorgung: Ischämieschmerz mit Anhäufung saurer Stoffwechselprodukte, Histamin- und Bradykininfreisetzung.

Schmerz an Hohlorganen (Kolik)

Entzündung oder Fremdkörper (Urolithiasis) verursachen Spasmen der Hohlorgane (Nierenbecken-Kelch-System, Ureter, Blase). Diese Schmerzen gleichen dem Ischämieschmerz der Skelettmuskulatur. Verminderte Durchblutung mit erhöhtem anaerobem Stoffwechsel bewirken eine relative Ischämie. Die Schmerzen treten rhythmisch als Krämpfe (Kontraktionen der glatten Muskulatur) auf und imponieren am Nierenbecken-Kelch-System oder Ureter als *Kolik*.

Die für den fortgeleiteten Schmerz wesentlichen Nerven im urologischen Organgebiet stammen aus dem Plexus lumbalis, dem die Nn. iliohypogastricus, ilioinguinalis und genitofemoralis entstammen. Diese peripheren Nerven führen somatomotorische, somatosensible, viszeromotorische und viszerosensible Fasern. Auf ihrem Weg zwischen Niere und M. psoas geben sie kutane Äste zur Leistenregion und zum äußeren Genitale ab (wandernder Schmerz z.B. bei der Uretersteinpassage).

2.4.2 Spezielle urologische Schmerzformen und Pathomechanismen

2.4.2.1 Nieren-Ureterkolik

Konkremente, Blutkoagel bei Nierenparenchym- oder -beckentumoren, abgelöste Tumorpartikel sowie abgestoßene Nierenpapillen lösen dieses typische Schmerzbild aus. Die Hälfte aller Steine geht mit Koliken einher. Große, inkarzerierte Konkremente verursachen nach mehreren frustranen Koliken keine Schmerzen mehr. Kleinste Steine gehen auch unbemerkt ab. Die Kolik setzt akut ohne Prodromalsymptome ein. Es handelt sich um einen scharfen, stechenden Schmerz, der wellenartig abläuft. Die Steinkolik beginnt im Bereich des Nierenlagers (kostovertebraler Winkel). Bei Nierenbeckenkonkrementen kann die Kolik auf diesen Bereich begrenzt bleiben.

Große, unbewegliche Nierenbecken- oder Kelchsteine sowie Nierenbeckenausgußsteine rufen lediglich ein dumpfes, unangenehmes Organgefühl hervor, das sich im Liegen verstärkt. Besteht ein Mißverhältnis zwischen Partikelgröße und Ureterkaliber, so kehren die Koliken in Minutenabständen wieder. Diese Dauerkolik kann Tage anhalten; komplizierend treten Fieberschübe hinzu (s.S. 414, Urosepsis).

Bei beweglichen, abgehenden Steinen verläuft der Kolikschmerz entlang des Ureters. Über nervale Reflexbahnen und entsprechend der nervösen Mitversorgung (Uretermuskulatur ⟷ M. cremaster; intramuraler Ureter und M. detrusor ⟷ Urethralmuskulatur) projizieren sich Kolikschmerzen in die ipsilaterale Genitalregion.

Nicht selten sind die gesamte betroffene Flanke, die Leistengegend und die Oberschenkelinnenseite schmerzhaft. Durch Mitreizung des Psoasmuskels wird dieser kompensatorisch entspannt und das Bein in der Hüfte in Schonbeugung gehalten.

- Koliken bei *hohen* Uretersteinen strahlen in den Samenstrang und Hoden aus, der sehr berührungsschmerzhaft und retrahiert ist. In einzelnen Fällen wird diese „Kolik-Testalgie" unangenehmer empfunden als die eigentliche Ureterkolik.
- Wird die Kolik im *mittleren* Harnleiterabschnitt ausgelöst, so erscheint die ipsilaterale Skrotalhaut hyperästhetisch, der Hoden- und Kremasterschmerz fehlt. Bei der Frau erfolgt die Schmerzausstrahlung entsprechend in die Labia majora und den Mons pubis.
- Ist das Konkrement in den *intramuralen* Ureterabschnitt eingedrungen oder befindet es sich bereits im Ostium, so projizieren sich die Schmerzen in die vordere Harnröhre bis in die Glans penis bzw. Klitoris. Die Schmerzen sind stechend und brennend, begleitet von imperativem Harndrang mit Pollakisurie wie bei der Urethritis oder Urozystitis.

Die Schmerzausstrahlung im Verlauf einer Kolik lokalisiert das Konkrement. „Erfahrene" Patienten mit mehreren Steinabgängen in der Anamnese können beispielsweise dem Arzt angeben, der Stein sei „ganz kurz vor der Blase".

Mechanik der Steinaustreibung

Die spastische Kontraktion des Ureterabschnittes hält das Konkrement fest. Dieses wird durch die Kolik also nicht nach kaudal propulsiert. Mit Nachlassen der Ureterspastik bewegt sich das Konkrement im dilatierten Ureter mit Hilfe des proximal – während des Spasmus – aufgestauten Urins.

Die kolikbedingte totale Harnleiterobstruktion selbst bei kleinen, a priori nicht total blockierenden Steinen verbietet die Kontrastmittelinjektion; denn die durch das Röntgenkontrastmittel ausgelöste osmotische Diurese steigert den Druck im Nierenbecken-Kelch-System: Gefahr einer Fornix-Ruptur mit Extravasation (Abb. 2.3).

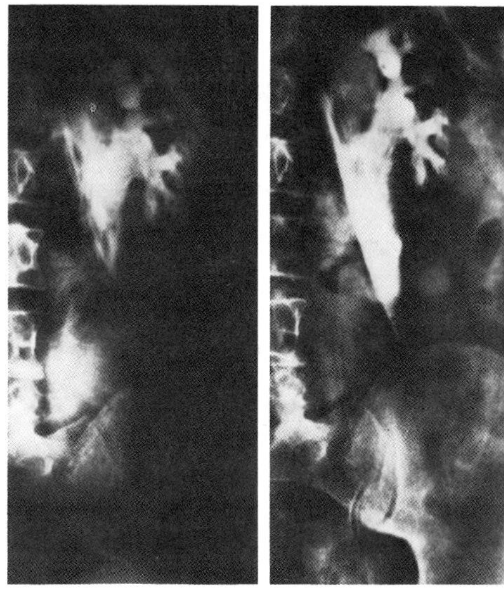

a b

Abb. 2.3 a, b 31jähriger Patient mit seit 3 Tagen heftigen Ureterkoliken links bei Oxalatsteindiathese. Urogramm während der Kolik.
a Kontrastmittelextravasation perihilär durch Fornixruptur.
b 30 min. Bild: Extravasat fließt entlang des M. Psoas nach kaudal.

Begleitsymptome der Nierenkolik

Im akuten Kolikanfall ist der Patient unruhig, rastlos und versucht durch Änderung der Körperhaltung ein Nachlassen der Spasmen zu erreichen. Die Nachbarschaft zum Peritoneum erklärt die Peritonealreizung: Erbrechen, Nausea, Darmatonie mit Obstipation und Meteorismus. Kollapszustände mit kaltem Schweiß, Blutdruckabfall, frequentem, flachem Puls und blaß-fahlem Hautkolorit sind Folge der vaso-vagalen Fehlreaktion; Fieber, Schüttelfrost, Oligurie und zunehmender, dumpfer Nierenkapseldehnungschmerz kündigen die Steininkarzeration und Urosepsis an. Die Koliken werden dann „frustran".

Differentialdiagnose der Nieren-Ureterkolik

Schmerzen im Bereich des Oberbauchs, Unterbauchs oder kleinen Beckens können eine Ureterkolik imitieren (s. S. 40, Abb. 2.4).

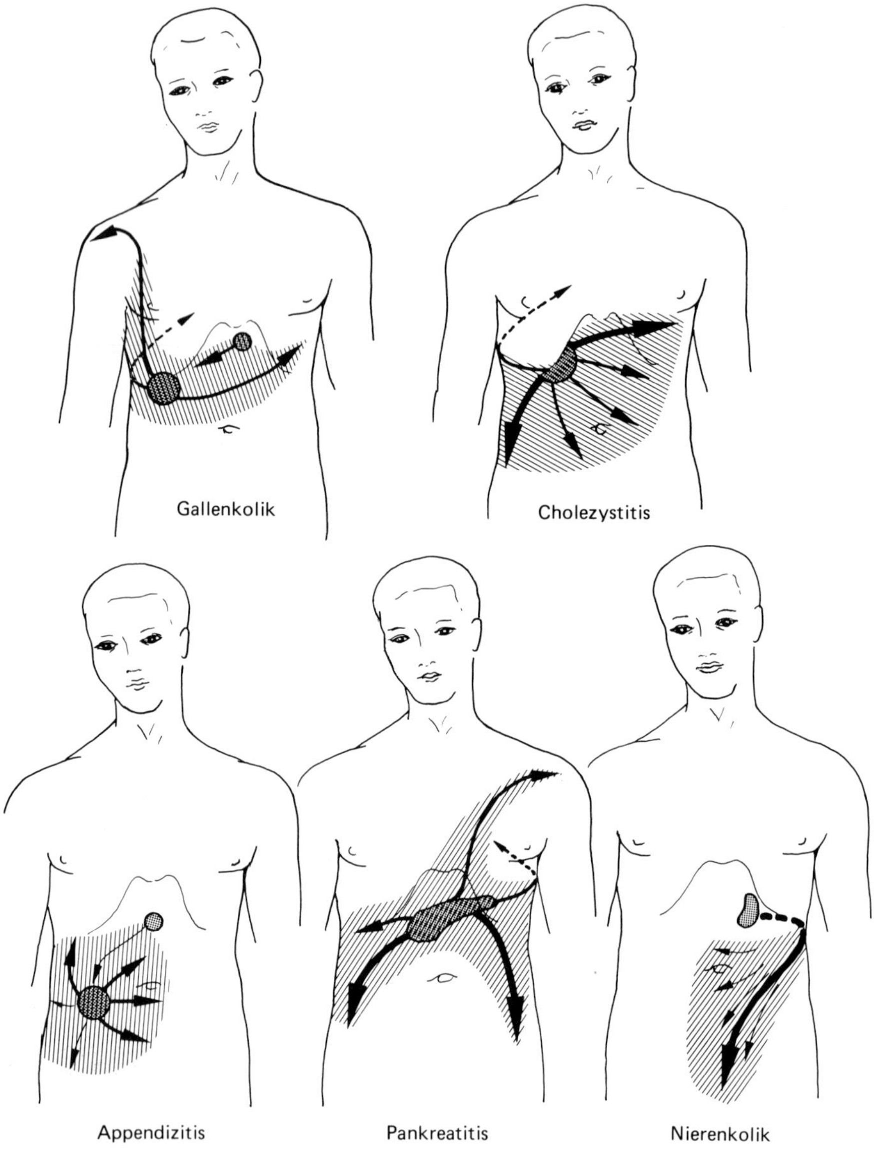

Abb. 2.4 Differentialdiagnose des Ober- und Mittelbauchschmerzes unter Berücksichtigung der Schmerzausstrahlung.

a) Oberbauch

Krankheit	**Schmerzcharakteristik**
Gallenkolik	krampfartig, unerträglich, lokalisiert im rechten Oberbauch, evtl. Ausstrahlung in die rechte Schulter;
Ulcus ventriculi	scharf umschrieben im Epigastrium, bohrend, stechend, dumpf;
Pankreatitis	schwerer Vernichtungsschmerz, gürtelförmig zum Rücken ausstrahlend
Th X-XII-Radikulitis	kostovertebrale Schmerzen, die in den Unterbauch ausstrahlen und bei Bewegung zunehmen – im Gegensatz zum renalen Schmerz (auch Pseudonierenschmerz genannt).

b) Unterbauch und kleines Becken

Krankheit	**Schmerzcharakteristik**
akute Appendizitis	anfangs diffus, später mit punctum maximum über dem McBurneyschen Punkt, Loslaßschmerz
M. Crohn	krampfartig, schubweise
Divertikulitis	Druckschmerz im linken Unterbauch
Adnexitis	kontinuierlich, in das Sakrum ausstrahlend
Tubargravidität	anfallsartig, Kreszendo-Schmerz, nach Ruptur nachlassend (Schocksymptomatik!)

2.4.2.2 Schmerzen bei entzündlichen Nierenerkrankungen

Pyelonephritis

Der spontane, dumpfe Dauerschmerz projiziert sich in den Kostovertebralwinkel oder strahlt (bei akuter Pyelonephritis) in den Oberbauch oder die Nabelgegend aus (Abb. 2.4). Die Reizung der Psoas-Faszie drückt sich in der Hüft-Schonbeugung aus. Das Nierenlager ist druck- und klopfschmerzhaft.

Nierenkarbunkel, paranephritischer Abszeß

Schmerzcharakter und -lokalisation ähneln der akuten Pyelonephritis, der Verlauf ist jedoch dramatischer. Lage des Eiterherdes und Ausdehnung in den Nierenhüllen bestimmen die Schmerzausstrahlung (Abb. 2.5):

nach kaudal →
Schonbeugung der Hüfte (Abb. 2.5b)
nach dorsal →
fokus-konkave Lordosierung der Wirbelsäule;
nach kranial →
Diaphragma-Hochstand oder
nach medio-ventral →
Peritonealreizung.

Der akute paranephritische Abszeß verursacht Rötung und Parästhesien des entsprechenden Dermatoms. Chronische, abgekap-

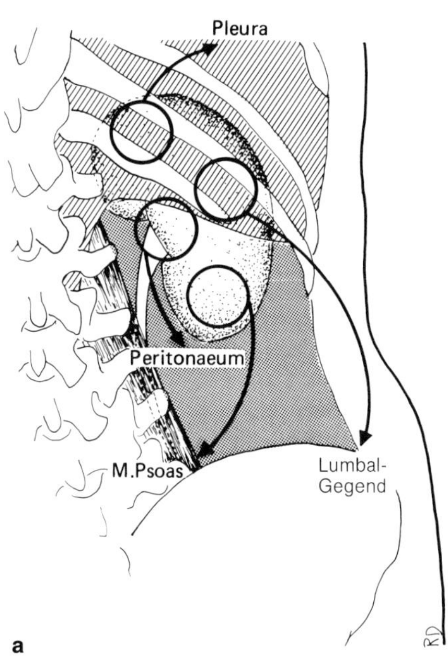

a

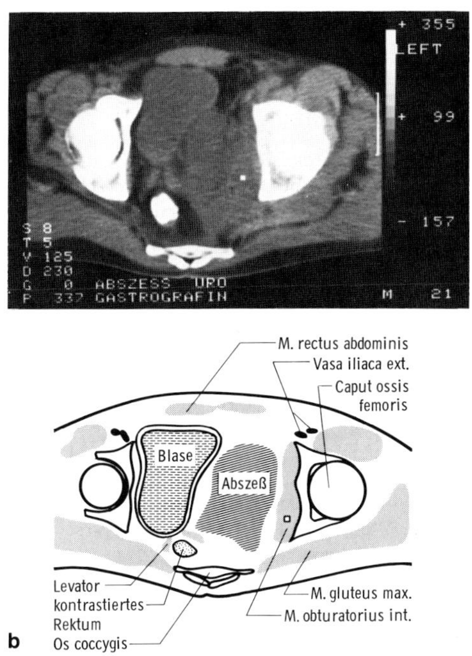

b

Abb. 2.5 a, b **a** Effekt der Schmerzausstrahlung beim paranephritischen Abszeß.
b Ausgedehnter paranephritogener Senkungsabszeß im kleinen Becken, die Harnblase ist nach rechts verlagert.

selte paranephritische Abszesse können erstaunlich schmerzarm verlaufen.

2.4.2.3 Schmerzen beim Nierentrauma (s.S. 275)

Nach leichten stumpfen Traumen besteht häufig nur eine Abwehrspannung im Bereich des Oberbauches, aber in der Mehrzahl der Fälle sind die Schmerzen ausgeprägt (Verletzungen des Nierenparenchyms mit Spannung der Nierenkapsel) bis hin zur schweren Kolik (Passage von Koageln durch den Ureter).

Nach Nierenberstungstraumen mit retroperitonealem Hämatom ist der Verunfallte im Schock. Bei Ansprechbarkeit werden Flankenschmerzen, Atemschmerzen (Rippenfrakturen) oder Schmerzen durch peritoneale Reizung (akutes Abdomen) angegeben.

2.4.2.4 Schmerzen beim Nierentumor (Tab. 7.4, s.S. 183)

Der tumorbedingte Nierenschmerz ist dumpf, diffus oder ein uncharakteristisches Druckgefühl im Oberbauch. Voluminöse Tumoren führen zu Verdrängungsschmerzen im Oberbauch (Magenschmerzen, Defäkationsbeschwerden). Akute Schmerzattacken sind Folge von Tumorblutungen mit Volumenzunahme und Nierenkapseldehnung oder Abgang von Koageln oder Tumorpartikeln.

2.4.2.5 Schmerzen bei Uretererkrankungen

Bei der retroperitonealen Fibrose (M. Ormond) mit bindegewebiger Umscheidung größerer Ureteranteile sind die Schmerzen stauungsbedingt. Heftige uncharakteristische diffuse Schmerzen im Rücken verschleiern die Diagnose („Kreuzschmerzen"; Tab. 2.3, s.S. 43).

2.4.2.6 Blasenschmerzen

Allen pathologischen Veränderungen der Blase gemeinsam sind Miktionsbeschwerden von der Dysurie bis zur Strangurie. Die akute Zystitis begleitet ein suprasymphysärer Spontan- oder Druckschmerz. Große infiltrierende Blasentumoren rufen einen Füllungsschmerz oder wehenartigen Dauerschmerz hervor. Die radiogene (nach Bestrahlung von gynäkologischen Tumoren, Rektum- und Prostatakarzinomen) oder fibrotische (Tuberkulose, interstitielle Zystitis, Bilharziose) Schrumpfblase (Abb. 6.11; s.S. 160) verursacht schwerste Miktionsbeschwerden (auch Blasentenesmen), Drang-Inkontinenz (s.S. 374) und ein dauerndes Blasen-„Organgefühl".

2.4.2.7 Schmerzen bei Erkrankungen der Prostata

Akute Prostatitis und Prostataabszeß

Das Ödem mit Kapseldehnung bemerkt der Patient als perineales Druck- und Völlegefühl (Defäkationsschmerz). Dysurie mit gehäuftem Harndrang, stechendem Ejakulationsschmerz (Dyspareunie) sowie dumpfe Schmerzen tief im kleinen Becken vervollständigen das Schmerzmosaik. Beim Prostataabszeß fällt eine spastische Kontraktion des Analsphinkters auf.

Prostatopathie sive-dynie

Dieses Krankheitsbild ohne exakte nosologische Definition, über das nicht selten psychisch stigmatisierte jüngere Patienten klagen, ist von uncharakteristischen, teils ziehenden, stechenden, pochenden oder brennenden Schmerzen am Damm, in der Blase, der Harnröhre oder am Penis begleitet (s.S. 166).

Prostatakarzinom und -hyperplasie

Die nichtentzündliche Vergrößerung der Prostata ruft an der Prostata selbst gewöhnlich keine Schmerzen hervor. Die Schmerzen beim akuten Harnverhalt (Harnsperre) und der Blasentamponade sind ischämische Schmerzen des M. detrusor vesicae durch Überdehnung.

2.4.2.8 Schmerzen des Hodens und Nebenhodens

Die Hoden reagieren selbst bei Betastung schon normalerweise mit einer gewissen Druckempfindlichkeit, da die Tunica albuginea Abkömmling des schmerzsensiblen Peritoneums ist. Entsprechend klagen Patienten mit Orchitis über eine heftige Druck- und Berührungsschmerzhaftigkeit (Testalgie). Die langsame Volumenzunahme des Hodens (Tumorwachstum) wird als Schweregefühl bemerkt (s.S. 210). Seine plötzliche Volumenzunahme (z.B. Hodentumor-Einblutung nach Bagatelltrauma) macht sich in ziehenden Schmerzen bemerkbar. Direkte Hodentraumen rufen Vernichtungsschmerzen (vaso-vagale Fehlreaktion) hervor.

Der Nebenhoden ist bei Epididymitis druckschmerzhaft, die Skrotalhaut empfindlich auf Berührung, gerötet und geschwollen.

Von vergleichbarer Intensität ist der Ischämieschmerz des torquierten Hodens (s.S. 411). Wie beim hämorrhagischen Infarkt intraperitonealer Organe kann der Patient kollaptisch sein, es besteht Übelkeit und Erbrechen.

Das Prehnsche Zeichen ist bei der Hodentorsion negativ, d.h. bei Anhebung des Skrotums wird keine Schmerzlinderung verspürt. Bei der akuten Epididymitis ist das Prehnsche Zeichen positiv (s. Differentialdiagnose „akutes Skrotum" S. 404).

Schmerzen bei Varikozele sind uncharakteristisch, ziehend und strahlen in die Leiste und den Unterbauch aus. Sie sind teils ischämischer Natur, teils durch Zug und Kompression der Samenstrangnerven bedingt. Der Schmerz klingt in horizontaler Lage ab (Differentialdiagnose: Hernia inguinalis incipiens). Testikuläre Schmerzen können aufgrund der gemeinsamen sensiblen Versorgung in die Kostovertebralregion ausstrahlen.

2.4.2.9 Uncharakteristische Schmerzbilder bei urologischen Anomalien (Tab. 2.3)

Die *Nephroptose* („Wander- oder Senkniere") kann durch Zug an den Nierenstielgefäßen oder bei passagerem Harnstau infolge Ureterabknickung uncharakteristische Mittelbauchschmerzen hervorrufen, die in horizontaler Lage abklingen. Die ptotische Niere selbst schmerzt nicht.

Hufeisen- oder Beckennieren (s.S. 119) können durch ihre atypische Lokalisation einen ständigen Kompressionsreiz auf die benachbarten retroperitonealen Nervenplexus auslösen. Die Schmerzen sind uncharakteristisch und werden diffus in den Mittelbauch lokalisiert. Der Retroflexionsschmerz der Hufeisenniere (Rovsingsches Zeichen) ist selten.

Endometriosen des Harnleiters oder der Harnblase (versprengte Endometriumanteile) folgen dem Menstruationszyklus mit periodischer, partieller Harnleiterobstruktion, uncharakteristischen Beschwerden oder *zyklischer* Hämaturie.

Das *V. ovarica dextra-Syndrom* (s.S. 365) kann je nach Grad der Ureterobstruktion unklare Schmerzen im rechten Mittelbauch mit Ausstrahlung in die rechte Flanke hervorrufen.

Tabelle 2.3 Urologische Ursachen des gleichbleibenden Organschmerzes mit Projektion in die Kreuzbeinregion.

1. *Stauung*
   Ruhende Kelch- oder Beckensteine
   Nierenbeckenkelchausgußstein
   Harnleitersteineinklemmung
   Harnleiterkompression
   Blasenentleerungsstörung mit Rückstauung
2. *Anomalien*
   Hufeisen- oder Beckenniere
   Wander- oder Senkniere
3. *Entzündung*
   Pyelonephritis
   Nierenkarbunkel, Paranephritis
   Chronische Prostatitis bzw. Prostatopathie
   Retroperitoneale Fibrose
4. *Tumor*
   Nierenzellkarzinom
   Zystennieren
   Nierenzyste
   Nebennierentumor
   Vertebrale oder regionäre Metastasen

2.4.2.10 Urologische „Kreuzschmerzen" (Tab 2.3)

Häufig wird über chronische Kreuzschmerzen geklagt; diese sind zwar selten pathognomonisch, zwingen aber dennoch zur Suche nach retroperitonealen Tumoren, lymphogenen Metastasen (Prostata-, Blasen- und Hodentumor), entzündlichen Veränderungen und Wirbelsäulenmetastasen (Nierenzellkarzinom, Prostatakarzinom, Abb. 7.47, s.S. 235).

Die ein- oder beidseits im Sakralbereich lokalisierten Schmerzen können ischialgiform ausstrahlen. Bei derartigen Beinschmerzen sind differentialdiagnostisch zu beachten: lumbo-sakrale Nervenwurzelschädigungen strahlen in die Dermatome L IV – S I aus (Beispiel: Nierenzell-Karzinommetastasen oder Tethered-Cord-Syndrom bei Kindern mit Spina bifida; s.S. 388) – non-radikuläre Beinschmerzen sind meist neurologisch, gelegentlich aber auch urologisch bedingt (Psoashämatom, -abszeß) – tumoröse Wirbelsäulenerkrankungen bedingen eine pseudoradikuläre Schmerzausbreitung (meist nur bis zum Gesäß oder zur Hüfte (Abb. 2.6).

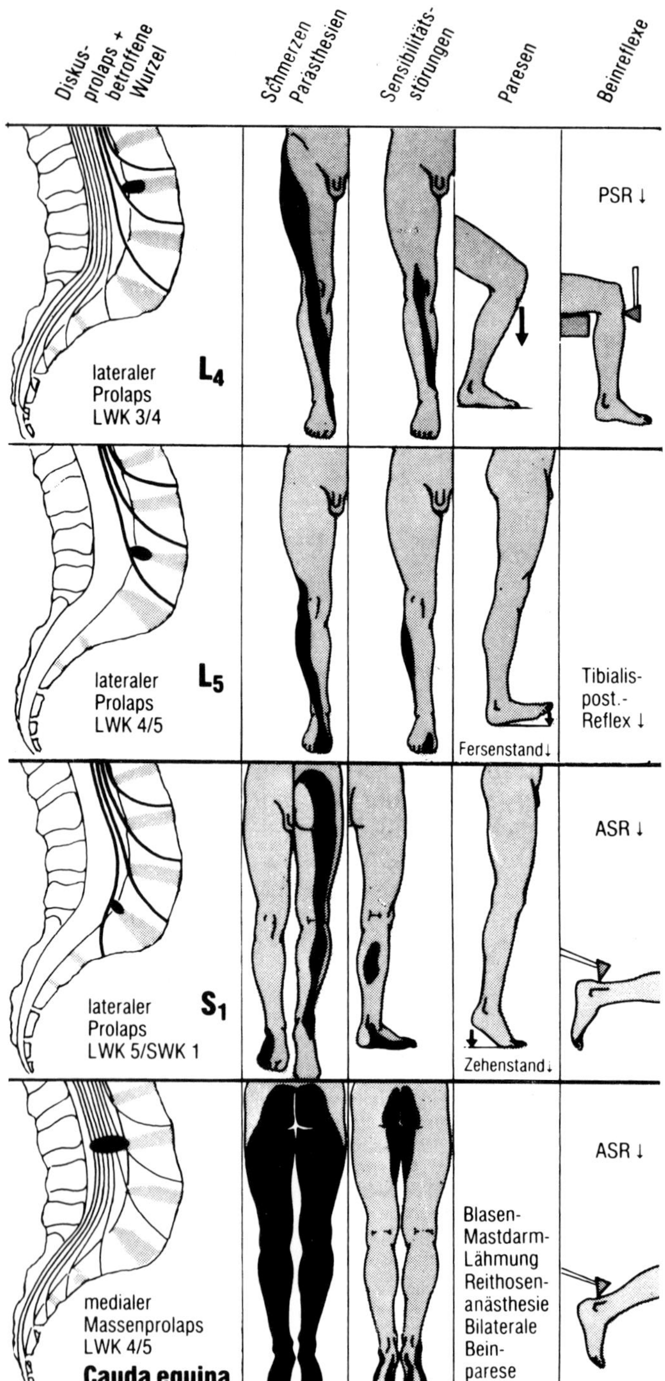

Abb. 2.6 Synopsis der wichtigsten lumbo-sakralen Wurzelsyndrome (aus *M. Stöhr, B. Riffel:* Nerven- und Nervenwurzelläsionen, Edition Medizin, Weinheim 1989).

2.5 Begleiterscheinungen urologischer Erkrankungen

Mitreaktion anderer Organsysteme bei urologischen Erkrankungen

- Der reno-intestinale Reflex: Entsprechend der teilweise gemeinsamen autonomen und sensiblen Versorgung der intestinalen und urogenitalen Organe (vgl. Abb. 2.2; s.S. 37) kommt es zu Mitreaktionen der Baucheingeweide bei urologischen Erkrankungen, die neben Schmerzausstrahlung auch Funktionsänderungen auslösen können (z.B. Kolik und Darmatonie).
- Die Nachbarschaft der rechten Niere zur rechten Kolonflexur, Duodenum, Pankreaskopf, Leber, Gallenblase und Ductus choledochus, der linken Niere zum Pankreasschwanz, Magen, zur Milz und linken Kolonflexur erklärt wechselseitige Reaktionen: Sekundäre retroperitoneale Fibrose mit Uretereinscheidung infolge Pankreastumoren; Ureterummauerung bei Kolonkarzinomen, entzündliche reno-duodenale oder -kolische Fisteln. Auch bei Traumen (Milz- und Nierenruptur) und intraoperativen Läsionen (Nephrektomie mit Duodenaleröffnung) wirkt sich die enge Organbeziehung aus.
- Das prärenale Peritoneum parietale wird bei entzündlichen Nierenprozessen, Hämatom oder Urinextravasation gereizt. Die ausgelöste abdominale muskuläre Abwehrspannung imitiert intraabdominal lokalisierte Erkrankungen wie peptisches Ulkus, Cholezystopathie oder Appendizitis.

Weiterführende Literatur

Bähren, W.: Computertomographie des männlichen Beckens – Anatomie, Indikationen, Grenzen der Methode. Wehrmed. Mschr. 25 (1981) 442

Bourgue, J.P.: Surgial management of the painful bladder. J. Urol. 65 (1951) 25

Carlton, C.E.: Initial evaluation, including history, physical examination, and urinalysis. In: Campbell's Urology. 5. Aufl. Band 1. W.B. Saunders, Philadelphia 1986 p. 276

Holm-Beutzen, W., F. Jacobsen, B. Nerström et al.: Painful bladder disease: Clinical and pathoanatomical differences in 115 patients. J. Urol. 138 (1987) 500

Marberger, H.: Diagnostik – Anamnese, klinische Untersuchung, endoskopische Untersuchung. In: Alken, C.E., W. Staehler (Hrsg.) Klinische Urologie. Thieme, Stuttgart 1973 p. 7

Melzack, R.: Pain Mesasurement and Assessment. Raven Press, New York 1983

Rageth, J.C., K. Langer: Ultrasonic assessment of residual urine volume. Urol. Res. 10 (1982) 57

Resnik, M.I.: Advances in laboratory and intraoperative diagnostic techniques. Urol. Clin. N. Am. 6 (1979) 485

Resnick M.I., Elder J.S.: Office Urology. Urol. Clin. N. Am. 15 (1988) 555

Stöhr, M., B. Riffel: Diagnostic der „Ischialogie". Dt. Ärztebl. 86 (1989) 1146

Twycross, R.G., S.A. Lack: Symptom Control in far Advanced Cancer: Pain Relief. Pitman Publishing, London 1983

3 Urologische Diagnostik (GK 3-3)

M. Meyer-Schwickerath, H. Rübben

3.1 Bakteriologische und klinisch-chemische Untersuchungen

3.1.1 Harn und Sekrete der ableitenden Harnwege

Die Untersuchung von Urin, Harnröhrenabstrich und Prostataexprimat ist nach Anamnese und klinischer Untersuchung die wesentliche routinemäßige Laborsuchmethode zur Abklärung urologischer Erkrankungen. Ihre Aussagekraft hängt von der sachgemäßen Materialgewinnung, sofortigen Verarbeitung und ordnungsgemäßen Beurteilung ab.

3.1.1.1 Gewinnung der Materialprobe

Die Harngewinnung erfolgt unter Asepsis für den Patienten und Vermeidung einer sekundären Verunreinigung der Probe.

Verfahren – Urin
- Klebebeutel (bei Kleinkindern)
- Spontanmiktion (Mittelstrahl)
- Blasenkatheterismus
- suprapubische Blasenpunktion

Die Anwendung der unterschiedlichen Verfahren richtet sich nach Alter und Geschlecht der Patienten sowie speziellen Indikationen:

- Bei Kleinkindern erfolgt die Harngewinnung zweckmäßig durch das Aufkleben eines sterilen Einmalplastikbeutels auf das Genitale, welches zuvor mit einem gewebefreundlichen Feindesinfektionsmittel gereinigt wurde.
- Beim Mann ist ein Mittelstrahlurin nach Glans-Desinfektion in der Regel ausreichend. Dabei wird die erste Harnportion verworfen und anschließend der Urin in einem sauberen Spitzglas aufgefangen. Die von Nephrologen geforderte Blasenpunktion ist für die urologische Routine in der Regel nicht erforderlich.
- Bei der Frau ist aus anatomischen Gründen eine Kontamination des Meatus urethrae mit Keimen aus dem vulvoanalen Bereich zu erwarten. Daher erfolgt die Harngewinnung durch sterilen Einmalkatheterismus.
- In der Verlaufskontrolle der chronischen Pyelonephritis oder bei Zuständen, die eine transurethrale Katheterisierung verbieten, z.B. nach plastisch rekonstruktiven Eingriffen der Harnröhre, ist eine suprapubische Blasenpunktion indiziert. In der Schwangerschaft, bei Vorliegen größerer Tumoren oder nach ausgedehnten Voroperationen im kleinen Becken sollte die suprapubische Punktion vermieden werden oder nur unter sonographischer Kontrolle erfolgen.

Etwa 2 cm oberhalb der Symphyse (vgl. Abb. 15.2, S. 397) wird nach Hautdesinfektion streng in der Mittellinie mit einer 10 cm langen bis 1 mm dicken Nadel und aufgesetzter Spritze senkrecht eingegangen, Urin aspiriert und die Nadel entfernt.

Verfahren – Prostataexprimat

- Bei Verdacht auf eine Prostatitis wird ein Prostataexprimat gewonnen. Die Prostata wird transrektal von lateral nach medial systematisch massiert. Mißlingt die Exprimatgewinnung, dann wird post-Exprimat-urin untersucht. Reicht auch dieses Verfahren nicht, dann erfüllt Sperma denselben Zweck. Bei einer akuten, womöglich febrilen Prostatitis ist eine Prostatamassage kontraindiziert. Das über die Harnröhre abtropfende Sekret wird mit einem Objektträger aufgefangen und wie ein Harnröhrensekret weiterverarbeitet.

Verfahren – Harnröhrenabstrich

- Bei Verdacht auf eine Urethritis wird entweder der Fluor unmittelbar auf einem Objektträger aufgefangen oder mit einer Öse oder einem Watteträger aus der distalen Harnröhre ein Abstrich entnommen.

3.1.1.2 Qualitative Harnuntersuchung (Harnsediment, Erythrozytenmorphologie)
(Abb. 3.1 u. 3.2)

Etwa 10 ml des gewonnenen Urins werden bei 2000 Umdrehungen/Min. etwa 5 Minuten zentrifugiert. Der Überstand wird verworfen, das **Sediment** aufgeschüttelt und auf einen Objektträger aufgetropft. Nach Abdecken mit einem Deckglas wird es bei 100 und 400facher Vergrößerung mit dem Mikroskop beurteilt. Zur besseren Identifizierung zellulärer Elemente kann das Sediment durch Zugabe eines Tropfens Methylenblau angefärbt werden. Diese Sediment-Gesichtsfeld-Methode ist schlecht reproduzierbar. Erfordert die klinische Problematik eine genauere Sedimentuntersuchung, dann gelingt diese mit dem MD-Kova-System *(Bauer,* 1982).

Bei der Abklärung der Hämaturie kann die **Erythrozytenmorphologie** beurteilt werden. In ihrer Form unauffällige Erythrozyten oder Erythrozyten, die ausschließlich durch eine unphysiologische Osmolarität des Urins verformt wurden (Stechapfelform; Abb. 3.3) sprechen für eine postrenale Hämaturie, wie sie beim Trauma oder tumorbedingten Blutungen gefunden werden.

Eine pathologische Erythrozyten-Morphologie findet sich vorwiegend bei glomerulären Nierenerkrankungen. Typische pathologische Erythrozytenformen sind Ringformen, Akanthozyten (= Vesikelformen) mit diverti-

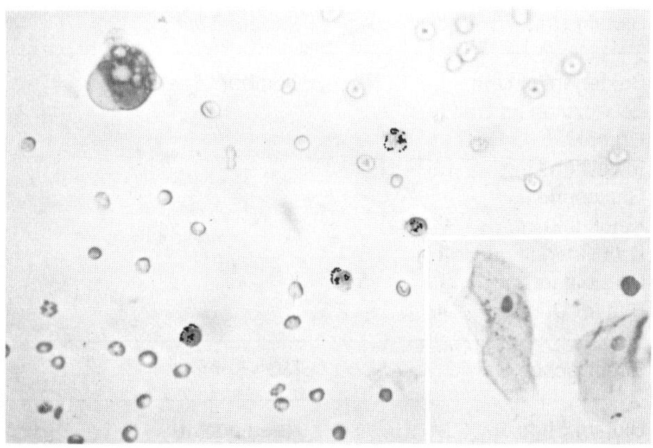

Abb. 3.1 Der normale Urin enthält bis 2 Erythrozyten und 5 Leukozyten pro Gesichtsfeld; keine oder nur vereinzelt Bakterien. Daneben finden sich Plattenepithelien und Urothelzellen aus den verschiedenen Schichten des Übergangsepithels sowie vereinzelt Tubulusepithelien (Imset).

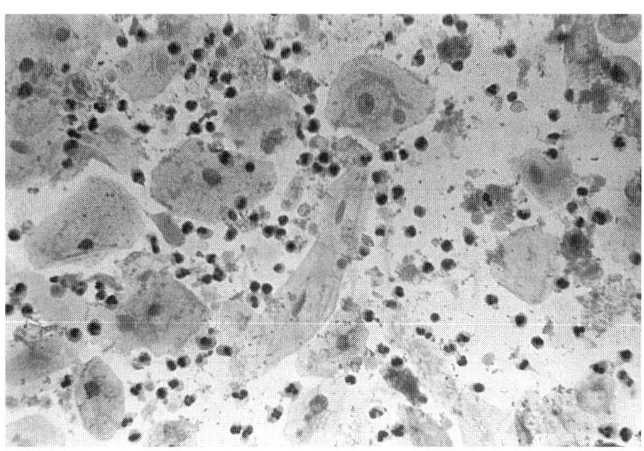

Abb. 3.2 Bei der Harnwegsinfektion sind vermehrt Erythrozyten, vor allem aber Leukozyten in großer Zahl vorhanden. Außerdem fallen Epithelien auf.

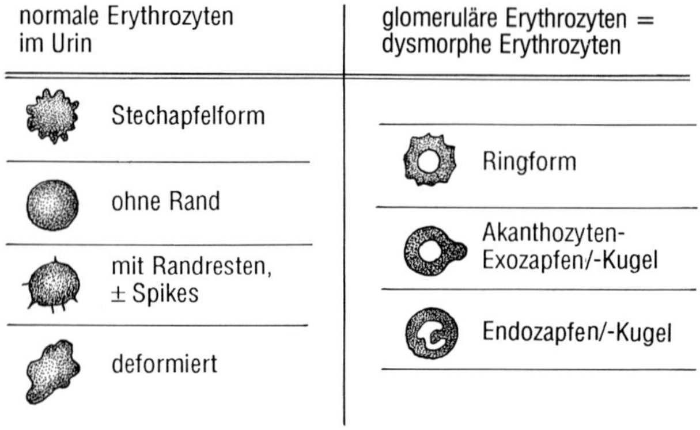

Abb. 3.3 Schematische Darstellung der üblichen nichtglomerulären und glomerulären Erythrozyten im Urin.

Tabelle 3.1 Schnelltest-Systeme in der Urologie.

Fahndung nach	**Test**	**Prinzip**
Blut im Urin	Sangur-Test®	Hydroxyperoxid-Oxidation
Bakterien im Urin Leukozyten im Urin Urin-pH Eiweiß im Urin Glukosurie Keton im Urin Urobilinogen im Urin Bilirubin im Urin Blut im Urin	Combur^{9}-Test®	Nitrat-Reduktion Esterasehemmung Indikatorpapier Eiweiß-Farbindikator Oxidase-Peroxidase-Methode Legal-Probe Azofarbstoffreaktion Bindung an Diazoniumsalz wie Sangur-Test®
Spezifisches Gewicht	MD®-Spezial	Ionenaustauscher/Indikatorpapier
Blut im Stuhl	Haemoccult®	Guajac-Probe
Keimzahl im Urin	Urotube® MD-Dip®	Eintauch-Nährboden
Erregeridentifizierung im Urin	Enterotube La Roche API-Systeme, MD-Abac-System	„Bunte Nährbodenreihe“
Sensibilitätsbestimmung von Harn-Keimen	Bact-Plate	Antibiotika-Testplättchen
Gonokokken im Urethral-sekret	Genezline® GO-Slide®	Selektiv-Nährboden und Cytochrom-Oxidase-Farbnachweis
Candida im Urethal-sekret	Microstix®-Candida Dermatoslide®	mikrobiologischer Test

kalartigen Membranausstülpungen und destruierte Formen (*Roth* et al., 1991; s. Abb 3.3).

Leukozyten sprechen für einen Infekt und fordern die mikrobiologische Untersuchung. Bei fehlendem Keimnachweis muß an eine Tuberkulose gedacht werden.

3.1.1.3 Semiquantitative Harnuntersuchung (Urinstatus)

Von großer praktischer Bedeutung sind die halbquantitativen Schnelltests, die über Art und Menge pathologischer Harnbestandteile informieren. Die Teststäbchen, auf denen entsprechende Reagenzien in fester Form aufgetragen sind, werden mit Urin benetzt und geben nach einem definierten Zeitintervall einen ablesbaren standardisierten Farbumschlag (Tab. 3.1).

3.1.1.4 Quantitative Harnuntersuchung

Quantitative Proteinanalyse

Bei der quantitativen Proteinanalyse des Harns unterscheidet man zwei Bereiche:

1. die Gesamteiweißbestimmung im Urin
2. die Einzelprotein- und Enzymbestimmung

Mit dem Photometer lassen sich über eine Farbstoffbindung (Cromasie Brillant Blau, (Protein-Assay, BioRad) oder eine Kupfer-Chelatkomplexbildung (Biuret-Reagenz, Merck) die Gesamteiweißbestimmung durchführen.

Mit modernen Automaten lassen sich alle Uroproteine messen, je nach Einstellung des Meßbereiches von 30—7000 mg und mehr (z.B. nephelometrische Fällungsmethode mit Trichloressigsäure).

Mit Hilfe der Gesamteiweißbestimmung hat man die Möglichkeit zwischen nephrotischen und nicht-nephrotischen Krankheiten zu differenzieren. Die Einzelproteinbestimmung ermöglicht eine Differenzierung zwischen glomerulären und tubulären Erkrankungen. Mit der Elektrophorese lassen sich hoch- und kleinmolekulare Proteine unterscheiden.

Quantitative Zellzahlbestimmung

Die quantitative Zellzahlbestimmung im Urin kann zur Verlaufsbeobachtung von Erythrozyturien und Leukozyturien eingesetzt werden, z.B. bei Glomerulonephritis oder Pyelonephritis. Harnvolumen und Sammelzeitraum müssen hierbei dokumentiert werden. Die Methode geht auf *Addis* (1925) zurück und wird als Addis-Count bezeichnet: Nach 12 Stunden Fasten wird der am Vormittag im Verlauf von 3 Stunden gelassene Urin untersucht. Die Zählung kann im zentrifugierten oder im (Nativurin) unzentrifugierten Harn durchgeführt werden. Mit der Fuchs-Rosenthal-Kammer können 1 qmm, d.h. 5 Felder mit je 16 Kleinstquadraten bestimmt und ausgezählt werden.

$$\frac{\text{Zellzahl} \times 1000 \times \text{Urinmenge in ml}}{180\text{ ml}} = \begin{array}{c}\text{ausgeschiedene}\\ \text{Zellzahl im Urin}\end{array}$$

Bei Verwendung von zentrifugiertem Harn (10 ml für 5 min bei 2800 Umdrehungen) muß der verbleibende 1 ml Urin gut aufgerührt werden. Durch die 10fache Verkleinerung des Volumens muß die Zellzahl durch den Faktor 10 geteilt werden.

Mit dem MD-Kova-System erfolgt die Zählung des zentrifugierten Urins in der Einmalkammer mit einem Volumen von 6,6 μl.

Der Normalbereich beträgt: Erythrozyten bis 2/μl entsprechend 2000/ml und Leukozyten bis 4/μl entsprechend 4000/ml.

3.1.1.5 Harnfärbemethoden — Urinzytologie

(Neelsen-Färbung s.S. 51)

Die zytologische Urinuntersuchung dient dem Ausschluß oder Nachweis von Tumorzellen bei der Suche nach Tumoren der ableitenden Harnwege oder in der Verlaufskontrolle nach Behandlung von Urothelkarzinomen des Nierenbeckens, Harnleiters, der Blase oder der Harnröhre. Die Urinzytologie von Spontanurin ist nicht zu Lokalisierung von Tumoren geeignet; ebensowenig ist zytologisch die Infiltrationstiefe (T-Stadium) zu bestimmen.

Ein normaler Befund wird bei histologisch unterscheidbaren Diagnosen angetroffen:

1. Normales Urothel
2. Leichte Dysplasie
3. Papillom (G_0)
4. Gut differenziertes Karzinom (G_1).

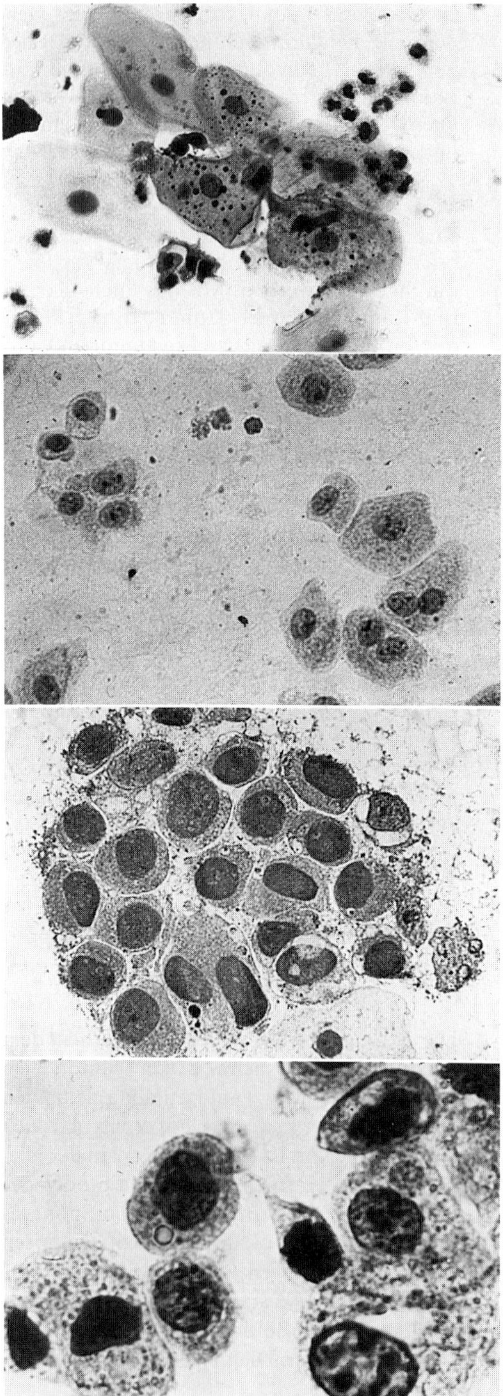

a

b

c

d

Abb. 3.4 a–d **a** Zytologisch unbedenklicher Urinbefund mit den Zeichen einer Harnwegsinfektion. Man erkennt Plattenepithelien, einige kleinere Urothelien und Granulozyten.

b Urothelzellen aus verschiedenen Schichten der Blasenschleimhaut, große zum Teil mehrkernige Deckzellen, geschwänzte Zellen aus der Intermediärschicht und kleinere Basalzellen. Die Kerne variieren nur unwesentlich in Form und Größe. Ein solcher Befund kann von Patienten ohne Dysplasien oder Harnblasenkarzinom stammen; diese Zellen sind jedoch auch mit einem gut differenzierten Urothelkarzinom zu vereinbaren.

c Urothelzellen mit deutlicher Vergrößerung der Kerne, mäßig ausgeprägter Kerngröße und Kernformvarianz sowie deutlicher Hyperchromasie. Es finden sich demnach nahezu alle Kennzeichen einer malignen Transformation; dieser Befund stammt von einem 68jährigen Patienten mit einem mittelgradig differenzierten infiltrativ wachsenden Harnblasenkarzinom (T_2 G_2).

d Ausgeprägte Kerngrößenvarianz, gekörntes Chromatin, verdickte Kernmembran, prominente Nukleoli als Kennzeichen eines weitgehend entdifferenzierten Urothelkarzinoms. Der Befund wurde von einem Patienten mit einem solitären T_1 G_3-Karzinom mit begleitendem Carcinoma in situ erhoben. Sowohl das schlecht differenzierte Urothelkarzinom als auch das Carcinoma in situ kann als Ursache für diesen zytologischen Befund angesehen werden.

Die leichte Dysplasie ist keineswegs zwingend eine Präneoplasie, sondern begleitet häufig Infekte. Das echte Papillom ist ein äußerst seltener, gutartiger Blasentumor (Differenzierungsgrad G_0). Der gut differenzierte Urotheltumor ist die häufigste Entität des Blasentumors; es darf nicht als „Papillom" bezeichnet werden. Die Zytologie kann diese 4 Diagnosen nicht erkennen, da sie sich lediglich in der histologischen Wachstumsform, aber nicht in der Einzelzellmorphologie unterscheiden. Dieser vermeintliche Nachteil der Zytologie ist für die Klinik ohne Bedeutung, da die leichte Dysplasie nicht behandelt wird und Papillome und gut differenzierte Blasentumoren als exophytisch wachsende Tumoren immer zystoskopisch entdeckt werden.

Ein positiver zytologischer Befund tritt bei mittelgradig und schlecht differenzierten Urothelkarzinomen (G_{2-4}), mittelgradig bis schweren Dysplasien sowie dem Carcinoma in situ (Tis) auf. Aufgrund der Anaplasie der einzelnen Zelle erreicht die Treffsicherheit der Zytologie 90%.

Zur Anfertigung eines zytologischen Präparats wird das Urinsediment wie oben beschrieben gewonnen und mit einem handelsüblichen Fixationsspray fixiert. Üblicherweise erfolgt die Färbung nach *Papanicolaou*. Zur raschen Beurteilung können für nicht fixierte Präparate vorgefertigte Objektträger dienen, auf die bereits Farblösungen aufgegeben sind, oder das Urinsediment kann unfixiert mit Methylenblau angefärbt werden. Nachteil dieser Schnellfärbungen ist, daß so gefärbte Präparate nicht aufgehoben und die Befunde nicht dokumentiert werden können (Abb. 3.4a-d).

Normale Plattenepithelien und Granulozyten finden sich vermehrt bei Harnwegsinfekten, sie sind kein Hinweis auf eine maligne Entartung (Abb. 3.4a). Entsprechend ihrer Herkunft (vgl. Abs. 3.3) von basalen, intermediären und superfizialen Zellschichten weisen normale Urothelzellen unterschiedliche Zellformen auf; die Kerne sind jedoch von gleicher Größe, Form und Struktur (Abb. 3.4b). Zellen von mittelgradig differenzierten Karzinomen oder mittelschweren Dysplasien tragen alle Kennzeichen einer malignen Entartung: Hyperchromasie, gekörntes Chromatin, Verdickung der Kernmembran, prominente Nucleoli. Die Kerne sind in Form und Größe jedoch nicht extrem unterschiedlich (mäßige Anisokaryiose) und entsprechen daher einem Malignitätsgrad 2. (Abb. 3.4c).

Die Zellen der Abb. 3.4d stammen von einem Patienten mit einem tief infiltrierenden, schlecht differenzierten Urothelkarzinom. Hier variieren Kernform und -größe stark, ein Befund, der den hohen Malignitätsgrad signalisiert. Entsprechend ist der urinzytologische Befund bei einem Carcinoma in situ.

3.1.1.6 Bakterienkultur und Antibiogramm

Bei Entzündungsverdacht wird ein Teil der steril gewonnenen Urinprobe zur Bakterienkultur verwandt. Hierzu wird zuerst eine Keimzahlbestimmung pro ml Urin durch Bebrütung von Eintauch- oder Ausstrichnährboden über 24 Std. durchgeführt.

Bei signifikanter Keimbesiedlung ($> 10^5$ Keime/ml bei nicht vorbehandelten Erwachsenen) erfolgt die Keimidentifizierung über „Bunte Reihe"-Systeme, die industriell angeboten werden (vgl. Tab. 3.1). Gleichzeitig erfolgt eine Sensibilitätsbestimmung des Keimes gegen die gebräuchlichen Antibiotika.

Verarbeitung eines Prostata- oder Urethralsekretes

Transrektal wird die Prostata von lateral nach medial systematisch massiert. Das *per urethram* abtropfende Sekret wird mit einem Objektträger aufgefangen und wie Urethralsekret mikroskopisch oder kulturell untersucht.

Der *urethritische Ausfluß* wird entweder auf einem Objektträger aufgefangen oder vor der Miktion mit einem Watteträger aus der Fossa navicularis entnommen. Das frisch gewonnene Sekret wird im Nativpräparat auf Trichomonaden, Epithelien oder Hyphen, nach Gram-Färbung auf Gonokokken, nach Methylenblau auf Candida-Hyphen sowie auf säurefeste Stäbchen (Ziehl-Neelsen-Färbung) durchmustert.

Bakterienkultur, spezielle Kulturen etwa zum Nachweis von Chlamydien oder humanpathogenen Mykoplasmen wie Ureaplasma urealyticum und, bei gegebener Indikation, Tierversuche ergänzen die Sekretanalyse.

Tabelle 3.2 Übersicht urologisch bedeutsamer Parameter.

Bereich	Parameter	Bedeutung
Nierenfunktionsstörungen	Kreatinin Harnstoff Kreatinin-Clearance Elektrolyte	Allgemeine Nierenfunktion
Renale Hypertonie	Renin im selektiv gewonnenen Nierenvenenblut Captopril-Test	Diagnostik und Operationsindikation
Entzündungen		
– unspezifisch	– BSG, Differentialblutbild, – Hämoglobin, Leukozyten	Allgemeine Entzündungsparameter
– spezifisch Lues	– Treponema-Pallidum-Hämagglutinationstest (TPHA)	Suchtest
	– Fluoreszenz-Treponemen-Antikörper-Absorptionstest (FTA-ABS)	Bestätigungstest
	– Veneral Disease Research Laboratory-Test (VDRL)	Verlaufskontrolle
	– 19-S-J6M-FTA-ABS-Test	Neugeboreneninfektion/ Behandlungsbedürftigkeit
Bilharziose	– Komplementbindungsreaktion – Indirekter Immunfluoreszenztest – Indirekter Hämagglutinationstest	Immunbiologischer Nachweis von Schistosoma haematobium
Glomerulonephritis	– Antistreptolysin-O-Titer Rheumafaktor positiv Kryoglobuline positiv Komplementfaktor C3/C4 vermindert	Poststreptokokken-Glomerulonephritis
	– Antibasalmembranantikörper	Typ I der rapid progressiven Glomerulonephritis
	– C3-Nephritis-Faktor	Membranoproliferative Glomerulonephritis (10–20 % des idiopathischen nephrotischen Syndroms)
Neoplasien	BSG, Elektrophorese, Blutbild, Immunoglobuline, Alkalische Phosphatase	Allgemeine Parameter Ossäre Metastasierung
Nierenzellkarzinom	Gerinnung: PTT, TPZ Elektrophorese, Kalzium, Thrombozyten, Fibrinogen	Unspezifische Veränderung, paraneoplastisch
Prostatakarzinom	Prostataspezifisches Antigen (PSA) Testosteron	Tumormarker zur Verlaufskontrolle Beurteilung der Androgendeprivation
Hodentumor	α-Fetoprotein β-HCG Plazentare alkalische Phosphatase (PLAP) LH, FSH, Testosteron	Schließt reines Seminom aus; häufig Chorionkarzinomanteile; Bedeutung beim Seminom, falschpositiv bei Rauchern Tumor mit hormoneller Aktivität

Fortsetzung Tabelle 3.2 Übersicht urologisch bedeutsamer Parameter.

Bereich	Parameter	Bedeutung
Harnsteinleiden	Elektrolyte, BGA Kalzium, Phosphat, Parathormon, Kalzitonin Harnsäure	Diagnostik und Verlauf Hyperparathyreoidismus Hyperurikämie
Hormonstörungen	LH, FSH, Prolaktin, Testosteron ACTH Dexamethason-Test Kathecholamine Aldosteron Renin, Angiotensin	Fertilitätsabklärung Nebennierenfunktionsdiagnostik

Spermiogramm

(s.S. 312)

3.1.1.7 Bakteriologische Diagnose der Urogenitaltuberkulose

Die fehlende bakteriologische Verifizierung der Tuberkulose bei klinischem oder röntgenologischen Verdacht verzögert die adäquate Therapie. Zur mykobakteriologischen Untersuchung des Urins stehen zur Verfügung:

Methode	untere Nachweisgrenze
• Mikroskopie	10^4–10^5 Keime/ml
• Tuberkulose-Kultur	10^2–10^3 Keime/ml
• Tierversuch	10–500 Keime/ml

Damit besitzt der Tierversuch zwar die höchste Sensitivität (= positive Fallfindungsrate), aber die Sensitivität der Tuberkulose-Kulturen erreicht auch etwa 85 %. In der Praxis werden daher an drei aufeinanderfolgenden Tagen jeweils etwa 100 ml Morgenurin steril aufgefangen; es werden drei Kulturen und nur noch ein Tierversuch angelegt. Bei diesem wird der fraglich tuberkelbakterienhaltige Harn Meerschweinchen intraperitoneal injiziert. Nach 8 Wochen werden die Tiere auf tuberkulöse Herde untersucht. Eine Tuberkulostatika-Resistenzbestimmung wird gleichfalls vorgenommen. Die hohe Trefferquote der Tierversuche gestattet, sie nur noch ergänzend zur Kultur anzuwenden. Besonders wenn die morgendliche Harnprobe steril gewonnen, die Proben bei Kühlschranktemperatur gelagert und dann im gekühlten Zustand in das bakteriologische Labor transportiert und dort sorgfältig aufgearbeitet (Homogenisierung, Abtöten von Begleitflora) werden, ist die Kultur-Sensitivität ausreichend. Lediglich die mikroskopische Untersuchung der nach Ziehl-Neelsen gefärbten Tuberkelbakterien hat nur eine Treffsicherheit von 60 %, da saprophytäre Mykobakterien etwa aus dem Smegma praeputii nicht unterschieden werden können. Das Ergebnis der Bakterioskopie liegt im Gegensatz zur Kultur schon am nächsten Tag vor – ihr wichtigster Vorzug.

3.1.1.8 Harnsteinanalyse

(s.S. 247)

3.1.2 Serumdiagnostik

Die Auswahl von Serumuntersuchungen hat sich streng an der Verdachtsdiagnose zu orientieren (gezielte Serumdiagnostik). So sollte z.B. beim eingeklemmten Harnleiterstein die Auswahl sowohl die Nierenfunktionsstörung als auch die mögliche begleitende Entzündung berücksichtigen; sinnvoll ist daher die Bestimmung der harnpflichtigen Substanzen, Serumelektrolyte, der BSG und Leukozyten (Tab. 3.2).

3.2 Bildgebende Verfahren

3.2.1 Sonographie

Die Sonographie (Ultraschalldiagnostik) steht als sichere, schmerzlose, wiederholbare, schnelle und nichtinvasive Untersuchungsmethode an erster Stelle in der Reihenfolge der bildgebenden Verfahren in der Urologie. Die hochauflösenden Ultraschallgeräte bilden mit Ausnahme des normalkalibrigen Harnleiters alle urologischen wichtigen Organe ab. In der Diagnostik werden Ultraschallwellen mit einer Frequenz von 1 bis 10 MHz eingesetzt. Die sich im Gewebe longitudinal ausbreitenden Ultraschallwellen werden an den Grenzflächen der unterschiedlichen Gewebsarten teilweise hindurchgelassen oder reflektiert. Die Stärke der Reflektion hängt vom Schallwiderstand (akustische Impedanz) ab. Die reflektierten Schallwellen an den Geweben unterschiedlicher Impedanz werden als Echosignal auf dem Monitor abgebildet. In der Diagnostik hat sich die dynamische Realtime-Sonographie durchgesetzt. Die Ultraschallbilder können auf unterschiedliche Art archiviert werden: Videoprinter, Polaroidphoto, Multiformat-Röntgenfilmkamera.

Die Realtime-Sonographie erlaubt neben den statischen Befunden auch dynamische Befunde bei der Untersuchung zu erheben (Tab. 3.3). Von allen untersuchten Organen und vor allem von allen pathologischen Befunden sollten Ultraschallschnitte in zwei verschiedenen Ebenen durchgeführt werden (Abb. 3.5 und 3.6).

Tabelle 3.3 Diagnosemöglichkeit durch Ultraschall.

Statische Befunde von Organen und Raumforderungen	Form Größe Lage Binnenstruktur Konsistenz
Dynamische Untersuchung	Eigenbewegung (Gefäße, Herz, Darm, Muskel) Atemabhängige Bewegung Palpatorische Bewegung

a

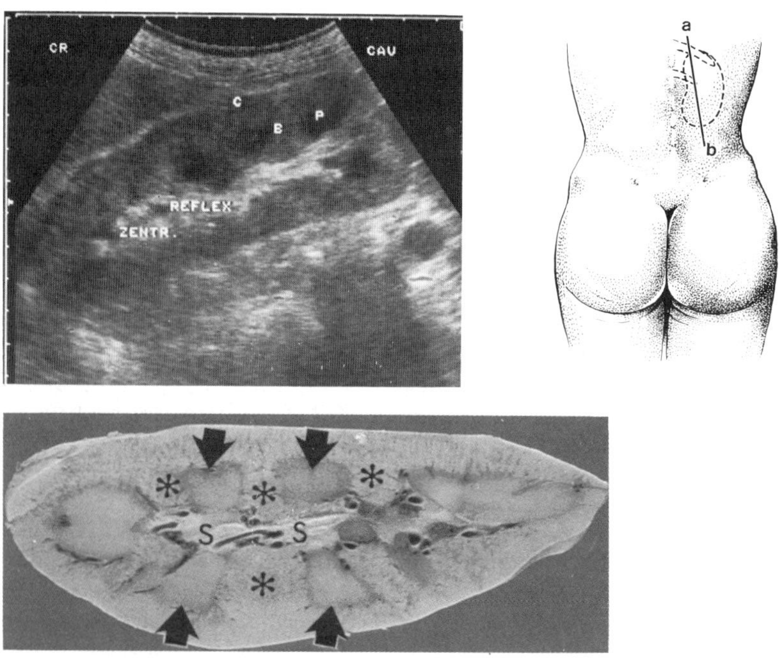

b

Abb. 3.5 a,b Sonographischer (**a**) und anatomischer (**b**) Longitudinalschnitt einer normalen Niere mit Darstellung der Papillen (P ⬆), Bertinischen Säulen (B ✻), dem Cortex (C) im Parenchym und dem zentralen Reflexband (S) (CR = kranial, CAU = kaudal, a—b Schallschnitt).

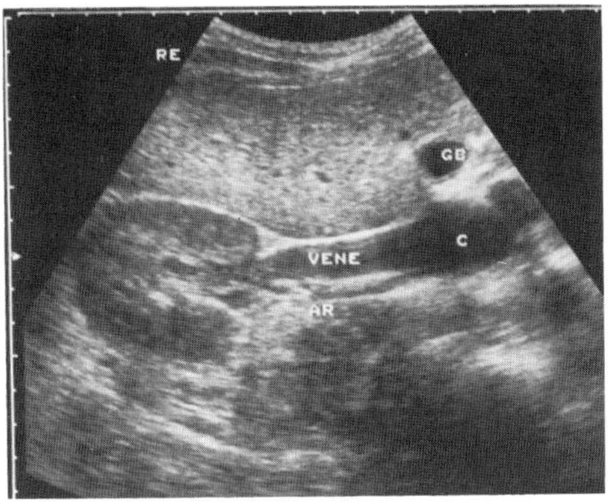

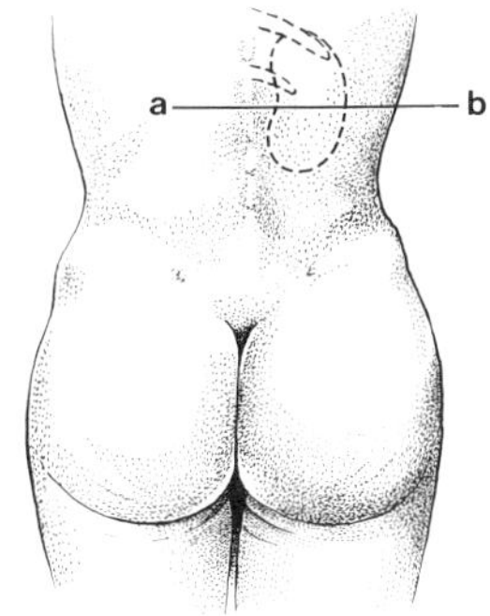

Abb. 3.6 Transversalschnitt der rechten Niere mit Darstellung der Nierenarterie (AR) und -vene; sonographischer Schnitt durch den rechten Leberlappen mit Darstellung der Gallenblase (GB) und der Vena cava inferior (C). cm-Skala am Rand.

Normale Niere, Harnstauungsniere

Sonographisch unterscheidet man an der Niere das Nierenparenchym und das zentrale Reflexband. Im **Nierenparenchym** lassen sich die echoarmen, kreisrunden Papillen von den dazwischen liegenden Bertinischen Säulen und dem Kortex abgrenzen. Das **zentrale Reflexband,** gekennzeichnet durch den hellen Reflex, setzt sich zusammen aus dem Nierenbekken, den Gefäßen und dem parapelvinen Fett. Die Niere mißt in ihrer Länge 11 bis 13 cm und im Transversalschnitt 6 bis 8 cm. Das Parenchym hat eine Dicke von 1,5 bis 2 cm. Das zentrale Reflexband eine Breite von 2 cm.

Bei der **Harnstauungsniere** (Abb. 3.7) ist das Hohlsystem dilatiert, bei der **Hydronephrose** ist darüberhinaus das Parenchym verschmälert.

Nierenzysten

Nierenzysten sind sonographisch gekennzeichnet durch eine **scharf abgegrenzte** zirkuläre Raumforderung **ohne Binnenechos** und einer hinter der Zyste schallkopfdistalen **Schallverstärkung.** Entsprechend ihrer Lage unterscheidet man Kortexzysten, parapelvine Zysten (Abb. 3.8) oder Parenchymzysten.

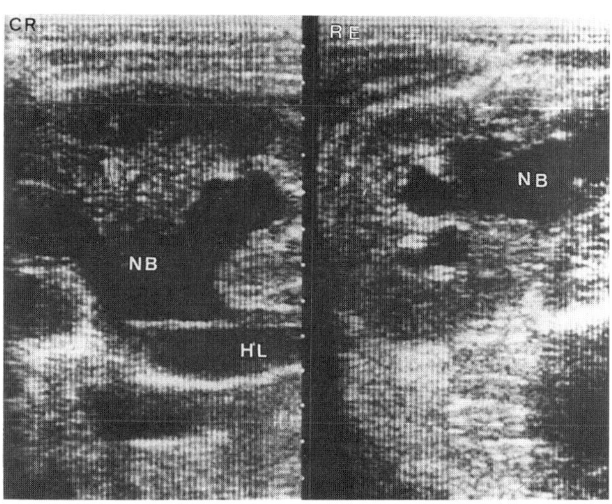

a b

Abb. 3.7 a,b Longitudinal- (**a**) und Transversalschnitt (**b**) durch eine Niere mit ektatischem Nierenhohlsystem. Typische Aufspreizung des zentralen Reflexbandes durch das echofreie, mit Urin gefüllte Nierenbecken (NB) und den weiten Harnleiter (HL). Das aufgeweitete Hohlsystem läßt sich vom Nierenbecken über die aufgeweiteten Kelche bis in die Kelche nachweisen.

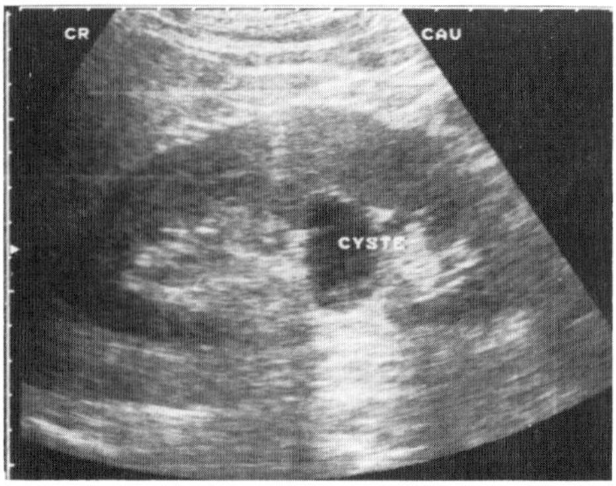

Abb. 3.8 Sonographisches Bild einer parapelvinen Zyste, im zentralen Reflexband findet sich eine 2 x 3 cm große, echofreie, scharf begrenzte Raumforderung mit darunterliegender Schallverstärkung (CR = kranial, CAU = kaudal).

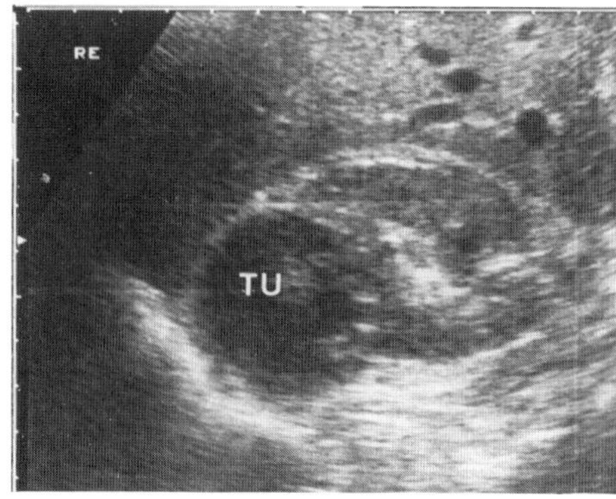

Abb. 3.9 Sonographischer Transversalschnitt durch die rechte Niere mit einer 3 cm großen, soliden Raumforderung, die die Nierenkontur unterbrochen hat und bunte Binnenechos zeigt. Die Raumforderung ist von der darüberliegenden Leber abgrenzbar. Das Reflexmuster der Raumforderung ist echoärmer als das Nierenparenchym (TU = Tumor).

Tumoren (Abb. 3.9 und 3.10)

Zu den sonographischen Kriterien solider Raumforderungen gehört das bunte, **teils echoarme, teils echoreiche** Reflexmuster der Raumforderung, die häufig **unscharf abgegrenzt** ist und die Kontur des Organes unterbricht. Bei soliden Raumforderungen **fehlt** eine distale Schallverstärkung.

Im Interesse einer rationellen patientengerechten Abklärung von renalen Raumforderungen muß man die Spezifität und Sensitivität der bildgebenden Untersuchungsverfahren kennen. Die Sensitivität ist ein prozentales Maß für die Zuverlässigkeit, mit der ein positiver Test eine vorliegende Erkrankung aufdeckt

$$\text{Sens} = \frac{\text{n richtig positive Befunde} - \text{n falsch negative Befunde}}{\text{n tatsächlich vorliegende Erkrankungen}}\,.$$

Die Spezifität ist ein prozentales Maß für die Zuverlässigkeit, mit der ein negativer Test eine vorliegende Erkrankung ausschließt

$$\text{Spez} = \frac{\text{n richtig negative Befunde} - \text{n falsch positive Befunde}}{\text{n tatsächlich unauffälligen Befunde}}\,.$$

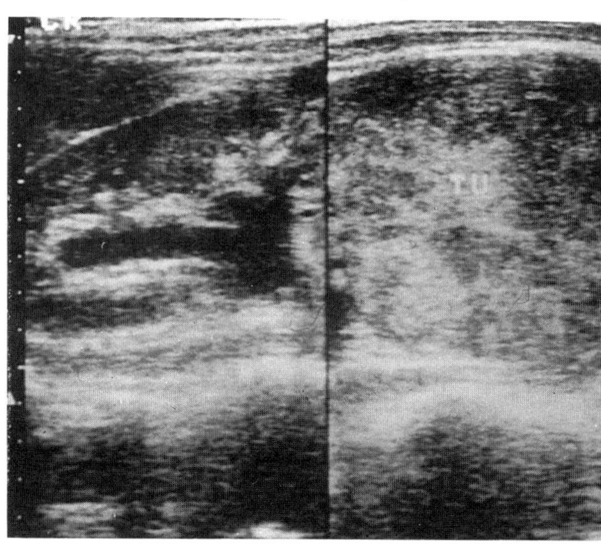

Abb. 3.10 Longitudinalschnitt durch die rechte Niere mit einer 10 cm großen, soliden Raumforderung am unteren Pol der Niere; die Raumforderung zeigt eine sehr bunte Binnenstruktur. Die Raumforderung hat den gesamten unteren Pol der Nieren aufgebraucht. Der obere Pol der Niere zeigt eine Aufspreizung des zentralen Reflexbandes, was einer Harnstauung der Restniere entspricht.

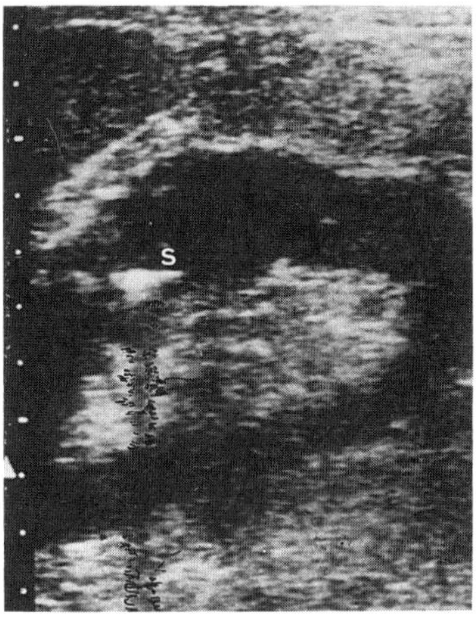

Abb. 3.11 Longitudinalschnitt durch die linke Niere, es zeigt sich am zentralen Reflexband ein heller Reflex (S). Unterhalb dieses Reflexes zeigt sich ein Schallschatten, der einem 1 cm großen Nierenkonkrement entspricht. Eine sichere Diagnose ist nur in Verbindung von Steinreflex- **und** -schatten möglich.

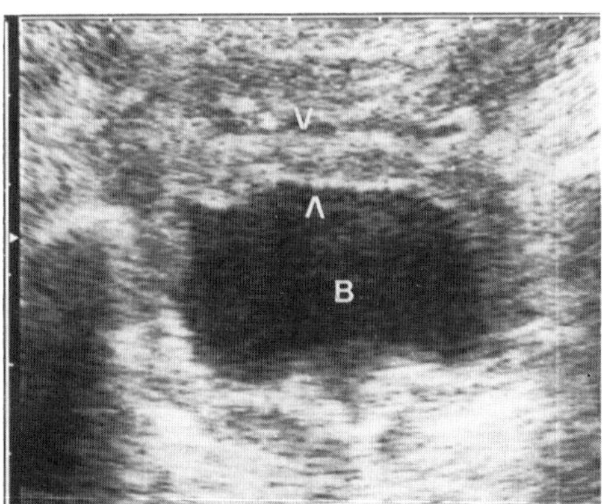

Abb. 3.12 Suprapubische transvesikale Sonographie der Blase mit Darstellung von Restharn und einer verdickten Blasenwand (><).

So ist die Spezifität der Sonographie zum Ausschluß eines Karzinoms bei der Abklärung einer Zyste nahezu 100%; somit bedarf der sichere sonographische Nachweis einer Zyste keiner weiteren Abklärung, insbesondere ist eine Computertomographie oder Kernspintomographie in diesen Fällen entbehrlich.

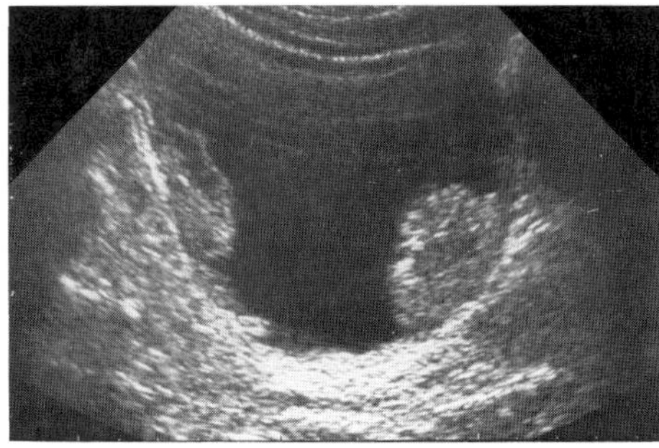

Abb. 3.13 Suprapubische Sonographie eines papillären oberflächlichen Tumors; eine Infiltration in die tiefen Schichten läßt sich nicht nachweisen. Stadium T_1–T_2.

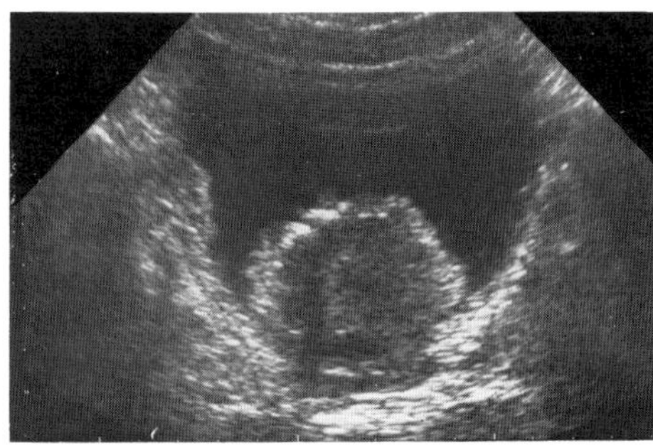

Abb. 3.14 Suprapubische Sonographie eines großen Blasentumors; in der Tiefe scheint der Tumor in die Blasenwand eingewachsen zu sein. Stadium T_2–T_3.

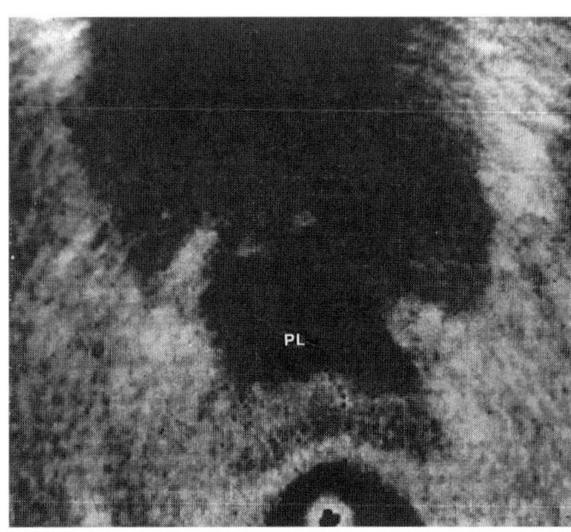

Abb. 3.15 Transrektale Sonographie einer Prostata nach Resektion. Es zeigt sich eine ausresezierte Prostataloge (PL).

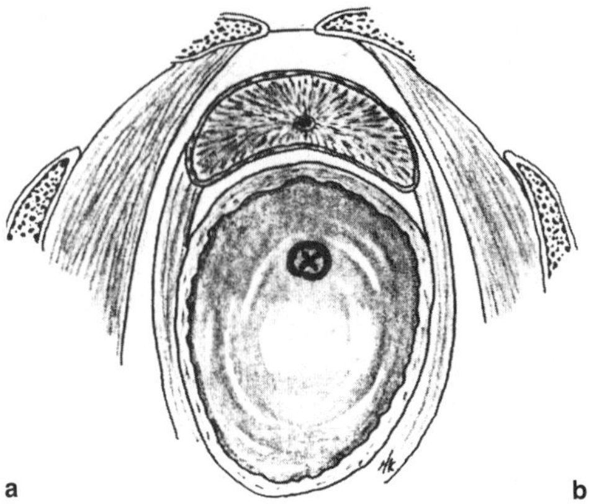

a

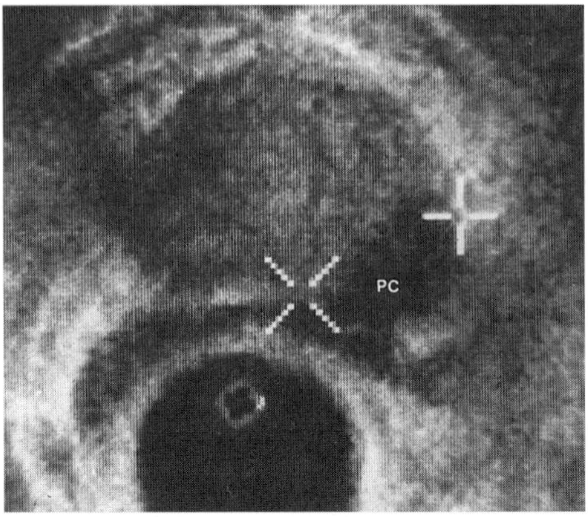

b

Abb. 3.16 a, b **a** Schematische Darstellung der transrektalen Sonographie (⊗) der normalen Prostata. **b** Transrektale Sonographie eines Prostatakarzinoms: Im linken Prostatalappen zeigt sich eine 1,5 cm echoarme Raumforderung, die einem Prostatakarzinom (PC) entspricht. Das Karzinom hat die Prostatakapsel nicht durchbrochen.

Steine (Abb. 3.11)

Konkremente sind sonographisch charakterisiert durch den hellen **Steinreflex** und den hinter dem Stein liegenden **Schallschatten.** Beide Kriterien sind zur Diagnose eines Steines notwendig. In geübter Hand beträgt das Verhältnis der Sensitivität Sonographie/i.v. Pyelogramm 83 % zu 85 % für Steine im oberen Harnleiter und 68 % zu 74 % im unteren Harnleiter (*Saita* et al., 1988).

Typische sonographische Befunde im kleinen Becken

Im kleinen Becken ist aus urologischer Sicht die Darstellung von Harnblase (Abb. 3.12 bis 3.14), Samenblasen, Prostata (Abb. 3.15 u. 3.16) sowie deren topographische Zuordnung zu den Nachbarorganen von besonderer Be-

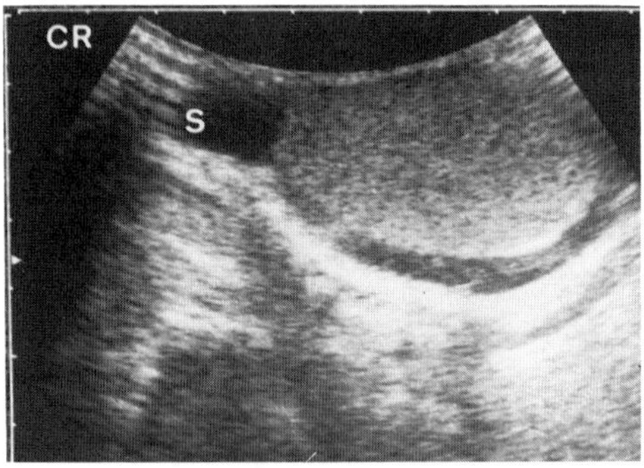

a

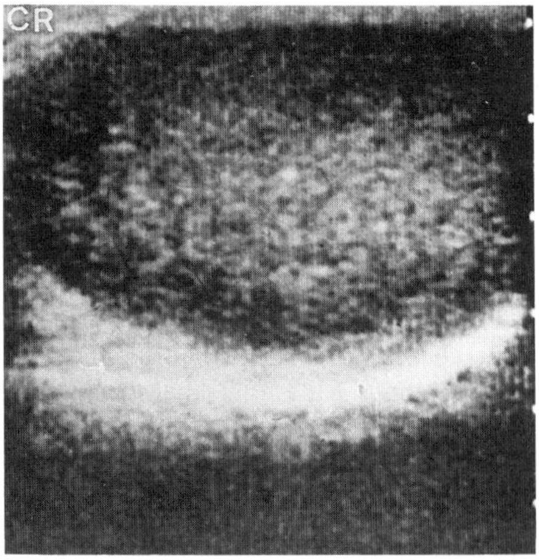

b

Abb. 3.17 a,b **a** Longitudinalschnitt durch einen normalen rechten Hoden, das Hodenparenchym zeigt ein homogenes Reflexmuster, am kranialen Pol des Hodens findet sich eine echofreie liquide Raumforderung, die einer Spermatozele (S) entspricht.
b Der linke Hoden zeigt sich im Vergleich zum normalen Hoden vergrößert, das Reflexmuster ist homogen, insgesamt ist der vergrößerte Hoden echoärmer als der normale Hoden. Es handelt sich um das typische Reflexmuster eines seminomatösen Hodentumors.

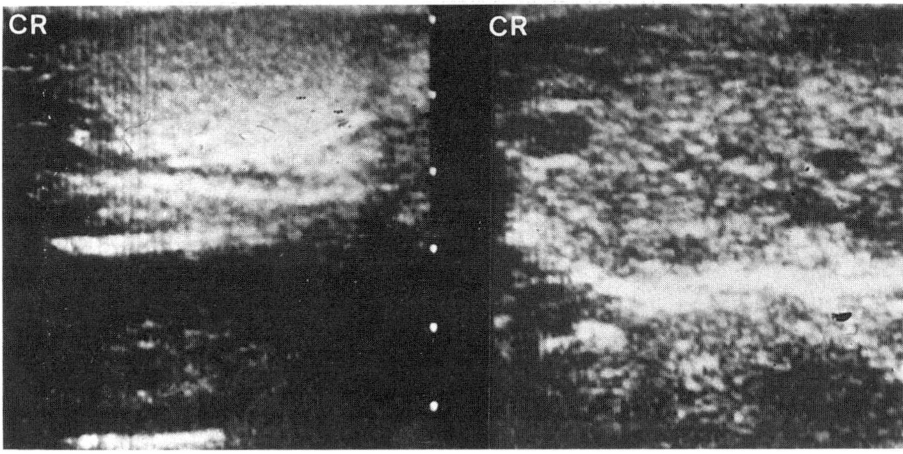

a b

Abb. 3.18 a, b Longitudinalschnitt durch den rechten und linken Hoden, wobei der linksseitige Hoden vergrößert und palpatorisch auffällig ist. Der vergrößerte linke Hoden zeigt sehr bute Binnenechos mit zystisch liquiden Arealen und sehr hellen Reflexen. Dieses Echomuster entspricht einem nichtseminomatösem Hodentumor.

deutung. Die sonographische Darstellung kann transkutan erfolgen (vgl. Abb. 3.12 bis 3.14); zur Beurteilung der Prostata sollte bei dieser Technik die Harnblase gefüllt sein, um einen ungehinderten Zugang der Schallwellen „transvesikal" zur Prostata zu ermöglichen. Eine weitere Möglichkeit der sonographischen Abbildung der Beckenorgane ist durch transurethral oder transrektal (TRUS) eingeführte Schallsonden zu erreichen. Diese Technik ist jedoch bestimmten Fragestellungen vorbehalten, z.B. der Bestimmung der Vollständigkeit einer transurethralen Prostataresektion (TURP) oder zur Abschätzung der lokalen Ausdehnung eines Prostatakarzinoms (s. Abb. 3.15 u. 3.16). Bei der Bestimmung des Restharns hat die Sonographie den Katheterismus völlig ersetzt.

Sonographische Befunde des Skrotums

In der Diagnostik skrotaler Befunde und in der Frühdiagnostik testikulärer Raumforderungen ist die Sonographie eine wesentliche Ergänzung zur manuellen Untersuchung. Testikuläre und paratestikuläre Befunde können sicher von einander abgegrenzt werden (Abb. 3.17 u. 3.18).

3.2.2 Allgemeine urologische Röntgendiagnostik

Die Röntgendiagnostik des Urogenitaltraktes stützt sich auf *Nativaufnahmen* zur Übersicht über die retroperitonealen Organe und das Skelettsystem (Übersichtsaufnahmen) sowie auf *Kontrastbilder* der Hohlorgane und Gefäßsysteme nach Gabe schattendichter, also strahlenundurchlässiger flüssiger Kontrastmittel. Die CT (= Computer-Tomographie) präzisiert die radiologisch oder sonographisch nachgewiesene Raumforderung. Die MRT (Magnetresonanztomographie) oder NMR (= nuclear magnetic resonance) gibt nur bei ausgewählten Fragestellungen zusätzliche Informationen (s.S. 75).

3.2.2.1 Abdomenübersicht

Jede urographische Erstuntersuchung beginnt mit der Nativaufnahme des Abdomen- und Beckenbereiches. Auf einer Standard-Röntgenplatte (30 x 40 cm) sind die untere Thoraxapertur, die Lendenwirbelsäule, das knöcherne Becken sowie die Organschatten der Nieren, der Psoasmuskeln und der Harnblase

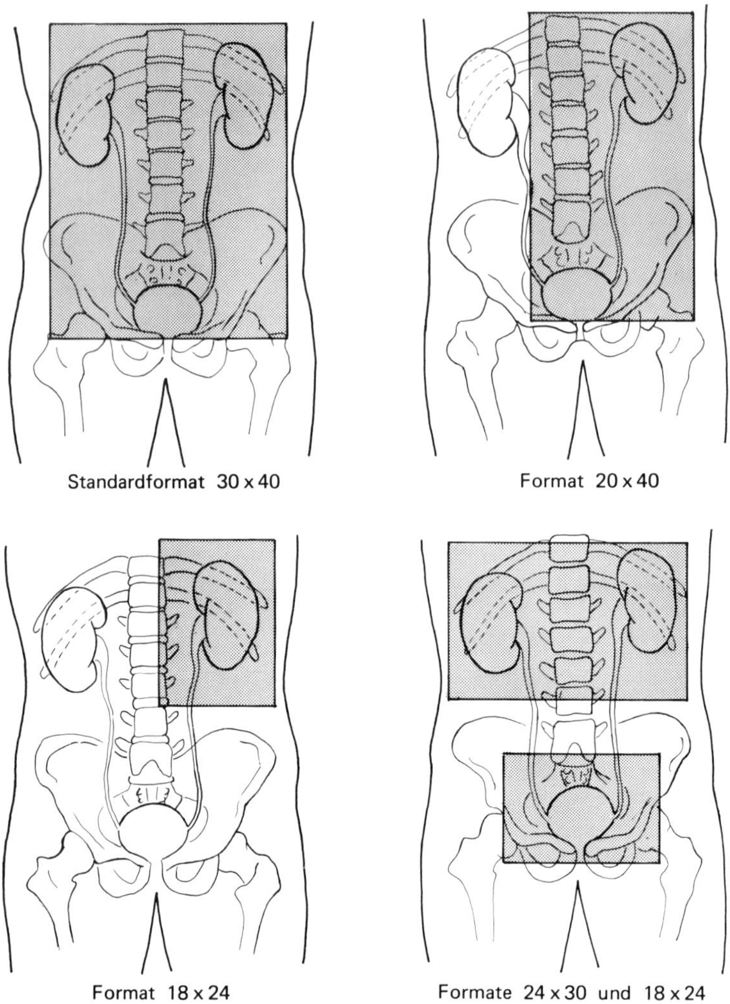

Abb. 3.19 a–d Formatoptimierung im Rahmen des Ausscheidungsurogramms.
a „Standardformat" (routinemäßig).
b „Halbformat" bei bekannter Einnierigkeit, als Verlaufskontrolle oder bei Spätaufnahmen.
c „Nierenformat" bei selektiver Darstellung, Tomographien oder nach Harnleiterkompression.
d „Teilformate": *Nieren:* im Rahmen des Frühurogramms, 7-min-Aufnahme. *Harnblase:* als Zystogramm.

erkennbar (Abb. 3.19). Anzustreben ist die Verwendung einer 100 mm Kamera zur Senkung der Strahlendosis.

Luft in Anteilen des Verdauungstraktes Randschatten, Muskulatur (Psoashypertrophie beim Ruderer), Leber- und Milzschatten, Uterussilhouette und das Skelettsystem ergänzen den Informationsgehalt der Abdomenübersichtsaufnahme (Tab. 3.4).

In bestimmten Fällen ist durch eine sorgfältige Betrachtung der Abdomenübersichtsaufnahme bereits eine definitive Diagnose zu stellen:
z.B. bei phosphat- und kalziumhaltigen Nierensteinen (schattengebende Konkremente), (s. Abb. 3.20), Myelomeningozele (Wirbelbögendefekte) oder kaudaler Regression („fehlendes" Kreuzbein) mit neurogener Blase,

Tabelle 3.4 Diagnostische Ausbeute der Abdomenübersichtsaufnahme.

Organe	Informationsgehalt	Mögliche Diagnosen
● *Harntrakt*		
Niere	Form, Lage, Größe Seitenvergleich	Tumor, Schrumpfniere Nierenaplasie perinephritischer Abszeß
	Achsenstellung	Hufeisenniere extrinsische Verdrängung Nephroptose
	schattengebendes Konkrement	Urolithiasis
Ureter	Konkremente	Urolithiasis
Blase	Form, Ausdehnung verkalkte Kontur Konkremente	Überlaufblase Bilharziose Blasensteine
Prostata	Verkalkungen	Prostatasteine Tuberkulose
● *Verdauungstrakt*		
Leber	Hepatomegalie Meteorismus	
Gallenblase	Konkremente	Cholelithiasis
Darm	Spiegelbildung im Stein	Ileus
● *Skelettsystem*		
Rippen	Ostitis fibrosa Abstand ↑ Frakturen	Hyperparathyreoidismus z.B. Neuroblastom z.B. Nierentrauma
LWS	Osteolysen degenerative Veränderungen Bandscheibenschäden Spina bifida	z.B. Nierenzellkarzinom Spondylarthrose neurogene Blase
Becken	osteolytische Herde osteoplastische Herde Sakrumagenesie klaffende Symphyse Fraktur	Prostatakarzinommetastasen Prostatakarzinommetastasen neurogene Blase Blasenekstrophie Harnröhrenverletzung
● *Muskulatur*		
Psoas-Muskulatur	unscharfer Randschatten Fremdkörper fleckförmige Fremdkörper-verschattung im Glutaeus	pererinephritischer Abszeß Trauma Verdacht auf Lues (vorangegangene Wismutinjektion)
● *Kalkdichte abdominelle Schatten*	Phlebolithen Mesenteriallymphknoten Echinokokkuszysten Uterusmyom	 Tuberkulose

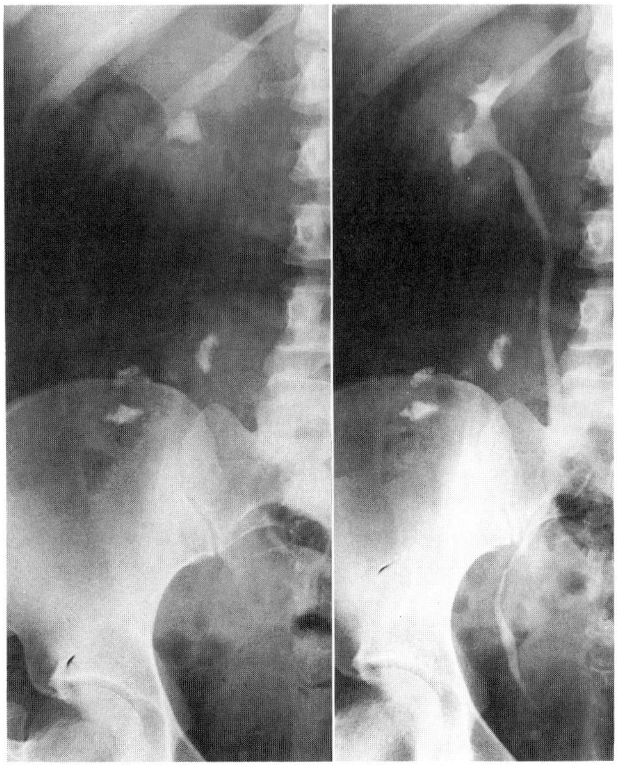

Abb. 3.20 a, b Patient mit Koliken rechts.
a Übersichtsaufnahme mit einer konkrementverdächtigen Verschattung an Projektion auf die rechte Niere und Verkalkungen im rechten Mittelbauch sowie im kleinen Becken.
b Nach Gabe von Kontrastmittel wird der Nierenbeckenstein bewiesen; die anderen Verschattungen liegen außerhalb der harnableitenden Wege und entsprechen verkalkten Mesenteriallymphknoten, sowie einem kleinen Phlebolithen lateral des distalen Harnleiters, der in der Übersicht einen Harnleiterstein vortäuscht.

Markschwammniere („besenreisartige" Nierenverkalkungen). Ferner kann die Übersichtsaufnahme entscheidende Hinweise für den weiteren diagnostischen Weg geben: z.B. Osteolysen → Tumorsuche; Ostitis fibrosa → HPT-Abklärung; Prostataverkalkung → Urogenitaltuberkulose-Abklärung.

Darüber hinaus werden differentialdiagnostisch Informationen gewonnen:

z.B. kolikartiger Schmerz im rechten Unterbauch – DD. Appendizitis-Ureterstein. Um den diagnostischen Wert der Abdomenübersichtsaufnahme auszunutzen und dem Patienten eine unnötige Strahlenbelastung zu ersparen, ist ein systematisches „Abrastern" nach einem Schema (Abb. 3.21) sinnvoll.

3.2.2.2 Ausscheidungsurogramm (AUG)

Nach intravenöser Kontrastmittelgabe werden deszendierend abgebildet: das Nierenparenchym (nephrographische Phase), das Nierenbecken-Kelchsystem (NBKS; vollständige Darstellung nach 7 Minuten), abschnittsweise die Ureteren (Folge der Peristaltik) und die Blase (zystographische Phase).

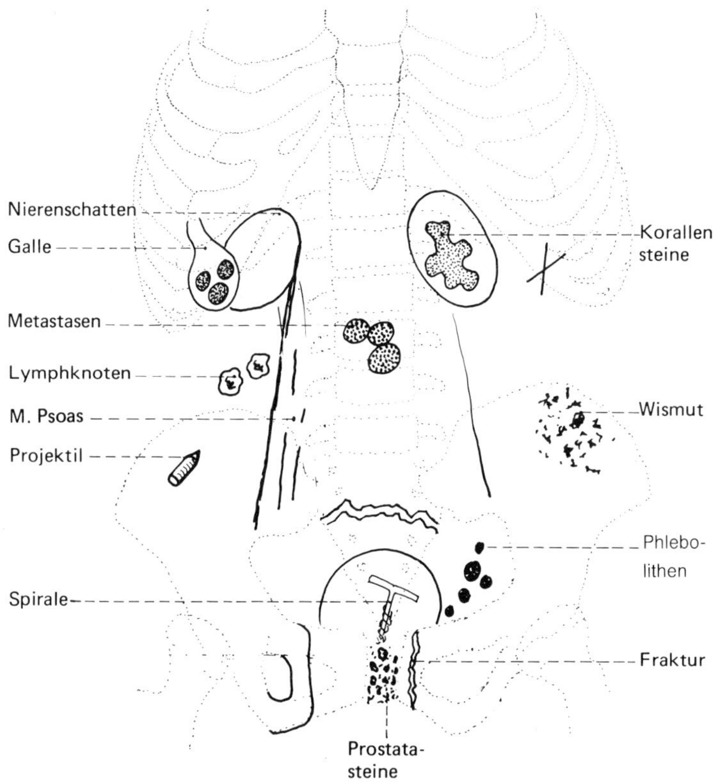

Abb. 3.21 Systematisches „Abrastern" einer Abdomenübersichtsaufnahme nach: 1. Organ- und Weichteilschatten, 2. Kalkhaltige Verdichtungen; 3. Metallischen Fremdkörpern; 4. Skelettveränderungen (s. Tabelle 3.4).

Patientenvorbereitung

Der Informationsgehalt des AUG wird durch Darmgas-Überlagerung beeinträchtigt. Eine Darmvorbereitung wird routinemäßig durchgeführt:

1. Letzte Mahlzeit am Vorabend;
2. Abführmittel (X-prep®, auf Senna-Basis) am Vorabend;
3. Flüssigkeitskarenz am Morgen der Untersuchung;
4. Bei Meteorismus gasbindende Mittel (Lefax®).

Eine vorausgegangene Röntgendiagnostik des Verdauungstraktes verdeckt durch Kontrastmittelrückstände (Cholezystographie, Magen-Darmpassage oder Kontrastmitteleinlauf) das Harnabflußsystem.

Durchführung

Nach der Abdomenübersichtsaufnahme werden das Filmplattenformat oder die Lage des Patienten auf dem Röntgentisch korrigiert (s. Abb. 3.19, S. 60).

30 ml Kontrastmittel (Conray®, Urografin®, Omnipaque® o.a.) werden unverdünnt langsam injiziert. Eine doppelte Kontrastmitteldosis oder Kontrastmittelinfusion (z.B. 250 ml Conray®) sind bei adipösen Patienten, eingeschränkter Nierenfunktion oder nicht beachteter Flüssigkeitskarenz notwendig.

Routinemäßig werden Aufnahmen nach 7, 14 und 20 Minuten (nach vorheriger Blasenentleerung = „Restharn") p.i. angefertigt. Als Abflußkontrolle bei vorliegendem Urogramm, z.B. postoperativ, genügt eine Aufnahme 20 Minuten p.i. Für die Beurteilung von Verlaufskontrollen ist es wichtig, die Zeit-

Tabelle 3.5 Allgemeine Kontrastmittelreaktionen.

1. *Haut und Schleimhäute*
   Rötung, Juckreiz, Urtikaria, Lidödem, Glottisödem
2. *Respiratorisches System*
   Tachypnoe, Hustenreiz, Dyspnoe, Bronchospasmus, Lungenödem, Atemstillstand
3. *Kardiovaskuläres System*
   RR-Anstieg (hypertone Krise), RR-Abfall (Schock), Herzrhythmusstörungen, Asystolie
4. *ZNS, vegetatives System*
   Übelkeit, Erbrechen, Gähnen, Niesen, schwere Erregung, Bewußtlosigkeit, Koma, tonisch-klonische Krämpfe, Lähmungen

folge der Kontrastbilder konstant zu halten, damit Aufnahmen gleicher Ausscheidungszeit später verglichen werden können.

Vor jeder Kontrastmittelinjektion muß eine Allergie-Anamnese erhoben werden, da nach jodhaltigen Kontrastmitteln Unverträglichkeitsreaktionen vom banalen Haut-Rush bis zum anaphylaktischen Schock auftreten können. Leichte Reaktionen werden bei 1 : 10 bis 1 : 50 Urogrammen, schwere Reaktionen (Tab. 3.5) bei 1 : 1000 bis 1 : 14000 und Todesfälle bei 1 : 30000 bis 1 : 400000 beobachtet.

Im Zweifelsfalle ist ein injizierbares Antiallergikum, Kalziumglukonat und ein Kortikoid in ausreichender Dosierung (z.B. 1 g Solu-Decortin-H®) bereitzuhalten. Routinemäßig sollte die zur Kontrastmittel-Injektion verwandte Kanüle (besser eine Braunüle®) nach der Injektion in der Vene belassen werden, um im Notfall einen venösen Zugang zur Therapie zur Verfügung zu haben. Eine Ausrüstung zur Kontrolle der vitalen Funktionen und Intensiv-Therapie (Blutdruckmessung, Intubation, Beatmung) gehört ebenso wie entsprechende Medikamente zur Routineausstattung einer urologischen Röntgenabteilung.

Anhang: Kontrastmittel (KM)

Die jodhaltigen wasserlöslichen KM leiten sich von der 2, 4, 6-Trijodbenzoesäure (lipophil, 70 % Plasmaalbuminbindung) ab. Werden die H-Atome 3 und 5 durch stärker hydrophile Gruppen ersetzt, gewinnt man weniger toxische Abkömmlinge (Diaminobenzolsäure und Aminoisophthalsäure). In Form ihrer Natrium- und Megluminsalze (z.B. Natriummegluminamidotrizoat = Urovision®; Megluminiotalamat = Conray®) werden wäßrige hyperosmolare (bis etwa 2000 mOsmol/kg) Lösungen als nephrotrope KM verwendet. Der Jodgehalt eines Erwachsenen-AUG beträgt etwa 15—20 g Jodid. Die genannten KM sind in wäßriger Lösung vollständig dissoziiert. Demgegenüber haben die nichtionischen KM eine um 40 % niedrigere Osmolalität. Ähnlich niedrig ist die Osmolalität auch bei den ionischen monoaziden Diameren (Typ Ioxaglate; Tab. 3.6).

Die niedrigosmolalen KM vermeiden die negativen Folgen der hochosmolalen KM: Hypervolämie mit Osmodiurese, Vasodilatation mit Blutdruckabfall sowie Schmerzreaktionen. Die niederosmolaren Kontrastmittel (Omnipaque®, Hexabrix®) reduzieren die Rate allergischer Begleitreaktionen deutlich.

Der Patient in Bauchlage (das gashaltige Kolon wird verlagert), das Anlegen eines bandartigen Harnleiter-Kompressoriums um den Unterbauch sowie simultane Schichtaufnahmen erhöhen bei unvollständiger NBKS-Kontrastierung die diagnostische Aussage des begonnenen Urogramms, ohne daß der bereits geröntge und vorbereitete Patient sich nochmals untersuchen lassen müßte.

Indikation zum Urogramm

Im Rahmen der urologischen Diagnostik ist bei Hinweisen auf entzündliche, tumoröse oder steinbedingte Erkrankungen, bei Mißbildungen und infravesikalen Veränderungen (z.B. Prostatatumoren) das Urogramm indiziert, außerdem zur Abgrenzung extrarenaler retroperitonealer Prozesse oder intrapelviner Raumforderungen.

Physiologische Abläufe beim Ausscheidungsurogramm

Nach intravenöser Injektion des Kontrastmittels kommt es zunächst zu einer Vermischung mit dem Plasma und einer Verteilung im Intra-Extravasalraum. Das Äquilibrium wird nach 10 Min. p.i. erreicht. 99 % des Kontrastmittels werden glomerulär filtriert und durch Reabsorption des Wasseranteiles und der Kationen im infraglomerulären Nephronabschnitt konzentriert. Die tubuläre Konzentration des Kontrastmittels steigt um das 5—10fache der Konzentration im Plasma an. Die nephrographische Phase des AUG ist vorwiegend ein Resultat der oberen Nephronabschnitte und abhängig von der Plasma-Konzentration des Kontrastmittels (d.h. der gegebenen Dosis), der glomerulären Filtrationsrate und der Wasserabsorption im proximalen Tubulus. Daher kommt die nephrographische Phase des Urogramms auch beim Nierenversagen (Ausfall distaler Tubulusabschnitte) zur Darstellung. Bei nicht zu großer Diurese (z.B. Dursten vor dem Ausscheidungsurogramm) ist die Endkonzentration des Anions im Harn ca. 30—50 mal höher als im Plasma.

Besonderheiten des Ausscheidungsurogramms bei Niereninsuffizienz

Glomeruläre *und* tubuläre Funktionseinschränkungen bedingen eine verminderte Kontrastmittelkonzentration, die zumindest zum Erhalt eines aussagekräftigen Nephrogramms durch eine größere Dosis und die Anwendung eines niedrigosmolalen KM (Tab. 3.6) ausgeglichen werden kann.

Die Möglichkeit der Sonographie und Sequenzszintigraphie sollten bei fortgeschrittener Niereninsuffizienz ausgenutzt werden; denn KM-Reaktionen sind gehäuft bei Kreatininwerten über 3 mg / 100 ml (SI: 265 μmol/l). Kreatininwerte über 4,5 mg / 100 ml (SI: 400 μmol/l) gelten als *Kontraindikation* für ein Urogramm.

Tabelle 3.6 Osmolalität von Röntgenkontrastmitteln (nach *Engelmann* 1984).

Präparat	mg J/ml	Osmolalität mosmol/kg
Iotalamat (Conray®)	282	1591
Ioxitalamat (Telebrix®)	328	1963
Diatrizoat (Urovision Na®)	300	1570
Ioglicinat (Rayvist®)	300	1790
Ioxaglat (Hexabrix®)	320	600

3.2.3 Spezielle urologische Röntgendiagnostik

Gedrehte oder seitliche Aufnahmen, Schichtaufnahmen (Tomographie) sowie Veratmungsurogramme, die zur sicheren Zuord-

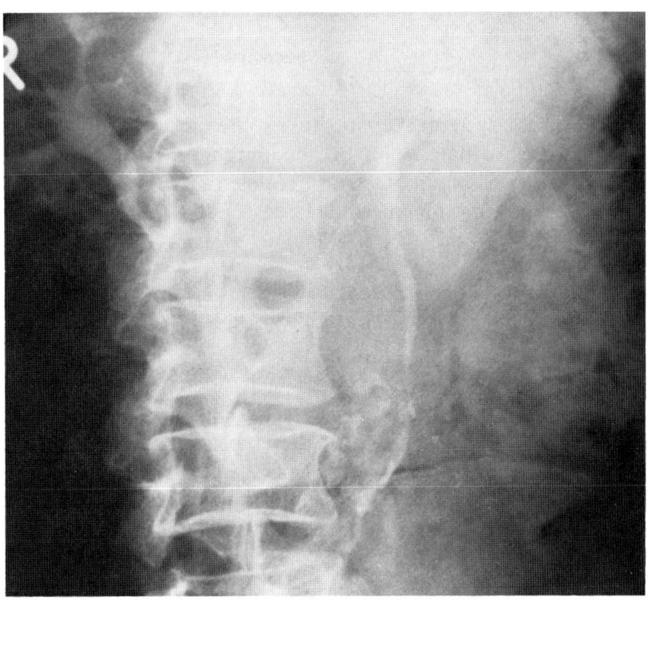

Abb. 3.22 „Gedrehtes" Urogramm durch Rechtsanhebung; linker Ureter verdrängt und komprimiert durch verkalktes Aortenaneurysma; rechter Ureter durch Drehung jetzt auf Wirbelsäule projiziert.

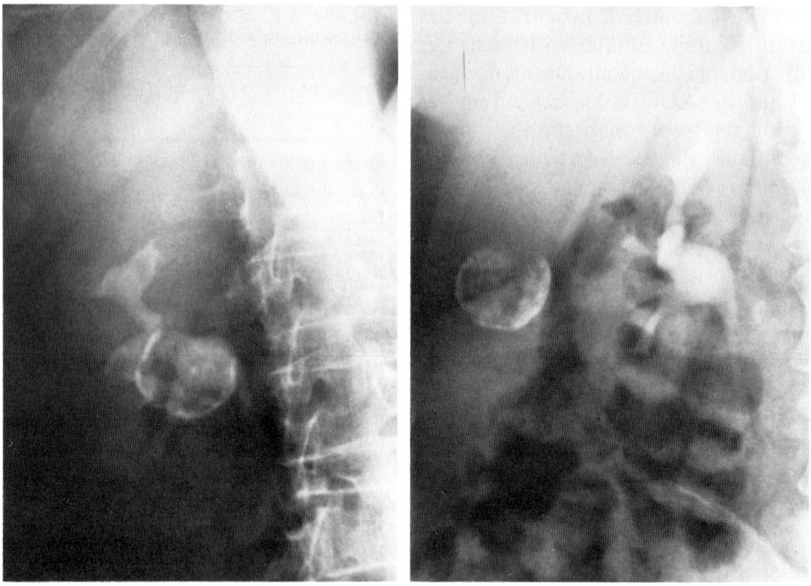

Abb. 3.23 a, b **a** Die anterior-posterior-Aufnahme zeigt einen großen kalkdichten Prozeß projiziert auf das rechte Nierenbecken.
b Die seitliche Aufnahme (Linksanhebung) „dreht den Kalkschatten aus der Niere heraus". *Diagnose:* Porzellangallenblase.

nung von Konkrementen oder zur Darstellung der Topographie dienen, sind seit Einführung der Sonographie nur noch in Ausnahmefällen indiziert (Abb. 3.22). Auch die Restharnbestimmung nach Miktion erfolgt heute sonographisch.

Stehaufnahmen

Bei Verdacht auf eine Nephroptose sollte die 14-Minuten-Aufnahme im Stehen durchgeführt werden. Sinkt die Niere im Vergleich zur 7-Minuten-Aufnahme um mindestens 2 Wirbelkörperhöhen ab, so ist die Diagnose gesichert.

Frühurogramm

Die Nierenarterienstenose verzögert den nephrographischen Effekt der erkrankten Seite. Daher wurden im Rahmen der Hypertonieabklärung Kontrastbilder bereits 1, 2, 3 und 5 Minuten p.i. angefertigt. Die DSA (s.S. 71), die auf intravenösem Wege die Nierenarterien abbildet, hat das Frühurogramm ersetzt.

Spätaufnahmen

Eine Harnstauungsniere (blockierender Ureterstein oder obstruierender Tumor) scheidet Kontrastmittel in das erweiterte Hohlsystem verlangsamt aus. Die routinemäßige 20-Minuten-Aufnahme zeigt eine „stumme" nicht ausscheidende Niere. Ist die Filtrationsleistung der Niere noch nicht vollständig erloschen, zeigt die Niere auf Spätaufnahmen (im 6-Stunden-Intervall bis 48 Stunden) einen Übertritt des Kontrastmittels in das Hohlsystem. Spätaufnahmen enthalten wertvolle Information über die Funktionsreserve und Hohlraummorphologie der Niere sowie die Höhe des Stops.

Miktionszysturethrographie (MZU)

Bei Verdacht auf subvesikale Harnabflußstörungen oder vesiko-renalem Reflux wird nach Kontrastmittelfüllung der Harnblase über einen transurethralen Katheter oder suprapubische Punktion die Beckenaufnahme unter Miktion durchgeführt. Die Kontur und Weite der Harnröhre sind beurteilbar. Die prograde Urethrographie ist physiolo-

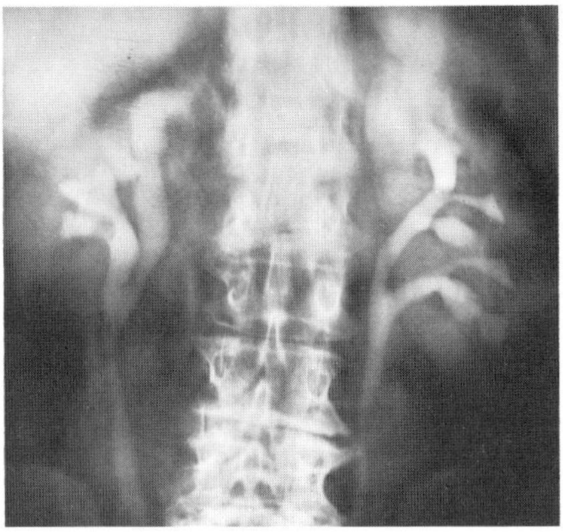
a

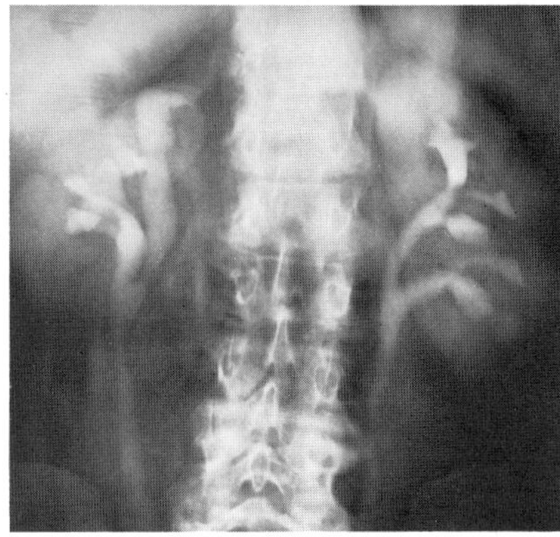
b

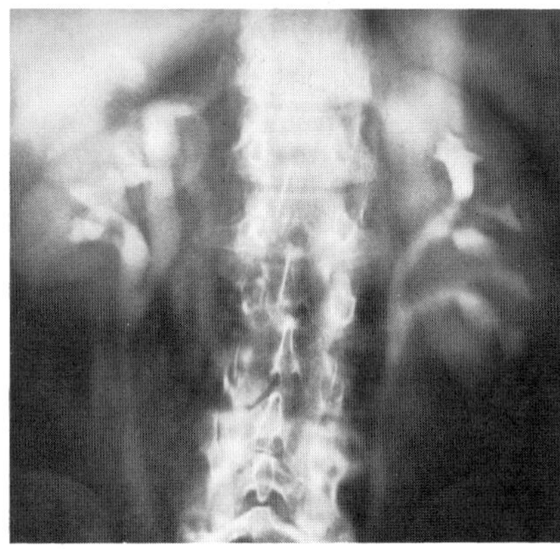
c

Abb. 3.24 a–c Infusionsnephrotomogramm bei beginnender Niereninsuffizienz und chronischer Pyelonephritis bei 9 cm (**a**), 10 cm (**b**) und 11 cm (**c**). Papillenform der linken Niere bei 9 cm, der rechten Niere bei 11 cm am deutlichsten.

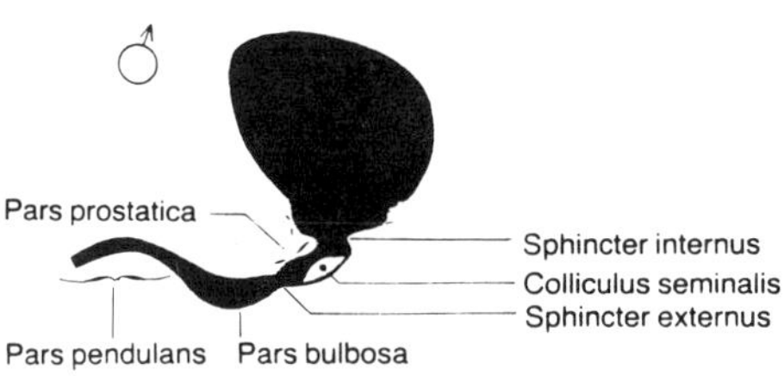

a

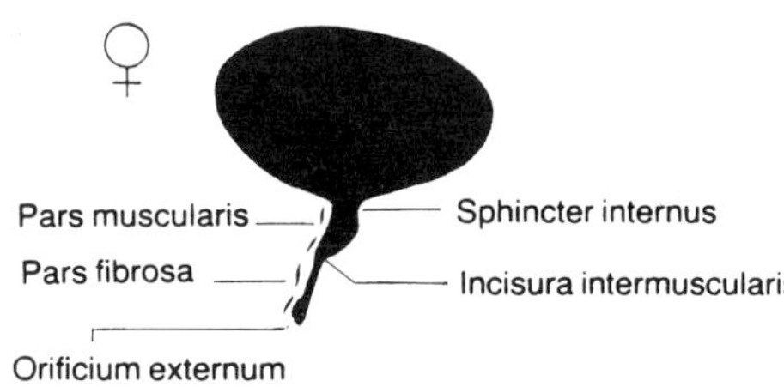

b

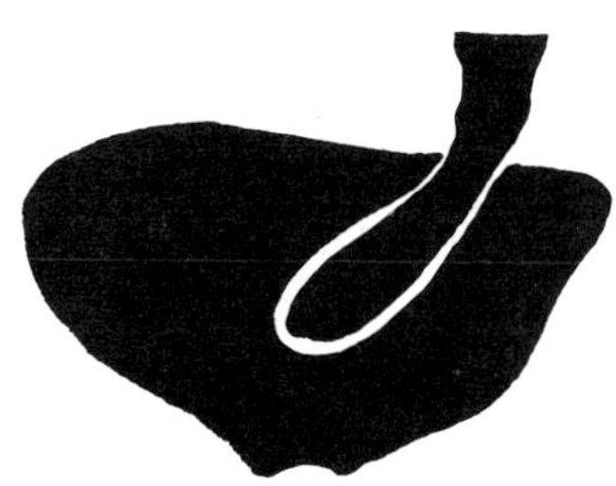
c

Abb. 3.25 a–m Schattenrisse der kontrastierten Abschnitte von Blase und Harnröhre.
a, b Normales Miktionszysturethrogramm
c orthotope Ureterozele (vgl. Abb. 12.14)

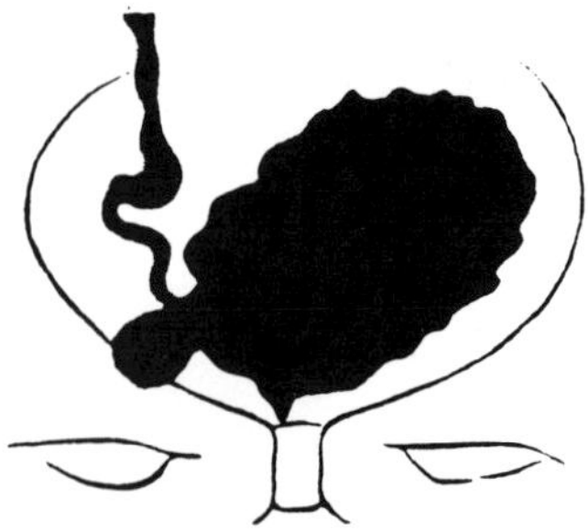

d

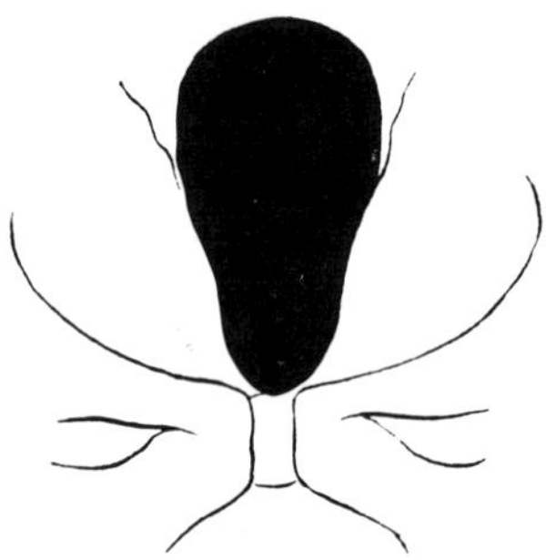

e

f

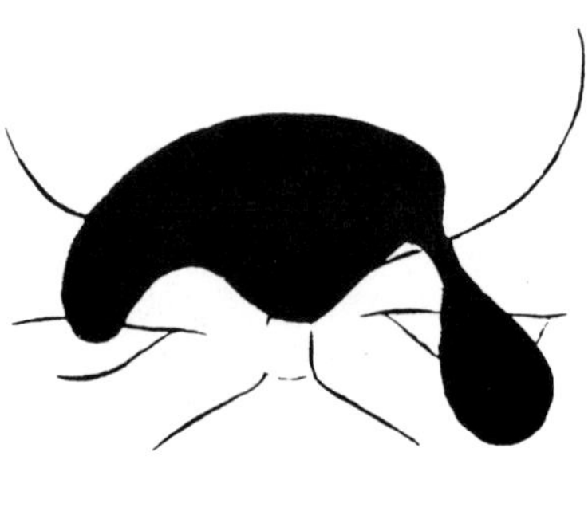

g

h

i

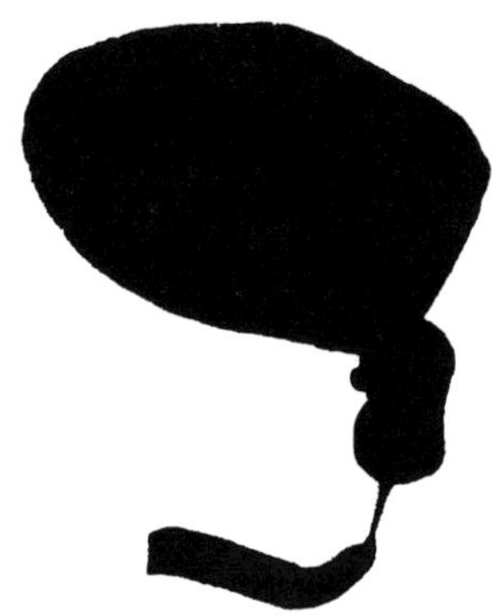

k

l

Abb. 3.25 a–m

m

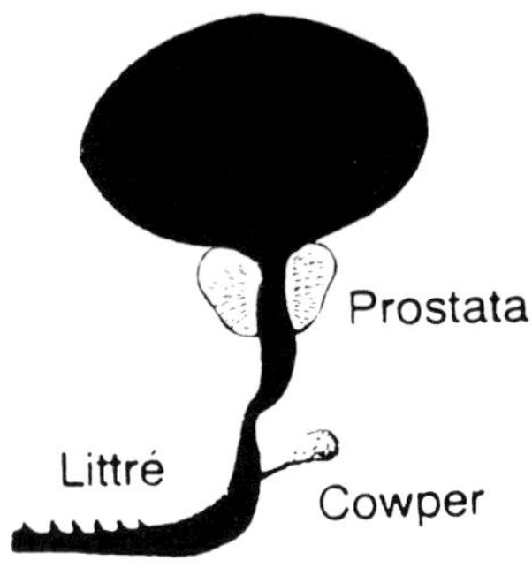

Abb. 3.25 a–m Schattenrisse der kontrastierten Abschnitte von Blase und Harnröhre (Fortsetzung).
d Balkenblase, paraureterales Divertikel (Hutch), vesikoureteraler Reflux rechts
e Kompression der Harnblase durch ein Hämatom im kleinen Becken (vgl. Abb. 9.3; s.S. 272)
f Neurogene Blase (Christbaumblase; nichtkonzentrische Kontraktion z.B. bei hohem Querschnitt)
g Gleithernie links (inguinoskrotale Blasenhernie)
h Blasenstein
i Benigne Prostatahyperplasie (BPH) mit Trabekulierung der Harnblase und Bildung von Pseudodivertikel (vgl. Abb. 5.29 und 7.39)
k Harnröhrenklappe mit prästenotischer Dilatation (vgl. Abb. 5.34 und 12.9)
l Harnröhrendivertikel bei der Frau (vgl. Abb. 12.20)
m Kontrastmittelreflux in Littré'sche und Cowper'sche Drüsen der Harnröhre.

gischer und beim Mann risikoärmer, aber kontrastärmer als die retrograde Urethrographie (Abb. 3.25).

Retrograde Urethrographie

Kommen beim Miktionszysturethrogramm die gewünschten Details inadäquat zur Darstellung, so kann Kontrastmittel aus einer auf den äußeren Harnröhrenmeatus aufgesetzten Spritze, die mit einer Olive versehen ist, retrograd in die Blase instilliert werden.

Bei Männern ist auf eine Streckung der Harnröhre durch leichten Zug am Penis zu achten. Die Untersuchung erfolgt am zweckmäßigsten unter Röntgen-Bildwandlerkontrolle, wobei im geeigneten Moment bei Darstellung der diagnostischen Details der untergelegte Röntgenfilm belichtet wird. Der Patient ist halbseitig (wie bei der Miktionszysturethrographie) in *Lauenstein*-Position gelagert. Indikationen sind Harnröhrenstriktur, Harnröhrendivertikel, Urethrascheidenfistel, Harnröhrentumor, Harnröhrentrauma oder die Suche nach Prostatakavernen.

Die brüske Kontrastmittelinstillation führt zum Einriß der Urethramukosa. Das Kontrastmittel oder Keime gelangen in das Corpus spongiosum (Urosepsis-Gefahr).

Das retrograde Pyelogramm

Unter Hilfe des Zystoskopes wird ein *Ureterkatheter* (UK) in das entsprechende Ureterostium ca. 1 cm vorgeschoben (Abb. 3.26a). Nach vorsichtiger Injektion von 3–4 ml Kontrastmittel in den UK stellen sich Ureter, Nierenbecken und Kelche dar (Abb. 3.26b). Die Abklärung wird als dynamische Untersuchung am zweckmäßigsten unter Röntgenbildwandler-Kontrolle vorgenommen und nach Erhalt der diagnostischen Information ein Kontrastbild angefertigt.

Ein Kontrastmittel-„Stopp“ in einem Ureterabschnitt ist durch Uretersondierung weiter zu differenzieren (Tumor, Stein, Kompression). Gelingt die Überwindung des Hindernisses, so entleert sich der gestaute Harn aus dem Ureterkatheter in schneller Tropfenfolge. Der Ureterkatheter wird bis zur Erholung der Niere belassen. Im gleichen Arbeitsgang kann etagenweise über den Ureterkatheter selektiv aus der entsprechenden Niere Urin zur zytologischen (Urothel-Karzinom) und bakteriologischen Untersuchung (Pyonephrose) oder Kammerzählung (Erythrozyturie) gewonnen werden.

Wegen der Gefahr der Keimverschleppung von außen oder aus der Blase in den oberen Harntrakt und bei Männern die Möglichkeit einer Harnröhrenverletzung wird die Indikation streng gestellt und die Untersuchung unter Einhaltung der Asepsis durchgeführt.

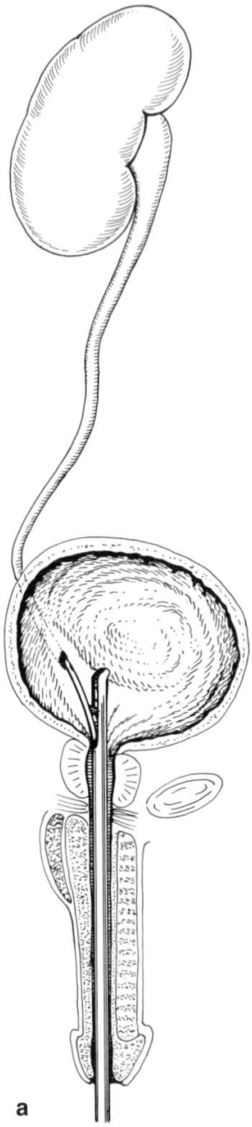

a

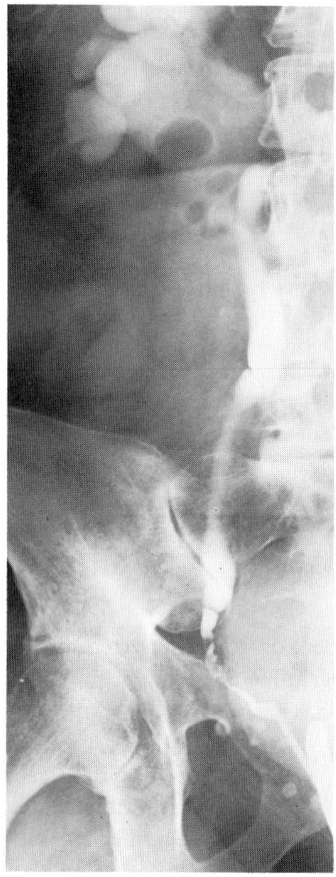

b

Abb. 3.26 a, b **a** Technik der Einführung des Ureterenkatheters transurethral in das Ureterostium.
b Kontrastmitteldarstellung des Ureters und Nierenbeckenkelchsystems; *hier:* terminale, ca. 5 cm lange, spezifische Ureterstenose rechts mit Hydronephrose.

Erschwert oder unmöglich wird die retrograde Pyelographie durch eine Harnröhrenstriktur, expansiv wachsende Blasentumoren oder Veränderungen am Blasenboden mit Abnormitäten der Ureterostien. Bei diesen Patienten ist die *antegrade* perkutane Pyelographie (s.S. 80) vorzuziehen.

3.2.4 Weitere diagnostische Verfahren

Renovasographie (Nierenangiographie)

Hierunter versteht man die Kontrastmitteldarstellung des Nierengefäßbaumes. In der Mehrzahl der Fälle wird diese als Nierenarteriographie, bei bestimmter Indikation auch als Nierenphlebographie durchgeführt.

Eine Indikation stellen Nierentumoren, wenn organerhaltende Operationen angestrebt werden (Darstellung der Gefäßversorgung des Tumors), seltener der Verdacht auf ein Nierentrauma und Gefäßmißbildungen oder -erkrankungen (Aneurysmen, arteriovenöse Fisteln, Arterienstenosen).

Kontraindikation

Kontrastmittelunverträglichkeit, Gerinnungsstörung,

Nebenwirkungen
(0,3 % ernste Komplikationen)

Gefäßschäden an der Punktionsstelle (Hämatom, Thrombosen),
seltener Aneurysmen oder arterio-venöse Fisteln.

Technik

Die translumbale Aortographie ist bis auf bestimmte Ausnahmen von der retrograden, transfemoralen Aortographie nach der *Seldinger*-Technik mit der Möglichkeit der seitengetrennten, selektiven Renovasographie weitgehend verdrängt worden. Über eine an der Fossa ovalis in die Arteria femoralis eingeführte Punktionsnadel wird ein Polyäthylenkatheter unter Röntgen-Bildwandlerkontrolle bis über den Nierenarterienabgang vorgeschoben und Kontrastmittel injiziert; beide Nierenarterienbäume stellen sich dar: *Übersichtsaortographie.*

In derselben Sitzung wird hiernach routinemäßig die zu diagnostizierende Niere nach Sondierung der Nierenarterie mit einem gekrümmten Spezialkatheter dargestellt: *Selektive Renovasographie.*

In rascher Filmfolge werden unter Kontrastmittelinjektion (arteriographische Phase) und nach kurzem Zeitintervall weitere Aufnahmen zur Darstellung der die gesamte Niere erfassenden Kontrastmittelverteilung (Parenchymphase) angefertigt (Abb. 3.27).

Digitale Subtraktionsangiographie (DSA)

Nach automatischer Kontrastmittelinjektion in eine Vene der Armbeuge (ca. 50 ml KM werden im Bolus gegeben) oder direkt intraarteriell in die Nierenarterie wird der gewählte Gefäßabschnitt über Bildverstärker und Videoverstärker in einem Analog-Digital-Converter in ein digitales Signal umgewandelt und in einem Halbleiterspeicher bearbeitet. Über einen arithmetischen Prozessor wird das Leerbild (Maske) vom KM-Bild abgezogen. Ohne Zeitverlust (Echtzeitbildverarbeitung) wird das Bild auf einem Röntgenfilm (Abb. 3.28) oder Videoband festgehalten (*Mistretta* 1981).

Vorteile sind die intravenöse KM-Injektion („ambulante Angiographie"), die geringere KM-Dosis im Vergleich zur herkömmlichen Blattfilmangiographie und die mit 1,3 rd (SI : cGy) / Untersuchung geringe Strahlenhautdosis. Ein Nachteil ist die gegenwärtig noch geringe Auflösung kleiner pathologischer Gefäße. Die Anwendung ist bei renovaskulärem Hochdruckverdacht, nach Nierentransplantation und bei Nierentumorverdacht sinnvoll.

Nierenphlebographie

Zur Varikozelenverödung, Abklärung einer Nierenvenenthrombose, in einzelnen Fällen auch zur deutlicheren Darstellung eines Malignoms, erfolgt die gezielte Nierenvenendarstellung nach Katheterisierung der V. cava inferior.

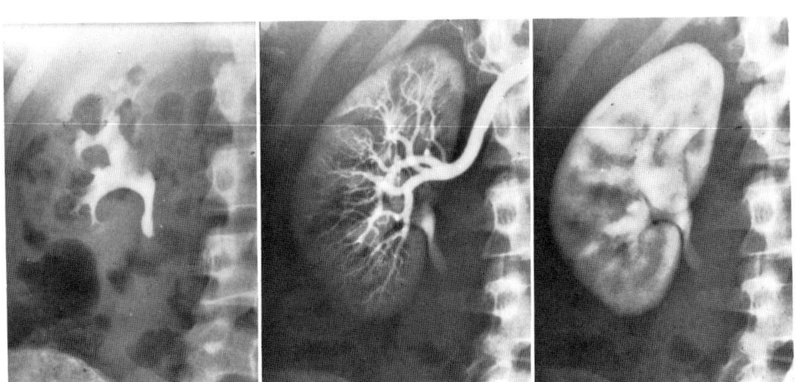

a b c

Abb. 3.27 a–c Normale selektive Renovasographie rechts.
a Urographischer Verdacht auf Raumforderung.
b Normale arteriographische Phase.
c Normale Parenchymphase.

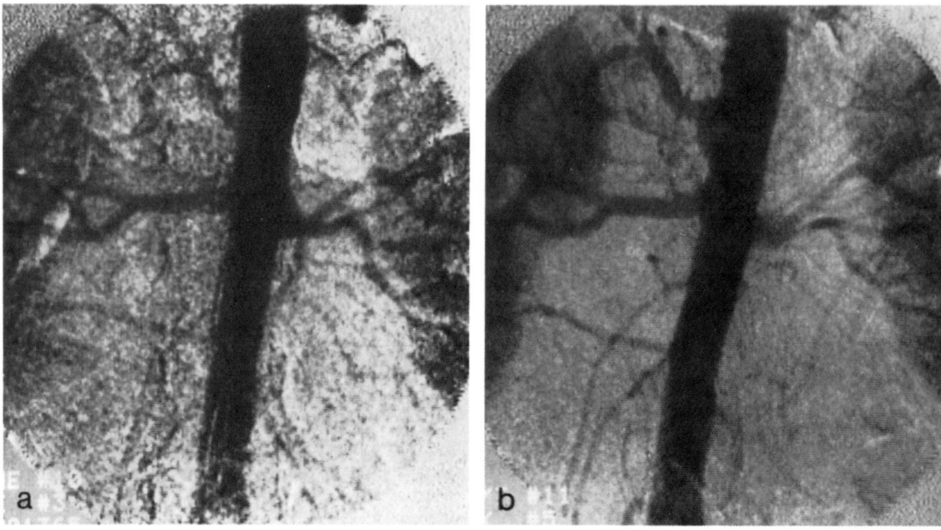

Abb. 3.28 a, b DSA
a Die Auswahl dieses Paares (Maske und KM-Bild) ist wegen Atembewegung unscharf.
b Befriedigende Bildqualität; normale Nierenarterien beiderseits.

Kavographie

Außer zur Darstellung intraluminärer Tumorverlegung bei Nierentumoren mit Kavazapfen wird sie auch bei Verdacht auf Kompression oder Verlagerung der V. cava inferior durch retroperitoneale Tumoren, Lymphknotenpakete bei lymphatischen Systemerkrankungen, Lymphknotenmetastasen urologischer Malignome (Hodentumoren) oder durch fibrotische Einscheidung wie bei der retroperitonealen Fibrose herangezogen. Die Kavographie hat bei entsprechender Symptomatik (venöse Abflußstörung des Skrotums oder der unteren Extremitäten eine hohe diagnostische und differentialdiagnostische Aussagekraft (s. Abb. 7.7, S. 186).

Lymphographie

Seit Einführung von CT und Sonographie findet die Lymphographie nur noch selten Anwendung. Sie wird als bilaterale *pedale Lymphographie* zur Darstellung von Lymphknotenmetastasen im Retroperitoneum in erster Linie bei Hodenkarzinomen angewandt. Das in die am Fußrücken subkutan verlaufenden Lymphbahnen injizierte Kontrastmittel stellt die pelvinen und retroperitonealen Lymphbahnen und -knoten dar. In der Frühphase angefertigte Röntgenaufnahmen *(Lymphangiogramm)* zeigen den Verlauf der Lymphbahnen, während in der Spät- oder *Speicherphase (Lymphadenogramm)* die Lymphknoten selbst zur Darstellung kommen. Umgehungskreisläufe als Folge von Kontrastmittelstasen und marginale oder totale Lymphknoten-Speicherdefekte (s. Abb. 7.29; S. 213) gelten als metastasenverdächtig.

Um eine entsprechende Kontrastmittelspeicherung zu gewährleisten, werden bei der Lymphographie ölige, visköse Kontrastmittel verwendet. Hieraus können sich einige ernstere Nebenwirkungen ergeben:

Temperaturerhöhung als Folge einer pyrogenen Kontrastmittelreaktion, pulmonale Komplikationen (Lipoidpneumonien, Mikroembolien). In bestimmten Fällen ist die Sonographie der Lymphographie überlegen (s. Abb. 7.29, S. 213).

Kavernosographie

Sie dient zur Darstellung der Corpora cavernosa penis vor allem bei der Abklärung der erektilen Dysfunktion, bei Verdacht auf Penismetastasen, bei der Induratio penis plastica oder zur Abklärung eines Priapismus. Auch bei Penistraumen oder penetrierenden

Urethra-Fremdkörpern kann durch die Kavernosographie das Ausmaß der Schädigung nachgewiesen werden. Unter Röntgen-Bildwandlerkontrolle wird niedervisköses Kontrastmittel injiziert und eine Röntgenaufnahme angefertigt. Besondere Bedeutung hat die Pharmakokavernosographie im Abklärungsprogramm bei erektiler Dysfunktion: Nach Gabe von 10 μg Prostaglandin E_1 in den Schwellkörper zur Induktion einer Erektion wird verdünntes Kontrastmittel unter Bildwandlerkontrolle intrakavernös injiziert. Beim Gesunden wird eine Erektion bei einer Flußrate von unter 50 ml/min erzielt (= Induktionsflow) und bleibt bei anhaltender Infusion von unter 20–30 ml/min bestehen (Maintenanceflow). Pathologische Werte werden bei arteriell oder venös-kavernös bedingter Impotenz gemessen; so können venöse Lecks als Ursache sichtbar gemacht werden.

Vaso-Vesikulographie

Sie kann im Rahmen einer erweiterten Infertilitätsabklärung (Azoospermie durch Verschluß des Ductus deferens) indiziert sein. Nach Punktion des Vas deferens vom Skrotum aus und Injektion des Kontrastmittel stellt sich die Hohlraummorphologie des Samenleiters, der Samenbläschen und des Ductus ejaculatorius dar.

Computer-Tomographie (CT)

Technisches Prinzip

Bei den modernen Schnell-Scan-Systemen erfolgt die Untersuchung durch ein kontinuierlich drehendes, pulsierendes Fächerstrahlenbündel und einen aus mehreren hundert Elementen bestehenden Hochdruck-Xenon-Detektor. Die bei der Untersuchung aufgenommenen Strahlungsimpulse werden mittels Computer in ein aus Punkten unterschiedlicher Intensität bestehendes Tomogramm transformiert. Für jeden Punkt des Körpers wird diese Intensität als spezifischer Dichtewert errechnet. Die Skala der Dichtewerte umfaßt einen Bereich von −1000 Hounsfield-Einheiten (HE) der Luft über 0 HE des Wassers bis +1000 HE des Knochens *(Hounsfield* entwickelte 1973 die CT und erhielt 1982 den Nobel-Preis). Die Abb. 3.29 zeigt ein typisches Computerbild als Transversaltomogramm, d.h. quer zur Körperlängsachse, der Nieren und des männlichen Beckens.

Dieses röntgentechnische bildgebende Verfahren hat heute einen festen Platz in der urologischen Diagnostik (Tab. 3.7), weil damit ein Querschnittsbild möglich ist, mit dem „Körpernischen" eingesehen werden können, die anderen Röntgenverfahren nicht zugänglich sind. Bei der Bewertung der Nieren-CT sollte die normale Querschnittsanatomie (Abb. 3.29) bekannt sein. Die Nieren mit ihrer Parenchymdichte von 40–60 HE sind gegen-

Tabelle 3.7 Urologische Anwendung der Computer-Tomographie.

Indikation	Wertigkeit
● *Tumoren* (bzw. Raumforderung)	
– Nebennieren	sehr gut
– Nierenparenchym	sehr gut
– Nierenbecken/Ureter	eingeschränkt
– Blase, Prostata	eingeschränkt
– Lymphknoten-Status	nur orientierend
● *Entzündungen*	
– Nierenkarbunkel	gut
– paranephritischer Abszeß	gut
– Prostataabszeß	gut
● *Trauma*	
– Niere	sehr gut
– Beckenorgane	sehr gut

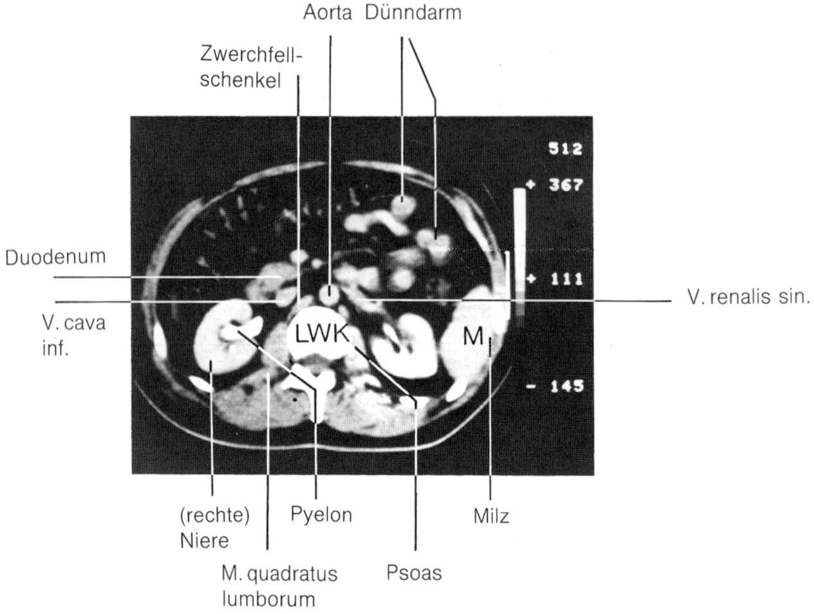

a

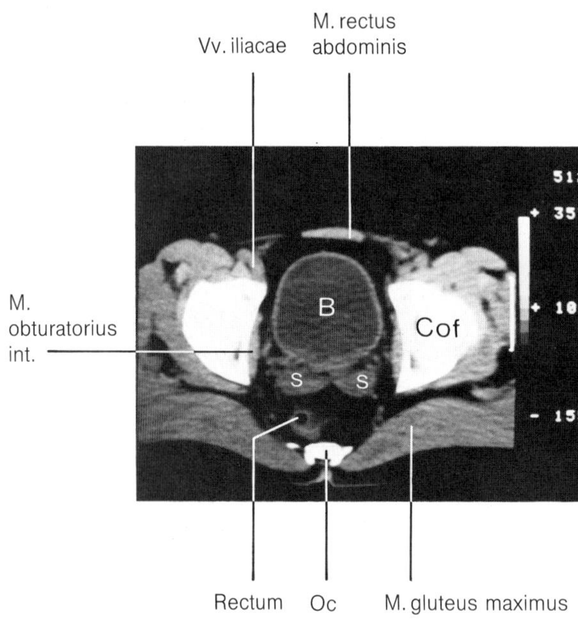

b

Abb. 3.29 a, b Normales Computer-Tomogramm.

a Schicht auf der Höhe des 2. Lendenwirbelkörpers; Dünndarmkontrastierung durch Gastrografin und Nierenkontrastierung nach i.v. Bolusinjektion eines 65%igen nierengängigen KM. Normale Querschnittsanatomie der Nieren.

b Schicht durch die Mitte der Hüftköpfe. Nativ-CT. Normale Querschnittsanatomie des mittleren Beckenstockwerkes (Spatium subserosum).
B = Blase, Cof = Caput oss. fem., S = Samenblase, Oc = Os coccygis.

über dem retroperitonealen Fettgewebe (−40 HE) eindeutig abzugrenzen („je adipöser, je geeigneter für die CT"). Nach KM-Injektion steigen die Dichtewerte auf 60–120 HE, so daß Mark und Rinde kurzfristig unterscheidbar werden. Besonderheiten der CT-Anatomie einer normalen Niere sind der Milzbuckel links, das extrarenale, eine Hydronephrose vortäuschende Pyelon und im Querschnitt „knotig" erscheinende Columnae Bertini. Die CT-Kriterien eines Nierentumors weichen nur teilweise von denjenigen des AUG ab: Vorwölbung der Organkontur, Verlagerung oder Impression des Nierenhohlsystems und Dichteänderungen im Vergleich zum gesunden Nierenparenchym. Solide Turmoren sind isodens, nekrotisch zerfallene Tumoren haben streuende Dichtewerte von hypodens (ca. 3–5 HE) bis hyperdens (ca. 75 HE) und mit Extrazellularflüssigkeit gefüllte Zysten haben Dichtwerte vergleichbar dem Wasser (0–15 HE). Eine histologische Diagnose mit der CT ist *nur* beim Angiomyolipom zu vermuten (Fettdichtewerte im Tumor).

Nachteile der CT: Schwierigkeiten bei der Beurteilung der Kelchmorphologie; das AUG ist überlegen. Ein weiterer Nachteil ergibt sich aus der Unmöglichkeit, Zonen gleicher Dichte zu unterscheiden, beispielsweise können obere Poltumoren der Niere eine Leberinfiltration vortäuschen (Partialvolumen-Effekt).

Kernspintomographie (syn.: NMR- oder MR-Tomographie)

Diese jüngste Entwicklung auf dem Gebiet der bildgebenden Untersuchungsverfahren nutzt

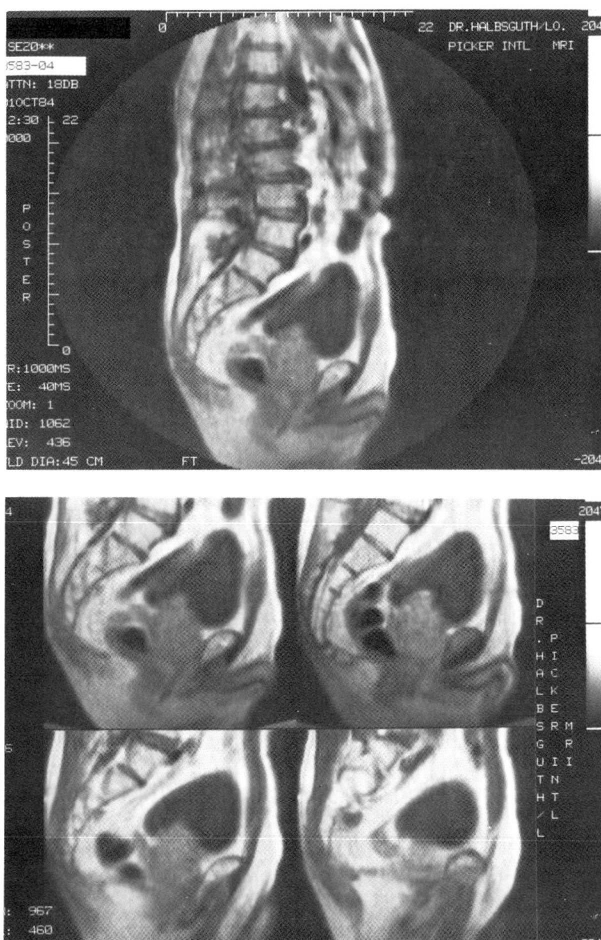

a

b

Abb. 3.30 a,b Kernspintomographie. Abdomen- und Becken-Sagittalschnitt. Urin ist signalarm, so daß die Blase gut sichtbar ist (**a**). Die karzinomatöse Prostata hat eine mittlere Signaldichte und ist in Parallelschnitten dargestellt (**b**).

den Resonanzeffekt zwischen Atomkernen in einem magnetischen Feld und einer elektromagnetischen Welle aus dem Spektralbereich der Rundfunkwellen. Die *nuklearmagnetische Resonanz* (= NMR) oder Kernspinresonanz wurde in den 20er Jahren von *Block* und *Purcel* erforscht (1952 Nobelpreis). Da feste Materie wie Knochen kernspintomographisch nicht abzubilden sind, ist die NMR *praktisch* auf den Wassergehalt von Gewebezellen und Körperflüssigkeiten beschränkt: Die Wasserstoffdichte der Niere beträgt 80 %, der Skelettmuskulatur 78 % und der Knochen nur 14 % (*Buchmann* 1984).

Über Elektromagneten hoher Feldstärke ist ein Kernspintomograph in der Lage, mittels eines Hochfrequenzsystems und eines Prozeßrechners Patientenschnitte bildlich darzustellen (Abb. 3.30). In der Urologie zielen derzeitige Untersuchungen dahin, die NMR-Tomographie ersatzweise oder komplementär zur CT einzusetzen, da Längsschnitte angefertigt werden können. Ein erfolgreicher Einsatz bei Tumoren des Retroperitoneums (vgl. Abb. 10.10b; S. 302), des kleinen Beckens, und der in der urologischen Traumatologie ist möglich.

3.3 Transurethrale Diagnostik

3.3.1 Katheter

Der Blasenkatheter gilt als ein gleichermaßen therapeutisches wie diagnostisches Instrumentarium. Der Erfolg oder Mißerfolg des Blasenkatheterismus hängt nicht nur von der Auswahl des geeigneten Kathetertyps, den anatomischen Verhältnissen des unteren Harntraktes, sondern vornehmlich von der sachgemäßen Handhabung ab.

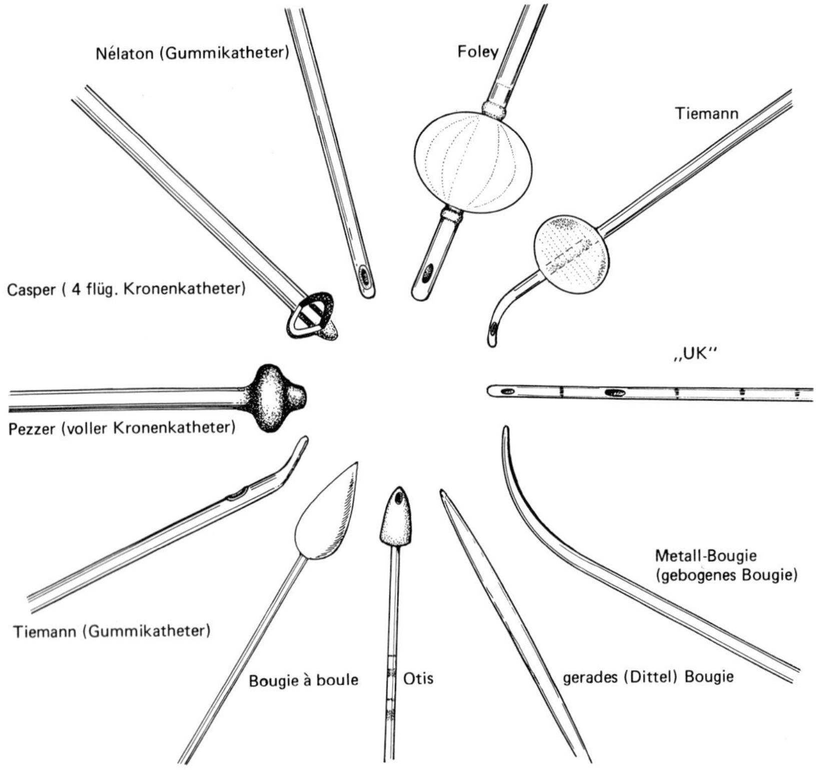

Abb. 3.31 Anwendung findende Kathetertypen und *transurethale* (Bougie, Otis, Bougie à boule) sowie *ureterale* („UK" = Ureterenkatheter) Instrumente.

Kathetertypen (Abb. 3.31)

Zum therapeutischen Dauerkatheterismus steht der *Ballonkatheter* zur Verfügung. Es handelt sich um einen Kunststoffkatheter, der am proximalen Ende einen mit 5–10 ml Wasser füllbaren Gummiballon, am distalen Ende ein dazu geeignetes Zweiwegesystem aufweist. Dieser Kathetertyp kommt vorwiegend zur temporären Harnableitung bei subvesikalen Hindernissen (z.B. Prostatahyperplasie, Prostatakarzinom, Harnröhrenstriktur) sowie zur einfachen postoperativen Harnbilanzierung oder als temporäre Therapiemaßnahme bei einer Harninkontinenz zur Anwendung. Durch den aufgefüllten Ballon wird der in der Blase plazierte Katheter funktionsgerecht an seiner Stelle gehalten.

Bei pathologischen Restharnmengen infolge einer funktionellen infravesikalen Störung (z.B. neurogene Blase) kommt der ballonlose, dünne, etwas starrere *Einmalkatheter* zur Anwendung. Ebenfalls als Einmalkatheter wird der dünne, mit einem sterilen Auffangbeutel armierte Katheter zur sterilen Harngewinnung bei Frauen (diagnostischer Katheterismus) angewandt. Bei vesikal- oder renalbedingter Makrohämaturie mit der Gefahr einer Verlegung des Blasenausganges durch Blutkoagel kommt der Dreiweg-Spülkatheter *(Hämaturiekatheter)* zur Anwendung. Hierbei handelt es sich, wie bei dem Ballonkatheter, um einen Typ, bei dem von distal her Spülflüssigkeit in die Blase hineingebracht werden kann, die auf dem zweiten Weg die Blase wieder verläßt. Der dritte Weg des Spülkatheters dient wiederum zum Aufblocken des Ballons an der Katheterspitze, der denselben in der Blase plaziert halten soll.

Abgesehen von diesen Grundtypen gibt es im Handel verschiedene Katheterarten, die sich entweder durch ihre Materialbeschaffenheit oder durch die Form der Katheterspitze unterscheiden. Als Materialien sind Gummi, Kunststoff (PVC) oder, wenn das längere Liegenlassen des gleichen Katheters indiziert ist, wie z.B. postoperativ nach einer Harnröhrenoperation, das gewebefreundliche Silikon in Gebrauch.

Am häufigsten zur Anwendung kommen beim Dauerkatheterismus der *Foley-* oder *Tiemann-Katheter* mit einer leicht gebogenen, distal konisch zulaufenden, etwas stabileren Katheterspitze (Abb. 3.31). Andere Katheterarten mit entsprechender Indikation sind der *Mercier-Katheter* oder der *Nélaton-Katheter*.

3.3.2 Katheterismus
(Abb. 3.32)

Der Patient liegt auf dem Rücken, der Unterkörper ist durch ein steriles Schlitztuch abgedeckt, so daß lediglich das Genitale exponiert ist. Der Katheterismus hat unter strengsten aseptischen Kautelen zu erfolgen.

Zunächst werden die notwendigen Hilfsmittel bereitgelegt: Sterile Handschuhe, mehrere mit einem Antiseptikum getränkte Tupfer, eine sterile anatomische Pinzette, sterile Handschuhe, ein steriles Gleitmittel in Einwegverpackung, der steril abgepackte Katheter.

Während die eine Hand das Glied am Sulcus coronarius faßt und den Penis langstreckt, reinigt die andere Hand mit einem Tupfer, der mit Desinfektionsmittel getränkt ist, die gesamte Glans penis. Daraufhin wird das in einer Injektionsspritze käuflich erhältliche Gleitmittel in die Harnröhre instilliert; die den Penis haltende Hand kann durch leichten Gegendruck das Zurückfließen des Gleitmittels verhindern. Daraufhin wird unter Gradstreckung des Penisschaftes mit der freien Hand der Katheter (sterile Pinzette oder steriler Handschuh) mit zartem Druck durch die Harnröhre vorangeschoben. Nach ca. 10 cm entsteht am Musculus sphincter externus ein leichter Widerstand, der ohne Gewalt überwunden werden sollte. Ist die Katheterspitze funktionsgerecht in der Blase lokalisiert, so wird dies am Abtropfen des Blasenurins sichtbar. Soll der Katheter als Dauerkatheter belassen werden, so wird der intravesikal liegende Gummiballon mit 5–10 ml Kochsalzlösung aufgeblockt und der Katheter durch einen leichten Zug an den Blasenboden plaziert. Durch die heute allgemein verwendeten Ballonkatheter ist eine zusätzliche Fixation des Katheters an der Glans penis nicht erforderlich. Die Stärke des Katheters, angegeben in der Maßeinheit *Charrière* (1 Charr. ≙ 1/3 mm), richtet sich nach den anatomischen Verhältnissen der Harnröhre sowie nach dem Grund zum Katheterismus. Liegen Harnröhrenstrikturen, eine Meatusstenose oder Prostatavergrößerung vor, so sind dünnere Katheter (z.B. Charr. 14—18) zweckmäßig. Bei einer Makrohämaturie, Blasensteinen oder einer schweren Zystitis mit Abgang von Schleimhautpartikeln, sind gewöhnlich dickere Katheter (z.B. Charr. 20—22) erforderlich.

Die Gefahr des Blasenkatheterismus besteht:

- in der Keimverschleppung durch unsachgemäße, nicht sterile Handhabung,
- in der Verletzung der Harnröhrenschleimhaut bei gewaltsamer Manipulation, sowie
- in der mangelhaften Aufblockung des Katheterballons, was ein Zurückgleiten desselben in die prostatische Harnröhre zur Folge haben kann.

Ist die Katheterspitze nicht bis in das Blasenlumen vorgeschoben worden, so deuten akute Schmerzen beim Aufblocken des Ballons darauf hin, daß dieser in der hinteren Harnröhre plaziert ist. Dies kann verhindert werden, indem der Katheter grundsätzlich soweit als möglich in die Blase eingeführt wird und erst nach Aufblocken des Ballons entsprechend bis zum Widerstand zurückgezogen wird.

3.3.3 Endoskopie

Das gängigste Endoskop des Urologen ist das Zystoskop. Je nach den Winkeln der einzuschiebenden Optik (Schrägoptik, Geradeaus-Optik) kann es als Urethroskop oder als reines Zystoskop verwandt werden. Hierbei handelt es sich um einen Metallschaft (beim Erwachsenen 15—17 Charr.), der ähnlich wie beim Katheterismus durch die Streckung des Gliedes bis in die Blase vorgeschoben wird (Abb. 3.33). Mit Hilfe einer Kaltlichtbeleuchtung kann unter Drehung des Zystoskops das ge-

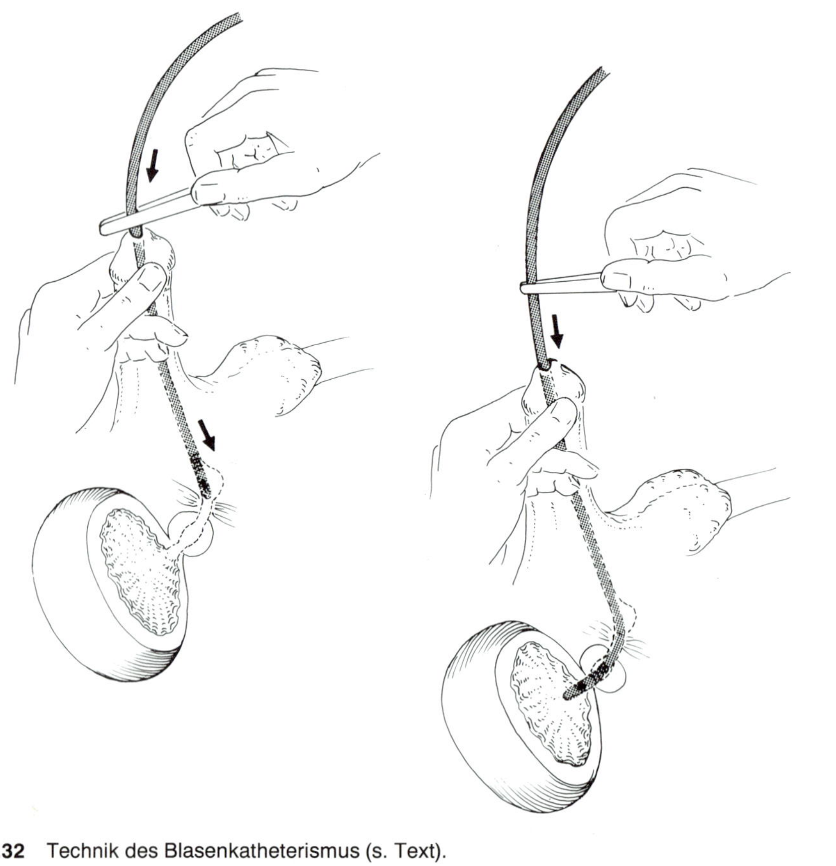

Abb. 3.32 Technik des Blasenkatheterismus (s. Text).

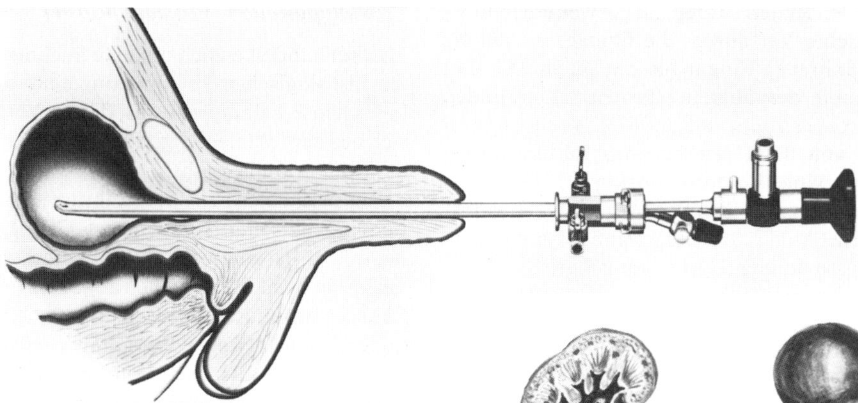

Abb. 3.33 Zystoskop mit Arbeitseinsatz in Position (Fa. Storz, Tuttlingen).

samte Blaseninnere ausgeleuchtet und beurteilt werden. Die modernen Zystoskope sind so konstruiert, daß zusätzlich durch das Schaftinnere Arbeitsinstrumente (Sonden, Scheren, Zwickzangen) zur instrumentellen Manipulation vorgeschoben werden können. Mit Hilfe der *kombinierten Urethro-Zystoskopie* ist in der Hand des geübten Facharztes folgende Beurteilung möglich:

- Form, Beschaffenheit und Kaliber der Harnröhre,
- Anatomische Verhältnisse der prostatischen Harnröhre, Beurteilung des Obstruktionsgrades einer Prostatahyperplasie bzw. eines -karzinoms,
- Form und Schleimhautbeschaffenheit der Blase,
- Intravesikale Blutungsquellen (Entzündung, Tumor, Stein),
- Lokalisation, Form und Funktionsbeschaffenheit der Ureterostien,
- Urinejakulation aus den Ostien (Nierenblutung).

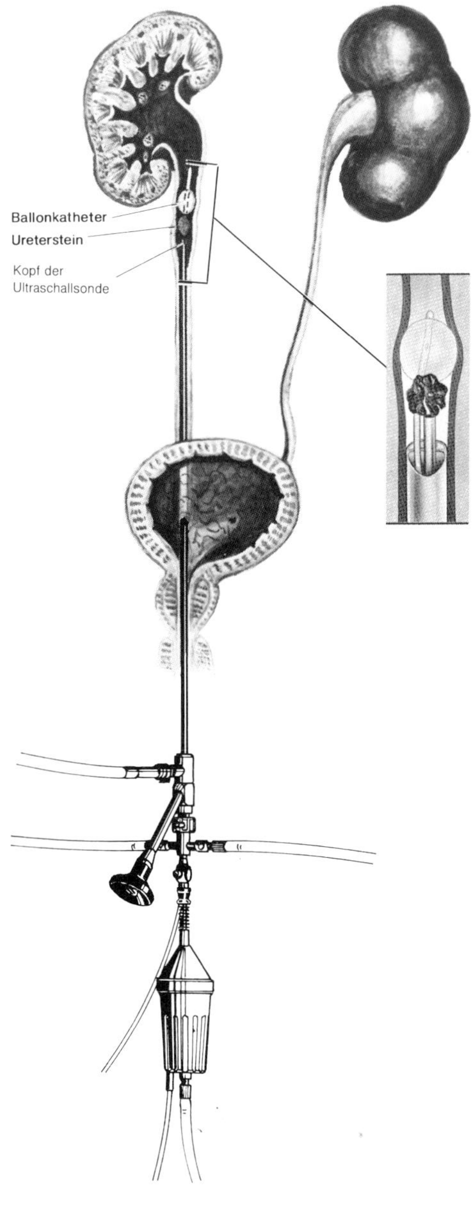

Abb. 3.34 Ureterorenoskop in situ. Nach transurethraler Dehnung des Ureterostiums wird das Ureterorenoskop (Charr. 11,5) unter Sicht in den Ureter eingeführt. Bei flottierendem Stein wird ein Ballonkatheter durch den Arbeitskanal am Stein vorbei nierenwärts geschoben. Der arretierte Stein wird mit der Ultraschall- oder Lasersonde zertrümmert und abgesaugt.

In den letzten Jahren hat ein weiteres endoskopisches Verfahren, die *Ureterorenoskopie (URS)* breiten Eingang in die Diagnostik und Therapie des oberen Harntraktes gefunden (*Perez-Castro* et al., 1982). Transurethral wird von der Harnblase aus mittels starrer oder flexibler Ureterorenoskope in den Harnleiter und ggf. bis in das Nierenbecken eingegangen (Abb. 3.34). Indikationen für diesen in Narkose durchzuführenden Eingriff sind:

- Skopische Ureter- und Nierenbeckendiagnostik,
- Ureterstein-Zertrümmerung,
- Uretersteinentfernung nach Stoßwellen-Lithotripsie,
- Schleimhautbiopsie,
- Tumorbehandlung durch Laser.

Erschwerende Momente stellen die große Prostatahyperplasie oder der Blasendeszensus dar; aufgrund der Perforationsgefahr ist die URS nicht unproblematisch und erfordert lange technische Erfahrung.

3.4 Punktionsverfahren

Die *suprapubische Blasenpunktion* dient der sterilen Gewinnung von Blasenurin. Indikation und Technik s.S. 46.

Perkutane Nierenpunktion (Nierenbiopsie)

Sie dient der Gewinnung eines Parenchymzylinders der Niere, vornehmlich zur histologischen Diagnostik einer Glomerulonephritis und des nephrotischen Syndroms (s.S. 2). Die *operative Freilegung* der Niere mit gezielter Nierenbiopsie erlaubt es dem Urologen zusätzlich, eine Information über Größe und äußerliche Beschaffenheit des Organs zu gewinnen. Die offene Nierenfreilegung mit Nierenbiopsie ist außerdem weniger mit der Gefahr einer Nachblutung und der Entwicklung eines arteriovenösen Aneurysmas, wie sie bei einer Nierenblindpunktion gegeben ist, belastet. Die sonographisch gesteuerte Nierenpunktion wird inzwischen von Urologen zunehmend praktiziert.

Prostatapunktion (Prostatabiopsie)

Hierbei handelt es sich um eine Suchmethode zur histologischen Verifizierung eines pathologischen Prostataprozesses, dessen Verdacht sich aus der rektalen, digitalen Palpation oder der Sonographie ergibt.

Zur perinealen Prostatapunktion ist der Patient in Steinschnittlage gelagert. Gesäß, Perineum und Perianalbereich sind abjodiert und durch ein steriles Schlitztuch abgedeckt. Während der behandschuhte Zeigefinger transrektal den pathologischen Prostataprozeß lokalisiert, wird nach Infiltrationsanästhesie eine Biopsienadel vom Perineum her transkutan bis zur Prostata vorgeschoben. Der in der Ampulla recti liegende Finger führt unter stetigem Vorschieben der Biopsienadel diese an den zu punktierenden, palpablen Knoten heran. Mit der heute gängigen Stanzbiopsienadel (Biopty-Gun) können mühelos ein oder mehrere Prostatazylinder zur histologischen Untersuchung gewonnen werden. Bei Verdacht auf eine falschnegative perineale Biopsie sollte sie ultraschallgesteuert wiederholt werden.

Eine Alternative zur perinealen, transkutanen Prostatabiopsie ist die *transrektale Prostatastanzbiopsie* (Abb. 7.46a, S. 234), wobei nach antibiotischer Vorbehandlung und Reinigung der Ampulla recti die Biopsienadel transrektal eingeführt und durch die Rektumschleimhaut in die Prostata vorgeschoben wird. Die transrektale Technik erscheint wegen der Infektionsgefahr und wegen des Auftretens möglicher Blutungen komplikationsreicher, ist aber treffsicherer. Besonders schonend ist die transrektale Saugbiopsie (s.S. 233).

Perkutane Nephrostomie (s.S. 101)

Dieses Verfahren hat teils diagnostische, teils therapeutische Indikationen. Versagt bei fehlender oder mangelhafter Darstellung der Niere und des ableitenden Harnsystems die retrograde Pyelographie aufgrund einer Ureterobstruktion, so kann durch perkutane Punktion des Nierenbeckens von dorsal über einen in das Hohlraumsystem plazierten dünnen Drainageschlauch Kontrastmittel eingebracht und so der obere Harntrakt röntgenologisch dargestellt werden: *Antegrade Pyelographie.*

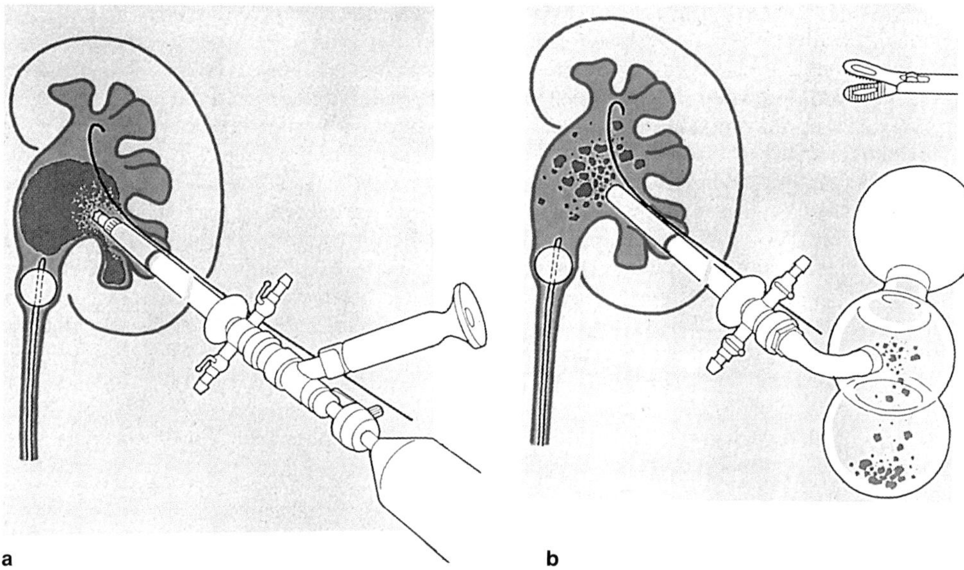

a b

Abb. 3.35 a, b Prinzip der perkutanen Nierensteinzertrümmerung (perkutane Nephrolitholapaxie, PNL, oder perkutane Nephrolithotripsie, PCN) eines partiellen Ausgußsteines via Nephrostomiekanal, der auf Charr. 26 gedehnt wird. Mit der Ultraschallsonde (Instrumentationsset zur perkutanen Nephrolithotripsie nach *Alken*; Fa. Storz, Tuttlingen) wird der Stein zertrümmert (**a**) und abgesaugt (**b**) (nach *Eisenberger* et al., 1985).

In der Mehrzahl der Fälle jedoch ist die perkutane Nephrostomie der Schlüssel zu *endourologischen* Maßnahmen des oberen Harntrakts, die sich systematisch wie folgt zusammenfassen lassen:

Nierenzystenpunktion (diagnostisch und therapeutisch)

Biopsie und Lasertherapie von Pyelontumoren

Drainage renaler oder perirenaler Flüssigkeitsansammlungen (Urinom, Lymphozele)

Temporärer Zugang zum Nierenhohlsystem

- Pyonephrose
- postrenales Nierenversagen (Ureterverlegung)
- Druck-Fluß-Messung bei fraglich operationsbedürftiger Ureterstenose (Whitaker-Test)
- Ureterlecks bzw. -fisteln

Nephrolitholapaxie bzw. perkutane Nierensteinchirurgie (Abb. 3.35)

Komplikationen: Die technisch-manuelles Geschick verlangende perkutane Nephrostomie zieht folgende mögliche Komplikationen nach sich: Blutung (Hämaturie, Hämatom), Infektion (Sepsis, Harnwegsinfekt), KM- und Spülflüssigkeitsextravasation, Nachbarorganverletzung (Pleura) sowie arteriovenöse Fistel.

Perkutane Abszeßdrainage

Die perkutane Abszeßdrainage wird bei ausgedehnten paranephritischen Abszessen, Senkungsabszessen des Retroperitoneums sowie postoperativen abszedierenden Prozessen im Abdomen und Becken unter Ultraschallkontrolle erfolgreich durchgeführt. Hierdurch lassen sich nach längerfristiger Spülbehandlung häufig operative Interventionen verhindern.

3.5 Funktionsdiagnostik

Die renale Funktionsdiagnostik bestimmt zusammen mit der morphologischen Diagnostik die Indikation zur ablativen oder konservativchirurgischen Therapie. Die gegenüber der organentfernenden Therapie zu bevorzugende organerhaltende Chirurgie erfordert ein Höchstmaß an Information über die seitengetrennte Nierenfunktion und die Partialfunktion verschiedener Nierenregionen ein- und desselben Organs. Da die Serumspiegel harnpflichtiger Stoffe nur global eine Aussage über die Filtrations- bzw. Sekretionsfunktion der Nieren erlauben, haben sich in der Nephrologie verschiedene Clearance-Methoden etabliert, mit denen Teilparameter wie z.B. Nierenplasmastrom, glomeruläre Filtrationsrate, Filtrationsfraktion u.a. bestimmt werden können (konventionelle Clearance-Methoden siehe GK „Innere Medizin"). Es sei hier lediglich auf die Isotopen-Funktionsdiagnostik eingegangen.

3.5.1 Nuklearmedizinische Nierendiagnostik

Hauptvorteile der nuklearmedizinischen Clearance-Methoden sind die katheterlose Technik unabhängig von Urinsammelperioden, die mögliche seitengetrennte Aussage, die weitaus größere Genauigkeit sowie das nicht-invasive, zeitlich auf weniger als eine Stunde limitierte Verfahren.

3.5.1.1 Seitengetrennte ^{131}Jod-Hippuran-Clearance

Sie hat derzeit klinisch den größten Anwendungsbereich.

Urologische Indikation

- einseitig obstruktive Uropathie, zur Verlaufskontrolle nach Harn-Entlastung bzw. zur Operationsindikation,
- tumor-, entzündungs- oder steinbedingte Nierenveränderungen,
- Mißbildungen,
- chronische Pyelonephritis,
- Nierenarterienstenose und
- Kontrolle der Nierenfunktion nach Nierenoperationen.

Eine radioaktiv markierte Clearance-Substanz, hier ^{131}Jod-Hippuran (20 % werden glomerulär filtriert und 80 % tubulär sezerniert), wird i.v. injiziert, und es wird unter Anwendung einer integrierten Clearance-Formel durch Bestimmung der Gesamtmenge und der renal eliminierten Menge mit Hilfe von Detektoren eine Retentionskurve ermittelt. Es kann die Gesamt-Clearance, die seitengetrennte Clearance in % sowie die heraus errechnete PAH-Clearance (ca. 15 % höher als die ^{131}Jod-Hippuran-Clearance) angegeben werden. Die schnelle Ausscheidung von ^{131}Jod-Hippuran erlaubt praktisch nur beim Niereninsuffizienten die simultane Clearance-Berechnung und Szintigraphie der Nieren. Weiterhin sind die beträchtliche γ-Energie und β-Strahlung nachteilig und begrenzen die Dosis. ^{123}Jod-Hippuran sollte daher beim Kind vorgezogen werden.

3.5.1.2 Sequenzszintigramm mit Isotopennephrogramm (ING)

Das Isotopennephrogramm ergänzt die Sequenzszintigraphie. Nach i.v.-Gabe von ^{123}Jod-, ^{131}Jod-Hippuran oder bevorzugt MAG 3 (s.S. 130) werden Zeitaktivitätskurven (Nephrogramme) und mit einer Großfeld-Szintillationskamera fortlaufend Nierenaufnahmen angefertigt. Vier Phasen werden unterschieden: Perfusionsphase (bis 1 min p.i.), Parenchymphase (1—3 min p.i.), intrarenaler Transport (4—6 min p.i.): Verkleinerung des abgebildeten Nierenareals zufolge einer Verschiebung der Radioaktivität vom Parenchym zum Hohlraumsystem sowie Eliminationsphase (8—ca. 30 min p.i.): abnehmende Aktivität und Blasenanreicherung. In einem Untersuchungsgang werden die arterielle Perfusion, Nierenmorphologie, der intrarenale Transport und die Abflußverhältnisse (Abb. 3.36) erfaßt (*Blaufox* 1982). Im Gegensatz zum i.v. Pyelogramm werden pyelonephritische Funktionsschäden früher nachgewiesen. Praktisch bedeutsam ist daher die Sequenzszintigraphie bei obstruktiver Uropathie (vor und nach Therapie), vaskulären Nephropathien, teilweisem Funktionsausfall im Urogramm nach einem Nierentrauma und vor geplanter Nierenteilresektion (beispielsweise bei Tumoren einer Einzelniere).

Ergänzende Untersuchungen im Rahmen der Sequenzszintigraphie: Durch die *regions-of-interest*-Technik sind Zeit-Aktivitätskurven für jede Niere und Nierenteilbereiche herzustellen. Der Funktionsverlust nach Teilresektion der Niere ist somit vorauszusagen. Zur Objektivierung einer Ureterobstruktion vor einer geplanten Operation oder nach plastischer Korrektur der Harnleiterenge kann der ^{131}Jod-Hippuran-Furosemid (Lasix®)-Auswaschtest vorgenommen werden: a) bei der nicht gestauten Niere mit ektatischem Hohlsystem fällt die Zeit-Aktivitätskurve rapide ab; b) bei einer Stauung fällt die Zeit-Aktivitätskurve verzögert oder steigt weiter an (Abb. 3.36b u. 5.18; S. 130). Das Lasix®-Sonogramm ist ein einfacher Screening-Test zur Beantwortung der wichtigen Frage: *dekompensierte* oder *kompensierte* obstruktive Nephropathie?

3.5.1.3 Statische Nierenszintigraphie

Sie ergibt Informationen über Größe, Lage und Form funktionstüchtigen, also Tracer-

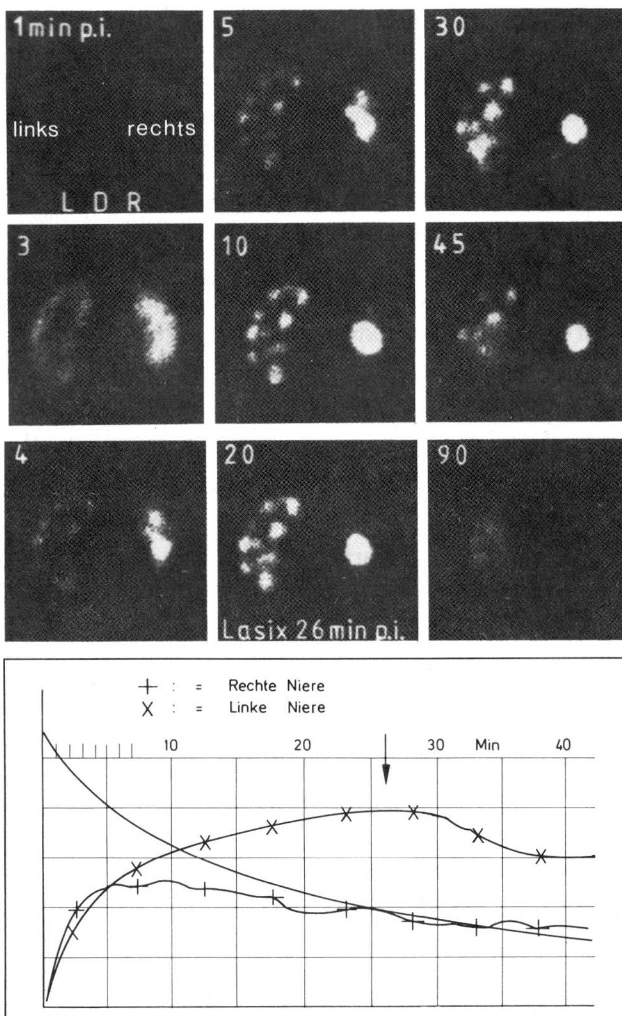

a

b

Abb. 3.36 a,b Sequenzszintigramm (**a**) und Isotopennephrogramm (ING; **b**) bei Harnstauungsniere links. Bereits 3 min. nach i.v. Injektion des Radionuklids weist die rechte Niere eine vollständige Radioaktivitätsbelegung auf, während die gestaute linke Niere erst nach 20 min. p.i. eine Aktivitätsanreicherung im erweiterten Kelchsystem zeigt. Nach Lasix®-Injektion (Pfeil) träge Exkretion links (nach *Kimmig*, 1984).

speichernden Nierenparenchyms. Ihre Bedeutung ist durch die Entwicklung der verschiedenen bildgebenden Untersuchungen geschrumpft. Bei der Behandlung des vesikoureteralen Refluxes spielt sie eine große Rolle. Mit dem ^{99m}Technetium-DMSA-Scan (= Dimerkaptosukzinat) wird der Cortex renalis ausgezeichnet dargestellt, so daß der Schweregrad der Refluxnephrophatie bestimmbar wird (*Carty* 1984).

Weiterführende Literatur

Addis, T.: The number of formed elements in the urinary sediment of normal individuals. J. Clin. Invest. 2 (1925) 409

Alken, P., G. Hutschenreiter, R. Günther et al.: Percutaneous stone manipulation. J. Urol. 125 (1981) 463

Andersson, L., I. Fernström, G. Leopold, J. U. Schlegel, L. B. Talner: Diagnostic Radiology, In: *L. Andersson, R.F. Gittes, W.E. Goodwin, W. Lutzeyer, E. Zingg* (Hrsg.), Handbuch der Urologie, Springer, Berlin – Heidelberg – New York 1977

Bauer, H.W.: Die Untersuchung des Harnsediments mit dem MD-Kova-System. Med. Welt 33 (982) 875

Bichler, K.-D., D. Erdmann, P. Schmitz-Moormann et al.: Operatives Ureterorenoskop für Ultraschallanwendung und Steinextration. Urologe A 23 (1984) 99

Blaufox, M.D., V. Kalika, S. Scharf et al.: Applications of nuclear medicine in genitourinary imaging. Urol. Radiol. 4 (1982) 155

Breyer, J.A., H.A. Jacobsen: Ischämische Nephropathie. Dtsch. med. Wschr. 116 (1991) 468

Buchmann, F.: NMR-Tomographie – Eine neue diagnostische Dimension. Medidact Hospital 4 (1981) 78

Carty, H.: Radioisotope studies in the diagnosis of reflux nephropathy and in the assessment of individual kidney function. International Perspectives in Urology 10 (1984) 19

Eisenberger, F., R. Gumpinger, F. Feise et al.: Percutaneous Nephrolithotripsy (PCN) and Ureterorenoscopy (URS). Karl Storz GmbH, Tuttlingen 1985

Engelmann, U., C. Olivera, R.A. Bürger: Ioxaglinsäure und Iotalaminsäure in der Ausscheidungsurographie niereninsuffizienter Patienten. Medidact Hospital 4 (1984) 21

Erley, C.M.M.: Diagnostik von Nierenkrankheiten. Krankenhausarzt 64 (1991) 182

Fitzpatrick, J.M., J.E.A. Wickham: Progress in endourology. World J. Urol. 7 (1989) 121–165

Friedland, G.W., R. Filly, M.L. Goris et al.: Uroradiology. An Integrated Approach. Churchill Livingstone, New York, 1983

Gutman, A.B., E.B. Gutman: An „acid" phosphatase occurring in the serum of patients with metastasizing carcinomas of the prostate gland. J. Clin. Invest. 17 (1938) 473

Hodson, J.: Radiology and the Kidney. Karger, 1977

Hutschenreiter, G., P. Walz, R. Günther et al.: Sonographie und Computertomographie des Erwachsenen. In: Hohenfellner, R., E.J. Zingg (Hrsg.) Urologie in Klinik und Praxis, Band 1. Thieme, Stuttgart 1982 p. 180

Kimmig, B., H.J. Hermann, B. Kober: Nuklearmedizinische Nierendiagnostik. Medidact Hospital 4 (1984) 81

Korth, K.: Perkutane Nierensteinchirurgie. Springer, Berlin 1984

Marberger, M., W. Stackl, W. Hruby: Percutaneous litholapaxy of renal calculi with ultrasound. Eur. Urol. 8 (1982) 236

Mistretta, C.A., A.B. Crammy, C.M. Strother: Digital angiography: a perspective. Radiology 139 (1981) 273

Newhouse, J.H.: Urinary tract imaging by nuclear magnetic resonance. Urol. Radiol. 4 (1982) 171

O'Reilly, P.H., H.J. Testa, R.S. Lawson et al.: Diuresis renography in equivocal urinary tract obstruction. Br. J. Urol. 50 (1978) 76

Perez-Castro, E., J.A. Pineiro: Ureteral and renal endoscopy. Eur. Urol. 8 (1982) 17

Pfister, R.C., J.H. Newhouse, W.H. Hendren: Percutaneous pyeloureteral urodynamics. Urol. Clin. N. Am. 9 (1982) 41

Rosen, R.J., S.J. Roven: Percutaneous drainage of abscesses and fluid collections. Urology 23 (Suppl. 5) (1984) 54

Roth, St., E. Renner, P. Rathert: Diagnostik der glomerulären Mikrohämaturie. Urologe A 30 (1981) 127

Saita, H., M. Matsukawa, H. Fukushirma, C. Ottyama, Y. Nagata: Ultrasound diagnosis of ureteral stones; its usefullness with subsequent excretory urography. J. Urol. 140 (1988) 28

Schulz, W.: Was gibt es Neues in der Nephrologie? Beeinflussung der Progression einer Niereninsuffizienz durch ACE-Hemmer-Therapie. Urologe [B] 31 (1991) 2

Steckler, R.E., R.A. Riehle Jr., E. Darracott Vaughan Jr.: Hyperfiltration-induced renal injury in normal man: Myth or reality. J. Urol. 144 (1990) 1323

Whitfield, H.N., K.E. Britton, W.F. Hendry et al.: Frusemide intravenous urography in the diagnosis of pelviureteric junction obstruction. Br. J. Urol. 51 (1979) 445

4 Urologische Therapie (GK 3-4)

J.E. Altwein

4.1 Nierenentfernung

Ist die Nierenfunktion als Folge einer langdauernden Infektion des Parenchyms, rezidivierender Steinerkrankungen oder Harnabflußstörungen irreversibel geschädigt, wird eine vollständige Entfernung dieser Niere notwendig (Abb. 4.1). Die richtig indizierte Nephrektomie (Tab. 4.1) beseitigt Infektionsherd, rekurrente oder permanente Schmerzen, ein Übergreifen der primär asymmetrischen Erkrankungen auf die Gegenniere und bessert die Funktion der zweiten Niere (kompensatorische Hypertrophie). Bevor man sich zu einer Nephrektomie entschließt, muß grundsätzlich der funktionelle und morphologische Zustand dieser und der Gegenniere genau bekannt sein. Ausscheidungsurographie und eine seitengetrennte Nierenfunktionsmessung (MAG 3-Clearance; s.S. 130) geben hierüber Aufschluß. Ist die globale Nierenfunktion eingeschränkt (< 400 ml/min), dann sollte die zu exstirpierende Niere < 20 % zur Globalfunktion beitragen.

Sonographie (s.S. 54) oder Computer-Tomographie (s.S. 73) informieren über Existenz und Struktur der zweiten Niere. Beide Untersuchungstechniken orientieren bei Nierentumoren über Doppelseitigkeit (2 % der Nierenkarzinome und 5 % der Wilms-Tumoren) und Infiltration von Nachbarorganen. Die Angiographie ist nur gelegentlich beim Nierentumor hilfreich und vor der Nephrektomie des Lebendspenders.

4.1.1 Nephrektomie wegen arteriellen Bluthochdrucks

Die Entscheidung zu einer Nephrektomie wegen vermuteter Hochdruckwirksamkeit asym-

Tabelle 4.1 Indikation zur Nephrektomie.

Kongenital	Hydronephrose z.B. infolge subpelviner Stenose Hypoplasie kompliziert z.B. durch Hochdruck Multizystische Nierendysplasie bei sekundären Komplikationen
Entzündlich	Pyelonephritische Schrumpfniere, z.B. vesiko-renaler Reflux Tuberkulöse Kittniere Konservativ nicht beherrschbares Nierenkarbunkel „Septische“ Niere mit Rindenabszessen Stein-Schrumpfniere
Neoplastisch	Nierenzellkarzinom Wilms Tumor Urothelkarzinom des Nierenbeckens
Traumatisch	Nierenstielabriß Schwergradige Nierenruptur

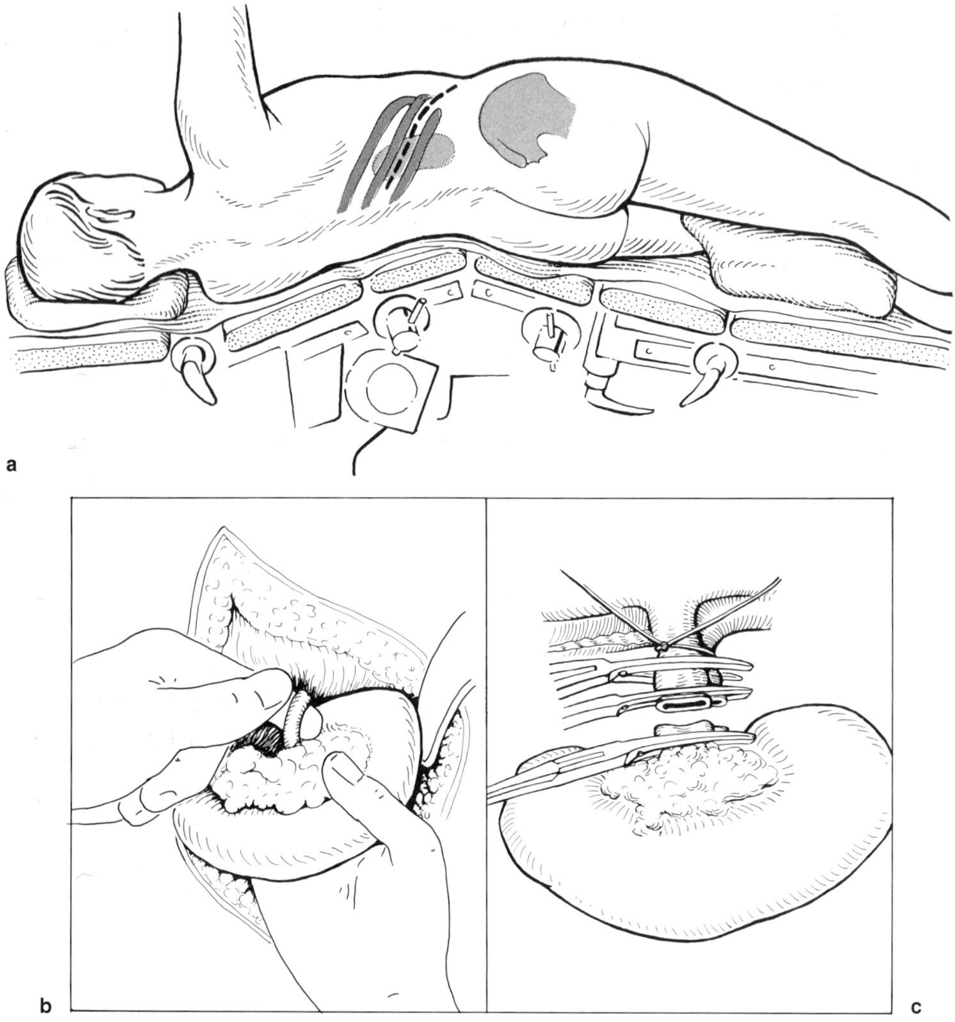

Abb. 4.1 a–c Nephrektomie-Technik.
a Lagerung und Schnittführung bei rechtsseitiger Nephrektomie.
b Stumpfe Freipräparation der Nierenstielgefäße.
c Ligatur der Gefäße nach Anlegen von Stielklemmen.

metrischer Nierenerkrankungen ist schwierig (Abb. 4.2) und nur in Zusammenarbeit mit dem Nephrologen zu treffen. Ist der Bluthochdruck nicht oder ungenügend medikamentös zu kontrollieren, sollte versucht werden, die Hochdruckwirksamkeit der „schuldigen" Niere zu belegen, bevor eine Blutdrucknormalisierung durch Nephrektomie angestrebt wird; denn eine unilaterale Nierenerkrankung ist nur in ~ 5 % Ursache des mit zunehmendem Alter ohnehin gehäuft auftretenden Hochdruckes.

Das Untersuchungsprogramm für den Hochdruckpatienten sollte auf ein Minimum beschränkt werden.

Eine gute Anamnese spart diagnostische Maßnahmen!

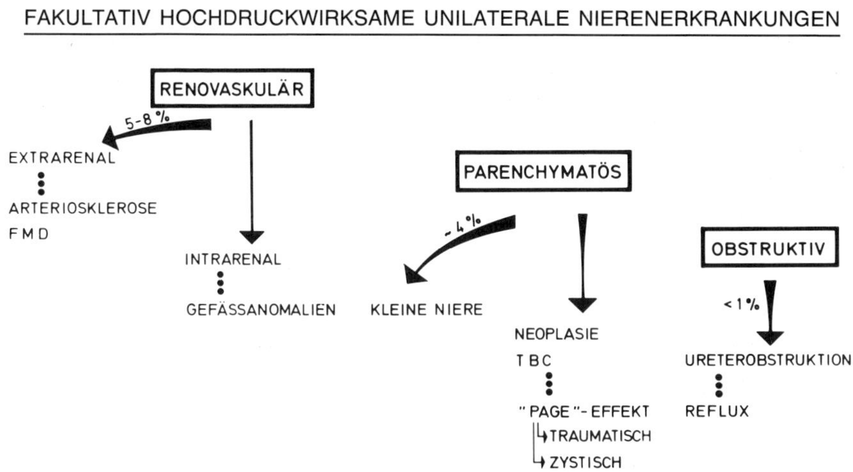

Abb. 4.2 Urologische Hochdruckursachen (FMD = Fibromuskuläre Dysplasie; „Page"-Effekt, s.S. 26).

- Hämaturie, Fieber, Flankenschmerzen sind tumorverdächtig;
  eine tastbar vergrößerte Niere wird am häufigsten bei der kongenitalen Hydronephrose und Wilms Tumor im Kindesalter bzw. erworbener Hydronephrose (Tumor oder Steinverschluß des Ureters) und Nierenkarzinom im Erwachsenenalter beobachtet;
  periumbilikale Stenosegeräusche sind ein klinischer Hinweis auf die Nierenarterienstenose.
- Aus urologischer Sicht umfaßt die diagnostische Untersuchung des Hochdruckpatienten:
  Captopril-Test;
  Sonogramm (bei Tumorverdacht);
  DSA (= digitale Subtraktionsangiographie) bei extra- oder intrarenalen Arterienerkrankungen (Abb. 3.28, S. 72);
  Miktionszystourethrographie (bei infravesikalem Hindernis);
  retrograde Pyelographie (bei extrinsischer oder intrinsischer Ureterblockade).

Auf diese Weise wird die Art der Nierenerkrankung geklärt. Bei Erkrankungen, die *per se* keine Nephrektomie-Indikation (Tab. 4.1) darstellen, wie die zufällig entdeckte „Zwergniere", wird seitengetrennt im Nierenvenenblut die Renin-Konzentration bestimmt. Ein Renin-Quotient $>1{,}5$ (erkrankte/nicht erkrankte Niere) läßt eine Normalisierung oder bessere Einstellbarkeit des Blutdrucks in 60 % nach operativer Korrektur erwarten. Die globale Nierenfunktion sollte >300 ml/min, die Leistung der „schuldigen" Niere <20 % der Globalfunktion betragen (vgl. Abb. 4.5, S. 89).

4.1.2 Bilaterale Nephrektomie

Beide Nieren werden bei der terminalen Niereninsuffizienz nur entnommen, um

1. den Bluthochdruck unter Kontrolle zu bringen,
2. eine Fokussanierung bei chronischer Pyelonephritis zu erreichen und
3. Raum für das Nierentransplantat bei Zystennieren zu schaffen.
4. beidseitige Urotheltumoren (z.B. Phenazetin) zu behandeln.

4.1.3 Nephrektomie aus vitaler Indikation

Schwere Traumen, die zum Nierenstielabriß oder Zertrümmerung bzw. Berstung der Niere führten, fordern eine sofortige Nephrektomie. Auch Spontanrupturen nach Organschädigung (polyzystische Degeneration, Tumor, Panarteriitis nodosa) machen eine unverzügliche Nephrektomie erforderlich.

Bei bestehender Harnwegsinfektion kann eine Ureterblockade durch einen inkarzerierten Stein zu Pyonephrose und abszedierender Pyelonephritis Anlaß geben. Es resultiert ein septisches Krankheitsbild (s.S. 414). Zur Therapie gehört die Nephrektomie (Herdsanierung) unter vitaler Indikation; die Mortalität des falsch behandelten Endotoxin-Schocks liegt > 50 %.

4.1.4 Kontraindikationen zur Nephrektomie

Eine Nephrektomie verbietet sich bei kongenitaler Einnierigkeit (Agenesie oder Aplasie), operativer Einzelniere und Funktionseinschränkung der Gegenniere (funktionelle Einzelniere).

Trotz tuberkulostatischer Therapie ist die Nephrektomie, beispielsweise wegen Schmerzen infolge spezifischer Nierenschädigung, sinnvoll. Jedoch sollte bei frischer Nierentuberkulose eine Nephrektomie wegen der Gefahr einer miliaren Aussaat oder spezifischen Wundinfektionen nur nach medikamentöser Vorbehandlung (10 Tage Streptomycin, 10–15 mg/kg i.m./Tag; anschließend Fortsetzung mit 3 Tuberkulostatika der ersten Wahl: INH, Rifampicin, Ethambutol) erfolgen.

Vor der operativen Sanierung fortgeschrittener Nierenerkrankungen, wie Nierenbeckenkelchausgußstein, muß die anteilmäßige Funktion der Gegenniere bekannt sein, denn es ist mit einer Nephrektomie wegen technischer oder chirurgischer Komplikationen (Parenchymblutung, abszedierende Pyelonephritis) zu rechnen.

4.1.5 Nierenteilresektion

Morphologische Voraussetzung einer partiellen Nephrektomie ist der segmentale Aufbau der Niere. Es werden 4 Segmente unterschieden: apikal, anterior, posterior, basilar. 5 Äste der A. renalis versorgen in der Regel diese 4 Segmente (2 Äste beansprucht das anteriore Segment). Intraoperativ gelingt die Anfärbung des Segmentes durch Indigokermininjektion in die frei präparierte Segmentarterie. Der erkrankte Parenchymbezirk wird unter Beachtung der anatomischen Grenzen entfernt (Abb. 4.3). Die Teilresektion ist angezeigt bei segmentbeschränkten Schädigungen der Niere durch:

- Entzündung, wie Nierenkarbunkel (Abb. 4.4) oder segmentale Pyelonephritis mit arteriellem Bluthochdruck (Abb. 4.5);
- Steinerkrankungen, wie Kelchstein;
- Trauma. Entfernung des devitalisierten Nierenabschnittes bei traumatischer Polamputation oder Querruptur;

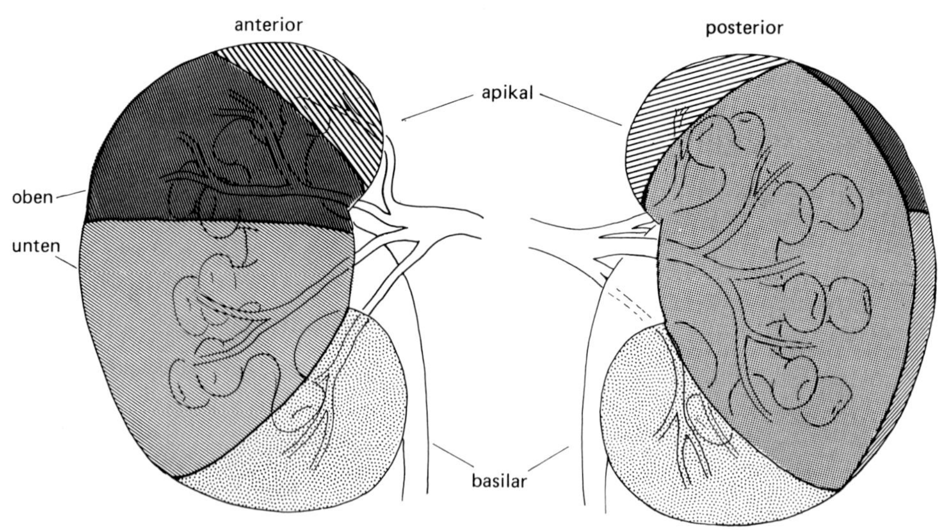

Abb. 4.3 Nierensegmente.

- Mißbildung, wie kongenitale Kelchhalsdivertikel, kompliziert durch Steinbildung oder eine hochdruckwirksame kongenitale segmentale Hypoplasie;
- Tumor in Einzelnieren oder beidseitige Tumoren (Abb. 4.6);
- kleine (< 5 cm) peripher gelegene Nierenkarzinome;
- gutartige Nierentumoren.

Eine erweiterte Form der Nierenteilresektion ist die Brückendurchtrennung bei Hufeisennieren (s. Abb. 5.5; s.S. 121) und die Heminephrektomie bei Doppelnieren (s.S. 139).

Während die auf ein Segment begrenzte renale Schädigung Voraussetzung einer Möglichkeit zur Teilresektion ist, wird bei Einnierigkeit (kongenital, operativ, funktionell) und Operationsbedürftigkeit organerhaltend operiert.

Vor der Teilresektion beim Einnierigen sollte mit dem Erkrankten eine eventuell notwendige Hämodialyse besprochen werden!

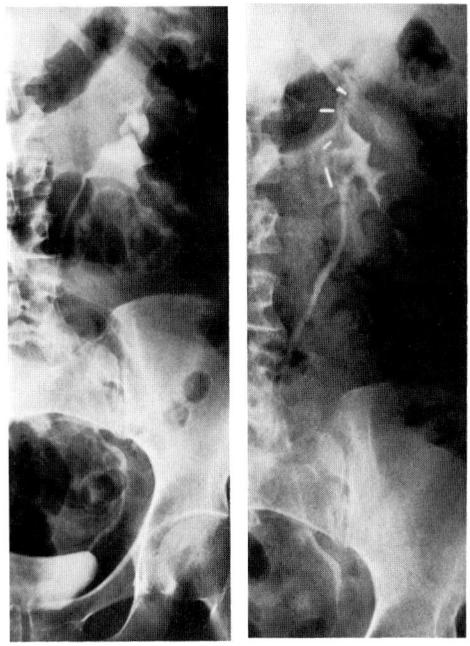

Abb. 4.4 a, b **a** Kelchstein mit Pyokalix des linken oberen Pols (Urogramm).
b Sanierung durch Resektion des linken oberen Nierenpols; Resektionsstelle im Urogramm durch Metallclips markiert.

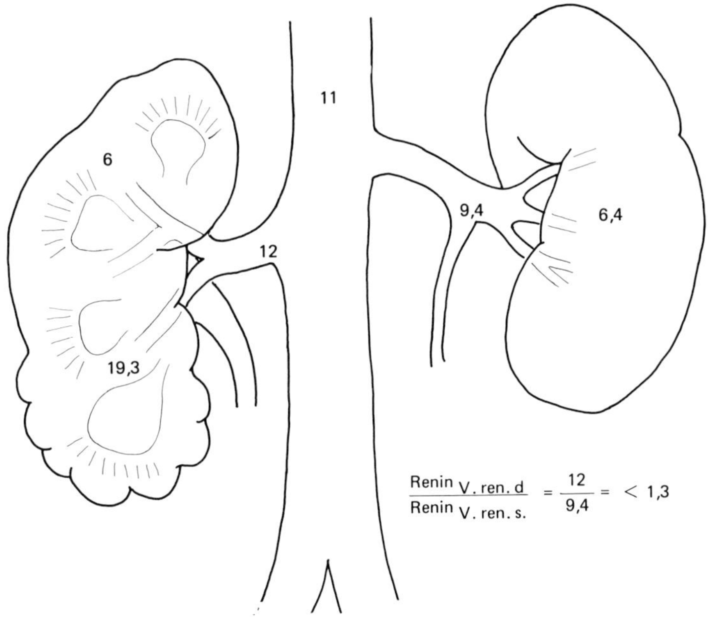

Abb. 4.5 Renin-Wert in der V. cava inf. und im Nierenvenenblut. Die Renin-Bestimmungen nach selektiver Nierenvenenblut-Entnahme aus dem rechten unteren Pol ergab mit 19,3 mg/ml einen pathologischen Wert. Dadurch ist die Renin-Konzentration im rechtsseitigen Nierenvenenblut ebenfalls größer als im linken Nierenvenenblut. Allerdings war der Renin-Quotient mit < 1,3 innerhalb der oberen Normgrenze < 1,5. Blutdrucknormalisierung nach Resektion des rechten unteren Pols.

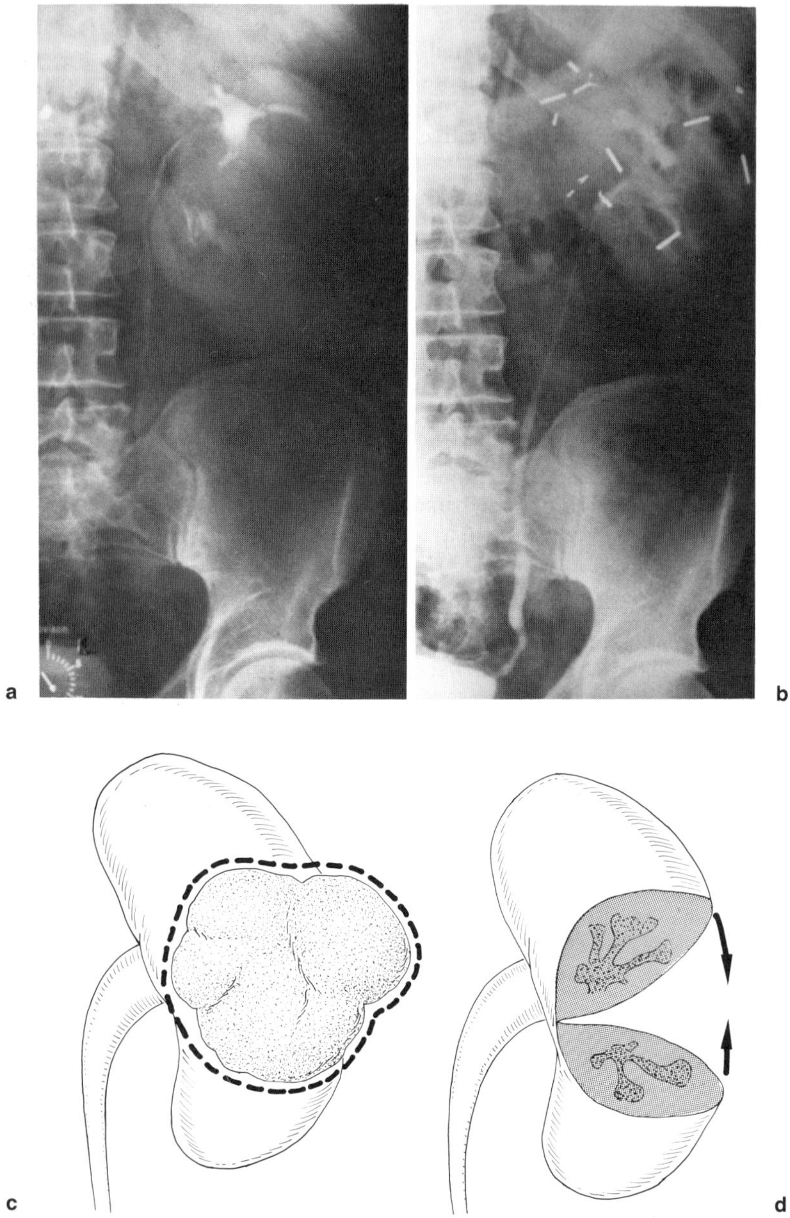

Abb. 4.6 a–d **a** Urogramm bei Tumor einer linken Einzelniere.
b Zustand nach Nierenteilresektion unter Verwendung von Metallclips.
c, d Schemazeichnungen.

4.1.6 Versicherungsrechtliche Beurteilung der posttraumatischen oder operativen Einnierigkeit

Der Verlust einer Niere verdoppelt die Exkretionslast für die zweite. Die gesunde Niere paßt sich dieser Belastung durch kompensatorische Hypertrophie an. Die Leistungszunahme erfolgt binnen Tagen nach der Nephrektomie und nahezu unabhängig vom Alter, wie Untersuchungen an Nierenlebendspendern zeigten. Nach einem Monat ist die Anpassung abgeschlossen: Normalisierung der Nierenfunktion bei Vermehrung der röntgenologisch meßbaren Nierenfläche (in der nephrographischen Phase nach i.v. Kontrastmittelinjektion) um 15–20%.

Die Anpassungsreaktion nach Ektomie einer geschädigten Niere verläuft verkürzt, da der Funktionsabfall durch die Gegenniere bereits präoperativ abgefangen wurde *(Prinzip der renalen Counterbalance)*. Sind beide Nieren in ihrer Funktion beeinträchtigt, wird primär die Erkrankung der besseren Niere operativ korrigiert und die schlechtere Niere – sofern irreparabel – entfernt. Nach dem Prinzip der renalen Counterbalance ist ein Zuwachs der Leistung der verbleibenden Niere zu erwarten. Es ist aber auch zu beachten, daß nach vollständiger Erholung einer Niere die Erholungsfähigkeit der zweiten Niere trotz operativer Korrektur unterdrückt ist (Negativeffekt der renalen Counterbalance).

Die *versicherungsrechtliche* Beurteilung richtet sich nach dem Versicherungsgebiet. In der Krankenversicherung, der Renten- und Altersversicherung sowie der sozialen Unfallversicherung wird meist nach der noch möglichen Einordnung in das Erwerbsleben gefragt. In der privaten Unfallversicherung der Kriegsfolgenentschädigung und der Haftpflichtversicherung ist der Gesundheitszustand des Probanden mit dem eines unversehrten Menschen zu vergleichen.

Während der stationären Krankenhausbehandlung und der postoperativen Nachbehandlung ist der Nephrektomierte vorübergehend aus dem Erwerbsleben ausgegliedert; er ist *arbeitsunfähig*. *Arbeitsfähig* ist der Nephrektomierte bei unkompliziertem Heilverlauf nach 6–10 Wochen, d.h., wenn er „imstande ist, durch eine Tätigkeit, die seinen Kräften und Fähigkeiten entspricht und ihm unter billiger Berücksichtigung seiner Ausbildung und seines bisherigen Berufes zugemutet werden kann, wenigstens ein Drittel dessen zu erwerben, was geistig und körperlich gesunde Personen derselben Art mit ähnlicher Ausbildung in derselben Gegend durch Arbeit zu verdienen vermögen". Demgegenüber ist *Erwerbsfähigkeit* die Fähigkeit durch Leistung von Arbeit wirtschaftliche Güter zu erwerben. Die Minderung der Erwerbsfähigkeit (M.d.E.) bezieht sich allerdings nicht nur auf Einschränkungen im allgemeinen Erwerbsleben, sondern auch auf die Auswirkungen einer Behinderung oder Schädigungsfrage in allen Lebensbereichen. Sie ist ein Maß für die Auswirkungen eines Mangels an funktioneller Intaktheit und wird überlicherweise in Prozentsätzen angegeben. Zu dieser Invaliditätitsbemessung wird ein metrisches System verwendet, an dessen Anfang die Abwesenheit aller Beeinträchtigungen, d.h. die uneingeschränkte Erwerbsfähigkeit steht (M.d.E. 0%). Am Ende der Skala befinden sich die Erwerbsunfähigkeit, die dann besteht, wenn der Versicherte

> „infolge von Krankheit oder anderen Gebrechen oder Schwäche seiner körperlichen oder geistigen Kräfte auf nicht absehbare Zeit eine Erwerbstätigkeit in gewisser Regelmäßigkeit nicht mehr ausüben oder nicht mehr als nur geringfügige Einkünfte durch eine Erwerbstätigkeit erzielen kann" (M.d.E. = 100%).

Dazwischen lassen sich alle Stufen mehr oder weniger gestörter Erwerbsfähigkeit einreihen.

Für die Ermittlung der M.d.E. einnieriger Patienten im sozialmedizinischen Sinne ist weniger die Tatsache des Nierenverlustes als die verbliebene Leistungsbreite des Harnsystems wesentlich. Bei komplikationslosem, kompensierten Verlust einer Niere liegt 6 Monate nach Wiederaufnahme der Arbeit keine Minderung der Erwerbsfähigkeit mehr vor (Tab. 4.2).

Tabelle 4.2 Invaliditätsmessung bei Nierenverlust.

Ursache der Einnierigkeit	Restniere	Minderung der Erwerbsfähigkeit (M.d.E.)
Trauma	gesund	0% – 25%
Tuberkulose	gesund	30%
Tuberkulose	erkrankt	100%
Steinbildung	gesund	0% – 25%
Steinbildung	erkrankt	50% – 70%
Tumor [rezidivfrei < 5 Jahre]	gesund	50% – 70%
Tumor [rezidivfrei > 5 Jahre]	gesund	30%

4.2 Plastische Operationen

Ziel der plastischen (griech.: formen, bilden) und der plastisch-rekonstruktiven Chirurgie ist im Gegensatz zur ablativen Chirurgie der Organerhalt oder die Verbesserung der organeigentümlichen Funktion.

In der Urologie werden angeborene und erworbene Engen der ableitenden Harnwege – von der Papillenspitze bis zum Meatus urethrae (Abb. 4.7) – durch plastische Operationen korrigiert. Weitere Anwendungsmöglichkeiten ergeben sich bei der weiblichen Streßinkontinenz (Faszien-Zügelplastik s.S. 377), der Blasenekstrophie (Blasenaufbauplastik, s.S. 342), der Hypo- und Epispadie (plastische Korrektur des Penis, s.S. 345 u. 342).

4.2.1 Voraussetzung für eine plastische Korrektur von Engen der ableitenden Harnwege

Abflußstörungen als Folge einer pathologischen Enge auf dem Niveau der Niere, des Ureters oder unterhalb der Blase werden unter dem Oberbegriff „obstruktive Uropathie" zusammengefaßt (Abb. 4.7). Dabei wird ein Rückstauschaden einer Niere (supravesikale Stenose) oder beider Nieren (infravesikale Stenose) verursacht.

Unilaterale, supravesikale Stenose

Eine plastische Korrektur des verengten Abschnittes ist nur sinnvoll bei einem Funktionsanteil der betroffenen Niere von > 15–20% der Gesamtclearance und einer Globalfunktion von > 300 ml/pro Minute (MAG 3-Clearance). Die Lebenserwartung sollte > 15 Jahren liegen. Bei Kindern ist auch bei deutlich eingeschränkter Nierenfunktion eine operative Korrektur angezeigt, da die Erholungsfähigkeit deutlich über der einer Erwachsenenniere liegt.

Bilaterale, supravesikale Stenose

Die bilaterale, supravesikale Stenose ist selten angeboren, meist erworben, z.B. durch retroperitoneale Fibrose oder M. Ormond, Tuberkulose, aktinische oder operative Schädigung des terminalen Ureterabschnittes. Eine plastische Korrektur setzt eine Globalfunktion von > 30 ml/min (endogene Kreatinin-Clearance), dem ein Serumkreatinin von < 2,3 mg% (SI < 203 μmol/l) entspricht, voraus. Es sollte kein Bluthochdruck bestehen. Zuerst wird die Abflußbehinderung der besseren Niere operativ plastisch beseitigt. Von diesem Konzept wird abgegangen, wenn eine gestaute Niere sich infiziert oder akut dekompensiert. Eine prompte, wirkungsvolle Entlastung gelingt mit Hilfe der *perkutanen Nephrostomie* (s.S. 102).

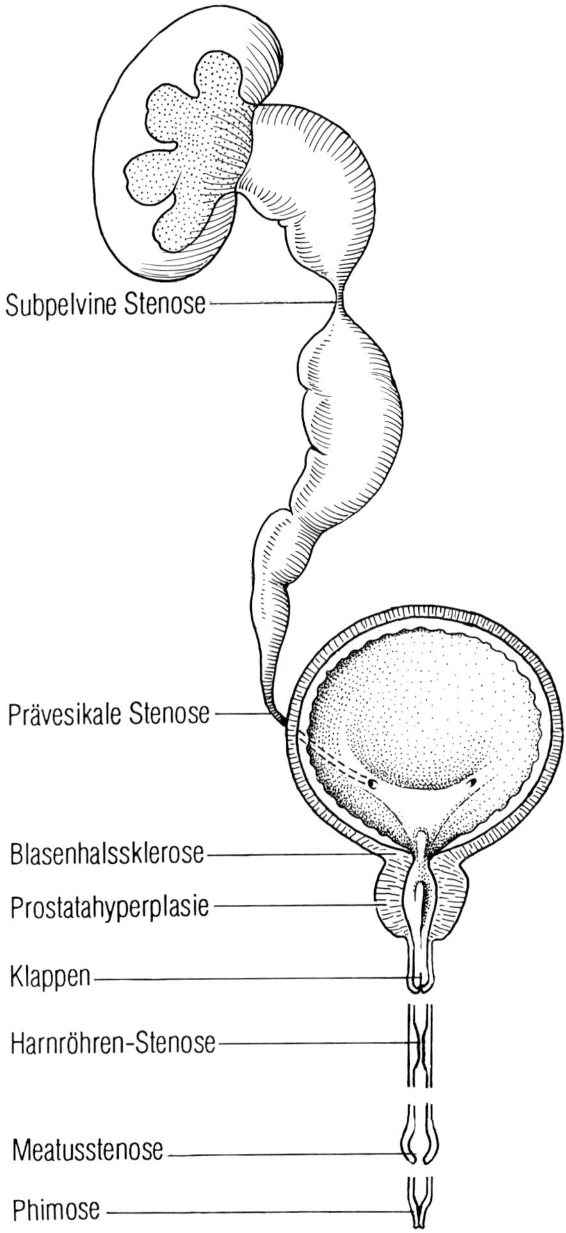

Abb. 4.7 Ursachen der obstruktiven Uropathie.

Infravesikale Stenose

Der Rückstauschaden offenbart sich später als bei den supravesikalen Stenosen am oberen Harntrakt. Primär reagiert die Blase.

Dekompensiert die Harnblase, wird auch der obere Harntrakt in Mitleidenschaft gezogen. Die Liste der Ursachen umfaßt Blasenhalssklerose, Prostatahyperplasie, Harnröhrenklappen, Stenosen von Harnröhre und Meatus urethrae, während eine obstruktiv wirksame Phimose (s. Abb. 12.9; S. 333) selten ist. Diese mechanisch-organischen Ursachen müssen um funktionelle, nämlich Detrusor-Blasenhals-Dyssynergie oder *D*etrusor-*S*phinkter-*D*yssynergie (= DSD) nach supranukleären Rückenmarksläsionen, ergänzt werden. An dieser Stelle sei auf zwei Erkrankungsbilder hingewiesen, die eine Obstruktion vortäuschen: das Prune-Belly-Syndrom mit weiter hinterer Harnröhre infolge einer nicht angelegten Prostata, so daß eine Urethralklappe vorgetäuscht wird, sowie die Miktionsreifungsstörung oder mitigierte Blase der kleinen Mädchen, die mit der Detrusor-Sphinkter-Dyssynergie verwechselt werden kann *(Thon* und *Altwein* 1984).

Die temporäre Entlastung durch eine perkutane Zystostomie (s. Abb. 15.2; S. 397) ist der transurethralen Entlastung mit einem Ballonkatheter vorzuziehen, da dieser über eine mukopurulente Membran Infekt und Striktur Vorschub leistet. Während Harnröhrenklappen durch Klappenresektion nicht selten ausreichend behandelt sind, ist der sekundär refluxive Megaureter besonders problematisch; denn die renale Funktionsreserve ist schwierig abzuschätzen. Unabhängig von der renalen Rückstauschädigung besteht häufig eine primäre Nierendysplasie. Die Ring-Ureterokutaneostomie (s. Abb. 4.22, S. 104) wird zur vorübergehenden Entlastung ausgeführt. Die plastische Rekonstruktion durch Harnleiterverschmälerung und Neueinpflanzung in die Blase erfolgt zu einem späteren Zeitpunkt, falls keine spontane Rückbildung eingetreten ist.

4.2.2 Möglichkeiten plastischer Korrekturen von Engen der ableitenden Harnwege

Kelchhalsstenose

Die angeborene oder erworbene Enge eines Kelchhalses (Infundibulum) verursacht eine Hydrokalix. Eine durch Steinbildung (als Folge einer Harnretention im erweiterten Kelch), rezidivierenden Harnwegsinfekt und dumpfe Flankenschmerzen komplizierte Hydrokalix sollte operativ saniert werden. Differentialdiagnostisch sollte das Kelchhalsdivertikel, gelegentlich durch Steinbildung oder Empyem kompliziert, von der Hydrokalix unterschieden werden, das transparenchymatös exzidiert wird – wie die Speleotomie einer tuberkulösen Kaverne. Eine Verwechslung der Hydrokalix mit einer infundibulären Stenose ist auch möglich, wenn die Interlobargefäße den Kelchhals komprimieren meist im Sinne eines nicht-behandlungsbedürftigen *Syndroms der oberen Kelchgruppe.* Treten Schmerzen infolge einer intermittierenden Weitstellung der regelmäßig betroffenen oberen Kelchgruppe auf, kann dieses *Fraley-Syndrom* durch Kelchhalsplastik mit Verlagerung der schuldigen Gefäße operativ korrigiert werden.

Dichotomes Pyelon mit Stenose eines Schenkels

Eine Zwei- oder Mehrteilung des Nierenbeckens (Bifidus, Trifidus, Multifidus) ist meist eine Normvariante. Die Stenose eines

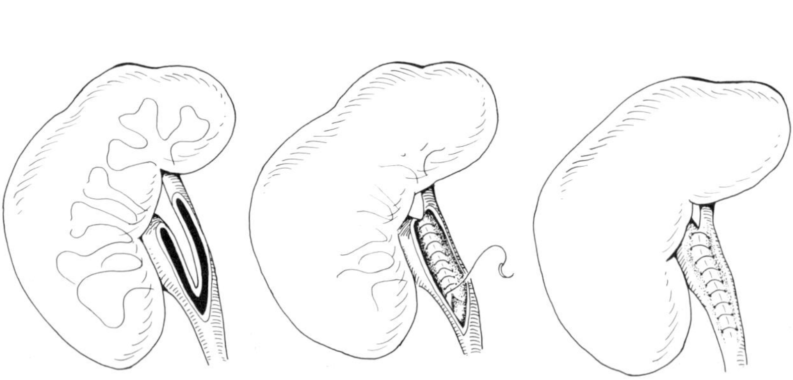

Abb. 4.8 Interpyelische Anastomose bei zweigeteiltem Nierenbecken-Kelch-System.

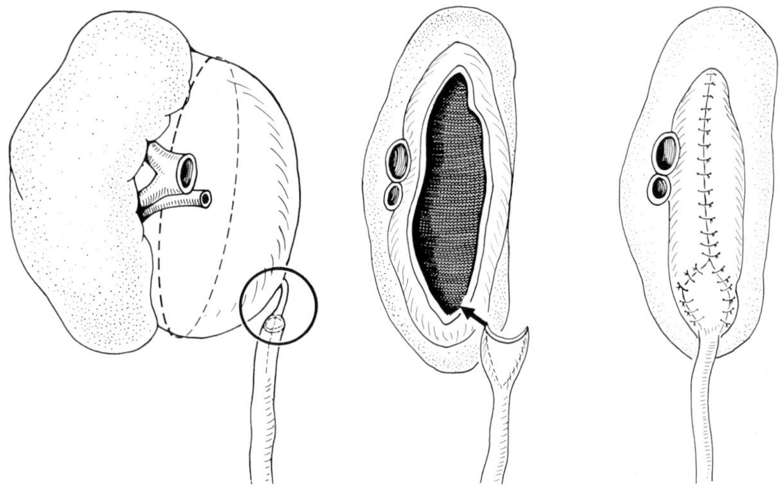

Abb. 4.9 Prinzip der Nierenbeckenplastik.

Schenkels dieses geteilten Pyelons wird durch Dilatation der nachgeordneten Kelche mit Steinbildung, segmentaler Pyelonephritis und chronischem Harnwegsinfekt kompliziert. Eine interpyelische Anastomose (Abb. 4.8) erweitert die Enge und verhindert das Rezidiv.

Subpelvine Stenose (Ureterabgangsstenose)

Die subpelvine Stenose ist die häufigste Ursache einer obstruktiven Uropathie. Im Rahmen der operativen Korrektur werden das enge „aperistaltische" Segment und die überschüssige Wand des ektatischen Nierenbeckens reseziert (Abb. 4.9). Der Ureter wird gespalten und am tiefsten Punkt mit dem eröffneten Nierenbecken durch Naht wieder vereinigt (Nierenbeckenplastik). Die perkutane oder Endopyelotomie („Ureterabgangsschlitzung") eignet sich besonders zur Therapie der narbigen Enge. Die Nierenbeckenplastik wird bei der Hufeisenniere mit der Brückendurchtrennung und Lateropexie der ipsilateralen Nierenhälfte (s.S. 120) kombiniert (Abb. 4.10).

Eine Nierenbeckenplastik ist kontraindiziert bei:
- Kaliektasie und schlankem Pyelon,
- ampullärem Nierenbecken ohne Kaliektasie.
- Hutterschem Psoasrandphänomen (vorgetäuschte Ureterabgangsstenose) und
- Megakaliose infolge Papillendysplasie.

Die Indikation wird überprüft mit Hilfe des Lasix®-Isotopennephrogramms (s. Abb. 3.36, S. 83 u. S. 130) oder den Whitaker-Test (s.S. 81).

Ureterstenose

Angeborene Engen entstehen extrinsisch: Retrokavaler Ureterverlauf, Vena ovarica dextra-Syndrom, Kompression durch eine thrombophlebitische Vena testicularis, oder intrinsisch. Entzündliche Ureterstenosen kennzeichnen die Urogenitaltuberkulose. Traumen (Steinschlingen, Ureterolithotomie, Ureterskelettierung, -läsion oder -teilligatur bei Eingriffen im kleinen Becken) sind die häufigste Ursache der nicht-angeborenen Harnleiterstriktur.

Engen des oberen Ureterdrittels werden durch eine modifizierte Nierenbeckenplastik überbrückt. Mittlere Harnleiterstrikturen werden reseziert mit anschließender End-zu-End-Anastomose der Ureterstümpfe. Die Restrikturierungsgefahr wird durch eine Z-Plastik gesenkt. Engen des unteren Ureterabschnittes werden nach Resektion der Stenose durch eine Ureterneueinpflanzung in Psoas-Hitch-Technik korrigiert (Abb. 4.12).

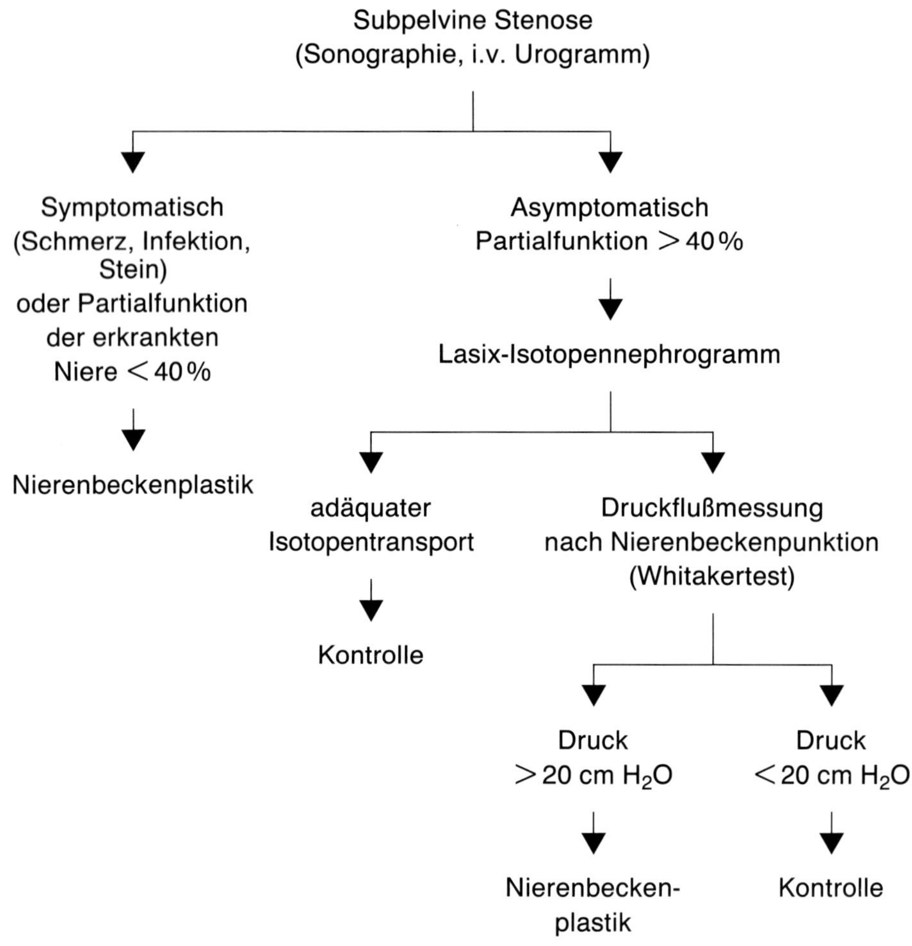

Abb. 4.10 Algorithmus zur Indikation der Nierenbeckenplastik.

Blasenhalsstenose

Die umstrittene angeborene Enge des Blasenausganges wird durch transurethrale Schlitzung bei 5, 7 und 12 Uhr oder Y-V-Plastik des Blasenhalses erweitert, sofern ein konservativer Behandlungsversuch mit einem α-Rezeptorenblocker (Dibenzyran®, Heitrin®) fehlgeschlagen ist. In jedem Fall sollte an die Möglichkeit einer sekundären Blasenhalsenge, die sich als Folge einer Detrusorhypertrophie bei funktionellem (s. Abb. 12.8, S. 332) oder mechanischem Hindernis bilden kann, gedacht werden (Abb. 4.13). Häufigste Ursache der erworbenen Enge ist eine vorausgegangene transvesikale Prostatektomie (Adenomektomie oder transurethrale Prostataresektion, TURP; Abb. 4.14). Die transurethrale Inzision der zirkulären Narbe des Blasenhalses ebenfalls bei 5, 7 und 12 Uhr beseitigt die Obstruktion.

Harnröhrenstriktur

Selten angeboren, meist erworben (Dauerkatheter, TURP) werden Harnröhrenstrikturen vorwiegend in der bulbären Harnröhre angetroffen. Als Alternative zu den rekonstruktiv-plastischen Korrekturverfahren wird meistens die interne Urethrotomie angewendet. Besonders die von *Sachse* (1974) entwickelte Sichturethrotomie (Abb. 4.15) gestattet bei nahezu sämtlichen Harnröhrenstrikturen unabhängig von Ursache oder Lokalisation ihre primäre endoskopische Spaltung. Unerläßliche Voruntersuchungen sind Urinuntersuchung, Uroflowmetrie, retrograde und Miktionszysturethrographie. Im Gegensatz zur „blin-

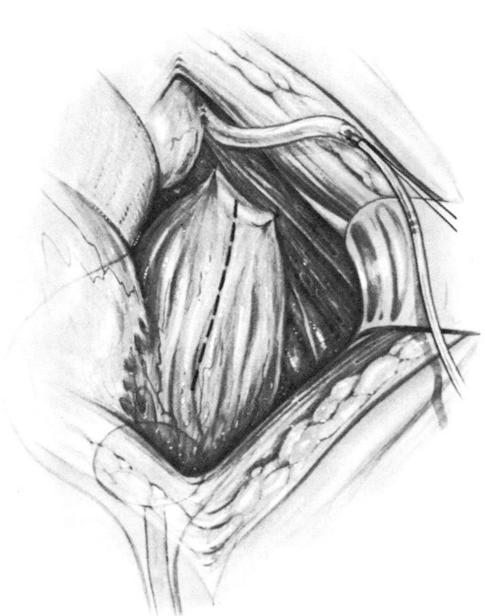

a

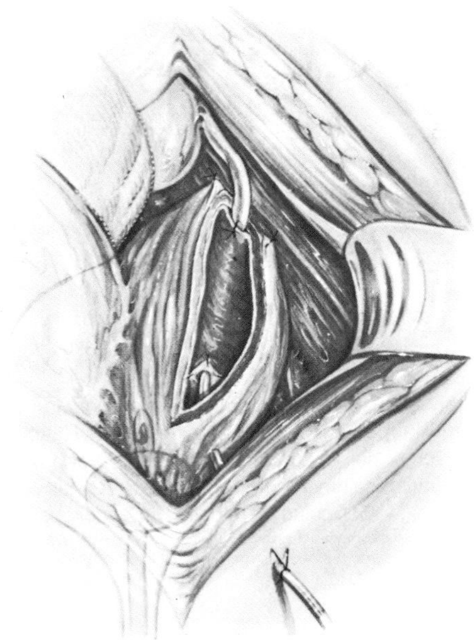

b

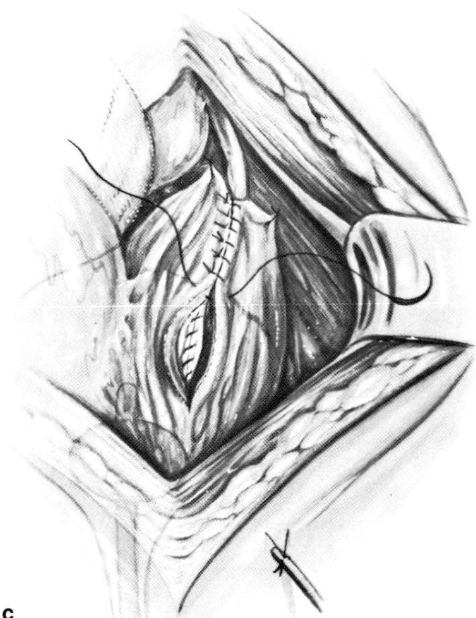

c

Abb. 4.11 a–c Universelle Ureterzystoneostomie nach der Psoas-Hitch-Technik.
Operatives Vorgehen (nach *Hertle* et al., 1983).

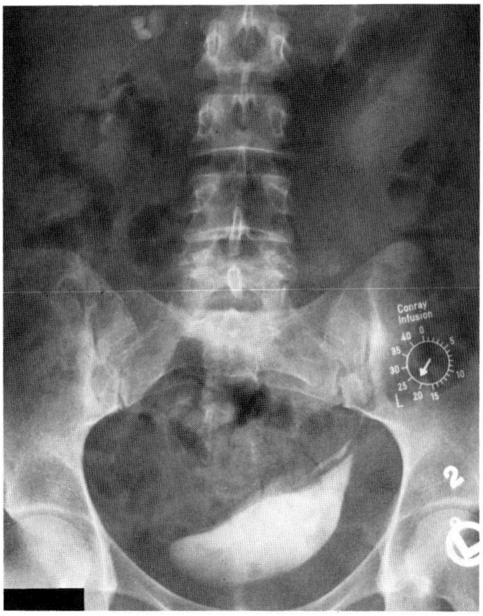

Abb. 4.12 Postoperatives Urogramm zu Abb. 4.11. Der submukose Tunnel ist im linken Blasenhorn (syn. Hörnerblase oder Psoas-Zipfelblase) deutlich zu erkennen.

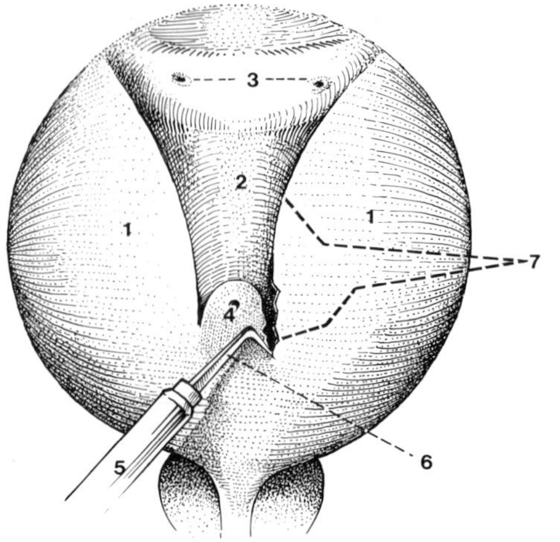

Abb. 4.13 Transurethrale Inzision bei Harnröhren-Klappen mit dem Turner-Warwick-Häkchen. Beachte die sekundäre Blasenhalshypertrophie. 1 Prostataseitenlappen, 2 Blasenhals, 3 Harnleiterostien, 4 Colliculus seminalis, 5 Zystokopschaft, 6 Hakenmesser, 7 paracolliculäre Schnittführung.

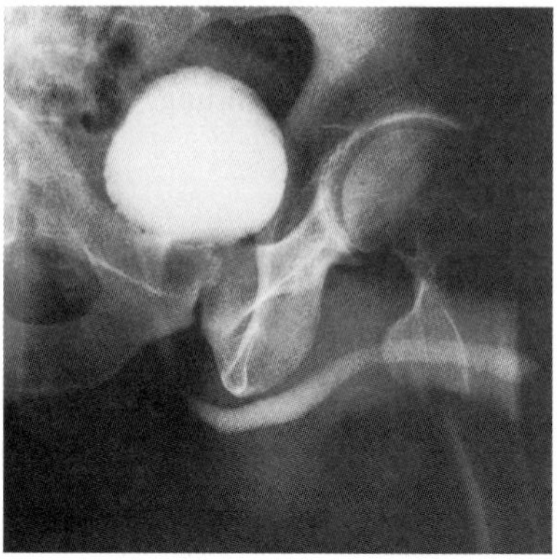

Abb. 4.14 Distale Harnröhren-Striktur und sekundäre Blasenhals-Stenose (retrogrades Urethrogramm).

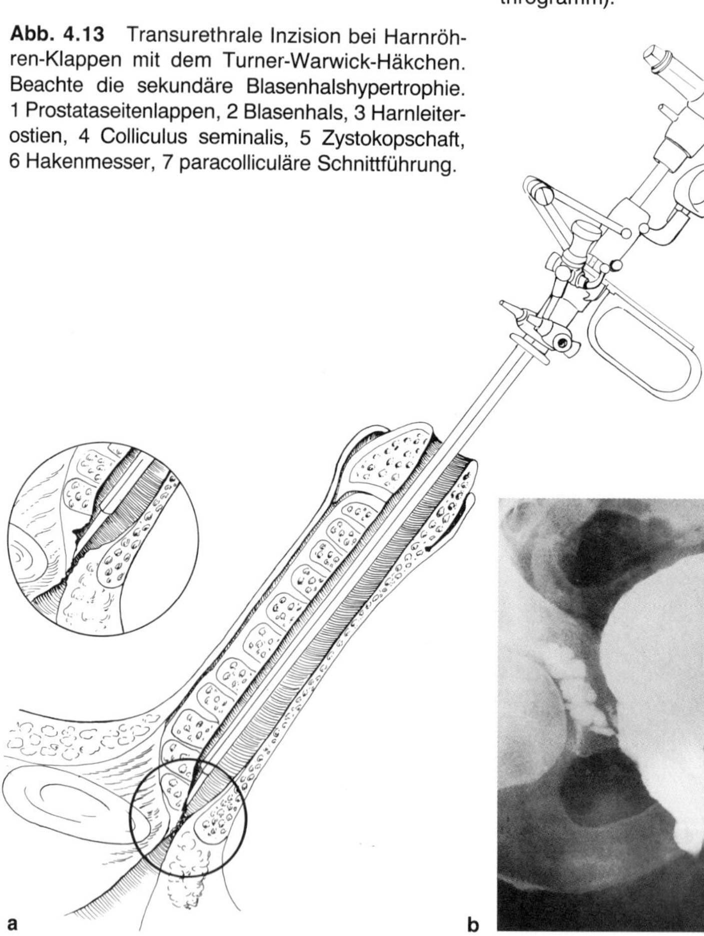

a

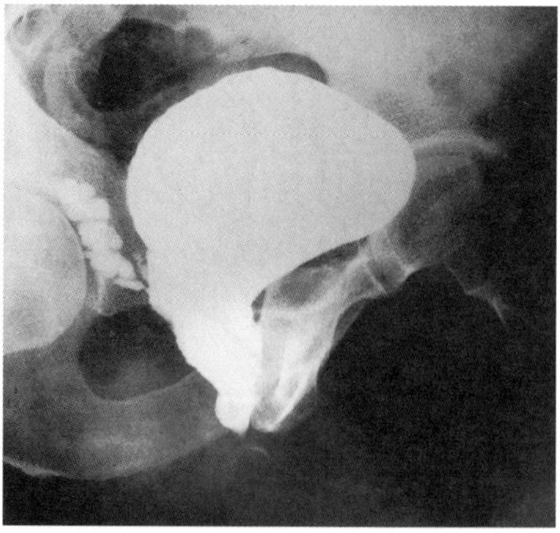

b

Abb. 4.15 a, b **a** Interne Urethrotomie. Die bulbäre Harnröhrenenge wird mit einem ausfahrbaren Messer unter Sicht geschlitzt (Schema).
b Harnröhrenenge nach TURP mit sekundärem Reflux in die Samenblasen (Miktionszysturethrogramm).

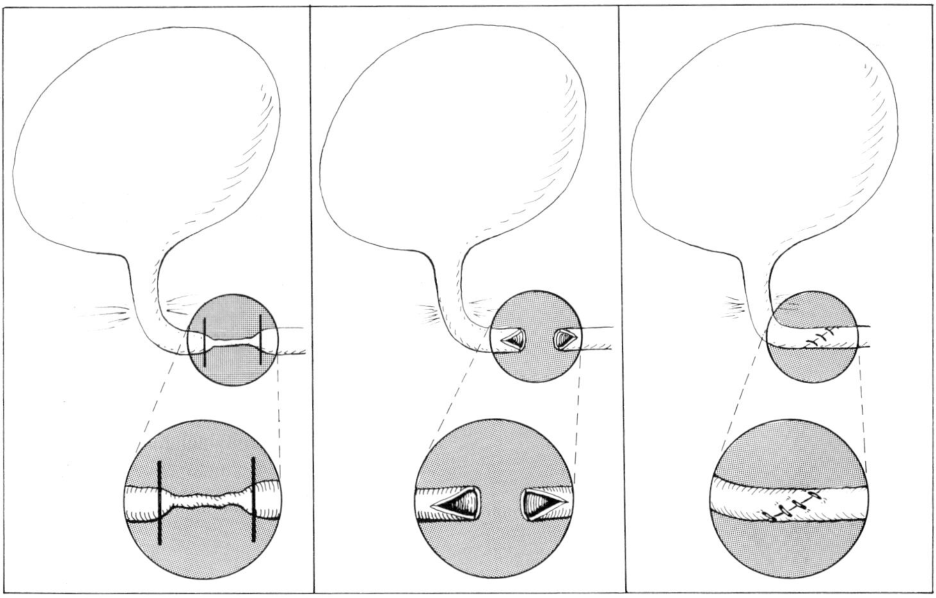

Abb. 4.16 End-zu-End-Anastomose der Harnröhre nach Resektion des strikturierten Abschnittes.

den" Otis-Urethrotomie (s.S. 100) wird die Striktur unter prograder Blickrichtung mit einem endoskopisch lenkbaren Messer durchgeschnitten. Um Nebenverletzungen wie Harnröhrenperforation oder Fisteln zu vermeiden, werden alle Narbenstränge bei 12 Uhr durchtrennt. Ein Ureterkatheter (UK) dient als Leitschiene.

In Spätkontrollen nach Sichturethrotomie wurde eine erneute Striktur der Harnröhre bei etwa 30 % der Kranken gefunden; nach erneuter Schlitzung werden nochmals 10 % geheilt. Multiple und vor allem langstreckige Harnröhrenstrikturen können auch mit dem Otis-Urethrotom geschlitzt werden. Im Gegensatz zur Sachse-Urethrotomie erfolgt die Otis-Urethrotomie blind (s. Abb. 4.20). Das Striktur-Rezidiv nach zweimaliger Schlitzung oder bei narbig aufgebrauchter Harnröhrenlichtung wird allerdings besser „offen" korrigiert.

Kurzstreckige Strikturen (≦ 2 cm) werden durch Resektion des verengten Harnröhrenabschnittes mit End-zu-End-Anastomose der Harnröhrenstümpfe beseitigt (Abb. 4.16). Nach dem gleichen Prinzip können auch posttraumatische, intrapelvine Strikturen – also oberhalb des Diaphragma urogenitale – behandelt werden (bulbo-prostatische Anastomose). Innere Schienen aus weichen Metallgeflechten, die nach dem Mädchenfängerprinzip arbeiten, scheinen kurze Rezidivstrukturen überbrücken zu können (Wallstent).

Langstreckige Urethralstrikturen von dem membranösen Harnröhrenabschnitt bis zum Meatus werden durch Inlay-Plastiken in einer („einzeitig") oder zwei Sitzungen („zweizeitig") beseitigt.

Distale Urethral- und Meatusstenose

Bei Mädchen und Knaben wird die distale Urethral- bzw. Meatusstenose durch Kalibrierung mit dem Bougie à Boule (Abb. 4.17) nachgewiesen. Es gilt als Maßzahl Lebensalter + 10 Charr., bei der Frau 26–30 Charr. Wichtiger als die absolute Weite scheint jedoch der Kalibersprung zwischen proximalem und distalem Anteil der Harnröhre zu sein; dem werden höhere Normgrenzen (15 Charr. + Lebensalter für Mädchen und Charr. 30 für Frauen) gerecht.

Die Plateaubildung in der Uroflowmetrie (Abb. 4.18) und das Miktionszystogramm mit Spindelung der hinteren Harnröhre („Spinning top"; Abb. 4.19) sind weitere Vorunter-

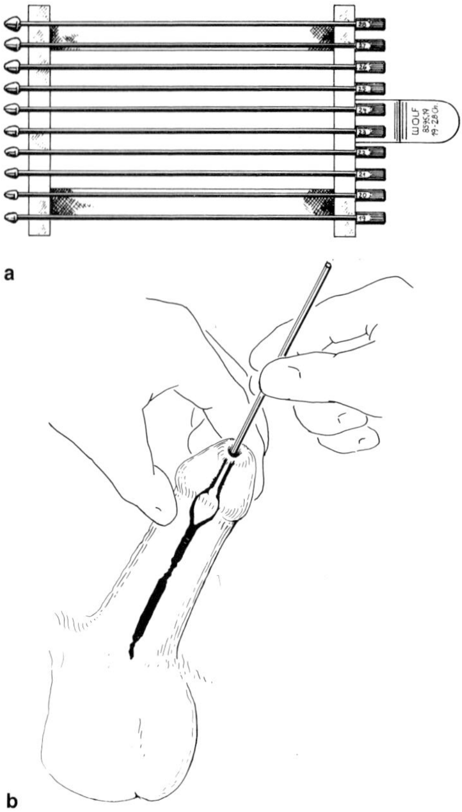

a

b

Abb. 4.17 a, b **a** Bougie à Boule; Satz Charr. 19–28 (1 Charrière = 1/3 mm).
b Urethrakalibrierung mit dem Bougie à Boule zum Striktur-Nachweis.

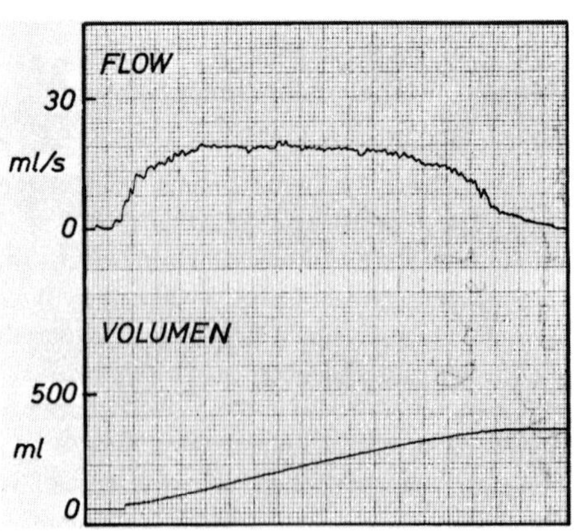

Abb. 4.18 Uroflowmetrie bei distaler Urethral- bzw. Meatusstenose eines 7jährigen Mädchens. Plateau bei 15 ml/Sekunde mit verlängerter Entleerungszeit (*Melchior*, 1981).

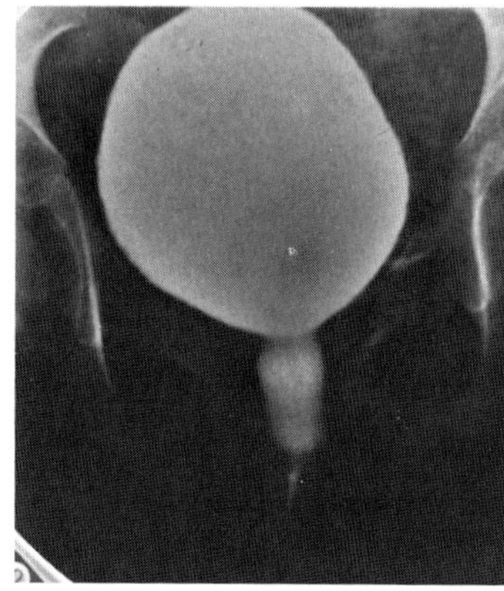

Abb. 4.19 Spindelung der hinteren Harnröhre bei distaler Harnröhrenstenose bei einem 8jährigen Mädchen (100 mm Kamera; Miktionszysturethrogramm).

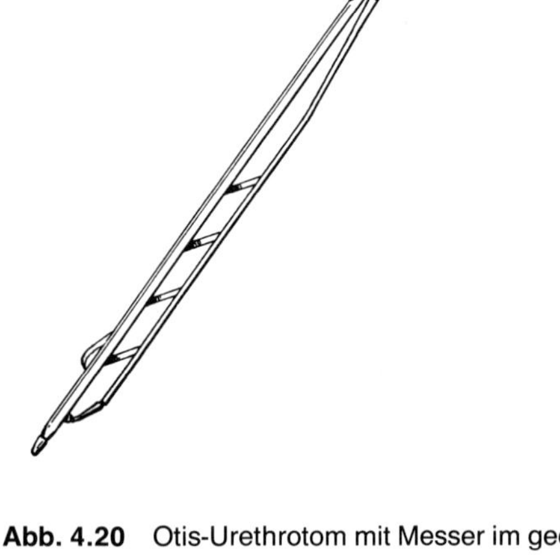

Abb. 4.20 Otis-Urethrotom mit Messer im geöffnetem Zustand.

suchungen. Bei der Bewertung des spinning top wird die Kontroverse um die Meatusstenose deutlich, die einerseits als Normvariante (*Chrispin* 1980) andererseits als pathognomomisch (*Melchior* 1981) gilt. Immerhin schwinden Drang-Symptome nach Urethrotomie, objektivierbar an fallenden Miktionsdruck, Kapazitätszunahme der Harnblase, häufigen Verschwinden eines vesiko-ureteralen Refluxes und der Harnwegsinfektionen.

4.3 Harnableitung

Schwerwiegende Malfunktion oder -formation von Harnleiter oder Blase (zum Beispiel neurogene Blase infolge Myelomeningozele oder Blasenekstrophie), Obstruktion oder maligne Erkrankung des unteren Harntraktes (Tab. 4.3) zwingen zur *permanenten* supravesikalen, vesikalen oder infravesikalen Harnableitung. Eine *temporäre* Harnableitung (z.B. Dauerkatheter, Splint) überbrückt eine Obstruktion bis zur endgültigen Sanierung oder sichert die Urinpassage bis zur Reepithelialisierung nach plastisch-rekonstruktiver Operation: Nierenbeckenplastik, Antirefluxplastik, aber verhindert auch eine Harnbenetzung etwa nach Hypospadie-Korrektur, beispielsweise durch suprapubische Zystostomie.

Die permanente Harnableitung kommt als ultima ratio zur Anwendung. Die psychische Belastung ist so erheblich, daß präoperativ u.a. ein psychotherapeutisches Gespräch anzustreben ist (Tab. 4.4).

Tabelle 4.4 Harnableitung: Vorbereitung und Checkliste.

Psychologische Vorbereitung des Patienten?
Soziale Situation?
Hat er wirklich verstanden, welche Operation durchgeführt wird?
Kennt er die späteren Probleme?
Harnsammelsystem angepaßt?
Darmvorbereitung?
Hochkalorische Ernährung?

4.3.1 Temporäre supravesikale Harnableitung

Die ein- oder doppelseitige Nephrostomie ist die einfachste Form. Die erste erfolgreiche Nephrostomie nach vorheriger Punktion des Nierenhohlsystems durch die Haut wurde 1955 von *Goodwin* ausgeführt. Bis 1978 wurden auf der Welt nicht viel mehr als 500 derartige Eingriffe durchgeführt, zum Teil blind, zum Teil unter Durchleuchtungskontrolle. Die Entwicklung der Feinnadelpunktionstechnik durch *Günther* (1977) und der Einsatz hochauflösender Ultraschallgeräte waren wesentliche Voraussetzungen für die gegenwärtig erreichte Anwendungsbreite. Ähnlich wie sich die Technik der perkutanen Nephrostomie aus der antegraden Pyelographie herleitete, war die sichere Beherrschung des perkutanen Zugangs zum Nierenbecken-Kelch-System der Weg zur Entwicklung der *Endourologie.*

Tabelle 4.3 Indikation zur Harnableitung (nach Häufigkeit geordnet).

Intestinaler Conduit oder Pouch* **Grunderkrankung**		***Ureterosigmoideostomie*** **Grunderkrankung**	
benigne**	**maligne**	**benigne****	**maligne**
● Neurogene Blase	● Blasenkarzinom	● Blasenekstrophie	● Blasenkarzinom
● Blasenekstrophie		Epispadie	
Epispadie		Inkontinenz	
Schrumpfblase		Trauma	
Megaureter			
Interstitielle Zystitis			
Trauma			

* Pouch (engl.: Tasche)

** Nach Fehlschlagen entsprechender Korrekturversuche!

Indikation zur perkutanen Nephrostomie (s.S. 80). Eine Gerinnungsstörung gilt als Kontraindikation, während die Harnstauungsniere (aseptisch) bei inkurablen Tumoren im Becken als relative Kontraindikation gilt: Die Entlastung der gestauten Niere(n) vermeidet zwar die terminale Urämie, aber verlängert das Leiden für den Patienten.

Die *Technik* der perkutanen Nephrostomie umfaßt folgende Schritte beim sedierten Patienten: 1. Lagerung, Desinfektion, orientierende Sonographie und Lokalanästhesie. 2. Vorschieben einer 20 cm langen inneren Metallkanüle mit äußerem Teflon-Katheter von 1,25 mm Kaliber. 3. Vorschieben eines J-Führungsdrahtes; 4. Aufbougierung des Kanals; 5. Nephrostomie-Plazierung (Abb. 4.21).

Die *Komplikationen* dieser wichtigen Technik umfassen eine Fehlpunktionsrate von 5–8 %, eine Mortalität von 0,2 % (operative Nephrostomie 6 %) sowie gravierende unerwünschte Folgen in 4 %: profuse Blutung, Pneumothorax, urinöse Peritonitis und Darmperforation.

In der Regel wird die Nephrostomie *perkutan* durchgeführt: Das Besondere an der perkutanen Nephrostomie (gelegentlich auch „Nierenfistelung" genannt) ist der Verzicht auf die operative Freilegung der Niere. Der Fremdkörper im Pyelon führt zu chronischer Infektion und Struvitsteinbildung und muß daher monatlich gewechselt werden. Muß die Nephrostomie länger als einen Monat belassen werden, ist die Umwandlung dieser äußeren Form der Harnableitung in eine innere Harnableitung (Ureterschiene, versenkter Splint) anzustreben. Die Infektionsneigung ist geringer.

Irreparable Harnleiterschäden machen eine dauernde Fistelung der Niere erforderlich. Trotz sorgfältiger Pflege können resultieren:
- chronische Pyelonephritis,
- Pilzinfektion,
- Ausgußstein.

Bei dekompensiertem obstruktivem Megaureter wird vorübergehend eine Ring-Ureterokutaneostomie gebildet (Abb. 4.22). Der infizierte, gestaute Harn wird mit einem aufgeklebten Urinal gesammelt. Die Anastomose zwischen zu- und abführendem Ureterschenkel gestattet, daß ein Teil des Harnes die Blase erreicht. Die Blase wird somit nicht trockengelegt („defunktionalisiert") und der Entwicklung einer Schrumpfblase entgegengewirkt. Einen Monat nach der Harnableitung via Ureterostomie hat die Nierenfunktion sich normalisiert. Eine operative Kor-

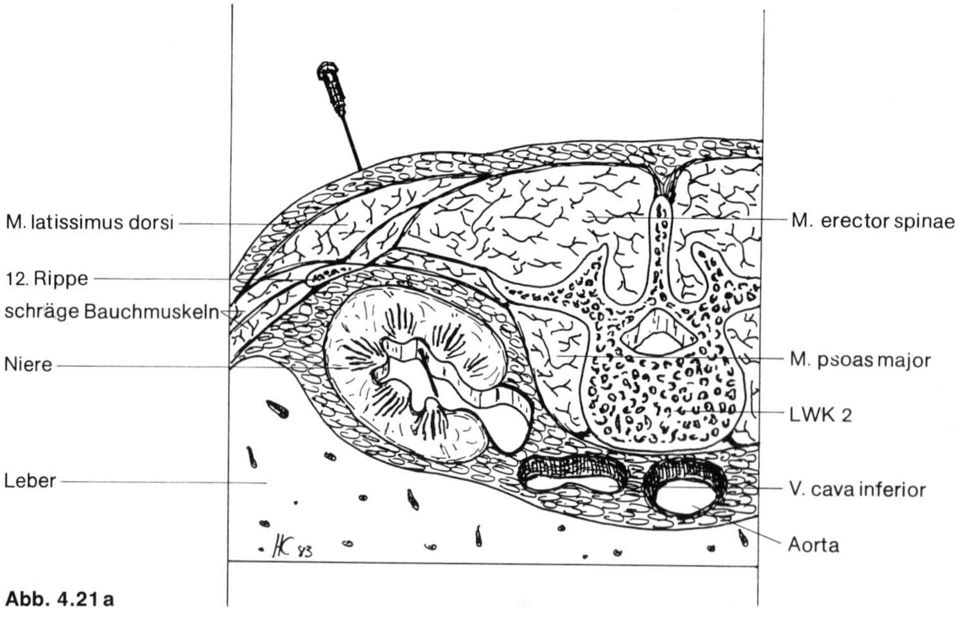

Abb. 4.21 a

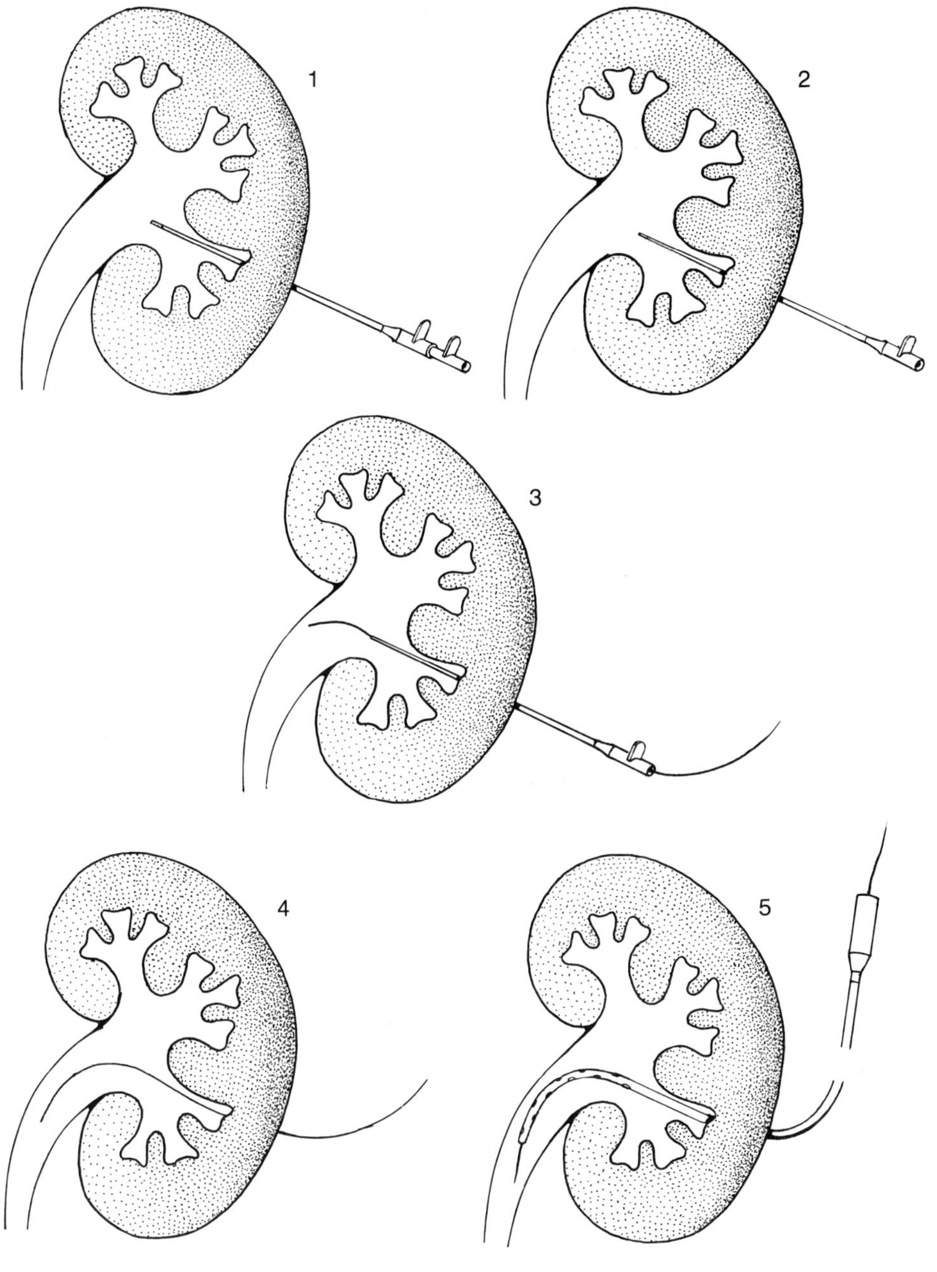

b

Abb. 4.21 a, b Technik der perkutanen Nephrostomie.
a Anatomie.
b Mit einer Standardpunktionsnadel (20 cm lange Metallkanüle mit äußerem Teflonkatheter des Kalibers 1,25 mm) wird in Bauchlage das Hohlsystem punktiert (1, 2). Die Kanüle wird durch einen J-Führungsdraht ersetzt (3), über diese Leitschiene wird nach Aufbougierung ein Katheter in das Hohlsystem plaziert (4, 5).

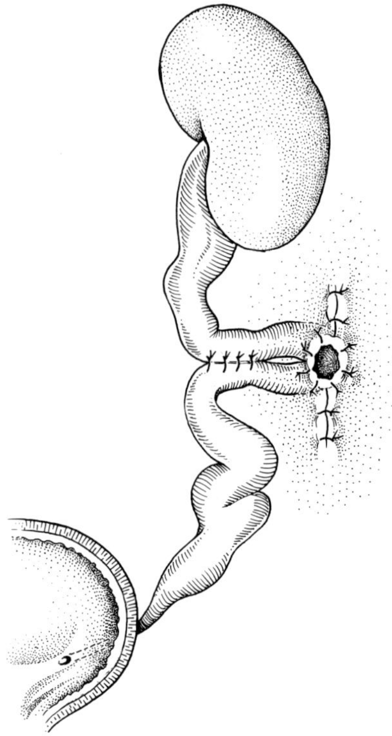

Abb. 4.22 Ring-Ureterokutaneostomie. Nach dem Prinzip des geringsten Widerstandes fließt der Nierenharn hauptsächlich über das Hautstoma, aber eine Anastomose zwischen den beiden zur Haut führenden Harnleiterschenkeln erlaubt auch den Harnfluß zur Blase.

rektur des Megaureters (s.S. 331) und Aufhebung der Ureterkutaneostomie schließen sich an.

4.3.2 Permanente supravesikale Harnableitung

Zwei Alternativen stehen zur Verfügung: Harn*um*leitung in den Darm = Ureterosigmoideostomie und Harn*ab*leitung via eines intestinalen Conduits oder Reservoirs.

Der Begriff Harnableitung umschließt im klinischen Sprachgebrauch sowohl die Harn*um*leitung als auch die Harn*ab*leitung im engeren Sinne. Die im anglo-amerikanischen übliche Bezeichnung ist „urinary diversion".

4.3.2.1 Ureterosigmoideostomie

Voraussetzung für die operative Implantation der Harnleiter in das Sigma (häufige Abkürzung HDI = Harnleiter-Darm-Implantation oder HDA = Harnleiter-Darm-Anastomose) sind:

- Suffizienz des Analsphinkters;
- keine vorausgegangene Radiotherapie im kleinen Becken;
- keine Schädigung des oberen Harntraktes (Dilatation der Ureteren, Pyelonephritis, Einnierigkeit);
- keine Nachbestrahlung geplant.

Ist der Patient bei der präoperativen Prüfung der Analschließmuskelfunktion nicht in der Lage, einen Kochsalzeinlauf für zwei Stunden zurückzuhalten, dann wird er nach der HDI Harn (mit Stuhl vermischt) verlieren. Ein miserabler Zustand mit gesellschaftlichem Ausschluß. Im Zweifelsfall muß die Kontinenzfunktion des Analsphinkters elektromyographisch überprüft werden.

Irritative Dickdarmerkrankungen infolge einer Radiotherapie (radiogene Proktitis) werden durch die Anwesenheit von Harn nach HDI verstärkt.

Eine Dilatation der Ureter verhindert die antirefluxive HDI. Eine vorbestehende Pyelonephritis verschlimmert sich durch den Reflux von Darminhalt in das Nierenbecken-Kelch-System (chronische aszendierende fäkulente Pyelonephritis).

Eine Bestrahlung des Beckens bei bestehender HDI etwa wegen Blasenkarzinoms führt zur Stenosierung der Ureteranastomose und möglicherweise irritativer Proktitis.

Daraus ergeben sich folgende Indikationen für die HDI (vgl. Tab. 4.3, S. 101):

- Ekstrophie/Epispadie — Syndrom;
- schwerste traumatische Schädigung des unteren Harntraktes;
- Schrumpfblase bei interstieller Zystitis;
- Zystektomie wegen Blasentumor.

Operationsprinzip

Nach Eröffnung des Dickdarmes am rektosigmoidalen Übergang werden die Ureter zwischen den beiden Blättern des Mesosigma in das Darmlumen gezogen und nach Bildung ei-

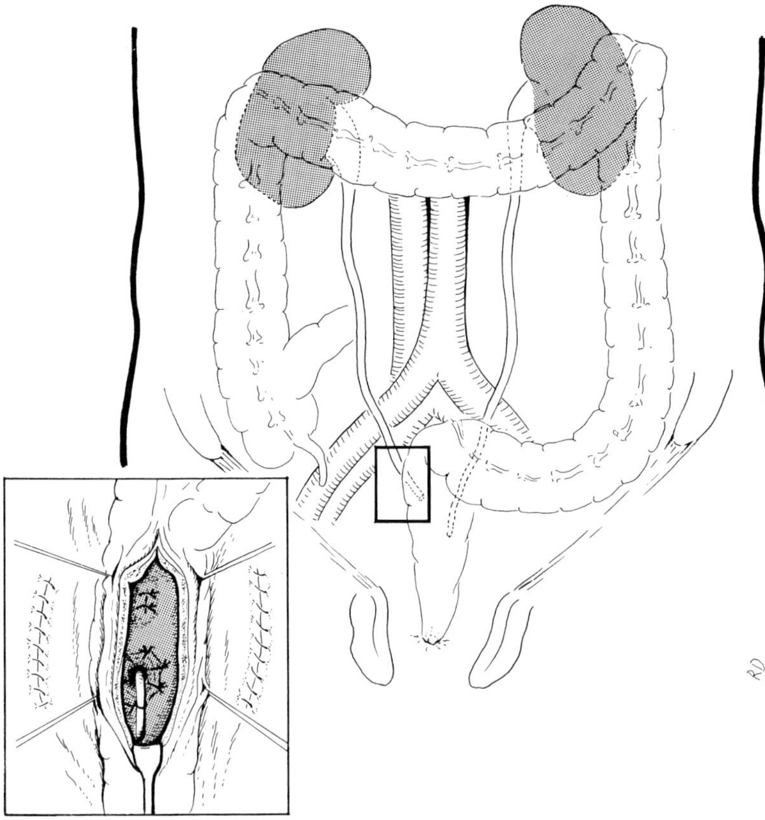

Abb. 4.23 Prinzip der Ureterosigmoideostomie. Inset: Situs nach Beendigung der submukösen Uretereinpflanzung. Ein Splint dient als vorübergehende Schiene.

nes 3 cm langen submukösen Tunnels End-zu-Seit anastomosiert (Abb. 4.23). Der submuköse Tunnel verhindert nach Art eines Ventils den Reflux von Darminhalt in den Harntrakt, selbst wenn der Druck im Darmlumen steigt (normal: 15 cm H_2O; SI = 1,47 kPa; unter Bauchpresse bis 100 cm H_2O; SI = 9,81 kPa). Dieses Antirefluxprinzip durch Bildung eines submukösen Tunnels findet auch bei der Harnleiterneueinpflanzung in die Harnblase zur Refluxbeseitigung Anwendung (s.S. 339).

Die HDI wurde 1921 durch *Coffey* als Standardverfahren der Harnumleitung populär. Die Originaltechnik wurde wegen der hohen Rate refluxiv-aszendierender Pyelonephritiden wieder verlassen. Bei jeder HDI wird Chlor, Harnstoff und Natrium aus dem Kolon reabsorbiert. Ist die renale Leistungsbreite eingeschränkt, resultiert eine hypokaliämische, hyperchlorämische Azidose (Abb. 4.24). Die Behandlung der hyperchlorämischen Azidose erfolgt durch Natriumbikarbonat oder Uralyt U®. Bei Kindern muß als Folge dieser Azidose mit einer Wachstumsbeeinträchtigung gerechnet werden. Nach Jahren können an der ureterointestinalen Anastomose Adenokarzinome (5–10% der Operierten) entstehen, die jahrelang die HDI in Mißkredit brachten. Allerdings scheint inzwischen deutlich zu werden, daß keine der Harnableitungen vor dem Problem der Tumorentstehung gefeit ist.

4.3.2.2 Harnableitung mit Hilfe eines isolierten Darmsegmentes

Darmabschnitte finden in der urologischen Chirurgie vielfach Anwendung:
- als Harnleiterersatz (Ileum);

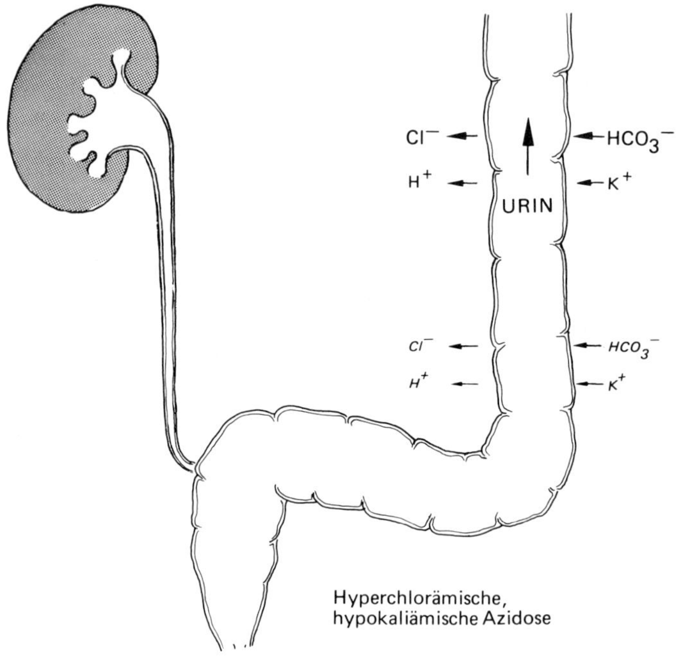

a

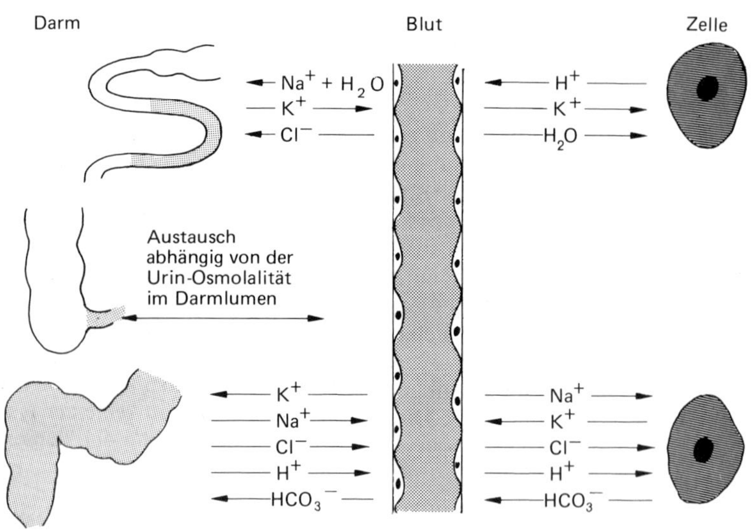

b

Abb. 4.24 a, b **a** Entstehung der hyperchlorämischen, hypokaliämischen Azidose nach HDI. Die Chlorrückresorption steigt mit der Verweildauer und der Höhe des Darmabschnittes. Kompensatorisch werden K^+ und $HCO^-{}_3$ in das Darmlumen sezerniert.

b Elektrolytaustausch zwischen intraintestinalem, intravasalem und intrazellulärem Raum.

– zur Erweiterung geschrumpfter Blasen (Augmentationsplastik mit Ileum, Zäkum oder Sigma), aber vorwiegend zur Harnableitung.

Zur Harnableitung im engeren Sinne werden die Ureteren in ein ausgeschaltetes Darmsegment eingepflanzt. Dieser isolierte Darmabschnitt wirkt entweder als Reservoir im Sinne einer Ersatzblase oder leitet lediglich den Harn als Conduit ab. Der Harn muß dann außerhalb des Körpers mit einem Urinal aufgefangen werden.

Ersatzblasen

Man unterscheidet im wesentlichen:

- **Neoblase**
  Kontinente Harnableitung durch Bildung eines Reservoirs aus Darmanteilen mit Anschluß an die Harnröhre.
- **Pouch**
  Kontinente Harnableitung durch Bildung eines Reservoirs aus Darmanteilen mit Stoma, über das der Patient den Urin mittels Einmalkatheter entleert.

Bis heute ist es nicht gelungen, eine Kunstblase aus alloplastischem Material zu schaffen. Statt dessen wird versucht, aus Ileum oder Ileo-Zäkum ein kontinentes Harnreservoir zu bilden.

Alle Verfahren sind operativ-technisch aufwendig. Die Ureteren werden unter Bildung

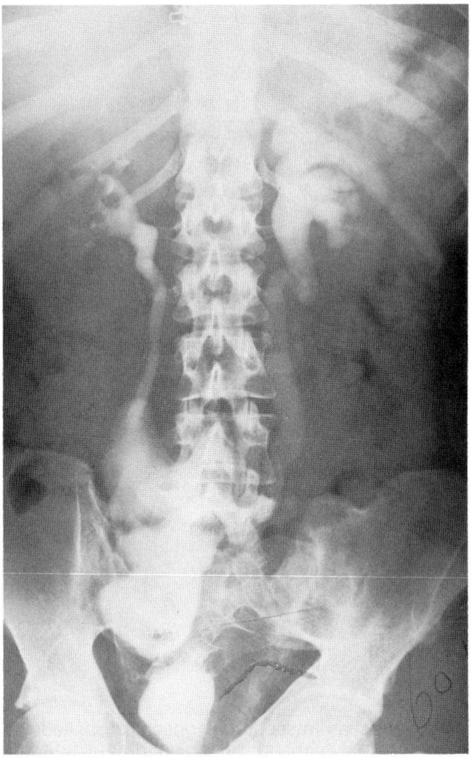

a

b

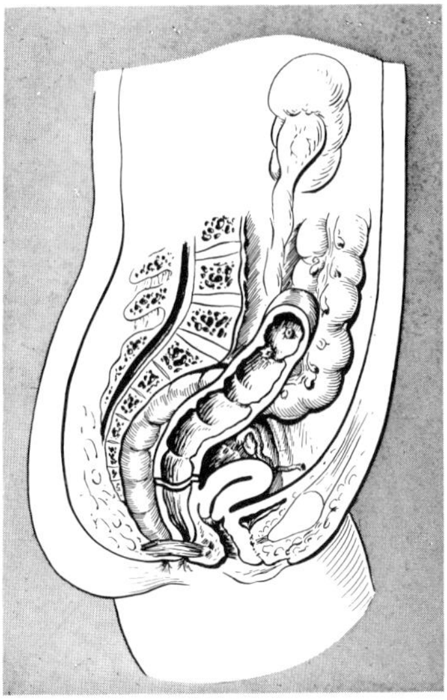

c

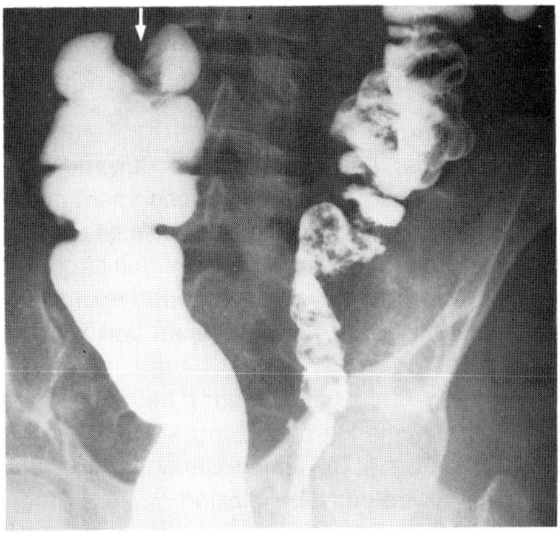

Abb. 4.25 a–c Mögliche Spätfolgen nach Rektumblase.
a Harnstauungsniere beiderseits mit pyelonephritischer Schädigung (Urogramm 15 Jahre nach der Operation).
b Skizze zu **a**.
c Bariumeinlauf: Elongation der Rektumblase. Pfeil: Nippel der Ureterimplantation.

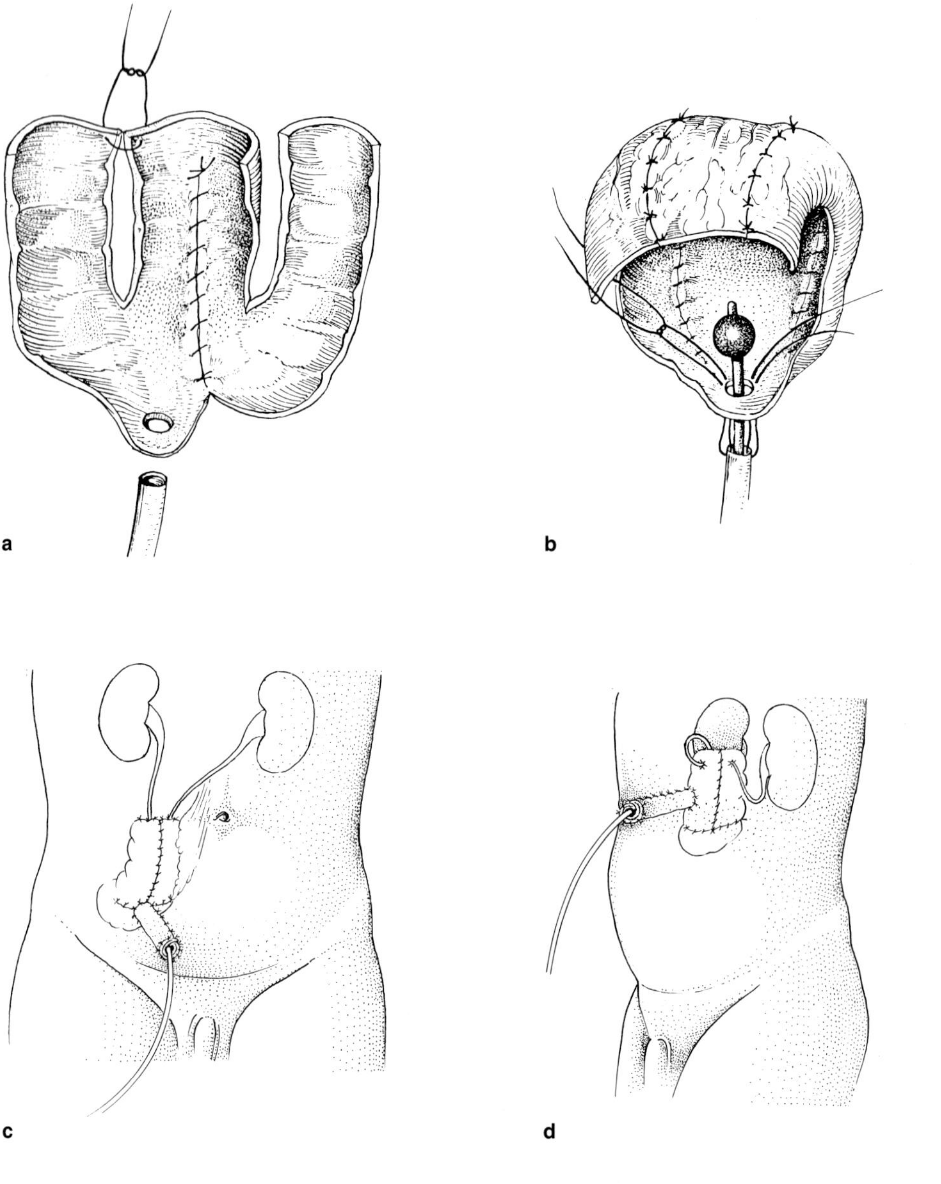

Abb. 4.26 a–d

a Bildung der Ileumplatte durch Seit-zu-Seit-Anastomose des antimesenterial geschlitzten Ileums. Hierzu wird das geschlitzte Darmsegment in W- (oder M-) Form angeordnet. Wesentlich für eine spannungslose ileo-urethrale Anastomose ist die Position des zungenförmigen Lappens am tiefsten Punkt. Aus dem Zentrum des zungenförmigen Lappens wird ein Wandsegment exzidiert, welches die Passage eines kleinen Fingers gestattet (nach *Hautmann* et al., 1987).

b Anastomose der Ileum-Blase an den Harnröhrenrest mit Vicryl Matrazen-Nähten (nach *Hautmann* et al., 1987).

c Appendix-Stoma im rechten Unterbauch knapp oberhalb der Haargrenze oder Nabel (nach: *R. Bürger* et al.: Kontinente Harnableitung – MAINZ-Pouch mit Appendix-Stoma. Akt. Urol. 20 (1989) I–IV).

d Indiana-Pouch. Bei fehlendem Appendix wird die Kontinenz über einen plikierten Ileumanteil erreicht; das Stoma wird im Nabel plaziert.

eines refluxprotektiven Mechanismus eingepflanzt. Bei Ersatzblasen mit einem kutanen Stoma, durch das der Patient den Harn täglich mit Katheter entleert, kann dieses im Nabel verborgen werden. Mit diesen kontinenten Ersatzblasen müssen noch Langzeit-Erfahrungen gesammelt werden. Bei älteren Patienten ist es fraglich, ob der sterile Einmalkatheterismus der Ersatzblase als Vorzug im Vergleich zum geruchlosen, hygienischen Harnsammelsystem (Urinal) anzusehen ist, das den weitverbreiteten Conduits zu eigen ist. Vorteile des Pouch: Niederdruck-Reservoir (600–1400 ml), Urinkontinenz, Refluxschutz, keine Intestinalfibrose; Nachteile: lange Operationsdauer (> 2 Stunden zusätzlich); hohe Re-operationsrate; 80 cm Ileumverlust (Steatorrhoe); chronische Bakteriurie im Reservoir.

Die Rektumblase versucht die natürliche Harnblase nachzuahmen. Entscheidende Nachteile sind: Dreizeitige Operation (Anus praeter; Ureteren-Implantation in das isolierte Rektum mit transsphinkterischem Durchzug; Verschluß des Anus praeter); Stenose der Rektumblase im Sphinkterbereich mit Elongation, Restharn, Infektion, Steinbildung und refluxive Pyelonephritis (Abb. 4.25). Darum wird die Rektumblase nur sehr selten angelegt.

Heute haben sich zum orthotopen Blasenersatz bei intaktem Sphinkter urethrae internus und tumorfreier Urethra des Mannes – Kontraindikation beim weiblichen, orthotopen Blasenersatz wegen der zu exstirpierenden Urethra – die Ileozäkalblase und die Ileumblase durchgesetzt (Abb. 4.26). Kontinenz wird durch den niedrigen Druck unter 40 cm H_2O in der Neoblase bei funktionstüchtigem Sphinkter erreicht. Die Kapazität ist ausgezeichnet; manche Patienten entwickeln ein „Blasengefühl". Darüberhinaus sind Harnwegsinfekte selten, der obere Harntrakt bleibt abflußfrei und Stoffwechselstörungen sind selten, wie Spätergebnisse nach vier Jahren zeigen (*Matsui* et al., 1991).

Conduit zur Harnableitung

Ist eine Harnableitung etwa wegen Schädigung des oberen Harntraktes unvermeidbar (Abb. 4.27), erfolgt diese meistens in einen intenstinalen Conduit, also Niederdrucksystem (die Drucke sind geringer als in der Blase). Allgemein gilt: Ist eine Harnableitung via HDI kontraindiziert (s.S. 104), wird ein Conduit angelegt.

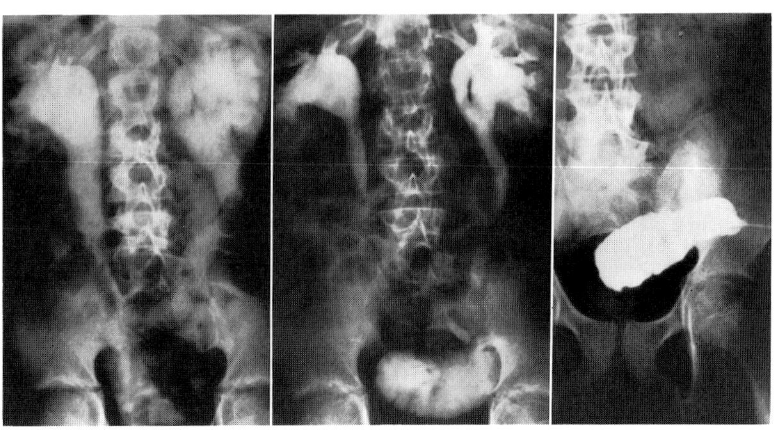

a b c

Abb. 4.27 a–c **a** Harnstauungsnieren beiderseits mit pyelonephritischer Schädigung infolge neurogener Blase bei Myelomeningozele.
b Harnableitung über einen Colon Conduit.
c „Conduitogramm" ohne Reflux.

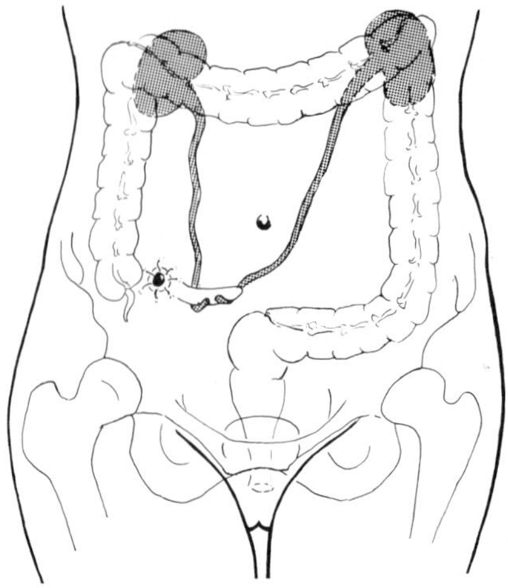

Abb. 4.28 Prinzip des Ileum Conduit.

Ileum Conduit

Die umfangreichsten Erfahrungen bestehen mit dem Ileum Conduit, den *Bricker* 1950 populär machte („Bricker-Blase"; Abb. 4.28). Das terminale Ileum wird isoliert und beide Harnleiter werden End-zu-Seit anastomosiert. Im rechten Unterbauch mündet das Ileum-Segment mit einem Hautstoma. Der Harn wird mit einem Urinal aufgefangen. Untersuchungen der jüngsten Zeit offenbarten die Nachteile des Ileum Conduit, besonders bei den Indikationen des Kindesalters: Neurogene Blasenentleerungsstörung infolge Myelomeningozele und Blasenekstrophie. Im Vordergrund steht der renale Reflux von infiziertem Harn aus dem Conduit, der infolge der häufigen Stomastenose mit Conduitelongation und Restharn zu chronischer Pyelonephritis führt (Abb. 4.29a).

Der gewünschte renoprotektive Effekt durch die Ableitung in den Niederdruck-Conduit wird bei Stomastenose aufgehoben (Abb. 4.29b). Dadurch kann es zur Steinbildung kommen (Abb. 4.29c–d).

Colon Conduit

Das Sigmoid (seltener Transversum) kann anstelle des Ileum verwandt werden. Ein Sigma-Segment wird isoliert und am oralen Ende verschlossen. Beide Harnleiter werden vergleichbar der HDI-Implantationstechnik (s.S. 105) nach Eröffnung des Darmes in das Lumen gezogen und mit einem 3 cm langen Tunnel eingepflanzt (Abb. 4.30). Das Stoma wird so tief im rechten Unterbauch ausgeschnitten, daß das aufgeklebte Urinal durch die Badehose zu verdecken ist.

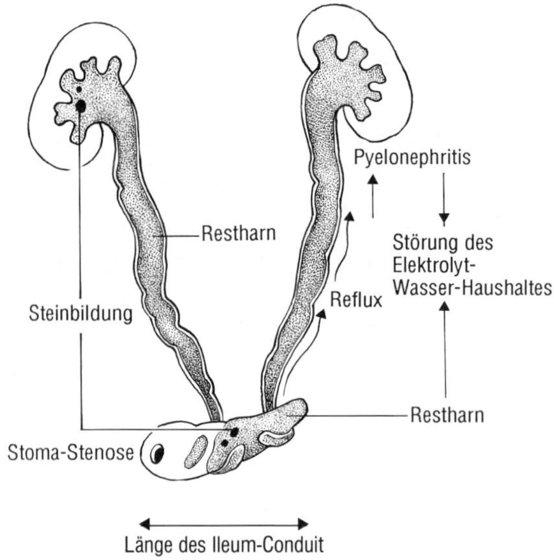

Abb. 4.29a

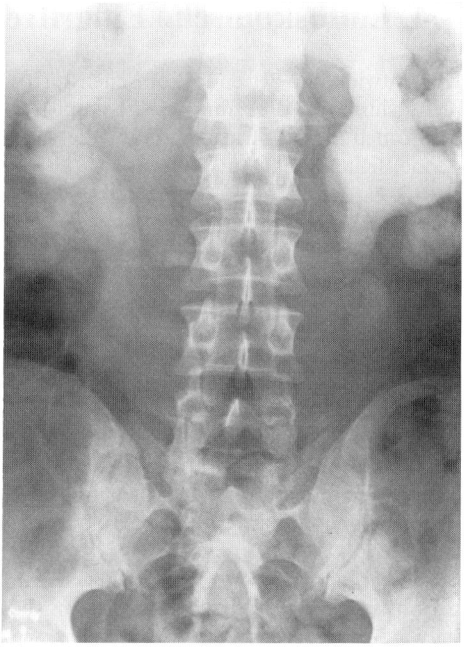

b

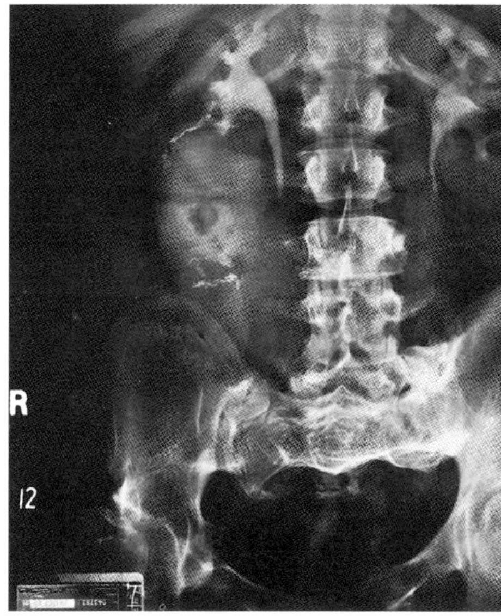

c

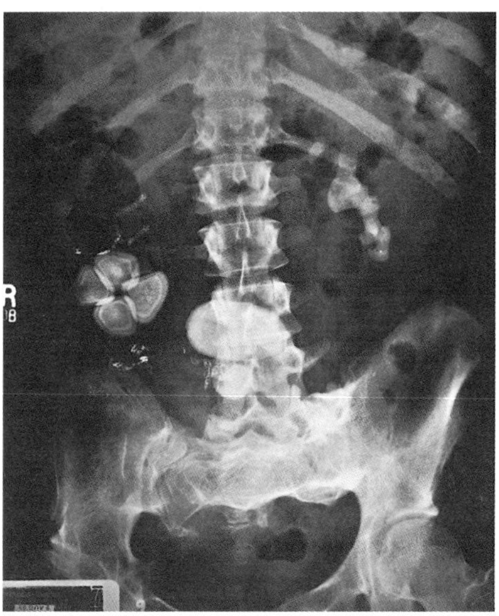

d

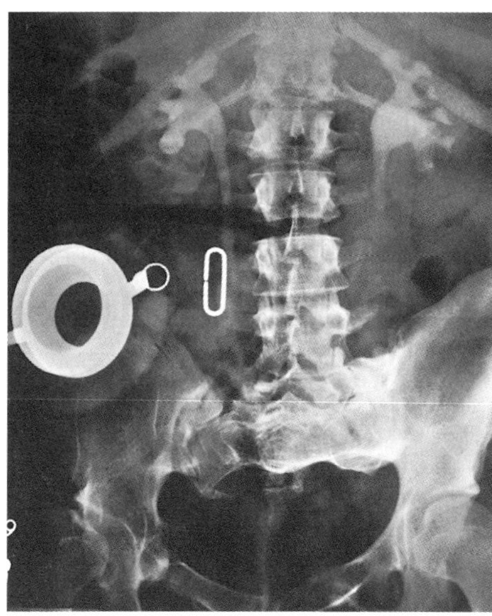

e

Abb. 4.29 a–e **a** Spätkomplikationsmöglichkeiten bei Ileum Conduit.
b Patientenbeispiel 10 Jahre nach Ileum Conduit wegen Myelomeningozele; schwerste Nierenschädigung beiderseits.
c Urogramm nach Ileum Conduit wegen Myelomeningozele, 21jährige Frau.
d Nach 7 Jahren bildeten sich Steine im Conduit und der linken Niere.
e Zustand nach endoskopischer Lithotripsie. R = rechts (Beobachtung Dr. *Medenbach*, Huntsville, Alabama, USA).

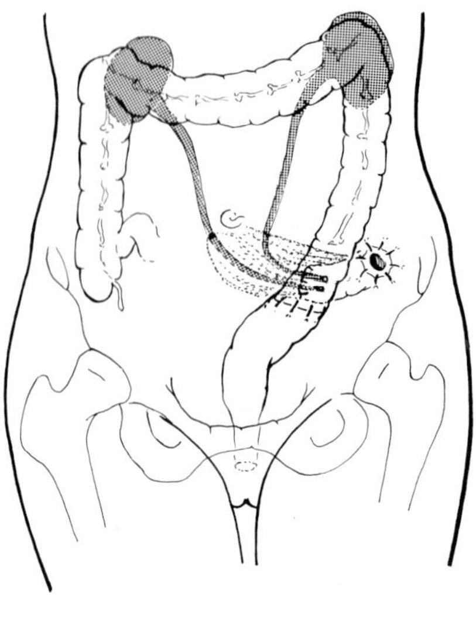

Abb. 4.30 Prinzip des Colon Conduit.

Der Colon oder Sigma-Conduit schützt wegen des Antirefluxmechanismus den oberen Harntrakt. Stomastenosen, Conduitelongation mit Restharn und Harnwegsinfekt sind selten. Der Colon Conduit kann aufgrund des Refluxschutzes sogar mit dem Enddarm, sollte aber nicht mit der ursprünglichen Blase reanastomosiert werden.

4.4 Endoskopische Eingriffe

Die Entwicklung des endoskopischen Instrumentariums (s.S. 78) zum Resektoskop, Urethrotom und Lithotriptor erlaubt die schonende Behandlung von:

a) Harnröhrenengen
(s.S. 98)

b) obstruktiver Prostatahyperplasie

Vor mehr als 50 Jahren wurde die transurethrale Resektion der Prostata (= TURP) durch die amerikanischen Urologen *Nesbit* und *Barnes* bereits schulmäßig praktiziert. Heute gelingt mit technisch ausgereiften Resektionsinstrumenten die vollständige Abtragung eines Prostataadenoms auf transurethralem Weg (s. Abb. 7.44, S. 229).

Indikation zur TURP. Prinzipiell erscheint bei obstruktiven und irritativen Miktionsbeschwerden die Adenomektomie indiziert, wobei die Größe des Adenoms (sonometrisch geschätzt mit der transrektalen Ultraschallsonde) die Wahl des Zugangsweges – TURP zur Entfernung von Adenomen unter 70 g, sonst offene Adenomektomie – beeinflußt. Transurethral werden außer den kleinen Adenomen auch non-adenomatöse operationsbe-

Tabelle 4.5 Kontraindikationen für die TURP.

Kontraindikation	**Begründung**
Sehr große Hyperplasien*	Blutverlust ↑ TUR-Syndrom ↑ Striktur der Urethra
Begleitende große Blasendivertikel	Offene Divertikulektomie
Begleitende Leistenhernien	Simultane suprapubische Adenomektomie und Herniorrhaphie
Epididymitis/ Harnwegsinfekt	Bakteriämie Urosepsis
Hüftgelenksankylose	Instrument ist nicht einzuführen**

* je größer die Prostatahyperplasie, umso wahrscheinlicher ist eine spätere Reoperation (*Roos* et al., 1989)

** gilt nicht bei Video-TURP

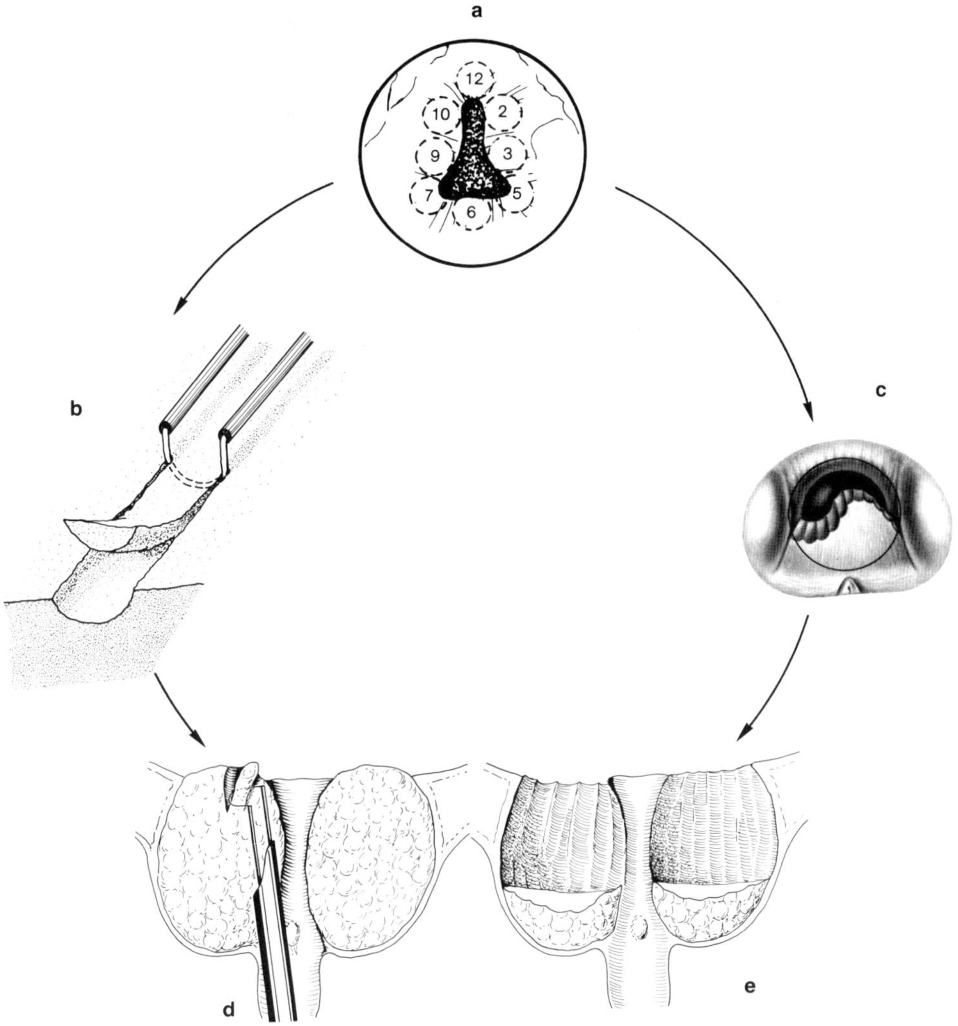

Abb. 4.31 a–e a–d Prinzip der transurethralen Resektion eines Prostataadenoms.
e Das apikale Adenomgewebe steht noch. Distale Resektionsgrenze ist der Colliculus seminalis.

dürftige Prostataerkrankungen behandelt: das obstruktive Prostatakarzinom trotz systemischer oder Radiotherapie, die chronische Prostatitis mit Sphinktersklerose und der Prostataabszeß. Die Kontraindikationen zur TURP wurden von *Mauermayer* (1981) zusammengestellt (Tab. 4.5).

Technische Grundzüge

Nach Instillation eines Gleitmittels wird der Resektoskopschaft mit Obturator eingeführt. Meist wird zwischen 6 und 5 Uhr oder 10 und 2 Uhr – zur Orientierung werden Blasenhals und prostatische Harnröhre nach der Uhr aufgeteilt (Abb. 4.31 a) – eine Rinne über die Blasenhalslänge geschnitten (Abb. 4.31 b) und danach das Adenom zirkulär vollständig ausreseziert (Abb. 4.31 c-e). Nach sorgfältiger Blutstillung durch Elektrokoagulation werden die Resektionsspäne abgesaugt (Abb. 4.32) und ein dreikanaliger Spülkatheter eingelegt.

Frühkomplikationen sind: Perforation der „chirurgischen Kapsel", Unterminierung des

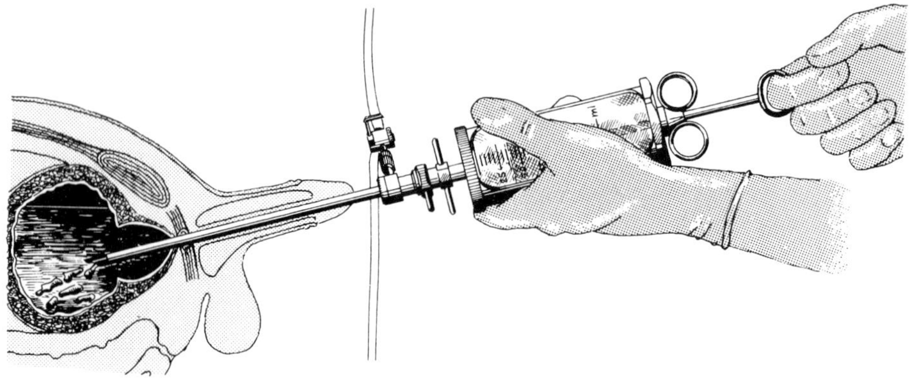

Abb. 4.32 Absaugen der resezierten Schnitzel nach TURP. Die Loge ist jetzt vollständig ausreseziert (nach *Sökeland*, 1982).

Trigonums, akzidentelle Verletzung der Blase und der Ureterostien sowie vor allem die Nachblutung. Das TURP-Syndrom (Tab. 4.6) ist Folge einer zu langen Resektionsdauer bei zu hohem Druck der Spülflüssigkeit im Verhältnis zum Druck in den Beckenvenen. Die Mortalität beträgt 1–1,5 %.

Spätkomplikationen sind: Harnröhrenstrikturen, hartnäckige Harnwegsinfekte mit irritativen Miktionsbeschwerden bei unvollständiger Entfernung des Adenomgewebes, narbige Blasenhalsstenose (s. Abb. 4.14; S. 98), Epididymitis und Harninkontinenz. Die Inkontinenz ist die gravierendste Komplikation und resultiert aus der akzidentellen Verletzung des intrinsischen Harnröhrenverschlußmechanismus distal des Colliculus seminalis.

c) Blasentumor

Die transurethrale Resektion eines papillären Blasentumors wird aus diagnostischen und therapeutischen Gründen vorgenommen (s.S. 200). Der gestielte oder breitbasig sessile Tumor wird mit dem gleichen Instrument wie das Prostataadenom entfernt (Abb. 4.33). Stets wird Gewebe des Tumorgrundes als getrenntes Präparat zur histologischen Untersuchung entnommen, um das T-Stadium anhand der Infiltrationstiefe zu bestimmen. Außerdem werden Biopsien aus dem Umfeld entnommen, um etwaige Herde einer epithelialen Dysplasie oder eines Carcinoma in situ zu erkennen. Wesentliche Frühkomplikationen sind die Nachblutung und Perforation der Blasenwand. Spätkomplikationen sind Harnröhrenstrikturen und eine narbige Schrumpfblase.

Der Enthusiasmus über die Lasertherapie von Blasentumoren auf transurethralem Weg ist abgeklungen. Die Entwicklung einer homogenen Laserbestrahlung der gesamten Mukosa nach Hämatoporphyrin-Derivat-Vorbehandlung des Patienten eröffnet neue Wege zur Bekämpfung dieser panurothelialen Erkrankung (*Jocham* et al., 1984).

Tabelle 4.6 TUR(P)-Syndrom durch Absorption Natrium-freier Spülflüssigkeit*.

Hypertensive Phase:	Hypervolämie Hyponatriämie Hypoosmolalität
Hypotensive Phase:	Anstieg des zentralen Venendrucks Beginnendes Lungenödem Schock

* Pathophysiologisch gleicht das TUR(P)-Syndrom dem postdialytischen Dysäquilibrium-Syndrom oder einer iatrogenen Überhydratation.

d) Fremdkörper und Blasenstein

Fremdkörper in Harnröhre und Blase können gelegentlich mit einer Biopsiezange transurethral herausgezogen werden; gelingt dies nicht, wird der Stein durch lokale Stoßwellenapplikation zerlegt; sonst ist die Extraktion durch eine Boutonnière oder Sectio alta unvermeidbar.

Blasensteine werden durch elektrohydraulische Schlagwellen zertrümmert oder mit dem Steinpunch von *Mauermayer* so weit geknackt, daß die Steintrümmer durch den Instrumen-

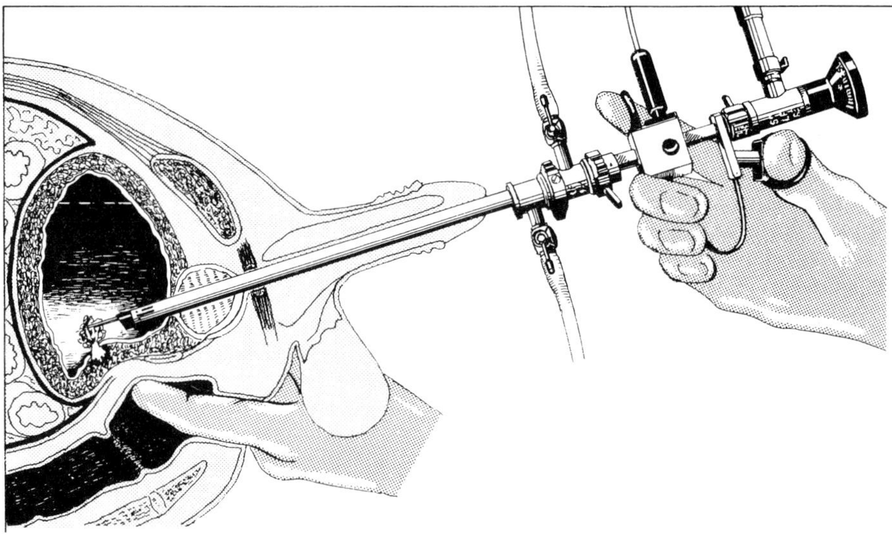

Abb. 4.33 Prinzip der transurethralen Resektion eines papillären Blasentumors (nach *Sökeland*, 1982).

tierschaft abgesaugt werden können (Abb. 4.34). Da Blasensteine zumeist Folge einer infravesikalen Obstruktion sind, ist diese — etwa durch TURP — zu beseitigen.

4.5 Laparoskopische Eingriffe

Die Indikationen für laparoskopische Eingriffe sind noch nicht in vollem Umfang festgelegt. Diskutiert werden u.a. die pelvine Lymphknotendissektion vor radikaler Prostatektomie, die Entfernung kleiner Nieren und diagnostische Eingriffe bei Kryptorchismus.

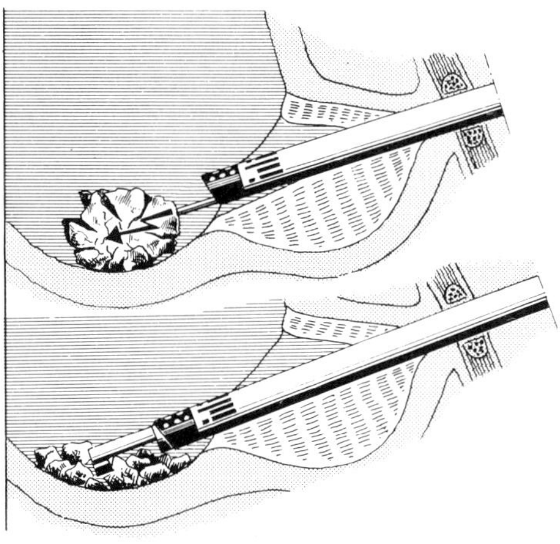

Abb. 4.34 Prinzip der Lithotripsie und Entfernung von Blasensteinen (nach *Sökeland*, 1982).

4.6 Physikalische Behandlung

Antibakterielle Instillationsbehandlung

Eine Untersuchung gebräuchlicher antibakteriell wirksamer Instillationsmittel (Nebacetin®, Aristasept®, Gantrisin®, Furadantin®, Targesin®, Borwasser, Merfen® und Rivanol®) ergab im Suspensionstest keine klinische Wirksamkeit. Bei verlängerter Einwirkungszeit wurde nur bei Nebacetin®, Targesin® und Rivanol® eine Hemmwirkung auf einzelne Keime nachgewiesen. Demgegenüber ist mit einer stabilisierten Hypochlorit-Lösung ein brauchbares lokal wirksames Antiseptikum bei chronischer, unspezifischer Zystitis gegeben. Allerdings steht die schlechte lokale Verträglichkeit einer Verbreitung entgegen.

Chemolitholyse

Theoretisch lassen sich praktisch alle Harnsteine auflösen, aber wegen der Zeitdauer und Nebenwirkungen ist eine Indikationsbegrenzung auf Struvit- und Apatitsteine notwendig, da diese besonders bei chronischem Harninfekt häufig rezidivieren. Auf perkutanem oder operativem Wege, falls die vollständige Steinentfernung mißlang, werden zwei Nephrostomien gelegt, um das Nierenhohlsystem mit 10%iger Hemiacridin-Lösung über 1–2 Wochen durchzuspülen. Auch obstruktive oder symptomatische Zystinsteine, die nicht konventionell durch eine orale Therapie aufzulösen sind, können durch eine derartige Spülbehandlung mit Tromethamin-E lysiert werden (*Dretler* 1984).

Weiterführende Literatur

Anhaltspunkte für die ärztliche Gutachtertätigkeit. Der Bundesminister für Arbeit und Sozialordnung. Bonn 1983

Barnes, R.W.: Endoscopic Prostatic Surgery. Kimpton, London 1943

Bauer, H.W., O. Dimaschkie, R. Basting: Das Lasixsonogramm – eine Möglichkeit zur Abklärung funktionell wirksamer subpelviner Harnleiterstenosen. Akt. Urol. 15 (1984) 9

Bergmann, H.: The Ureter, 2. Aufl. Springer, New York – Heidelberg – Berlin 1981

Bichler, K.H.: Begutachtung und Arztrecht in der Urologie. Springer, Heidelberg 1986

Bricker, E.M.: Bladder substitution after pelvic evisceration. Surg. Clin. North Am. 30 (1950) 1511

Chrispin, A.R., I. Gordon, C. Hall, C. Metreweli: Diagnostik Imaging of the Kidney and Urinary Tract in Children. Springer New York – Heidelberg – Berlin 1980

Coffey, R.C.: Transplantation of the ureter into the large intestine in the absence of a functioning bladder. Surg. Gynec. Obstet. 32 (1921) 383

Dretler, S.P., C. Pfister, J.H. Newhouse et al.: Percutaneous catheter dissolution of cystine calculi. J. Urol. 131 (1984) 216

Goodwin, W.E., W.C. Casey, W. Woolf: Percutaneous trocar (needle) nephrostomy in hydronephrosis. J. Am. Med. Assoc. 157 (1955) 891

Günther, R., P. Alken, J.E. Altwein: Percutaneous nephropyelostomy using fine needle puncture set. Radiology 132 (1979) 228

Greene, L.F., J.W. Segura: Transurethral Surgery. Saunders, Philadelphia – London – Toronto 1979

Hautmann, R.E., G. Egghart, D. Frohneberg, K. Miller: Die Ileum-Neoblase. Urologe A 26 (1987) 67

Hertle, L., E. Becht, G.H. Jacobi et al.: Universelle Ureterzystostomie nach der Psoas-Hitch-Technik: Indikation – Operationstechnik. Akt. Urol. 14 (1983) 167

Jocham, D., G. Staehler, Ch. Chaussy et al.: Integrale Photoradiotherapie des Blasenkarzinoms nach tumorselektiver Photosensibilisierung mit Hämatoporphyrin-Derivat (HpD). Akt. Urol. 15 (1984) 109

Kock, N.G., A.E. Nilson, L. Norlén et al.: Urinary diversion via a continent ileum reservoir: clinical experience. Scand. J. Urol. Nephrol. Suppl. 49 (1978) 23

Matsui, U., K. Miller, B. Toppol, R.E. Hautmann: Continent urinary diversion: Metabolic long term follow-up. J. Urol. 145 (1991) 320 A

Mauermayer, W.: Transurethrale Operationen. Springer, Berlin – Heidelberg – Ney York 1981

Melchior, H.: Urologische Funktionsdiagnostik. Lehrbuch und Atlas der Urodynamik. Thieme, Stuttgart – New York 1981

Nesbit, R.: Transurethral Prostatectomy. Thomas, Springfield 1943

Pedersen, J.F., D.F. Cowan, J.K. Kristensen et al.: Ultrasonically guided percutaneous nephrostomy. Report of 24 cases. Radiology 119 (1976) 429

Roos, N., J.E. Wennberg, D.J. Malenka et al.: Mortality and reoperation after open and transurethral resection of the prostate for benign prostatic hyperplasia. N. Engl. J. Med. 320 (1989) 1120

Sachse, H.: Die transurethrale scharfe Schlitzung der Harnröhrenstriktur mit neuem Sichturethrotom. Verh. Dtsch. Ges. Urol. 25 (1974) 142

Skinner, D.G., S.D. Boyd, G. Lieskovsky: Clinical experience with the Kock continent ileal reservoir for urinary diversion. J. Urol. 132 (1984) 1101

Sökeland, J.: Endoskopische Eingriffe. Richard Wolf GmbH, Knittlingen 1982

Smith, A.D.: Endourology. Urol. Clin. North Am. 9 (1982) 1

Stables, D.P.: Percutaneous nephrostomy: Techniques, indications and results. Urol. Clin. North Am. 9 (1982) 15

Thon, W., J.E. Altwein: Voiding dysfunctions. Urology 23 (1984) 323

Turner-Warwick, R., C.G. Whiteside, P.H.L. Worth, E.J.G. Milroy, C.P. Bates: A urodynamic view of the clinical problems associated with bladder neck dysfunction and its treatment by endoscopic incision. Br. J. Urol. 45 (1973) 44

5 Fehlbildungen (GK 3-5)

J.E. Altwein

5.1 Nierenanomalien

Angeborene Fehlbildungen erstrecken sich häufiger auf die Niere als auf jedes andere Organ. Die Nierenparenchymanomalien (Dysgenesie und zystische Erkrankungen) werden in einer bunten Vielfalt beobachtet. Die Niere ist allein oder im Rahmen eines Mißbildungssyndroms betroffen; Hufeisennieren sind häufig beim Turner-Syndrom, bei Nierenzysten und beim Hippel-Lindau-Syndrom.

Kausale Genese

Schädigende Faktoren der Umwelt und Vererbung scheinen ursächlich beteiligt. Im Tierexperiment gelang es, eine zystische Nierenerkrankung durch Diphenylamin-Abkömmlinge, chemische Antioxydantien in Speiseölen und Prednisolon zu erzeugen. Eine multizystische Nierendysplasie tritt überzufällig häufig im Rahmen der Zytomegalie auf. Eine sorgfältige Anamnese des Schwangerschaftsverlaufes ist Voraussetzung, um Noxen während der teratogenetischen Terminationsperiode zu erkennen.

Erbfaktoren scheinen bei 10 % aller Fehlbildungen beteiligt:

0,7 % einzelne Genmutanten, z.B. Zystennieren;
0,5 % Chromosomenanomalien, z.B. Klinefelter-Syndrom;
1,8 % Interaktion von Umweltschädigung und polygenetischer Prädisposition, z.B. Hypospadie;
7,0 % Polygenetische Prädisposition mit umweltbedingter Erkrankungsmanifestation im Erwachsenen-Alter, z.B. Urolithiasis.

5.1.1 Allgemeine Symptomatologie

Im Kindesalter ist der fieberhafte Harnwegsinfekt monotones Hauptsymptom der kongenitalen Anomalien des Urogenitaltraktes, die zu einer Harnabflußbehinderung führen. Dies betrifft unter den Nierenanomalien besonders die Hufeisenniere, deren Brücke die Ureteren einengt. 10–20 % der Kinder mit arteriellem Bluthochdruck haben Nierenanomalien. Ein Hochdruck ist anzunehmen, wenn der altersentsprechende diastolische Normwert (Tab. 5.1) um 20 mm Hg (SI: 2,67 kPa) überschritten wird. Diese Messung sollte wiederholt bei nicht aufgeregtem Kind erfolgen.

Im Kindesalter ist eine Niere tastbar vergrößert infolge:

- Hydronephrose,
- Multizystischer Nierendysplasie,
- Wilms Tumor und
- Neuroblastom
(in der Reihenfolge der Häufigkeit).

Beide Nieren werden bei der polyzystischen Nierendegeneration (Kurzbezeichnung „Zystennieren") und Hydronephrose als Folge einer infravesikalen Abflußbehinderung deutlich tastbar.

Tabelle 5.1 Normale Blutdruckwerte bei Kindern.

Alter	**Systolisch**		**Diastolisch**	
Jahre	mm Hg	SI = kPA	mm Hg	SI = kPA
< 1	< 80	< 10,7	< 60	< 8,0
1–5	< 100	< 13,3	< 70	< 9,3
6–10	< 120	< 16,0	< 80	< 10,7
11–15	< 130	< 17,3	< 90	< 12,0

Bestimmte Konstitutionsabnormitäten geben Hinweis auf eine renale Mißbildung:

- Verformung des äußeren Ohres (Potter-Ohr; s. Abb. 5.17, S. 129),
- Lateralverlagerung der Mamillen.

Auch bei der Epi- und Hypospadie sowie beim Kryptorchismus sollte nach weiteren Fehlanlagen des Urogenitalsystems gefahndet werden (3—5 %). Ein Ausscheidungsurogramm ist bei ausgeprägten Fehlbildungen zu vertreten.

Numerische Nierenanomalien; Agenesie

Eine Überzahl der Nieren (bis zu 5) gehört zu den seltenen Fehlbildungen. Die überzählige Niere sollte nicht mit einer Doppelniere verwechselt werden, sondern muß als anatomisch getrenntes Organ nachweisbar sein.

Demgegenüber ist die renale Agenesie mit 1 : 5000 urologischen Patienten häufig. Bei der Agenesie wird kein Nierenparenchym gefunden. Die amerikanische Academy of Pediatrics führt die Nierenagenesie unter dem Dachbegriff *Dysgenesie* (*Glassberg* et al., 1987). Diese Klassifikation ist aber noch ungebräuchlich. Die Unterscheidung zwischen renaler Aplasie (nachweisbares Nierenrudiment) von der Agenesie (völliges Fehlen der Niere) wird zwar von der amerikanischen Academy of Pediatrics vorgenommen, ist aber nur autoptisch möglich. Auf ipsilaterale Genitalmißbildungen ist bei der Agenesie zu achten, denn sie werden bei jedem dritten Patienten beobachtet. Eine kompensatorische Hypertrophie der kongenitalen Einzelniere ist vorhanden, aber nicht spezifisch für die Agenesie. Die ipsilaterale Nebenniere fehlt bei 10 % der Patienten. Die proximalen zwei Harnleiterdrittel sind nicht angelegt, aber bis zu 20 % der kongenital Einnierigen haben einen kontralateralen distalen Harnleiter. Da die kongenitale Einzelniere häufig ektop oder malrotiert ist, überrascht es nicht, daß 75 % der einnierigen Kinder vor dem 5. Lebensjahr diagnostiziert werden.

a

b

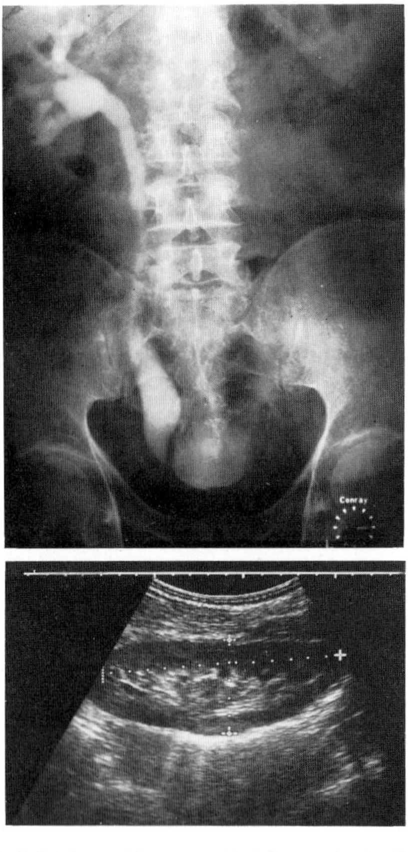

Abb. 5.1 a, b **a** Urogramm bei Agenesie der linken Niere. Kompensatorische Hypertrophie der rechten Niere und segmentale Dilatation des zugehörigen Ureters.
b Sonogramm der rechten Niere: 14,7 cm x 5,3 cm (cm-Eichskala am Bildrand).

Diagnostik

Fehlen oder Hypoplasie des Hodens oder Fehlen des Ductus deferens ist verdächtig auf ipsilaterale Agenesie. Entsprechend wird eine Aplasie oder Hypoplasie der Ovarien und Tuben bei der Frau beobachtet. Praktisch wichtig: Bei der Uterushypoplasie, fehlender oder aplastischer Vagina sollte nach einer renalen Agenesie gefahndet werden. Häufig wird die Agenesie zufällig sonographisch entdeckt.

Die Ausscheidungsurographie zeigt eine „stumme" Niere (Abb. 5.1 a). Wird dystop — beispielsweise im kleinen Becken — keine Niere entdeckt, sichern Ultraschalluntersuchung und Zystoskopie die Diagnose. Bei der Zystoskopie fehlt in 80 % der Patienten ein Harnleiterostium an typischer Stelle und ein Hemitrigonum ist nachweisbar. Auf eine Ureterektopie auf der gleichen Seite muß differentialdiagnostisch geachtet werden. Eine Angio-

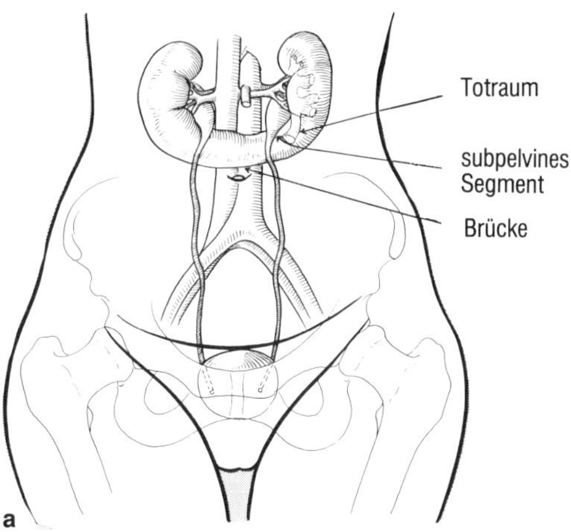

a

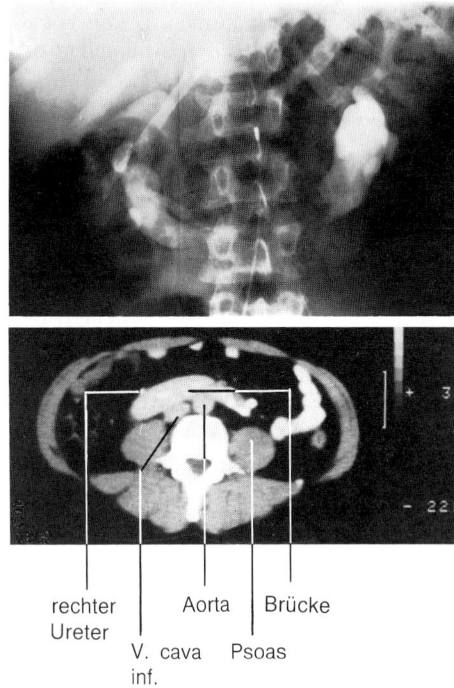

b

c

Abb. 5.2 a–c **a** Schemazeichnung bei Hufeisenniere.
b Hufeisenniere. Spätaufnahme nach Übersichtsaortographie (Katheterspitze in Projektion auf den 1. LWK). Kontrastierung der Parenchymbrücke in Projektion auf LWK 3/4 und des Hohlsystems, das links ektatisch erscheint.
c CT mit Darstellung der Brücke bei Hufeisenniere.

graphie ist entbehrlich, aber ein statisches DMSA-Nierenszintigramm nützlich (s.S. 73). Die Einzelniere ist stets kompensatorisch hypertrophiert (Sonogramm, Abb. 5.1 b).

Form-Größe-Anomalien der Niere

Symmetrische Verschmelzungsnieren: Typ Hufeisenniere

Die Hufeisenniere ist die häufigste Fusionsanomalie. Die unteren Nierenpole sind vor den großen Bauchgefäßen auf dem Niveau des 4. und 5. Lendenwirbelkörpers verschmolzen. Die A. mesenterica inferior verhindert den weiteren Aszensus. Der Isthmus (Verschmelzungsbrücke) setzt sich aus Nierenparenchym oder fibrösem Gewebe zusammen. Die Nieren sind stets malrotiert, so daß die Nierenbecken nach vorne weisen, und die Harnleiter vor der Brücke zur Blase ziehen (Abb. 5.2). Die Inzidenz beträgt etwa 1 : 1000 urologische Patienten.

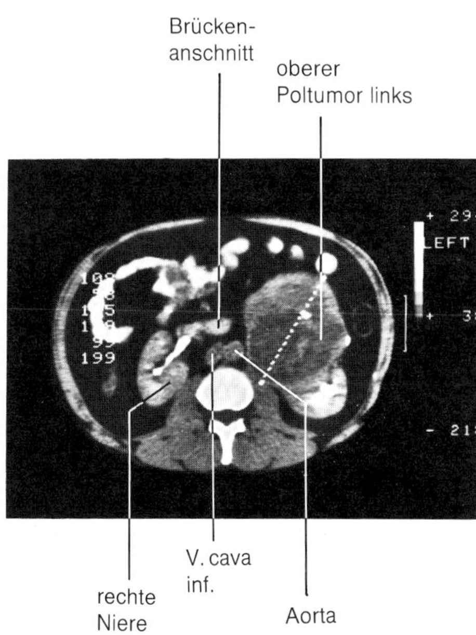

Abb. 5.3 CT bei Nierentumor und Hufeisenniere. Der Tumor (histologisch: Nierenzellkarzinom) hat den linken oberen Pol der Hufeisenniere zerstört (42jähriger Mann).

Assoziierte Malformationen. 1/2 bis 1/4 aller Hufeisennieren weisen Anomalien des Urogenitaltraktes auf:

- Vesiko-ureteraler Reflux
- Ureterduplikatur
- Kryptorchismus
- Harnröhrenabnormitäten.

Fehlbildungen des Skelettsystems, des kardiovaskulären und gastrointestinalen Systems werden überzufällig häufig beobachtet. Dies gilt ebenfalls für das Turner-Syndrom, Nierenzellkarzinome (Abb. 5.3) und Wilms Tumoren. Die periodische Kontrolle von Hufeisennieren-Kindern ist daher zu vertreten.

Klinik

Die Mehrzahl der Hufeisennieren wird zufällig entdeckt. Eine erkrankte Hufeisenniere ruft die folgenden Symptome hervor:

- Harntraktinfektion 50%
- Hämaturie 10%
- Bauchschmerzen 10%
- intraabdominaler Tumor 10%

Die Diagnose „Hufeisenniere" stützt sich auf Sonographie und Urogramm. Typische radiomorphologische Zeichen sind (vgl. Abb. 5.4b): Die kaudale Achsenkonvergenz, die Kelchmalrotation, der nach medial weisende kaudale Kelch und der atypische Harnleiterabgang. Der Isthmus wird sonographisch oder szintigraphisch dargestellt. Sind reparative Eingriffe an der Niere geplant, ist die Angiographie, die im Mittel fünf Nierenarterien aufweist, hilfreich (s. Abb. 5.2b). Eine Refluxprüfung ist zweckmäßig.

Behandlung

Die zufällig entdeckte Hufeisenniere bedarf lediglich regelmäßiger Kontrollen. Die komplizierte Hufeisenniere mit

- Ureterabgangstenose
- Steinbildung (Abb. 5.4)
- Harnwegsinfektion

wird durch Symphysiotomie (Brückendurchtrennung), Lateropexie, Ureterolyse und gegebenenfalls Nierenbeckenplastik therapiert (Abb. 5.5).

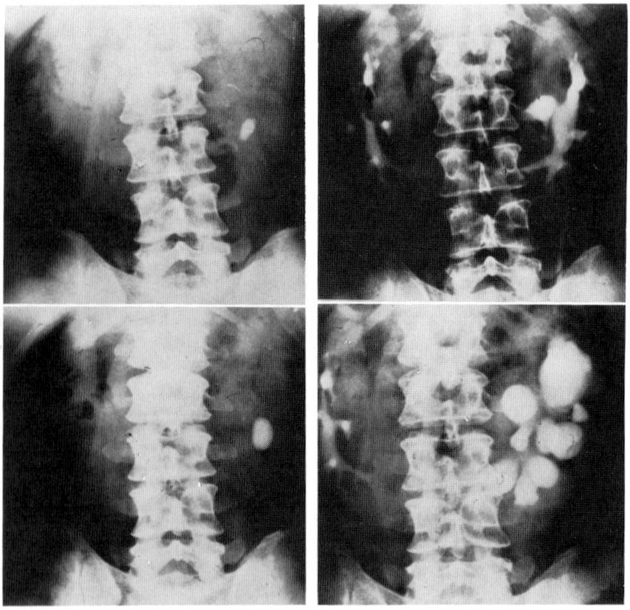

a b c d

Abb. 5.4 a–d Nierenbeckenstein bei Hufeisenniere; keine Abflußbehinderung (**a, b**). Ausgeprägte Harnstase nach Steinwachstum (**c, d**).

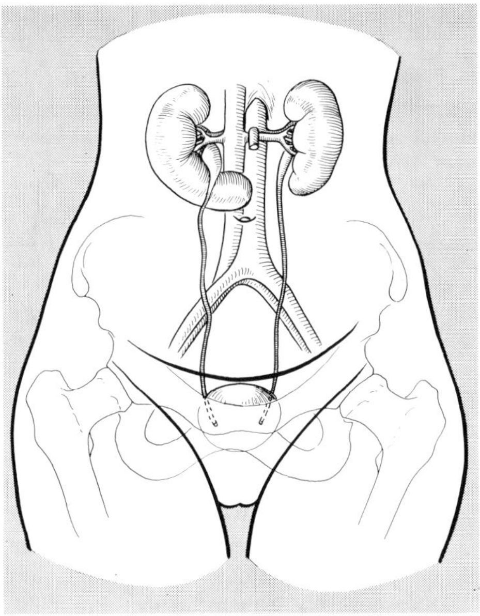

Abb. 5.5 Idealzustand nach Korrektur einer komplizierten Hufeisenniere durch Symphysiotomie, Lateropexie, Ureterolyse und Nierenbeckenplastik links.

Gekreuzte Dystopie

Eine einseitige oder asymmetrische Verschmelzungsniere tritt bei inkomplettem Aszensus mit Migration der Niere zu einer Seite auf. Die kreuzende Niere ist unter der normal gelegenen zu finden. Beschreibende Bezeichnungen sind: S- oder L-förmige Niere, Kuchen-, Scheiben- oder Klumpenniere (Abb. 5.6).

Die gekreuzte Dystopie wird seltener beobachtet als die Hufeisenniere. Knaben sind etwas häufiger betroffen als Mädchen. Die gekreuzte Dystopie per se ist symptomlos. Obstruktion, Reflux oder Harnwegsinfekt mögen zu ihrer Entdeckung führen. Eine Harnabflußbehinderung oder ein vesikorenaler Reflux sollten operativ beseitigt werden.

Zwergniere (Tab. 5.2)

Ist eine erworbene Ursache nicht nachzuweisen, das Nierenparenchym um mehr als 50 % reduziert und die Kelchzahl < 5, dann ist eine echte Nierenhypoplasie anzunehmen. Eine bilaterale echte Hypoplasie ebenso wie die unilaterale echte Hypoplasie mit fehlender Gegenniere bedingt bereits im Kindesalter eine Niereninsuffizienz, Dehydratation, Gedeihstörung oder eine Kombination dieser Folgen. Besonders häufig betroffen sind Frühgeborene. Die Differentialdiagnose der „kleinen" Niere, die im Kindesalter wegen fortschreitender Azotämie entdeckt wurde, umfaßt die Hypodysplasie und Oligomeganephronie (s.a. GK 3, Innere Medizin), die nicht mit der Oligo-

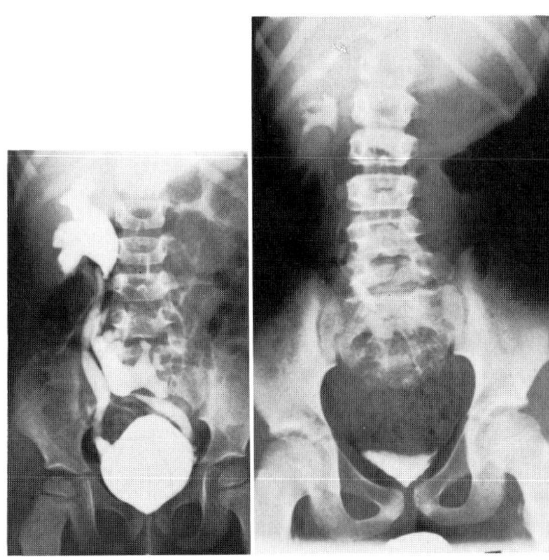

Abb. 5.6 a, b **a** Gekreuzte Dystopie. Reflux beiderseits.
b Die dystope Niere wird im Urogramm durch das Sakrum überdeckt.

a b

Tabelle 5.2 Klassifikation der Zwergniere.

kongenital: Hypoplasie und Hypodysplasie	**erworben: Atrophie**
Einfache Hypoplasie (Oligonephronie)	Atrophische Pyelonephritis
Hypodysplasie	Vaskuläre Schrumpfniere
Segmentale Hypoplasie (Ask-Upmark-Niere)	Glomerulonephritis
Oligomeganephronie	

nephronie verwechselt werden darf, ein Begriff, den *Stephens* (1983) synonym für die einfache Hypoplasie vorschlägt, und der auch von der amerikanischen Academy of Pediatrics verwandt wird. Die Hypodysplasie ist stets mit einer weiteren Mißbildung bzw. Malfunktion assoziiert: Obstruktion (supra- oder infravesikal) oder Prune-Belly-Syndrom.

Die einseitige echte Hypoplasie mit kontralateraler kompensatorischer Hypertrophie ist selten und wird in der Regel zufällig im Rahmen einer Sonographie entdeckt, beispielsweise im Verlauf einer Hochdruckabklärung. Der Zusammenhang Hochdruck und unilaterale Hypoplasie der Niere ist noch nicht bewiesen. Die Diagnose unilaterale Nierenhypoplasie ist nur histologisch zu sichern.

Regelmäßige Kontrolluntersuchungen mit Blutdruckmessung sind angezeigt. Die segmentale Hypoplasie (Ask-Upmark-Niere) befällt entweder den Nierenpol oder das Mittelgeschoß. Die pathologischen Bezirke erstrecken sich auf Mark und Rinde in Übereinstimmung mit dilatierten Kelchen der erkrankten Niere. Die Aa. arcuatae et interlobares weisen histologisch eine chronische fibroelastische Endarteriitis auf. Entzündliche Zellen wie bei der interstitiellen Nephritis sind nicht nachzuweisen. Wurde die Hochdruckwirksamkeit aufgedeckt und die Diagnose uro- und aniographisch mit ausreichender Zuverlässigkeit gesichert, ist die Nephrektomie angezeigt. Da die meistens weiblichen Patienten mit einer Ask-Upmark-Niere auch einen vesikorenalen Reflux haben, gilt diese Anomalie heute als Reflux-Nephropathie.

Lageanomalien

Mit der 9. Fetalwoche ist der rotatorische Aszensus der Nieren (Abb. 5.7) beendet. Die Niere dreht sich 90° um ihre Längsachse, dabei wandern die anterior liegenden Nierenbecken medialwärts. Die häufigste Malrotationsvariante läßt das Nierenbecken nach anterior abweichen (Nonrotation oder inkomplette Rota-

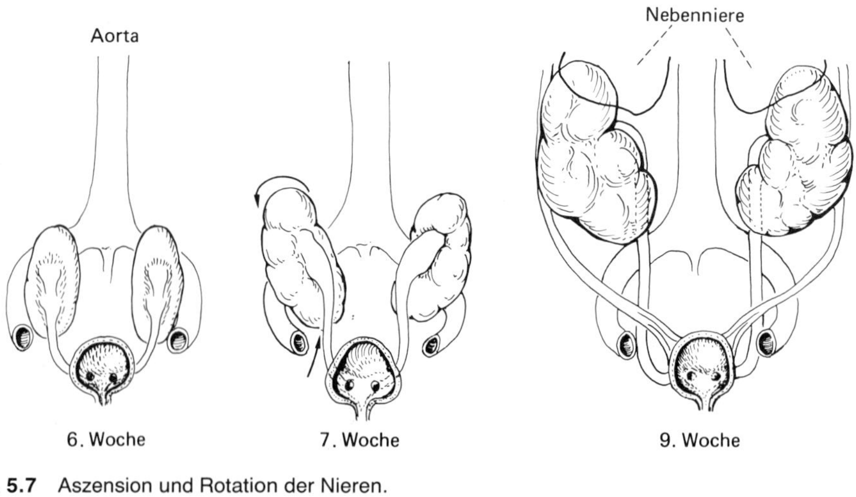

Abb. 5.7 Aszension und Rotation der Nieren.

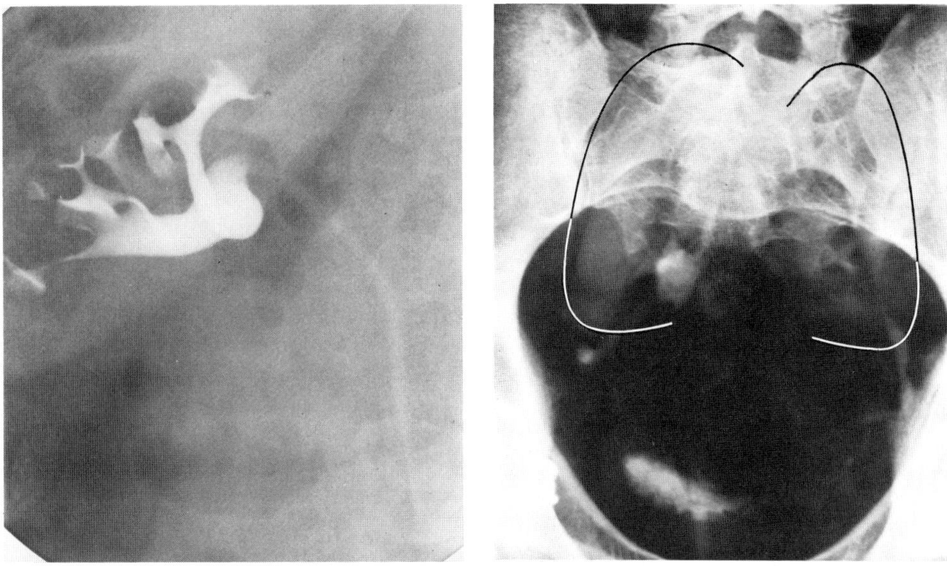

a b

Abb. 5.8 a, b **a** Gekippte und malrotierte Niere rechts. **b** Beckennieren beiderseits (15 Min.-Urogramm).

tion). Die Malrotation ist Teil der Mißbildung bei den symmetrischen oder asymmetrischen Fusionsanomalien.

Das Nierenbeckenkelchsystem erscheint in der Ausscheidungsurographie bei anterior-posteriorem Strahlengang bizarr (Abb. 5.8 a). Fehldeutungen des ungewöhnlichen urographischen Erscheinungsbildes sind beispielsweise polyzystische Nierendegeneration oder Nierentuberkulose. Die Malrotation per se bedarf keiner Therapie.

Die Beckenniere (Abb. 5.8 b) oder intrathorakale Niere sind die zwei Extremformen von Positionsanomalien. Eine „stumme" Niere im Urogramm sollte Anlaß sein, nach einer ektopen Niere sonographisch zu fahnden. Doppelseitige Beckennieren können ein Geburtshindernis darstellen. Die Blutversorgung ektoper Nieren erfolgt aus den regionalen Hauptgefäßen, beispielsweise der A. iliaca communis. Häufigste assoziierte Mißbildung ist der hohe Ureterabgang vom Nierenbecken. Bei fortschreitender Harnstauungsniere wird eine Nierenbeckenplastik vorgenommen (s. Abb. 4.9, S. 95).

Zystische Nierenerkrankungen (Tab. 5.3)

Multizystische Nierendysplasie

Die multizystische Nierendysplasie ist eine von anderen zystischen Nierenerkrankungen klar

Tabelle 5.3 Zystische Nierenerkrankungen: Klassifikation der amerikanischen Academy of Pediatrics.

Non-Genetisch	**Genetisch**
Multizystische Nierendysplasie (Abb. 5.9 u. 5.10)	Infantile polyzystische Nierendegeneration (Abb. 5.11)
Multilokuläres zystisches Nephrom	Adulte polyzystische Nierendegeneration (Abb. 5.12)
Markschwammniere (Abb. 5.13)	Juvenile Nephronophthise
Zysten bei Hämodialyse	Kongenitale Nephrose (autosomal rezessiv)
Kelchdivertikel (Abb. 5.15)	Zysten bei Malformationssyndromen
Einfache Zysten (am häufigsten; Abb. 5.14)	

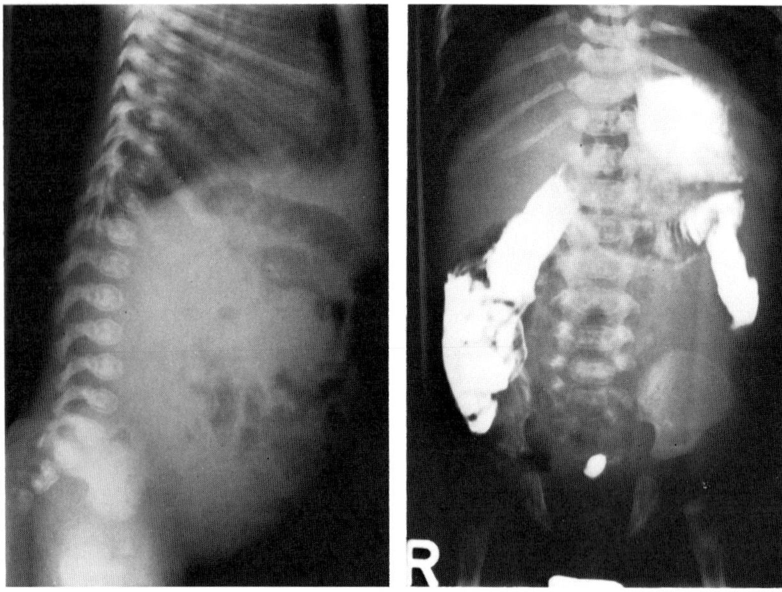

a b

Abb. 5.9 a, b **a** Seitaufnahme des Abdomens bei multizystischer Nierendysplasie. Der luftgefüllte (vermehrte Strahlentransparenz) Darm wird nach ventral verlagert.
b Der kontrastmittelhaltige Darm umgibt die „weichteildichte" multizystisch vergrößerte Niere.

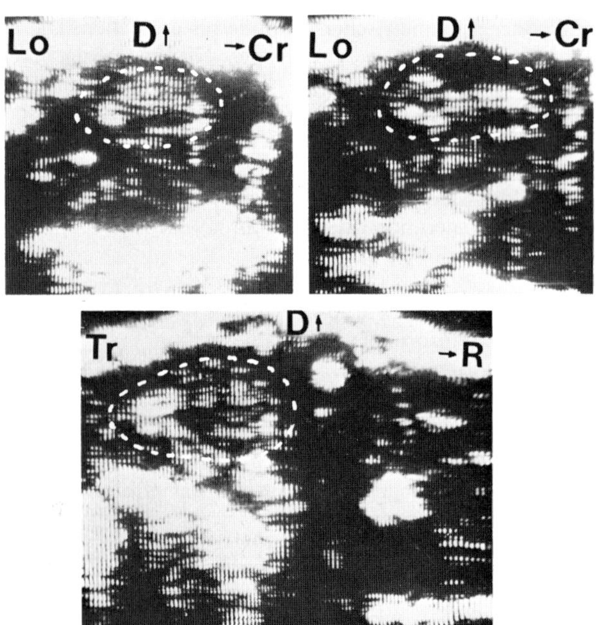

a b c

Abb. 5.10 a–c Buntes Echomuster bei multizystischer Nierendysplasie.
a, b Zwei parallele longitudinale Sonogramme der linken Niere.
c Transversales Sonogramm. Normale rechte Niere.
Lo = longitudinal, D = dorsal, Cr = kranial, Tr = transversal, R = rechts.

abgrenzbare Fehlbildung, bei der kein ausscheidungsfähiges Nierenparenchym vorliegt und der dazugehörige Harnleiter atretisch ist oder völlig fehlt. Formalgenetisch liegt ihr eine Entwicklungsstörung der Ureterknospe zugrunde, die ihre Aufzweigungen zu einem früheren Zeitpunkt einstellt und nur zur Ausbildung weniger Generationen von Sammelrohren führt, die sich wiederum zu Zysten entwickeln.

Jedes zweite Neugeborene mit multizystischer Nierendysplasie weist einen palpablen Tumor oder gastrointestinale Symptome infolge Verdrängung auf (Abb. 5.9).

Differentialdiagnose:
- Hydronephrose
- Wilms Tumor
- Neuroblastom.

Die Abdomenübersichtsaufnahme zeigt in Ein- oder Mehrzahl auftretende ringförmige Kalkschatten bei fehlender Kontrastmittelausscheidung. Sonographisch (Abb. 5.10) gelingt die Abbildung der Zysten. Die retrograde Untersuchung zeigt die Ureteratresie.

Eine häufige urologische Begleitfehlbildung ist der vesikoureterale Reflux, nichturologisch beispielsweise ein Ventrikelseptumdefekt. Jedes 6. Kind hat einen Harnwegsinfekt. Wird die multizystische Nierendysplasie erst im Erwachsenenalter entdeckt, kann sie die Ursache einer Hypertonie sein.

Histologisch finden sich in dem Stroma, das die Zysten umgibt, Anteile unreifen Bindegewebes, das an Wilms Tumor-Gewebe erinnert (reichliche Gefäßversorgung). Die renalen Elemente treten als primitive glomeruläre oder tubuläre Strukturen auf. Als weiteres Zeichen der Dysplasie wird Knorpelgewebe beobachtet.

Zystennieren (Polyzystische Nierendegeneration)

Im Kindesalter wird die seltene, **autosomal-rezessive, infantile polyzystische Nierendegeneration** beobachtet. Große, tastbare Nieren beiderseits sind charakteristisch. Die prall-elastischen Nieren sind symmetrisch; eine Transillumination ist nicht möglich. Üblicherweise ist das betroffene Neugeborene oligurisch. Kreatinin und Harnstoff, die zum Geburtszeitpunkt wegen der Plazenta-Dialyse normal sind, steigen an.

Die Ausscheidungsurographie, sofern angezeigt, offenbart eine radiäre Anordnung der Zysten („Sonnenstrahl"-artig). Die Ultraschalluntersuchung klärt die Diagnose. Das Krankheitsbild wird ergänzt durch proliferierte, erweiterte und verzweigte Gallengänge, umgeben von einer periportalen Fibrose. Makroskopische Zysten fehlen, jedoch können Zysten an anderen Organen auftreten.

Eine operative oder medizinische Behandlung ist nicht bekannt. Bisher wurde anhand der wenigen Beobachtungen häufig der Tod der Neugeborenen binnen zwei Monaten beschrieben. Nierenbioptische Untersuchungen an Kindern, die älter als 12 Jahre geworden waren, zeigten einen zwischen 10 und 90 % variablen zystischen Befall der Tubuli. Schwierig zu behandeln sind Atembeschwerden (häufige Einweisungsdiagnose) aufgrund der großen Nieren und der portale Hochdruck.

Die adulte **autosomal-dominante, polyzystische Nierendegeneration** hat eine 100%ige genetische Penetranz, wird aber dennoch nur selten im Kindesalter diagnostiziert (Abb. 5.11). Die Zysten entwickeln sich aus blind endenden Nierentubuli, die mit funktionstüchtigen Glomerula vereinigt sind. Im Laufe des Lebens vergrößern sich diese Zysten und komprimieren funktionstüchtiges Nierenparen-

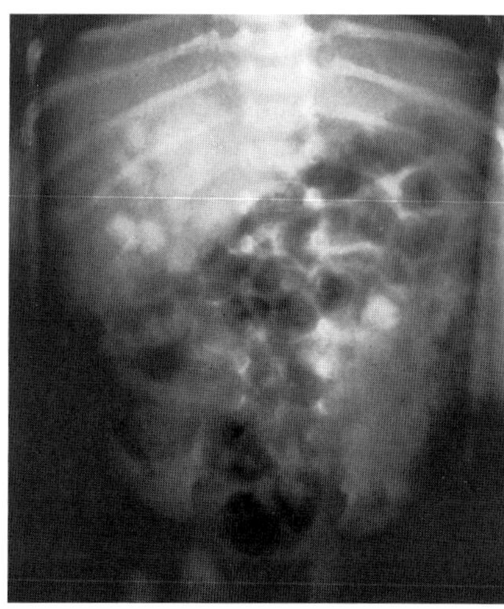

Abb. 5.11 Polyzystische Nierendegeneration mit KM-Anreicherung in den Zysten (3 Monate alter männlicher Säugling).

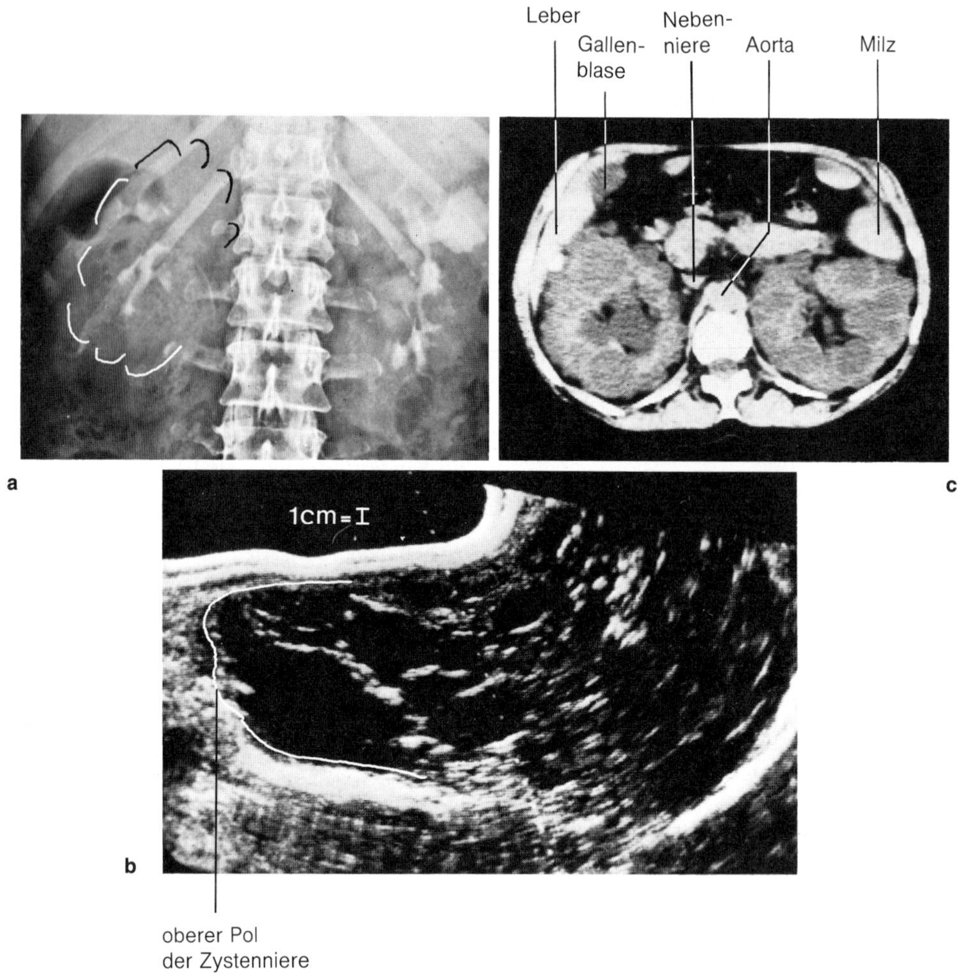

Abb. 5.12 a–c Polyzystische Nierendegeneration (Erwachsenentyp).
a 15 Min.-Urogramm (Skizze der rechten Nierenkontur).
b Sonogramm. Glatt begrenzte echofreie Zystenlängsschnitte. Schallverstärkung an der schallabgewandten Seite der Zysten. Gepunktete Linie = cm-Eichung; Größe 23 x 9 cm.
c CT einer polyzystischen Nierendegeneration. Beide Nieren sind von unzählbaren, hypodensen Zysten bestückt.

chym. Das typische Manifestationsalter liegt jenseits des 40. Lebensjahres.

Hauptbeschwerden bei erstmaliger Manifestation sind:

- Abdominalschmerzen
- Flankenschmerzen
- Makrohämaturie
- Bluthochdruck.

Tastbar vergrößerte Nieren — 95 % aller Patienten haben beidseitige Zystennieren — können zu einer schweren Ernährungsstörung mit Anorexie durch Kompression der Abdominalorgane führen (Nierengewichte über 5000 g werden beobachtet). Ein Bluthochdruck fehlt selten.

Anämie, Urämie, Proteinurie und Mikrohämaturie im Makrohämaturie-freien Intervall sind kennzeichnende Laborbefunde. Familienanamnese (Stammbaum!), tastbar vergrößerte Nieren beiderseits, Urogramm (Abb. 5.12 a) und Sonogramm (Abb. 5.12 b) sichern a 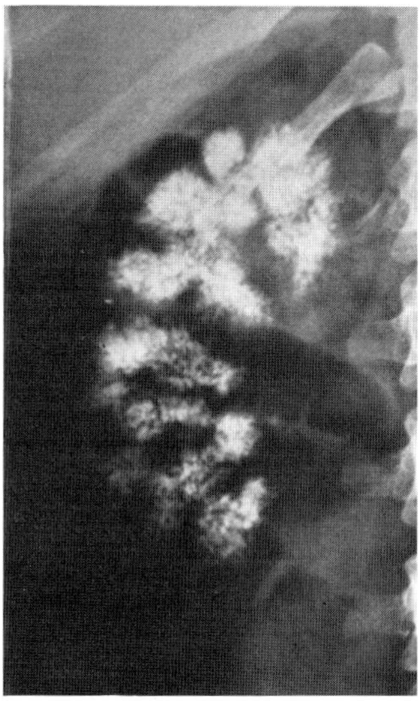 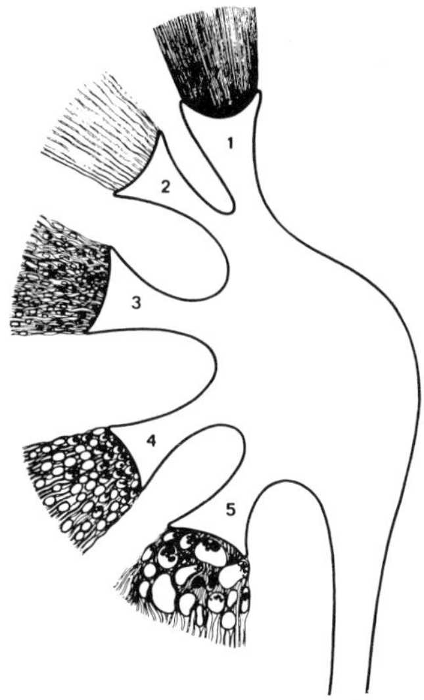

b

Abb. 5.13 a, b Markschwammniere.
a Leeraufnahme: Verkalkung der zystisch degenerierten Sammelrohre aller Papillen.
b Schema der Markschwammniere (nach *Vogler*, Thieme, Stuttgart).

die Diagnose. Im Zweifelsfall („buntes Harnsediment, familiäre Belastung) beweist ein CT die bilaterale polyzystische Nierendegeneration (Abb. 5.12c). Ernsthafte Komplikationen sind wiederholte schwere Makrohämaturien, Zysteneinblutung oder -infektion, unerträgliche Spannungsschmerzen und Kompressionserscheinungen intraabdominaler Organe. Spontanruptur oder Nierenkarzinome machen eine chirurgische Intervention erforderlich. Da die zystisch erweiterten Tubuli eine funktionelle Restkapazität haben, ist die früher geübte Dekompression verlassen worden. Zystennieren sind die vierthäufigste Ursache des Nierenversagens.

Die **Markschwammniere** (Abb. 5.13 a, b) ist durch zystisch erweiterte Tubuli gekennzeichnet. Kleinste Konkremente in diesen radiär auf den Kelch zulaufenden Sammelrohren sind charakteristisch. Markschwammnieren können einer Oxalatsteinerkrankung zugrunde liegen.

Nierenzyste(n)

Die einfache Nierenzyste tritt isoliert oder verstreut über eine oder beide Nieren auf. 50% der über 50jährigen haben Nierenzysten. Männer erkranken häufiger als Frauen. Kleine Zysten werden zufällig im Rahmen einer Sonographie entdeckt; große Zysten rufen die Zeichen des raumfordernden Prozesses hervor. Praktisch wichtig ist die Differentialdiagnose: Tumor-Zyste. Dabei ist zu berücksichtigen, daß die Koexistenz von Nierentumor und Nierenzyste zwischen 0,3 und 2,9% schwankt. Die Mehrzahl dieser Beobachtungen ist auf das zystisch zerfallende Nierenzellkarzinom zurückzuführen. Demgegenüber ist das Zystenwandkarzinom außerordentlich selten (*Sparwasser* 1984). Urographisch ist die Unterscheidung Zyste oder Tumor nicht möglich. Die Diagnose einer Zyste ist sonographisch sicher möglich. Kriterien der Beurteilung sind

- keine Binnenechos
- Wandkontur glatt
- runde Form
- keine Verkalkung.

Sind diese Kriterien nicht erfüllt oder ist der sonographische Befund unklar, folgt ein CT (Abb. 5.14a).

Die operative Freilegung (Abb. 5.14c) ist bei pathologischem Befund notwendig. Die Angiographie ist selten notwendig und orientiert präoperativ über die Gefäßarchitektur (Abb. 5.14b). Differentialdiagnostisch ist das Kelchdivertikel, das durch Steinbildung kompliziert sein kann, zu beachten (Abb. 5.15).

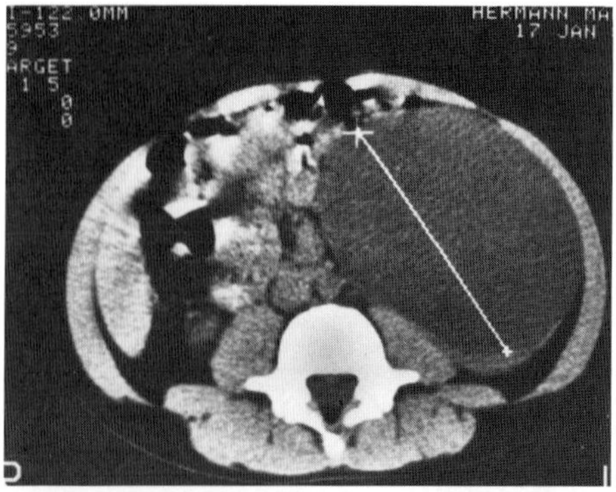

a

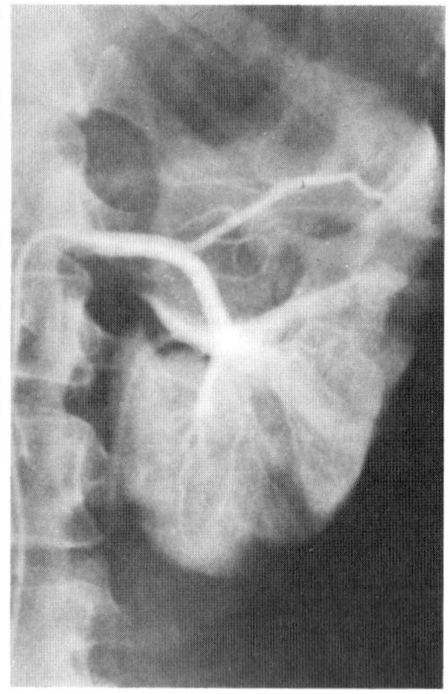

b

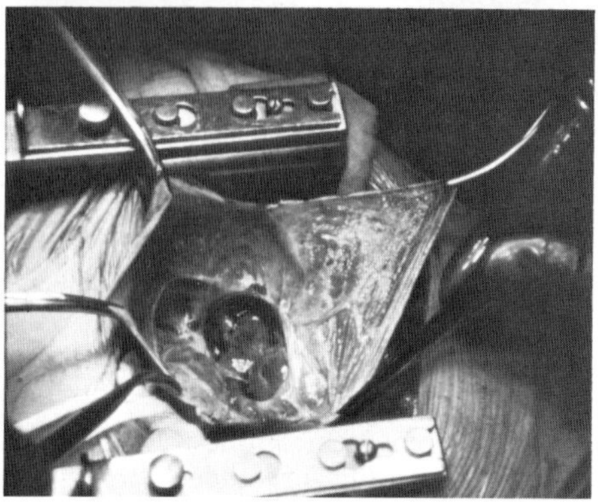

c

Abb. 5.14 a–c Solitärzyste.
a CT einer 17 cm großen hypodensen solitären Zyste der linken Niere.
b Selektive Nierenangiographie bei großer Solitärzyste am linken oberen Pol.
c Operationssitus nach Längsinzision der Zyste.

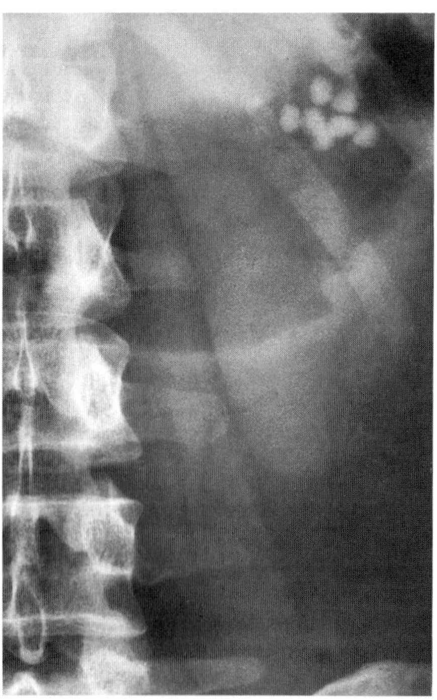

a

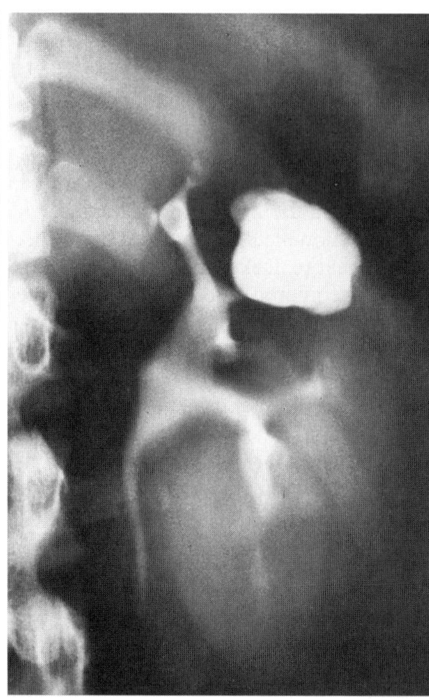

b

Abb. 5.15 a, b Kelchdivertikel mit multiplen Steinen in der Übersicht (**a**) und im i.v. Pyelogramm (**b**).

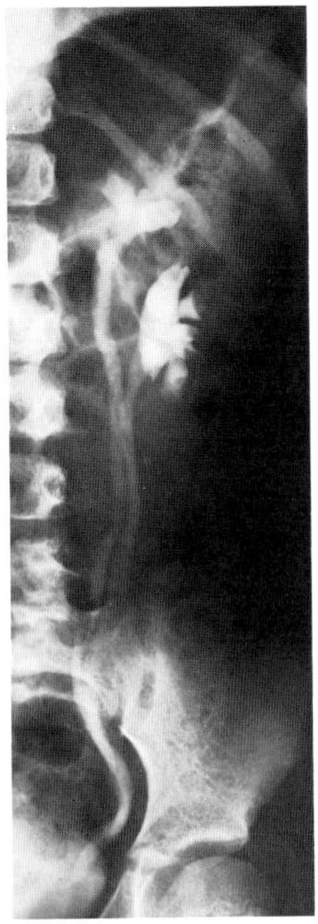

Abb. 5.16 Urographische Darstellung einer Doppelniere mit Ureter fissus.

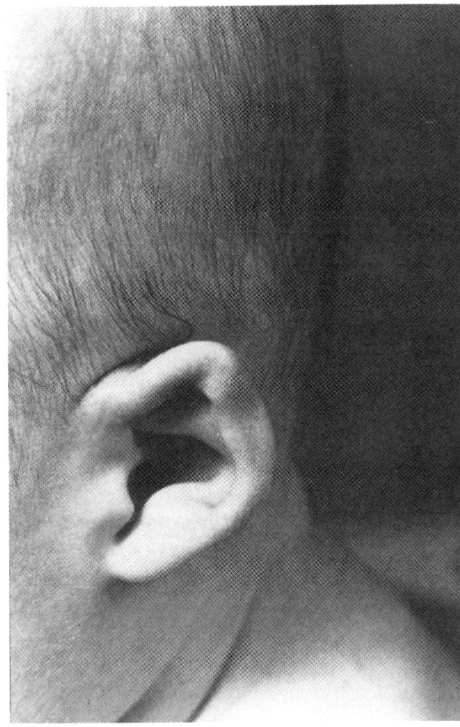

Abb. 5.17 Ohrdysplasie bei 5 Monate altem Säugling mit subpelviner Stenose (*Greinacher* et al., 1981).

Doppelniere

Ist die Ureterknospe, die aus dem Wolffschen Gang aussproßt, gespalten, so entwickeln sich zwei Nierenbecken und zwei separate Nierenblasteme, die verschmelzen. Unterbleibt die Verschmelzung, entsteht eine überzählige Niere. Die unkomplizierte Doppelniere wird in 5–10 % aller Urogramme oder Sonographien zufällig entdeckt. Klinisch bedeutungsvoll wird die Doppelniere bei Ureter fissus (Abb. 5.16) oder duplex. Yo-Yo-Phänomen, vesikorenaler Reflux oder Obstruktion bei Ureterozele bestimmen das Krankheitsbild (s.S. 132).

5.1.2 Diagnostische Möglichkeiten

In Verbindung mit der jeweiligen Nierenfehlbildung wurden die spezifischen diagnostischen Maßnahmen abgehandelt. Sonographie und Urographie haben die größte praktische Bedeutung.

Szintigraphie

Nuklearmedizinische Verfahren zur Diagnostik von Nierenfehlbildungen umfassen

Lokalisationsuntersuchungen (statische Szintigraphie) und Funktionsuntersuchungen (dynamische Szintigraphie).

Die Indikation für nuklearmedizinische Untersuchungen ist gegeben bei

- Kontrastmittelallergie,
- unerwünschter Strahlenbelastung (Kindesalter),
- eingeschränkter Nierenfunktion oder funktionsloser Niere im Urogramm.

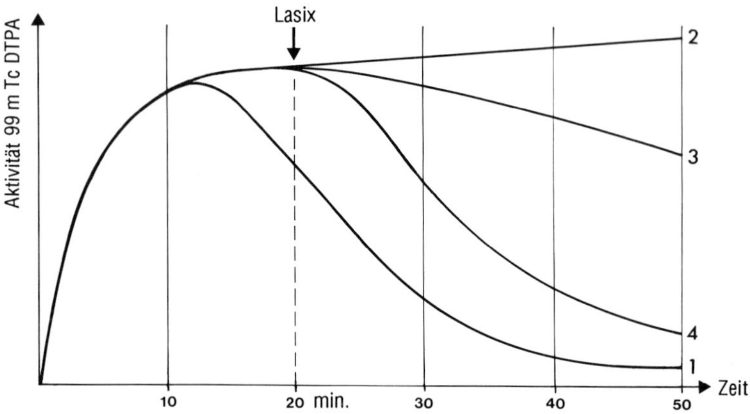

Abb. 5.18 Schematischer Kurvenverlauf im Lasix®-Isotopennephrogramm:
1 Zeitgerechter Abfall ohne Lasix (keine Obstruktion, Lasix-Gabe nicht notwendig).
2 Kletterkurve, auch nach Lasixgabe (sichere Obstruktion).
3 Inadäquater Abfall nach Lasix (fragliche Obstruktion → Whitaker-Test notwendig).
4 Zeitgerechter Abfall nach Lasixgabe (keine Obstruktion).

Es ist einschränkend anzumerken, daß die Ultraschalluntersuchung, die nuklearmedizinische Diagnostik z.T. verdrängt hat, da sie ohne Strahlenbelastung beliebig oft wiederholt werden kann. Bei einer urographisch funktionslosen („stummen") Niere differenziert die Ultraschalluntersuchung zwischen Aplasie, multizystischer Nierendysplasie oder obstruktiver Hydronephrose. Für die Differentialdiagnose der renalen Raumforderung (zystisch oder solid) ist die Ultraschalluntersuchung überlegen. Bei der Hydronephrose hat demgegenüber die Funktionsdiagnostik der Niere mit Radionukliden Vorrang. MAG 3 (= Technetium 99 m Merkaptoacetyltriglyzin) hat ^{123}Jod – und ^{131}Jod – markierte Orthohippursäure ebenso wie ^{99m}Tc DTPA (= Diäthylentriaminpentaazetat) verdrängt, da glomeruläre Funktion (MAG 3-Clearance), Nierenparenchymnarben (etwa bei der Refluxnephropathie) und Ausmaß der Obstruktion (im Lasix-Nephrogramm, s.S. 83) bei niedriger Strahlenbelastung simultan ermittelt werden können. Im Isotopennephrogramm lassen sich 4 Reaktionsmuster unterscheiden (Abb. 5.18), die die Notwendigkeit einer chirurgischen Korrektur der Abflußbehinderung etwa durch Pyeloplastik (s.S. 95) klären.

Besonders organerhaltende Eingriffe wie Brückendurchtrennung, Ureterolyse, Nierenbeckenplastik und Lateropexie bei der Hufeisenniere setzen eine Kenntnis des funktionstüchtigen Restparenchyms der mißgebildeten Niere sowie der Funktionsreserve der kontralateralen Niere voraus. Die operative Behandlung einer subpelvinen Stenose ist um so erfolgreicher, je besser die Erholungsfähigkeit der Hydronephrose. Die Messung von NAG (N-Acetyl-β-D-Glucosaminidase) im Urin, erleichtert diese Entscheidung (vgl. S. 4). Je frischer die Obstruktion, um so höher die NAG-Konzentration im Urin; es handelt sich um ein lysosomales Enzym der proximalen Tubuluszellen. Bei der seitengetrennten Clearance mit Radionukliden, die gleichartig wie die klassischen Clearance-Substanzen Inulin und Paraaminohippursäure ausgeschieden werden, führt die Radionuklid-Anreicherung bei Harnstauungsniere zu falsch-positiven Clearance-Werten.

5.1.3 Therapie

Möglichkeiten zur Verbesserung der Organfunktion oder aber Sekundärkomplikationen infolge von Nierenfehlbildungen machen eine Behandlung erforderlich.

Derartige Sekundärkomplikationen sind: Schmerz, Druck auf Nachbarorgane, rezidivierende Harnwegsinfekte, Blutung, Hochdruck oder (selten) maligne Entartung.

Eine funktionsverbessernde Operation ist bei der Hufeisenniere, der gekreuzten Dystopie, der Nierenmalrotation und großen Nierenzysten möglich. In der Regel ist aber für die Indikationsstellung eine fehlbildungsbedingte Komplikation ausschlaggebend. Zu beachten ist, daß beispielsweise der rezidivierende Harnwegsinfekt nicht durch die Hufeisenniere, sondern durch einen zusätzlich bestehenden vesikorenalen Reflux unterhalten wird. In einer derartigen Situation wäre die Antirefluxplastik Therapie der Wahl (Abb. 12.15 u. 12.16; s.S. 339).

Eine Heminephrektomie bei renaler Mißbildung ist unumgänglich bei Hufeisenniere mit postobstruktiver, atrophischer Pyelonephritis einer Hälfte, bei Hochdruck durch die erkrankte Hälfte oder Sitz eines Wilms Tumors in einer Hälfte. Eine gekreuzte Dystopie kann aus den gleichen Gründen wie die Hufeisenniere die Resektion einer Hälfte erforderlich machen.

Eine hochdruckwirksame Zwergniere (s.S. 121) sollte entfernt werden. Eine dystope Niere mit obstruktiver Pyonephrose mit/ohne Urosepsis wird unmittelbar oder nach Nephrostomie-Entlastung exstirpiert. Die multizystische Nierendysplasie kann durch Druck auf Nachbarorgane (s. Abb. 5.9; S. 124) zu Gedeihstörungen führen, außerdem werden eine allmähliche Größenzunahme, sekundäre Steinbildungen und ein renoparenchymatöser Hochdruck bei Erwachsenen beobachtet. Dennoch sind diese Beobachtungen so selten, daß eine vorbeugende Entfernung der asymptomatischen multizystisch-dysplastischen Niere, die heute in utero durch Ultraschalluntersuchung des Feten zufällig gefunden wird, nicht gerechtfertigt erscheint.

5.2 Harnleiter

Folge der meisten Harnleiterfehlbildungen ist eine obstruktive Schädigung der Niere mit/ohne Schmerzen, rezidivierenden Harnwegsinfekten und gelegentlichem Hochdruck. Die teratogenetische Terminationsperiode für die meisten Uretermalformationen ist die 5.–8. Embryonalwoche.

Subpelvine Stenose (s.S. 95 u. S. 328)

Die praktisch wichtigste Ureterfehlbildung ist die Ureterabgangsenge mit konsekutiver Hydronephrose. Während sich das normal weite Nierenbecken und der Ureterabgang kontrahieren, wenn peristaltische Wellen den Ausgang des Pyelons erreichen, so daß ein großes Urinbolusvolumen geformt und transportiert werden kann, behindern das ektatische Pyelon und der stenotische Ureterabgang diesen Vorgang. Es wird nur ein kleiner Urinbolus gebildet und abtransportiert, so daß häufige „frustrane" peristaltische Wellen über das Nierenbecken wandern, ohne es wirksam zu entleeren (s. Abb. 5.19). Letztlich resultiert eine Hydronephrose, die permanent, temporär (beim Feten und Neugeborenen) oder intermittierend (im späteren Leben) auftreten kann (*Homsy* et al., 1988). Ursachen der subpelvinen Stenose sind ein aperistaltisches Segment oder ein aberrierendes Gefäß.

Ureter fissus

Ist die Ureterknospe, die dem Urnierengang entspringt, gespalten, resultiert der Ureter fissus (Synonym: Ureter bifidus, inkomplette Duplikation). Die Vereinigung der beiden Harnleiterabschnitte nach Art eines Y ist zwischen dem Ureterabgang und dem intramuralen Blasenabschnitt möglich. Jeder Ureter fissus ist mit einer Doppelniere und 2 Nierenbecken vergesellschaftet. Mehrfachteilungen werden ebenso wie ein blind endender Ureterzweig beobachtet. Familiäre Häufung (wahrscheinlich autosomal-rezessive Vererbung) und Doppelseitigkeit („vier Nieren") kommen vor. Die meisten inkompletten Duplika-

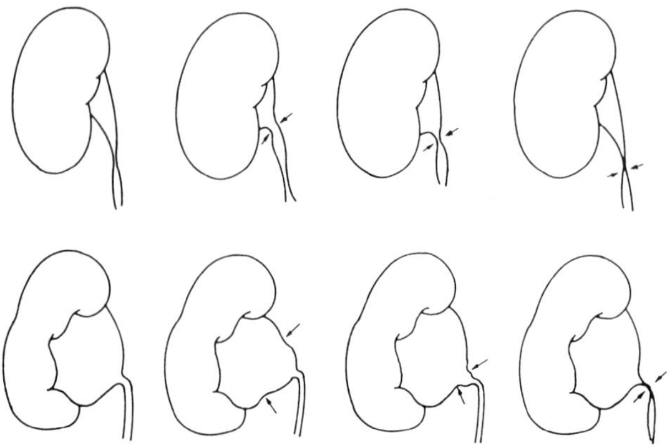

↓↑ peristaltischer Kontraktionsring

Abb. 5.19 Ausbreitung der peristaltischen Welle bei der normalen und gestauten Niere (*Tsuchida*, 1990).

turen werden zufällig im Rahmen einer Ausscheidungsurographie (Inzidenz 1—5 %) entdeckt.

Pathophysiologie bei Ureter fissus

Bei Ureteraufzweigung ist die reguläre Peristaltik häufiger beeinträchtigt als beim Monoureter. Diese Dyssynergie ist zurückzuführen auf:

1. Nierenbecken und Harnleiter besitzen dank ihrer glatten Muskulatur eine selbständige Erregungsbildung und Erregungsleitung. Die Erregung wird ausgelöst durch eine Depolarisation an der Membran der Muskelzelle. Das Zentrum der Erregungsbildung (Pacemaker) liegt im oberen Nierenbeckenanteil oder in der oberen Kelchgruppe. Infolge des verschiedenen Schrittmachers bei einer Doppelniere oder wegen zeitlich unterschiedlicher Erregung der glatten Muskelfasern, ferner auch durch unterschiedliche Flüssigkeitszunahme in beiden Nierenbecken entsteht ein asynchroner Ablauf der peristaltischen Wellen (Abb. 5.20). Es kann nun eintreten, daß die Kontraktionswelle des einen Ureters kurze Zeit nach der Kontraktion des anderen erfolgt. Bei der Ankunft der zweiten Welle wird sich der Stammureter im kontrahierten Zustand befinden, was einer Stenosierung gleichkommt. Der Urin fließt deshalb retrograd in den anderen erschlafften Ureter ab (passiver Reflux).

2. Der Stammureter – meistens im Stadium einer erhöhten Kontraktion – hat einen Ruhetonus, der um 2—4 mm Hg (SI = 0,2—0,5 kPa) über dem proximalen Ureterdruck liegt (funktionelle Stenose).

3. Die wichtigste Ursache der Entleerungsstörung liegt jedoch in der veränderten Propagation der Erregungsleitung vom proximalen Ureter zum Stammureter. Anstelle der geordneten Propulsion von kranial nach kaudal verläuft die Erregungsleitung und Ausbreitung von einem kranialen Ureterabschnitt retrograd zum anderen. Infolge des ständigen Wechsels der myogenen Erregung durch den Expansionsdruck des Urins wird dieser dauernd in den proximalen Ureterabschnitten hin- und hergeschoben (Yo-Yo-Phänomen; Abb. 5.20).

Klinik des Ureter fissus

Diese Dyskinesie des pathologischen Ureter fissus mit Pendelurin zwischen beiden Ureterzweigen bedingt eine funktionelle Obstruktion (Abb. 5.20). Darüber hinaus prädisponiert die Uretervereinigungsstelle zur anatomischen Obstruktion (Abb. 5.21).

Begleitmißbildungen sind eine subpelvine Stenose, ein ipsilateraler oder kontralateraler vesikoureteraler Reflux, die komplette Duplikatur der Gegenseite oder auch eine Nierenagenesie der Gegenseite. 30 % aller inkompletten Ureterduplikaturen haben assoziierte Mißbildungen des Urogenitaltraktes.

Der pathologische Ureter fissus ruft meist bereits im Kindesalter Beschwerden hervor. Pathognomonische Krankheitszeichen gibt es nicht, sondern die unspezifischen Beschwerden stehen im Vordergrund:

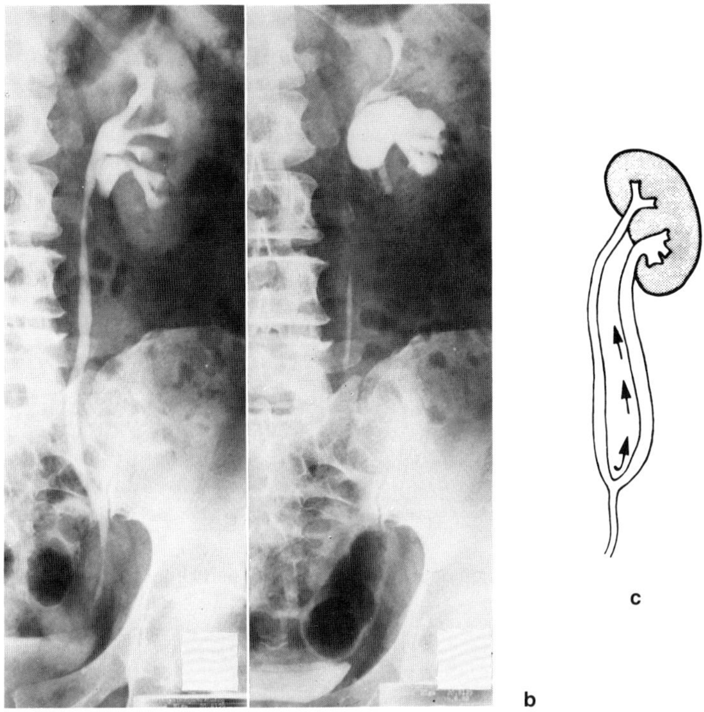

Abb. 5.20 a–c Ureter fissus mit Yo-Yo-Phänomen.
a 7 Min.-Urogramm: hoher Ureter fissus links.
b 15 Min.-Urogramm: Dilatation der unteren Hälfte des gedoppelten Nierenbecken-Kelch-Systems.
c Schemazeichnung.

- Rezidivierende Harnwegsinfekte
- kolikartige Schmerzen
- Inappetenz
- Dysphagie, Erbrechen
- Fieberschübe
- Enuresis.

Die praktisch wichtigste diagnostische Maßnahme ist die Ausscheidungsurographie (s. Abb. 5.18). Spätaufnahmen, Sequenzszintigraphie mit der Gamma-Kamera zur Bestimmung der Parenchym-Reserve bei funktioneller oder anatomischer Obstruktion und die Ultraschalluntersuchung vervollständigen das Abklärungsprogramm.

Therapie

Die Heminephroureterektomie ist Therapie der Wahl bei funktionslosem Restparenchym. Eine blind endende Ureterknospe sollte nur dann exstirpiert werden, wenn eine Konkurrenzursache der rezidivierenden, beschwerdeträchtigen Harnwegsinfekte nicht nachgewiesen werden kann. Bei Obstruktion und erhaltungswürdigem Parenchym wird eine interpyelische Anastomose (s. Abb. 4.8, S. 94) oder eine ipsilaterale Uretero-Ureterstomie bei Dichotomie im mittleren oder kaudalen Harnleiter vorgenommen. Ein intramuraler Ureter fissus wird besonders bei Reflux, der regelmäßig beide Nierenhälften befällt, durch Neueinpflanzung der Harnleiter in die Blase behandelt (Abb. 5.22 a–c).

Ureter duplex

Die vollständige Ureterverdopplung, die ebenso wie bei der unvollständigen Duplikatur mit einer Doppelniere vergesellschaftet ist, wird in etwa 1% der Bevölkerung angetroffen.

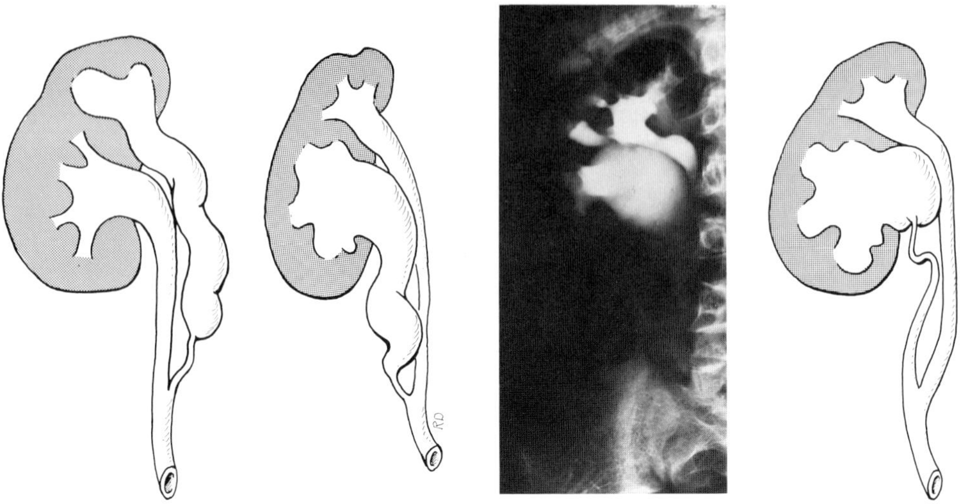

a b c d

Abb. 5.21 a–d Stenose-Lokalisationen bei Ureter fissus (**a, b**) und Urogramm (**c**) mit Skizze (**d**).

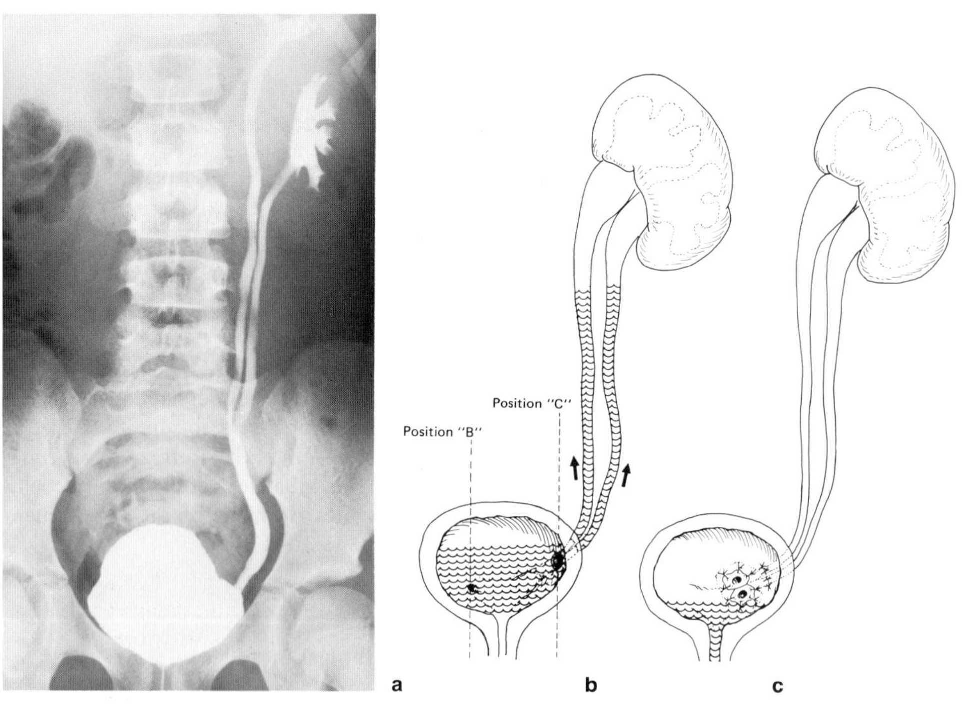

a b c

Abb. 5.22 a–c **a** Reflux in beiden Nierenhälften bei prävesikalem Ureter fissus (Urogramm).
b Das Ostium ist im Vergleich zur Gegenseite (Position „B") lateralisiert und klafft golfloch-artig (Position „C").
c Antirefluxplastik durch Neueinpflanzung der getrennten Harnleiter in die Blase.

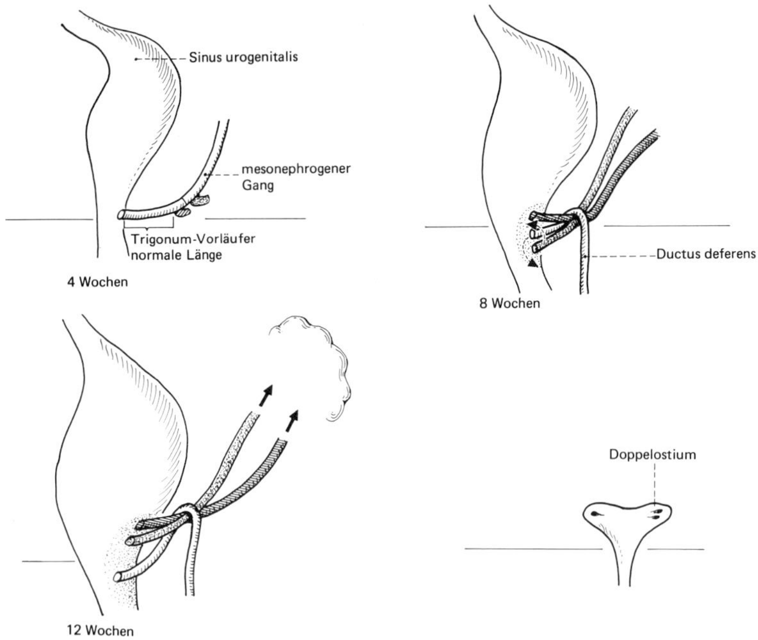

Abb. 5.23 Entwicklung des Ureter duplex aus zwei Ureterknospen.

Embryologie

Zwei getrennte Ureterknospen entspringen dicht nebeneinander aus dem Wolffschen Gang (Abb. 5.23). Dieser kritische Moment (4. Embryonalwoche) entscheidet darüber, ob der Ureter duplex im späteren Leben krankmachende Bedeutung haben wird oder nicht. Entspringen beide Ureterknospen an regulärer Stelle des Wolffschen Ganges, dann ist damit zu rechnen, daß sie sich wie ein physiologischer Monoharnleiter verhalten. Beide Ureterknospen wachsen aus zu 2 eng benachbarten Harnleitern, die sich mit einer einzigen „Kappe" metanephrogenen Gewebes vereinigen. Demzufolge ist lediglich das Hohlsystem gedoppelt. In der Blase finden sich an normaler Stelle 2 eng benachbarte Ureterostien. Ist der Trigonumvorläufer von dem Sinus urogenitalis in der 8. Embryonalwoche absorbiert worden, dann erreicht der trigonumnächste Ureter („unterer" Ureter) zuerst den Sinus urogenitalis und wandert lateral um den Samenleiter, der aus dem Wolffschen Gang hervorgeht.

Der trigonumabseitige Harnleiter („oberer" Ureter) folgt seinem Nachbarn auf der Wanderschaft um den Ductus deferens. Beide Harnleiter münden an normaler Stelle in der Blase: es muß aber der „unterer" Ureter einen höheren Ostiumsitz haben als sein „oberer" Nachbar.

Aus embryologischen Gründen kreuzt somit der untere Harnleiter mit fortschreitender Entwicklung den oberen Harnleiter, so daß der untere Harnleiter an höherer Position in der Blase sein Ostium erhält *(Meyer-Weigertsches Gesetz)*.

Ureter duplex mit Reflux

Ist der Trigonumvorläufer (Abb. 5.24) für den „unteren" Ureter zu kurz, dann wird er zeitlich zu früh (6 1/2. Embryonalwoche) vom Sinus urogenitalis absorbiert und wandert infolgedessen auch zu früh lateral um den späteren Ductus deferens herum und erreicht seinen Sitz im späteren Trigonum zu hoch und zu lateral. Der normal angelegte Nachbarureter mündet in orthotoper Position im späteren

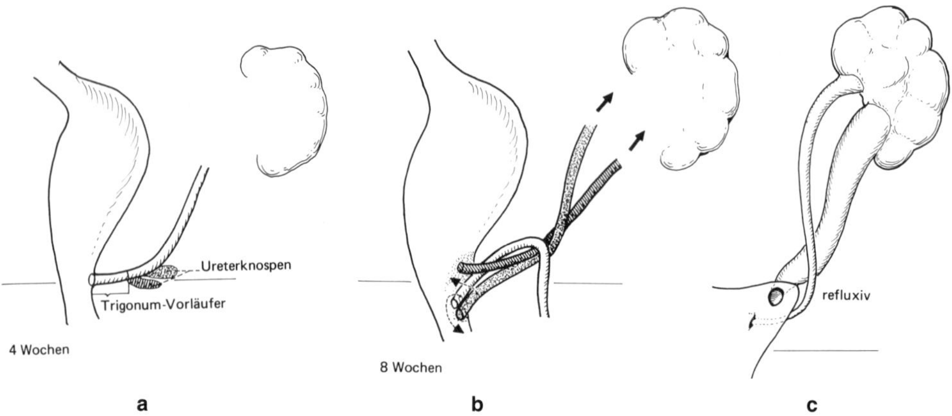

Abb. 5.24 a–c Entwicklung des Ureter duplex mit Reflux in den unteren Anteil.

Trigonum. Der „untere" Ureter hat ein zu kurzes, intramurales Segment, das nicht in der Lage ist, den Harnreflux nach Art eines Ventils zu verhindern (Hypothese von Tanagho).

Ureterduplikation mit Ektopie

In der praktischen Anwendung des Meyer-Weigertschen Gesetzes wird somit nicht nur der untere Harnleiter in der Blase „oben" münden, sondern er neigt auch zum Reflux. Der obere Harnleiter wird stets in der Blase „unten" münden mit Neigung zur Ektopie. Die formalgenetischen Vorgänge bei der Ureterduplikatur beeinflussen auch die Entstehung des Doppelharnleiters mit Ureterozele. Die Ureterozele bei Monoharnleiter oder aber der ektope Monoharnleiter werden auf S. 341 besprochen.

Retrokavaler Ureter

Der Harnleiter wendet sich aus normaler Lage seines oberen Drittels abrupt nach medial und verläuft hinter der V. cava, zwischen V. cava und Aorta, dann über die Vorderfläche der V. cava, um seine normale Lage im unteren Harnleiterdrittel wieder zu erreichen. In seinem Verlauf bildet er eine Schleife um die V. cava (Abb. 5.25).

Embryologisch entwickelt sich das infrarenale Segment der V. cava inferior aus drei Kardinalvenen. Eine der drei Kardinalvenen verläuft anterior des Ureters. Persistenz dieses embryonalen Zustandes erklärt die ungewöhnliche Schlinge des Harnleiters um oder zwischen der V. cava.

Primär obstruktiver Megaureter (POM)

Der weite Harnleiter infolge einer intrinsischen Obstruktion ist ein häufig diskutiertes und umfangreiches Thema, da sich die Klinik

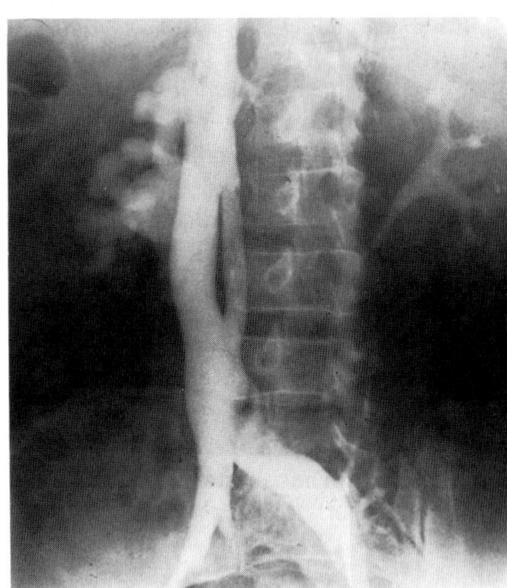

Abb. 5.25 Retrokavaler Harnleiter mit Harnstauungsniere rechts. Die kontrastmittelhaltige V. cava inf. ist abschnittsweise gedoppelt.

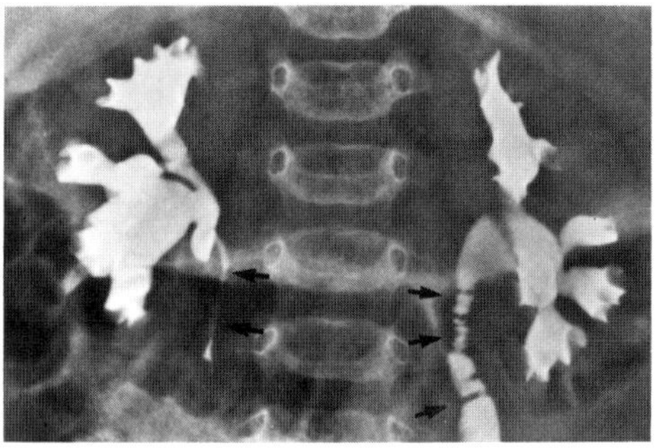

Abb. 5.26 Ureterklappen beiderseits im Urogramm (Pfeile).

des asymptomatischen Patienten im Rahmen eines Harnwegsinfektes schnell verändern und die operative Korrektur die Ausgangssituation durch einen operativ erzeugten Reflux oder eine narbige Stenose durchaus verschlechtern kann (*Hohenfellner* 1984). Die Klassifikation des kongenital weiten Harnleiters stützt sich auf eine Studie von *Cussen* (1971); zwei Drittel zeigt eine Stenose des Harnleiters, ein Drittel hatte Ureterklappen (sog. fetale Falten oder Östlingsche Briden; Abb. 5.26). Bei etwa 10 % der POM besteht außerdem ein Reflux, so daß die Unterscheidung zum sekundären, refluxiven Megaureter schwierig wird.

Sekundärer Megaureter

Eine angeborene infravesikale Obstruktion durch

- Harnröhrenklappe
- Beckenbodenspasmus
- Meatusstenose

bedingt weite Ureteren beiderseits, die stark geschlängelt und dünnwandig erscheinen – im Gegensatz zum refluxiven POM. Bereits vor der Geburt können die sekundären Megaureteren voll ausgebildet und die Nierenfunktion frühzeitig eingeschränkt sein. Besteht eine Zwangspolyurie, ist die Blase überdehnt (= Megazystis-Megaureter-Syndrom); nach Entlastung der Blase durch Zystostomie fällt das polyurisch dilatierte Hohlsystem zusammen. Eine Sonderform bietet das Prune-Belly-Syndrom, das durch einen Bauchmuskeldefekt, „dysplastische" Megaureteren, eine Kaskadenblase, weite hintere Harnröhre wegen der Prostataaplasie (s.S. 146) und Hodenretention gekennzeichnet ist. Differentialdiagnostisch ist die polyurische Harntraktdilatation mit Nierenschädigung abzugrenzen, die bei Kindern mit Diabetes insipidus oder psychogener Polydipsie beobachtet wird; eine infravesikale Obstruktion liegt hier nicht vor.

5.2.1 Diagnostik

Die zufällig entdeckte vollständige Ureterduplikation verursacht keinerlei Beschwerden. Sie tritt symptomatologisch erst in Erscheinung, wenn Reflux, Ektopie mit Obstruktion (meist an der Mündungsstelle) oder Ureterozele hinzutreten: rezidivierende Harnwegsinfekte mit/ohne Fieber, Enuresis, selten Hochdruck und Harninkontinenz bei extrasphinktärer Mündung des ektopen Harnleiters werden beobachtet. Symptomatologisch unterscheidet sich der POM nicht von der subpelvinen Stenose. Die extrinsische oder intrinische Obstruktion kann jahrelang beschwerdefrei bleiben, bis krampfartige Schmerzen, Hämaturie, Harnwegsinfekt oder Steinbildung den Megaureter aufdecken.

Sonographie und Ausscheidungsurographie liefern häufig bereits den Schlüssel der Diagnose. Der retrokavale Harnleiter ist durch die eigenartige Hakenbildung im mittleren Ureterabschnitt zu erkennen. Der Ureter duplex bereitet ebenfalls in der Ausscheidungsurographie keinerlei diagnostische Schwierigkeiten. Differentialdiagnostisch kommt lediglich der tiefe Ureter fissus (V-förmiger Ureter) in Betracht.

Ist das Hohlsystem unauffällig und fehlen Krankheitszeichen, verlangt die Feststellung eines Ureter duplex keine weiteren Untersuchungen. Eine Ektasie oder gar eine verzögerte Ausscheidung (Spätaufnahmen!) im oberen Abschnitt sollten an einen Ureter duplex mit Ektopie des oberen Harnleiters denken lassen. In 75 % ist die obere, dem ektopen Harnleiter zugehörige Nierenhälfte, dysplastisch geschä-

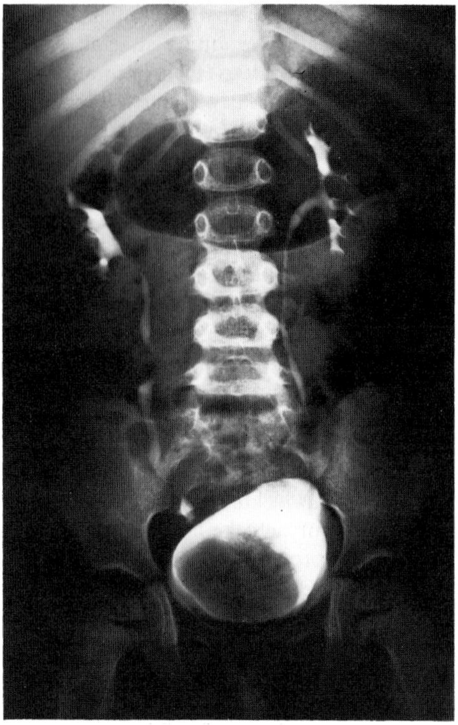

Abb. 5.27 Ektope Ureterozele rechts. Der Harnleiter der rechten oberen Nierenhälfte, die urographisch stumm ist, mündet in Form einer ektopen Ureterozele (= Füllungsdefekt in der Blase). Die Kelche der rechten unteren Nierenhälfte weisen latero-kaudalwärts („welkende Blume").

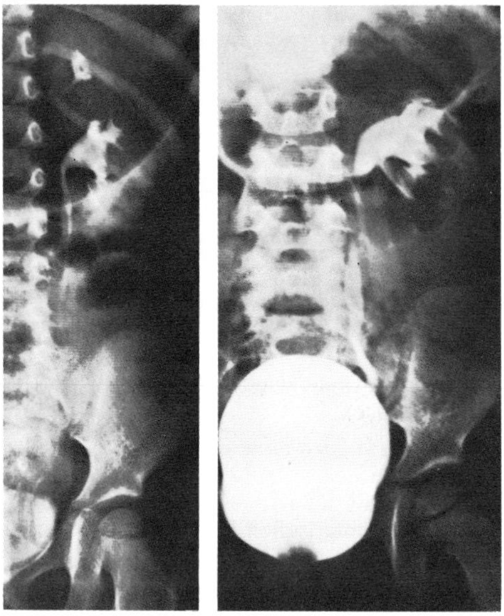

a b

Abb. 5.28 a, b **a** Ureter duplex links. **b** Mit Reflux in die unteren Nierenhälfte.

digt. Da eine reguläre Harnsekretion nicht erfolgt, ist auf dem regulären Ausscheidungsurogramm die obere Nierenhälfte stumm. Die untere, ausscheidende Nierenhälfte weist in ihren Sekundärkelchen nach Art einer welkenden Blume kaudalwärts (Abb. 5.27). Die Spätaufnahme erklärt die Situation eines ektopen oberen Harnleiters. Die Ursache dieser verzögerten, erst auf Spätaufnahmen erkennbaren Kontrastmittelsekretion ist die primäre Dysplasie mit zusätzlicher postobstruktiver Atrophie. Auch ein Doppelureter mit ektoper Ureterozele, die ebenfalls stets zur oberen Nierenhälfte gehört, präsentiert sich im Ausscheidungsurogramm in gleicher Art und Weise. Ein Hinweis auf die Ureterozele ergibt sich aus dem Füllungsdefekt in der zystographischen Phase des Urogramms (Abb. 5.27).

Ist der Doppelharnleiter durch einen Reflux in den unteren Abschnitt kompliziert, lenkt die Ausscheidungsurographie mit Verplumpung der Endkelche der unteren Nierenhälfte den Verdacht auf einen vesiko-uretero-renalen Reflux in den unteren Harnleiter.

Der Ureter duplex mit Ureterozele, Ureterektopie oder vesikorenalem Reflux wird weiter durch eine Refluxzystographie abgeklärt. Bei der Ureterozele besteht häufig ein ipsilateraler Reflux in den unteren Harnleiter.

Allerdings kann bei inkompressibler Ureterozele ein ventilähnlicher Mechanismus das Offenbarwerden des Refluxes verhindern.

Der refluxive Doppelharnleiter ist in der Refluxzystographie durch eine Kontrastmittelanreicherung nur in der unteren Nierenhälfte charakterisiert (Abb. 5.28). Das Phänomen der welkenden Blume, wie es in der Ausscheidungsurographie bei der Ureterduplikation mit Ektopie oder ektoper Ureterozele beobachtet wird, wird beim refluxiven Doppelharnleiter durch die Refluxzystographie verursacht (Abb. 5.28).

Die Ultraschalluntersuchung erlaubt die Erkennung einer Doppelniere. Die Ektasie des oberen Nierenbeckenkelchsystems wird ebenso

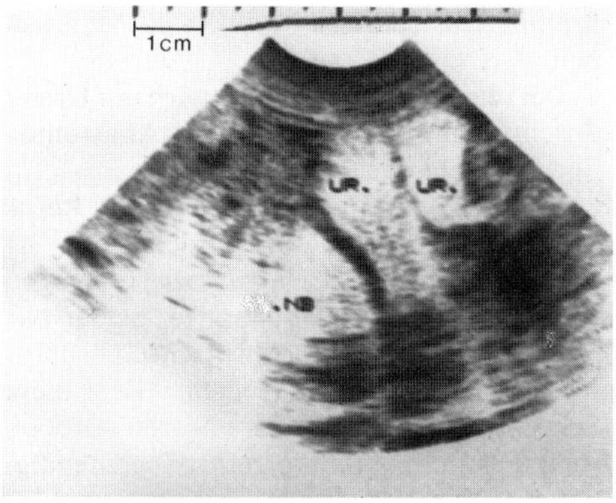

a

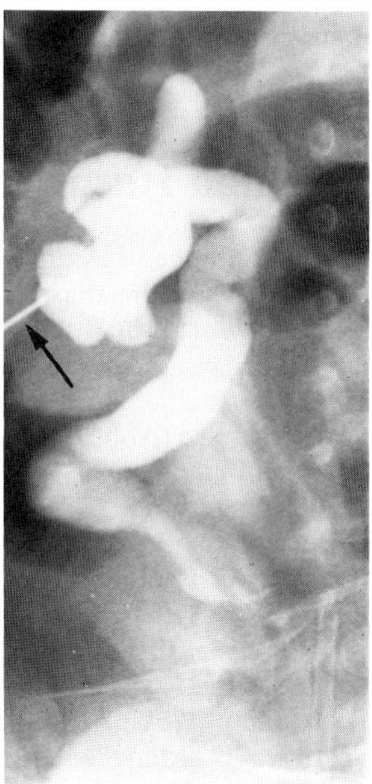

b

Abb. 5.29 a, b Primär obstruktiver Megaureter rechts.
a Longitudinales Sonogramm; die linke Bildhälfte ist konventionsmäßig oben. NB = Nierenbecken, UR = Ureter. Der Ureter ist abschnittsweise 2 cm (cm-Eichskala am oberen Bildrand) dick.
b Antegrades Pyelo-Ureterogramm bei einem 4 Wochen alten, fiebernden, männlichen Säugling. Die Punktionsnadel ist zu erkennen (Pfeil).

wie die refluxive pyelonephritische Schädigung des unteren Abschnittes nachgewiesen. Die Ultraschalluntersuchung auf dem Niveau der Blase macht die Ureterozele direkt sichtbar. Die Zystoskopie klärt die Situation bei Doppelostium. Bei refluxivem Doppelureter weicht ein Ostium nach kranio-lateral von der normalen Position im Trigonum ab. Bei unkompliziertem Ureter duplex befinden sich beide Ostien etwa auf gleicher Höhe. Das ektope Ostium ist zwischen der regulären Position im Trigonum und dem Colliculus seminalis bzw. der hinteren Harnröhre beim Mädchen zu suchen. Entzündlich stenosiert ist gerade das ektope Ostium sehr schwierig zu erkennen. Die Ureterozele ist als ballon- oder zeltartiger „Tumor“ im Blasenlumen auszumachen.

Der obstruktive Megaureter ist sonographisch häufig nachzuweisen (Abb. 5.29 a) und wird urographisch oder durch antegrade Pyelo-Ureterographie (Abb. 5.29 b) bestätigt. Im Rahmen der antegraden Röntgenuntersuchung ist der Schweregrad der Obstruktion durch eine Druck-Fluß-Messung (Whitaker-Test) direkt zu belegen. Der Whitaker-Test ergänzt das Lasix-Isotopennephrogramm. Bei obstruktivem, retrokavalen Ureter ist die Kavographie (s. Abb. 5.25; S. 136), gelegentlich auch mit simultaner retrograder Pyelographie zweckmäßig.

5.2.2 Therapie

Der zufällig entdeckte, unkomplizierte Ureter duplex bedarf keiner operativen Behandlung. Der refluxive Ureter duplex wird bei geschädigtem Parenchym der zugehörigen unteren Nierenhälfte durch Heminephroureterektomie behandelt. Der Ureterstumpf sollte wegen des Refluxes mitentfernt werden, da sonst ein Ureterempyem resultieren kann. Bei erhaltenswertem Nierenparenchym ist eine Antirefluxplastik über beide (!) Harnleiter gerechtfertigt (s. Abb. 5.22; S. 134). Man vermeidet die Trennung des Ureter duplex, um die Blutversorgung über die Ureter-Adventitia nicht zu gefährden.

Der Ureter duplex mit ektoper Ureterozele oder Ektopie muß fast stets durch Heminephroureterektomie der oberen Nierenhälfte behandelt werden. Wichtig ist die gleichzeitige Entfernung der Ureterozele, da deren Reste ventilartig den Blasenausgang verlegen können und Anlaß zu rezidivierenden Harnwegsinfekten sind. Nach Ureterozelenentfernung erweist sich der ipsilaterale „untere“ Harnleiter als refluxiv, so daß zweckmäßigerweise simultan mit der Ureterozelenexstirpation eine

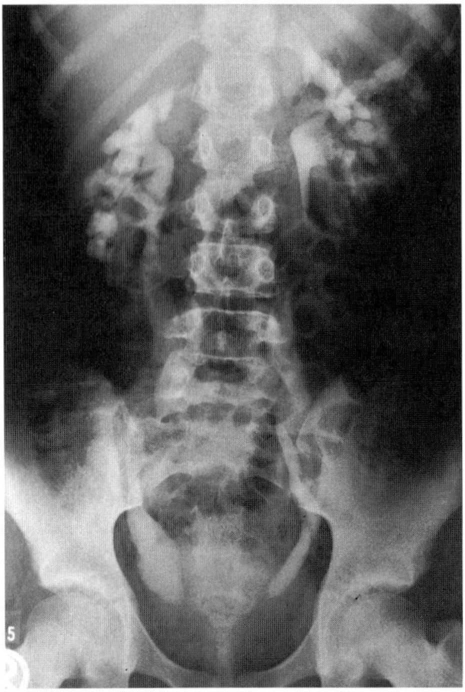

Abb. 5.30 15jähriger Knabe mit unbehandeltem primär obstruktivem Megaureter. Spontane Defektheilung mit kompensierter Niereninsuffizienz (Serumkreatinin 1,8 mg/dl).

Antirefluxplastik über den unteren Harnleiter vorgenommen wird. In ausgesuchten Fällen kann versucht werden, die Ureterozele durch eine horizontale Schlitzung zu beheben; bei Ureterozelenrezidiv oder Reflux wird in etwa 50 % der Fälle sekundär eine offene Operation notwendig.

Der POM wird nur behandelt, wenn die Symptome oder eine sich verschlechternde Nierenfunktion dazu zwingen. Ohne Nachweis einer Obstruktion ist eine Korrekturoperation (Strikturresektion, Verschmälerung und Neueinpflanzung in die Blase; s. Abb. 4.12, S. 87) nicht gerechtfertigt; denn die Dilatation per se ist trotz des bestehenden Totraums und der veränderten Druck-Fluß-Verhältnisse nicht korrekturbedürftig (*Hohenfellner* 1984).

Im Erwachsenenalter gibt sich der unbehandelte POM an der segmentalen Dilatation des Harnleiters oberhalb seiner engen Strecke und den abgeflachten, plumpen Kelchen („ausgebrannte Obstruktion"; Abb. 5.30) zu erkennen.

Der retrokavale Harnleiter wird mit Ureterdurchtrennung und End-zu-End-Anastomose operativ behandelt.

Ureterduplikationen – selbst mit Reflux und/oder Ektopie – werden nicht selten erst im Erwachsenenalter diagnostiziert. Ausgußsteine der unteren Nierenhälfte, beider Nierenhälften oder pyelonephritische Schrumpfnieren sind die Spätfolgen. Bei dieser Schrumpfniere ist die obere Nierenhälfte obstruktiv und die untere refluxiv geschädigt. Unter diesen Umständen bleibt nur noch die Nephroureterektomie.

5.3 Blase und Harnröhre

Unter den Fehlbildungen des unteren Harn- und Genitaltraktes hat die Blasenekstrophie wegen ihrer Inzidenz (1 : 10 000 Geburten) und ihrem Schweregrad besondere Bedeutung. Die Blasenekstrophie ist eine häufige Form eines Mißbildungsspektrums (Abb. 5.31), das durch eine Spaltbeckenbildung, eine klaffende infraumbilikale Bauchwand, einen Defekt des ventralen Abschnitts des Urogenitaltraktes und Anomalien des Enddarms gekennzeichnet ist. Dieser Ekstrophie-Epispadie-Komplex umfaßt die Kloakenekstrophie als schwerste, noch mit dem Leben zu vereinbarende Mißbildung und die glanduläre Epispadie bzw. klaffende Harnröhre (bei Mädchen) als leichteste Abweichung von der Norm.

Die Harnröhrenfehlbildungen werden auf S. 341 abgehandelt.

Embryologie des Ekstrophie-Epispadie-Komplexes

Die Genitalhöcker verschmelzen oberhalb der zunächst nur zweiblättrigen Kloakenmembran. Bildet sich eine überentwickelte Kloakenmembran während der ersten sechs Embryonalwochen nicht zurück, wirkt sie als mechanische Barriere dem einwachsenden Mesoderm wie ein Keil entgegen. Es können sich also die Strukturen der vorderen Bauchwand wie Mm. recti und Schambeine nicht vereinigen. Die Schambeine bleiben gespalten und ebenfalls die mit ihnen verbundenen Schwellkörper von Penis oder Klitoris. Rupturiert die

Ekstrophie-Epispadie-Komplex

▲

mit mesonephrogenem Gang

▲

Kloakenekstrophie

▲

mit Anus imperforatus und Fistel

▲

mit Rektumprolaps

▲

mit Analinsuffizienz

▲

TYPISCHE EKSTROPHIE

▼ ♂	▼ ♀	▼
Epispadie	Epispadie mit Inkontinenz	Fissura abdominalis superior
▼	▼	▼
penopubisch Inkontinenz	subsymphysär	Abortivformen
▼	▼	
penil Kontinenz	klaffende Urethra	
▼		
glandulär Kontinenz		

Abb. 5.31 Embryologische Beziehungen und Variationen des Ekstrophie-Epispadie-Komplexes (*Marshall* et al., 1962).

übergroße zweiblättrige Kloakenmembran in der 7. Embryonalwoche, ist die Bauchwand aufgrund der Keilwirkung der zu großen Kloakenmembran ungenügend angelegt, und es entsteht die Hemmungsmißbildung Spaltblase.

Dieser Keileffekt bei der Entstehung der Blasen- oder Kloakenekstrophie wurde von *Marshall* und *Muecke* nachgewiesen, die beim Hühnchenembryon winzige Milliporefilter in den Bezirk der infraumbilikalen Kloakenmembran implantierten und damit eine Blasenekstrophie erzeugen konnten.

Klinik
(Abb. 5.32)

Im Vordergrund steht die Harninkontinenz. Uringetränkte fötide Vorlagen oder Windeln bedeuten für den Betroffenen einen miserablen Zustand. Die auf der Blasenplatte reibende Kleidung ruft Schmerzen hervor. Die vesikale Mukosa ist chronisch entzündet, teilweise von Phosphatsalz-Krusten bedeckt und neigt zu Pilz-Superinfektionen, beispielsweise Candida albicans. Die Haut des Abdomens

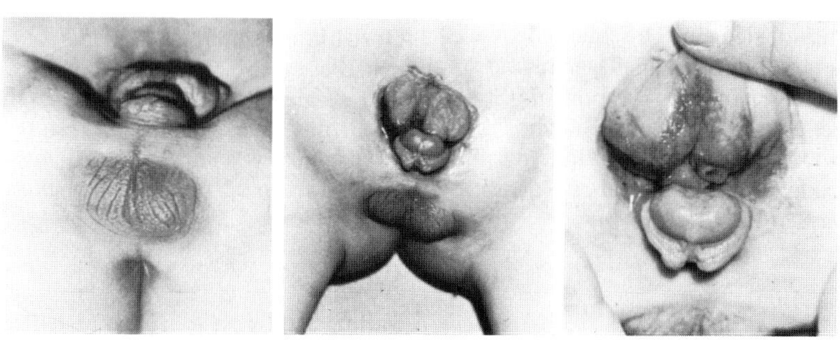

a b c

Abb. 5.32 a–c Blasenekstrophie mit Leistenhoden beiderseits (**a**), epispadem, verkürztem Penis (**b**) und volarer Vorhautschürze (**c**).

und der inneren Oberschenkel ist exkoriiert. Bei nachlässiger Pflege entwickelt sich ein Urinekzem. Der typische Entengang infolge des Spaltbeckens wird erst in der Adoleszenz überwunden. Die Blasenekstrophie ist stets mit einer Epispadie des Penis oder der Klitoris kombiniert. Der Nabel fehlt häufig. Doppelseitige Hodenretention und Leistenhernien vervollständigen das Mißbildungssyndrom.

Kloakenekstrophie

Die Kloakenekstrophie (Synonym: fissura-vesico-intestinalis) ist die schwerste Variante des Ekstrophie-Epispadie-Komplexes, die mit dem Leben vereinbar ist. Die ekstrophierte Blase erscheint in zwei separaten Abschnitten vor der defekten unteren Bauchwand. Zwischen diesen beiden Abschnitten tritt der Darmprolaps (Zäkum und terminaler Dünndarm) in Erscheinung. Anus imperforatus und gelegentlich eine Myelomeningozele begleiten diese Mißbildung. In Einzelfällen beobachtete Mißbildungen, deren Namen für sich selbst sprechen, sind die Blasendoppelung, die septierte Blase und die Uhrglasblase. Die Blasenagenesie ist formal genetisch interessant und leitet über zur weiblichen Hypospadie, die durch ein Fehlen des Septum urethrovaginale gekennzeichnet ist.

Urachuspersistenz

Der Urachus ist eine tubuläre, tridermale Struktur, die zwischen Peritoneum und Fascia transversalis vom Blasendach zum Nabel zieht. Der Urachus ist vom Übergangsepithelium ausgekleidet. Unterbleibt die Obliteration, entwickelt sich eine Urachuszyste. Gelegentlich ist der durchgängige Urachus assoziiert mit dem Prune-Belly-Syndrom (Synonym: Eagle-Barrett-Syndrom, Bauchdeckenaplasie-Syndrom). Symptome sind: periumbilikale Exkoriation, chronischer Harnwegsinfekt oder Septikämie.

Blasendivertikel

Die gehäufte Anwendung der Miktionszysturethrographie (MZU) ist die Ursache dafür, daß Harnblasendivertikel besonders beim Kind häufiger erkannt werden.

Definition: Beim Harnblasendivertikel handelt es sich um eine hernienartige Ausstülpung der Blasenschleimhaut an Schwachstellen zwischen den spiraligen Detrusorbündeln. Eine Balkenblase infolge eines erhöhten Auslaßwiderstandes ist gekennzeichnet durch Pseudodivertikel, also Schleimhautmulden zwischen den lumenwärts vorspringenden hypertrophierten Detrusorbündeln.

Die Unterscheidung von einem retrovesikalen Sacculus – im Grunde genommen nur ein kleines Divertikel – ist willkürlich. Praktisch wichtig ist die Feststellung, ob es sich um ein Divertikel mit weitem oder engem Hals handelt; denn dies kennzeichnet das Entleerungsvermögen des Divertikels. Das typische Divertikel bildet sich paraureteral am Hiatus uretericus der Blasenwandmuskulatur (Schwäche der Waldeyerschen Scheide) infolge eines erhöhten Blaseninnendruckes (Hutch-Divertikel; s. Abb. 5.34).

Ätiologie

Ein erhöhter Auslaßwiderstand infolge von Harnröhrenklappen, Strikturen oder vorderen Harnröhrendivertikeln begünstigt die vesikale Divertikelentstehung oder verschlimmert das angelegte Divertikel. Da aber Blasendivertikel ohne den geringsten Hinweis auf eine infravesikale Obstruktion bei völlig normalem intravesikalen Druck auftreten können, scheint eine mangelhafte Detrusorentwicklung eine wichtige Voraussetzung für das kongenitale Divertikel zu sein. Das typische kongenitale Blasendivertikel tritt solitär bevorzugt posterolateral der Uretermündung in Erscheinung (Abb. 5.33 a).

Multiple Divertikel werden bei der fortgeschrittenen Balkenblase und infravesikaler Obstruktion (Abb. 5.33 b) oder der neurogenen Blase (Abb. 5.33 c) beobachtet. Das paraureterale kleine Divertikel (Hutch-Divertikel) wölbt sich neben dem transmuralen Ureterabschnitt vor und verkürzt den submukösen Tunnel: es begünstigt den vesikoureteralen Reflux (Abb. 5.34).

Symptome

Pathognomonische Krankheitszeichen des Divertikels fehlen. Das kongenitale solitäre Divertikel wird in der Regel zwischen dem 3. und 10. Lebensjahr manifest. Harnwegsinfekt, Enuresis und Gefühl der unvollständi-

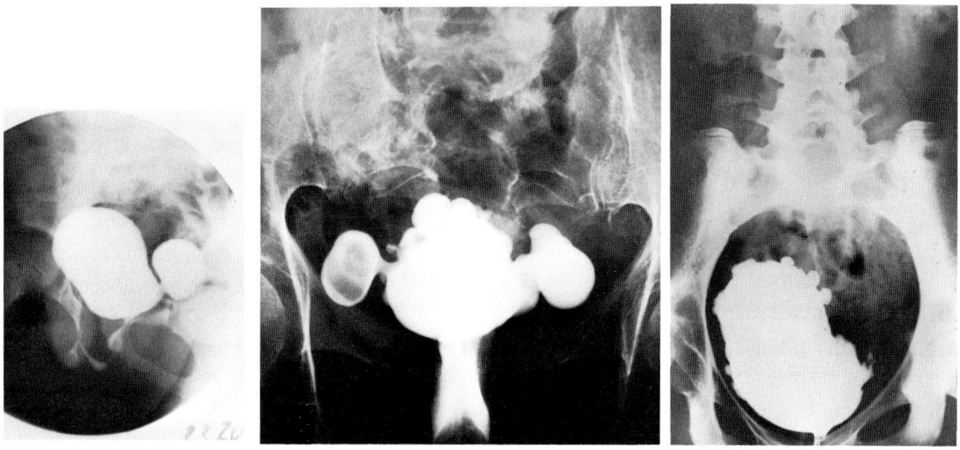

a b c

Abb. 5.33 a–c Blasendivertikel.
a Kongenitales Solitärdivertikel.
b Multiple Divertikel bei infravesikaler Obstruktion.
c Pseudodivertikel bei neurogener Blase. Rechtsverlagerung der Blase infolge des obstipierten „neurogenen" Enddarmes.

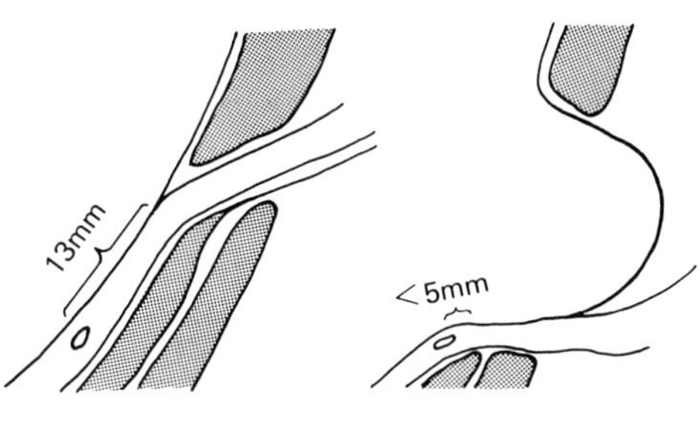

a b

Abb. 5.34 a, b Verkürzung des submukösen Tunnels durch ein Hutch-Divertikel.

gen Blasenentleerung werden bei älteren Kindern beobachtet.

Folgen

Restharn im Divertikel und Entzündung mit Mukosaödem im Divertikelhals, der dadurch weiter verengt wird, setzen einen Circulus vitiosus in Gang. Steinbildung, Plattenepithelmetaplasie und im höheren Lebensalter Divertikelkarzinome sind mögliche Entwicklungen.

5.3.1 Diagnostik

Die Blasenekstrophie ist prima vista zu erkennen. Bei dem Erkrankten muß nach Leistenhernien, retinierten Hoden, Analatresie und sogar Rückenmarksspaltbildung gefahndet werden. Die Ureterostien sind deutlich sichtbar. Beim Knaben ist der breite stummelförmige Penis in Gänze dorsal gespalten und hat eine volare Vorhautschürze (Abb. 5.32, s.S. 141). Beim Mädchen besteht eine Clitoris bifida.

Sekretion via Umbilicus und tastbarer Unterbauchtumor zwischen Nabel und Symphyse sind verdächtig auf eine Urachuspersistenz. Sonographisch (Abb. 5.35 a, b) ist die Diagnose eines präperitonealen supravesikalen zystischen Gebildes zu sichern. Die Ausscheidungsurographie demonstriert insbesondere in der zystographischen Phase ebenso wie die retrograde Zystographie die Beziehung der Harnblase zum persistenten Urachus. Beim Harnblasendivertikel ist das MZU entscheidend. Nach Entleerung bleibt besonders beim Divertikel mit engem Hals Kontrastmittel zurück. Das MZU offenbart darüber hinaus eine infravesikale Obstruktion, multiple Diverti-

a
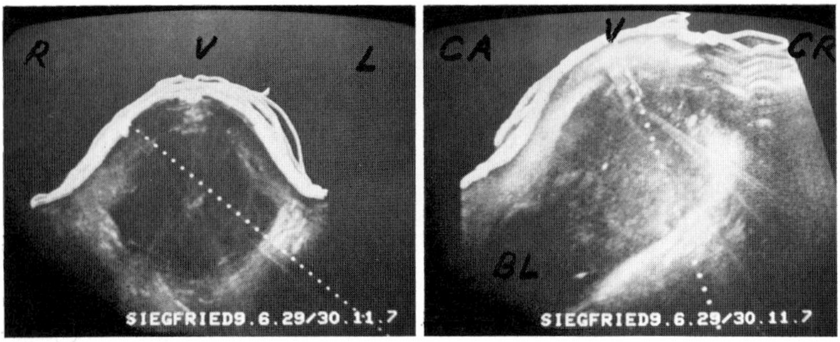

b

Abb. 5.35 a, b Urachuszyste. **a** Transversaler und **b** longitudinaler Ultraschallschnitt. R = rechts, L = links, V = ventral, CA = kaudal, CR = kranial, BL = Blase; gepunktete Linie = cm-Eichung.

kelbildung bei fortgeschrittener Balkenblase oder aber die typische Konfiguration der neurogenen Blase. Die Zystoskopie zeigt besonders beim paraureteralen Divertikel die Beziehung von Ureterostium zum Divertikelhals. Der kurze submuköse Tunnel ist endoskopisch deutlich auszumachen. Eine zuständige infravesikale Obstruktion wird durch die Einführung des Zystoskopes unter Sicht nachgewiesen.

5.3.2 Therapie

Die Blasenekstrophie wird früh operativ behandelt. Mehrere operative Behandlungsschritte sind hierzu erforderlich:

- Blasenaufbauplastik
- Epispadiekorrektur
- inguinale Herniorrhaphie und Orchidopexie

In der ersten Woche post partum wird die ekstrophierte Blase geschlossen; diese Aufbauplastik verlangt gleichzeitig eine Rekonstruktion von Blasenhals und Harnröhrenverschlußapparat. Harninkontinenz und Harnstauung (Abb. 5.36) sind mögliche Spätprobleme. Im Rahmen der Aufbauplastik werden die Ureteren im Fundus – supratrigonal – refluxsicher reimplantiert. Möglicherweise wird eine Harnkontinenz dann zuverlässig erreicht, wenn die gesamte Blasenplatte zur Sphinkterbildung verwandt und eine Blase aus Dünn- und Dickdarm gebildet wird.

Eine Alternative ist die Ureterosigmoideostomie mit Exstirpation der Blasenplatte und plastischer Rekonstruktion der Bauchdecke. Allerdings sind die Früh- und Spätkomplikationen zu beachten (s.S. 104). Beim voroperierten Patienten ist die Harnableitung über einen Darmpouch mit Nabelstoma eine wichtige Alternative (s.S. 107).

Beim Knaben wird in der Regel vor der Einschulung die obligate Epispadie operativ korrigiert (s.S. 342). Beim Mädchen wird mit Beginn der Pubertät das typische narbige Hymen operativ gespalten. Konzeptionsfähigkeit ist gegeben.

Urachuspersistenz

Die Exzision des persistierenden Urachus ist Therapie der Wahl. Als dysontogenetischer Tumor tritt im 5./6. Lebensjahrzehnt vereinzelt ein Urachuskarzinom auf. Die Zystektomie unter Einschluß des Nabels stellt die Therapie der Wahl dar.

Blasendivertikel

Das kongenitale solitäre Blasendivertikel wird nach Ausschluß oder Beseitigung einer infravesikalen Obstruktion und fehlendem vesikoureteralen Reflux lediglich mit wiederholten Harnkontrollen beobachtet. Größere Divertikel mit engem Hals, Restharn und chronischer Entzündung sollten nach Eröffnung der Blase exzidiert werden (Divertikulektomie). Paraureterale Divertikel (Hutch-Divertikel) werden im Rahmen der Antirefluxplastik beseitigt.

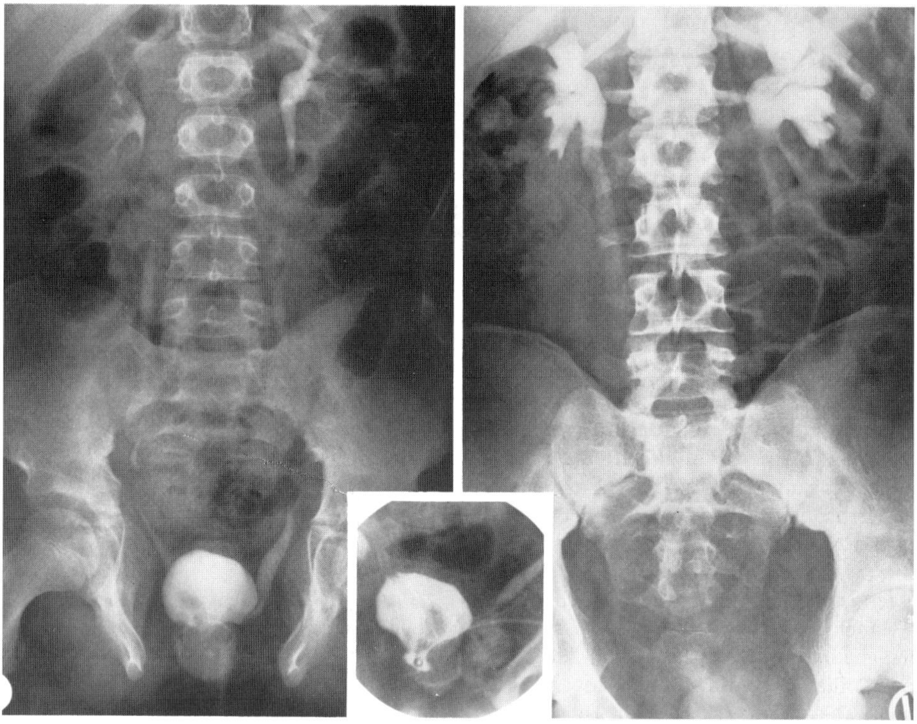

a b c

Abb. 5.36 a–c Blasenekstrophie.
a Urogramm präoperativ.
b persistierender Reflux links nach Aufbauplastik.
c Urogramm 5 Jahre nach Aufbauplastik; progrediente Harnstauung beider Nieren.

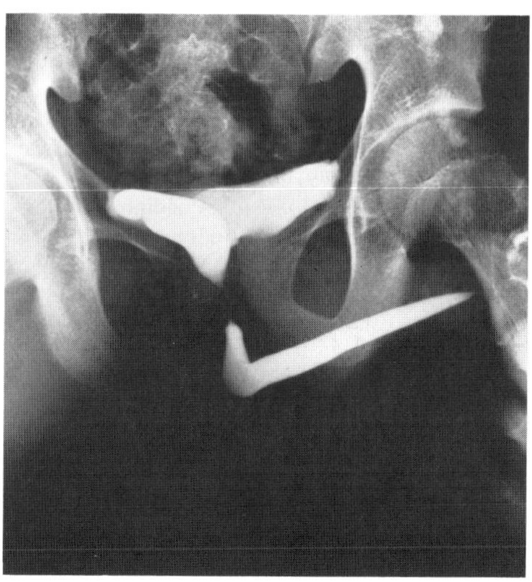

Abb. 5.37 Utrikuluszyste (in Projektion auf die rechte Blasenhälfte) im retrograden Urethrogramm.

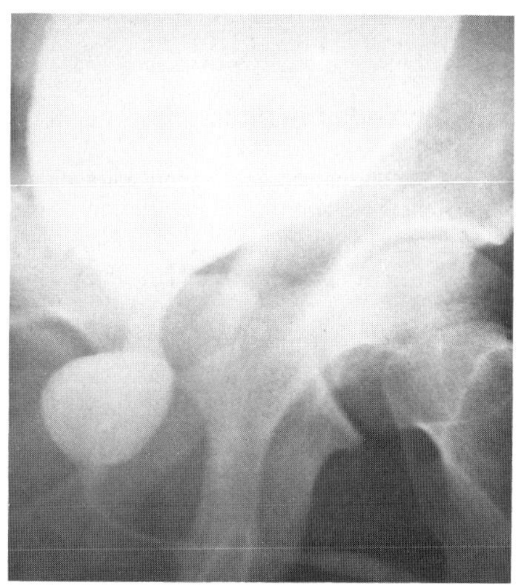

Abb. 5.38 Prune-Belly-Syndrom. Zwiebelförmige Erweiterung der hinteren Harnröhre im Miktionszystourethrogramm.

5.4 Prostata und Samenblasen

Praktisch bedeutungsvoll sind Zysten des Utriculus prostaticus (einem Abkömmling der vereinten Müllerschen Gänge, somit Uterus und oberer Vagina analog).

Derartige Utriculuszysten (Abb. 5.37) sind gelegentlich mit einer Hypospadie und einer Hodenretention vergesellschaftet. Bei dieser Konstellation ist eine Störung der normalen sexuellen Differenzierung im Sinne eines männlichen Pseudohermaphroditismus anzunehmen. In Ergänzung zur Bestimmung des chromosomalen und gonadalen Geschlechtes klärt das MZU die Situation. Urethroskopisch ist der Abgang der Utrikuluszyste sichtbar. Die Kernspintomographie verbessert die Abklärung. Eine operative Exstirpation der Utrikuluszyste bei rezidivierenden Harnwegsinfekten ist gelegentlich unumgänglich.

Manchmal offenbart die Zystoskopie als Ursache intermittierender Harninfekte einen vom Colliculus seminalis entspringenden Polypen. Die Therapie der Wahl ist die transurethrale Resektion.

Beim Prune-Belly-Syndrom besteht eine Prostataaplasie, erkennbar an der erweiterten Harnröhre im MZU (Abb. 5.38). Differentialdiagnose der weiten hinteren Harnröhre: Harnröhrenklappen (s.S. 332).

Weitere Fehlbildungen des Genitale s.S. 344.

Weiterführende Literatur

Cussen, L.J.: The morphology of congenital dilatation of the ureter: intrinsic ureteral lesions. Aust. N.Z.J. Surg. 41 (1971) 185

Gibbons M.D., W.J. Cromie: Advances in pediatric urology. Urol. Clin. N. Am. 12 (1985) 1

Glassberg, K.I., F.D. Stephens, R.L. Lebowitz, V. Braren, J.W. Duckett, E.C. Jacobs, L.R. King, A.D. Perlmutter: Renal dysgenesis and cystic disease of the kidney: A report of the committtee on terminology and classification, Section on Urology, American Academy of Pediatrics. J. Urol. 138 (1987) 1085

Greinacher, I., D. Weitzel, J. Spranger: Die Bedeutung von Stigmata für die Erkennung von Fehlbildungen der Nieren und Harnwege. Akt. Urol. 12 (1981) 190

Hohenfellner, R.: Harnleiterfehlbildungen. Therapiewoche 34 (1984) 6563

Homsky, Y.L., P.H. Mehta, D. Hnot, S. Danais: Intermittent hydronephrosis: A diagnostic challenge. J. Urol. 140 (1988) 1222

Marshall, V.F., E.C. Muecke: Variations in exstrophy of the bladder. J. Urol. 88 (1962) 766

Potter, E.L.: Normal and Abnormal Development of the Kidney. Year Book Medical Publisher, Chicago 1972

Retik, A.B.: Pediatric urinary tract obstruction. Urol. Clin. N. Am 17 (1990) 2

Rosenbaum, K.N.: Genetics and Dysmorphology. In: *Kelalis, D.P., L.R. King* (Hrsg.) Clinical Pediatric Urology, 2. Aufl., W.B. Saunders, Philadelphia 1985

Sparwasser, C., R. Basting, J.E. Altwein: Aktuelles Programm zur Differenzierung zystischer und solider Raumforderungen der Niere. Urologe A 23 (1984) 153

Stephens, F.D.: Congenital malformations of the urinary tract. Praeger, New York 1983

Tanagho, E.A.: Embryologic basis for lower ureteral anomalies: hypothesis. Urology 7 (1976) 451

Tsuchida, S.: Pathogenesis of congenital hydronephrosis. Akt. Urol. 20 (Suppl.; 1990) 73

Whitaker, R.H.: An evaluation of 170 diagnostic pressure flow studies of the upper urinary tract. J. Urol. 121 (1979) 602

Williams, D.I., J.H. Johnston: Paediatric Urology. 2. Aufl. Butterworths, London 1982

6 Entzündungen (GK 3-6)

H. Rübben

Die urologischen Entzündungen verbinden über patho-physiologische, diagnostische und differential-therapeutische Aspekte, internistische und chirurgische Tätigkeitskomponenten.

Aus der morphologischen Verschiedenheit des Urogenitalsystems (parenchymatöse Organe, Hohlraumsysteme) ergibt sich eine breite Palette entzündlicher Veränderungen.

Von therapeutischem Interesse ist die Unterscheidung der einfachen, afebrilen, meist nicht-invasiven Hohlrauminfektion von der in der Regel febrilen, oft invasiven, das Nierenparenchym angreifenden Infektion.

Aus topographisch-anatomischen Gründen reagiert das Urogenital-System bei Entzündungen meist als *Einheit*. Beispiele für diesen Pathomechanismus sind die durch eine Harnröhrenstriktur bedingte Epididymitis und chronische Pyelonephritis sowie die Urogenitaltuberkulose.

Prädisponierende Faktoren

Neben allgemeinen Faktoren wie konsumierenden Erkrankungen, spezifischen oder unspezifischen Abwehrschwächen, Schwangerschaft oder Stoffwechselerkrankungen (z.B. Diabetes mellitus, Gicht) begünstigen und unterhalten eine urologische Entzündung:

- Obstruktion mit Harntransportstörung
- Fremdkörper als Keimnidus (vor allem Steine)
- Topographische Gegebenheiten (urethro-vagino-anales Grenzgebiet sowie kurze Harnröhre der Frau

Keimbesiedlung

Urogenitale Entzündungen entstehen entweder *exogen* durch Keimbesiedlung von außen oder *endogen* durch hämatogene und möglicherweise lymphogene Aussaat von anderen Organen, sowie *kanalikulär* über infizierten Urin *(urogen)*.

Neben der klinischen Präsentation der Entzündung mit ihrer lokalen oder generalisierten Symptomatik kommt dem bakteriologischen Harnbefund, da primär lokalisierte urologische Entzündungen über die Harnwege zu einer urologischen Systemerkrankung führen können („Harnwegsinfekt"), entscheidende diagnostische Bedeutung zu.

Von einer signifikanten Bakteriurie spricht man bei einer Anzahl $> 10^5$ Keime/ml Urin. Eine nicht-signifikante Bakteriurie schließt jedoch eine Infektion nicht aus. Ursachen hierfür sind im Tab. 6.1 aufgeführt.

Umgekehrt kann es sich bei einer signifikanten Keimzahl auch einmal um eine Kontamination handeln; so sind Spontanurine immer sekundär kontaminiert. In diesen Fällen werden in der Kultur meist mehrere Keime nachgewiesen.

Lokalisationsmethoden

Der größte Anteil der für die Lokalisationsbestimmung zur Verfügung stehenden Methoden ist für die Praxis zu aufwendig oder zu kostspielig. Als brauchbar haben sich die Bestimmungen folgender Größen erwiesen: C-reaktives Protein, LDH-Isoenzym-Muster im Urin (unterscheidet Pyelonephritis und Zystitis) sowie die Granulozytenelastase im Plas-

Tabelle 6.1 Ursachen einer nicht-signifikanten Bakteriurie.

physiologisch	Pollakisurie Polyurie (Isosthenurie) Diurese
iatrogen	Kontamination mit Antiseptika antibakterielle Chemotherapie
mikrobiologisch	Infektion mit Nicht-Varia-Erregern (Tbc, Chlamydien, Mykoplasmen)

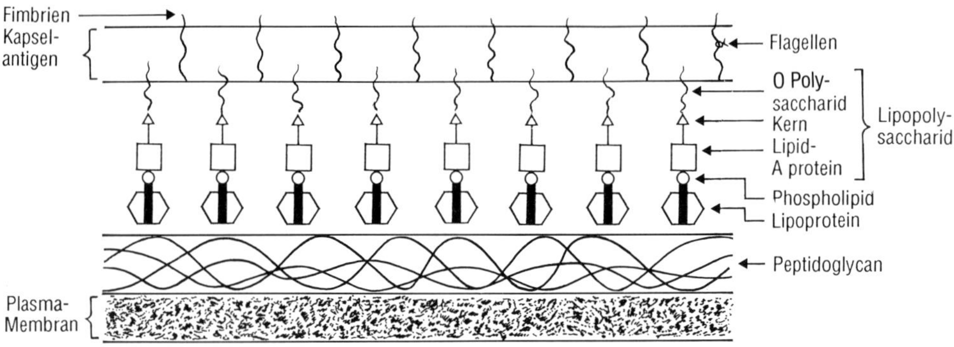

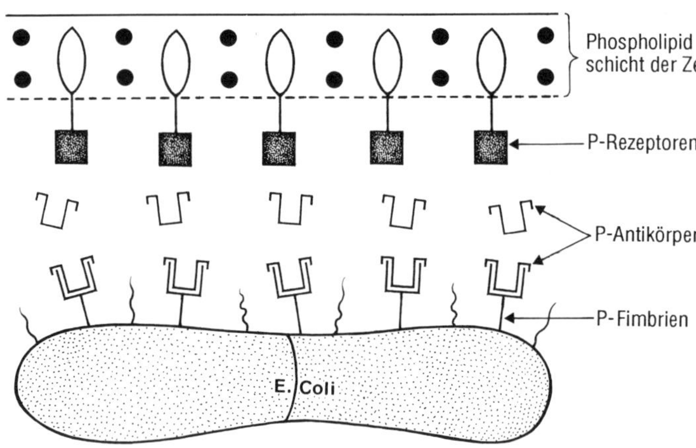

Abb. 6.1 a, b **a** Zelloberfläche von Escherichia coli, die eine Bedeutung als antigene Determinante haben und ein Interesse bei der Impfstoffherstellung beanspruchen.
b Schematische Darstellung der Adhäsion von Kolibakterien durch Antikörper gegen P-Fimbrien.

ma. Ihre Konzentration steigt mit der Schwere der Entzündung, ist daher auch als Parameter für die Verlaufskontrolle wertvoll.

Virulenzfaktoren und Abwehrmechanismen

Einigen Mikroorganismen stehen Virulenzfaktoren zur Verfügung, die pathogenetisch bedeutsam sind. Die haarähnlichen Fimbrien (Pili) verschiedener Enterobakterien produzieren ein Adhäsin, das es ihnen ermöglicht, mit Rezeptoren des Urothels eine spezifische Bindung einzugehen, wodurch sie der mechanischen Auswaschung widerstehen. Des weiteren sind mikrobielle Antigene bekannt. So kann das O-Antigen, ein Lipopolysaccharid der Zellmembran, die Ureterperistaltik sowohl supprimieren, als auch bis an die Spasmusgrenze steigern. Beidesmal sistiert der aktive Harntransport (Abb. 6.1).

Dem Wirtsorganismus stehen verschiedene Möglichkeiten zur Verfügung, um die Aszension und Invasion der Erreger zu hemmen. Mechanisch wirksame Faktoren sind der ungestörte Harntransport und die restharnfreie Blasenentleerung. Zu den unspezifischen Abwehrmechanismen zählen die Phagozytose und die ausreichende Sekretion von Uromukoid (Tamm-Horsfall-Protein). Die spezifische Immunantwort besteht in der Bildung von Antikörpern.

Tabelle 6.2 Einteilung und Befundkonstellation bei Harnwegsinfekten.

		Urinkultur $> 10^5$/ml	Leukozyten-zylinder	Leukozyt-urie	Fieber	BSG-Erhöhung
Asymptomatische, isolierte Bakteriurie		+	–	– (+)	–	–
Infekt der unteren Harnwege	akut	+	–	+	(+) –	(+) –
	chronisch	+	–	+	–	– (+)
Pyelonephritis	akut	+	+	+	+ +	+ +
	chronisch	+ –	+ –	+ –	+ –	+ –

Konsequenz

Die alleinige, peripher aus der Harnkultur oder gar dem Sediment gewonnene Information ohne Spezialabklärung ist verführerisch, aber *gefährlich*. Die Primärdiagnose und Beurteilung des Therapieerfolges hat unter Zuhilfenahme klinischer, röntgenologischer, endoskopischer *und* bakteriologischer Parameter zu erfolgen (Tab. 6.2).

Es erscheint sinnvoll, die einheitliche Bezeichnung *Harnwegsinfektion (HWI)* für alle Erkrankungen mit Nachweis von Bakterien im Urin zu verwenden. Der primären HWI liegt keine urologisch-anatomische Ursache zugrunde – bedeutsam ist beispielsweise die bakterielle Adhärenz (s.S. 161) –, wohingegen die sekundäre HWI Folge und Symptom einer urologisch-anatomischen Erkrankung ist. Klinisch wichtig ist schließlich bei der rezidivierenden HWI die Unterscheidung einer

- Reinfektion: erneute Erkrankung mit Erregerwechsel vom
- Relaps: erneute Erkrankung durch den gleichen Erreger.

6.1 Unspezifische Entzündungen

Unspezifische Entzündungen des Urogenitalsystems werden vorwiegend durch gramnegative Keime hervorgerufen. Die Häufigkeit der gefundenen pathogenen Keime ergibt sich aus Tab. 6.3. Viren sind als Erreger von Harnwegsinfektionen bis auf wenige Ausnahmen nicht bekannt.

Als *Faustregel* gilt, daß bei Affektionen des Nierenparenchyms vorwiegend gramnegative Stäbchen, bei Entzündungen der Nierenhüllen auch grampositive Kokken und bei Entzündungen der männlichen Adnexen (Epididymitis, Prostatitis) beide Keimgruppen vertreten sind.

Tabelle 6.3 Erreger von Harnwegsinfektionen.

Gram	Spezies	Häufigkeit %	
–	Kolibakterien (E. coli und freundii, coliforme)	48–64	
+	Enterokokken (Str. faecalis)	18–27	
–	Proteus mirabilis	14	17,5 (14 + 3,5)
–	Indolpositiver Proteus (P. vulgaris, morganii u. rettgeri)	3,5	
+	verschiedene Streptokokken	12	
–	Pseudomonas aeruginosa (Pyocyaneus)	10	
–	Klebsiella pneumoniae	8	
–	Aerobacter aerogenes	5	
+	Staph. aureus	4–8	
–	Bacterioides fragilis	1	

6.1.1 Niere und Nierenhüllen

6.1.1.1 Akute Pyelonephritis

1. Jährlich wird ca. 800000 mal die Diagnose „Pyelonephritis" gestellt.
2. 9,5 % aller Autopsiefälle zeigen wesentliche pyelonephritische Veränderungen.
3. Die chronische Pyelonephritis ist nach der Glomerulonephritis und der diabetischen Nephropathie die häufigste Ursache für die Niereninsuffizienz im Erwachsenenalter und oft der Grund einer kindlichen Hypertonie.
4. Die Pyelonephritis ist in 20 % Ursache des terminalen Nierenversagens; von diesen Patienten mußten sich 1983 ca. 4000 einer Dialyse unterziehen.
5. Statistisch entwickelt sich bei 5–20 % der Bevölkerung eine chronische Pyelonephritis, die in ca. 80 % nicht erkannt wird.

Die „Nierenbeckenentzündung" gibt es nicht. Bei der fieberhaften, mit Flankensymptomatik und allen serologischen Manifestationen einer Allgemeininfektion einhergehenden Nierenentzündung handelt es sich vielmehr um eine *destruktive, bakterielle, interstitielle Nephritis* (= akute Pyelonephritis).

Die akute Pyelonephritis kann ein einmaliges Ereignis bleiben, Ausgang einer chronischen Pyelonephritis sein oder sich als akuter Schub einer bereits chronischen Pyelonephritis (bei Erwachsenen ca. 80 %) erstmals manifestieren. Symptomatik und Befunde lassen im Intitialstadium nur selten erkennen, ob es sich um eine *primäre* (hämatogene oder lymphogene) oder *sekundäre* (urogen-kanalikuläre) *Pyelonephritis* handelt. Die Unterscheidung ob primär oder sekundär ist praktisch bedeutsam, da der Verlauf und die Prognose der sekundären, typischerweise einseitig auftre-

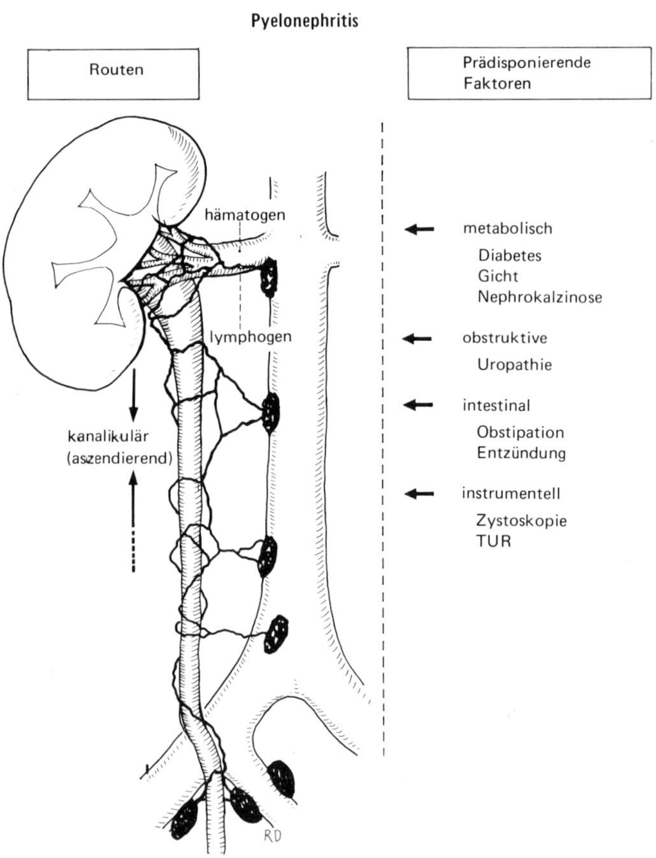

Abb. 6.2 Infektionsrouten und prädisponierende Faktoren der Pyelonephritis.

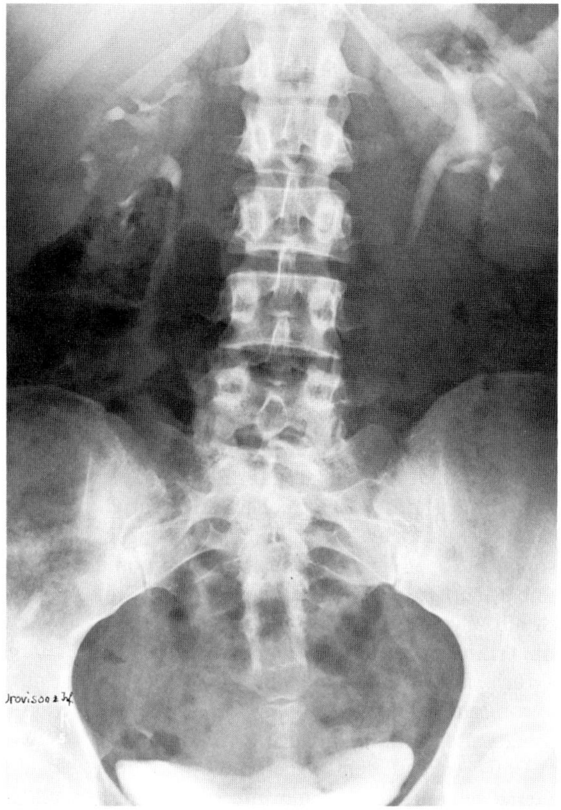

Abb. 6.3 Ausscheidungsurogramm einer 41jährigen Frau mit beidseitigen chronischen Pyelonephritiden aufgrund eines beidseitigen vesikoureteralen Refluxes. Beginnende Niereninsuffizienz (Serum-Kreatinin 1,9 mg/dl, SI = 167 μmol/l) und verzögerte Kontrastmittelausscheidung (Röntgenbild 90 Min. nach Kontrastmittelinfusion).

tenden („urologischen") Pyelonephritis durch urologische Intervention maßgeblich bestimmt werden. Ohne die auslösende Ursache (Obstruktion, Fremdkörper) zu beseitigen, bleibt der konservative Behandlungsversuch der sekundären Pyelonephritis auf Dauer erfolglos.

Häufig liegen allerdings kombinierte Infektionswege (aszendierend-hämatogen; hämatogen-lymphogen) vor (Abb. 6.2).

Die akute Pyelonephritis heilt in 70—80 % aus, wird aber sekundär-chronisch bei infrarenaler Obstruktion (vorwiegend bei Männern) oder ohne „nachweisbare" Ursache (nicht mehr nachweisbarer Reflux?) vorwiegend bei Frauen und Kindern (Abb. 6.3).

Zum Ausschluß einer sekundären Pyelonephritis sind anamnestisch von Bedeutung:

- Frühere ähnliche Symptome mit Flankenschmerzen, Fieberschüben, Dysurie
- Miktionsbeschwerden in der Kindheit oder während der Schwangerschaft
- Nierenleiden in der Familie (Zystennieren)
- Harnsteinleiden
- Miktionsanamnese bei Männern (Prostataadenom)
- Medikamentenanamnese (Analgetika-Abusus)
- Arterielle Hypertonie, Diabetes mellitus, Gicht.

Klinik

Ein- oder beidseitige Flankenschmerzen mit spontan- und klopfschmerzhaftem Nierenlager, gelegentlich in die Leiste oder das Skrotum ziehend, Fieber mit/ohne Schüttelfrost, allgemeines Krankheitsgefühl, dysurische Beschwerden (Algurie, Pollakisurie, imperativer Harndrang) stehen im Vordergrund. Serologische Entzündungszeichen (BSG ↑, Leukozytose) und Leukozyturie, Bakteriurie, mäßiggradige Proteinurie und Zylindrurie sind nachweisbar. Selten verläuft die akute Pyelonephritis als fieberhaftes, septisches Krankheitsbild *ohne* sonstige auf die Niere oder ableitenden Harnwege hinweisende Symptomatik. Eine besondere Form ist die *subklinische Pyelonephritis (Komaroff* 1984): bis zu 30 % der Frauen mit wiederholten akuten Dysurien haben eine nachweisbare Infektion des oberen Harntrakts (Blasenauswaschtest oder andere Verfahren zur Infektlokalisation), die nur spärliche Symptome hervorruft, vor allem therapierefraktäre „Zystitiden". Die subklinische Pyelonephritis schwelt und ist schwierig zu behandeln und eine Ursache des Zystitisrezidivs bei etwa jeder 6. Patientin.

Entsprechend dem lokalen Befund, der Anamnese und der Schmerzlokalisation sind Erkrankungen des Oberbauches differentialdiagnostisch abzugrenzen. Hier müssen insbesondere Appendizitis, Adnexitis, Pneumonie und Pleuritis genannt werden (s. Abb. 2.4, S. 40). Typisch für die Pyelonephritis bleibt die Trias Fieber, Flankenschmerz und Leukozyturie. Die Differentialdiagnose akute versus chronische Pyelonephritis ist bei systematischer Untersuchung möglich (Tab. 6.4).

Entsprechend dem Lebensalter und dem Geschlecht ergeben sich weitere Besonderheiten:

● Besonderheiten beim Kind: Pyelonephritiden machen 4—5 % der Erkrankungen im Kindesalter aus. Bis zum 5. Lebensmonat dominieren die Knaben — entscheidend ist hier die Urinkontamination mit Bakterien unter der Vorhaut —, in der Folgezeit erkranken Mädchen häufiger. In 50 % der Fälle kommt es zu Rezidiven.

Febrile Infektionen der oberen Harnwege treten am häufigsten im Säuglings- und Kleinkindesalter auf. Infektbahnend sind die anatomische Kleinheit und funktionelle Unreife der Organe sowie die noch insuffizienten zellulären und humoralen immunologischen Abwehrmechanismen. Der erste Harnwegsinfekt im Säuglingsalter kann jedoch auch schon Hinweis auf eine Harntransport- oder Entleerungsstörung sein. Nach dem 4. Lebensjahr sind Infekte der unteren Harnwege häufiger. Diese können symptomatisch oder asymptomatisch sein. Letztere sind bei fehlenden Risikofaktoren nicht behandlungsbedürftig.

Die Symptomatik im Säuglings- und Kleinkindalter ist oft atypisch. Trinkunlust, Lethargie, Fieber, gastrointestinale Störungen, Enuresis nocturna oder therapieresistente Infekte können das Bild bestimmen.

● Besonderheiten bei der Frau: Eine vesikale Bakteriurie ist ein häufiges Krankheitsbild bei der Frau. Bei fehlenden Risikofaktoren entsteht selten ein supravesikaler Infekt. Eine Ausnahme stellt die Gravidität dar. 4—8 % aller Graviden zeigen eine asymptoma-

Tabelle 6.4 Differentialdiagnose akute versus chronische Pyelonephritis.

akut	chronisch
Fieber/Schüttelfrost	—
Leukozytose	—
—	Infekt-Anämie
Proteinurie	Proteinurie (bis 4 g/die)
Bakteriurie (über 100000/ml Urin)	Provokation*: +/—
Leukozyturie (über 25000/ml Urin)	Provokation*: +
Leukozyten-Zylinder	Provokation*: +
Kreatinin normal	Kreatinin evtl. erhöht
± seitengetrennte Isotopen-Clearance	
Sonographie +/—	Sonographie +
Urogramm +/— mit Miktionszystourethrogramm	Urogramm + Zystoskopie
(retrogrades Pyelogramm nur bei positivem Sono- oder Urogramm)	

* Provokation = Urinkontrolle nach einstündiger körperlicher Belastung

tische signifikante Bakteriurie (Faktor 5 gegenüber Nicht-Schwangeren). Daraus resultiert in 40 % eine akute Pyelonephritis. Durch Progesteronanstieg und Größenzunahme des Uterus kommt es zu einer Ektasie der oberen Harnwege, die die Keimaszension begünstigt. 50 % dieser Pyelonephritiden verlaufen klinisch stumm. Jede Schwangerschaftspyelonephritis erhöht die kindliche und mütterliche Mortalität und birgt die Gefahr des Überganges in eine chronische Entzündung mit sich. Deshalb muß grundsätzlich jede signifikante Bakteriurie während der Schwangerschaft mit einem in dieser Zeit unbedenklichen Antibiotikum (Aminopenicilline, Cephalosporine) langfristig behandelt werden.

Bei Zeichen einer Pyelonephritis nach gynäkologischen Operationen oder Bestrahlungen muß an eine Obstruktion gedacht werden.

● Besonderheiten beim älteren Mann: Das obstruktive Prostataadenom bahnt den Weg für eine sekundäre Pyelonephritis. Therapeutischer Dauerkatheterismus vermindert zwar die Gefahr von Seiten der Obstruktion, sorgt aber durch den intravesikalen Fremdkörper für einen Infektherd.

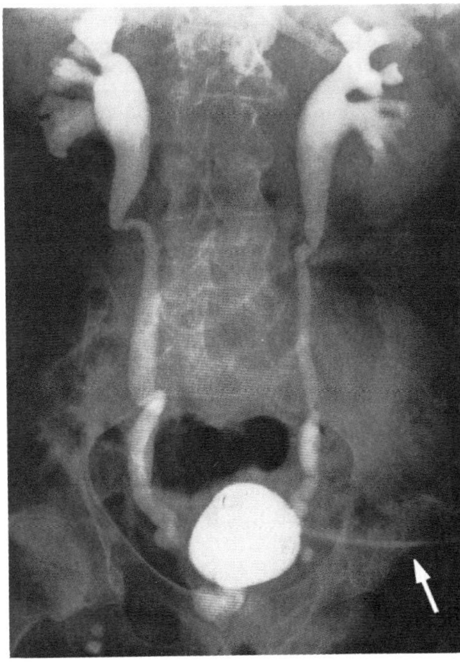

Abb. 6.4 Status nach mehrfacher beidseitiger Pyelonephritis durch Harnobstruktion mit beidseitigem sekundärem Megaureter bei übersehener Harnröhrenklappe; *jetzt:* notfallmäßige Harnableitung durch suprapubische Zystostomie (Pfeil).

Therapie

Bei der akuten Pyelonephritis wird zwischen einer milden und schweren Verlaufsform unterschieden.

Bei der ersteren werden orale Antibiotika, wie Aminopenicilline, orale Cephalosporine, die Kombination Trimethoprim + Sulfamethoxazol oder Chinolone in Standarddosierungen verabreicht. Bei der schweren Form sollte zunächst eine parenterale Therapie erfolgen: Aminoglykoside allein oder in Kombination mit Ampicillin, Cephalosporine, die Kombination Trimethoprim + Sulfamethoxazol oder Chinolone. Die Therapiedauer sollte 14 Tage betragen.

Daneben sind ausreichende Flüssigkeitszufuhr, antipyretische und analgetische Medikation sowie bei der schweren Form Bettruhe wichtig.

Nach Abklingen der Symptome sollte eine subvesikale Obstruktion mittels der einfach durchzuführenden und unbelastenden Maßnahmen Uroflow und Restharnbestimmung ausgeschlossen werden.

Bei einem Erstereignis und rasch ansprechender Therapie kann auf ein Urogramm bzw. Miktionszysturethrogramm verzichtet werden, ein Ultraschall ist obligat. Die invasiven Untersuchungen sind erst im Rezidivfall bzw. bei unzulänglichem Ansprechen der Therapie bei Erstereignis notwendig (Abb. 6.4).

6.1.1.2 Chronische Pyelonephritis (= chronisch interstitielle Nephritis)

Unsachgemäße Primärbehandlung der akuten Pyelonephritis und prädisponierende Faktoren (Tab. 6.5) begünstigen eine chronische Pyelonephritis.

Signifikante Risikofaktoren

1. Die rezidivierende *Steinbildung* führt zur Harnabflußstörung, kann aber auch als

Tabelle 6.5 Prädisponierende Faktoren für die chronischen Pyelonephritis.

hämatogen	kanalikulär	andere
z.B. Phenazetin Diabetes Myelom Kollagenosen Nephrokalzinose Amyloidose	Obstruktion – supravesikal Reflux – unilateral	hormonell – Gravidität – Menstruation Obstruktion – infravesikal
meist bilateral	meist unilateral	bilateral

Keimnidus fungieren und eine medikamentöse Infektsanierung verzögern oder verhindern.

2. Der *Diabetes mellitus* kann per se (Glukosurie, Azidose), häufiger jedoch über eine renale Angiopathie eine chronische Pyelonephritis unterhalten. Diese ist 2—5mal häufiger bei Diabetikern als bei Kontroll-Personen und die häufigste renale Todesursache des Diabetikers überhaupt. Die Wahrscheinlichkeit, an den Folgen einer Pyelonephritis zu sterben, erhöht sich bei Diabetikern um den Faktor 2—3 je nach Lebensalter.
3. *Gicht.* Bei 25 % aller *Gichtkranken* ist die Gicht-Nephropathie Haupttodesursache.
4. Phenazetin. Die Ausbildung einer *Analgetika-induzierten,* primär abakteriellen Nephritis stellt einen Nährboden für eine progressive, bakterielle Pyelonephritis dar (Abb. 6.5).
5. Fortgesetzte *Schwangerschaften* nach renaler Vorschädigung bergen die Gefahr weiterer Infekte.
6. *Nicht korrigierte Harnentleerungsstörungen* (Abb. 6.4; s.S. 153).
7. *Veränderte Morphologie / Histologie der Harnwege*
   - Nierendysplasie
   - Hufeisennieren
   - Doppelnieren
   - Ureterozele, vesiko-renaler Reflux
   - Uro-intestinale Fistel
   - Harnableitung (Harnleiter-Darm-Implantation, Colon Conduit, Ileum Conduit).

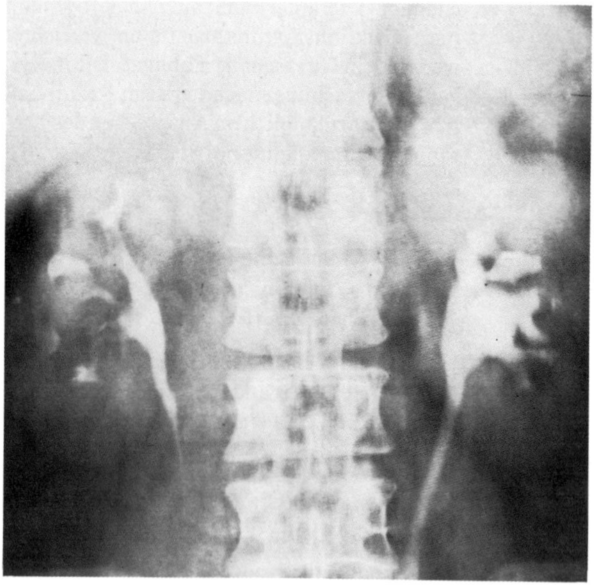

Abb. 6.5 Beidseitige chronische Pyelonephritis mit Destruktion vor allem der oberen Kelche und Papillen. Status nach 2maligem Abgang nekrotischer Papillen.
- Serum-Kreatinin 2,2 mg/dl (SI: 199 μmol/l)
- therapierefraktärer E. coli-Infekt
- Risikofaktor: Analgetikaabusus bei Migräne (errechneter kumulativer Phenazetinkonsum 9,5 kg!)

8. Fremdkörper wie Dauerkatheter, Zystostomie, Ureterschiene, Nephrostomie.

Ätiopathogenetische Faktoren sind vaskulärer, toxischer und immunologischer Natur. Interessant ist eine neuere Beobachtung, wonach bei Patienten mit rezidivierenden Infekten der oberen Harnwege eine erhöhte Dichte an P-Fimbrien-Rezeptoren an urothelialen Zellen besteht, an welche P-Fimbrien-tragende E. coli binden. Die Konzentrationsbestimmung dieser Rezeptoren könnte in Zukunft als Methode zur Erkennung von Risikogruppen in Bezug auf Rezidivinfekte und damit auch chronischer Erscheinungsbilder dienen.

Nach dem Verlauf werden unterschieden: chronische Pyelonephritiden mit vorwiegend *glomerulären* Störungen (Retention harnpflichtiger Stoffe, mit Verminderung der GFR und der Kreatinin-Clearance), *tubulären* Störungen, eine *anämische* Form, eine *hämaturische* Form sowie eine *ödematöse* Form mit *nephrotischem Einschlag*.

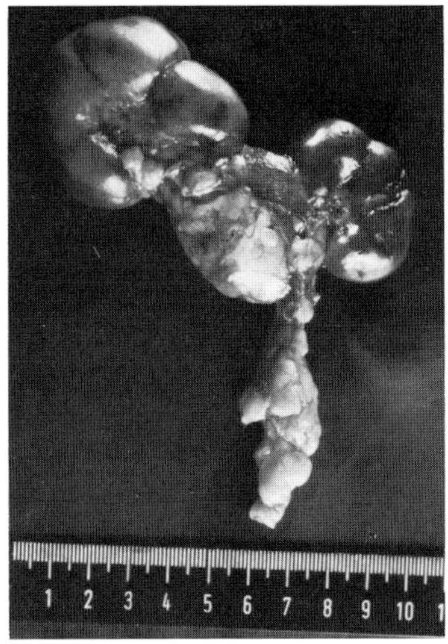

Abb. 6.6 Operationspräparat einer pyelonephritischen Schrumpfniere. Entfernt wegen Renin-aktiver renoparenchymatöser arterieller Hypertonie; Nierengewicht = 65 g; Blutdrucknormalisierung innerhalb 2 Wochen postoperativ.

Klinik (s. Tab. 6.4)

Charakteristische subjektive Beschwerden wie lumbaler Schmerz, Dysurie mit Algurie und Pollakisurie mit intermittierendem Fieber fehlen oder sind nur während des akuten Schubes nachweisbar. Daher resultiert aus dem unspezifischen, täuschenden Beschwerdebild mit Müdigkeit und Abgeschlagenheit, Kopfschmerzen, Brechreiz mit Inappetenz, Gewichtsreduktion und gelegentlichen dumpfen, nicht näher lokalisierbaren, als rheumatoid oder vertebragen verkannten Rückenschmerzen eine verschleppte Diagnose. Aufschiebende Verlegenheitsdiagnosen sind: „Reizblase“, „Lumbago“, „Ischias“, bis die Spätfolgen (Hypertonie, Präurämie) unverkennbar sind.

Abklärung

Bei Verdacht muß ein Urogramm durchgeführt werden, um mögliche Ursachen zu erkennen und das Ausmaß des Schadens an der Niere zu sehen. Hierzu eignen sich ebenfalls das Sonogramm und die DMSA zur Funktionsbestimmung der Nieren. Im Rahmen der Ursachensuche sollte außerdem ein Miktionszysturethrogramm erfolgen.

Urogramm

Hervorstechende Merkmale der pyelonephritisch veränderten Niere sind Kelchdeformierungen unterschiedlicher Grade. Die Konzentrierungsfähigkeit ist vermindert (flaue Kontrastmittelausscheidung). Die Destruktion der Nierenkelche als Folge des schrumpfenden Interstitiums beginnt meist an den Nierenkelchnischen (Fornices). Sie bleibt entweder auf eine Kelchgruppe begrenzt oder befällt langsam fortschreitend das ganze Hohlraumsystem (s. Abb. 6.5). Die Kelchhälse (Infundibula) nähern sich einander (wie die „Finger einer Hand“). Die *pyelonephritische Schrumpfniere* mit narbigen Einziehungen der Oberfläche, Schwund des Parenchymsaums und somit Organverkleinerung (Abb. 6.6) ist der irreversible Endzustand.

Sonogramm

Die Nierenkontur ist nicht glatt, der Parenchymmantel unregelmäßig verschmälert, und der Pyelonreflex geringfügig gespreizt. Die Rinde ist relativ echodicht (Fibrose) und hebt sich dadurch deutlicher von den echoärmeren Markkegeln ab.

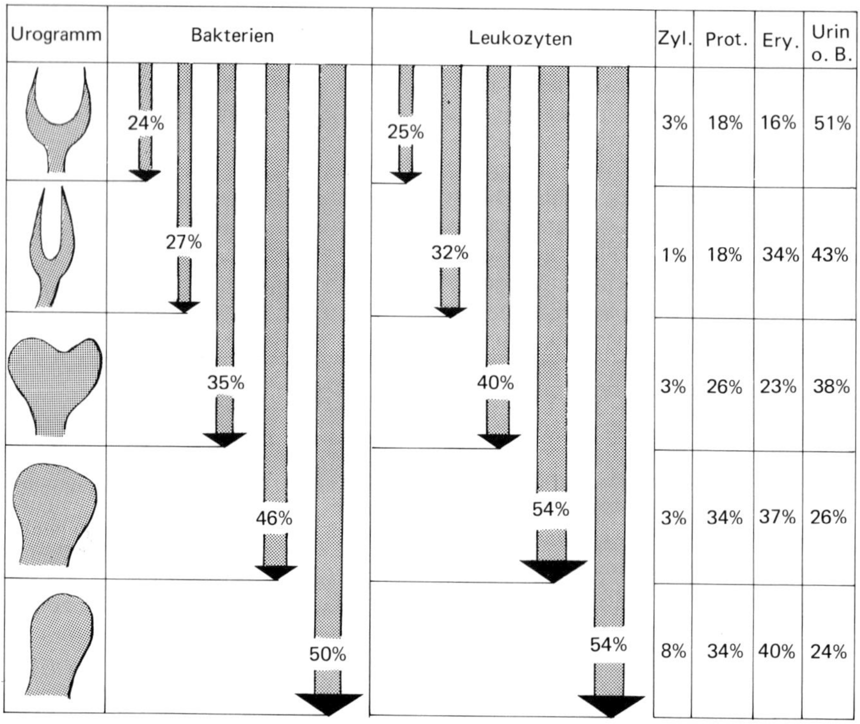

Urogramm	Bakterien	Leukozyten	Zyl.	Prot.	Ery.	Urin o. B.
	24%	25%	3%	18%	16%	51%
	27%	32%	1%	18%	34%	43%
	35%	40%	3%	26%	23%	38%
	46%	54%	3%	34%	37%	26%
	50%	54%	8%	34%	40%	24%

Abb. 6.7 Korrelation zwischen pathologischem Harnbefund und urographisch nachweisbarer Nierenbecken-, Kelch- und Papillendeformierung.

Laborbefunde

Es besteht eine lineare Korrelation zwischen pathologischen Harnbefunden und Schweregrad der Kelchdeformierung (Abb. 6.7).

Therapie

- Verminderung der Risikofaktoren (z.B. Harnsteinmetaphylaxe).
- Sanierung von Harnobstruktionen (z.B. Prostatektomie).
- Schaffung harnabflußgerechter anatomischer Verhältnisse (z.B. Nierenbeckenplastik bei subpelviner Stenose, Ureterozystoneostomie bei vesiko-renalem Reflux, Niederdruckharnableitung via Colon Conduit).
- Vermeidung von Fremdkörpern (z.B. Einmalkatheterismus statt Dauerableitung bei neurogener Blasenentleerungsstörung).
- Mit dem Nephrologen konsequente Überwachung und antibiotische Langzeittherapie.

Bei terminaler Niereninsuffizienz stellt sich die Frage der Nierentransplantation (s.S. 3).

Therapie bei einseitiger chronischer Pyelonephritis

Besteht eine adäquate Funktionsreserve der kontralateralen, kompensatorisch hypertrophierten Niere, und ist die Schrumpfniere Ursache für Harnwegsinfekte oder einer arteriellen Hypertonie (s.S. 86), ist die Nephrektomie angezeigt (s. Abb. 6.6).

6.1.1.3 Abszedierende Pyelonephritis

Diese foudroyant verlaufende Form der akuten, meist einseitigen Pyelonephritis entsteht entweder hämatogen (embolisch-eitrige Rindennephritis), in der überwiegenden Zahl jedoch kanalikulär-aszendierend, z.B. auf dem Boden einer meist steinbedingten Harnobstruktion.

Symptome: hohe, septische Temperaturen mit deutlicher Flankensymptomatik und eventueller Lendenlordose; Leukozytose mit Linksverschiebung, BSG-Erhöhung und – als prognostisch ungünstiges Zeichen der septischen Komponente – plötzlichem Thrombozyten-Abfall. Neben dieser eindrucksvollen klinischen Manifestation treten Urinbefund und Miktionssymptomatik zurück.

Bei drohender Urosepsis hat die sofortige Entlastung des Organs zu erfolgen. Bestand die Beherrschung dieser Notfallsituation noch vor einigen Jahren in der Nephrektomie, so erfolgt dies heute durch die Anlage einer perkutanen Nephrostomie, über die der purulente Harn drainiert wird. Gleichzeitig muß der Patient breit antibiotisch abgedeckt werden.

Zur Sicherung der Diagnose vor Punktion ist die Sonographie geeignet, unter deren Kontrolle auch die Punktion durchgeführt wird. Vorteile der perkutanen Nephrostomie sind das Umgehen der offenen Operation bei instabilem Zustand des Patienten. Die Nierenfistelung kann in Lokalanästhesie erfolgen. Außerdem kann in den meisten Fällen die Niere erhalten werden.

Nach Abklingen der Akutsymptomatik hat die Ursachensuche und -beseitigung zu erfolgen. Oftmals liegt eine Obstruktion durch einen Stein zugrunde.

6.1.1.4 Chronische Pyonephrose

Sie begleitet die abszedierende Pyelonephritis. Die chronische Pyonephrose ist ein langsam progredienter Prozeß, bei dem einseitige Harnabflußstörungen (obstruktiv wirkender Nierenbeckentumor, extrinsische Ureterkompression) über Urinstase mit Infektion zu einer sekundär sich infizierenden Hydronephrose führt (Abb. 6.8). Die Symptomatik ist diskreter als bei der akuten Pyonephrose. Eine hohe BSG mit Leukozytose, rezividierende dumpfe Flankenschmerzen („Kreuzschmerzen", s. Tab. 2.3, S. 43) mit persistierenden, subfebrilen Temperaturen und allmählichem Gewichtsverlust können einzige Krankheitszeichen sein. Nach primärer perkutaner Nephrostomie bleibt meist genügend Zeit, im stabilen Intervall das gesamte afunktionelle Organ

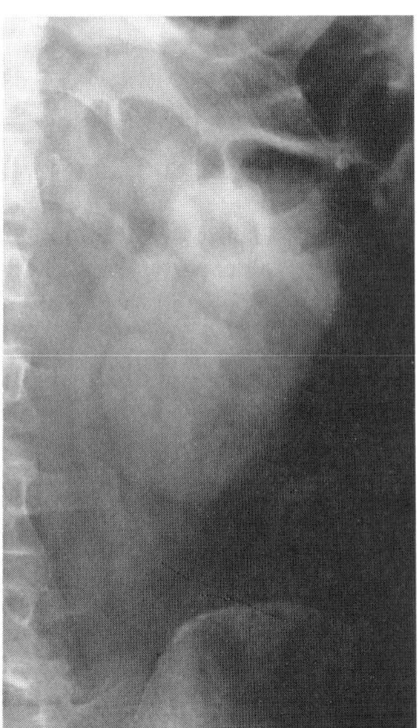

a

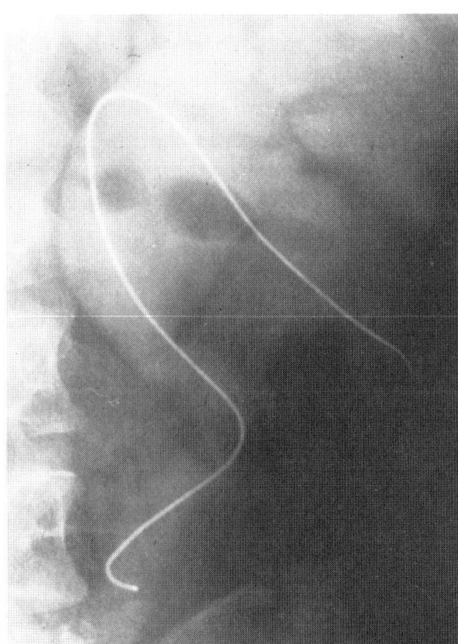

b

Abb. 6.8 a, b Septische Pyonephrose durch Uratverstopfung. Sofortoperation wegen schlechtem Allgemeinzustand bei Urosepsis risikoreich; *daher:* unter Ultraschallkontrolle perkutane Nephrostomie des urographisch flau dargestellten Organs (**a**) und Plazierung eines Nephrostomiekatheters ins mittlere Drittel des Hohlsystems (**b**); Nephrektomie im stabilen Intervall.

nebst pathogenetischem Agens operativ zu entfernen.

Bei der technisch schwierigen Nephrektomie einer Pyonephrose ist peinlich darauf zu achten, daß der hydronephrotische, mit purulentem Material gefüllte Sack ohne Eröffnung in toto exstirpiert wird, da andernfalls schwere Wundinfektionen resultieren.

6.1.1.5 Pyelonephritis-Sonderformen

Xanthogranulomatöse Pyelonephritis

Diese pathologisch-anatomisch als fett- und lipoidhaltige Phagozytenakkumulation imponierende Entzündung stellt pathogenetisch eine Variante der lokalen zellulären Reaktion des Nierenparenchyms auf eine Keiminvasion dar. Immundefekte (Nierentransplantate) oder abnormer Fett- und Kalziumstoffwechsel werden diskutiert. Obwohl die Genese als gänzlich unklar gilt, werden Obstruktion und bakterielle Infektion (häufig P. mirabilis und E. coli) in ursächlichem Zusammenhang gebracht. Das weibliche Geschlecht prädominiert, kindliche Erkrankungen treten mehr und mehr in den Vordergrund.

Klinisch werden peri- und paranephritische Ausbreitungen beobachtet. Differentialdiagnostische Schwierigkeiten bilden bei vergrößertem Organ und deformiertem Nierenbeckenkelchsystem im Erwachsenenalter das *Nierenzellkarzinom* oder die *Nierentuberkulose,* beim Kind der *Wilms Tumor* (s. Abb. 12.33, S. 357). Die endgültige Diagnose wird in der Regel nach Untersuchung des Operationspräparates gestellt, wenngleich das CT die Arbeitsdiagnose liefert (Abb. 6.9). Die Therapie besteht in der Nephrektomie.

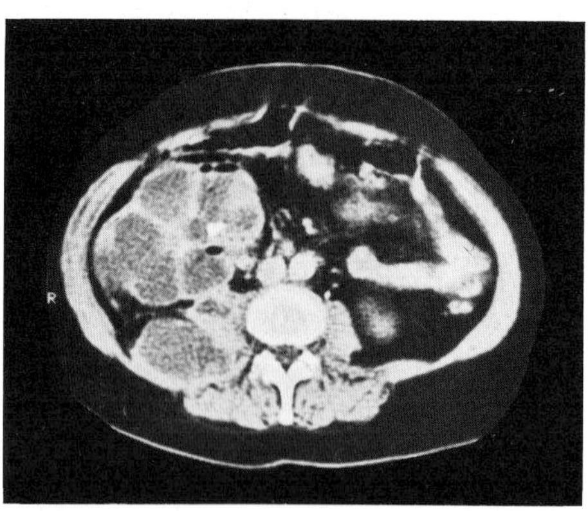

Abb. 6.9 Xanthogranulomatöse Pyelonephritis rechts im CT. Vergrößerte, polyzyklisch begrenzte Niere rechts.

Papillennekrose (Papillitis necroticans)

Diabetes mellitus, Leberzirrhose, Phenazetinabusus und Sichelzellanämie begünstigen die chronische Pyelonephritis mit Papillennekrose. Die larvierte chronische Pyelonephritis-Symptomatik flackert fulminant auf: Nierenkoliken, Hämaturie, auch Fieber und Oligurie kennzeichnen die akute Papillennekrose. Urographisch fehlt die Papille. *Therapie:* Behandlung der Grundkrankheit, Spasmoanalgetika, Flüssigkeit, Antibiotika.

6.1.1.6 Nierenkarbunkel und paranephritischer Abszeß

Der *Nierenkarbunkel* entsteht aus konfluierenden, embolisch-eitrigen Herden einer Rindennephritis. Der Prozeß tendiert zur Nekrose, Einschmelzung und Ruptur in das perirenale Fettgewebe: *fortgeleiteter paranephritischer Abszeß.* Hautaffektionen durch pyogene Kokken (Staphylococcus aureus) wie Pyodermie, Panaritium oder Furunkulose als Herde metastasieren hämatogen in die Niere. Der Nierenkarbunkel kann sich, fortgeleitet aus einer abszedierenden Entzündung, im Gefolge eines Nierenbeckenkelchsteines entwickeln (s. Abb. 4.4, S. 89). Gramnegative Keime herrschen vor (süßlich-foetider, grauweißer Eiter). Symptome sind Fieber mit septischer Komponente, Leukozytose mit Linksverschiebung, deutlicher Flankenschmerz mit fokus-konkaver Schonhaltung der Lendenwirbelsäule bei schwerem Krankheitsgefühl.

Die begleitende Perinephritis läßt die Niere im Urogramm vergrößert erscheinen. Ihre Silhouette ist unscharf bei verminderter Atemverschieblichkeit und fehlender Psoasmuskelgrenze. Größere Karbunkel erscheinen im Urogramm als Raumforderung (Abb. 6.10a) und machen bei blander Symptomatik die Sonographie und CT zur Differentialdiagnose erforderlich.

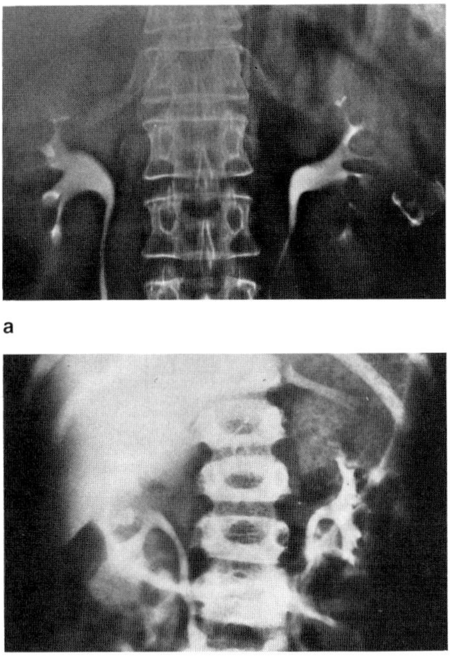

a

b

Abb. 6.10 a, b **a** Infusionsnephrotomogramm: Kontrast-umflossener Karbunkel im linken Nierenmittelgeschoß.
b Steinbedingter paranephretischer Abszeß am oberen Nierenpol der rechten Niere. Fokuskonkave Wirbelsäulen-Skoliose durch Psoasreizung. Darmgasüberlagerung infolge Subileus.

Therapie

Genaue stationäre Beobachtung unter hochdosierter Antibiotikagabe ist angezeigt. Es ist die Gabe eines Acylaminoureidopenicillins allein oder in Kombination mit einem Cephalosporin indiziert, da sich diese Substanzen im Nierengewebe anreichern. Ruptur des Karbunkels und Ausbildung eines paranephritischen Abszesses zwingen zur Inzision und Drainage. In den meisten Fällen gelingt jedoch durch eine symptomatische Behandlung und hochdosierte Antibiotika-Therapie die Organerhaltung (CT-Kontrolle unter Therapie).

Bei einer fortgeleiteten, abszedierenden Entzündung ist die Nierenpolresektion indiziert (s. Abb. 4.4, S. 89).

Der *paranephritische Abszeß,* die Entzündung der Nierenhüllen (Perinephritis, Paranephritis) entsteht *per continuitatem* als Folge eines Nierenkarbunkels, einer Pyonephrose oder hämatogen als embolische Staphylokokken-Infektion. Im akuten Stadium herrschen hohes Fieber, dumpfer Flankenschmerz im kostovertebralen Winkel mit/ohne Hautrötung (Spontanperforation), Schonhaltung der Wirbelsäule und Beugehaltung des ipsi-lateralen Oberschenkels (Psoasmuskel-Entspannung) vor. Die Ausbreitungstendenz des Abszesses innerhalb der Gerota-Faszie bestimmt die Symptome (s. Abb. 2.5, S. 41). *Kranial:* inspiratorischer Atemschmerz, Zwerchfellähmung, Durchwanderungspleuritis; *medial:* peritonitische Symptomatik, Subileus; *kaudal:* Psoaslähmung; *lateral:* Tumeszenz und Hautrötung der äußeren Bauchwand.

Röntgenologisch imponieren auf der Abdomenübersichtsaufnahme der unscharfe oder verschattete Psoasmuskelrand, ein vergrößerter Niereneigenschatten und die fokuskonkave Lendenwirbelskoliose (Abb. 6.10b). Die Niere erscheint im Veratmungsurogramm fixiert.

Therapie

Unter Antibiotikaschutz zur Verhinderung einer operationsbedingten Keimstreuung (der Abszeß selbst reagiert wegen seiner abgrenzenden Membran auf eine Chemotherapie nicht) wird der paranephritische Abszeß perkutan oder durch breite Inzision drainiert. Ist der Abszeß *per continuitatem* von der Niere selbst ausgegangen, so ist die Nephrektomie meist unvermeidlich.

Ein diagnostisches Problem wirft der *chronische paranephritische Abszeß* auf. Akute Schübe wechseln mit freiem Intervall und subfebrilen Temperaturen („Status febrilis") sowie klinisch-chemischen Zeichen der chronischen Entzündung bei negativem Harnbefund (cave: Amyloidose). Nach Infektabwehrschwächen (bei Hämodialyse) und Streuherden (z.B. alte Osteomyelitis) ist zu fahnden!

Die operative Therapie ist schwierig, da derbe Schwielen, Abszeßmembranen und breitflächige retroperitoneale Verwachsungen die intrakapsuläre Nephrektomie notwendig machen.

6.1.1.7 Pyelitis, Ureteritis

Isolierte Entzündungen des Nierenbeckens oder Ureters werden vorwiegend als Sektionsbefunde oder im Operationspräparat angetroffen. Symptomatisch imitieren sie je nach Lokalisation eine Pyelonephritis oder Zystitis. Zirkumskripte Ureteritiden folgen der Steinextraktion, klingen aber nach Fremdkörperentfernung spontan ab.

Als röntgenologisch verifizierbare Entzündungsform imponiert mitunter die *Ureteritis cystica,* mit ihrem longitudinal betonten, im Urogramm sichtbaren Schleimhautrelief.

6.1.2 Blase

Die *Urozystitis* ist auf das Urothel und die angrenzende Submukosa begrenzt oder befällt als *Panzystitis* durchgreifend alle Wandschichten.

Hervorgerufen wird die Zystitis meist durch gramnegative Erreger, insbesondere E. coli (81 %). Der Infektionsweg ist in der Regel kanalikulär-urethrogen.

Überwiegend finden sich Infekte der unteren Harnwege beim weiblichen Geschlecht. In Bezug hierauf sind mehrere prädisponierende Faktoren zu nennen: 1. Die kurze Harnröhre begünstigt die Aszension von Keimen (Badewasser-Reflux). 2. Das vulvo-anale Grenzgebiet birgt die Problematik von Schmierinfektionen. Insbesondere geschieht dies häufig beim Geschlechtsverkehr. Nicht selten geht er der Symptomatik einer Zystitis nur um Stunden voraus. Empirisch gesichert sind die „Flitterwochen-Zystitis" sowie die größere Zystitishäufigkeit bei sexuell aktiven Frauen.

Hormonmangel im Klimakterium verhindert die Bildung der Superfizialschicht des vesiko-urethralen Epithels. Der Oberflächenzellindex (OZI oder karyopyknotischer Index, KPI), der aus dem nach *Papanicolaou* gefärbten Urethralabstrich abgelesen wird, ist auf $<40\,\%$ (normal $>70\,\%$) als Ausdruck des Östrogenmangels erniedrigt.

Für beide Geschlechter von Bedeutung sind *infravesikale* Harnabflußhindernisse (Mißbildungen, Stenosen sive Strikturen, Tumoren oder funktionelle Störungen wie Detrusor-Sphinkter-Dyssynergie). *Vesikale* Faktoren, die eine Zystitis begünstigen, sind: Restharn, Blasensteine, Blasentumoren oder manipulierte Fremdkörper. Bahnend auf die Urethrozysitis wirken fehlende urethrale Abwehrmechanismen, Störungen der physiologischen Urethralflora und allergische Reaktionen (Enanthem). Kältetraumen werden als Co-Pathogen diskutiert („Kaltfußzystitis").

Auch *psychogene Einflüsse* sind zu nennen: Der zeitliche Zusammenhang chronischer oder langfristig rezidivierender Zystitiden mit dem Verlust des Partners oder dem Beginn einer Ehe deuten auf *psychogene Einflüsse* hin und werden mit den Auswirkungen emotioneller Streßsituationen auf das Miktionsverhalten erklärt.

Schließlich sind einige iatrogene Faktoren zu nennen. Die *radiogene Zystitis* als Folge einer Bestrahlung von Zervix-, Blasen-, Prostata- und Rektumkarzinomen. Sie tritt entweder als Frühkomplikation einige Wochen nach Bestrahlungsende oder in Form von radiogenen Spätulzera mit Blasenschrumpfung noch nach 10—15 Jahren auf (Abb. 6.11).

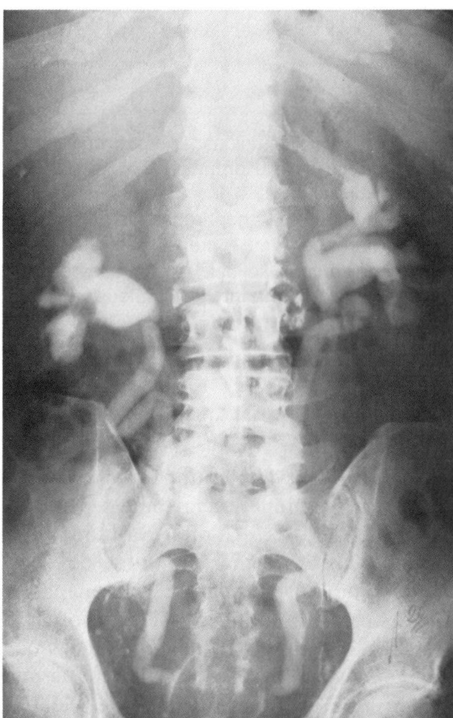

Abb. 6.11 Radiogene Schrumpfblase eines 52-jährigen Patienten nach Bestrahlung eines Blasenkarzinoms vor 9 Jahren; deutliche obstruktive Nephropathie bds. durch intramurale Uretereinengung; Status nach rezivierenden Pyelonephritiden; Serum-Kreatinin 1,7 mg/dl (SI: 155 μmol/l).

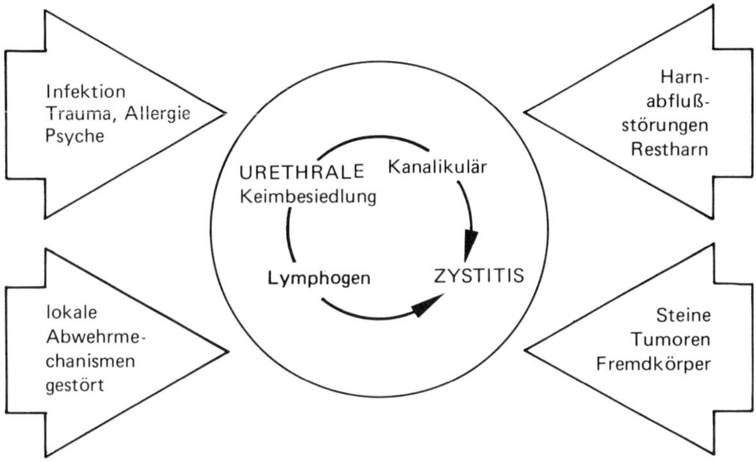

Abb. 6.12 Urethrale, vesikale und übergeordnete Faktoren in der Pathogenese der Zystitis.

Eine weitere therapiebedingte Blasenentzündung stellt die „*Zytostatika-Zystitis*“ dar, die vorwiegend nach Behandlung mit Cyclophosphamid (Endoxan®) auftrat. Dieses Zytostatikum und dessen Abbauprodukte rufen nach Ausscheidung im Urin in der Blase Veränderungen wie Wandödem, suburotheliale Blutungen, interstitielle Entzündungen mit Fibrosen sowie schließlich Wundstarre hervor. Die Zytostatika-Zystitis ist zunächst eine abakterielle Entzündung; die Keimbesiedlung kommt erst sekundär hinzu. Die Cyclophosphamid-Zystitis ist durch Mesna (Uromitexan®) heute vermeidbar. Allerdings ist an ihre Stelle eine „Chemozystitis“ getreten, die nach lokaler Anwendung von Adriamycin und Mitomycin C zur Chemoprophylaxe sowie insbesondere BCG zur Immunprophylaxe des Blasenkarzinoms beobachtet wird.

Von Seiten der Erreger spielt die bakterielle Adhärenz eine Rolle. Eine Voraussetzung für dieses Phänomen sind Oberflächenadhäsine, beispielsweise Fimbrien bei den E. coli (häufigster Erreger) oder Kohlenwasserstoff-Polymere bei den Mykoplasmen. Die Adhäsine ermöglichen die Anheftung an Glykolipid-Rezeptoren der Oberflächenzellen der Vagina. Der Rezeptor ist identisch mit dem Blutgruppenantigen P, die Fimbrien werden deshalb als P-Fimbrien bezeichnet (vgl. Abb. 6.1; S. 148).

Das Zusammenspiel urethraler und vesikaler Faktoren bei der Entstehung der Zysto-Urethritis ergibt sich aus Abb. 6.12.

Klinik

Patienten mit einer akuten Zystitis klagen über Pollakisurie, Nykturie (imperativen Harndrang), Algurie und terminalen Miktionsschmerz. Eine terminale Hämaturie kann vorliegen. Ein allgemeines Krankheitsgefühl wird meist nicht angegeben; sollte Fieber vorliegen, so muß an eine Begleitinfektion parenchymatöser Organe gedacht werden.

Im Urin finden sich Leukozyten, Erythrozyten, vermehrter Schleim und Zelldetritus sowie meist eine signifikante Bakteriurie. Nur in der Frühphase der radiogenen Zystitis, der Zytostatika-Zystitis und der tuberkulösen Zystitis wird die signifikante Bakteriurie vermißt. Im allgemeinen wird die Zystoskopie wegen der Gefahr der Keimpropagation und der starken Schmerzhaftigkeit nicht im akuten Stadium durchgeführt (Tab. 6.6), es sei denn, es bestünde bei einer oligo-symptomatischen hämorrhagischen Zystitis und entsprechender Altersdisposition der Verdacht auf einen Blasentumor.

Tabelle 6.6 Kontraindikationen der Zystoskopie.

Kontraindikationen
Akute Zystopyelonephritis
Akute Urethritis, Prostatitis, Epididymitis
Obstruierendes Prostataadenom
Harnröhrenstrikturen
Harnröhrenrupturen (Beckenringfraktur)
Iatrogene „fausse route“

Tabelle 6.7 Differentialgenese der hämorrhagischen Zystitis (nach *Harzmann* 1983).

Bakteriell	– Escherichia coli, Enterokokken, Proteus, Staphylokokken, Gonokokken
Viral	– Adenovirus Typ 11
Tuberkulose	– Mycobacterium tuberculosis
Mykotisch	– Candida albicans
Parasitär	– Bilharziose
Neurogen	– neurogene Harnblasenentleerungsstörung
Harnblasentumor	– benigne: entzündlich, Endometriose, Amyloidose, Leiomyom, adenomartiger Polyp
	– maligne: Karzinom, Sarkom; primär, sekundär
Trauma	– einschließlich Fremdkörper
Steine	– auch Divertikelsteine
Iatrogen	– Operation
	– Strahlentherapie
	– Dicumarol
	– Cyclophosphamid, Ifosfamid, Busulfan
	– Carbenicillin, Methicillin, Penicillin G
Toxisch	– Chlordimeform, Chlortoluidin, Terpentin

Morphologische Varianten

Die *bakterielle Zystitis* befällt zystoskopisch die gesamte Blase diffus oder bleibt auf bestimmte Schleimhautareale beschränkt („Trigonum-Zystitis“): Vermehrte Gefäßinjektion der Schleimhaut und eine verstärkte Irritabilität mit spontanen oder instrumentationsbedingten vereinzelten Urothelblutungen. Flächenhafte Blutungen, möglicherweise mit koagelgefüllter Blase und terminale Makrohämaturie kennzeichnen die *hämorrhagische Zystitis,* die zwar meist den Patienten alarmiert, aber lediglich eine besondere Verlaufsform einer akuten Zystitis darstellt. Häufiger als bei der bakteriellen Zystitis tritt die hämorrhagische Verlaufsform nach Radio- oder Zytostatikatherapie auf (ulzeröse Verlaufsform) (Tab. 6.7).

Die *Cystitis cystica* ist eine vorwiegend diffuse, bevorzugt im Trigonumbereich auftretende Entzündung, die durch ihr charakteristisches, zystoskopisches Bild mit sagokornähnlicher Urothelveränderung imponiert. Sie neigt zu rezidivierendem Verlauf und wird vorwiegend bei Mädchen und jungen Frauen beobachtet. Bioptisch sind submuköse Lymphfollikel gehäuft nachzuweisen. Die Cystitis cystica ist keine primäre Blasenwandentzündung, sondern Ausdruck der Reaktion der Blase auf rezidivierende Harnwegsinfekte, die etwa von einem proteushaltigen Kelchstein oder persistierendem Reflux gespeist werden.

Endoskopisch ähnlich ist die *Cystitis glandularis,* die histologisch eine Vermehrung der drüsenähnlichen *von Brunn*schen Zellnester in der Submukosa aufweist, ein Zeichen des metaplastischen Potentials der Blasenschleimhaut bzw. des Urothels. Es soll eine Beziehung zum Adenokarzinom der Harnblase bestehen (s.S. 197).

Tuberkulöse Zystitis (s.S. 174).

Die *interstitielle Zystitis* wird primär zystoskopisch *(Dehnungsblutungen)* diagnostiziert. Beim Aufdehnen der Blase während der Zystoskopie in Narkose (!) entstehen wegen des Elastizitätsverlustes suburotheliale, flächenhafte Blutungen und Einrisse (Hunnersche Ulzera). Erst im Endstadium ist die Blase klein und kontrakt, die Wand verdickt und das interstitielle Bindegewebe vermehrt, so daß die intramuralen Ureteranteile eingeengt werden (Ureterektasie, Abb. 6.13).

Die histologische Verifizierung (Befund: submuköse Fibrose und Mastzellinfiltrate der Muskularis) dient zur Abgrenzung vom szirrhösen Blasenkarzinom und vom Carcinoma in situ. Dysurie, Pollakisurie, imperativer Harndrang (bis zur Urge-Inkontinenz) der meist 30—40jährigen Frauen sind typisch (s.S. 34 u. 370).

Ebenfalls malignomverdächtige Blasenveränderungen auf entzündlicher Basis sind das *bullöse Ödem* („gyrierte Mukosa“), die *Leukoplakie* und die *Malakoplakie.*

Das *bullöse Ödem* imponiert endoskopisch als eine mäßiggradig vorspringende, zirkum-

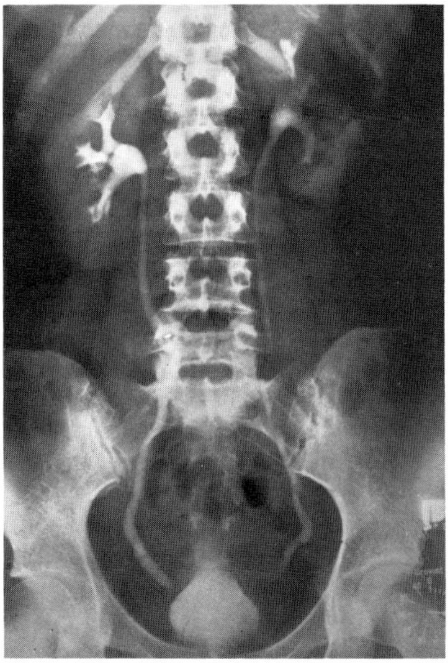

Abb. 6.13 Interstitielle Zystitis bei 31jähriger Frau mit bds. Stauungsureteren. Der imperative Harndrang, die Pollakisurie (20minütlich) und die Nykturie (1/2stündlich) zwangen zur harnableitenden Operation.

skripte oder großflächige, traubenartige Schleimhautveränderung, die durch submuköse, entzündliche Infiltrationen und Lymphspaltenerweiterung bedingt ist. Es ist Ausdruck einer schweren Urozystitis bei intramuralen Ausbreitung eines Blasenkarzinoms (Tumorrandzone) oder präinvasiven Reaktion bei beginnender Infiltration eines Rektum- oder Zervixkarzinoms.

Die *Leukoplakie* erscheint zystoskopisch als helle, landkartenartige, schollenartige Auflagerung des Urothels. Sie tritt solitär oder multipel meist am Trigonum der Blase auf und ist mit Entzündungszeichen in der übrigen Blase kombiniert. Das morphologische Substrat bilden ödematös veränderte Basalzellen, Ansammlungen von Entzündungszellen sowie eine schwere Keratinisierung des Urothels („Trigonummetaplasie"), die das weißliche Aussehen bedingt. Übergänge in ein Plattenepithel-Karzinom wurden beschrieben (s.S. 196).

Bioptische Abklärung

Da der chronisch-rezidivierende Charakter sowie das manchmal täuschende zystoskopische Bild die Abgrenzung gegenüber einem Blasenkarzinom erschweren, ist die Biopsie bei länger anhaltenden Formen der interstitiellen Zystitis, der ulzerösen Zystitis, der Zytostatika-Zystitis, der Cystitis cystica, der Leukoplakie, der Malakoplakie und größerer Areale eines bullösen Ödems notwendig. Fortgesetzte Elektrokoagulationen ohne histologische Diagnose vermeintlich pathologischer Mukosa-Bezirke sind kontraindiziert.

Therapie

Die bakterielle Zystitis wird nach Antibiogramm und Resistenztestung antibiotisch behandelt.

Gängige Medikationen sind Nitrofurantoin, ein Hohlraumdesinfizienz, welches sich nicht im Gewebe anreichert, und die Kombination Trimethoprim + Sulfamethoxazol, welche hohe Gewebskonzentrationen erreicht. Sie erfaßt den größten Teil der gramnegativen Erreger. Meist als unempfindlich erweisen sich jedoch Pseudomonas aeruginosa, Clostridien, Bacteroides, Mykoplasmen und Chlamydien. Neuerdings gewinnen die Chinolon-Präparate, wie Ciprofloxacin, an Bedeutung. Hierbei handelt es sich um bakterizid wirkende DNA-Gyrase-Hemmer. U.a. werden Pseudomonaden, Chlamydien und auch Gonokokken erfaßt. Erwähnenswert ist auch die geringe Resistenzentwicklung gegenüber Ciprofloxacin.

Während lange Zeit eine 8- bis 10tägige Therapiedauer favorisiert wurde, dann der „Single Shot", wird heute eine 3tägige Therapie als ausreichend angesehen. Zusätzlich zur antibiotischen Therapie können Spasmoanalgetika notwendig werden.

Externe Wärmeapplikation sowie ausreichende Trinkmengen mit harnverdünnendem Effekt wirken symptomlindernd. Bei der hämorrhagischen radiogenen oder Zytostatika-Zystitis kann eine vorübergehende Blasenkatheterspülung (s.S. 115) notwendig werden. Bei der Zytostatika-Zystitis ist die Harnverdünnung durch große Trinkmengen entscheidend, da hierdurch eine Konzentrationsverminderung der entzündungsverursachenden Medikamentenmetaboliten hervorgerufen wird.

Prophylaktisch werden bei Applikation einiger Zytostatika bestimmte Substanzen (Calciumfolinat bei Methotrexat® und Mesna bei Endoxan® und Holoxan®) verabreicht.

Bei der eosinophilen Zystitis sollte eine allergische Genese ausgeschlossen oder typisiert werden. Antihistaminika oder Kortikoide können notwendig werden. Bei der Candida-Zystitis sind eine gezielte antimykotische Behandlung (Nystatin®), evtl. Blasenspülungen sowie Harnalkalisierung notwendig. Die interstitielle Zystitis trotzt der großen Zahl therapeutischer Versuche. Urge-Inkontinenz und Schrumpfblase mit Stauung des oberen Harntrakts (s. Abb. 6.13, S. 163) kennzeichnen das Endstadium. Eine Harnableitung und Zystektomie scheint hier der letzte Ausweg, um die zum Teil jahrzehntelangen Leiden (meist Frauen) zu beenden.

Die Blasenteilresektion mit anschließender Augmentation von Darmanteilen hat nur selten Erfolg gebracht. Entscheidend scheint dabei zu sein, daß der Patient präoperativ in Narkose eine nicht zu große Blasenkapazität hat (bis zu 200 ml).

Für die im Rahmen sexueller Kontakte auftretenden Zystitiden hat sich die einmalige postkoitale Applikation eines Antibiotikums als vorteilhaft erwiesen. Bei einer Gruppe von 21 Frauen konnte die Inzidenz der Harnwegsinfekte nach Einnahme von jeweils 250 mg Cinoxacin, einem der Nalidixinsäure verwandten Präparat, signifikant gesenkt werden (94 Infekte während einer 7,5 monatigen Beobachtungszeit vor Prophylaxe, 8 Infekte während der folgenden 12,5 Monate unter Prophylaxe).

6.1.3 Prostata, Samenblasen und Harnröhre

Die Prostatitis kann in 4 Gruppen unterteilt werden:

- die akute, bakterielle Prostatitis mit Bakteriurie und Anzeichen einer parenchymatösen Infektion
- die chronische, bakterielle Prostatitis, gekennzeichnet durch rezidivierende Bakteriurien ohne Symptome
- die abakterielle Prostatitis mit eitrigem Prostatasekret ohne nachweisbare Infektion
- die Prostatodynie mit subjektiven Beschwerden, ohne daß im Prostatasekret Eiter oder pathogene Erreger festzustellen sind.

Die Erreger der akuten Prostatitis sind in erster Linie gramnegative Stäbchen, wie E. coli oder Klebsiellen, seltener grampositive Kokken, wie Entero-, Staphylo- und Streptokokken.

Über folgende Infektionswege (Tab. 6.8) gelangen die Erreger in das Prostatagewebe: *Urethrogen* aufsteigend von der distalen Harnröhre aus Keimreservoiren des Präputiums, der paraurethralen Drüsen oder der Cowperschen Drüse (Abb. 6.14) sowie deszendierend aus der Harnblase; *kanalikulär* aszendierend bei bestehender Epididymitis oder Vesikulitis, sowie *hämatogen* durch metastatisch bakterielle Absiedlung aus Entzündungen anderer parenchymatöser Organe. Im einzelnen schwer nachweisbar ist der lymphogene Infektionsweg, ausgehend von Entzündungen im perianalen Bereich.

Prädisponierende Faktoren sind entzündliche Veränderungen der männlichen Adnexe, subvesikale Harnobstruktionen wie Harnröhrenstrikturen, Meatusstenosen, Prostataadenome oder Urethraldivertikel.

6.1.3.1 Akute Prostatitis

Symptome

Plötzlich auftretende Miktionsbeschwerden mit imperativem Harndrang (bis zum Harnverhalt), abgeschwächtem Harnstrahl, Dysurie, Algurie und terminalem Brennen kennzeichnen das Beschwerdebild. Ein Schmerz in der Dammregion ist als Druck- oder Span-

Tabelle 6.8 Prostatitis: Infektionswege.

- Urethrogen-aszendierend: Prostato-Urethritis
- Ductulärer Urinreflux: Zysto-Prostatitis
- Hämatogen: bakteriämische Prostatitis
- Lymphogen: Begleitprostatitis bei Proktitis

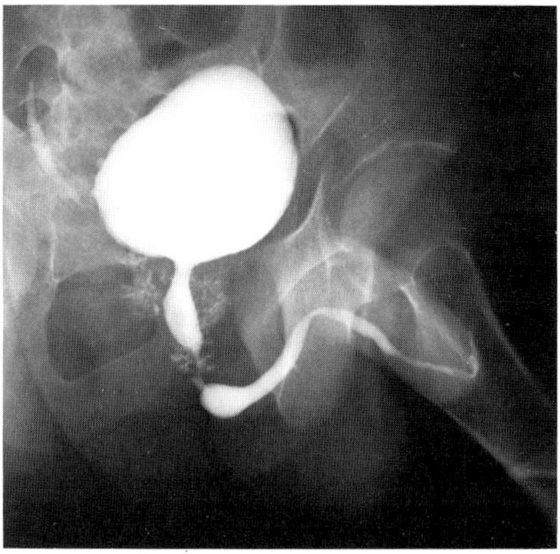

a

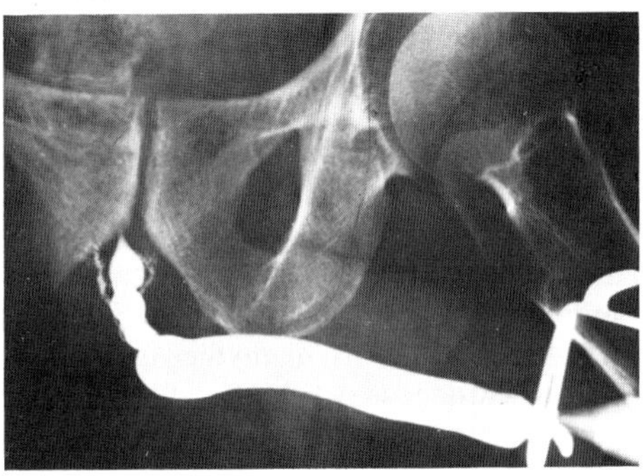

b

Abb. 6.14 a, b **a** Miktionszysturethrogramm: membranöse Harnröhrenenge mit sekundärem Reflux in die Prostatagänge, Cowpersche Drüse und den rechten Harnleiter.
b Retrograde Abklärung einer chronischen Prostatovesikulitis im symptomfreien Intervall: die retrograde Urethrographie zeigt eine chronische „Cowperitis" (Entzündung der Cowperschen Drüse als chronischer Infektherd).

nungsschmerz der Prostata aufzufassen. Begleitsymptome im Perianal- und Analbereich sind Defäkationsschmerzen und Rektum-Tenesmen. Mitunter gesellt sich ein eitriger Harnröhrenausfluß hinzu. Ejakulationsschmerzen und Pyospermie werden vereinzelt angegeben. Als parenchymatöse Entzündung verursacht die akute Prostatitis gravierende Allgemeinerscheinungen mit hohem Fieber und Schüttelfrost (Urosepsis, s.S. 417) sowie die entsprechenden laborchemischen Veränderungen. Die rektale Palpation ergibt eine leicht gespannte, ödematös vergrößerte, deutlich druckschmerzhafte Prostata. Der Analsphinktertonus ist erhöht.

Im Urinbefund zeigen sich reichlich Leukozyten, Zelldetritus, Schleim und Bakterien. Die 3-Gläser-Probe ist entweder in der ersten oder dritten Urinportion positiv (s. Abb. 6.15, S. 167).

Bei massiver Keiminvasion, mangelhafter körpereigener Abwehr, inkonsequenter antibiotischer Therapie oder prädisponierenden Faktoren (Diabetes mellitus, Zytostatika) kann eine akute eitrige Prostatitis einschmelzen. Die rektale Palpation wird sehr schmerzhaft (Fluktuation).

Therapie und Verlauf

Die unkomplizierte akute Prostatitis klingt in der Regel unter antibiotischer Therapie im Laufe einer Woche ab. Als Antibiotika werden in erster Linie Penicilline, Cephalosporine oder Aminoglykoside eingesetzt. Obwohl ihre Gewebspenetration begrenzt ist, werden in der entzündeten Prostata genügend hohe Spiegel erreicht. Demgegenüber sollten bei der chronischen Prostatitis Antibiotika eingesetzt werden, die eine hohe Gewebsverteilung aufweisen, wie z.B. die Kombination Trimethoprim + Sulfamethoxazol, Doxycylin oder Chinolone.

Antiphlogistika, Bettruhe und ein mildes Laxans sind symptomatische Maßnahmen. Die spastischen Schmerzen werden durch Spasmoanalgetika aus der Gruppe der Pyrazol-Derivate behandelt. Bei einem durch Prostataödem, Drüsenkongestion, Abszedierung oder Reflexspasmus bedingten Harnverhalt ist die suprapubische Zystostomie (s. Abb. 15.2, S. 397) unumgänglich. Die Prostatamassage ist ebenso wie der Katheterismus wegen der hämatogenen und lymphogenen Keimausschwemmung kontraindiziert. Die antiinfektiöse Behandlung wird bis zum Rückgang der Leukozytenvermehrung im Prostatasekret bzw. in der 3. Harnprobe nach Prostatamassage konsequent fortgesetzt (andernfalls Gefahr der sekundär chronischen Prostatitis).

Ein Prostataabszeß wird transurethral eröffnet. Bei diesem, insgesamt seltenen Befund, muß antibiotisch auch das anaerobe Keimspektrum abgedeckt werden. Oft wird eine transurethrale Resektion vorgenommen. Eine Langzeitkontrolle ist erforderlich.

6.1.3.2 Chronische Prostatitis

Die chronische Prostatitis ist kein einheitliches Krankheitsbild. Die Verteilung auf die eingangs genannten Gruppen ist wie folgt: ca. 10 % chron. bakterielle Prostatitiden, ca. 36 % abakterielle Prostatitiden und ca. 52 % Prostatodynien.

Erschwerend für die Differentialdiagnose der drei abgrenzbaren Krankheitsbilder ist das ähnliche subjektive Beschwerdebild, und daß jeder 5. Patient mit einer Prostatodynie früher einmal eine echte Prostatitis durchgemacht hat.

Symptome

Sie unterteilen sich in Beschwerden bei der Miktion (Pollakisurie, Dysurie, Blasentenesmen, Restharngefühl) und ein *anorektales* Beschwerdebild mit Druck- und Spannungsgefühl im After, Darmtenesmen, Stuhlunregelmäßigkeiten, sowie Pruritus ani, und in ein Beschwerdebild des *Genitalbereiches* mit Parästhesien in der Genitoinguinalregion, zur Symphyse, Kreuzbeinregion und Enddarmbereich ausstrahlende Schmerzen, sowie in Störungen der *Sexualfunktion* wie Impotentia coeundi, Libidoverlust, Kohabitationsschmerz und Ejaculatio praecox. Aus der verbalen Darstellung der Symptome des Patienten kann bereits auf die psychische Konstellation geschlossen werden.

Eine Hämospermie kommt ebenfalls vor. Mehrere Differentialdiagnosen sind in Betracht zu ziehen (Tab. 6.9).

Abklärung

Die Differentialdiagnostik der chronischen Prostatitis ist aufwendig, oft undankbar und bedarf neben der urologischen Diagnostik mitunter einer proktologischen Abklärung oder sogar psychotherapeutischen Exploration.

Körperlicher Untersuchungsbefund: Schlüsselt man den Tastbefund der Prostata bei Patienten mit „Prostatitis-Syndrom" auf, dann ist bei 20 % die Prostata vergrößert, bei 30 % druckschmerzhaft, bei ca. 30 % von veränderter Konsistenz (infiltriert, kongestioniert) und bei 4 % nicht abgrenzbar (*Weidner* 1984). Eine Nebenhodeninfiltration bei 10 % ist Ausdruck der männlichen Adnexitis.

Bakteriologie: 3-Gläser-Probe (Abb 6.15) mit Kulturen auf gramnegative Keime, Chlamydien, Mykoplasmen (Ureaplasma urealyticum) und Pilze. Ansetzen von Kulturen auf Tuberkel-Bakterien im Urin, Prostataexprimat und Ejakulat.

Die Bedeutung von Chlamydien und Mykoplasmen wurde jedoch lange Zeit überschätzt. Neuere Untersuchungen zeigen selten eine unmittelbare Beteiligung dieser Erreger.

Nativ-Präparate und Ausstrichpräparate zur Untersuchung auf Leukozyten und Trichomonaden. Die Leukozytenanalyse im Exprimat-Urin ist praktisch besonders bedeutsam.

Dieser zelluläre Parameter einer Prostataentzündung korreliert eng mit der Keimzahl

Tabelle 6.9 *(Schema)* Eine Hämospermie braucht nicht unbedingt auf eine Prostatitis hinzuweisen.

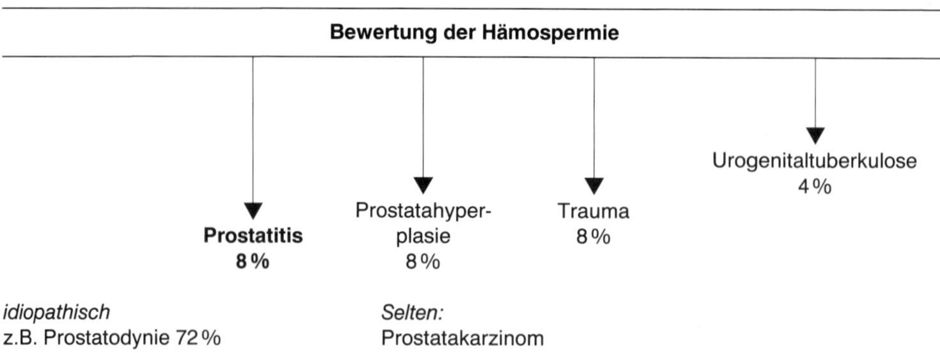

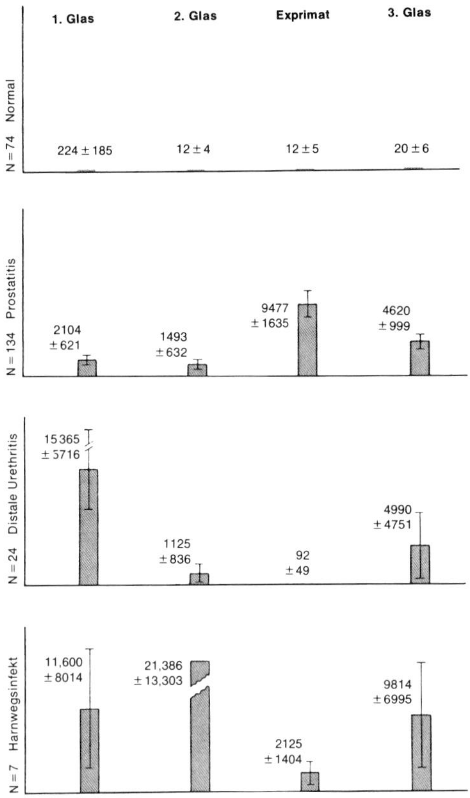

Abb. 6.15 Typische Keimzahlverteilungsmuster bei Prostatitis, Urethritis und oberem Harnwegsinfekt in der 3-Gläser-Probe.

und differenziert Prostatitis und Prostatodynie zuverlässig. Die Ejakulat-Immun-Elektrophorese, ein Spermiogramm bei Sexualstörungen und eine transrektale Prostatasaugbiopsie zur zytologischen Fahndung nach Entzündungszellen werden gezielt herangezogen.

Die weitere Diagnostik sollte dem Ausschluß pathologisch-anatomischer Befunde des unteren Harntraktes dienen. Die retrograde Urethrographie zeigt in 44 % Veränderungen wie Engen der Harnröhre oder Kontrastmittelübertritt in die Prostata (Abb. 6.14, S. 165). Der radiologischen Diagnostik noch vorangestellt werden sollte die Uroflowmetrie (Abb. 6.16). Im Urogramm finden sich in ca. 15 % der Fälle Anomalien.

Ein besonderes Problem stellt die Patientengruppe ohne faßbaren pathologischen Befund dar. Es handelt sich vorwiegend um junge, sensible Patienten, bei deren psychologischer Exploration häufig neurotische Verhaltensmuster nachweisbar sind. In ihrer Anamnese stößt man nicht selten auf venerische Erkrankungen, und die von ihnen beklagten Symptome erscheinen im allgemeinen diffus, wechselnd und nicht näher qualifizierbar *(vegetatives Urogenitalsyndrom, Prostatodynie)*.

Therapie

Nur Patienten mit echter mikrobieller Entzündung sind erfolgreich antibiotisch zu therapie-

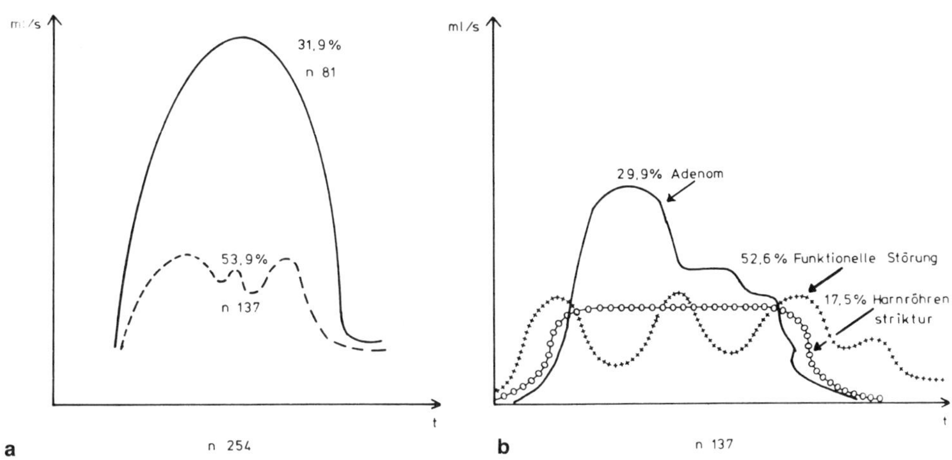

Abb. 6.16 a, b Uroflow-Kurven bei chronischer Prostatitis.
a 31,9 % hatten einen normalen Uroflow, 53,9 % offenbarten einen pathologischen Uroflow.
b Nähere Aufschlüsselung der letzteren Patientengruppe (*Weidner* 1984).

Tabelle 6.10 Chronische Prostatitis: Spezielle Therapie.

Unspezifische Kultur positiv:	Chemotherapie nach Antibiogramm	
Spezifische Kultur:	Mykoplasmen, Chlamydien	– Doxycyclin, Erythromycin, Chinolone
	Gonokokken	– Phenoxymethylpenicillin
	Candida	– Amphotericin Nystatin 0,5 % – Instillation
	Trichomonaden	– Metronidazol

ren in Form einer gezielten Langzeitantibiose (Tab. 6.10). Unterstützend wirken Spasmoanalgetika, Stuhlregulierung und Balneotherapie.

Bei der chronischen Prostatitis mit negativer Exprimatkultur oder zirkumskripter Konsistenzvermehrung der Prostata bei der Palpation ist die transrektale Feinnadelbiopsie indiziert. Im zytologischen Ausstrich des aspirierten Zellmaterials kennzeichnen Granulozyten, Rundzellen und Makrophagen die Entzündung (Abb. 6.17).

Der rektale Palpationsbefund eines umschriebenen harten Knotens oder der insgesamt kleinen derben Prostata ist differentialdiagnostisch in erster Linie vom Prostatakarzinom, jedoch auch von der Prostatatuberkulose, Prostatasteinen oder der granulomatösen Prostatitis abzugrenzen. Überlappungen kommen vor, so daß in 40 % aller Patienten, die wegen eines karzinomsuspekten Tastbefundes biopsiert werden, zytologisch ebenfalls eine chronische Prostatitis (ohne klinische Beschwerden) aufgedeckt wird.

Beim vegetativen Urogenitalsyndrom scheinen Spasmoanalgetika, Balneotherapie und Exploration der psychischen Gesamtkonstellation sinnvoll.

Beim anogenitalen Symptomenkomplex ist eine proktologische Sanierung vordringlich.

6.1.3.3 Granulomatöse Prostatitis

Eine Sonderform der chronischen Prostatitis ist die *granulomatöse Prostatitis* (Inzidenz 0,8 %). Als unspezifische Entzündung der

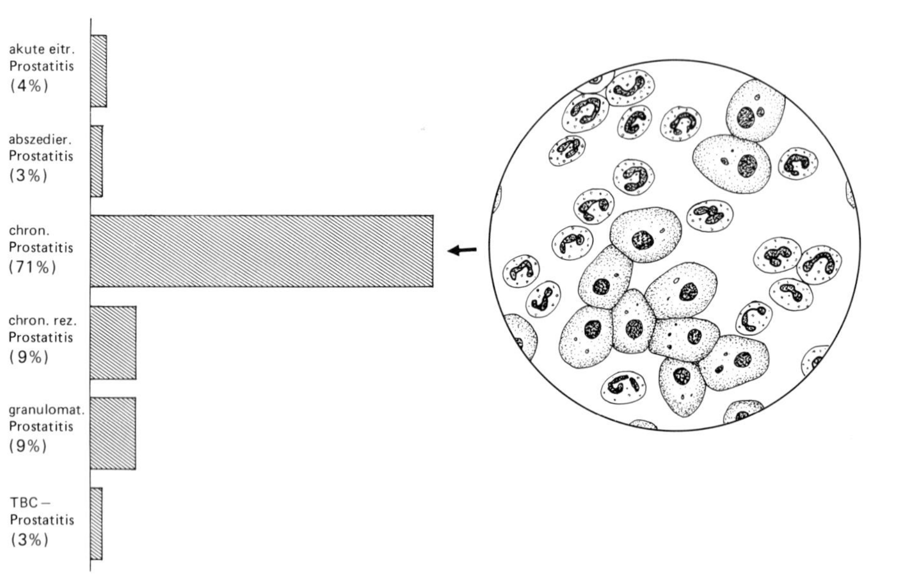

Abb. 6.17 Zytologie der chronischen Prostatitis im Aspirat. In 71 % der Fälle, die wegen unklarer Prostatopathie einer Saugbiopsie unterzogen wurden, fand sich das typische Bild einer chronischen Entzündung mit reichlich gelapptkernigen Granulozyten und alterierten Prostataepithelien (gezeichnet nach Angaben von *Leistenschneider* 1977).

Prostata ist sie abzugrenzen von verschiedenen anderen granulomatösen Prozessen (Tab. 6.11). Sie ist vor allem deshalb bedeutsam, weil sie nicht vom rektalen Palpationsbefund, sondern nur bioptisch vom Prostatakarzinom abzugrenzen ist. Die meisten Patienten mit granulomatöser Prostatitis kommen mit der Verdachtsdiagnose „Prostatakarzinom" zur Untersuchung. Der Altersgipfel liegt zwischen dem 50. und 70. Lebensjahr.

Die häufigsten Symptome sind dysurische Beschwerden, Fieber, evtl. Schüttelfrost. Oftmals gehen rezidivierende Harnwegsinfekte voraus (Tab. 6.12).

Die granulomatöse Prostatitis ist eine eigentümliche Reaktionsform auf eine Keiminvasion mit Epithelnekrose und Induktion einer resorbierenden granulombildenden Entzündung. Diese granulomatöse Entzündung ersetzt herdförmig das normale Prostataparenchym.

Die Behandlung der granulomatösen Prostatitis umfaßt die Verabreichung von Antibiotika, Steroidpräparaten, Antihistaminika. Gelegentlich kann eine Resektion oder offene OP erforderlich sein. Handelt es sich um eine sekundäre Erscheinung in Rahmen einer anderen Grunderkrankung, z.B. Tbc, so ist die Primärerkrankung zu therapieren. Als begleitende Maßnahmen kommen auch bei der granulomatösen Prostatitis Spasmoanalgetika und Balneotherapie in Betracht.

Während die Symptome in der Regel rasch abklingen, bildet sich der Palpationsbefund nur langsam zurück.

Tabelle 6.11 Klassifikation der granulomatösen Prostatitis (*Stillwell* 1987).

unspezifisch	69 %
nach TUR oder Feinnadelbiopsie	24,5 %
spezifisch: Tbc, Blastomykose	3,5 %
systemische granulomatöse Erkrankung: Wegnersche Granulomatose, allergische Granulomatose	3 %

Tabelle 6.12 Harnwegsinfekte bei 141 Patienten mit granulomatöser Prostatitis (*Stillwell* 1987).

Wochen vor Diagnose der Prostatitis	**Anzahl (%)**
1–4	91 (64)
5–8	32 (23)
9–12	8 (6)
>12	10 (7)

6.1.3.4 Urethritis

30% der Kranken mit urethritischen Beschwerden leiden an einer Urethritis gonorrhoica. Größere diagnostische und therapeutische Schwierigkeiten verursachen die unspezifischen *nicht-gonorrhoischen* Urethritiden (= NGU).

Die NGU wird überwiegend durch Chlamydia trachomatis hervorgerufen; Ureaplasma urealyticum wird als weiterer wesentlicher Erreger angenommen (Tab. 6.13). Die Neigung zu Chronizität und Gefährdung der Fertilität durch begleitende Entzündung der Prostata und Samenblasen kennzeichnen die praktische Bedeutung der Urethritis.

Tabelle 6.13 Ätiologie der nicht-gonorrhoischen Urethritis des Mannes. Übertragung meist durch den Geschlechtsverkehr (= **S**exually **t**ransmitted **d**isease = STD) (nach *Weidner* 1982).

Mikroorganismen	**%**	**Sonstige Ursachen**	
Chlamydia trachomatis	36	Herpesverdacht	2,4 %
Chlamydia + Ureaplasma	11	allergisch	
Ureaplasma urealyticum	29	psychogen	
andere:	11	M. Reiter	
– S. faecalis, S. A und B, Staph. aureus, Corynebakterien	6,8	iatrogen (Dauerkatheter)	
– Enterobacteriaceae	1,8		
– Trichomonas vaginalis	1,8		
– M. hominis	0,6		

Untersuchungsgang

Anamnestisch sind Aussehen und Beschaffenheit des urethralen Fluors, initiale oder terminale Miktionsbeschwerden, frühere Geschlechtskrankheiten, Diabetes mellitus und Tuberkulose zu beachten.

Meatusinspektion (Eiter, glasiges Sekret), Inspektion der Glans (Entzündung, Erosionen, luetische Primäraffekte!), Penisschaft-, Prostata- und inguinale Lymphknoten-Palpation werden im Rahmen der klinischen Untersuchungen vorgenommen.

Bei der Frau sind die Inspektion des äußeren Genitale, des Vestibulum vaginae, die Spekulumeinstellung der Scheide und die bimanuelle Adnexpalpation unerläßlich. Inbesonders bei Frauen im Klimakterium mit urethritischen Beschwerden ist durch die Bestimmung des *karyopyknotischen Index* (KPI; prozentualer Anteil der Oberflächenzellen im Urethralabstrich) nach einem Östrogendefizit zu fahnden.

Therapie

Die Kenntnis der Ätiologie der Urethritiden (Tab. 6.13) ist Voraussetzung für eine erfolgreiche Behandlung.

Die bakterielle Urethritis wird primär mit der Kombination Trimethoprim + Sulfamethoxazol oder den neueren Chinolon-Präparaten behandelt. Eine Korrektur der antimikrobiellen Behandlung ist nach Eingang der Erreger-Resistenzbestimmung evtl. erforderlich. Lokale Antibiotika, Kortikosteroid — Styli oder Urethral-Insertien bergen die Gefahr einer aufgepfropften „traumatischen" Harnröhrenentzündung in sich.

- *Trichomonaden-Urethritis:* Metronidazol unter Einschluß des Partners.
- *Mykoplasmen-Urethritis:* Doxycyclin, Ofloxazin und Erythromycin.
- *Soor (Candida)-Urethritis:* Ursache ausschalten (Diabetes mellitus-Einstellung; Antibiotika-Therapie) orale Gabe von Antimykotika: Nystatin, Amphotericin.
- *Urethritis herpetica:* Virostatika wirkungslos; Versuch mit Herpes-Antigen.

6.1.4 Hoden und Nebenhoden

● Die akute *Orchitis* (S. 406) ist eine hämatogene Infektionskrankheit, meist viraler Genese. Ausgehend von einer Mumpsinfektion (Parotitis epidemica) kommt es auf dem Blutwege zu einem Befall des Hodenparenchyms. Da bei diesen Patienten ebenfalls Mumpsviren im Urin ausgeschieden werden, ist eine kanalikulär deszendierende Epididymo-Orchitis im Verlauf einer Parotitis denkbar. Die Prognose einer akuten Orchitis ist insofern von Bedeutung, als durch entzündliche Destruktion und die ödembedingte Druckerhöhung innerhalb der Tunica albuginea eine irreversible Schädigung des germinalen Gewebes mit nachfolgender Infertilität eintreten kann. Symptomatische Maßnahmen (s.S. 406) der in 16—65 % bilateral auftretenden Mumpsorchitis erhalten meist nicht die Fertilität; erfolgreich scheint die systemische Interferon-α2B-Gabe (*Erpenbach*, 1991).

Symptome

Da im akuten Stadium der entzündete Hoden vom Nebenhoden nicht abgrenzbar ist, gelingt besonders bei Begleithydrozele die Unterscheidung von einer Epididymitis und Hodentorsion erst nach Abklingen der akuten Phase.

Im subakuten Stadium (allgemeine Entzündungszeichen fehlen) ist die Orchitis schwierig von einem Hodentumor abzugrenzen. Bei der operativen Freilegung aus differentialdiagnostischen Gründen erscheint der vergrößerte Hoden bläulich verfärbt, die Tunica albuginea gespannt. Im postinfektiösen Stadium kommt es zu einer Defektheilung mit Ersatz des untergegangenen Hodenparenchyms durch Bindegewebe. Der Hoden wird azoosperm, die weniger vulnerablen Leydigschen Zwischenzellen können jedoch noch die Testosteronproduktion aufrechterhalten.

● Die akute *Epididymitis* ist die häufigste der intraskrotalen Entzündungen. Sie tritt meistens im Erwachsenenalter auf. Der Infektionsweg ist kanalikulär über den Ductus deferens. In ca. 45 % lassen sich Erreger nachweisen. Bei Männern unter 35 Jahren ist als Haupterreger Chlamydia trachomatis zu nennen. Im späteren Alter treten die üblichen Keime der unteren Harnwege in den Vordergrund.

Prädisponierende Faktoren: infravesikale Obstruktion durch Prostataadenom oder

Harnröhrenstrikturen, akute Zystourethritis oder Harnröhrendivertikel. Auch Verletzungen der prostatischen Harnröhre nach Instrumentation oder ein liegender Dauerkatheter wirken infektionsbahnend.

Symptome

Hervorstechende Symptome sind die akute, sehr schmerzhafte Schwellung des Nebenhodens mit Hautrötung und Ödem am Skrotum. Der Hoden ist meist vom Nebenhoden palpatorisch abgrenzbar. Die Patienten klagen über starke Schmerzen, die in die Leiste und das Abdomen ausstrahlen. Die entzündliche Kongestion zieht das Rete testis und den distalen Samenstrang in Mitleidenschaft, so daß die Patienten das Hochlagern des Skrotums als schmerzlindernd (positives Prehn-Zeichen) empfinden.

Ödem-bedingte Minderdurchblutung, hohe Keimzahl am Infektionsort und mangelhafte körpereigene Abwehr begünstigen die abszedierende Verlaufsform mit Einschmelzung. Dann kann die akute Epididymitis Ausgangspunkt einer Urosepsis werden.

Therapie

Die Therapie besteht entsprechend der Erreger beim jüngeren bzw. älteren Mann, beim ersteren besonders in der Gabe von Doxycyclin. Bei letzterem z.B. in der Verabreichung von Chinolon-Präparaten. Die Therapie muß hochdosiert erfolgen. Eine antipyretische und antiphlogistische Therapie ist in der Regel notwendig. Bei hochfieberhaftem Geschehen ist eine stationäre Aufnahme angezeigt.

Bei zusätzlicher Urethrozystitis sollte eine suprapubische Harnableitung erfolgen.

Die lokale Behandlung besteht in Hochlagern des äußeren Genitale durch die Hodenbänkchen und Kühlung. Durch Infiltration des Samenstranges mit einem Leitungsanästhetikum kann die Schmerzlinderung beschleunigt werden. Unter früh einsetzender konsequenter Therapie heilt die akute Epididymitis gewöhnlich in 8—10 Tagen residuenfrei ab.

Die derbe Tunica albuginea schützt den Hoden gewöhnlich vor einer übergreifenden Entzündung, die höchstens bei der abszedierenden Epididymitis beobachtet wird. Deutet eine Fluktuation auf eine entzündliche Einschmelzung hin, so wird das Skrotum über die Fluktuation inzidiert, der Abszeß drainiert oder semikastriert.

Nach Abheilung der Epididymitis muß eine subvesikale Obstruktion ausgeschlossen werden. Hierzu werden eine Uroflowmetrie und gegebenenfalls ein retrogrades Urethrogramm durchgeführt bzw. angefertigt.

Liegen prädisponierende Faktoren vor oder ist bei einer Epididymitis-Anamnese eine Dauerkatheterdrainage wegen Harnabflußstörungen notwendig oder wird durch einen durchzuführenden Blasen-Prostataeingriff eine zur Epididymitis prädisponierende Situation geschaffen, so ist die Vasoligatur mit Unterbrechung des Infektionsweges (insbesondere bei älteren Patienten) indiziert.

● *Die chronische Epididymitis.* Die chronische Nebenhodenentzündung stellt das irreversible Endstadium eines entzündlichen Prozesses dar, der einer akuten Epididymitis durch mehrere rezidivierende Schübe gefolgt ist. Im entzündungsfreien Intervall sind die Schmerzen gering, der Nebenhoden leicht druckschmerzhaft mit einer palpatorisch nachweisbaren Induration. Während akuter Exazerbationen können die Symptome einer primären akuten Epididymitis vorliegen.

Bei therapieresistenten, länger anhaltenden chronischen Epididymitiden ist die Entfernung des entzündlich indurierten Organs notwendig. Bei nicht sanierten, die Epididymitis begünstigenden Veränderungen des unteren Harntraktes, ist auch auf der gesunden kontralateralen Seite eine prophylaktische Vasoligatur gerechtfertigt. Die medikamentöse Therapie der chronischen Epididymitis entspricht im akuten Schub derjenigen der akuten Epididymitis.

Differentialdiagnose (s. Tab. 15.4, S. 406)

Die Epididymitis ist differentialdiagnostisch in erster Linie vom Hodenmalignom und von der Hodentorsion abzugrenzen (*akutes Skrotum-Syndrom*). Beim Hodentumor ist das befallene Organ in der Regel schmerzlos vergrößert, die Oberfläche höckrig, eine entzündliche Komponente fehlt. Bei der Hodentorsion steht das plötzliche Ereignis (z.B. Sporttrauma) im Vordergrund, die Schmerzen sind unerträglich, es besteht eine peritonitische Begleitreaktion und eine Schmerzlinderung nach Hochlagern des Skrotums tritt nicht ein (Prehn-Zeichen negativ). Die Beurteilung der serologischen Entzündungszeichen hilft bei der Abklärung. Im Zweifelsfall operative Hodenfreilegung!

6.1.5 Anhang: Hospitalismus

Hospitalismus kennzeichnet die Problematik, die sich daraus ergibt, daß multiresistente (Problem-)Keime aus dem „*Keimreservoir Krankenhaus*" (nosokomiale Infektion) entstammen. Zusätzlich zu den bekannten Überträgermedien für Hospitalkeime nicht-operativer Fächer (Bettwäsche, Personal, Staub) kommen im urologischen Bereich insbesondere Uringefäße, transurethrale Instrumente, Verbandswagen, sowie der septische Operationstrakt in Betracht.

Ungefähr 80% der nosokomialen Harnwegsinfekte sind auf den Katheterismus zurückzuführen.

Wichtig ist jedoch auch Patientengruppen mit einem erhöhten Infektionsrisiko herauszufinden (Tab. 6.14).

Tabelle 6.14 Merkmale, welche Patienten einem erhöhtem Infektionsrisiko aussetzen.

- rez. Harnwegsinfekte oder Prostatitiden in der Anamnese
- Schwangerschaft
- Geschlecht (weiblich)
- Alter (Säuglinge u. ältere Menschen)
- schwere Grunderkrankung
- schlecht eingestellter Diabetes mellitus
- Immunsuppression
- Mangelernährung
- hämatologische Erkrankungen
- entfernte Infektionsherde
- maligne Erkrankungen

Tabelle 6.15 Verteilung pathogener Keime bei nosokomialen Harnwegsinfekten an 1276 Männern im Veterans Administration Hospital, Madison, Wisconsin, Abt. Urologie, 1973–1980.

E. coli	35,6%
Proteus mirabilis	13,4%
Streptokokkus	12,6%
Pseudomonas	10,8%
Klebsiella	9,0%
Staphylokokkus	8,9%
Indol-pos. Proteus	3,8%
Enterobacter	2,7%
Citrobacter	1,6%
Serratia	0,9%
Providencia	0,7%

Aus größeren Sammelstatistiken geht hervor, daß in urologischen Kliniken mehr als die Hälfte aller Patienten bereits bei der Aufnahme bakterielle Infektionen des Urogenitalsystems aufweisen. Durch kritiklose Anwendung von Antibiotika, Ausbildung primärer Persister-Stämme und spontane Mutationen entstehen resistente Hospitalkeime, die durch die gängigen aseptischen Verfahren nur schwer zu reduzieren sind. Beispiele für solche Hospitalkeime sind E. coli und Klebsiellen (Tab. 6.15).

Ziel der Antibiotikaprophylaxe ist es, adäquate antibiotische Urin-, Blut- und Gewebsspiegel zu erreichen, um Bakterien zu vernichten, die zum Zeitpunkt der Instrumentation eingebracht werden, oder bereits in nichtsignifikanter Zahl vorliegen. Folgende Richtlinien sind zu beachten:

1. Ein transurethraler Katheter ist so kurz wie möglich zu belassen, da jeder Tag das Infektionsrisiko bis auf 10% erhöht.
2. Eine systemische Antibiotikaprophylaxe senkt die Häufigkeit einer Bakteriurie, obwohl dieser Schutz nach 4tägigem Dauerkatheter nachläßt.
3. Alternative Verfahren, wie der saubere intermittierende Einmalkatheterismus oder die suprapubische Harnableitung, sind in Erwägung zu ziehen.
4. Jede bestehende Infektion ist vor einer Instrumentation zu therapieren.
5. Eine Prophylaxe, auch bei sterilem Urin, sollte erfolgen bei transurethralen Biopsien und Resektionen, größeren abdominellen Eingriffen und Steinbehandlungen. Dies gilt auch für die ESWL, da sich Erreger nicht nur auf der Oberfläche von Steinen, sondern auch darin befinden, die im Rahmen der Stoßwellenbehandlung dann freigesetzt werden.
6. Die Cephalosporine der 3. Generation kommen dem idealen Aktivitätsspektrum am nächsten. Sie schließen auch Pseudomonas ein, allerdings ist ihre Wirksamkeit gegenüber Enterokokken beschränkt. Eine weitere Möglichkeit besteht in der Kombination von Trimethoprim-Sulfamethoxazol oder verschiedenen Betalactam-Antibiotika mit Aminoglykosiden.
7. Das Medikament sollte 1 bis 2 Stunden präoperativ und postoperativ über einen Zeitraum von 1 bis 3 Tagen oder solange ein Katheter liegt, gegeben werden.

6.2 Spezifische Entzündungen

Spezifische Entzündungen des Urogenitalsystems sind Infektionskrankheiten, die durch einen definierten Erreger verursacht werden und ein spezifisches klinisches und *pathologisch-anatomisches* Entzündungsbild hervorrufen. Im urologischen Fachgebiet am häufigsten anzutreffen sind Tuberkulose, Bilharziose, Filariasis und Lues.

6.2.1 Urogenitaltuberkulose

Etwa 30 % aller extrapulmonalen Tuberkulosefälle manifestieren sich am Urogenitalsystem. Seit dem vergangenen Jahrhundert hat die Tuberkulose-Sterblichkeit progredient abgenommen und geht mit der Zahl der Neuzugänge parallel. Häufigkeitsgipfel wurden im Ersten und Zweiten Weltkrieg beobachtet.

Die Urogenitaltuberkulose zeigt allerdings nicht diesen deutlichen Rückgang wie die pulmonale Tuberkulose. Der scheinbare Widerspruch zwischen der von Klinikern beobachteten Zunahme und der gesicherten Abnahme der Mortalität ist auf die verbesserte Diagnostik und Therapie zurückzuführen. In der Bundesrepublik Deutschland liegt die Morbidität zur Zeit bei 4—5 Neuerkrankungen pro 100000 Einwohner. Das Manifestationsalter hat sich vom 3.—4. auf das 5.—6. Lebensjahrzehnt verschoben. Kinder und Jugendliche ha-

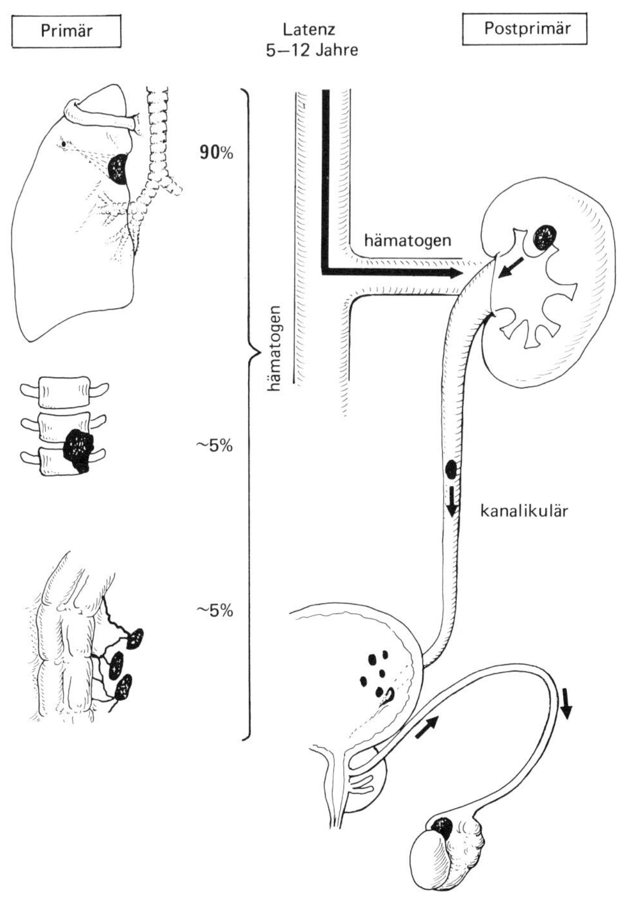

Abb. 6.18 Infektweg der Urogenitaltuberkulose vom Primärherd in Lunge, Wirbelsäule oder Darm ausgehend. Nach jahrelanger Latenz kommt es über eine kanalikuläre Streuung zur urogenitalen Disseminierung.

ben seltener urogenitale Neuerkrankungen, da die Latenzzeit zwischen Primäraffekt und Sekundärmanifestation an den Urogenitalorgangen 5–12 Jahre beträgt. Je kürzer die Latenzzeit, um so günstiger die Prognose. Die Genitalbeteiligung schwankt zwischen 80% (männlich) und 15% (weiblich). In 1/3 der Fälle kommt es hämatogen zu einem gleichzeitigen Befall des uropoetischen und Genitalsystems.

Pathogenese

Vom pulmonalen, seltener intestinalen Primärherd kommt es im Rahmen der primären Frühstreuung hämatogen zum beidseitigen Befall der Nierenrinde (Abb. 6.18). Von da aus greift die tuberkulöse Infektion auf das Nierenmark und die Kelchnischen (Fornices) über. Von einer *offenen Nierentuberkulose* spricht man, wenn der tuberkulöse Prozeß Anschluß an das Nierenbeckenkelchsystem und damit das Hohlraumsystem gewonnen hat; erst jetzt kann die Uro-Tuberkulose durch spezifische Harnkulturen oder Tierversuche nachgewiesen werden. Obwohl in der überwiegenden Zahl der Fälle die Nieren den urogenen Primärherd darstellen, von denen es kanalikulär deszendierend zu einer Streuung in die distalen Organe des Urogenitalsystems kommt, wird eine primär hämatogene Aussaat vom pulmonalen Herd in Nebenhoden, Samenblasen oder Prostata diskutiert. Von dort breitet sich die Infektion urogen auf andere Organe aus.

Stadien der Nierentuberkulose

Man unterscheidet üblicherweise drei Stadien der Nierentuberkulose:

I. Das *parenchymatöse Stadium* mit kortikalen Narben und kleinen Verkäsungsherden ohne zwingenden Nachweis von Endkelchveränderungen (Abb. 6.19).

II. Das *ulzerokavernöse Stadium* nach Anschluß des Entzündungsherdes an mindestens eine Kelchgruppe. Nach anderen Schemen wird das Stadium der ulzero-kavernösen Nierentuberkulose unterteilt in eine Untergruppe mit Befall nur einer Kelchgruppe und den Befall aller Kelchgruppen bei noch erhaltener Ausscheidungsfunktion der Niere (Abb. 6.19).

III. Stadium der *Kittniere* mit vollständiger Destruktion des Organs (Abb. 6.19).

An den *Ureteren* kommt es zu einer *tuberkulösen Ureteritis* mit Ausbildung von Fibrosen, die in einzelne oder multiple Harnleiterstenosen übergehen. Spätfolge ist der gänsegurgelartige Befund im Urogramm. In 50% aller Urogenitaltuberkulosen wird eine Ureterbeteiligung beobachtet, wobei der distale (prävesikale) Ureteranteil häufiger befallen ist als der proximale Ureteranteil. Folge der distalen Ureterstenose ist entweder die progredient fortschreitende Pyonephrose oder bei gleichzeitigem Befall der ostiennahen Blasenanteile der vesiko-ureterale Reflux. Hat die Ausbildung einer proximalen Ureter-(Abgangs-)Stenose zu einer Abriegelung des distalen Infektionsweges geführt, so kommt es an der Niere im Verlaufe käsiger Papillendestruktionen und Kavernenbildungen zu einer fortschreitenden Zerstörung der gesamten Niere, zur Ausbildung einer Kittniere, die als funktionsloser, nicht weiter kanalikulär streuender Endzustand zu bezeichnen ist („Autonephrektomie").

Die tuberkulösen Veränderungen der *Blasenschleimhaut* sind charakterisiert durch tuberkulöse Knötchen (Tuberkel), die zu größeren Bezirken konfluieren, ulzerös einschmelzen und bei intramural fortschreitender Destruktion mit Defektheilung in einer Schrumpfblase mit Einengung der Ostien endet (Abb. 6.20). Die weitere Aussaat ruft eine Tuberkulose der *männlichen* Adnexe (Prostata, Samenblase, Ductus deferens, Epididymis und Testis) hervor. In der Prostata und im Nebenhoden kommt es zur verkäsenden Entzündung, Kavernenbildung (Abb. 6.21) und evtl. Abszeßbildung. Die tuberkulösen Veränderungen am Hoden entstehen wahrscheinlich ausschließlich per continuitatem. In der *Harnröhre* manifestiert sich die Tuberkulose in Form von postentzündlichen Strikturen und chronischen Fisteln.

Kontagiosität

Tuberkelbakterienhaltiger Urin ist hoch infektiös, so daß insbesondere im häuslichen Bereich die offene Urogenitaltuberkulose zu pulmonalen oder intestinalen Primärinfektionen anderer Familienmitglieder führen kann. Eine

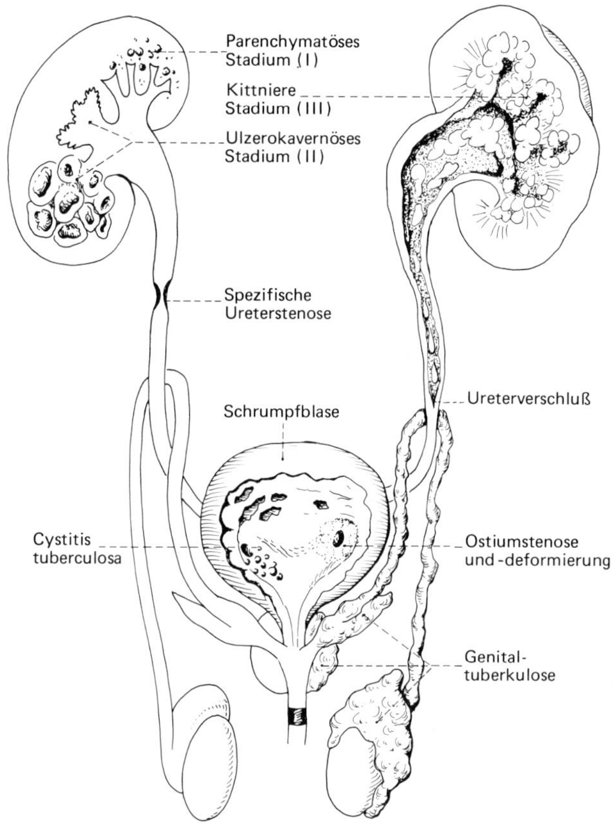

Abb. 6.19 Stadien der Nierentuberkulose und Manifestation an Ureter, Harnblase und Geschlechtsanhangsdrüsen.

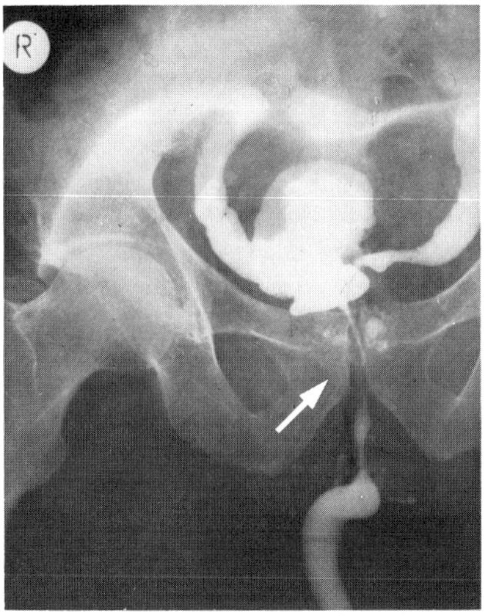

Abb. 6.20 Tuberkulöse Schrumpfblase mit Ureterostienstenosierung; spezifische Prostataverkalkungen (Pfeil).

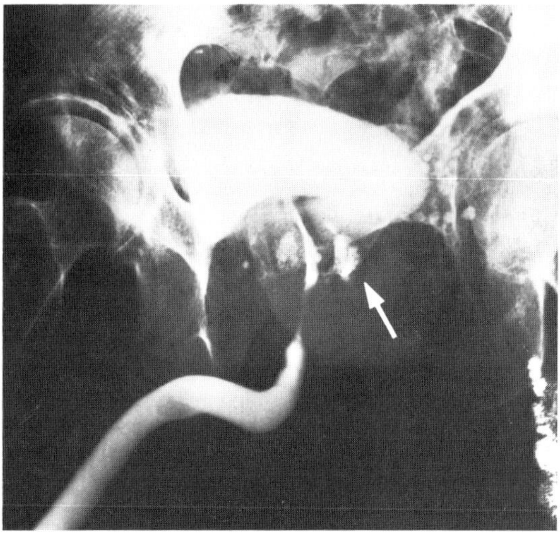

Abb. 6.21 Mit Kontrastmittel gefüllte tuberkulöse Prostatakavernen (Pfeil) bei retrograder Urethrographie.

Isolation ist beim offenen Stadium daher notwendig. Wichtig ist auch die Meldung im Verdachts- oder Krankheits- bzw. Todesfall.

Symptomatologie

Typische Frühsymptome der Urogenitaltuberkulose werden vermißt. Urologische Verdachtssymptome sind persistierende therapieresistente zystitische Beschwerden mit Pollakisurie, Dysurie, Nykturie, verbunden mit Mikrohämaturie und steriler Leukozyturie. Auch Koliken ohne Steinnachweis bei anamnestisch bekannter, oft jahrelang zurückliegender Lungentuberkulose geben weitere Aufschlüsse.

Als *Faustregel* gilt, daß jeder chronische Harnwegsinfekt mit Pyurie ohne Bakteriennachweis, jede Epididymitis im frühen Erwachsenenalter ohne prädisponierende Faktoren am unteren Harntrakt, jede Prostatitis mit rektalem Palpationsbefund bei Jugendlichen ohne Bakteriennachweis im

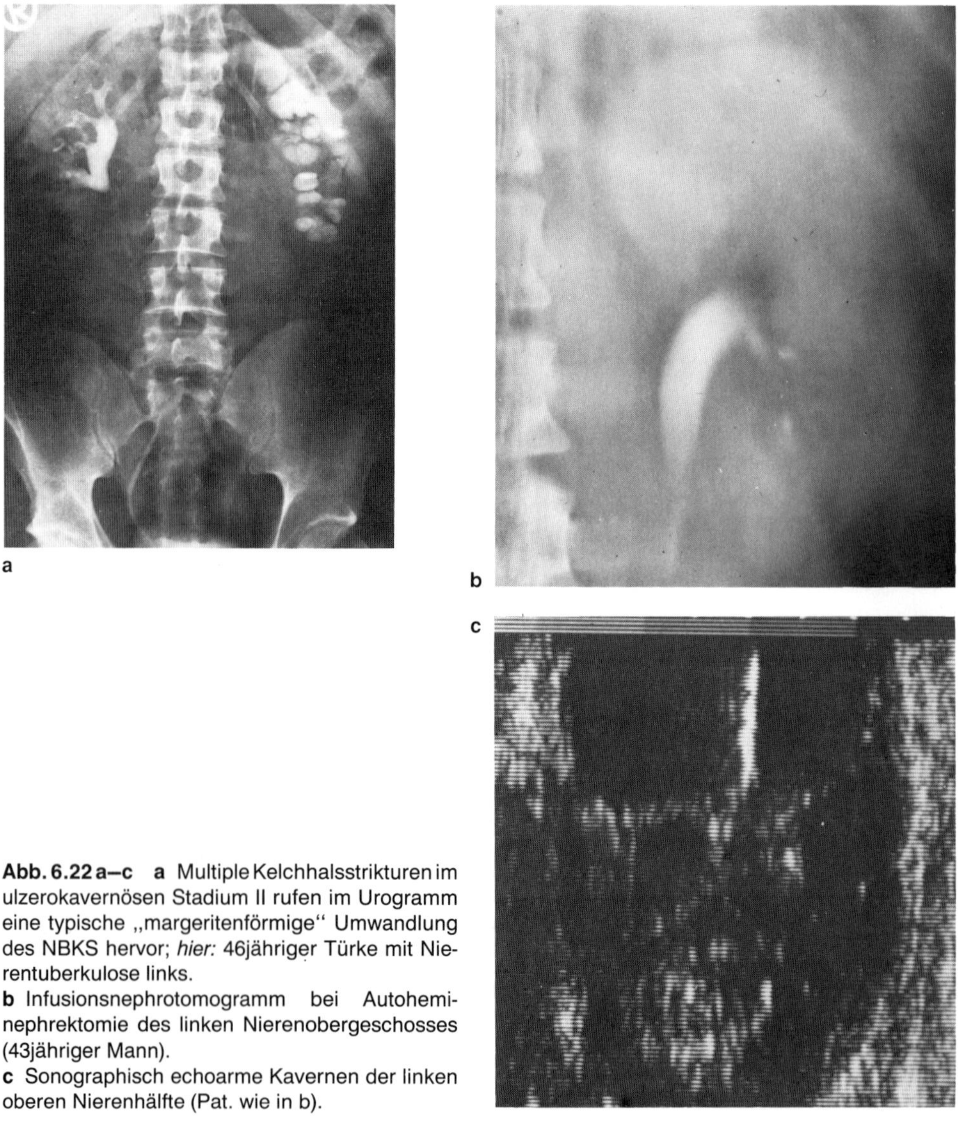

Abb. 6.22 a–c **a** Multiple Kelchhalsstrikturen im ulzerokavernösen Stadium II rufen im Urogramm eine typische „margeritenförmige" Umwandlung des NBKS hervor; *hier:* 46jähriger Türke mit Nierentuberkulose links.
b Infusionsnephrotomogramm bei Autoheminephrektomie des linken Nierenobergeschosses (43jähriger Mann).
c Sonographisch echoarme Kavernen der linken oberen Nierenhälfte (Pat. wie in b).

Urin verdächtigt auf eine Urogenitaltuberkulose ist.

Auch muß jede persistierende Erythrozyturie ohne urographisch nachgewiesene morphologisches Substrat auf eine Tuberkulose abgeklärt werden. Regellos angeordnete Verkalkungen in Projektion auf die Niere sind primär auf eine Nierentuberkulose suspekt.

Diagnostik

Die Diagnose einer Urogenitaltuberkulose stützt sich vornehmlich auf den Nachweis von Tuberkel-Bakterien in der spezifischen Kultur (Hohn-Kultur) und durch Tierversuche (s.S. 53). Bereits *eine* positive Kultur oder *ein* positiver Tierversuch sind für die Urogenitaltuberkulose beweisend, wohingegen bei klinischem oder urographischem Verdacht negative Kultur- oder Tierversuchsergebnisse eine Tuberkulose nicht ausschließen.

Zur bakteriologischen Diagnostik wird an drei aufeinanderfolgenden Tagen Mittelstrahlurin verwendet (Spezialfärbung nach *Ziehl-Neelsen* oder Tierversuch). Beim Verdacht auf eine Tuberkulose der Prostata oder des Nebenhodens werden Ejakulat oder Prostata-Exprimat untersucht. Das Anzüchten von Tuberkelbakterien im Tierversuch ist sicherer als die Kultur oder der Färbenachweis (s.S. 53).

Aufschlußreiche *serologische* Parameter sind das Blutbild, Differentialblutbild, die Blutsenkungsgeschwindigkeit und die Elektrophorese. Die serologische Immundiagnostik erscheint wegen der fehlenden Spezifität unsicher. Die *klinische* Diagnostik stützt sich auf die Urethrozystoskopie, den Palpationsbefund von Prostata, Samenblasen, Samenstrang, Nebenhoden und Hoden. *Röntgenologisch* bedeutende Veränderungen sind die mottenfraßartig ausgefransten und erweiterten Nierenkelche (s. Abb. 6.19, S. 175), die käsigen Papillendestruktionen im Urogramm im ulzerokavernösen Stadium, sowie die margaritenförmige Umwandlung des Hohlsystems bei Vorliegen mehrerer Kelchhalsstrikturen (Abb. 6.22a).

Im Stadium der Kittniere imponiert im Urogramm das Organ als stumme Niere. Die späte Uretertuberkulose zeigt sich als gänsegurgelartig deformierter Harnleiter mit prävesikaler Stenose, mit oder ohne vesikoureteralem Reflux. Bereits in der Übersichtsaufnahme können Verkalkungen in Projektion auf die Prostata Hinweise auf verkalkte Prostata-Kavernen geben (Abb. 6.23).

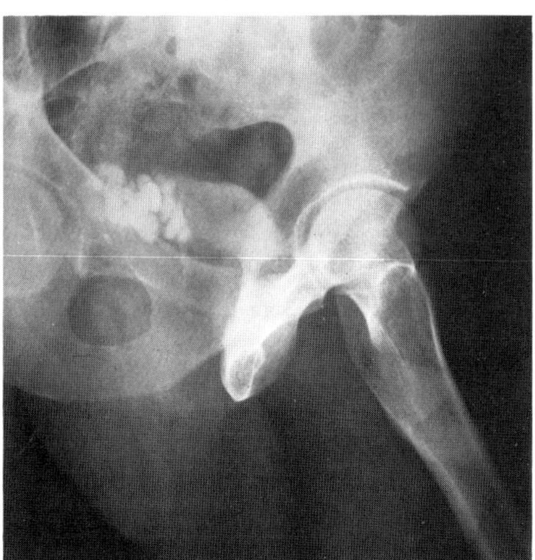

Abb. 6.23 Auf der Übersichtsaufnahme in *Lauenstein-Position* ausgedehnte verkalkte Prostata- und Samenblasenkavernen bei postprimärer Urogenitaltuberkulose 12 Jahre nach pulmonalem Primärherd.

Therapie

Mit spezifisch wirksamen Chemotherapeutika (Tab. 6.16) ist die Urogenitaltuberkulose eine Domäne der konservativen Therapie.

Die Auswahl der Tuberkulostatika richtet sich nach der Resistenzlage der Mykobakterien.

In der anfänglichen Intensivbehandlungsphase müssen je nach Ausdehnung der Tbc 3 oder 4 Medikamente über 2 bis 4 Monate verabreicht werden. Anschließend ist noch eine ausreichend lange, 4 bis 9 Monate dauernde Behandlung mit 2 Medikamenten, meist INH und RMP notwendig.

Das Kurzzeitregime über 6 Monate ist nur sinnvoll, wenn INH, RMP und PZA eingesetzt werden können, und wenn es sich um eine erstmals festgestellte, unkomplizierte Tbc handelt. Bei Anwendung anderer Tuberkulostatika und bei komplizierten Krankheitsformen muß länger behandelt werden.

Tabelle 6.16 Antituberkulöse Chemotherapie – Dosierungsrichtlinien für Erwachsene, Kontraindikationen und Nebenwirkungen der wichtigsten antituberkulösen Medikamente.

Medikament	Dosierung nach Körpergewicht täglich (6 x wöchentl.)	Dosis bei 2 Gaben/Woche (Stabilisierungsphase)	Kontraindikationen	Häufigste Nebenwirkungen	Wichtige Wechselwirkungen mit anderen Medikamenten
Rifampicin (RMP)	9 mg/kg	10 mg/kg	Schwere, vorbestehende Leberkrankheit	Cholestatische Hepatitis	Kontrazeptiva evtl. wirkungslos, Kortikosteroidabbau beschleunigt
Isoniazid (INH)	5 mg/kg	15 mg/kg	Schwere, vorbestehende Leberkrankheit	Hepatitis, Polyneuropathie	Krampfauslösung bei antiepileptischer Therapie (Hydantoine, Barbiturate)
Pyrazinamid (PZA)	30–35 mg/kg	60 mg/kg	Niereninsuffizienz, Gicht	Hyperurikämie, Gelenkbeschwerden, Exanthem, Hepatitis	
Streptomycin (SM)	15 mg/kg	15 mg/kg	Niereninsuffizienz, Gehör-Vestibularisschädigung	Allergie, Innenohrschädigung	Cave gleichzeitige Anwendung anderer Aminoglykoside
Ethambutol (EMB)	20–25 mg/kg	40–50 mg/kg	Niereninsuffizienz, Sehschaden	Retrobulbäre Optikusneuritis	
Protionamid (PTH)	5–7,5 mg/kg	nicht üblich	Schwere, vorbestehende Leberkrankheit	Hepatitis	

Weiterführende Literatur

Brawer, M.K., T.A. Stamey: Prostatic abscess owing to anerobic bacteria. J. Urol. 138 (1987) 1254

Childs, St.J., E.J.C. Goldstein: Ciprofloxacin as treatment for genitourinary tract infection. J. Urol. 141 (1989) 1

Erpenbach, K.H.J.: Systemic treatment with interferon-α2B: An effective method to prevent sterility after bilateral mumps orchitis. J. Urol. 146 (1991) 54

Fowler, J.E., T.A. Stamey: Studies of introital colanization in women with recurrent urinary tract infection. J. Urol. 117 (1977) 472

Fuchs, Th., H. Nübling, R. Granold et al.: Klinische Bedeutung der Probengewinnung bei Leukozyturie. Dtsch. med. Wschr. 107 (1982) 424

Gow, J.G.: Genitourinary tuberculosis: a 7-year review. Brit. J. Urol. 51 (1979) 239

Gusek, W.: Pathologische Anatomie der Infektionskrankheiten unter besonderer Berücksichtigung nosokomialer Infektionen. DIA 8 (1979) 64

Harzmann, R.: Hämorrhagische Zystitis: Differentialdiagnose, Diagnostik und Therapie. Med. Klin. 78 (1983) 84

Helpap, B., Th. Senge, W. Vahlensieck (Hrsg.): Die Prostata. Band 3; Prostatakongestion und Prostatitis. PMI Verlag, Frankfurt 1985

Komaroff, A.L.: Acute dyuria in women. N. Engl. J. Med. 310 (1984) 368

Larsen, E.H., Th.C. Gasser, P.O. Madsen: Antibiotikaprophylaxe bei operativen Eingriffen in der Urologie. Extracta Urologica 12/6 (1989) 340

Leistenschneider, W., R. Nagel: Zytologische Diagnose und Klassifizierung entzündlicher Prostataerkrankungen. Akt. Urol. 9 (1978) 185.

Lison, A.E., H. Losse: Pyelonephritis-Definition, Ätiologie, Pathogenese, Diagnostik und Therapie. Urologe A 20 (1981) 19

Melekos, M.D., A.W. Asbach: Epididymitis: Aspects concerning etiology and treatment. J. Urol. 138 (1987) 83

Nielsen, K.K., B. Kromann-Andersen, K. Steven, T. Hald: Failure of combined supratrigonal cystectomy and mainz ileocecocystoplasty in intractable interstitial cystitis: Is histology and mast cell count a reliable predictor for the outcome of surgery? J. Urol. 144 (1990) 255

Osterhage, H.R., J.W. Grups, R. Ackermann et al.: Aktuelle Analyse von Keimspektrum und Resistenz bakterieller Harnwegsinfektionen. Fortschr. Med. 102 (1984) 1178

Pfau, A., T.G. Sacks, M. Shapiro: Prevention of recurrent urinary tract infections in premenopausal woman by post-coital administration of cinoxacin. J. Urol. 139: (1988) 1250

Pilgrim, R.: Pyelonephritis. Fortschr. Med. 100 (1982) 212

Ringelmann, R., I. Just, B. Stegmüller: Infektionen der Harnwege. Rationelle Diagnostik und Therapieüberwachung. Krankenhausarzt 56 (1983) 872

Roberts, J.A.: Pathogenesis of nonobstructive urinary tract infections in children. J. Urol. 144: (1990) 475

Rodeck, G.: Spezifische Entzündungen des Urogenitaltraktes (einschließlich Parasitologie). In: Hohenfellner, R., E.J. Zingg (Hrsg.) Urologie in Klinik und Praxis. Band I. Thieme, Stuttgart 1982 p. 416

Sandberg, T., E. Stokland, I. Brolin, G. Lidin-Jansen, C. Svanborg Eden: Selective use of excretory urography in women with acute pyelonephritis. J. Urol. 14 (1989) 1290

Schuster, H.P.: Sepsis als Hauptfaktor in der Pathogenese des Multiorganversagens. Med. Klin. 81 (1986) 29

Sieberth, H.: Konditionierende Faktoren der Pyelonephritis. In: Schriftenreihe der Bayr. Landesärztekammer. Band 1 (1980) 111

Stillwell, T.J., D.E. Engen, G.M. Farrow: The clinical spectrum of granulomatous prostatitis report of 200 cases. J. Urol. 138 (1987) 320

Weidner, W., H.G. Schiefer, H. Krauss et al.: Untersuchungen zur Ätiologie der nichtgonorrhoischen Urethritis. Dtsch. med. Wschr. 107 (1982) 1227

Weidner, W.: Moderne Prostatitisdiagnostik. Klin. Exp. Urol. 7 (1984) 1

Winberg, J., H.J. Andersen, T. Bergström, B. Jacobsson, H. Larsen, K. Lincoln: Epidemiology of Symptomatic Urinary Tract Infection in Childhood Acta paed. Scand. 252 (1974) 1

7 Tumoren (GK 3-7)

K.-H. Kurth, H. Rübben

7.1 Allgemeine Diagnostik

Führendes Symptom der Tumoren der Nieren und ableitenden Harnwege ist die Makro- oder Mikrohämaturie (Tab. 7.1).

Während die *initiale* Hämaturie auf einen Prozeß im Bereich der Harnröhre hinweist, wird die *terminale* Hämaturie bei Erkrankungen der hinteren Harnröhre, des Blasenhalses und des Trigonums beobachtet, die *totale* Makrohämaturie bei Blasenerkrankungen oder Veränderungen im oberen Harntrakt.

Schmerzen in der Lendenregion sprechen für einen Nierenprozeß; Nieren- und Harnleiterkoliken sind die Folge abgehender Koagel oder Tumorpartikel. Auch Harnleitertumoren können durch die Obstruktion des Lumens Koliken provozieren. Der tumoröse Befall der Harnblase begünstigt Infektionen und kann sich über Monate als Zystitis manifestieren. Insbesondere intramural wachsende Harnblasentumoren oder das *Carcinoma in situ,* einhergehend mit Dysurie und Algurie, werden häufig verkannt (sogenannte „maligne Zystitis").

Dysurie mit verzögertem Miktionsbeginn, Nachträufeln und abgeschwächtem Harnstrahl sind bei älteren Männern meist Symptome der Prostatahyperplasie. Tumoren des Blasenhalses und das Prostatakarzinom verursachen seltener diese Beschwerden.

Hinter palpablen Geschwülsten im Bereich der Nierenlager verbergen sich: Nierenzysten, polyzystische Nieren, Hydronephrosen und Geschwulstbildungen.

Bei entspannten Bauchdecken des Patienten sind in Rückenlage große paraaortale Lymphknotenmetastasen (Hodentumor) und die prall gefüllte Blase (Harnverhalt oder Überlaufblase) zu tasten. Die rektale oder vaginale Palpation sind obligat.

Tastbare Raumforderungen im Skrotalfach sind bis zum Beweis des Gegenteils als Hodentumoren anzusehen. Die echographische Untersuchung erlaubt eine sichere Unterscheidung intratestikulärer Prozesse von para- und extratestikulären Erkrankungen sowie die Erkennung eindeutig benigner Läsionen (z.B. Hydrozele). In Zweifelsfällen erfolgt die inguinale Freilegung des Hodens.

Einseitige oder doppelseitige Ödeme der unteren Extremität können aus einer ausgedehnten Lymphknotenmetastasierung im kleinen Becken bei Prostata- oder Blasenkrebs resultieren.

Tabelle 7.1 Hämaturie und Lebensalter.

	Alter	Häufigste Ursachen	Frühsymptom
Kinder	bis 15	Rhabdomyosarkom Wilms Tumor	selten nein
Männer	10–35	Pyelonephritis, Tbc, Steine	–
Frauen	20–35	hämorrhagische Zystitis	ja
Beide Geschlechter	35–45	Blasentumor Steine	ja –
Beide Geschlechter	45–60	Urotheltumor Nierentumor	ja selten
Frauen	> 60	Blasentumor Nierentumor	ja selten
Männer	> 60	Blasentumor Prostatatumor	ja nein

vgl. Kapitel 15.5, S. 412

Tabelle 7.2 Nierentumoren.

I. Tumoren des Nierenparenchyms
- A. Epitheliale Tumoren
  1. Gutartige: Adenom
  2. Bösartige: Nierenzellkarzinom (sog. hypernephroides Nierenkarzinom, Hypernephrom, *Grawitz*-Tumor, Adenokarzinom der Niere)
- B. Mesenchymale Tumoren
  1. Gutartige: Fibrom, Myom, Lipom
  2. Bösartige: Fibrosarkom, Liposarkom, Myosarkom, Angioendotheliom
- C. Mischtumoren
  1. Gutartige: Angiomyolipom
  2. Bösartige: Wilms Tumor (embryonales Adenosarkom, Nephroblastom)

II. Tumoren des Nierenbeckens und des Ureters
- A. Epitheliale Tumoren
  1. Gutartige: fibroepithelialer Polyp oder Fibroepitheliom
  2. Bösartige: Übergangsepithelkarzinom, Plattenepithelkarzinom, Adenokarzinom
- B. Mesenchymale Tumoren
  1. Gutartige: Fibrom, Myxom, Hämangiom
  2. Bösartige: Myxosarkom

7.2 Nierenparenchym
(Tab. 7.2)

Maligne Tumoren der Nieren machen 1 % aller Malignome aus. Männer erkranken doppelt so oft wie Frauen. Ursachen der Entstehung sind unbekannt; als mögliche ätiogenetische Faktoren werden diskutiert: Tabak- und Kaffeegenuß, Kadmium (im Tabak), genetische (erhöhtes Risiko eines Nierenadenokarzinoms beim Hippel-Lindau-Syndrom), hormonelle Einflüsse (häufiger bei Männern) und fettreiche Kost. Die Entwicklung des Nierenzellkarzinoms aus einem gutartigen Adenom ist wahrscheinlich. Etwa 4/5 aller Nierentumoren sind Nierenzellkarzinome. Beim Kind stellt der Wilms Tumor 20 bis 30 % (!) aller Malignome dar.

Nierenzellkarzinom

Häufigstes Vorkommen im 6. Jahrzehnt, Verhältnis von Männern zu Frauen 2:1 sowie fehlende Seitenbevorzugung sind bezeichnend. In etwa 50 % ist der untere Nierenpol befallen. 2 % der Nierenzellkarzinome sind bilateral. Die Tumorausdehnung wird nach dem **TNM-System** der Unio Internationalis contra Cancrum (UICC) angegeben (Abb. 7.1).

Tabelle 7.3 Histologischer Differenzierungsgrad des Nierenzellkarzinoms.

G_x	Differenzierungsgrad unbekannt
G_0	Nierenadenom
G_1	hoch differenziert
G_2	mäßig differenziert
G_3	niederdifferenziert
G_4	anaplastisch

Der Differenzierungsgrad ist ein Maß für die Malignität des Tumors. Danach wird das gutartige Nierenadenom als G_0-Tumor eingeordnet.

Die Metastasierung erfolgt sowohl hämatogen als auch lymphogen. Häufig ist auch eine lokale Ausbreitung in die großen venösen Gefäße (s.S. 185; s. Abb. 7.2).

7.2.1 Symptomatik

Jeder 2. Nierentumor ruft „Fremd“-Symptome hervor. Der Patient wird zunächst untersucht vom

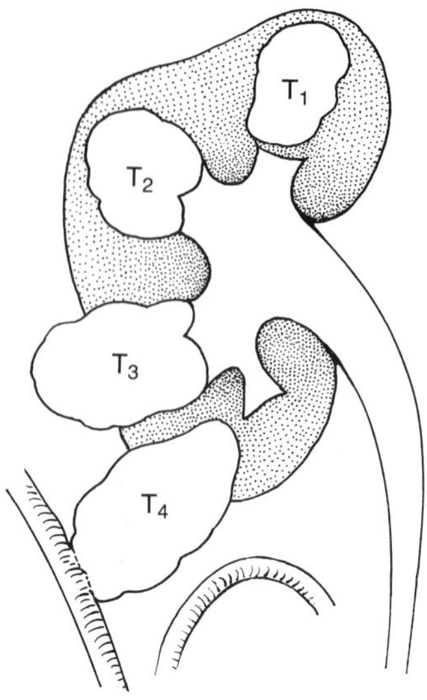

Abb. 7.1 Zur Klassifikation des Nierenzellkarzinoms nach dem TNM-System sind Voraussetzung (UICC 1987): Klinische Untersuchung und bildgebende Verfahren. **T** = Primärtumor-Ausdehnung (s. Abb.). **N** = regionale und juxtaregionale Lymphknoten. N_x = Lymphknotenstatus unbekannt, N_0 = keine Lymphknotenmetastasen, N_1 = 1 Metastase $\leqslant$ 2 cm, N_2 = einzelne oder mehrere Metastasen 2–5 cm, N_3 = Lymphknotenmetastase $>$ 5 cm im Durchmesser. **M** = Fernmetastasen, M_x = nicht bekannt, M_0 = metastasenfrei, M_1 = Fernmetastasen vorhanden.

- Internisten: Hypertonie, Hyperkalzämie, Polyglobulie
- Gastroenterologen: Stauffer-Syndrom
- Orthopäden: Kreuzschmerzen, Spontanfraktur
- Neurochirurgen: Hirnmetastasen
- Pulmologen: Lungenmetastasen

Die klassische Symptomentrias *Hämaturie, Flankenschmerzen, palpabler Tumor* in der Nierenregion findet sich nur bei 11 % aller Patienten mit einem Nierentumor (Tab. 7.4).

Die Hämaturie resultiert aus dem Einbruch des Tumors in das Nierenbeckenkelchsystem (Abb. 7.3) und variiert: Mikro- oder Makrohämaturie, paroxysmal oder andauernd, schmerzhaft oder schmerzlos. Typisch ist die schmerzlose Hämaturie. Blutkoagel lösen bei Harnleiterpassage Koliken aus. Die Hämaturie ist ein Spätsymptom.

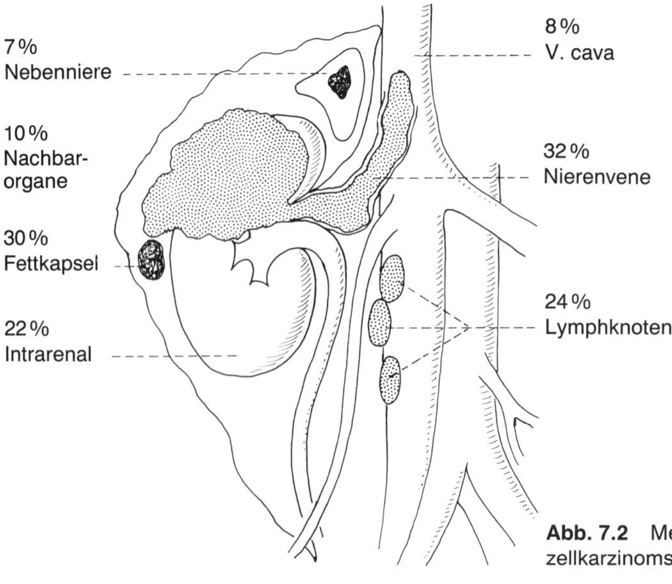

Abb. 7.2 Metastasierungsrate des Nierenzellkarzinoms im lokalen Stadium T3.

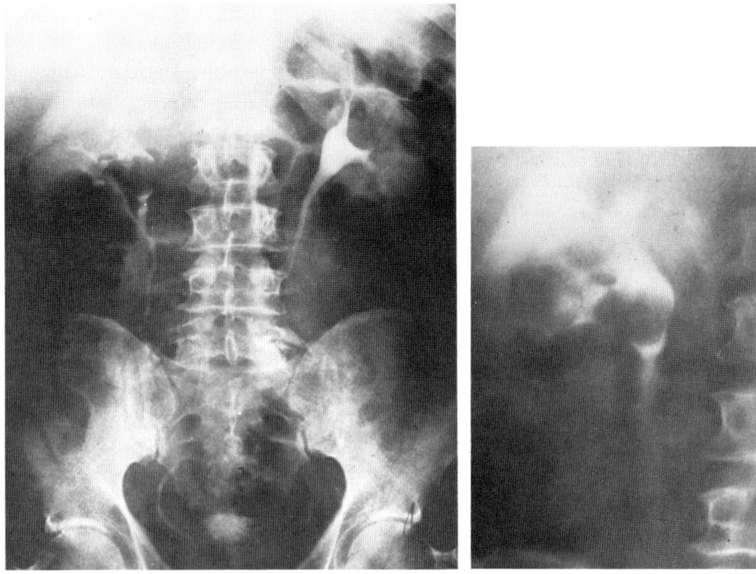

a b

Abb. 7.3 a, b **a** Hypernephrom rechts mit Tumoreinbruch in das Nierenbecken.
b Die Nephrotomographie zeigt deutlich den tumorbedingten Füllungsdefekt des rechten Nierenbeckens.

Schmerzen, meist nur Spätsymptom, werden selten durch Kapseldehnung, eher durch Einblutungen in den Nierentumor, Obstruktion der Harnwege, Zug am Gefäßstiel oder lokale Extension verursacht.

Jeder 3. Patient hat einen palpablen Tumor. Intermittierende Fieberschübe (Folge der Tumornekrose) treten in 12–20 % auf. Leukozytose mit erhöhter BSG begleiten die Fieberschübe.

Nur die am liegenden Patienten persistierende Varikozele links und rechts ist tumorverdächtig (< 1 %). Ursache ist die Behinderung des Blutabflusses in der V. testicularis durch einen venösen Tumorthrombus oder Vena testicularis-Kompression.

Tabelle 7.4 Symptome beim Nierenzellkarzinom.

Schmerzen	48 %
Hämaturie	40 %
Tastbare Resistenz	39 %
Gewichtsabnahme	37 %
Hochdruck	22 %
Fieber	19 %
Trias: Schmerz Resistenz Hämaturie	11 %
Varikozele	1 %
Keine	5 %

Die häufigsten Laborbefunde sind Anämie und Erythrozyturie. Die Hyperkalzämie (3–13 % aller Patienten) kann durch verschiedene Faktoren verursacht werden, u.a. durch Prostaglandine, Knochenerosion durch Tumorzellen, Parathormon, transformierenden Wachstumsfaktor, Faktoren mit Bindung an Parathormonrezeptoren, CSF (colony stimulating factor), Osteoklasten aktivierendem Faktor und 1.25 Dihydroxyvitamin D.

Selten sind erhöhte periphere Plasma-Reninspiegel (Hochdruck) und ein Ansteigen des Erythropoetins (Polyglobulie), unabhängig vom Ausmaß der Anämie. Das *Stauffer*-Syndrom (Leberdysfunktionssyndrom) wird sowohl bei metastasierenden als auch bei nichtmetastasierenden Nierentumoren beobachtet. Im letzten Fall normalisieren sich nach Tumornephrektomie die erhöhte alkalische Phosphatase, die Hypalbuminämie, die α-2-Hyperglobulinämie, die Hypoprothrombinämie und die erhöhte γ GT. Gelegentlich werden beim Nierenkarzinom ektope Produktion von Insulin, Glukagon, Choriongonadotropin und Enteroglukagon beobachtet.

7.2.2 Diagnostik

Die sonographische Untersuchung hat zentrale Bedeutung bei Verdacht auf Nierentumor.

Zur Unterscheidung: Nierenzyste – Nierentumor ist die *Ultraschalluntersuchung* unerläßlich (Abb. 7.4).

Urographischer Befund: Abdomenleeraufnahme über die normale Nierenkonfiguration hinausgehende homogene Verschattung, Niereneigenkontur nicht sicher abgrenzbar. Nach Kontrastmittelinjektion ist neben Form, Größe und Lage beider Nieren eine bogige Verdrängung des Hohlsystems zu erkennen. (Fehlende Verdrängungszeichen schließen einen Nierentumor nicht aus!)

Beim operablen Patienten (biologisches Alter, keine internistischen Kontraindikationen) und Metastasenfreiheit (Thoraxröntgen, Knochenszintigraphie) erfolgt präoperativ die Angiographie der Niere oder DSA. Die selektive Nephroangiographie weist mit 95 % Genauigkeit maligne Nierentumoren nach. Pathognomonisch sind: pathologische Gefäßzeichnung, Tumoranfärbung, Gefäßstümpfe und Gefäßabbrüche (s. Abb. 7.6).

Gegenwärtig sollte die CT die Angiographie ersetzen (Abb. 7.5). Sie informiert mit einer 80–90 %igen Zuverlässigkeit über das T-Sta-

a

b

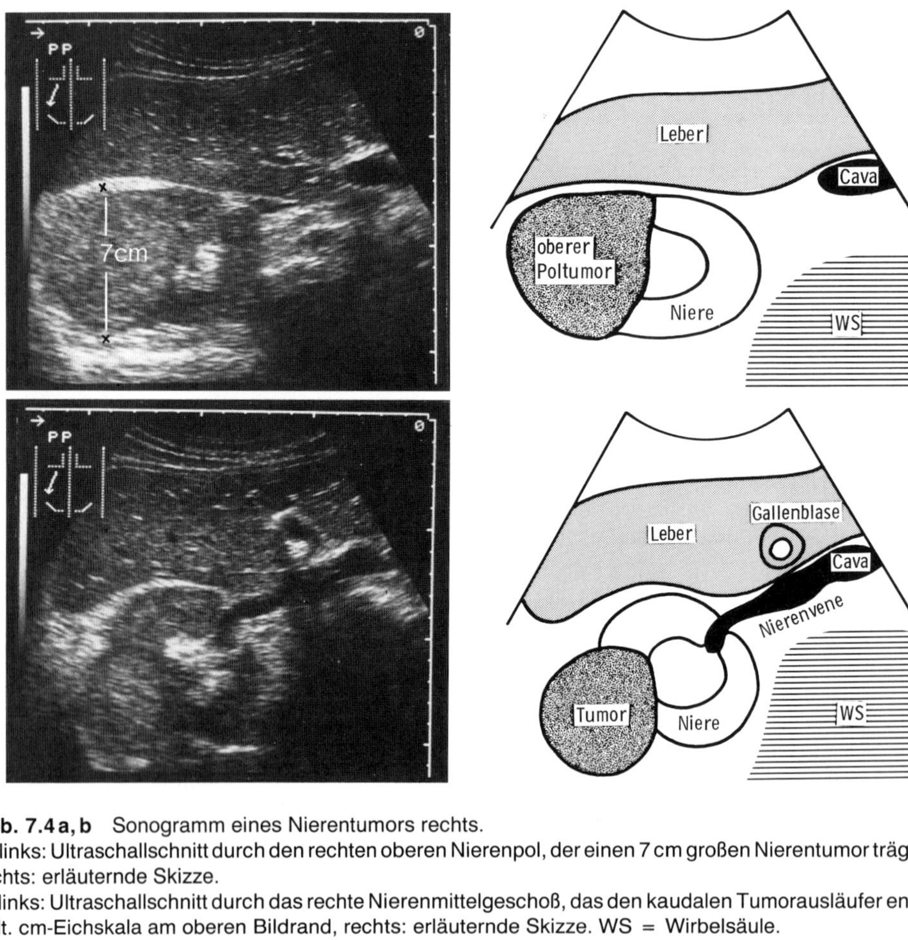

Abb. 7.4 a, b Sonogramm eines Nierentumors rechts.
a links: Ultraschallschnitt durch den rechten oberen Nierenpol, der einen 7 cm großen Nierentumor trägt, rechts: erläuternde Skizze.
b links: Ultraschallschnitt durch das rechte Nierenmittelgeschoß, das den kaudalen Tumorausläufer enthält. cm-Eichskala am oberen Bildrand, rechts: erläuternde Skizze. WS = Wirbelsäule.

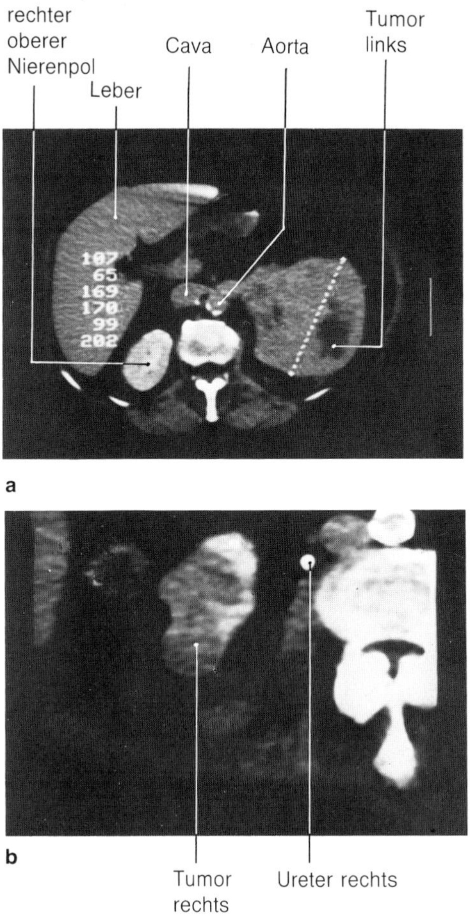

Abb. 7.5 a,b CT bei doppelseitigem Nierentumor (82jährige Frau mit Makrohämaturie).
a 10 cm großer, nekrotisch zerfallener Nierentumor links.
b Kleiner unterer Poltumor rechts.

dium sowie über einen möglichen Tumorthrombus in der V. renalis oder V. cava.

Mit der Kavographie ist ein Einbruch des Nierentumors in die V. renalis und der Verschluß der Vena cava inferior durch einen Tumorthrombus nachweisbar (Abb. 7.7). 8–30 % der Tumoren haben einen Nierenvenen- und einen V. cava inferior-Befall (Abb. 7.2, s.S. 182). Die Kavographie oder die CT sind deshalb wichtige diagnostische Parameter. Der Verschluß der V. renalis durch einen Tumorthrombus, der in die V. cava inferior hineinragt, aber auch ein totaler Verschluß der V. cava durch einen Tumorthrombus sind keine Kontraindikationen zur Tumornephrektomie, falls nicht gleichzeitig Metastasen nachgewiesen wurden (Abb. 7.6).

Die pedale Lymphangiographie zum Nachweis regionärer Lymphknoten wurde durch die CT verdrängt.

Die Doppler-Sonographie erlaubt zuverlässiger als Kavographie oder Computertomographie die Unterscheidung zwischen intravasalem Verschluß der Vena cava oder Kompression des Gefässes von außen. Sonographisch wird das Gefäß aufgesucht und mit dem Doppler der venöse Flow dargestellt.

Differentialdiagnose: Gegen das Neoplasma muß vor allem die Nierenzyste abgegrenzt werden. Der seltene gutartige Nierentumor (Adenom, Onkozytom) kann mit Ausnahme des Angiomyolipoms (CT!) erst histologisch diagnostiziert werden. Die fetale Lappung der Niere mit Nierenbuckelung täuscht

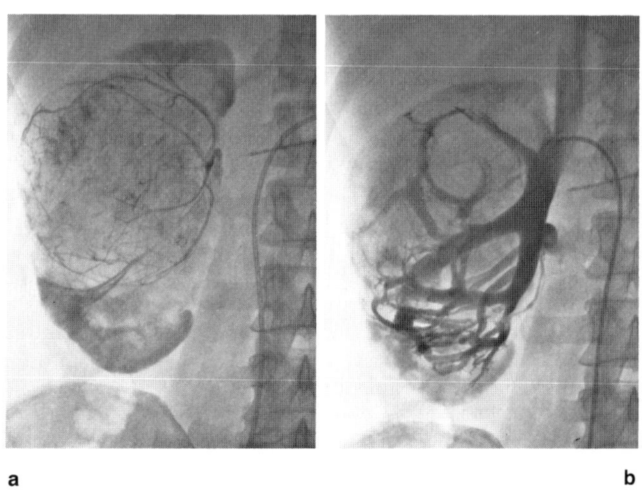

Abb. 7.6 a, b Selektive Nierenarteriographie bei rechtsseitigem Nierentumor (**a**) und selektive Nierenphlebographie (**b**).

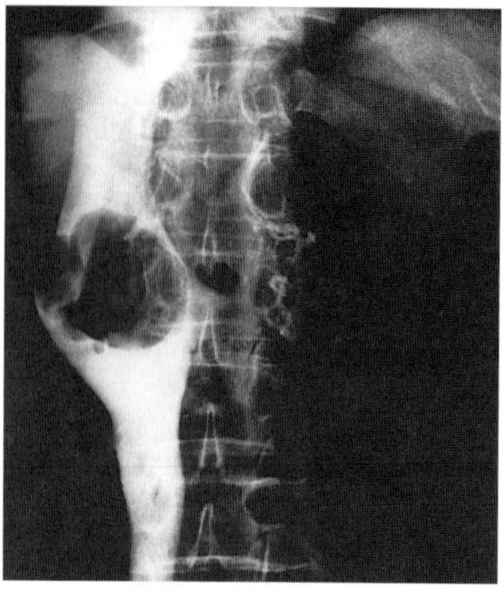

a

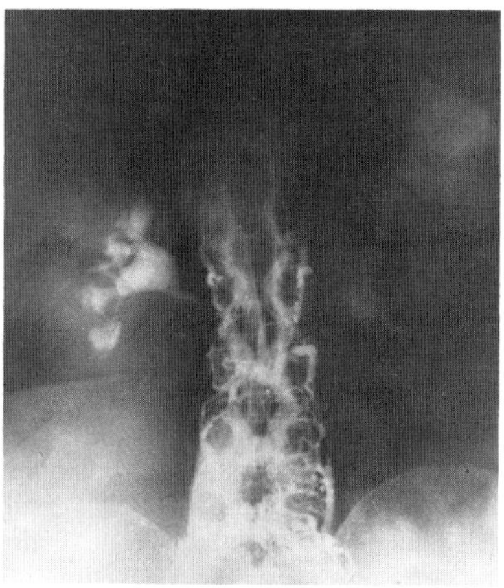

b

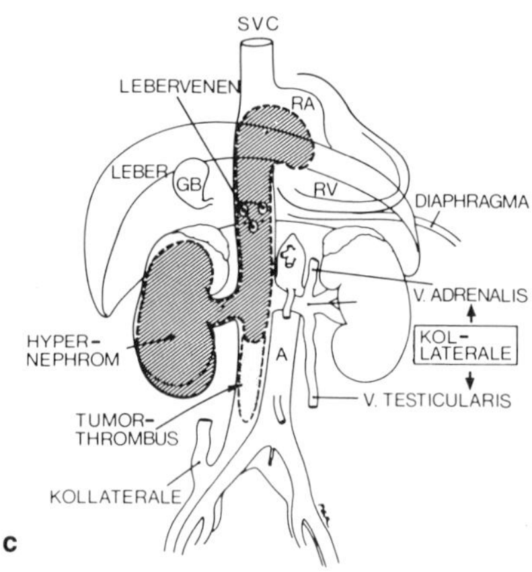

c

Abb. 7.7 a–c Kavographie bei partiell okkludierendem Tumorthrombus (**a**) und bei Verschluß der Vena cava inferior durch einen Tumorthrombus mit Ausbildung eines Kollateral-Kreislaufs (**b**). **c** Situationserläuterung: SVC = Vena cava superior, RA = rechter Vorhof, RV = rechter Ventrikel, GB = Gallenblase, A = Aorta.

gelegentlich einen Tumor vor. Die „Niere in der Niere“ erscheint als Pseudotumor. Es handelt sich hierbei um hypertrophierte Bertinsche Säulen, die im Urogramm zur Kelchausziehung oder Kelchabplattung führen können und hierdurch einen raumfordernden intrarenalen Prozeß vortäuschen. Angiographisch fehlt die pathologische Gefäßzeichnung. Im CT wird auf allen Schnitten das Nierenparenchym mit gleichbleibender Dichte dargestellt und ein Nierentumor mit 98 % Zuverlässigkeit ausgeschlossen. Unter den entzündlichen Nierenprozessen wirft die xanthogranulomatöse Pyelonephritis besondere Probleme auf. Die Niere kann urographisch stumm sein, DSA und CT sowie die entzündliche Komponente dieses Krankheitsbildes sind meist diagnosebeweisend, mitunter spricht aber erst der Pathologe am Nephrektomiepräparat das letzte Wort.

In das Nierenparenchym einwachsende Nierenbeckentumoren sind schwer abzugrenzen, bedürfen aber wie das Nierenzellkarzinom der operativen Freilegung.

Nebennierentumoren führen im Urogramm zu einer Kaudalverlagerung der Niere, meist ohne Veränderung des Nierenhohlsystems (s. Abb. 10.10, S. 302).

Andere raumfordernde Prozesse (Pankreaszysten, Liposarkom, abgekapseltes Urinextravasat nach Traumen oder Operationen am Hohlsystem, retroperitoneale Lymphknotenmetastasen) führen zur Verlagerung der Niere nach kranial oder lateral, die Nierenkontur läßt sich abgrenzen und die sekundäre Dystopie der Niere durch einen extrarenalen Prozeß nachweisen.

7.2.3 Therapie

Für die Therapieplanung wird das TNM-Stadium des Tumors ermittelt („Staging“, s. Abb. 7.1, S. 182). Das „Grading“ spiegelt die Dynamik des Wachstums wider und beeinflußt die Prognose: Je unreifer der Nierentumor, um so rascher das Wachstum und um so schlechter die Prognose.

Operative Therapie

Im Stadium $T_{1\text{-}3}N_{x\text{-}1}M_0$ und bei normaler kontralateraler Niere erfolgt die radikale Tumornephrektomie, d.h. Entfernung der tumortragenden Niere einschließlich der Nierenfettkapsel, der Nebenniere und regionären Lymphknoten. Hierbei werden ggf. Tumorthromben der V. renalis oder der V. cava inferior durch Cavotomie extrahiert. Bei Tumorthromben, die der Cavawand adhärent sind, wird der Tumor unter Mitnahme einer Cavamanschette reseziert. Bei funktioneller, kongenitaler oder erworbener Einzelniere ist bei einem Tumor <6 cm die Teilresektion möglich. Bei multipler oder generalisierter Metastasierung ist die Tumornephrektomie nicht indiziert. Einzelmetastasen (Lunge, Knochen, Hirn), die resektabel erscheinen, sind keine Kontraindikation zur Tumornephrektomie.

Die radikale Tumornephrektomie erfolgt bei großen und oberen Pol-Tumoren über eine quere Oberbauchinzision oder thorako-abdominal. Bei Tumoren des unteren Nierenpols wird ohne Eröffnung des Thoraxraumes im 10. Interkostalraum oder über eine mediane Laparotomie eingegangen. Parakolisch wird primär der Gefäßstiel vor der Mobilisierung der Niere ligiert. Somit wird die Ausschwemmung von Tumorzellen intraoperativ vermieden. Nierenvene und -arterie werden separat ligiert, vor allem, um den Zugang zu den Lymphknoten nicht zu erschweren.

Die Resektion der Lymphknoten erfolgt regionär paraaortal bzw. parakaval.

Sinnvolle Maßnahmen nach der operativen Therapie existieren auch bei Risikogruppen (N_1, V_{1-2}, T_3) nicht; es gibt also keine Indikation für eine adjuvante Therapie.

Radiotherapie

Der Erfolg der prä- und postoperativen Radiotherapie ist umstritten, eine Verbesserung der Überlebensrate ist nicht nachgewiesen. Theoretische Vorteile der präoperativen Radiotherapie sind: Tumorzelldevitalisierung, Obliteration der großkalibrigen Kollateralvenen und Lymphgefäße sowie Tumorabkapselung mit technischer Operabilität eines vor Bestrahlung inoperablen Tumors („Downstaging“). Die präoperative Radiotherapie hat keinen Einfluß auf die Prognose des Nierenkarzinoms.

Hormontherapie

Aufgrund experimenteller Befunde wurde 1964 mit der hormonellen Behandlung von Nierentumormetastasen begonnen. Die Patienten erhielten täglich 300—500 mg eines Depot-Gestagens (Clinovir 100®; Depostat®). Nur wenige Patienten sprechen objektiv auf diese Behandlung an, selbst in diesen Fällen ist die Remission meist nur vorübergehend. In kontrollierten Studien führte die Einnahme von Gestagenen nicht zur Größenabnahme von meßbaren Metastasen. Ihre Einnahme ist allenfalls wegen des anabolen und positiv-psychotropen Effektes beim metastasierenden Nierenzellkarzinom gerechtfertigt. (Abb. 7.8).

Chemotherapie

Zahlreiche klinische Studien haben das Nierenzellkarzinom als einen recht chemotherapieresistenten Tumor identifiziert, Zytostatika sind daher wenig hilfreich.

Tumorembolisation

Eine mögliche Palliativtherapie des lokal inoperablen Tumors (T_4), des aus allgemeinmedizinischen Gründen inoperablen Patien-

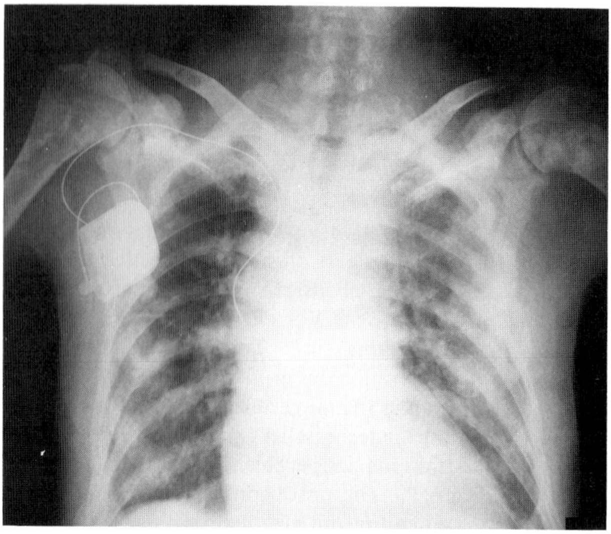

Abb. 7.8 Diffuse Metastasen eines Nierenzellkarzinoms in der Lunge (rechts: Herzschrittmacher).

ten, des metastasierenden Nierenkarzinoms (N_x, M_1) oder bei stärksten lokalen Schmerzen, besteht in der Embolisation des Tumors nach selektiver Katheterisierung der A. renalis der tumortragenden Niere (Abb. 7.9). Domäne der palliativen Nierentumor-Embolisation (gleiche Embolisate wie bei präoperativer Anwendung) ist jedoch die wiederkehrende bedrohliche Blutung in das Hohlraumsystem.

Gute Ergebnisse wurden bei der Embolisation von Knochenmetastasen erreicht (90 % lebten nach 2 Jahren, 60 % noch nach 5 Jahren). Der völlige Verschluß der Nierenarterie führt zum Postinfarkt-Syndrom mit Schmerzen, Fieber und Übelkeit. Selten sind Hypertonie, Nierenversagen und Sepsis. Eine Revaskularisierung der Niere mit Progredienz des Tumors ist möglich.

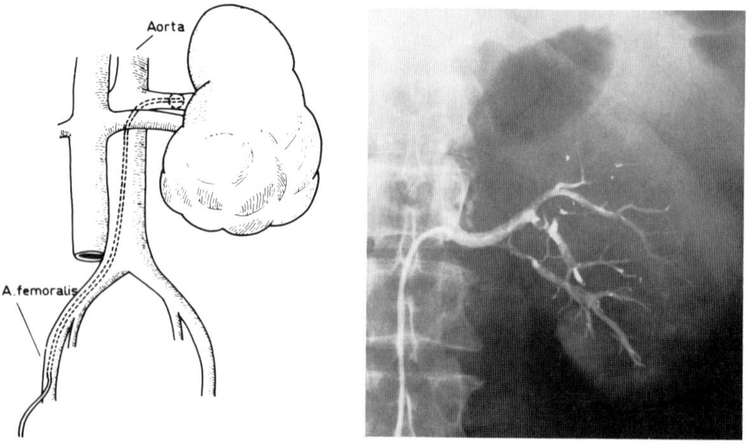

a b

Abb. 7.9 a, b **a** Plazierung des doppellumigen Ballonkatheters in die tumorseitige Nierenarterie. Nach Aufblocken des Ballons kann die tumortragende Niere mit einem Gewebeklebstoff embolisiert werden. **b** Der Gewebeklebstoff hat sich in den Verzweigungen der A. renalis verteilt. Mit Tantalpuder wird der Gewebekleber kontrastdicht, so daß Verlaufskontrollen der embolisierten Niere möglich sind.

Immuntherapie

Remissionen von meßbaren Metastasen etwa der Lunge wurden nach aktiver Immunisierung mit autologen abgetöteten Tumorzellen, gemischt mit einem unspezifischen Adjuvans (Corynebacterium parvum oder BCG) beobachtet. Partielle und komplette Remissionen der Metastasen werden nach Therapie mit Interferon-α bei 16 % der Patienten beobachtet. Ein immuntherapeutisches Verfahren, das zu vergleichbaren Ergebnissen führt, ist die Behandlung mit Interleukin-2 (ein T-Helfer-Lymphozyten stimulierender Faktor). Lymphozyten können auch in vitro aktiviert werden (LAK-Zellen = Lymphokin-aktivierte Killerzellen) und dem Patienten mit Interleukin-2 zurückinfundiert werden. Die Interleukin-2-Therapie geht mit erheblichen Nebenwirkungen einher. Doch werden Fortschritte zur Behandlung des metastasierten Nierenkarzinoms vor allem mit Hilfe der Immuntherapie erwartet. Die in 0,8 % beobachtete Spontanremission von Metastasen des Nierenzellkarzinoms weist auf immunologische Abwehrvorgänge des Tumorträgers hin. Eine verbindliche Therapieempfehlung kann z.Z. noch nicht gegeben werden.

Prognose

Die Prognose ist abhängig von der Ausdehnung des Nierentumors bei der Erstuntersuchung (Abb. 7.10; Tab 7.5).

Bei alleinigem Befall der Nierenvenen und regionären Lymphknoten unterscheidet sich die Fünf-Jahres-Überlebensrate von 42 % kaum von der globalen Überlebenszeit für alle Stadien mit 49 %. Hat der Tumor die V. cava inferior befallen, überleben nur 20 % 5 Jahre.

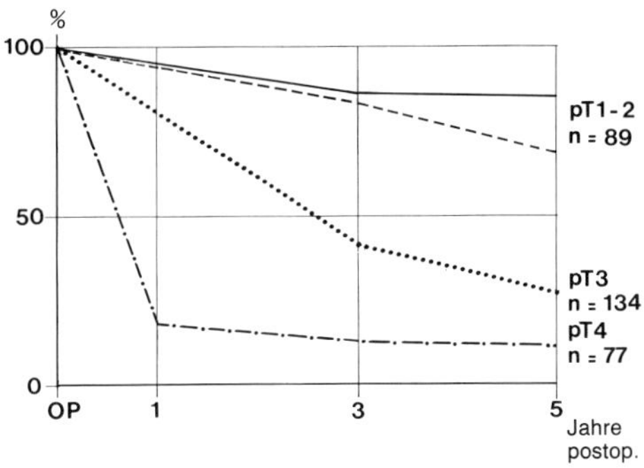

Abb. 7.10 Krankengut der Urologischen Universitätsklinik Mainz: Überlebensrate nach Operation.

Bei nachgewiesenen Fernmetastasen beträgt die mittlere Überlebenszeit 12 Monate.

Der Einfluß des histologischen Malignitätsgrades auf die Prognose zeigt sich in einer Zehn-Jahres-Überlebensrate von 40 % bei gut differenzierten Nierentumoren (G1) und von 18 % bei schlecht differenzierten Tumoren (G3).

7.3 Nierenbecken und Harnleiter

Bis auf extrem seltene gutartige Neubildungen (z.B. Fibroepitheliom des Kindes- und Adoleszentenalters) gehen Nierenbecken- und Uretertumoren vom Urothel aus: Urothelkarzinom vergleichbar dem Harnblasentumor (s.S. 194).

Tabelle 7.5 Prognose des Nierenzellkarzinoms abhängig vom Tumorstadium.

Tumor	Stadium	lokales Rezidiv	Metastasen	5 Jahre Überlebens-Rate
lokal begrenzt	$T_{1\text{-}2}$, N_0, M_0	0– 5 %	0–30 %	70–100 %
lokal fortgeschritten	T_3, $N_{0\text{-}2}$, M_0	15–55 %	40–80 %	20– 60 %
metastasierend	$T_{3\text{-}4}$, N_3, M_1	–	–	< 10 %

Epidemiologie und Ätiologie

Das Verhältnis Männer/Frauen beträgt etwa 3:1. Ein Altersgipfel tritt zwischen dem 40. und 80. Lebensjahr auf. In topographischer Hinsicht ist die untere Hälfte des Harnleiters bevorzugt: 15 % oberes Drittel, 22 % mittleres Drittel, 63 % unteres Drittel. Abgesehen von Regionen mit endemischer Häufung (Balkan) sind primäre Nierenbecken- und Harnleitertumoren selten: Inzidenz 2 Neuerkrankungen / 100000 Einwohner/Jahr.

Urin-Karzinogene, die das Entstehen von Harnblasentumoren begünstigen, wirken auch auf das Urothel des oberen Harntraktes ein. Lokale Faktoren wie chronische Irritation (Entzündung, Steine) fördern die Tumorentstehung. In den Balkan-Ländern sind endemische Nierenbeckentumoren häufig bei der „Balkannephropathie" anzutreffen. Urotheliome findet man gehäuft bei Arbeitern der Farbindustrie oder kautschukverarbeitenden Industrie (aromatische Amine). Chronischer Phenazetin-Abusus und starker Nikotinkonsum sind weitere Risikofaktoren. Zyklophosphamid-Derivate scheinen ein weiteres ätiologisches Moment zu sein (Stickstoff-Lost-Arbeiter des Zweiten Weltkrieges; iatrogenes Blasenkarzinom nach Behandlung des M. Hodgkin mit N-Alkylantien).

Das Urothel hat die Potenz zur Metaplasie (Plattenepithel, drüsenbildendes Epithel). Ein chronischer Reiz fördert die Genese von metaplasiogenen Tumoren: Plattenepithelkarzinom bei Bilharziose und Adenokarzinom der ekstrophierten Blase.

7.3.1 Symptomatik

Führendes Symptom ist die schmerzlose *Hämaturie* (70–95 %). Selten sind dumpfer Flankenschmerz (30 %) oder Koliken (18 %). Daneben treten weniger spezifische Symptome wie asymptomatische Harnwegsinfektion, Infekte mit Dysurie, reduzierter bis kachektischer Allgemeinzustand auf.

Hämaturie kann sowohl permanent als auch intermittierend auftreten (Intervalle: Monate bis Jahre). Der Schmerz resultiert aus der Obstruktion des Harnleiters durch den Tumor, der lokalen Ausbreitung des Tumors in das Retroperitoneum oder Nachbarorgane oder aus Knochenmetastasen. Die chronische Stauung der oberen Harnwege nach partieller oder vollständiger Harntransportstörung durch den Tumor führt zur Hydro- oder Pyonephrose mit gelegentlich tastbarer Niere.

Trotz des auffälligen Symptoms der Hämaturie beträgt das Intervall zwischen Erstsymptom und Primärdiagnose bei 39 % der Patienten > drei Monate, bei 26 % sechs Monate und bei 23 % > acht Monate.

7.3.2 Diagnostik

Die Diagnose wird radiologisch, endoskopisch und zytologisch gestellt.

Qualität und Interpretation des Ausscheidungsurogramms nach einer Hämaturie sind entscheidend für den Zeitpunkt der Sicherung der Diagnose und letztlich auch der Prognose. Schwer zu erkennen ist der Befall des Harnleiters.

Neben der retrograden Pyelographie ist die Infusionsurographie mit großen Kontrastmittelmengen vorteilhaft vor allem bei pyelo-ureteraler Ektasie. Die diagnostische Abklärung wird heute durch die CT sowie die Ureterorenoskopie erleichtert (s.u.).

Urographische Zeichen von Nierenbecken- und Harnleitertumoren

Typisch ist die Kontrastmittelaussparung *(Füllungsdefekt)* mit unscharfer Abgrenzung zum Hohlsystem durch die meist papilläre Oberflächenstruktur. Die Differentialdiagnostik (Tab. 7.6) des Füllungsdefektes im Ausscheidungsurogramm zwingt zu einem systematischen Untersuchungsprogramm (Tab. 7.7).

Entsprechend der Topographie der urothelialen Neubildung sind die Konturen der Kontrastmittelaussparung polyzyklisch, bucklig,

Tabelle 7.6 Differentialdiagnose des urographischen Füllungsdefektes.

1. *Tumoren*
   - Urothelkarzinom (Nierenbecken- und Harnleitertumor)
   - Nierenzellkarzinom
   - Wilms Tumor (Nephroblastom)
   - M. Hodgkin, Lymphom, Leukämie
   - Plasmozytom
   - Zysten
2. *Steine*
   - Harnsäure
   - Matrix
   - Xanthin
3. *Blutkoagel*
   - Trauma
   - Tumor
   - Blutungsdiathese
   - Idiopathische Hämaturie
   - Nephritis
   - Antikoagulantien
4. *Luftblasen*
   - Instrumentell
   - Gasbildende Keime
   - Urointestinale Fistel
   - Reflux bei Ureterosigmoideostomie
5. *Kongenitale Anomalien*
   - Ektope Nierenpapille
   - Pseudotumor
6. *Vaskulär*
   - Gefäßimpression
   - Aneurysma
   - Arterio-venöse Fistel
   - Hämangiom
   - Kollateralgefäße
7. *Entzündung*
   - Papillennekrose
   - Pyelitis cystica
   - Tuberkulom
   - Malakoplakie
   - Candidahyphen
   - Helminthiasis
8. *Fremdkörper*

Tabelle 7.7 *(Schema)* Diagnostische Schritte zur Klärung der häufigsten Ursachen eines Füllungsdefektes im Urogramm (UK = Ureterkatheterismus).

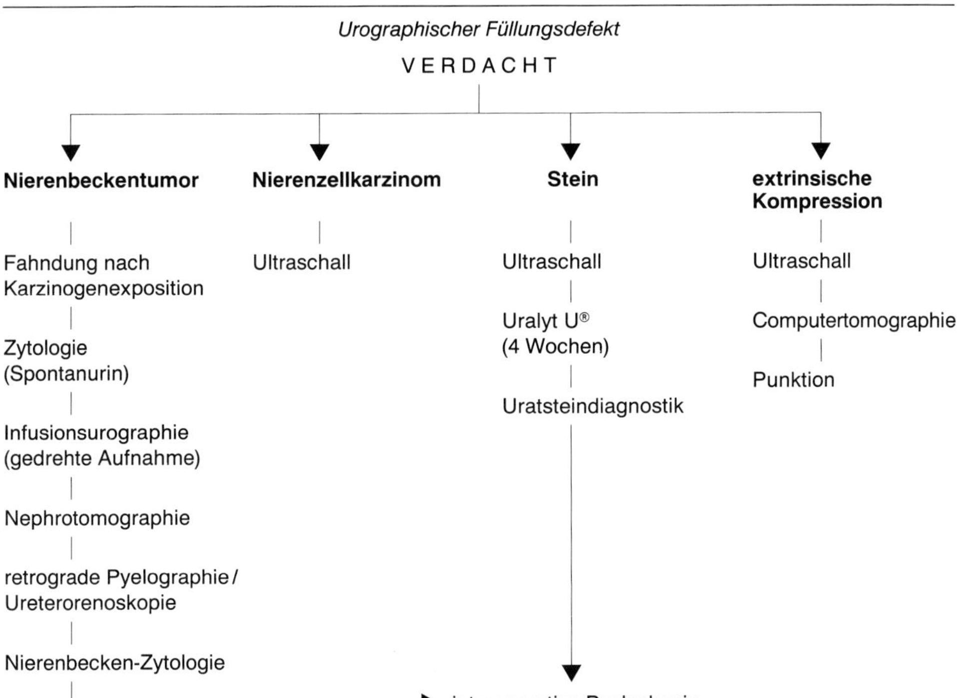

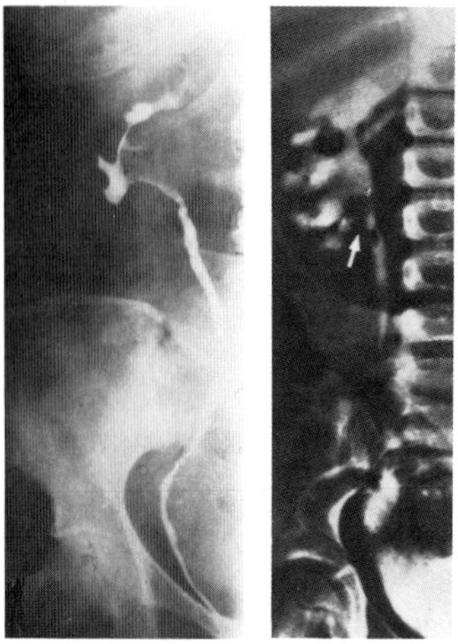

Abb. 7.11 a, b Füllungsdefekte.
a Retrogrades Pyelogramm eines großen Urotheltumors im rechten Nierenbecken.
b Ureterpolyp im rechten oberen Harnleiterdrittel. Glatt begrenzter Füllungsdefekt mit ektatischem Nierenbeckenkelchsystem im Ausscheidungsurogramm (Pfeil).

feingezähnelt oder ausgefranst. Gefäßkreuzungen (meist Venen) rufen bandartige Kontrastmitteldefekte hervor.

Größere Kelchhalstumoren zeigen wie im Nierenbecken eine unscharf begrenzte Kontrastmittelaussparung im Kelch selbst oder im Kelchhalsbereich (Kelchdilatation). Ein kompletter Verschluß des Kelchhalses führt zum Bild der isolierten Kaliektasie.

Zur Abgrenzung von parenchymatösen Tumoren ist zu beachten, daß bei Urotheltumoren häufig die äußeren Konturen der Niere nicht verändert sind (Abb. 7.11 a). Bei sehr ausgedehnten Tumoren des Nierenbeckenkelchsystems und des Harnleiters ist die Niere urographisch stumm. Bei der retrograden Pyelographie erkennt man große Füllungsdefekte in den befallenen Nierenbecken- und Harnleiterabschnitten. Die Kelche sind dilatiert, ihre Abgrenzungen unregelmäßig.

Die urographische Diagnose des Uretertumors setzt die vollständige Darstellung des Harnleiters voraus. Die Ureterperistaltik bedingt eine abschnittsweise Darstellung des Harnleiters. Die modernen kontrastdichten KM sind hier zu bevorzugen; gelegentlich ist eine Kompression für die bessere Darstellung des Nierenhohlsystems und des oberen Harnleiterdrittels unentbehrlich.

Durch die Gefäßüberkreuzung wird häufig die vollständige Harnleiterdarstellung im iliakalen Abschnitt behindert. Wurde trotz Infusionsurographie der Harnleiter nur unvollständig gefüllt, erfolgt seine retrograde Darstellung. Typisch sind marginale Defekte, zentrale Aussparungen, sub- und supratumorale Dilatation des Harnleiters. Die Kontrastmittelsäule bricht abrupt, konkav begrenzt ab. Bei infiltrierenden Prozessen erscheint der Harnleiter stenosiert, seine Wandbegrenzung unregelmäßig. Benigne Ureterpolypen oder Fibroepitheliome verursachen einen glattbegrenzten Füllungsdefekt, der allseits von Kontrastmittel umflossen wird (Abb. 7.11 b).

In der radiologischen Diagnostik des Nierenbecken- und Uretertumors ist das retrograde Pyelogramm dem Ausscheidungsurogramm überlegen. Werden tumorsuspekter und sicherer Tumorbefund zusammengenommen, ergibt sich beim retrograden Pyelogramm die Diagnose in 86%, im Ausscheidungsurogramm in 58%. Im einzelnen weisen 35% der Tumorträger lediglich einen Füllungsdefekt auf, 33% haben Kelchektasien

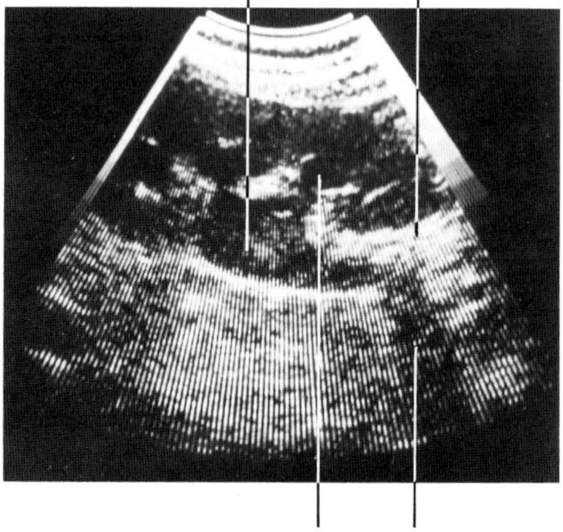

Abb. 7.12 Sonogramm der linken Niere: dilatiertes Nierenbeckenkelchsystem (Emmett II). Blokkierender, nicht schattengebender (Röntgen-Leeraufnahme!) Stein im oberen Ureterdrittel; typisch ist der Steinschatten.

oder -stenosen. Beim Nierenbeckentumor sind 24 % der Nieren funktionslos gegenüber 44 % bei Uretertumoren.

Zystoskopische Untersuchung

Sie ist unabdingbar aus folgenden Gründen:

- Sie sichert die Lokalisation bei Blutungen aus den oberen Harnwegen (Blutungen aus dem linken oder rechten Harnleiterostium).
- Eine Abschwächung der Urinpropulsion aus dem Harnleiterostium im Seitenvergleich kann erkannt werden.
- Aus dem Harnleiterostium prolabierende Tumoren werden endoskopisch gesichert.
- Synchron bestehende Blasentumoren werden erkannt.
- Die retrograde Pyelographie kann gleichzeitig durchgeführt werden.
- Bei makroskopisch klarem Urin kann seitengetrennt aus den beiden Harnleiterostien Urin aufgefangen und zytologisch untersucht werden.
- Bei radiologisch suspekter Kontrastmittelaussparung der oberen Harnwege kann mit einem Ureterkather, der an seiner Spitze einen bürstenähnlichen Saum aufweist, Zellen vom Tumor abgestreift und zur zytologischen Urinuntersuchung eingesendet werden. (s. Tab. 7.7; S. 191).
- Zugang zur Ureterorenoskopie

Ureterorenoskopie

In fraglichen Fällen kann via Ureterorenoskopie die Diagnose visuell und bioptisch erzwungen werden, die Treffsicherheit beträgt 80 %.

In geeigneten Fällen verbindet dieses Verfahren Diagnostik und Therapie in eleganter Weise (s. Kapitel 3).

Zytologische Urinuntersuchung

Die zytologische Untersuchung (s. Kapitel 3) des Spontanurins bei Tumoren des oberen Harntraktes ist in 43 % positiv — also von geringer Treffsicherheit. Die Uringewinnung aus dem oberen Harntrakt durch selektiven Ureterkatheterismus verbessert die Zellausbeute. Der Anteil positiver Befunde korreliert mit dem Malignitätsgrad und Stadium des Tumors.

Differentialdiagnose

Nach Durchführung des systematischen Abklärungsprogramms (Tab. 7.7, s.S. 191) bleiben nur wenige praktisch bedeutungsvolle differentialdiagnostische Möglichkeiten. Die Abgrenzung nicht-schattengebender Nierenbecken- oder Uretersteine (Harnsäure) gelingt in der Regel sonographisch (Abb. 8.12, S. 256).

Bei kleinen Defekten kann mit einem einfachen Verfahren die Differentialdiagnose Nierenbeckentumor oder Uratstein zusätzlich gesichert werden: Harnsäuresteine können durch Alkalisierung des Urins (Uralyt-U®) in Kürze aufgelöst werden (s.S. 263). Eine Größenabnahme oder ein Verschwinden der Kontrastmittelaussparung bzw. deren fehlender Nachweis bei einer neuerlichen Kontrolle spricht deshalb für einen Harnsäurestein (s. Abb. 8.12, S. 256). Bis zu 8 % finden sich bei Nierenbecken- und Harnleitertumoren schattengebende Steine. Sie sind sozusagen „klassische" Probleme der Diagnostik und verführen zur Fehldiagnose, da sich durch den Nachweis des Steines Hämaturie, Flankenschmerzen und Koliken leicht erklären lassen und weitere Untersuchungen unterbleiben.

7.3.3 Therapie

Standardbehandlung ist die operative Tumorentfernung: Urotheliale Tumoren mit dem Malignitätsgrad G_0 bis G_1 werden nach Sicherung der Diagnose durch intraoperative Schnellschnittuntersuchung mitsamt dem tumortragenden Harnleiterabschnitt exzidiert. Bei Tumoren eines höheren Malignitätsgrades (G_2, G_3) oder bei nachgewiesener Invasion erfolgt die Nephroureterektomie mit Blasenmanschettenresektion.

Es ist jedoch zu betonen, daß eine organerhaltende Operation erst nach sicherem Ausschluß eines multilokulären Wachstums und

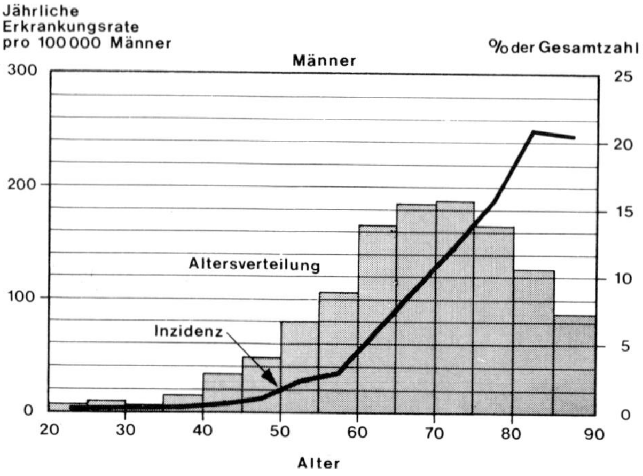

Abb. 7.13 Inzidenz und Altersverteilung des Blasenkarzinoms bei Männern. Bei Frauen liegen die entsprechenden Daten im Verhältnis 1:3.

i.d.R. nur bei Harnleitertumoren, jedoch wegen der hohen Rezidivneigung nicht bei Nierenbeckentumoren gerechtfertigt ist. Oberflächliche bzw. gut differenzierte Tumoren lassen sich in Ausnahmefällen auch durch ureterorenoskopische Abtragung mit dem Neodym-YAG-Laser kurativ behandeln.

Postoperativ sind in regelmäßigen Abständen (3—6 Monate) zystoskopische Kontrollen erforderlich, um Spätrezidive in der Blase zu erfassen.

Prognose

Nach einfacher Nephrektomie beträgt die Rezidivhäufigkeit im Harnleiterstumpf > 20 %! Deshalb sollte diese Form der Operation verlassen werden. Nach Nephroureterektomie treten 40 % Rezidive in der Harnblase auf.

Die postoperative Metastasierungstendenz liegt bei 17 %. Die Metastasierung erfolgt bei 75 % in Lunge, Leber und Wirbelsäule (hämatogen). Die globale Fünf-Jahres-Überlebensrate beträgt 31 %. Es zeigt sich eine deutliche Abhängigkeit vom Malignitätsgrad: G_1 75 %, G_2 55 %, G_3 27 % Fünf-Jahres-Überlebensrate.

7.4 Blase

I. Epitheliale Tumoren der Harnblase
II. Mesenchymale Tumoren der Harnblase
III. Blasenmetastasen anderer Organtumoren

Die *epithelialen Tumoren* rangieren nach der Häufigkeit (90—95 %) an der ersten Stelle aller Blasentumoren, und unter diesen das Übergangszellkarzinom (= Urothelkarzinom) (Tab. 7.8).

Das Blasenkarzinom macht etwa 3 % aller bösartigen Tumoren aus, die Mortalität in den verschiedenen Industrieländern variiert von 3—8,5 %. Die Tumorinzidenz nimmt nach dem 40. Lebensjahr zu und erreicht ihren Höhepunkt im 6. und 7. Dezenium (Abb. 7.13).

Ätiologie

(s. Nieren- und Harnleitertumor)

7.4.1 Stadieneinteilung

Die TNM-Klassifizierung (Abb. 7.14) für epitheliale Tumoren berücksichtigt die lokale Tumorausdehnung (T), den Lymphknotenbefall

Tabelle 7.8 Epitheliale Primärtumoren der Harnblase.

Gutartige Papillome (T_a, G_0-Tumoren)	2 %
Übergangszellkarzinome	94 %
Carcinoma in situ	1 %
Plattenepithelkarzinome	2 %
Adenokarzinome	1 %

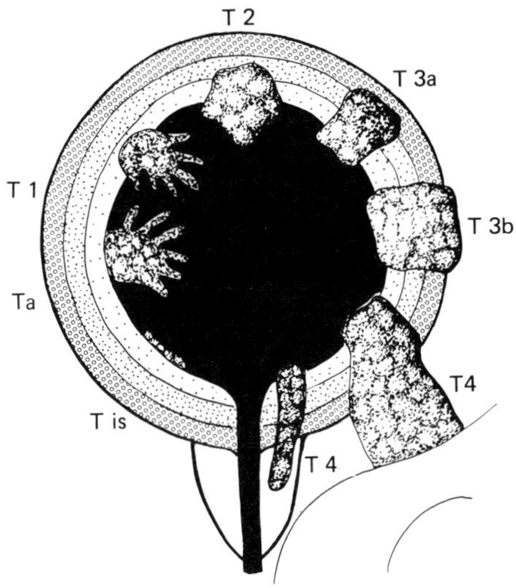

Abb. 7.14 TNM-Klassifikation des Blasentumors. **T** = Primärtumor, Tis = Carcinoma in situ, Ta = papilläres, noninvasives Karzinom, T_1 = Invasion der Lamina propria, $T_{2,3}$ = Infiltration des Blasenmuskels, T_4 = Infiltration in Nachbarorgane. **N** = regionale und juxtaregionale Lymphknoten, N_x = Lymphknotenstatus unbekannt, N_0 = keine Lymphknotenmetastasen, N_1 = Befall eines ipsilateralen solitären Lymphknotens, $N_{2\text{-}4}$ = Befall von mehr als einem regionalen Lymphknoten. **M** = Fernmetastasen, M_x = unbekannt, M_0 = metastasenfrei, M_1 = Fernmetastasen vorhanden.

(N) und den Metastasierungsgrad (M). Die Festlegung erfolgt bei gesicherter pathologischer Diagnose nach der klinischen Untersuchung, der Urographie, der Sonographie, der Zystoskopie mit bimanueller Palpation und dem Thoraxröntgen. Bei histologisch in den Blasenmuskeln infiltrierenden Tumoren ($> T_1$) schließt sich die CT des kleinen Beckens und Abdominalraumes an (s. Abb. 7.18, S. 199).

Urothelkarzinom

Pathologisch-anatomisch und prognostisch ist eine Unterscheidung in oberflächlich wachsende, nicht infiltrierende Blasentumoren (Tis, Ta, T_1) und infiltrierende Blasentumoren ($\geqq T_2$) von Bedeutung.

„Nicht infiltrierend“ besagt jedoch nur, daß die Muskelinfiltration fehlt; *per definitionen* ist im Stadium T_1 die Basalmembran durchbrochen. Der Anteil der infiltrierenden Blasentumoren ($> T_1$) beträgt 30%. Die Einteilung in Malignitätsgrade („Grading“) erfolgt entsprechend einem Vorschlag der WHO (Tab. 7.9). Das „Grading“ steht in engem Zusammenhang mit der Infiltrationstiefe; z.B. bei den infiltrierenden Tumoren ($> T_1$) überwiegen Tumoren mit hohem Malignitätsgrad ($> G_2$; Tab 7.10).

Beim *Carcinoma in situ* (Tis) handelt es sich um einen nicht infiltrierenden, intraepithelialen Blasentumor von hohem Malignitätsgrad (G_3). Das Carcinoma in situ neigt zur Multiplizität und Infiltration nach einer Latenzzeit von Monaten bis Jahren, wodurch die Indikationsstellung zu einem adäquaten therapeutischen Verfahren erschwert wird. In ca. 50% aller Übergangsepithelkarzinome finden sich innerhalb des Tumors unterschiedliche Malignitätsgrade. Für die Prognose ist immer der höchste Atypiegrad entscheidend. Auch das makroskopische Bild wechselt: So kommen neben papillären Abschnitten auch plattenepithelähnliche Bereiche vor, ohne daß es sich hierbei bereits um ein Plattenepithelkarzinom handelt. Der intramurale Abschnitt des-

Tabelle 7.9 Gradeinteilung beim Urothelkarzinom der Harnblase („Grading“).

	Histologischer Grad, Zellanaplasie (Atypiegrad)	Infiltrationsrate
G_0	Papillom (gutartig, selten), keine Anaplasie, < 6 Zellagen	0%
G_1	gut differenziert geringer Grad der Zellanaplasie, > 6 Zellagen	5%
G_2	mäßig differenziert Ausmaß der Zellanaplasie zwischen G_1 und G_3	40 bis 60%
G_3	wenig differenziert hochgradige Zellanaplasie	> 90%
G_4	anaplastisch	fast immer

Tabelle 7.10 Korrelation zwischen Stadium und Differenzierungsgrad beim Harnblasenkarzinom.

Stadium	Differenzierungsgrad G_1	G_2	$G_{3/4}$
T_a	78%	18%	3%
T_1	22%	55%	23%
T_{2-4}	<1%	54%	45%

Blasentumors zeigt regelmäßig einen höheren Malignitätsgrad, dies unterstreicht die Bedeutung der histologischen Untersuchung der tiefen Blasenwandabschnitte. Die papilläre Struktur des Tumors geht bei der Infiltration verloren.

Plattenepithelkarzinom

Auch das Plattenepithelkarzinom entstammt der Blasenmukosa nach Entwicklung einer Plattenepithelmetaplasie oder einer Leukoplakie. Der Tumor erscheint solide und nicht gestielt. In späteren Stadien ist er fibrinbelegt, der zentrale Anteil ist durch die progressive Nekrose ulzeriert. Mikroskopisch erscheint das typische Plattenepithelkarzinom wie andernorts im Körper. Tumoren dieses histologischen Typs treten (Abb. 7.15a) bevorzugt bei chronisch-entzündlichen Reizen so z.B. nach langjährigem Dauerkatheter, Blasensteinen oder einer Bilharziose auf. Die Malignität richtet sich ebenso wie beim Urothelkarzinom nach dem Differenzierungsgrad.

a
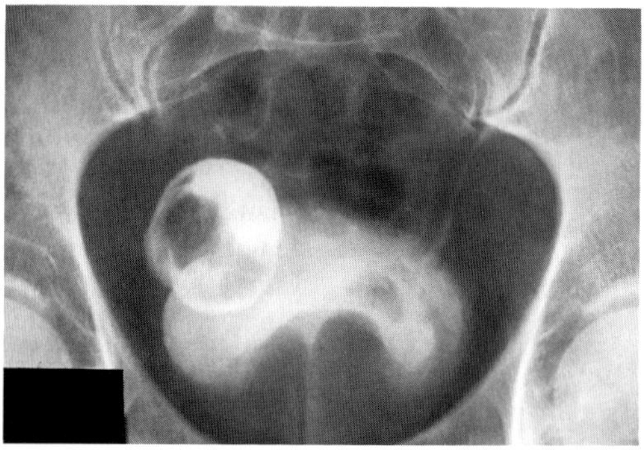

b
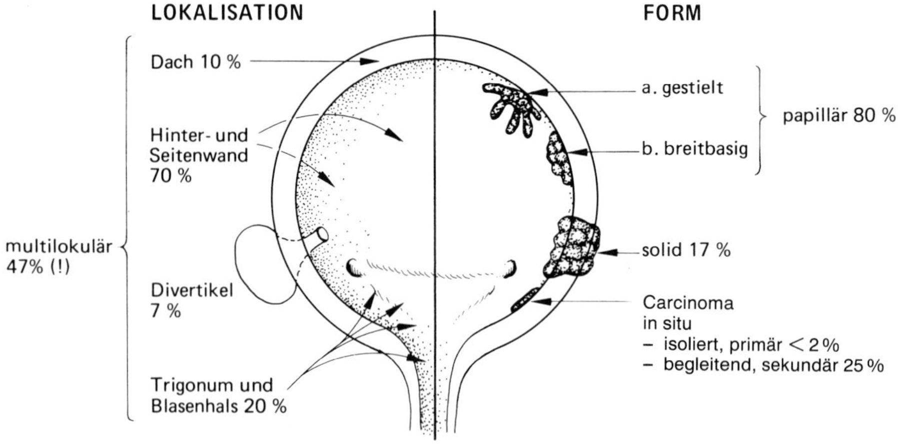

Abb. 7.15 a, b **a** Divertikelkarzinom der Blase. **b** Lokalisation und Form der Blasentumoren.

Adenokarzinom

Aus den v. Brunn'schen Zellnestern entwickelt sich das metaplasiogene Adenokarzinom. Es wächst infiltrierend, oberflächlich ulzerierend, selten exophytisch. Mikroskopisch besteht der Tumor aus typischen Acini mit kubischen Zellen. Ein derartiges metaplasiogenes Adenokarzinom wird in 10% bei Blasenekstrophie beobachtet. Darin besteht eine der Gefahren der Aufbauplastik mit Verwendung der ekstrophierten Blasenplatte. Dysontogenetische Adenokarzinome sind das Urachus- und mesonephrogene Karzinom der Harnblase.

7.4.2 Symptome

Die Makrohämaturie ist das typische Erstsymptom – häufig auch Frühsymptom – der Blasentumoren, wobei keine Beziehung zur Größe des Tumors bestehen muß. Schmerzlose, totale Hämaturie, initiale oder terminale Makrohämaturie treten auf.

Häufig verkannt ist die Dysurie, hinter welcher sich vor allem der intramural wachsende Blasentumor und das Carcinoma in situ verbergen können. Bei verminderter Blasenkapazität infolge des Tumorwachstums oder bei Begleitinfektionen werden Harndrang und Algurie als zystitische Symptome fehlgedeutet.

Jede Dysurie oder „Zystitis" des über 40jährigen ist verdächtigt auf ein Blasenkarzinom.

7.4.3 Diagnostik

Die Diagnose Blasentumor wird bis zu einem Jahr und länger nach Makro- und/oder Mikrohämaturie als Dysurie oder chronische Zystitis verschleppt. Eine erfolgreiche Tumortherapie setzt voraus, daß unter richtiger Bewertung des Erstsymptoms alle diagnostischen Methoden zum Nachweis des Tumors ausgeschöpft werden.

Zystoskopische Untersuchung

Zur Abklärung der Ursache eines blutig gefärbten Urins ist die zystoskopische Untersuchung unerläßlich. Sie erfolgt nicht zwangsläufig als erste Untersuchungsmethode, wenn Anamnese und Beschwerdebild sowie Alter des Patienten eher eine entzündliche Erkrankung vermuten lassen (s. Kapitel 6). Wird jedoch in der Anamnese eine rezidivierende Makrohämaturie angegeben, oder besteht keine zystitische Symptomatik, oder war die bereits angelegte, unspezifische Urinkultur steril, sollte die Zystoskopie sofort erfolgen. Bei schmerzloser Makrohämaturie kann durch die unmittelbar angeschlossene endoskopische Untersuchung eine Blutung aus dem oberen Harntrakt ausgeschlossen werden. Diese Notwendigkeit ergibt sich vor allem bei wiederholter Makrohämaturie ungeklärter Ätiologie.

Die endoskopische Beurteilung des unteren Harntraktes erfolgt als Urethrozystoskopie, um eine tumorale Neubildung in der Harnröhre und der Blase zu erkennen. Besonders schwierig ist die endoskopische Beurteilung der Blasenvorderwand, wenn die Untersuchung lediglich in Lokalanästhesie erfolgt, d.h. nach Instillation eines anästhesierenden Gleitmittels (z.B. Instillagel®) in die Harnröhre. Dies gelingt in Allgemeinnarkose oder mit einem flexiblen Zystoskop. Die endoskopische Untersuchung mit dem flexiblem Zystoskop ist für den Patienten komfortabler, da das kleinkalibrige (14 Charrière) Instrument schmerzfrei die Harnröhre passiert. Mit dem flexiblem Instrument können durch Beugung des blasenwärts gerichteten Anteils bis zu 180° alle Blasenabschnitte einschließlich des Blasenhalses (retrograde Sicht) eingesehen werden. Auf Grund seines Aufbaues (Glasfibern) ist das flexible Instrumentarium in seinen optischen Qualitäten den starren Zystoskopen (Lichttransmission über ein System von Spiegeln) unterlegen.

Exfoliative Urinzytologie (s. Kapitel 3)

Tumorzellen können im Urin lange Zeit vor endoskopischer Tumorsicherung nachgewie-

Tabelle 7.11

Möglichkeiten für einen falsch-negativen zytologischen Befund bei Blasentumoren	Möglichkeiten für einen falsch-positiven zytologischen Befund
1. Unzureichende Zellzahl.	1. Die Zytologie ist korrekt, der Tumor entzieht sich jedoch noch dem endoskopischen Nachweis (Carcinoma in situ!)
2. Zellen von einem hochdifferenzierten, nicht infiltrierend wachsendem Blasentumor, die sich kaum von normalen Zellen unterscheiden.	2. Regenerierendes Urothel nach transurethralen Blaseneingriffen.
3. Der Tumor ist an der Oberfläche nekrotisch.	3. Harnwegsinfekt.
4. Durch rote und weiße Blutkörperchen wird der exfoliative Zellhintergrund überlagert.	4. Urolithiasis.
5. Zu spät oder zu schlecht verarbeiteter Urin.	5. Vorangegangene Blasenbestrahlung.
6. Unzureichende Übertragung des Filtrates auf den Objektträger.	6. Vorangegangene intravesikale Therapeutika-Instillation (Chemo- oder Immuntherapie).

sen werden. Andererseits sind sowohl falsch-negative, als auch falsch-positive zytologische Befunde möglich (Tab. 7.11).

In großen Statistiken beträgt die Übereinstimmung des zytologischen Befundes mit anderen diagnostischen Parametern 85 %. Bei G_{0-1}-Tumoren ist die falsch-negative Rate mit 42 % hoch, da sich gut differenzierte Tumorzellen von normalen Zellen definitionsgemäß kaum unterscheiden.

Eine routinemäßige Anwendung im Sinne der Krebsvorsorge ist sinnvoll bei Arbeitern der Farb- und Chemischen Industrie *(Screening)*.

Die zytologische Untersuchungsmethode dient in erster Linie dem endoskopisch schwer zu erkennenden Carcinoma in situ. Da eine weitgehende Anaplasie vorliegt, ist die Treffsicherheit mit 94 % hoch.

Urographie, CT und Sonographie

Das Urogramm ist obligat bei jeder Mikro- oder Makrohämaturie, auch bei endoskopisch nachgewiesenem Blasentumor. Ein uni- oder bilateral erweiterter Harnleiter sowie eine funktionslose Niere sind verdächtig auf einen infiltrierenden Blasentumor, der das Ureterostium obstruiert (Abb. 7.16).

Differentialdiagnostisch sind andere Ursachen einer Stauung der oberen Harnwege oder funktionslosen Niere wie Prostatahyperplasie, Uretertumor, Urolithiasis oder Ureterstenose auszuschließen.

Füllungsdefekte im Bereich der ableitenden Harnwege legen den Verdacht auf einen synchronen urothelialen Tumor nahe (Urothelkarzinom als sogenannte *panurotheliale Erkrankung)*. Im Bereich der Blase ist bei älteren Männern gelegentlich eine Verwechslung mit einem Prostatamittellappenadenom, das in die Blase hineinragt, möglich.

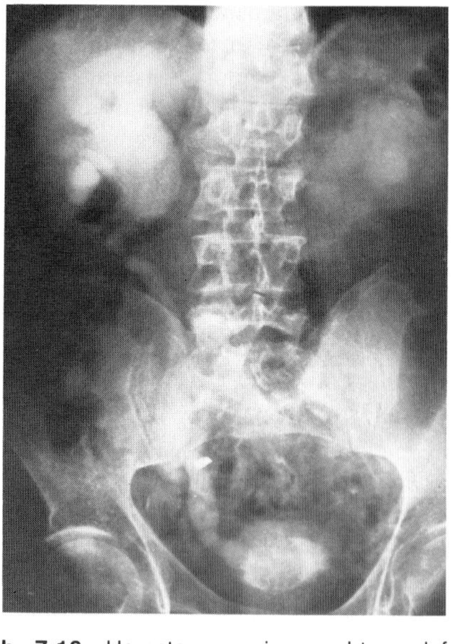

Abb. 7.16 Harnstauungsniere rechts und fast funktionslose Niere links bei infiltrierendem Blasentumor (Dauerkatheter in der Blase).

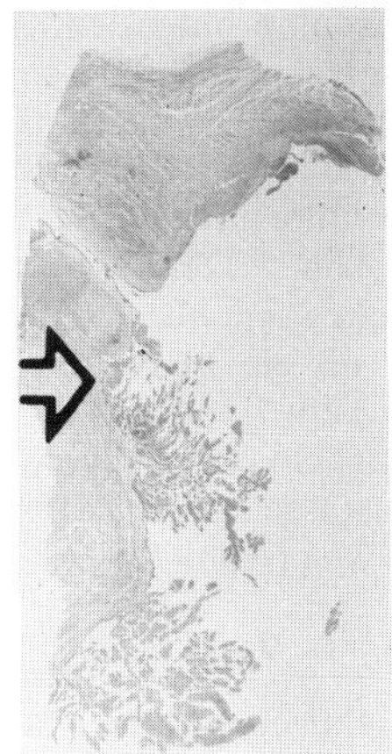

a

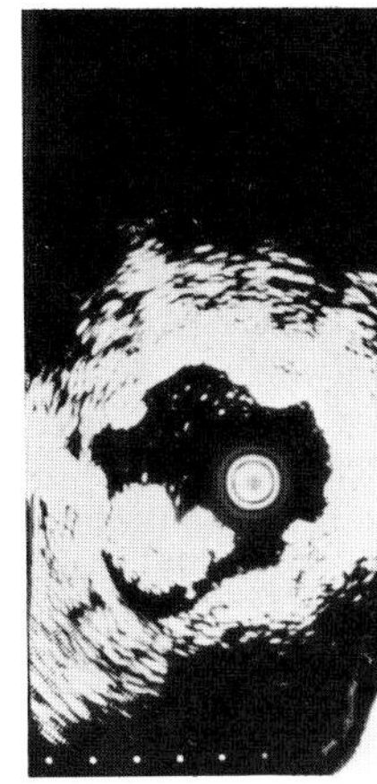

b

Abb. 7.17 a, b Exophytischer Blasentumor.
a Histologischer Großschnitt (Zystektomie-Präparat); Pfeil = beginnende Infiltration des Detrusors.
b Transurethrales Sonogramm; im Blasenlumen ist der rotierende Schallkopf zu sehen. Die Infiltration des Exophyten, der histologisch untersucht wurde (Pfeil), wurde nicht erkannt. cm-Eichskala am unteren Bildrand.

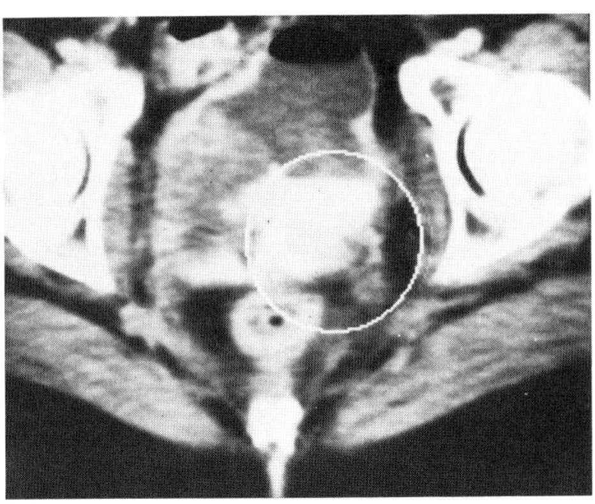

a

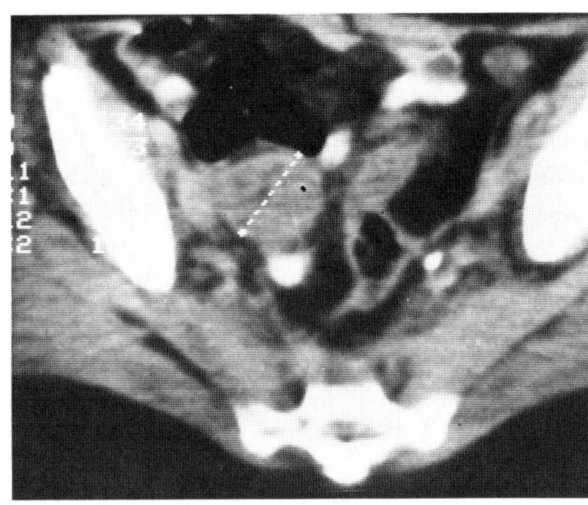

b

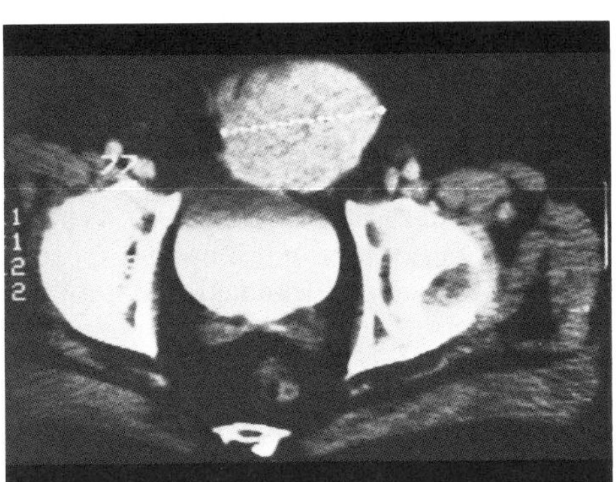

c

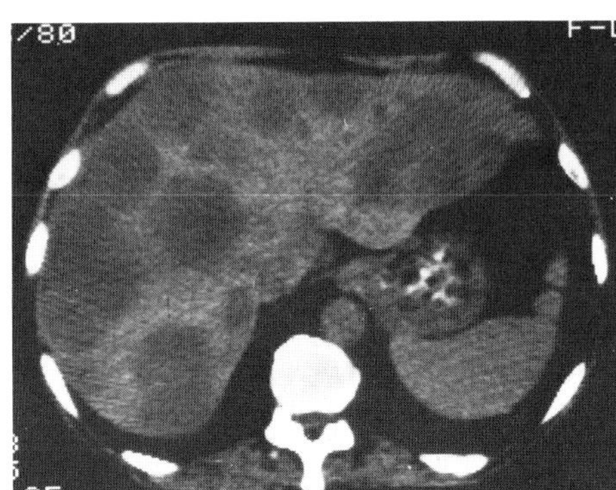

d

Abb. 7.18 a–d CT beim fortgeschrittenen Blasenkarzinom.
a Organüberschreitendes Blasenkarzinom links (Kreis).
b Iliaca interna-Lymphom rechts (gepunktete Linie).
c Extravesikales Wachstum eines Blasenkarzinoms; Durchmesser 9 cm (gepunktete Linie).
d Multiple Lebermetastasen eines Blasenkarzinoms.

Die perkutane Sonographie hat orientierende Bedeutung bei fortgeschrittenen Blasentumoren, macht aber zusätzliche diagnostische Maßnahmen nicht entbehrlich. Die transurethrale Sonographie erfüllte nicht die in sie gesetzten Erwartungen (Abb. 7.17).

Die CT (Abb. 7.18) eignet sich nur zur Beantwortung der Frage, ob ein blasenüberschreitendes Wachstum (Abb. 7.18a u. c) vorliegt. Wichtig ist die Möglichkeit, großvolumige Lymphknotenmetastasen (Abb. 7.18b) und Leberfiliae aufzudecken (Abb. 7.18d).

Bimanuelle Untersuchung in Narkose

Bei völlig relaxierten Bauchdecken können bimanuell (rektal oder rekto-vaginal) die Beweglichkeit der Blase beurteilt, größere Tumoren palpiert und ihre Beziehung zur Blasenwand abgeschätzt werden. Die Fixation der Blase an der Beckenwand spricht für einen infiltrierenden Tumor, der die Blasengrenze bereits überschritten hat. Ebenfalls bei der bimanuellen Untersuchung können vergrößerte Lymphknotenpakete den ersten Hinweis auf eine lymphogene Metastasierung des Tumors geben. Die bimanuelle Untersuchung sollte vor der zystoskopischen Untersuchung erfolgen. Nach vollständiger Resektion sind Tumoren $\leqslant T_2$ nicht mehr palpabel.

Trotz aller Aussagemöglichkeiten bleibt diese Untersuchung subjektiver Interpretation und mangelhafter Reproduzierbarkeit unterworfen.

Blasentumorbiopsie

Sie erfolgt als Blasentumorresektion, d.h. die alleinige Tumorbiopsie ohne gleichzeitige Abtragung des Tumors ist nur in Sonderfällen (inoperabler Patient, infiltrierender Tumor $> T_2$) gerechtfertigt.

Im Idealfall ist diese transurethrale Resektionsbiopsie Diagnose (Grading, Staging) und Therapie zugleich.

Begleiterscheinungen

30% der infiltrierenden Tumoren begleitet eine schwere Zystitis infolge des nekrotisch, ulzerös veränderten Blasentumors. Die langdauernde Infektion führt zur kontrakten, ulzerösen Blase (Kapazität < 100 ml, „schmerzhafte Miktion rund um die Uhr"). Die Blasenkontraktion und Ostien-Infiltration sind Ursachen der ein- oder beidseitigen Hydronephrose (Niereninsuffizienz, Urämie; Abb. 7.16; S. 198). Tief infiltrierende Tumoren (T_{3-4}) haben in 60% Metastasen: pelvine Lymphome führen zum Lymphödem der unteren Extremitäten, Lebermetastasen zum Ikterus, Knochenmetastasen zur pathologischen Fraktur, eine Lymphangiosis carcinomatosa zum Pleuraerguß.

Bei weit fortgeschrittenen Blasentumoren ist auch ein Durchbrechen des Tumors in die Nachbarorgane (Rektum, Vagina) möglich. Metastasierung in die Penisschwellkörper, in die vordere und hintere Urethra wurde beobachtet. Im fortgeschrittenen Tumorstadium leiden die Patienten unter heftigsten lokalen Beschwerden: schmerzhafte Miktion alle 10 Minuten und Blutungen aus den Harnwegen; die Kranken werden kachektisch, anämisch und urämisch.

7.4.4 Therapie

Die Behandlungsverfahren (Operation, Bestrahlung, Chemotherapie) werden kombiniert und als Monotherapie eingesetzt. Alter, Stadium, Malignitätsgrad und der allgemeine Gesundheitszustand des Patienten bestimmen die einzuschlagende Therapie. Das Behandlungskonzept orientiert sich am TNM-System und „Grading" (Abb. 7.19).

Tis, N_0, M_0 (Carcinoma in situ)

Der Patient muß über die Möglichkeit des infiltrativen Wachstums des Carcinoma in situ aufgeklärt werden: potentiell infiltratives Wachstum nach jahrelanger Latenz. Vierteljährliche Zystoskopie mit Biopsie suspekter Areale der Blasenschleimhaut sind notwendig. Ein topischer Chemo- oder Immuntherapieversuch über 3–6 Monate ist gerechtfertigt (s.u.), bei zytologischer Tumorpersistenz ist die radikale Zystektomie angezeigt.

Ta und *T_1, N_0, M_0 (nicht-infiltrierender, die Submukosa nicht-überschreitender Blasentumor)*

80% aller Blasentumoren gehören in dieses Stadium, das durch transurethrale Resektion bis in das gesunde Gewebe kurativ be-

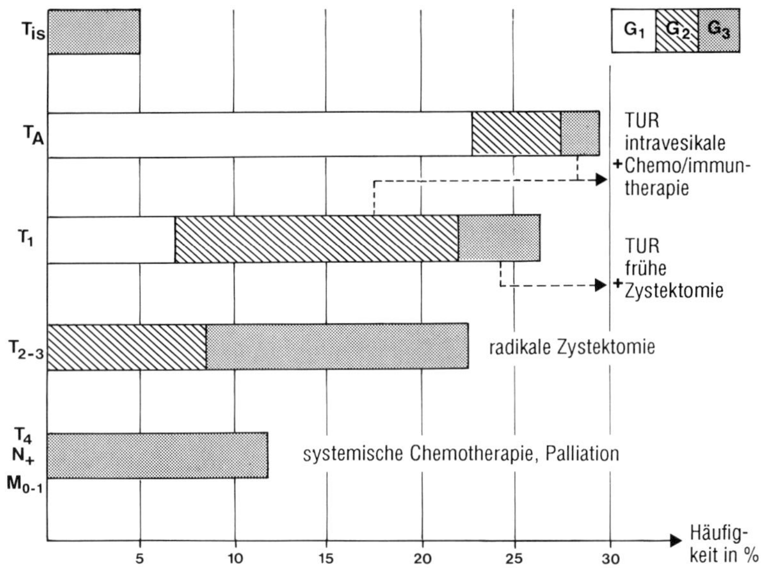

Abb. 7.19 T- und G-orientierte Therapie des Blasenkarzinoms. TUR = transurethrale Elektroresektion.

handelbar ist. Zwar überleben 92 % der Patienten mit einem T_a-Blasentumor aller Malignitätsgrade 5 Jahre, aber nur 60 % überleben den T_1-Tumor mit dem Malignitätsgrad G_3. Darum sollten Patienten mit einem Tumor hohen Malignitätsgrades (G_3) 6 Wochen nach der Erstresektion im ehemaligen tumortragenden Bezirk nachreseziert werden.

Bei Patienten mit T_1-Blasentumor ohne Lymphknotenmetastasen oder Fernmetastasen (also N_0 und M_0) des Malignitätsgrades G_3 sollte die radikale Zystektomie mit pelviner Lymphadenektomie diskutiert werden. Die Harnableitung erfolgt als Ureterosigmoideostomie, Ileum- oder Colon Conduit, oder als Neoblase bzw. Pouch.

$T_{2\text{-}3}$, N_0, M_0 (muskelinfiltrierender Tumor)

Die radikale Zystektomie ist indiziert. Voraus geht die transurethrale Resektion zum Nachweis der Muskelinfiltration. Fernmetastasen werden mittels Lebersonographie, Skelettszintigramm und Röntgen-Thorax ausgeschlossen, Lymphknotenmetastasen durch eine operative Exploration.

Im pathologisch bestätigten T_2-Stadium (N_0, M_0) überleben mit der o.g. Therapie 60 % 5 Jahre.

Die Harnableitung erfolgt als Ureterosigmoideostomie, Ileum- oder Colon-Conduit, oder mit einer Harnblasenersatzplastik (Neoblase, Pouch), wenn die Harnröhre tumorfrei ist.

Therapie des Plattenepithelkarzinoms

Da es sich in der Regel um infiltrierende Tumoren handelt, bietet nur die radikale Zystektomie und Lymphadenektomie Erfolgsaussichten.

Therapie des Adenokarzinoms

Adenokarzinome sind strahlenresistent. Die radikale Zystektomie mit pelviner Lymphadenektomie ist angezeigt, beim Urachuskarzinom unter Einschluß des Nabels.

T_4, $N_{1,2}$, M_1 (durch alle Blasenwandschichten infiltrierender Tumor; nachgewiesene regionäre oder Fernmetastasen)

Eine kurative Therapie ist sehr selten möglich, die Behandlung besteht vor allem in der systemischen Chemotherapie; lokale Probleme werden nach einem Stufenplan therapiert (Abb. 7.20).

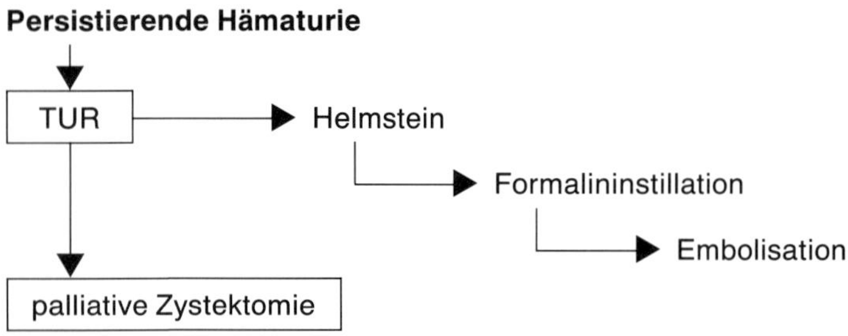

a (auch zur Therapie von Tumorfisteln, Kloakenbildung, Hautinfiltration, starken Schmerzen)

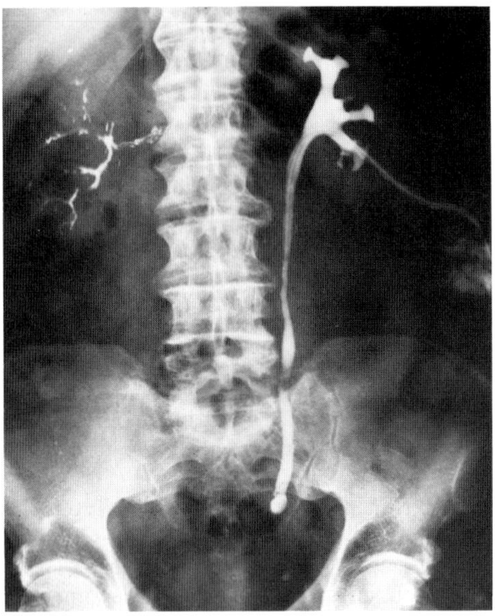

b

Abb. 7.20 a, b Palliative Therapie des inkurablen Blasenkarzinoms bei nicht beherrschbarer Hämaturie.
a Therapie-Stufen. Helmstein = Hydrostatische Druckbehandlung.
b Beispiel für die letzte Therapiestufe: Nephrostomie und Ureterverklebung links (das KM endet etwa kaudal der Linea terminalis). Die rechte Niere ist embolisiert, so daß die Blase keinen Harn führt.

Topische Chemotherapie/Immuntherapie

Beim Carcinoma in situ sollte die Instillation mit Adriamycin, Mitomycin oder dem Immuntherapeutikum BCG vor einer Zystektomie versucht werden. Neue „biological response modifiers" sind Interferone, Interleukine und verwandte Substanzen, deren topische Wirksamkeit noch nicht beurteilt werden kann. Engmaschige Kontrollen (Zytologie, Biopsie) sind obligat. Wegen der hohen Rezidivfrequenz der T_{a-1}-Tumoren (70 %) werden Zytostatika (Adriamycin, Mitomycin C) oder BCG adjuvant nach der transurethralen Resektion zur Senkung der Rezidivrate instilliert. Eine solche adjuvante Therapie empfiehlt sich vor allem bei *ungünstigem prognostischem Profil:* hoher Malignitätsgrad, Carcinoma in situ assoziiert mit einem papillären Blasentumor, Rezidivtumor oder multifokaler Tumorbefall (s. Kap. 16).

Systemische Chemotherapie

Cisplatinum und Methotrexat sind die effektivsten Zytostatika zur systemischen Behandlung des metastasierenden Blasenkarzinoms (Remissionen bis 50 %; Remissionsdauer durchschnittlich 17 Monate) (s. Kap. 16).

Radiotherapie

Die externe Hochvolttherapie als definitive Behandlungsform hat sich als Monotherapie der radikalen Zystektomie als unterlegen erwiesen. Sie wird vereinzelt kombiniert mit der radikalen Zystektomie als Vorbestrahlung (2000—4000 rd; SI: 20—40 Gy) durchgeführt. Für unifokale Blasentumoren eines Durchmessers von 5 cm bieten sich in den Stadien T_1 bis T_3 die lokale Radiotherapie mit Radium oder Iridium an. Die hiermit erzielten Ergebnisse übertreffen die der alleinigen externen Radiotherapie.

Endovesikale Lasertherapie

Mit dem Neodym-YAG-Laser können Blasentumoren koaguliert (d.h. hitzedenaturiert) werden. Über ein Zystoskop mit Spezialspiegel und flexiblem Glasfiberkabel zur Lichtlei-

Tabelle 7.12 Prognose des Urothelkarzinoms in Abhängigkeit von Tumorstadium und Tumorgrad.

Tumor	Stadium	Rezidive	Metastasen bzw. Progression	5-Jahres-Überlebens-Rate
oberflächlich	T_{a-1}, G_{1-2}, N_0, M_0	40–60 %	0 – 5 %	> 90 %
oberflächlich aggressiv	T_{a-1}, G_3, N_0, M_0	> 70 %	> 30 %	60–75 %
invasiv (n. Zystektomie)	T_{2-3a}, N_0, M_0	–	20–55 %	35–65 %
fortgeschr./metastasierend	T_{3b-4}, N_1, M_1	–	> 60 %	< 20 %

tung werden die exophytischen Blasentumoren bestrahlt. Das Verfahren ist am ehesten mit der Elektrokoagulation eines Tumors vergleichbar.

Eine Weiterentwicklung ist die homogene Ausleuchtung der Blase mit therapeutisch wirksamen Laserlicht, wobei durch Hämatoporphyrinderivate (HPD) sensibel gemachte Präneoplasien (wie Carcinoma in situ) behandelbar sind (sogenannte HPD-Lasertherapie nach *Jocham* 1984).

7.4.5 Prognose

Die Prognose wird vom Stadium und Grad wesentlich beeinflußt (Tab. 7.12).

Andere Faktoren sind der Rezidivstatus und das begleitende Carcinoma in situ.

7.5 Harnröhre

- *Tumoren der männlichen Harnröhre* (Tab. 7.13)

Die prostatische und membranöse Harnröhre ist von Übergangsepithel ausgekleidet, der penile Abschnitt der Harnröhre von einem geschichteten und pseudogeschichteten Epithel, die Harnröhre und Mukosa im Bereich der Glans von Plattenepithel. Die Cowperschen Drüsen, die dem Diaphragma urogenitale aufliegen und in die bulbäre Harnröhre münden, enthalten Drüsenepithel.

Unter den benignen Tumoren sind am häufigsten Condylomata acuminata, die sich vom äußeren Genitale in ca. 0,5–1 % auf die Urethra ausbreiten können. Makroskopisch unterscheiden sie sich nicht von den der Glans oder den Labien aufsitzenden Kondylomen. Sie sind rötlich-braun, bluten leicht, und weisen gelegentlich einen kurzen Stiel auf. Am häufigsten kommen sie in der Fossa navicularis vor.

Therapie: Lokale Exzision, Laserbestrahlung und Interferon-Anwendung; an der Fossa navicularis lokale Podophyllin-Anwendung. Gleichzeitige venerische Infektionen (Gonorrhö) oder unspezifische Infektionen sollten ausgeschlossen werden.

Maligne Tumoren

Bei multiplen oberflächlichen Blasentumoren Ta/T_1 ist in bis zu 10 % die Harnröhre mitbefallen. Die hintere Harnröhre (prostatische Urethra) ist 5 bis 6mal häufiger betroffen. Der Befall erfolgt zentrifugal, d.h. in über 90 % ausgehend von der Blase. Daher ist beim Carcinoma in situ der Blase die Biopsie der prostatischen Harnröhre obligat; denn der Nachweis von Carcinoma in situ in der Prostata (d.h. nicht nur in dem die prostatische Harnröhre auskleidendem Übergangsepithel) ist ein prognostisch ungünstiges Zeichen und erfordert eine radikale Therapie (Zystoprostatektomie). In diesen Fällen ist auch die Anlage einer Darmneoblase unter Verwendung der Harnröhre kontraindiziert.

Tabelle 7.13 Tumoren der männlichen Harnröhre.

A. Gutartige Veränderungen:
   1. Angiome, Zysten, Polypen.
   2. Condylomata acuminata.

B. Bösartige Tumoren der Harnröhre
   1. Plattenepithelkarzinome,
   2. Adenokarzinome,
   3. Übergangszellkarzinome,
   4. Mesenchymale Tumoren.

C. Melanome.

D. Tumormetastasen.

Obwohl im gesamten Harntrakt der urotheliale Tumor häufiger bei Männern als bei Frauen auftritt (Verhältnis 3:1), sind Urethrakarzinome häufiger bei Frauen. Bei Befall des vorderen Urethraabschnittes metastasiert der Tumor in die inguinalen, bei Befall der prostatischen Urethra in die iliakalen Lymphknoten.

Symptome

Dysurie, Algurie und gelegentlich Blutung aus der Urethra dominieren. Sekundäre entzündliche Veränderungen bei Befall des penilen und bulbokavernösen Abschnittes der Urethra mit Abzeßbildung und spontaner Fistelung können im Vordergrund stehen. Nicht selten wird ein Urethrakarzinom längere Zeit als rezidivierende, therapieresistente Harnröhrenstriktur verkannt (Abb. 7.21).

Diagnostik

Die Palpation der Urethra, des Perineums und die rektale Untersuchung ergibt in Abhängigkeit von entzündlichen Begleitveränderungen den Befund eines indurierten, dolenten oder indolenten Bezirks im Urethraverlauf. Die retrograde Urethrographie oder Miktionszystourethrographie lokalisieren den Befund (Abb. 7.21). Die Diagnose wird gesichert durch die Urethroskopie. Die Histologie gibt Auskunft über die Tumorart.

Therapie

Die Art der operativen Tumorentfernung wird durch den Tumorsitz bestimmt. Bei Tumoren im Bereich der Fossa navicularis und penilen Urethra erfolgt die Penisteilamputation. Bei bulbokavernösem Befall überleben nur 15 % der Patienten auch nach radikaler vorderer Becken-Exenteration mit Einschluß der inguinalen und pelvinen Lymphknoten 5 Jahre.

Nicht-infiltrierende Tumoren in der prostatischen Urethra werden mitsamt der Prostatainnendrüse transurethral reseziert (Fünf-

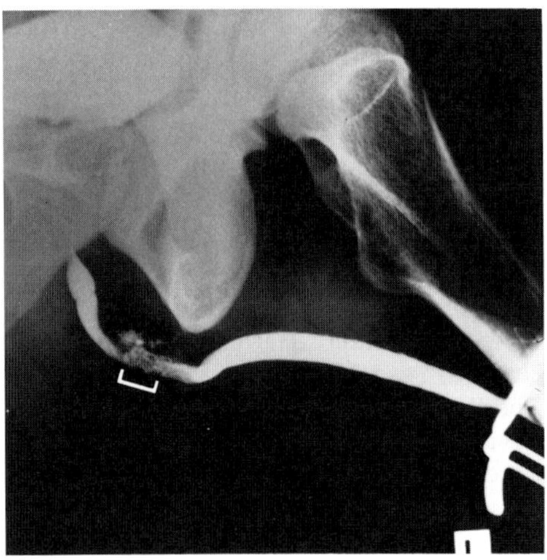

a

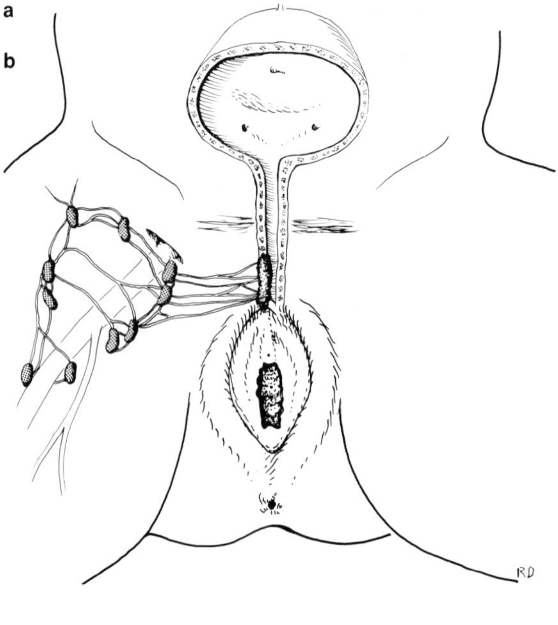

b

Abb. 7.21 a, b Harnröhrentumoren.
a Retrogrades Urethrogramm: bulbäre Umfließungsfigur (Klammer).
b Primäre Lymphknotenstation des weiblichen Urethrakarzinoms (oberflächliche und tiefe Leistenlymphknoten).

Tabelle 7.14 Tumoren der weiblichen Urethra.

I. Benigne Tumoren
Karunkel
Condylomata acuminata

II. Maligne Tumoren
Plattenepithelkarzinom (58 %)
Übergangszellkarzinom (16 %)
Adenokarzinom (17 %)
Andere (Melanom, undifferenzierte Tumoren (9 %)

Jahres-Überlebenszeit 50 %). Die infiltrierenden Tumoren entsprechen dem Stadium T_4 der Blasentumoren (s.S. 195).

- *Tumoren der weiblichen Harnröhre* (Tab. 7.14)

Nur 0,02 % aller malignen Tumoren der Frau sind primäre Karzinome der Harnröhre. Im Gegensatz zu den Tumoren im vorderen Urethraabschnitt (Fünf-Jahres-Überlebensrate 60 %) ist die Prognose beim Sitz in der hinteren Harnröhre – unabhängig vom Zelltyp – wegen der frühen Metastasierung in die ilialkalen Lymphknoten schlecht (Abb. 7.21 b; Fünf-Jahres-Überlebensrate 9 %).

Symptome

Das meist nach der Menopause entstehende Harnröhrenkarunkel ist gekennzeichnet als ein rötlicher, himbeerähnlicher, vaskulärer Tumor am Orificium externum urethrae und verursacht Schmerzen beim Wasserlassen sowie beim Koitus und blutet leicht.

Therapie

Das Urethralkarunkel wird lokal exzidiert. Urotheliale maligne Tumoren im Harnröhrenmündungsgebiet werden entfernt, anschließend erfolgt eine lokale externe Strahlentherapie. Bei malignen Tumoren im übrigen Harnröhrenabschnitt ergeben sich die besten Behandlungsresultate nach vorderer Becken-Exenteration.

7.6 Penis

(Tab. 7.15)

7.6.1 Condylomata acuminata

Die Condylomata acuminata oder Feigwarzen sind viral bedingt. Sie treten gehäuft nach Gonorrhoe auf. Starker Harnröhrenausfluß mazeriert die Genitalschleimhaut und erleichtert die Inokulation; auch luetisches Reizserum begünstigt die Ansiedlung des Virus.

Es bilden sich zunächst kleinste, stecknadelkopfgroße, blaß-weißliche oder rötliche Knötchen, die warzenähnlich erscheinen. Sie können bis zu blumenkohlartigen Gebilden heranwachsen, die schließlich das ganze äußere Genitale einnehmen. Häufigster Sitz ist der Sulcus coronarius und das innere Präputialblatt. Übergreifen auf die Harnröhre ist möglich. Bei Sekundärinfektion mit Balanitis ist die Karzinomähnlichkeit groß. Differentialdiagnostisch sind die Condylomata lata abzugrenzen, die breit aufsitzen und nicht papillomatös sind. Wegen der Rezidivneigung nach alleiniger konservativer Behandlung mit Podophyllin ist die chirurgische Abtragung oder Laserbestrahlung häufig notwendig.

7.6.2 Peniskarzinom

Ätiologie

Peniskarzinome sind bei beschnittenen Männern extrem selten. Retiniertes Smegma und

Tabelle 7.15 Einteilung der Penistumoren.

I. Benigne Tumoren
   1. Angiome
   2. Nävus (s.a. GK „Dermatologie“)
   3. Zysten
   4. Condylomata acuminata

II. Präkanzerosen des Penis
   1. Balanitis xerotica obliterans (s.a. GK „Dermatologie“)
   2. Leukoplakie
   3. Buschke-Löwenstein-Papillom
   4. Erythroplasie Queyrat

III. Carcinoma in situ – Morbus Bowen

IV. Maligne Tumoren des Penis
   1. Plattenepithelkarzinom (90 %)
   2. Basalkarzinom
   3. Maligne mesenchymale Tumoren (Fibro-, Leiomyo- und Rhabdomyosarkome)

eine chronische Balantis, wie sie vor allem bei einer Phimose auftreten, scheinen die entscheidenden Faktoren für ihre Entstehung zu sein. Eine sorgfältige Körperpflege kann den Wert der Zirkumzision ersetzen. Umgekehrt sind fehlende Zirkumzision und mangelnde Hygiene Ursachen für die unterschiedliche regionale Häufigkeit. Sie beträgt in Europa 1 % aller Karzinome, in Asien bis zu 20 %. Vorkommen vor dem 40. Lebensjahr ist selten, der Häufigkeitsgipfel liegt um das 6. Lebensjahrzehnt. Der pathogenetische Einfluß venerischer Infektionen ist bisher nicht bewiesen.

Symptome

Initial bemerkt der Patient eine indolente verruköse oder ulzeröse Läsion der Eichel oder des Präputiums. Bei verengter Vorhaut führen die sekundären entzündlichen Veränderungen den Patienten zum Arzt. Aus dem Präputialsack entleert sich ein putrider, gelegentlich sanguinolenter Fluor. Eine eitrige Balanoposthitis mit oder ohne primäre oder sekundäre Phimose ist im Prädilektionsalter immer verdächtig auf ein hinter der Phimose verborgenes Karzinom. Tastbar sind druckdolente ignuinale Lymphome: Folge des Tumorbefalls oder der Superinfektion.

Bei der Inspektion findet sich nach Reposition oder Dorsalinzision des verengten Präputiums ein exophytischer oder geschwürig zerfallender Tumor (Abb. 7.22a). Bei indolenten älteren Patienten sind Destruktionen der Glans und des Penisschaftes (Autoamputation) zu beobachten (Abb. 7.22b).

Metastasierung

Die Metastasierung erfolgt lymphogen zunächst in die Leistenregion, von den Corpora cavernosa aber auch direkt zu den parailikalen Lymphknoten. Eine hämatogene Metastasierung tritt nur bei sehr fortgeschrittenen Prozessen auf.

Differentialdiagnose

Verwechselungen mit einem luetischen Ulkus und einem Lymphogranuloma venereum sind

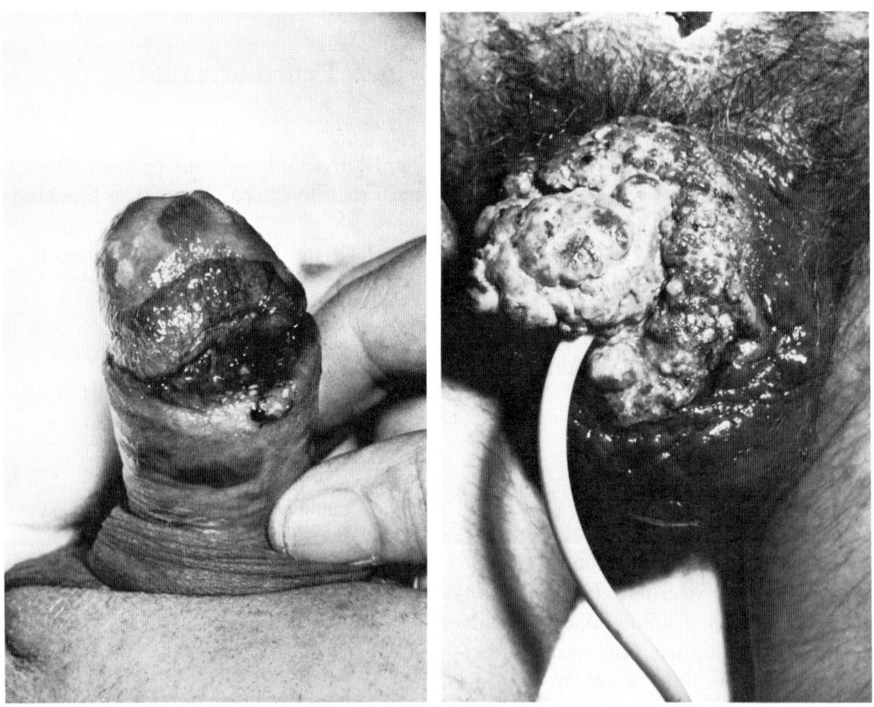

a b

Abb. 7.22a, b **a** T_1-, **b** T_4-Peniskarzinom.

im Anfangsstadium möglich. Das Ulcus molle ist sehr schmerzhaft; die Diagnose wird durch den Nachweis des Bazillus gesichert. Der Buschke-Löwenstein-Tumor ist histologisch ein nicht-infiltrierend wachsendes Riesenkondylom. Bioptisch werden Erythroplasie Queyrat, die Balanitis xerotica obliterans und der Morbus Bowen abgegrenzt (= Präkanzerosen).

Histologisch handelt es sich in über 90 % um ein Plattenepithelkarzinom. Man unterscheidet gut (90 %) und wenig differenzierte Karzinome (10 %).

Klinisches Staging (Tab. 7.16)

Die Inzidenz inguinaler Metastasen beträgt bei palpatorisch vergrößerten Lymphknoten zwischen 23 bis 73 %, in 20 % finden sich bei klinisch unverdächtigen Lymphknoten Mikrometastasen. Es empfiehlt sich die Dissektion der inguinalen Lymphknoten. Bei positiven Lymphknoten erfolgt in gleicher Sitzung die bilaterale Dissektion der pelvinen Lymphknoten.

Da die Lymphknoten ebenso wie der Primärtumor meist infiziert sind, empfiehlt sich zunächst die Sanierung des Primärtumors. Die Lymphknotenexploration schließt sich nach einer vierwöchigen Antibiotikabehandlung an.

Nach Lymphadenektomie bei Tumoren des Stadiums T_2/T_3 $N_{1\text{-}2}$ überleben 88 bzw. 66 % 5 Jahre und länger gegenüber 38 bzw. 0 % ohne Lymphadenektomie (*Mc Dougal,* 1986).

Nach Fernmetastasen wird durch Röntgen-Thoraxaufnahmen, Computertomographie und Sonographie des Abominalraumes gefahndet.

Therapie

Die Behandlung erfolgt in Abhängigkeit von der Ausdehnung des Tumors („stadienorientiert"). Vorwiegend exophytische Tumoren sind der organerhaltenden Lasertherapie zugänglich, während infiltrierende Karzinome durch Amputation oder radikale Exzision des äußeren Genitale (Emaskulinisation) saniert werden.

Tabelle 7.16 Stadieneinteilung des Peniskarzinoms.

	T Primärtumor
T0	Kein Primärtumor nachweisbar.
Tis	Präinvasives Karzinom, sogenanntes Carcinoma in situ.
T1	Der Tumor wächst infiltrierend subepithelial.
T2	Der Tumor infiltriert Corpus cavernosum oder spongiosum.
T3	Der Tumor infiltriert Urethra oder Prostata.
T4	Der Tumor infiltriert die benachbarten Strukturen.
	N Regionale Lymphknoten
	Der Kliniker sollte vermerken, ob er die palpablen Lymphknoten für tumorbefallen hält oder nicht.
N0	Keine palpablen Lymphknoten.
N1	Bewegliche unilaterale Lymphknotenmetastase oberflächlich inguinal.
N2	Bewegliche bilaterale Lymphknotenmetastase oberflächlich inguinal.
N3	Metastase im Lymphknoten tief inguinal oder iliakal.
	M Fernmetastasen
M0	Keine Fernmetastasen nachweisbar.
M1	Fernmetastasen vorhanden.

Tabelle 7.17 Prognose des Peniskarzinoms in Abhängigkeit vom Tumorstadium.

Tumor	Stadium	LK-Metastasen	Fern-Metastasen	5 Jahre Überlebens-Rate
lokal begrenzt	T_1 , N_0 , M_0	0–30%	0–15%	70–100%
lokal fortgeschritten	T_{2-3}, N_0 , M_0	25–50%	15–40%	60– 80%
metastasierend	T_{1-3}, N_{1-3}, M_1	100%	100%	<35%

Tis: lokale Exzision, kurzfristige Kontrollen (ggf. Lasertherapie)

T_1: Penisteilamputation. Bei alleinigem Befall des Präputiums genügt gelegentlich die ausgiebige Zirkumzision. Fünfjahres-Überlebensrate 80%.

Alternativ ist auch die lokale Radiotherapie möglich, ihre Ergebnisse entsprechen der chirurgischen Behandlung. Bei einem Rezidiv-Tumor ist die Amputation unumgänglich.

T_2, N_0, M_0: Penisteilamputation. Alternativ wurde auch hier die Radiotherapie eingesetzt und die totale Amputation erst bei Tumorrezidiv durchgeführt. Fünfjahres-Überlebensrate 80%.

T_3, N_0, M_0: totale Emaskulinisation

T_x, N_1/N_2, M_0: Lymphadenektomie. Die Fünfjahres-Überlebensrate beträgt bei alleinigem Befall der „Wächter"-Lymphknoten ungefähr 70%, bei Befall der übrigen inguinalen Lymphknoten 50% und sinkt bei gleichzeitigem Befall der iliakalen Lymphknoten auf 20%.

T_4, N_x, M_x: Der Tumor ist lokal inoperabel. Operative Maßnahmen haben palliativen Charakter, d.h. es wird versucht, den übelriechenden zerfallenden Tumor weitgehendst abzutragen und den Defekt plastisch zu decken.

Chemotherapie

Bei Fernmetastasen und/oder Lymphknotenmetastasen können Bleomycin, Cisplatin und Methotrexat eingesetzt werden. Die Erfolgsraten sind gering. Die Prognose orientiert sich am Anfangs-Stadium (Tab. 7.17).

7.7 Hoden

Die von den germinalen Zellen des Hodens ausgehenden Tumoren (Seminom, Teratokarzinom, embryonales Karzinom) stellen 90% der primären Hodentumoren dar, die Tumoren des gonadalen Stroma (Leydig-Zell-Tumor) lediglich 4–6%. Tumoren des Gangsystems (Tubuli seminiferi contorti, Rete testis,

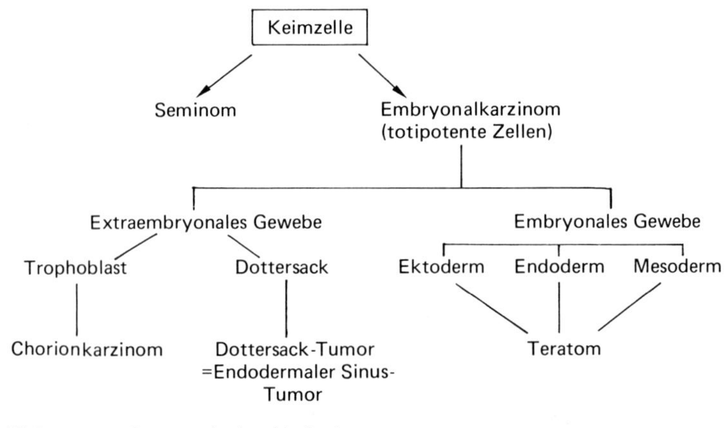

Abb. 7.23 Histogenese der germinalen Hodentumoren.

Epididymis und Samenstrang), des fibrovaskulären und muskulären Stützgewebes und Metastasen anderer Tumoren sind selten.

Epidemiologie und Ätiologie

Die Ätiologie (Abb. 7.23) der Hodentumoren ist unbekannt. Der kryptorche Hoden entartet gegenüber dem normotopen Hoden 20—30mal häufiger, auch nach operativer oder konservativer Korrektur der Hodendystopie.

Die Inzidenz beträgt etwa 31/100000/Jahr. 11—13 % aller Krebstoten in der Altersgruppe von 15—34 Jahren litten an Hodenkrebs. In der Altersgruppe von 20—34 Jahren ist der Hodentumor der häufigste maligne Tumor, gefolgt von Leukämie, Morbus Hodgkin und Melanom.

Im Kindesalter ist das Seminom mit 3 % und das Chorionkarzinom mit 5 %, hingegen der Dottersacktumor (syn. Orchioblastom oder juveniles Embryonalkarzinom) mit 50 % vertreten. Dieser Tumor verläuft meistens, das Teratom (13 % aller kindlichen Hodentumoren) stets gutartig (*Weißbach* et al., 1984). Oberhalb des 50. Lebensjahres wird lediglich das Seminom angetroffen (Abb. 7.24).

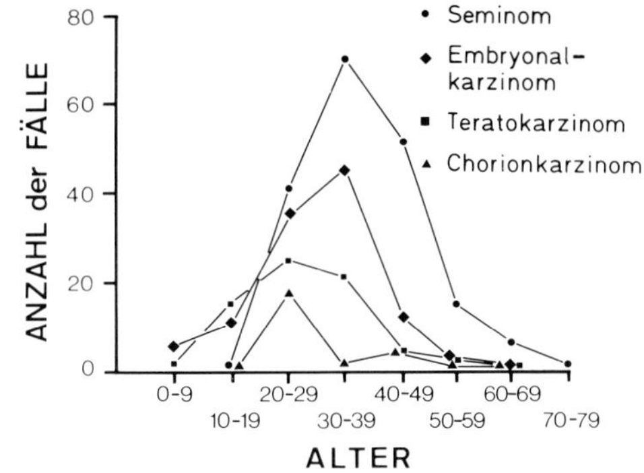

Abb. 7.24 Altersverteilung der Hodentumoren.

Aus der Gruppe der Stroma-Tumoren tritt der Sertoli-Zell-Tumor vor allem bei jungen Patienten auf, der Leydig-Zell-Tumor wird sowohl vor als auch nach der Pubertät beobachtet. Gonadoblastome können in jeder Altersgruppe auftreten (Einteilung vgl. Tab. 7.18). Der Altersgipfel der Seminom-Patienten liegt bei 34, der der Nichtseminom-Patienten bei 24 Jahren (s. Abb. 7.24).

Tabelle 7.18 Einteilung der Hodentumoren.

	Germinalzelltumoren des Hodens		
	Collins und *Pugh*	%	*Dixon* und *Moore*
I.	Seminom (S)	40	Seminom
II.	Teratom	40	Teratom
	Teratom differenziert (T.D.),	1	Teratom, reif
	malignes Teratom, intermediär (M.T.I.),	23	Teratokarzinom
	malignes Teratom, anaplastisch (M.T.U.),	15	Embryonalkarzinom
	malignes Teratom, trophoblastisch (M.T.T.)	1	Chorionkarzinom (rein, kombiniert)
III.	Orchioblastom (Dottersackblastom)	2	Juveniles Embryonalkarzinom
I. + II.	Seminom + Teratom	14	Mischtumoren

Nichtgerminale Hodentumoren

1. Interstitielle (Leydig-)Zell-Tumoren
2. Stützzell-(Sertoli-)Tumoren
3. Orchioblastome (Andro-, Gynandroblastome)

Metastatische Hodentumoren

1. Lymphome
2. Karzinome (Prostata, Penis, Rektum, Magen)
3. Melanome

Metastasierungsroute

Das lokal-expansive Wachstum des Hodentumors wird durch die Tunica albuginea begrenzt, so daß inguinale Metastasen äußerst selten sind. Als *Kunstfehler* wird bei Verdacht auf Hodentumor die skrotale Inzision angesehen, da durch diesen Eingriff die tiefen Lymphbahnen Anschluß an die oberflächlichen Lymphbahnen erhalten und die inguinale Metastasierung begünstigt wird. Aus dem gleichen Grunde ist bei Tumorverdacht eine transskrotale Biopsie kontraindiziert. Häufigster Metastasierungsweg ist entlang der Hodengefäße zu den paraaortalen Lymphknoten in Höhe des Nierenstiels (Abb. 7.25). Hier befindet sich die erste Filterstation, die deshalb auch als testikuläres Lymphzentrum bezeichnet wird. Bei Blockade des testikulären Lymphzentrums erfolgt die Filialisierung in die tiefe Lumbalregion. Eine kontralaterale Metastasierung ist möglich, sowohl von rechts nach links als auch (sehr selten) von links nach rechts. Überwiegend erfolgt die primäre Metastasierung jedoch ipsilateral. Die 2. Filterstation führt zum Mediastinum und zum linken Venenwinkel; folglich sind bei Metastasierung die mediastinalen und die supraklavikulären linksseitigen Lymphknoten befallen.

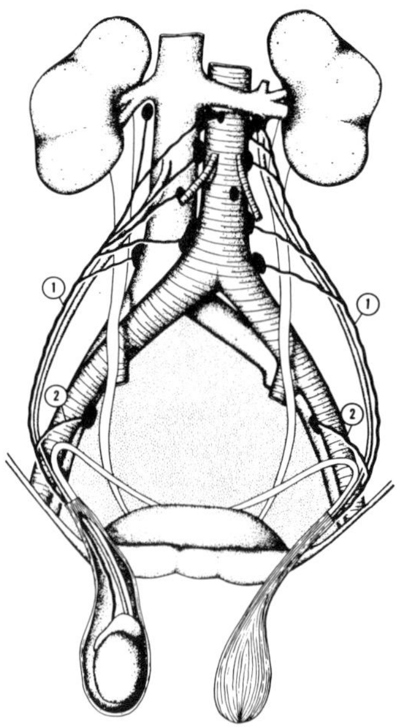

Abb. 7.25 Routen der lymphogenen Metastasierung von Hodentumoren, ❶ testikuläres Lymphzentrum, ❷ iliakale Lymphknoten.

Abgesehen vom Chorionkarzinom erfolgt die Metastasierung hauptsächlich auf dem Lymphwege. Viszerale Fernmetastasen werden bevorzugt in der Lunge, aber auch in Leber, Knochen und Gehirn angetroffen. Seminome und Teratokarzinome unterscheiden sich in der Geschwindigkeit der Metastasierung, des infiltrativen und lokal aggressiven Wachstums. Das Seminom metastasiert langsamer und infiltriert weniger, das Teratokarzinom neigt zur Frühmetastasierung.

Insgesamt sind bei ca. 50 % aller Patienten bei der Erstuntersuchung bereits Metastasen nachzuweisen.

7.7.1 Klinische Symptome

Häufigstes Erstsymptom ist ein derber, tastbarer Knoten im Skrotalfach, in 85 % nicht druckdolent. Im Seitenvergleich erscheint der betroffene Hoden schwerer, mit einer mittleren Symptomdauer von 7—14 Wochen. In 15 % bestehen gleichzeitig entzündliche Veränderungen, was die Differentialdiagnose Entzündung oder Tumor erschwert. Die Notwendigkeit, jeden „unklaren Hoden" von einem Inguinalschnitt freizulegen, wird durch die mögliche Verwechselung mit einem entzündlichen Prozeß unterstrichen.

Gynäkomastie (Abb. 7.26) ist die Folge hormonaler Aktivität: 30 % der Sertoli-Zell-Tumoren, 20—25 % der Leydig-Zell-Tumoren, 4 % der Teratome und 1 % der Seminome. Androgenproduzierende Leydig-Zell-Tumoren führen zur Pubertas praecox.

5 % der Patienten haben die ersten Symptome durch Metastasen: Flankenschmerzen bei retroperitonealer Metastasierung im Nierenhilusgebiet mit sekundärer Harnstauung der Niere oder Dyspnoe bei Lungenmetastasen. Auch hier ist bei genauer Untersuchung meistens der Primärtumor zu palpieren. Der sogenannte okkulte Hodentumor, der primär nicht palpabel ist und dessen Symptome von den Tumormetastasen ausgehen, ist sehr selten.

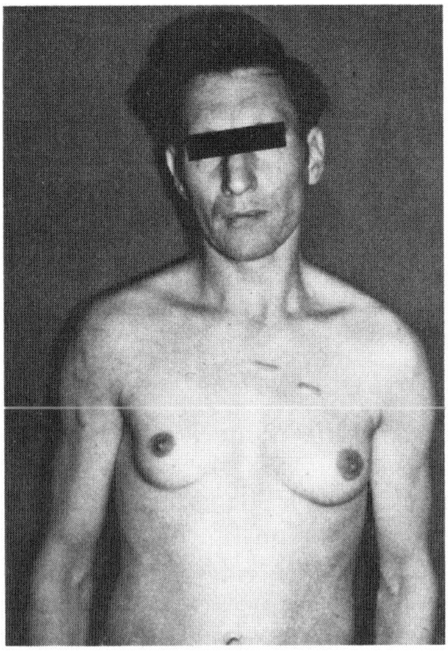

Abb. 7.26 Gynäkomastie infolge eines Leydig-Zell-Tumors.

7.7.2 Diagnostik und Stadieneinteilung

Die Stadieneinteilung (Tab. 7.19) erfolgt nach klinischen, bildgebenden (Röntgen-Thorax, Sonographie, Computertomographie und Lymphographie) und biochemischen Befunden (α-Fetoprotein, β-HCG und LDH als Tumor-Marker). Die Sensitivität (= positive Fallfindungsrate) dieser Untersuchungsverfahren zur korrekten Stadienbestimmung ist besonders bei minimalem Lymphknotenbefall (Stadium II_A) nicht zufriedenstellend. Die Rate falsch negativer Befunde ist um so größer, je kleiner die Gesamtmasse der Lymphknotenmetastasen ist und liegt im Durchschnitt bei 20 bis 30 % (*Weißbach* et al., 1985).

Klinische Untersuchung

Bei tumorsuspektem Befund (s. Abb. 15.10, S. 410) läßt sich der Nebenhoden gewöhnlich gut vom Hoden abgrenzen, die Skrotalhaut ist verschieblich. Später ist die Demarkierung zwischen Nebenhoden und Hoden schwierig. Der Hoden erscheint konsistenzvermehrt, häufig insgesamt vergrößert und nach intratestikulären Blutungen schmerzhaft. Eine Hydrozele, die sich in 2 bis 4 Wochen entwickelt, ist symptomatisch. Das Chorionkarzinom verbirgt sich gerne hinter einer akuten Epididymitis. Die körperliche Untersuchung schließt die sorgfältige Palpation des Abdomens (Nachweis palpabler retroperitonealer Lymphome) und der Lymphknoten der Supraklavikular-Region ein.

Radiologische Untersuchungen

Urographie und Kavographie geben nur indirekt Hinweise auf retroperitoneale Prozesse. Eine Verlagerung der Niere und des ipsilateralen Harnleiters (der Ureter ist die Wetterfahne des Retroperitoneums) weisen auf einen retroperitonealen Lymphknotenbefall hin (Abb. 7.27). Die Lymphographie informiert über das Ausmaß des retroperito-

Tabelle 7.19 Gebräuchliche Stadieneinteilung bei Hodentumoren (nach *Weißbach* 1985).

Stadium		Lokalisation und Tumormasse	TNM
I		Keine Lymphknotenmetastasen	$< T_1, N_0, M_0$ T_2, N_0, M_0 T_3, N_0, M_0 T_4, N_0, M_0
II		Retroperitoneale Lymphknotenmetastasen (LKM):	
	A	LKM ≦ 2 cm	$T_{1\text{-}4}, N_1, M_0$
	B	Solitäre oder multiple LKM 2–5 cm	$T_{1\text{-}4}, N_2, M_0$
	C	LKM > 5 cm (Bulky Tumor)	$T_{1\text{-}4}, N_3, M_0$
III		LKM oberhalb des Diaphragmas oder extranodale Metastasen (Lunge, Leber, Gehirn, Knochen)	$T_{1\text{-}4}, N_{1\text{-}3}, M_1$

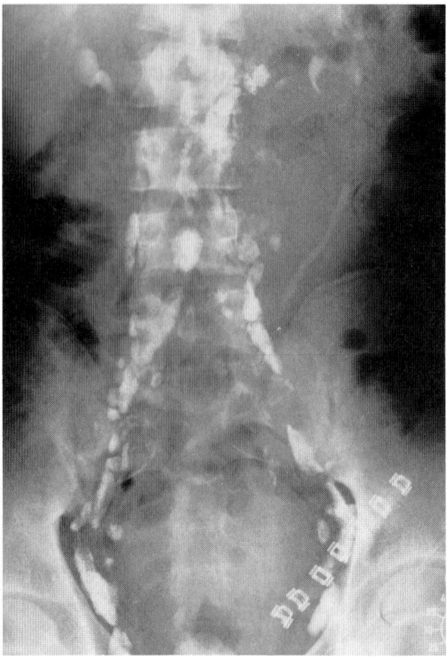

Abb. 7.27 Ausscheidungsurographie mit lateraler Verlagerung des linken oberen Harnleiterdrittels infolge hilärer Lymphknotenmetastasen, die in der Lymphographie teilweise sichtbar gemacht werden können; Wundklammern im linken Inguinalbereich nach hoher Semikastration.

nealen Lymphknotenbefalls, allerdings werden Lymphknotenstationen oberhalb der Cisterna chyli nicht erfaßt. Die Lymphographie weist zwar retroperitoneale Metastasen von Hodentumoren mit 75 %iger Zuverlässigkeit nach, ist aber eine invasive Untersuchung. Sie kann bei *nicht vergrößertem* Lymphknoten (CT und Sonographie sind negativ) strukturelle Veränderungen durch einen Tumorbefall aufzeigen.

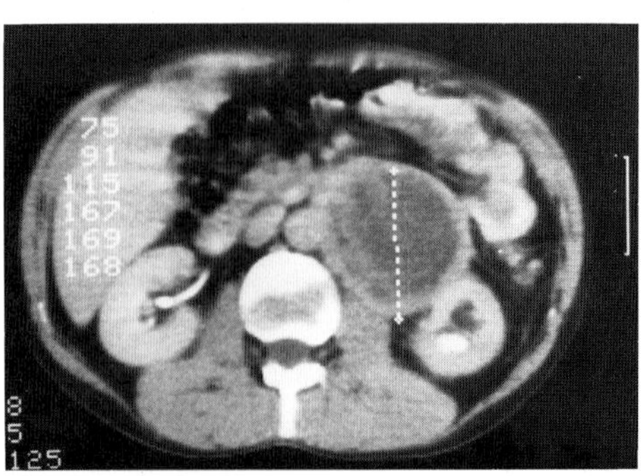

Abb. 7.28 CT einer Lymphknotenmetastase im linken Nierenstielbereich; ∅ 8,5 cm = Stadium II C (Bulky Tumor) bei Teratokarzinom links.

Die Treffsicherheit der *Computertomographie* für retroperitoneale Metastasen liegt bei 85 %. Das CT zeigt die Beziehung von Metastasen zu den großen Gefäßstraßen (Abb. 7.28). Lebermetastasen werden sicher mit dem CT und der Sonographie erkannt.

Ultraschalluntersuchung (Abb. 7.29)

Sonographisch können retroperitoneale Lymphknotenmetastasen in ca. 75 % nachgewiesen werden, die Sonographie hat ein Auflösungsvermögen von 1,5 cm. Ihre Aussagefähigkeit ist eingeschränkt bei adipösen Patienten und Interposition von gashaltigen Darmschlingen. Die sonographische Untersuchung des Skrotalfachs ist nützlich bei unklaren Befunden. Tumoren im Hoden mit einem Durchmesser von 1 cm oder kleiner, die sich dem palpatorischen Nachweis entziehen, können sonographisch nachgewiesen werden. Deshalb sollte routinemäßig bei jedem suspekten Skrotalbefund sonographisch untersucht werden.

Laborchemische Untersuchungen (Tab. 7.20)

Neben den allgemeinen Parametern (Blutsenkung, Blutbild, Transaminasen, Phosphatasen und Kreatinin) muß bei Verdacht auf einen Hodentumor bereits vor einer operativen Therapie Blut zur Bestimmung der Tumormarker α-Fetoprotein (AFP), β-HCG und LDH entnommen werden. Die Halbwertszeit für β-HCG beträgt 24 Stunden und für α-Fetoprotein 5 bis 7 Tage. Erhöhte Werte eines oder beider Tumormarker präoperativ, die postoperativ entsprechend der Halbwertszeit absinken, lassen vermuten, daß keine Fernmetastasen vorliegen. Der Wert der Tumormarker liegt darin, daß

1. ihre Normalisierung den Therapieerfolg anzeigt,
2. konstant erhöhte Werte ein Fortbestehen der Erkrankung signalisieren und
3. ein neuerlicher Anstieg auf Metastasen hinweist (Abb. 7.30a, b).

Bei der Diagnose von germinalen Hodentumoren ist in 75 % initial einer der beiden Tumormarker im Serum nachweisbar. In je 50 % ist nur α-Fetoprotein oder nur β-HCG erhöht nachweisbar. α-Fetoprotein ist bei histolo-

a
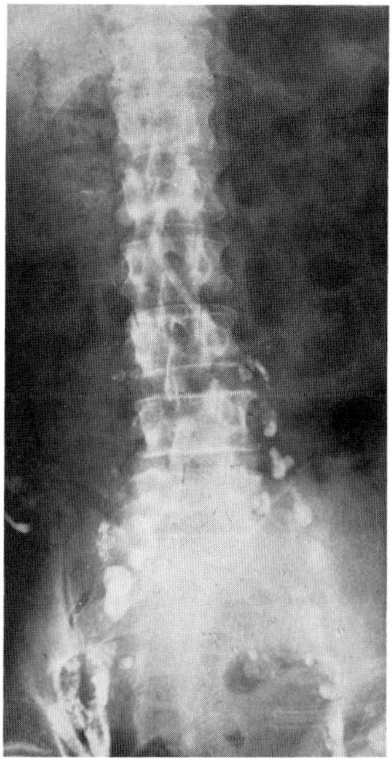
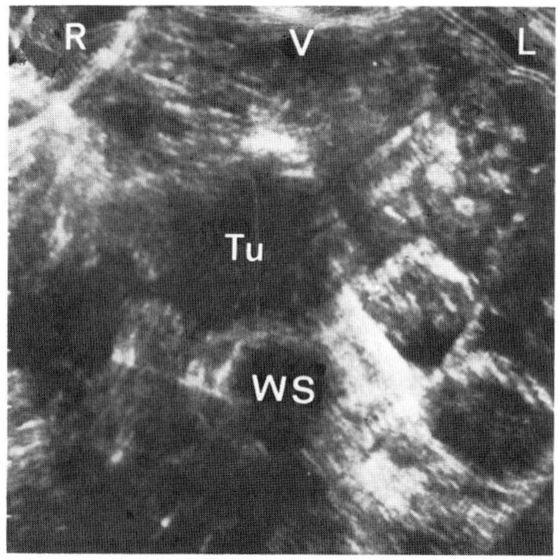

b

Abb. 7.29 a, b Lymphographie (**a**) bei linksseitigem Hodentumor. Die ausgedehnten paraaortalen Lymphknotenmetastasen kommen in der Speicherphase des Lymphogramms nicht zur Darstellung, lassen sich jedoch im transversalen Sonogramm als polyzyklisch begrenzte, echofreie Zone darstellen (**b**). R = rechts, V = ventral, L = links, Tu = metastasenhaltiges Lymphknotenpaket, WS = Wirbelsäule.

gisch „reinem" Seminom nicht erhöht, β-HCG in bis zu 15%. Erhöhte α-Fetoproteinwerte weisen auf Metastasen eines nicht-seminomatösen Tumoranteils (Mischtumor) hin, auch wenn die histologische Diagnose „reines Seminon" lautet.

Differentialdiagnose

Differentialdiagnostisch (Tab. 7.21) lassen sich eine Hydrozele und Spermatozele testis durch die Sonographie leicht abgrenzen. Im Zweifelsfall sollte der Hoden von einem Inguinalschnitt her freigelegt werden.

Die akute Epididymitis (s.S. 404) ist ebenso wie die Mumps-Orchitis (gleichzeitig bestehende Parotitis) in der Regel durch die Symptomatik gegenüber einem Tumor abzugrenzen. Die Hodentorsion ist eine Erkrankung vor allem der Pubertät (s.Abb. 15.8, S. 408); akute Schmerzhaftigkeit steht im Vordergrund.

Tabelle 7.20 Diagnostik zur Bestimmung der Tumorausdehnung.

	Parameter
Laborparameter	Transaminasen, LDH, alkalische Phosphatase Alpha-Fetoprotein im Serum Beta-HCG im Serum
Radiologisch	Computertomographie (thorakal, abdominal) Röntgen-Thorax, Lymphographie (fakultativ)
Sonographisch	Skrotalinhalt, Retroperitoneum, Leber

Die chronische nicht-dolente Epididymitis tuberculosa betrifft nur den Nebenhoden; palpatorisch erscheint er äußerst derb, ist jedoch vom Hoden abgrenzbar. Knotenförmige Auftreibungen des Ductus deferens, sogenanntes Rosenkranzphänomen, erhärten die Verdachtsdiagnose einer Genital-Tuberkulose. Die unspezifische chronische Epididymitis ist nach abgeklungener akuter Symptomatik nur anamnestisch von einem Hodentumor zu unterscheiden. Palpatorisch findet sich ein derber Tumor. Die Oberfläche ist höckrig, der Tumor bis kleinfaustgroß.

Wenn sorgfältige Anamnese, klinische Untersuchung und Laborbefunde Unklarheiten über die Natur eines tastbar vergrößerten Hodens nicht beseitigen konnten, muß die operative Exploration vorgenommen werden.

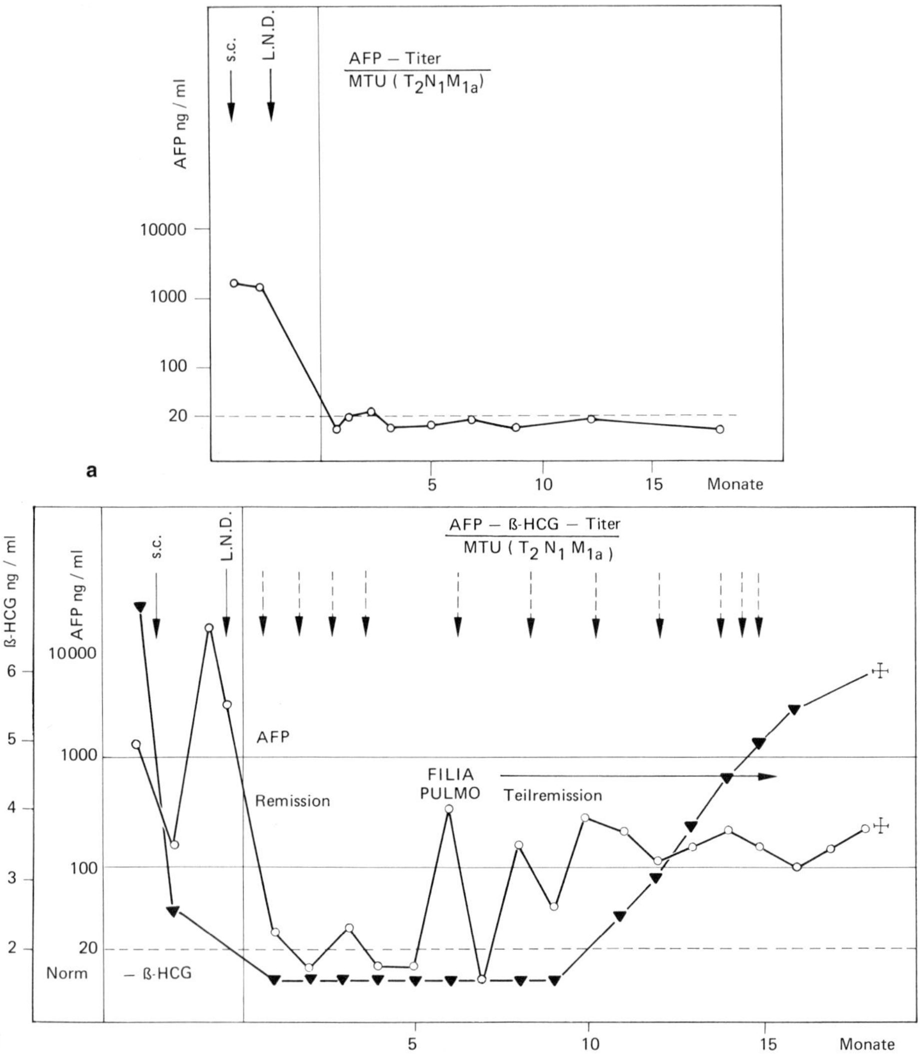

Abb. 7.30 a, b Verhalten der Tumormarker α-Fetoprotein (AFP) und β-Humanchoriongonadotropin (β-HCG) beim undifferenzierten malignen Teratom (MTU). Normalisierung von AFP nach Semikastration (s.c.) und Lymphadenektomie (L.N.D.) bei Rezidivfreiheit (**a**). Absinken von β-HCG nach der Semikastration und von AFP nach der Lymphadenektomie. Trotz Chemotherapie (Pfeile) Entwicklung von Lungenmetastasen und synchronem Anstieg von AFP. Trotz kontinuierlicher Chemotherapie fehlender Abfall beider Tumormarker infolge Tumorprogredienz (**b**).

Tabelle 7.21 Differentialdiagnose des Hodenneoplasmas.

Epididymitis	Hämatom
Epididymoorchitis	Torsion
Hydrozele	Spermatozele
Leistenhernie	Varikozele
Hämatozele	Gumma
	Nebenhodenkopfzyste

7.7.3 Therapie

Behandlung des Primärtumors

Die hohe inguinale Semikastration ist stets der erste Behandlungsschritt. Nach Freilegung des Samenstranges wird eine weiche Gefäßklemme angelegt, um eine Tumorzellverschleppung unter der Operation zu verhindern. Der Hoden wird im Skrotum stumpf mobilisiert und luxiert. Nach Eröffnung der Hodenhüllen wird das Organ inspiziert. Im Zweifelsfall erfolgt eine Exzision aus einem tumorsuspekten Bezirk und Schnellschnittuntersuchung!

Therapie der Lymphknotenmetastasen

- *Seminom*

Bei reinen Seminomen werden nach der Orchiektomie die iliakalen, paraaortalen und parakavalen (Stadium I—II B) Lymphknoten bestrahlt (Abb. 7.31). In den Stadien II C und III ist eine Chemotherapie wie bei den Non-Seminomen indiziert.

- *Nicht-seminomatöse germinale Hodentumoren, Mischtumoren, AFP-positive „Seminome"*

Am Hodentumor erkrankt vornehmlich der junge Mann im produktivsten Lebensabschnitt. Eine erfolgreiche und lebensrettende Behandlung rechtfertigt daher auch aggressive Maßnahmen im operativen und chemotherapeutischen Vorgehen. Die Behandlung der nicht-seminomatösen Testistumoren ist stadienorientiert (vgl. Tab. 7.19).

Die Lymphadenektomie erfolgt als modifizierte Lymphadenektomie, also eingeschränkt, um die Ejakulation zu erhalten (Abb. 7.32). Erweisen sich bei der Schnellschnittuntersuchung diese Lymphknoten als tumorbefallen, werden auch die Lymphknoten oberhalb des Nierenstiels bis zum Diaphragma, unterhalb des Nierenstiels bilateral sämtliche Lymphknoten parakaval, retrokaval, paraaortal bis in die Höhe der Aortenbifurkation, inguinal unilateral auf der befallenen Seite ausgeräumt.

Postoperative Komplikationen wie Thromboembolie, Lymphozelen, Harnleiterfisteln und Nachblutungen sind selten. Es kommt zu keiner Lymphabflußstörung der unteren Extremitäten.

Stadium I: Der Tumor ist auf den Skrotalinhalt begrenzt. Haben Staging-Untersuchungen keine retroperitonealen oder Organmetastasen ergeben und fielen nach der Orchiektomie erhöhte Tumormarker auf Normwerte, so kann der Tumor dem Stadium I zugeordnet werden. Mikrometastasen finden sich jedoch bei 10 bis 20 % aller Patienten im klinischen Stadium I. Würde aber bei all diesen Patienten eine retroperitoneale Lymphknotendissektion durchgeführt, hätte sie in 80 bis 90 % keinen therapeutischen Effekt. Eine Lymphknotendissektion im Stadium I wird daher kontrovers diskutiert. Ein Verzicht auf die Lymphadenektomie wird von *Peckham*

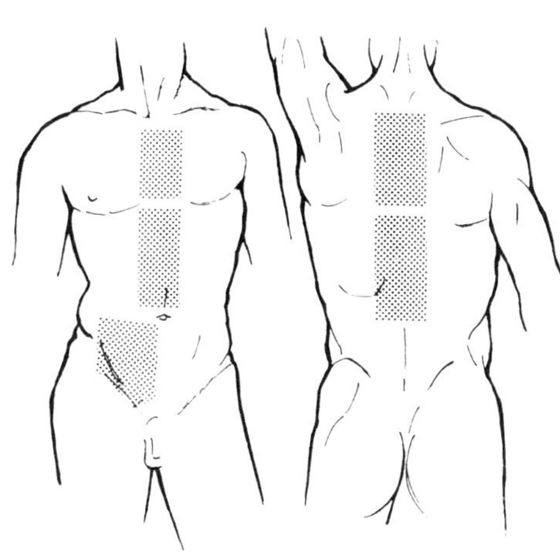

Abb. 7.31 Bestrahlungsfelder beim Seminom Stadium I–II B.

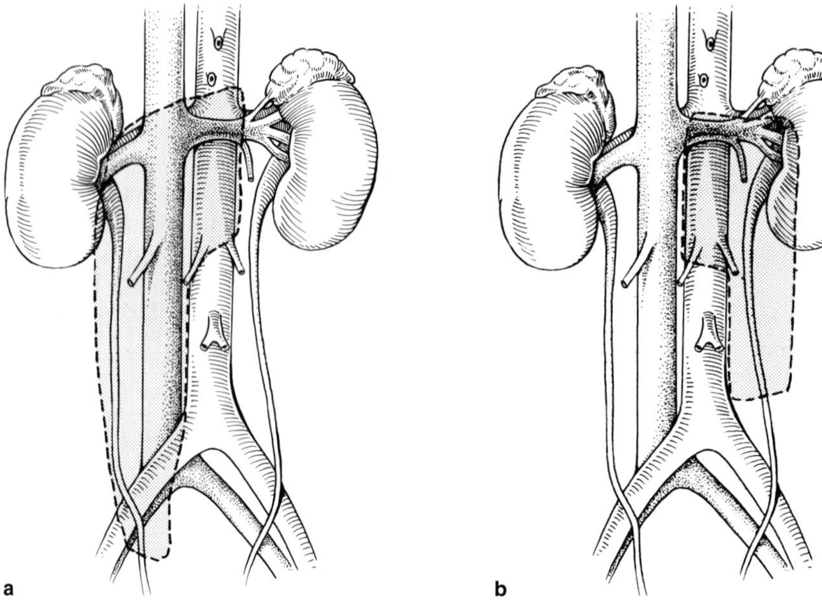

Abb. 7.32 a, b Schema der zu exstirpierenden Lymphknoten bei rechtsseitigem (**a**) und linksseitigem (**b**) Hodentumor.

(1982) praktiziert („wait and see", Abb. 7.33). Sicherer ist: im Stadium I die modifizierte retroperitoneale Lymphknotendissektion (Abb. 7.33). Im Gegensatz zur radikalen Lymphadenektomie (s. Abb. 7.32), die nahezu zwangsläufig den permanenten Verlust der Ejakulationsfähigkeit zur Folge hat, werden bei der modifizierten Lymphadenektomie die kontralateralen Lymphknoten und damit die sympathischen Nervenfasern, die den Ejakulationsreflex steuern, erhalten. Eine weitere Alternative ist die primäre Chemotherapie, die zwar in 80—90 % unnötig ist, aber nur eine Rezidivrate von 1 % aufweist.

Stadium II A und B: Bei diesen Patienten mit kleinvolumigen Lymphknotenmetastasen wird statt der zunächst geplanten modifizierten die radikale Lymphadenektomie nervschonend durchgeführt.

Vernünftig erscheint auch eine primäre Chemotherapie. Kleinvolumige Metastasen sprechen auf Chemotherapie in 95 % mit einer kompletten Remission an. Resttumoren werden operativ entfernt.

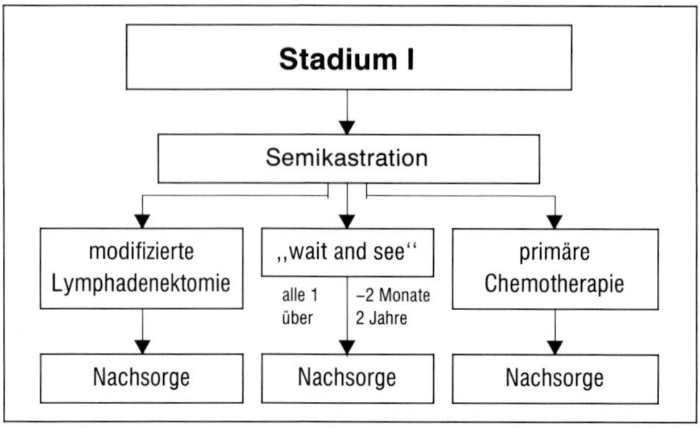

Abb. 7.33 Behandlungspläne der Non-Seminome im Stadium I.

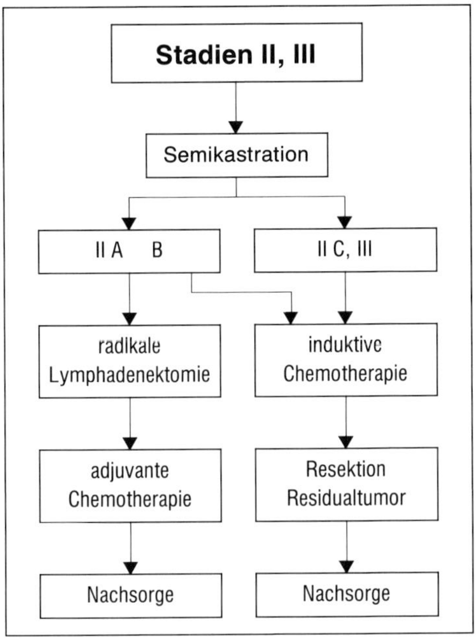

Abb. 7.34 Behandlungspläne der Non-Seminome im Stadium II und III

Progression wurde bei ca. 10 % beobachtet. Diese Patienten werden weiter chemotherapeutisch behandelt.

Behandlung ausgedehnter Lymphknoten- und Fernmetastasen

Stadium II C und III: Bei nicht-resektablen Metastasen (bulky Tumor; engl. *bulk* = Masse, gemeint sind großvolumige Lymphknotenmetastasen) oder viszeraler Dissemination, wird eine primäre induktive Chemotherapie durchgeführt (Abb. 7.34, Tab. 7.22). Ein eventuell verbleibender Residualtumor wird durch Lymphadenektomie oder Thorakotomie entfernt. Jeweils in einem Drittel der Fälle mit Residualtumoren findet sich vitales Tumorgewebe, Fibrose oder ein ausgereiftes Teratom. Tumorgewebe, aber auch das reife Teratom müssen radikal operativ entfernt werden. Das reife Teratom spricht nicht auf Chemotherapie an.

Chemotherapie

Durch die Entwicklung effektiver Zytostatika ist der Hodentumor selbst im Stadium der Metastasierung heilbar. Wirksamster und wichtigster Bestandteil jeder Chemotherapie ist Cisplatin, das in Kombination mit Etoposid® und Bleomycin oder anderen Zytostatika verabreicht wird (*Einhorn,* 1977; Tab. 7.22). Mit dieser Kombinationsbehandlung wird bei 80 % aller Patienten im Stadium der Metastasierung eine komplette Remission erreicht. Bei Patienten, die auf die Kombinationstherapie nicht ansprachen, wurden mit der Kombination Cisplatin, Vinblastin und Itosphamid noch in 40 % komplette Remissionen erreicht. Zudem stehen heute die Stammzellseparation und Knochenmarkstransplantation bei Versagen der herkömmlichen Chemotherapie zur Verfügung.

Nebenwirkungen der Chemotherapie

Die nephrotoxische Wirkung von *Cisplatin* kann durch Flüssigkeitszufuhr vermieden werden. Nausea und Erbrechen sind durch neue Antiemetika (Zofran®) unter Kontrolle zu halten, die Myelosuppression ist selten schwerwiegend. Etwa 50 % aller Patienten leiden unter Myalgien; Parästhesien sind ein Frühsymptom der Neuropathie (Cisplatin).

Pneumonitis und Lungenfibrosen sind die wichtigsten Nebenwirkungen von *Bleomycin.* Bei der Hälfte der Patienten vermindert sich die Vitalkapazität um 20 %; 25 % haben eine Lungenfibrose. Den röntgenologischen Veränderungen können Belastungsdyspnoen vorausgehen. Die wichtigste Nebenwirkung der Behandlung mit VP-16 (Etoposid®) ist die Myelosuppression. Die Alopezie nach zytostatischer Behandlung ist reversibel. Röntgenbestrahlung, Lymphadenektomie und Zytostatika hemmen die Spermiogenese und den Samentransport.

Tabelle 7.22 Gebräuchliche Zytostatika-Kombination (KO = Körperoberfläche).

BEP:	Cisplatin 20 mg/m² KO tgl. x 5 / jede 3. Woche x 4
	VP-16 (Etoposid®) 100 mg/m² KO tgl. x 5 / jede 3. Woche x 4
	Bleomycin 30 mg wöchentlich x 12

Tabelle 7.23 Prognose der Hodentumoren.

Tumor	Stadium	Retrop. Rezidiv	Fern-metastasen	5-Jahres-Überlebens-Rate
Seminom lokal*	T_{1-4}, N_0, M_0	3%	1%	99%
geringe LK-Metastasen	T_{1-4}, N_{1-2}, M_0	<5%	<5%	92%
ausgedehnte Metastasen	T_{1-4}, N_{3-4}, M_1	–	–	40–60%
Nichtseminom lokal* (n. LK-Dissektion)	T_{1-4}, N_0, M_0	<5%	15%	98%
geringe LK-Metastasen	T_{1-4}, N_{1-2}, M_0	<5%	<5%	88%
ausgedehnte Metastasen	T_{1-4}, N_{3-4}, M_1	–	–	40–60%

7.7.4 Prognose

Die Prognose der metastasierenden germinalen Hodentumoren konnte durch den Einsatz der Zytostatika, Radiotherapie und aggressiven Operation bedeutend verbessert werden (Tab. 7.23). Nach retroperitonealer Lymphknotendissektion sind im Stadium I in 10 bis 15% und im Stadium II in 40 bis 50% zu einem späteren Zeitpunkt Metastasen zu erwarten, dennoch sind dann noch 70% durch den Einsatz der Chemotherapie zu heilen. Auch Seminom-Metastasen sprechen ebenso gut wie Non-Seminom-Metastasen auf eine Chemotherapie an. In einer multivariaten Analyse möglicher prognostischer Faktoren bei Patienten mit metastasiertem Hodentumoren nach Chemotherapie (Tab. 7.22) konnten vier prognostische Gruppen unterschieden werden mit einer kompletten Remission von 100, 89, 41 und 18%. Die wichtigsten prognostischen Faktoren waren: 1) der Nachweis von trophoblastischen Elementen im Primärtumor, 2) die Serumkonzentration von α-Foetoprotein und 3) die Größe und Anzahl von Lungen-Metastasen. Bei der univariaten Analyse war die Serumkonzentration des β-HCG der wichtigste prognostische Faktor (*Stoter*, 1987). Die Bedeutung dieser Analyse liegt darin, ausgehend von der individuellen Prognose, ein Therapieschema mit geringerer Toxitität zu verabreichen.

7.8 Nebenhoden, Samenstrang

Etwa 6% aller intraskrotalen Geschwülste sind Samenstrang- und Nebenhodentumoren oder paratestikuläre Tumoren. In der Mehrheit sind es benigne, mesenchymale Tumoren.

Adenomatoidtumoren (dysontogenetische Relikte des Wolffschen Ganges) sind gutartig, Rezidive und Metastasen kommen nicht vor. Synonyme dieses auch im Genitaltrakt der Frau (in den Tuben und Uterus) vorkommenden Tumors sind Mesotheliom und Lymphangiom. Unter den Nebenhodentumoren rangiert dieser Tumor an erster Stelle.

Rhabdomyosarkome kommen am Samenstrang, Nebenhoden und der Tunica vaginalis vor. Der Tumor komprimiert meist nur den Hoden und wächst nicht infiltrierend, er kann deshalb von den testikulären Rhabdomyosarkomen, die als einseitige Entwicklung von Teratomen aufzufassen sind, abgegrenzt werden. Rhabdomyosarkome bevorzugen das jugendliche Alter. Meist wird eine schmerzhafte Schwellung im Bereich des Hodens festgestellt.

7.9 Prostata

7.9.1 Benigne Prostatahyperplasie (BPH)*

Die Prostata besteht aus einer Vielzahl tubuloalveolärer Drüsen und ähnelt in ihrer Form einer Kastanie. Ihr Gewicht beträgt ca. 20 g. In der Pubertät entwickelt sich die Prostata synchron mit den Testes zu einem funktions-

* Die BPH ist zwar kein Tumor, es bestehen aber formalgenetische Gemeinsamkeiten zum Prostatakarzinom, so daß die GK-Gliederung beibehalten wurde.

tüchtigen Organ und erreicht ihre volle Größe. Während in den ersten Lebensjahrzehnten die Prostata klinisch unauffällig bleibt, sind mehr als 50 % aller Männer über 50 Jahre von einer benignen Prostatahyperplasie (BPH, syn. Prostataadenom, PA) betroffen (Abb. 7.35). Die BPH ist somit die häufigste urologische Erkrankung des alternden Mannes (im Volksmund „Altmänner-Krankheit"). Rassische, genetische und Umwelteinflüsse scheinen für die weltweite Inzidenzvarianz verantwortlich zu sein.

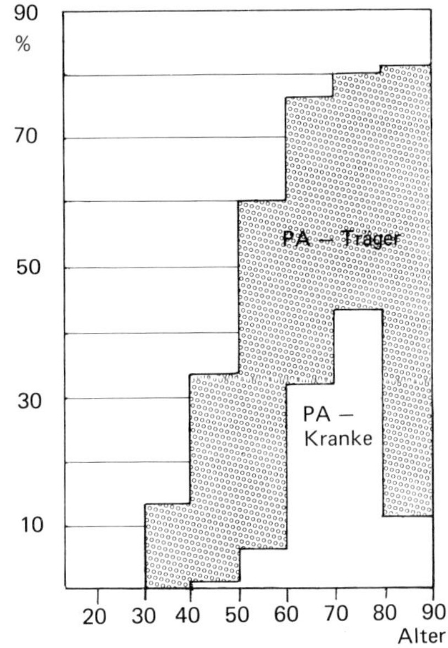

Abb. 7.35 Prozentualer Anteil der Prostataadenomträger und Prostataadenomkranken in der männlichen Bevölkerung.

7.9.1.1 Ätiologie
(Abb. 7.36)

Verschiedene Hypothesen zur Pathogenese der benignen Prostatahyperplasie konnten bisher die Frage nach der Kausalität nicht klären (Tab. 7.24).

Die Produktion von Testosteron in den Leydigschen Zwischenzellen des Hodens unterliegt dem hormonellen Zusammenspiel von Hypothalamus, Hypophyse und Hoden (Abb. 7.36). Das Gonadotropin-Releasing-Hormon (GnRH) des Hypothalamus stimuliert die Hypophyse zur Sekretion des Luteinisierungshormons (LH). LH stimuliert die Testosteronsynthese in den Leydig'schen Zwischenzellen des Hodens. Das ins Blut gelangte Testosteron stimuliert die Prostata als Androgen-Zielorgan. In der Prostata wird Testosteron durch das Enzym 5α-Reduktase in Dihydrotestosteron (DHT) umgewandelt. DHT ist das eigentlich wirksame Hormon, das im Zytoplasma der Prostata an spezifische Rezeptoren gebunden und zum Zellkern transportiert wird, wo nach Bindung des DHT-Rezeptorkomplexes an Chromatinstrukturen spezifische Zell-

Tabelle 7.24 Theorien zur Ätiologie der BPH.

1. Dihydrotestosteron-Hypothese
   Abnormale Akkumulation des DHT durch veränderten Metabolismus der Androgene in der Prostata.
2. „Embryonale „Reawakening" Theorie
   Veränderung der stroma-epithelialen Interaktion im Alter, die zur Induktion des Prostatawachstums führt.
3. Stammzelltheorie
   Vermehrung des Stammzellpools.

Syntheseleistungen induziert werden. Aus Testosteron kann unter der Wirkung der Aromatase in geringen Mengen 17β-Östradiol entstehen (Abb. 7.37). Im Plasma ist Testosteron zu 95 % an das sexhormonbindende Globulin (SHBG) und Albumin gebunden. Nur das nicht protein-gebundene Testosteron kann in die Prostatazellen diffundieren und dort zu DHT reduziert werden. Das Wachstum des Prostataadenoms fällt in eine Lebensperiode absinkender Testosteron-Plasmaspiegel. Hierdurch kann es zu einer Verschiebung des Androgen-Östrogen-Quotienten zugunsten des Östrogens kommen. Dies wurde ursächlich mit der Pathogenese der Prostatahyperplasie in Zusammenhang gebracht. Da diese Veränderungen jedoch auch bei Männern ohne Prostatahyperplasie auftreten, läßt sich damit allein das Wachstum der Prostata nicht erklären (Tab. 7.25).

Auch für einen ursächlichen Zusammenhang zwischen Zunahme des SHBG (und dadurch eine Verminderung des frei zirkulierenden Testosterons) fanden sich keine Beweise, da sich die gefundenen Konzentrationen zwischen Patienten mit benigner Prostatahyperplasie und Gesunden nicht unterschieden. Di-

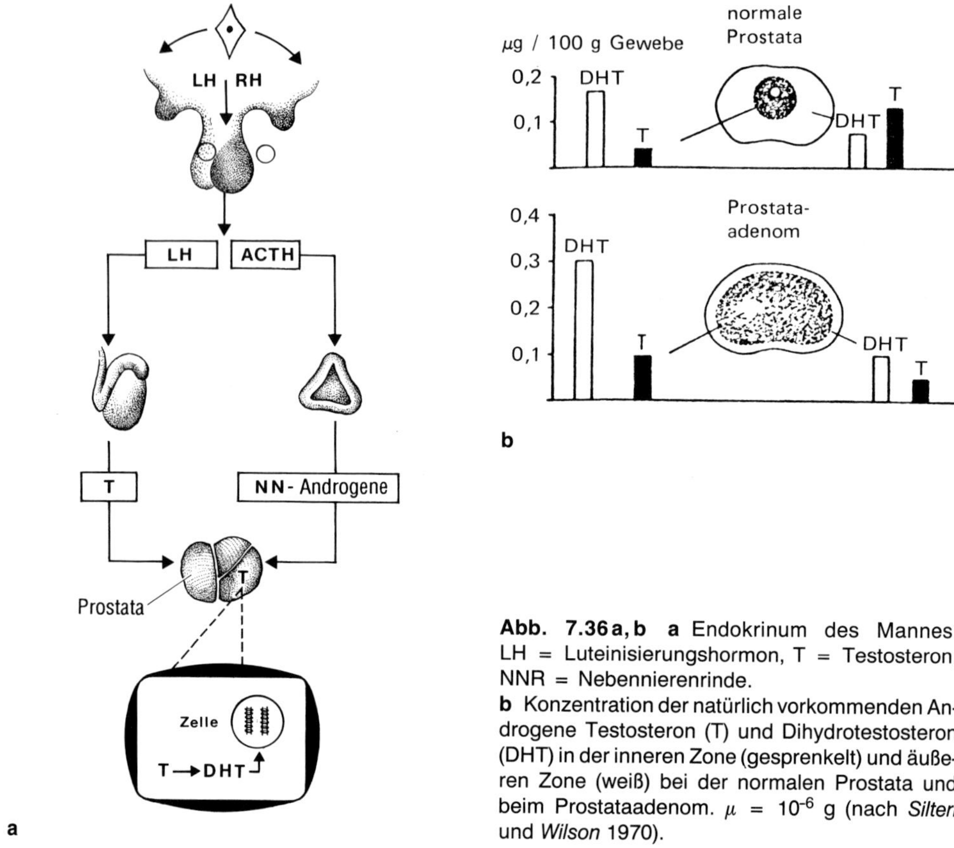

Abb. 7.36 a, b **a** Endokrinum des Mannes. LH = Luteinisierungshormon, T = Testosteron, NNR = Nebennierenrinde.
b Konzentration der natürlich vorkommenden Androgene Testosteron (T) und Dihydrotestosteron (DHT) in der inneren Zone (gesprenkelt) und äußeren Zone (weiß) bei der normalen Prostata und beim Prostataadenom. $\mu = 10^{-6}$ g (nach *Silteri* und *Wilson* 1970).

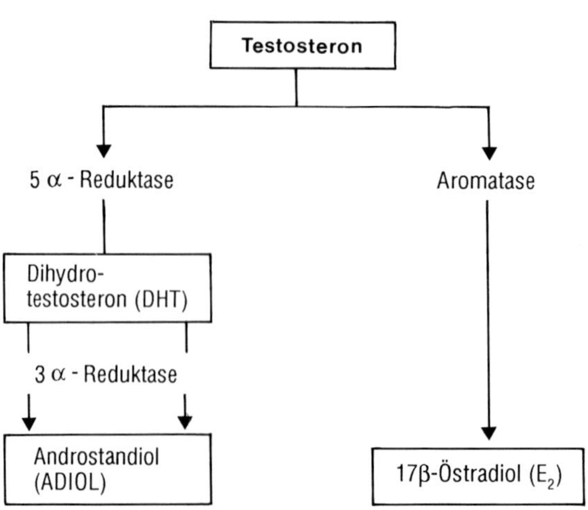

Abb. 7.37
Metabolisierung von Testosteron.

hydrotestosteron und das unter Einwirkung von 3α-Reduktase entstehende Androstandiol werden heute als entscheidende pathogenetische Faktoren der Prostatahyperplasie diskutiert.

In der hyperplastischen Drüse ist Dihydrotestosteron gegenüber der normalen Prostata akkumuliert (Abb. 7.36 b). Hierbei kommt sicherlich der 5α-Reduktase, dessen Aktivität im hyperplastischen Gewebe erhöht ist, eine Schlüsselfunktion zu.

Die Prostata ist aus Drüsenepithel und fibromuskulären (= stromalen) Elementen zusammengesetzt; letzteres sorgt für die Sekretauspressung des Organs. Das Stromagewebe dominiert mit 60 % gegenüber 12 % Drüsenzellen und 28 % Drüsenlumina.

Im Vergleich zur gesunden Prostata nimmt das Stroma bei der Prostatahyperplasie um das Vierfache, der glanduläre Anteil um das Doppelte zu. Das für die Bildung von Dihydrotestosteron verantwortliche Enzym 5α-Reduktase findet sich überwiegend im Stroma. In der hyperplastischen Prostata ist die Aktivität der 5α-Reduktase gesteigert *(DHT-Hypothese der BPH-Pathogenese)*.

Möglicherweise kommt auch dem Prolaktin, den Östrogenen und Androgenen eine Rolle bei der Entstehung des Prostatadenoms zu. Auf molekularer Ebene modulieren Wachstumsfaktoren (epidermal growth factor, EGF; fibroblast growth factor, FGF u.a.m) den Effekt der Hormone!

Die bisher geklärten Teilaspekte, die bei der Entstehung der Prostatahyperplasie eine Rolle spielen, lassen den Schluß zu, daß es sich nicht lediglich um ein Phänomen des alternden männlichen Organismus handelt, sondern um intraprostatische Veränderungen des Steroidstoffwechsels und der Verwertung von Steroidhormonen, die das pathologische Wachstum des Prostatagewebes und vor allem seiner stromalen Anteile induziert. Hierfür spricht die Zunahme der 5α-Reduktase, die zur Akkumulation des DHT führt. Daneben befinden sich im Stroma hohe Konzentrationen des Androstandiol und des 17β-Östradiols. Östradiol ist angereichert in den Zellkernen des Stromas. Testosteronmetaboliten und Östrogene wirken vermutlich auf das Prostatagewebe synergistisch wachstumsteigernd.

Außer den systemischen endokrinen Faktoren spielen lokale Gewebefaktoren eine Rolle; denn embryonales Stroma kann Drüsenwachstum anregen. Nachdem die BPH-Strukturen aber aus dem erwachsenen Stroma entstehen, führt *McNeal* die Entstehung der BPH auf ein Wiedererwachen des in der Embryonalzeit vorhandenen induktiven Potentials des Stromas zurück (*Embryonale Reawakening Hypothese*; s. Tab. 7.24).

7.9.1.2 Anatomie der Prostata

In der deskriptiven Anatomie besteht die Prostata aus den beiden Seitenlappen (Lobus dexter et sinister). Sie sind über den Isthmus prostatae miteinander verbunden. Der Mittellappen (Lobus medius) liegt zwischen Urethra

Tabelle 7.25 Hormonverschiebungen im Klimakterium virile. MCR = Metabolische Clearance-Rate. PR = Produktionsrate. LH = Luteinisierungshormon (identisch mit dem interstitielle Zellen stimulierenden Hormon). FSH = Follikel-stimulierendes-Hormon. mIU = Milli International Unit. ng = Nanogramm.

	< 50 Jahre	**> 50 Jahre**	**Einheit**
Testosteron	633 ± 25	415 ± 51	ng / 100 ml
MCR	640 ± 25	530 ± 35	l / 24 h
PR	6,6 ± 0,5	4 ± 0,6	mg / 24 h
LH	12,5 (9,1–17,1)	22,5 (15,8–31,7)	mIU / ml
FSH	6,8 (5,1–9,2)	15 (10,1–22,0)	mIU / ml
Prolaktin	6,9 ± 3,7	4,8 ± 2,3	ng / ml
Östradiol	1,5 (1,3–1,8)	2,2 (1,7–2,6)	ng / 100 ml
Gesamtöstrogene	3,9 (3,3–4,6)	5,3 (4,5–6,2)	ng / 100 ml
Dihydrotestosteron	49 (33–74)	89 (53–152)	ng / 100 ml

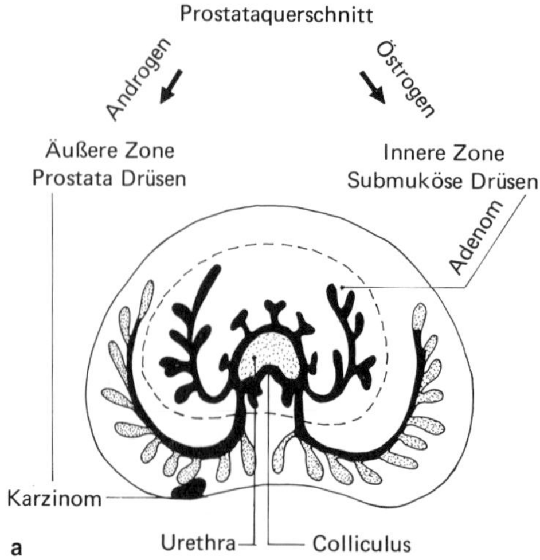

a

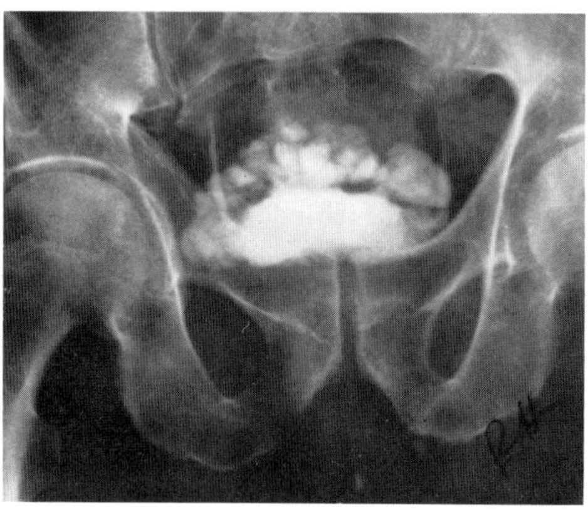
b

Abb. 7.38 a, b **a** Wirkort von Androgenen und Östrogenen innerhalb der Prostata.
b Pseudodivertikuläre Balkenblase; Restharnbild.

und den beiden Ductus ejaculatorii an der Unterseite der Harnblase. Die innere Zone der Prostata (periurethrales Drüsengebiet) läßt sich von der peripheren Drüsenzone (Glandula prostata propria) morphologisch abgrenzen (Abb. 7.38 a).

Histologisch besteht die von einer fibrösen Kapsel umgebende Prostata aus Drüsenschläuchen, elastischen Elementen, glatten Muskelfasern und Bindegewebe (fibromuskuläres Stroma). Das Verhältnis von Drüsengewebe zum bindegewebig muskulären Anteil beträgt 5:1 bis 2:1 und bestimmt die Konsistenz der Prostata.

Im Gegensatz zur deskriptiven Anatomie steht die *zonale* Anatomie *(McNeal)* mit vier Regionen: periphere Zone (75 % des Prostatavolumens), zentrale Zone (25 % des Prostatavolumens), Übergangszone und periurethrale Zone. Das Karzinom entsteht aus der peripheren Zone, die BPH aus der Übergangszone und der periurethralen Zone.

Die Gefäßversorgung der Prostata erfolgt über die Aa. vesicales inferiores, die Aa. pudendae internae und die Aa. rectales inferiores, ihr Blutabfluß über den Plexus venosus prostaticus in die Vv. iliacae internae.

Die Lymphbahnen der Prostata münden in die periprostatischen Lymphräume. Von da aus fließt die Lymphe in die obturatorischen, hypogastrischen, sakralen, parasakralen und iliakalen Lymphknoten.

Wegen ihrer Lage an der Nahtstelle von Harn- und Geschlechtswegen wird der prostatische Harnröhrenabschnitt als das urogenitale Grenzgebiet bezeichnet *(Alken)*. Durch das Zusammenspiel der Blasenmuskulatur mit der Muskulatur der Prostata wird ein Übertritt des Urins bei der Miktion in die Samenwege und eine retrograde Ejakulation der Samenflüssigkeit in die Harnblase verhindert. Von der Prostata wird ein milchigschleimiges alkalisches Sekret gebildet, das bei der Ejakulation dem Sperma beigemischt wird.

7.9.1.3 Pathophysiologie

Die BPH nimmt ihren Ausgang von der inneren Zone, die äußere wird komprimiert (Abb. 7.38 a) und bildet bei der operativen Entfernung die „chirurgische Kapsel". Die Vergrößerung der endourethralen Prostata-Seitenlappen engt das Harnröhrenvolumen ein und streckt die hintere Harnröhre.

Der vergrößerte Mittellappen breitet sich endovesikal (ventilartig) aus. Die Blase reagiert auf den erhöhten infravesikalen Widerstand mit einer Hypertrophie des Detrusors (Trabekelblase, Abb. 7.38 b). Bei einer weiteren Zunahme des Größenwachstums vermag die Blase den erhöhten Auslaßwiderstand nicht mehr zu kompensieren (Restharn). Infolge des starken Miktionsdruckes wird die Blasenschleimhaut zwischen die Muskelzüge gepreßt (Pseudodivertikel, Abb. 7.38 b). Mit fortschreitender Blasendekompensation verlieren die Harnleiterostien ihre Kompetenz (vesiko-ureteraler und vesiko-renaler Reflux).

a 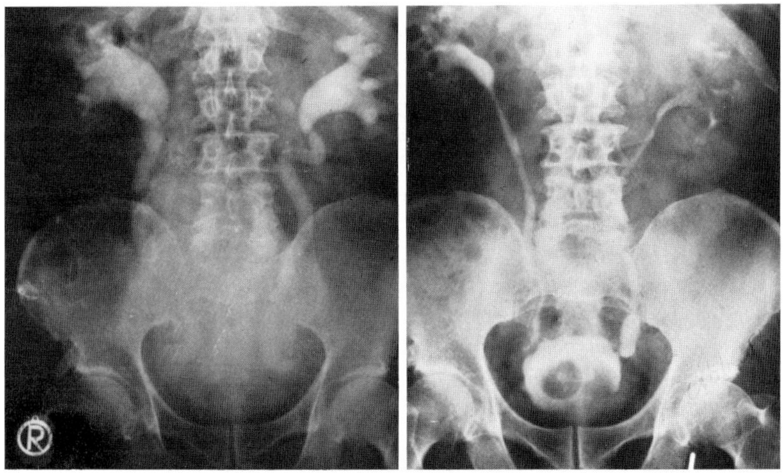 b

Abb. 7.39 a, b **a** Ausgeprägte Harnstauungsnieren beiderseits bei Überlaufblase infolge einer obstruktiven BPH.
b Praktisch völliges Abklingen der Harnstauung beiderseits nach 2monatiger Dauerkatheterentlastung. Die Angelhakenureteren sind deutlich sichtbar.

Die unvollständige Blasenentleerung mit Restharn und vesiko-renalem Reflux führt zur Ektasie der oberen Harnwege, bei längerem Bestehen zur Reduktion des Nierenparenchyms und zur Hydronephrose mit Niereninsuffizienz (Abb. 7.39).

7.9.1.4 Klinische Symptome

Stadium I
: Stadium der Kompensation mit Dysurie und Nykturie, kein Restharn *(Reizstadium)*

Stadium II
: Beginn der Dekompensation des Blasendetrusors, Restharn 100 ml *(Restharnstadium)*

Stadium III
: Überlaufblase, Harnstauungsnieren, progrediente Niereninsuffizienz. *(Stadium der Dekompensation)*

Harnverhalt
: ein akuter Harnverhalt kann in jedem Stadium auftreten.

Das klinische Bild der BPH geht den obengenannten pathophysiologischen Veränderungen parallel. Im Frühstadium sind die Symptome diskret, da die Blase durch die Zunahme der Blasenmuskulatur den erhöhten Auslaßwiderstand überwindet. Der Mann ist Krankheitsträger mit normaler Miktion, vollständiger Blasenentleerung und fehlenden Symptomen einer Harnwegserkrankung. Bei der rektalen Untersuchung ist die Vergrößerung der Drüse jedoch palpatorisch nachweisbar.

Erste, die Ermüdung der Blase anzeigende Symptome sind die Abschwächung des Harnstrahles, verzögerter Miktionsbeginn, das Gefühl einer unvollständig entleerten Blase. Später tritt der totale Harnverhalt oder die Überlaufinkontinenz (sog. *Ischuria paradoxa*) ein. Die unvollständige Blasenentleerung findet ihren Ausdruck in der erhöhten Miktionsfrequenz mit Nykturie. Obstruktion und Restharn begünstigen Harnwegsinfektionen, Urin wird unter Schmerzen ausgeschieden (Strangurie). Die Ruptur ektatischer Venen, die über den Blasenhals und die Seitenlappen ziehen, führt zur Makrohämaturie.

Neben der Gruppe der asymptomatischen BPH-Träger und der Patienten mit lokalen Symptomen ist eine 3. Gruppe von Patienten abzugrenzen, bei denen sekundäre Veränderungen des erhöhten infravesikalen Auslaßwiderstandes im Vordergrund der klinischen Symptomatik stehen. Die Blasenhalsobstruk-

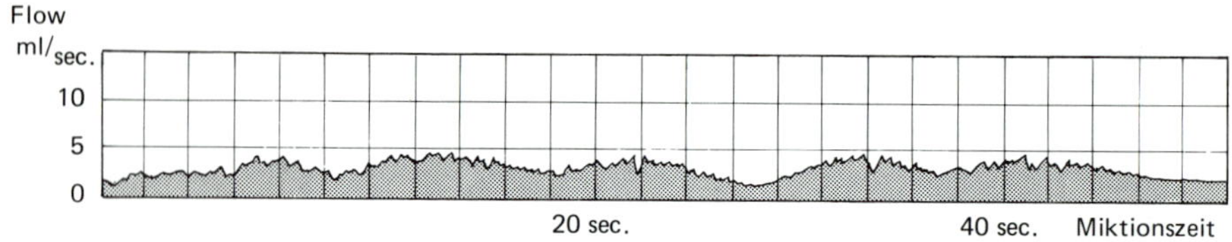

Abb. 7.40 Uroflow-Diagramm bei obstruktiver BPH. Die maximale Flowrate überschreitet nicht 5 ml/sec. Die Miktionszeit ist verlängert.

tion mit bilateraler Hydronephrose kann gastrointestinale oder neurologische Beschwerden mit den Symptomen wie Nausea, Brechreiz, Gewichtsverlust, Inappetenz, Apathie und Stupor imitieren. Die aszendierende Harnwegsinfektion mit Befall des Nierenparenchyms, fieberhafte Pyelonephritis und Flankenschmerzen verstellen den Blick auf die primäre Erkrankung (Abb. 7.39).

Alle aufgezählten Symptome sind als Folgeerscheinungen der infravesikalen Obstruktion zu interpretieren. Lokal verursacht die Drüse selbst kaum Beschwerden, außer bei massivem Größenwachstum durch Druck auf das Perineum oder bei einer sekundären Prostatitis mit schneidenden Schmerzen im Unterbauch, inguinal und perineal ausstrahlend (s. Kapitel 2).

7.9.1.5 Diagnostik

Körperliche Untersuchung

Bei der *rektalen Palpation* der Prostata erscheint die hyperplastische Drüse prallelastisch und allseits gut abgrenzbar. Die mediane Vertiefung, der sogenannte Sulcus, kann verstrichen sein (sog. Mittellappenadenom). Ausgehend vom Tastbefund ist es nicht möglich, das Ausmaß der Obstruktion am Blasenhals zu beurteilen. Bei Harnwegsinfektion ist die Palpation schmerzhaft. Im Rahmen der rektalen Palpation sollte der Tonus des Sphincter ani beurteilt werden.

Wesentliche Aufgabe der rektalen Untersuchung ist der Ausschluß des Prostatakarzinoms.

Sonographie

Wegen ihrer Lage, Größe und Struktur eignet sich die Prostata besonders für die Ultraschalldiagnostik, die den radiologischen Methoden – die Computertomographie eingeschlossen – überlegen ist. Neben der transurethralen und transrektalen Untersuchung ist auch eine transabdominelle Untersuchung möglich. Hierbei dient die prall gefüllte Harnblase als Transmissionsorgan. Bei der transrektalen Untersuchung zeigt das Prostataparenchym eine homogene Echogenität. Beim gesunden Mann hat die Prostata eine dreieckige oder halbmondförmige Gestalt (Abb. 7.41 a–c). Die Prostatakapsel ist gut zu identifizieren, die inneren Echos sind fein und regulär. Bei der Prostatitis werden die Kapselechos unregelmäßig. Abhängig vom Stadium der Erkrankung werden auch die Binnenechos inhomogener. Prostatasteine erscheinen als dichte Echos innerhalb der Prostata. Bei der BPH ist eine symmetrisch gut abgrenzbare Organvergrößerung zu erkennen. Die Prostatakapsel weist keine Defekte auf, ist symmetrisch und gleichmäßig.

Charakteristisch für die sonographische Diagnose des Prostatakarzinoms ist die asymmetrische Organkontur und Echoarmut. Ein inhomogenes Binnenechomuster ist zweideutig (Abb. 7.41 a). Die fortgeschrittene Karzinomerkrankung kennzeichnet eine extrakapsuläre Ausbreitung mit Infiltration der Samenblase. Die Frage, ob BPH oder Karzinom ist nur histologisch zu klären.

Endoskopie (s. Kapitel 3)

Uroflowmetrie (Abb. 7.40 und S. 387)

Sonographische Restharnbestimmung (s. Kapitel 3)

komplettieren die physikalischen Untersuchungen.

Laboruntersuchungen

Der Kreatininwert gibt Auskunft über das Ausmaß der Nierenschädigung im Stadium

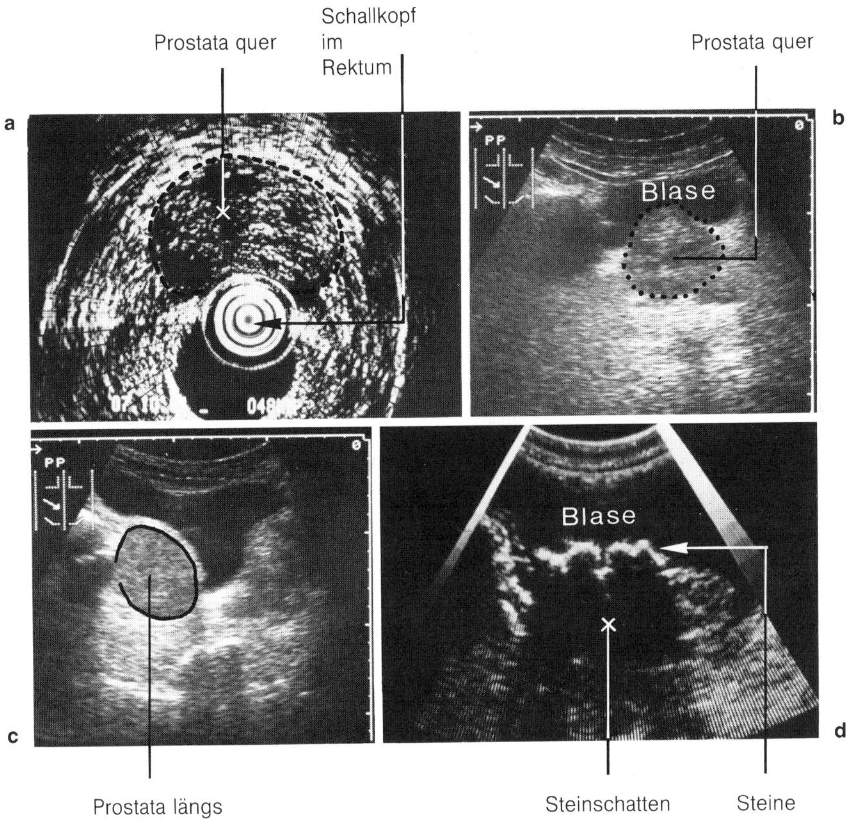

Abb. 7.41 a–d Ultraschalluntersuchung der Prostata.
a transrektales Sonogramm einer BPH (3,2 x 5,8 cm). Wegen pathologischer Binnenechos im linken Seitenlappen (Stern) erfolgte die Biopsie (= negativ).
b Suprapubisches Sonogramm einer BPH (4,6 x 3,8 cm). Querbild.
c Suprapubisches Sonogramm einer BPH (6 x 4,5 cm). Längsbild.
d Multiple Blasensteine im queren suprapubischen Ultraschallbild (angefertigt von *G. Egghart,* Ulm).

der Harnretention als Folge der infravesikalen Obstruktion. Eventuell besteht eine azotämische Anämie. Bei sekundärer Infektion des abflußgestörten Harntraktes ist der Urin-pH-Wert im alkalischen Bereich, im Urinsediment finden sich vermehrt weiße und rote Blutkörperchen und Bakterien. Auch bei der BPH ist das PSA (s.S. 234) erhöht – etwa 0,30 ± 0,25 ng/g BPH. Begleitentzündung, Prostatainfarkte oder ein Karzinom bedingen einen höheren Anstieg.

Beurteilung der oberen Harnwege

Zur Orientierung über die Beschaffenheit der oberen Harnwege genügt häufig die echographische Untersuchung. Konfiguration und Lage der Nieren lassen sich hiermit ermitteln, Parenchymreduktionen werden sichtbar. Erkrankungen wie Nephrolithiasis, Nierenzysten oder andere raumfordernde Prozesse, Hydronephrose und Hydroureter können rasch und ohne Strahlenbelastung dargestellt werden. Bei echographisch normalen oberen Harnwegen kann das intravenöse Urogramm bei nicht operationsbedürftigen Patienten mit Prostataadenom unterbleiben.

Im *Stadium I* erscheinen die oberen Harnwege unauffällig.

Im *Stadium II* und insbesondere im *Stadium III* sind die oberen Harnwege in die pathologischen Veränderungen mit einbezogen (s. Abb.

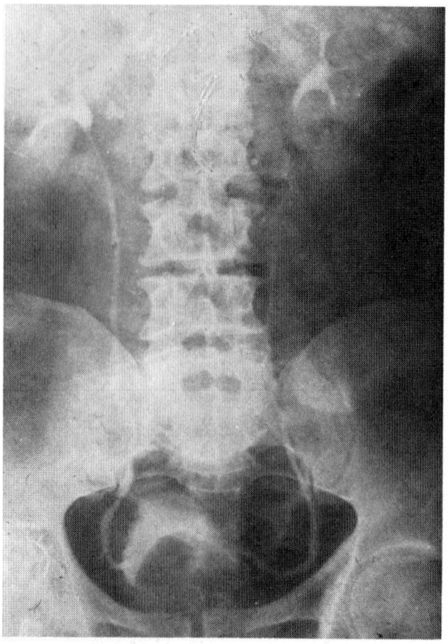

Abb. 7.42 Ausgeprägte Angelhaken- oder Korbhenkelform der terminalen Harnleiter bei der BPH, BPH-bedingter Füllungsdefekt in der zystographischen Phase des Urogramms.

7.39): ektatische Hohlsysteme und geschlängelte Harnleiter. Unilaterale Ektasie der oberen Harnwege, also asymmetrische Obstruktion, legt den Verdacht auf ein Prostatakarzinom nahe.

7.9.1.6 Differentialdiagnose

Die folgenden obstruktiv wirksamen Veränderungen können eine BPH vortäuschen.

Sphinktersklerose: Der Blasenhals ist durch eine Hypertrophie der Muskelfasern, häufiger durch eine Fibrosierung der Fasern (Prostatitis-Folge) starr und verengt, d.h. er öffnet sich unter der Miktion nicht mehr zur normalen Weite und behindert die Blasenentleerung. Die ausgeprägte Dysurie, die zur palpatorisch kleinen Prostata im Kontrast steht, verhalf diesen Kranken zu dem Namen „Prostatiker ohne Prostata“. Urographie, Urethrozystographie und Endoskopie sichern die Diagnose (s. Kapitel 3).

Die *Harnröhrenstriktur* bleibt selten klinisch stumm, häufige Bougierungsbehandlungen, eventuell operativ-plastische Korrekturversuche werden in der Anamnese angegeben.

Neurologische Erkrankungen, die im Alter zur Manifestation einer *neuropathischen Blase* führen, sind: diabetische Neuropathie, M. Parkinson, vaskuläre Störungen des Rückenmarks (Apoplexie), Diskushernien, multiple Sklerose und Rückenmarkstumoren. Sensibilitätsstörungen im ano-genitalen Bereich, Verlust des Bulbokavernosus-Reflexes, fehlendes Gefühl über den Füllungszustand der Harnblase sowie die akute Manifestation dieser Erscheinungen erfordern die neurologische Abklärung.

Der Verdacht auf ein *Prostatakarzinom* wird bereits durch den Palpationsbefund geweckt, wenn nicht der typische Befund einer prallelastischen, tennisballartigen Drüsenvergrößerung zu erheben ist, sondern: *Knoten, fehlende Verschieblichkeit der Rektumschleimhaut, seitlich nicht abgrenzbare Prostatavergrößerungen oder höckrig-harte Prostata.*

Der Karzinomverdacht wird erhärtet bei: Erhöhung des PSA, asymmetrischen Veränderungen der oberen Harnwege im Urogramm, Nachweis osteoplastischer oder osteolytischer Metastasen. Gesichert wird die Artdiagnose letztlich durch die histologische oder zytologische Untersuchung der Prostata. Bei Verdacht auf Prostatakarzinom ist jegliche operative Maßnahme zur Behebung der Obstruktion ohne vorherige bioptische Sicherung der Diagnose kontraindiziert!

Beim *Prostataabszeß* ist die Prostata bei der Palpation sehr druckschmerzhaft. Reicht der Abszeß bis zur Peripherie, erscheint hier die Drüse weich und eindrückbar. Gelegentlich perforiert der Abszeß infolge der Palpation spontan in die Harnröhre.

Blasensteine (s. Abb. 7.41 d) entstehen meist infolge einer infravesikalen Obstruktion. Durch einen ventilartigen Verschluß des Blasenhalses können sie eine komplette Unterbrechung des Harnstrahls bewirken, die wegen der freien Beweglichkeit der Steine durch Veränderung der Körperhaltung wieder aufgehoben werden kann (intermittierende Obstruktion, „Stakkatomiktion“).

7.9.1.7 Komplikationen und Begleiterscheinungen

Hämaturie: Prostatische Blutungen — vor allem bei großen, kongestionierten Hyperplasiedrüsen — treten nach Ruptur ektatischer, submuköser Venen am Blasenhals auf. Die Blasentamponade hat die gleiche Ursache. Weitere Ursachen der Hämaturie sind eine begleitende Zystitis sowie Blasensteine. Die endoskopische Abklärung ist erforderlich, um Tumoren der Blase nicht zu übersehen.

Harnwegsinfektion: Pathogenetisch spielt die Obstruktion eine bedeutende Rolle. Die Entzündung der Hyperplasie selbst kann zur Abszedierung führen. Restharn — auch das obstruktionsbedingte Blasendivertikel, das nur unvollständig entleert wird — begünstigt die Keimvermehrung. Die Zystitis verstärkt die hyperplasietypische Pollakisurie und Dysurie bis zur Strangurie. Die Infektbehandlung führt zum vorübergehenden Rückgang der Beschwerden, die nach Absetzen der Medikation rezidivieren.

Eine ernste Komplikation ist die fieberhafte *Pyelonephritis.* Aggravierend wirkt ein vesiko-renaler Reflux oder die distale Harnleiter-Kompression durch die vergrößerte, endovesikal entwickelte Prostata. Die antibiotische Therapie muß durch die gleichzeitige Harnableitung mit Dauerkatheter oder suprapubische Zystostomie (Zystofix®; S. 398) ergänzt werden, um die akute Symptomatik zu kupieren.

Die bedrohlichste Komplikation ist die *Urosepsis* (s.S. 414), die durch fehlende Asepsis und Läsionen der unteren Harnwege bei unsachgemäß durchgeführten transurethralen Eingriffen provoziert wird. Die hohe Mortalität dieser Erkrankung erfordert die unverzügliche Therapie (s.S. 417).

Die *Epididymitis* ist eine Komplikation der Infektion der unteren Harnwege. Die Prostatahyperplasie mit Begleitinfektion nimmt pathogenetisch beim älteren Mann die erste Stelle ein.

Die *Blasensteinentstehung* wird durch den hochkonzentrierten, infizierten Restharn begünstigt. Der Dauerkatheterträger bildet Fremdkörpersteine. Im sauren Urin überwiegen Uratsteine, im alkalischen Urin Phosphatsteine. Harnstoffspaltende Keime in der Blase verschieben den Urin-pH in den alkalischen Bereich mit Bildung von Magnesium-Ammonium-Phosphatsteinen (Abb. 7.43).

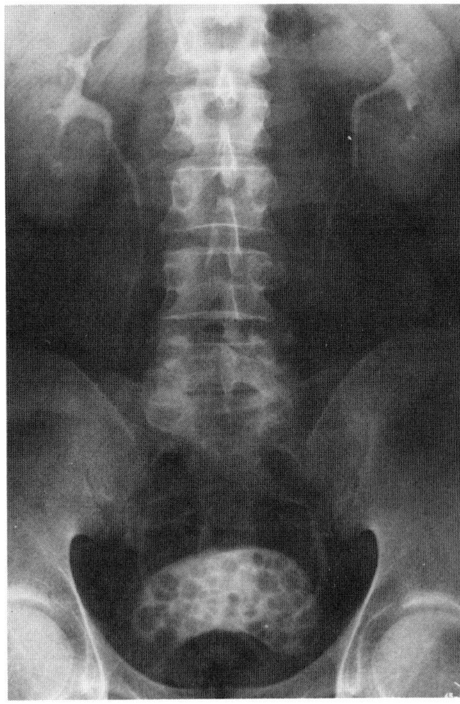

Abb. 7.43 Zahlreiche Phosphatsteine, die als Füllungsdefekte in der zytographischen Phase des AUG imponieren (68jähriger Mann mit obstruktiver BPH).

Die *Hämospermie* (s. Tab. 6.11) ist ein typisches Zeichen der kongestionierten infizierten BPH. Ihre Erscheinung beunruhigt die Patienten in stärkerem Maße als die monate- oder jahrelangen dysurischen Beschwerden. Die Ejakulation selbst kann derartige Schmerzen auslösen (schneidende Sensationen in Blasenhöhe, ausstrahlend zum Rektum, ins Perineum und die Oberschenkel), daß aus Angst vor Schmerzen jeglicher sexueller Kontakt unterbleibt.

Detrusor-Dekompensation (Stadium III der BPH): Das labile Gleichgewicht zwischen Entleerungskraft und -widerstand wird bei abrupter Steigerung des Sympathikotonus (Streß, Kälte, Nässe, Alkoholzufuhr) gestört: akuter Harnverhalt (s.S. 395).

Mit steigendem Auslaßwiderstand wird die Kompensationsfähigkeit des Blasenmuskels chronisch überfordert: *Überlaufblase* (Ischuria paradoxa, Überlaufinkontinenz). Der Detrusor ist überdehnt, die Blasenwand verdünnt, die funktionelle Kapazität der Blase sinkt umgekehrt proportional mit steigendem Restharn. Eine entleerungswirksame Kontraktion der 1–3 l Restharn führenden Blase ist unmöglich.

Die *progrediente Niereninsuffizienz* ist eine schwere Komplikation der BPH. Bei Übergang der Harnstauungsnieren in eine Hydronephrose ist die Nierenschädigung irreversibel. Eine sich aufpfropfende akute Pyelonephritis kann in diesem Studium zur terminalen Niereninsuffizienz führen.

7.9.1.8 Stadieneinteilung

Das therapeutische Vorgehen wird bestimmt von der Größe der hyperplastischen Prostata, dem Allgemeinzustand des Patienten, seiner Lebenserwartung und letztlich dem Stadium der Erkrankung.

Stadium I

Gelegentlich beeinflussen konservative Maßnahmen die klinische Symptomatik, die Drüsengröße wird nicht verändert. Es sollte deshalb keine überflüssige, zeitverzögernde medikamentöse Behandlung bei Patienten mit großer BPH durchgeführt werden, zumal eine effektive konservative Therapie noch nicht gefunden wurde.

Eine geregelte Darmtätigkeit, Alkohol- und Koffeinabstinenz, Schutz des Unterkörpers vor Abkühlung und Durchnässung und reichlich körperliche Bewegung sind günstig. Es besteht kein Grund zur willentlichen Einschränkung des Sexualverkehrs.

Stadium II

Bei operablen Patienten ist die operative Entfernung der obstruierenden Drüsenanteile indiziert. Wenn aus allgemeinmedizinischen Gründen eine präoperative kardiale oder pulmonale Behandlung erforderlich ist oder wegen nicht korrigierbarem erhöhtem Operationsrisiko ein operativer Eingriff sich verbietet, wird die Blasenentleerung durch konservative Maßnahmen gesichert: Dauerkatheter, suprapubische Zystostomie.

Stadium III

Die wichtigste Maßnahme ist die Drainage der Harnwege durch Dauerkatheter oder suprapubische Harnableitung, damit sich unter Harndauerableitung die Ektasie der Harnwege zurückbildet (s. Abb. 7.39, S. 223) und sich die Nierenfunktion verbessert. Die Entlastungspolyurie (s. Kapitel 1) erfordert die Überwachung des Wasser-Elektrolyt-Haushaltes. Erst nach Kreatininnormalisierung wird die operative Therapie durchgeführt (Abb. 7.44a, b). Begleitinfektionen werden entsprechend dem Antibiogramm therapiert.

Bei irreversibel geschädigten Nieren mit Niereninsuffizienz ist wegen des erhöhten Operationsrisikos die Indikation zur Prostataoperation streng zu stellen und ggf. die konservative Therapie mit Dauerkatheter vorzuziehen. Der Dauerkatheter wird unter aseptischen Bedingungen in 3wöchigen Abständen gewechselt. Wird wegen eitriger Urethritis (Fremdkörper), Blasentenesmen mit Urinaustritt neben dem Katheter oder Makrohämaturien (Arrosionsulzera am Blasenboden) der Katheter nicht mehr toleriert, bleibt nur die suprapubische Zystostomie (s.S. 398).

Akuter Harnverhalt

Der akute Harnverhalt, der bei manchen Patienten bereits in einem frühen Stadium der Erkrankung, bei anderen erst nach jahrelangen dysurischen Beschwerden auftreten kann, zwingt zur prompten Blasenentleerung (s.S. 397).

7.9.1.9 Therapie

1. *Transurethrale Prostataresektion (TURP)*
2. *Offene suprapubische oder retropubische Prostatektomie* (sog. Adenomenukleation).
3. *Hyperthermie*
4. *Ballondilatation*
5. *Blasenhalsinzision*
6. *Konservative Behandlung*

Bei 90 % aller Patienten erfolgt die Entfernung der Prostata auf transurethralem Wege (s. Kapitel 4; Abb. 7.44b). Die Mortalität der TURP (1–1,5 %) ist niedriger als für die offene Operation (1,5–2 %). In Fällen, in denen wegen der Größe der BPH die transurethrale

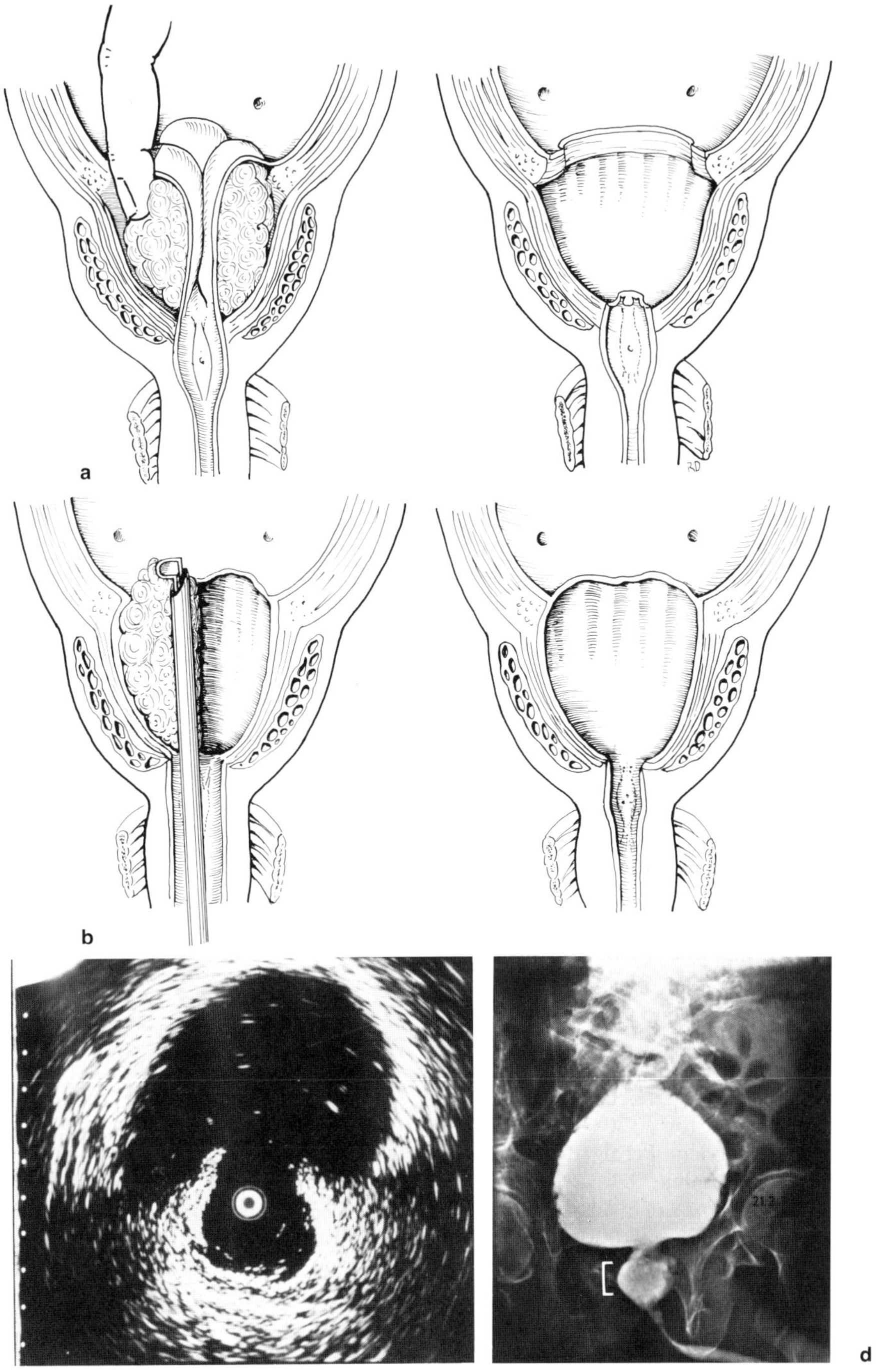

Abb. 7.44 a–d **a** Suprapubische, transvesikale Adenomektomie. Das Adenomgewebe wird unter Belassung der chirurgischen Kapsel digital enukleiert.
b Dasselbe Ergebnis ist auch durch transurethrale Prostataresektion zu erreichen.
c Transrektales Sonogramm der Loge nach Adenomektomie (angefertigt von *G. Egghart*, Ulm).
d Miktionszystourethrogramm mit Abbildung der Loge (Klammer) nach TURP.

Resektion technisch nicht möglich ist oder zusätzlich Blasensteine oder Divertikel behandelt werden sollen, erfolgt der suprapubische transvesikale (Abb. 7.44 a) oder retropubische Operationszugang.

Bei auf transurethralem Wege geplanter Prostataresektion und Blasenstein geht die Lithotripsie mit dem Schlagwellen-Lithotriptor, dem Ultraschallzertrümmerer oder dem Steinpunch der eigentlichen Resektion voraus (Kapitel 4).

Größere Blasendivertikel müssen wegen Infektion und Steinbildung im Divertikel sowie Restharn operativ reseziert werden. Prostatabedingte große Restharnmengen fordern einen höheren intraabdominellen Druck zur Entleerung und begünstigen die Entstehung von Leistenhernien. Es sollte zunächst die BPH entfernt und entweder in gleicher Sitzung oder im Anschluß die Herniotomie durchgeführt werden.

Die hyperthermische Behandlung der Prostatahyperplasie über eine transrektale oder transurethrale Sonde, bei der die Prostata über 60 min. bis auf 43 °C erwärmt wird, hat nicht zur nachweisbaren Größenabnahme des Adenoms geführt. Besserung der subjektiven Beschwerden (Stadium I) wurde berichtet. Eine abschließende Beurteilung dieses Behandlungsverfahrens ist verfrüht.

Bei der Ballondilatation wird ein röntgendichter Katheter in die Harnröhre plaziert und ein Ballon in Höhe des Blasenhalses unter starkem Druck (4 atm) gefüllt. Der gefüllte Ballon führt zur Weitung bzw. Sprengung des Blasenhalses. Die Behandlung erfolgt ohne Narkose und dauert etwa 25 Minuten. Eine längere Besserung der subjektiven Miktionsbeschwerden (bis zu 3 Jahren) wurde lediglich bei einem Viertel der Patienten erreicht.

Kleine Adenome (bis zu 30 Gramm) werden auch mit bleibendem Erfolg durch Blasenhalsinzision behandelt. Die Blasenhalsinzision bei 5 und 7 Uhr ist ein einfacher, schnell durchführbarer, komplikationsarmer Eingriff, der auch Risikopatienten zugemutet werden kann.

Komplikationen der Prostataoperation

- **Frühkomplikationen**
  Nachblutung, Wundinfektion, Epididymitis, Lungenembolie, Niereninsuffizienz, Urinfistel.

- **Spätkomplikationen**
  1. Urininkontinenz
  2. Dysurie
  3. Harnwegsinfektionen.

Während die Frühkomplikationen noch während der Hospitalisationszeit auftreten und behandelt werden, beobachtet die Spätkomplikation zunächst der Nachbehandelnde.

Die postoperative-Streßinkontinenz (s.S. 373) kann innerhalb von 3 Monaten abklingen. Das postoperative Ödem, die Infektion der Prostataloge, die chronische Blasenreizung und der schlaffe quergestreifte Sphinkter externus sind für diese vorübergehende Erscheinung verantwortlich. Infektbehandlung und Sphinktertraining (aktives Unterbrechen des Harnstrahles unter der Miktion, aktive Kontraktion der Beckenbodenmuskulatur) begünstigen die Rekonstitution des Sphinktermechanismus. α-Rezeptorenstimulation (z.B. Sympatol®) und Elektrostimulation (z.B. Continaid®) des Sphinkters können zusätzlich versucht werden. Eine nach 6 Monaten bestehende Urininkontinenz ist als irreversibel anzusehen. Ursache ist eine operative Schädigung des externen Harnröhrensphinkters. Spezielle Behandlungsverfahren *(Sphinkterprothese*; s.S. 377) sind erforderlich.

Die persistierende Dysurie hat verschiedene Ursachen:
1. Unvollständige Resektion der obstruierenden BPH-Anteile
2. Blasenhalssklerose
3. Narbige Retraktion der Prostataloge
4. Harnröhrenstriktur
5. Detrusoratonie.

Vor Krankenhausentlassungen wird bei allen Patienten nach Prostatabehandlung sonographisch der Restharn überprüft. Wurde die BPH unvollständig entfernt (Abb. 7.44 c u. d), erfolgt bei deutlichem Restharn in einer zweiten Sitzung die Abtragung des Restgewebes. Die Blasenhalssklerose ist vor allem eine Komplikation der transvesikalen Prostatektomie, da die Prostataloge zur Hämostase zirkulär eingeengt wird.

Die Harnröhrenstriktur ist Folge einer intraoperativen Läsion der Harnröhrenschleimhaut oder einer mechanischen Irritation der Harnröhrenschleimhaut durch den Katheter und Begleitinfektion. Häufig stenosiert nur der Meatus urethrae externus, da von hier aus über den Katheter Keime leicht in die Harnröhre gelangen (Katheterpflege postoperativ). Bei einer Stenosierung der übrigen Urethra (meist im bulbären Abschnitt) kann zunächst eine vorsichtige Bougierungsbehandlung versucht werden, sonst kommt die interne Urethrotomie in Frage (Kapitel 4).

Konservative Behandlung

Die Entwicklung von Inhibitoren der 5-α-Reduktase (Finasterid) und der Aromatase (Atamestan; s. Abb. 7.37) bietet theoretisch neue Ansatzpunkte für eine erfolgreiche konservative Behandlung der BPH im Stadium I ohne Verlust der Libido und Erektionsfähigkeit. Phase II-Untersuchungen mit beiden Stoffen sind abgeschlossen.

7.9.2 Prostatakarzinom

Das Prostatakarzinom entsteht in der äußeren, peripheren Zone der Prostatadrüse (s. Abb. 7.38a, S. 222). Es ist der häufigste maligne Tumor in der Urologie und der zweithäufigste Tumor des Mannes über 40 Jahre. Der Häufigkeitsgipfel des Prostatakarzinoms liegt in der 7. und 8. Lebensdekade, vor dem 4. Lebensjahrzehnt kommt es praktisch nicht vor.

Die Morbidität des klinisch manifesten Karzinoms beträgt in der Bundesrepublik 28,5 (Hamburg), in den USA 41 (Weiße) bzw. 72 (Schwarze) und in Japan 3,4 pro 100000 Männer. In diesen Zahlen ist die deutliche Abhängigkeit der Inzidenz des Prostatakarzinoms von der Rasse ausgedrückt. Sowohl Morbidität als auch Mortalität zeigen in den letzten 10 Jahren eine ansteigende Tendenz.

Ätiologisch ist über das Prostatakarzinom wenig bekannt. Die hormonelle Beeinflussung des Karzinoms lenkte die Aufmerksamkeit auf das endokrine System. Die Hypothese des Einflusses von Hormonen bei der Ätiologie des Prostatakarzinoms wird gestützt durch die Entdeckung von Steroidhormonrezeptoren im Prostatakarzinom, die erfolgreiche Behandlung des Prostatakarzinoms durch kontrasexuelle Therapieformen und schließlich durch die Tatsache, daß tierexperimentell Prostatakarzinome durch die Verabreichung von männlichen Hormonen induziert werden konnten. Testosteron und Dihydrotestosteron finden sich in ähnlicher Konzentration im Prostatakarzinom wie in der normalen Prostata. In der Prostatahyperplasie liegen die Werte für Dihydrotestosteron weit über denen der normalen Prostata und des Prostatakarzinoms (vgl. Abb. 7.36b). Epidemiologische und klinische Studien lassen vermuten, daß neben den hormonellen Faktoren andere Momente (womöglich Umwelteinflüsse im weitesten Sinne) ätiologisch mitentscheidend sind.

Folgende Manifestationsformen lassen sich unterscheiden:

- *Klinisch manifestes Prostatakarzinom*
  - rektal palpabler Tumor mit/ohne Symptome, mit/ohne Metastasen
- *Inzidentelles Prostatakarzinom* ($T_1 N_{0,x} M_0$)
  - normaler Palpationsbefund, der Tumor wird zufällig im Operationspräparat einer vermeintlich benignen Prostatahyperplasie entdeckt; Metastasen können bereits vorliegen
- *Latentes Prostatakarzinom*
  - zu Lebzeiten nicht diagnostiziert, während der Autopsie unerwartet gefunden
- *Okkultes Prostatakarzinom*
  - Primärmanifestation durch Metastasen bei unauffälligem rektalen Palpationsbefund

Das inzidentelle und das latente Prostatakarzinom wächst eher lokal (Frühkarzinom). Alle genannten Manifestationsformen steigen in ihrer Inzidenz mit dem Alter an. Zumindest ein latentes Karzinom ist bei 25 % aller Männer jenseits des 50. Lebensjahres statistisch zu erwarten.

Histologie

Etwa 98 % der Prostatakarzinome sind Adenokarzinome. Selten sind: das „intraduktale" Urothelkarzinom, das Plattenepithel- und das schleimbildende Karzinom. 4 Malignitätsgrade („Grading") werden unterschieden (Abb. 7.45), wobei die drüsige Ausdifferenzierung und der Kernanaplasiegrad als Parameter gelten.

Grad 1: hochdifferenziert

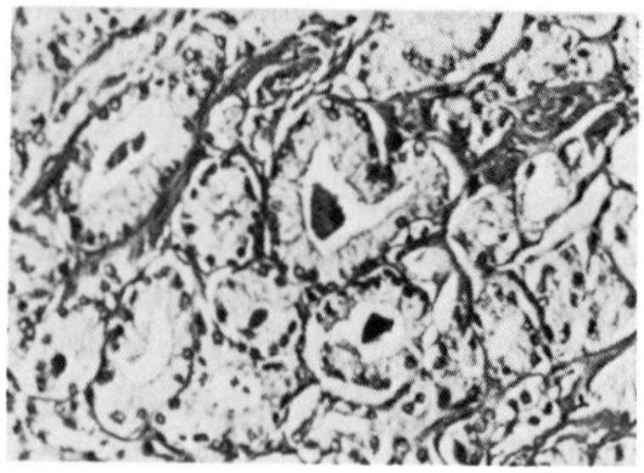

Grad 2: mitteldifferenziert

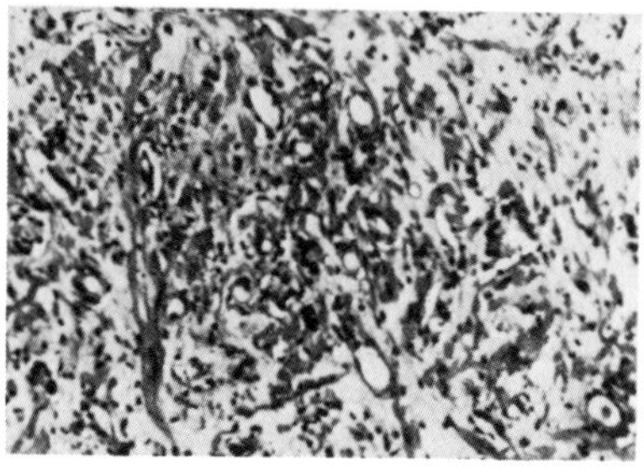

Grad 3: undifferenziert

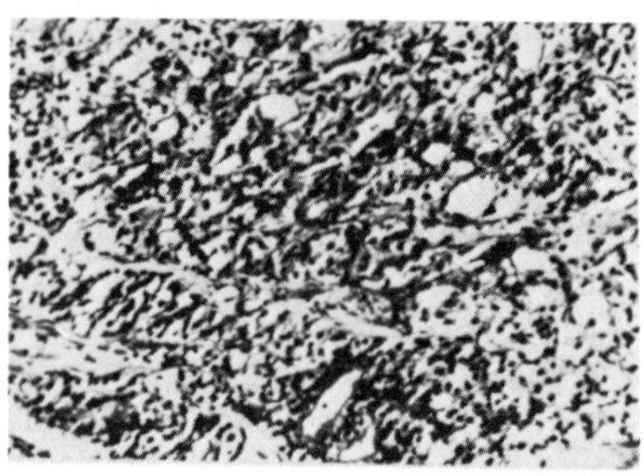

Grad 3: anaplastisch

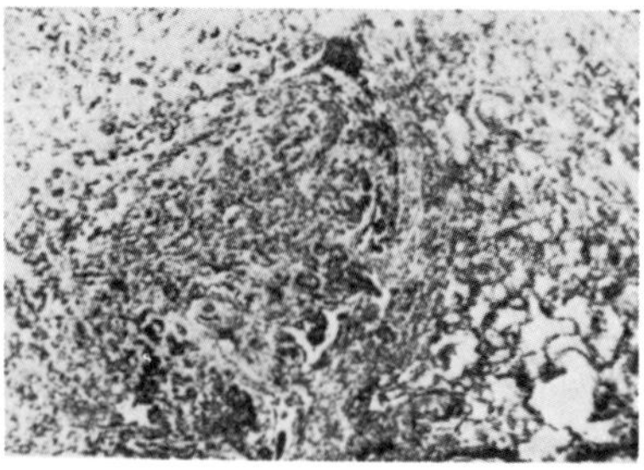

Abb. 7.45 Gradeinteilung des Prostatakarzinoms.

In 55 % werden im gleichen Tumor verschiedene Differenzierungsrichtungen gefunden: pluriform gebaute Prostatakarzinome. Das „Grading" richtet sich aber nach dem unreifsten („bösartigsten") Anteil. Das klinisch manifeste Prostatakarzinom ist häufig niederdifferenziert ($> G_2$), das inzidentelle sowie das latente Prostatakarzinom sind häufiger hochdifferenziert ($< G_2$).

7.9.2.1 Stadieneinteilung (Tab. 7.26)

Mit dem Stadium wird die Tumorausdehnung bestimmt („Staging"). Das „Grading" (Abb. 7.45) bestimmt die Dynamik des Tumorwachstums, das „Staging" ist als Funktion des Malignitätsgrades aufzufassen: je unreifer der Tumor, umso höher sein Stadium. Während im Frühstadium ($T_{1\text{-}2}$) des Prostatakarzinoms hochdifferenzierte Adenokarzinome ($< G_2$) überwiegen, sind über 50 % der fortgeschrittenen Tumorstadien ($T_{3\text{-}4}$) kribriforme und solide bzw. anaplastische (G_3) Prostatakarzinome mit hoher Wachstumspotenz und ungünstiger Prognose. Diese Befunde unterstreichen die Notwendigkeit, neben dem Tumorstadium den Malignitätsgrad („Grading") zu berücksichtigen.

In der Bundesrepublik haben trotz Vorsorgeuntersuchung ca. 80 % aller Patienten mit einem Prostatakarzinom bereits bei der Erstdiagnose ein nicht mehr radikal operables Spätstadium ($T_{3\text{-}4}$ oder $N_{1\text{-}3}$ oder M_1): 1985 haben nur 14 % (!) der zur Vorsorgeuntersuchung berechtigten männlichen Bevölkerung diese Früherkennungsmaßnahme ausgenutzt.

7.9.2.2 Symptome

Im Frühstadium des Prostatakarzinoms fehlen typische Symptome. Im Spätstadium stehen irritative und obstruktive Miktionsbeschwerden wie bei der benignen Prostatahyperplasie oder Symptome seitens der Metastasen im Vordergrund.

Knochenmetastasen verursachen Schmerzen in der Wirbelsäule, im knöchernen Becken und Lumbosakralbereich („Kreuzschmerzen"; „Ischiasschmerz", s. Kapitel 2).

Bei ausgedehntem lokalen Tumorwachstum werden eher ein- mitunter beidseits die Harnleiter komprimiert. Harnstauungsnieren mit allmählichem Übergang in die postrenale Niereninsuffizienz und urämische Symp-

Tabelle 7.26 Stadien, Metastasierung und Prognose des Prostatakarzinoms.

Tumor	Stadium	LK-Metastasen	Fern-metastasen	5-Jahres-Überlebens-Rate
lokal begrenzt	T_{1-2}, N_0, M_0	0–10%	0–20%	80–90%
lokal fortgeschritten	T_3, N_0, M_0	15–50%	15–35%	60–80%
regionäre LK-Metastasen	T_{1-4}, N_{1-2}, M_0	100%	40–80%	30–40%
fortgeschr. Metastasierung	T_{1-4}, N_3, M_1	100%	100%	<30%

tome resultieren. Bei generalisierter Metastasierung in das Skelettsystem präsentiert sich der Patient im stark reduzierten bis kachektischen Allgemeinzustand. Meist bestehen heftige Knochenschmerzen mit einer Anämie wegen tumoröser Verdrängung des blutbildenden Knochenmarks.

7.9.2.3 Diagnostik

Körperliche Untersuchung

Wichtigste diagnostische Maßnahme zur Frühentdeckung des Prostatakarzinoms ist die rektale Untersuchung. Jeder *holzharte Bezirk* oder *tastbare Knoten* erfordert die bioptische Abklärung. In 50% aller Fälle mit suspektem Knoten (Tab. 7.27) werden Karzinomzellen gefunden.

Palpatorisch ist eine Unterscheidung zwischen benignen und malignen Knoten nicht möglich. Die Noduli finden sich gleichermaßen häufig im Apex sowie in zentralen und basalen dorsalen Abschnitten der Prostataseitenlappen. Der tastbare Knoten muß die Oberfläche der Prostata nicht überragen. Eindeutiger zu beurteilen ist ein Befall des gesamten Seitenlappens oder beider Seitenlappen mit höckriger Oberfläche, seitlich ist die Prostata meist nicht mehr abgrenzbar, mediale und seitliche Sulci sind verstrichen. Zur klinischen Untersuchung gehört ferner die Beurteilung des äußeren Genitale und der Beine (Lymphstau) und des Abdomens (palpable LK-Pakete).

Bioptische Untersuchung

1. Transrektale Saugbiopsie (Abb. 7.46a).
2. Perineale oder transrektale Stanzbiopsie (Abb. 7.46b).

Am gebräuchlichsten sind die perineale Stanz- und transrektale Saugbiopsie. Die perineale Biopsie erlaubt nicht die exakte Position der Nadel im tumorsuspekten Bezirk. Die Biopsie erfolgt ambulant nach lokaler Anästhesie des Perineums, eine medikamentöse Infektprophylaxe ist nicht erforderlich. Zur Stanzbiopsie werden mit der Travenol-Nadel oder der Biopty-Gun aus dem suspekten Bezirk mehrere Gewebszylinder gewonnen.

Ein schonendes Verfahren ist die transrektale Saugbiopsie mit der Franzén-Nadel (Abb. 7.46a) zur Aspiration von Zellmaterial. Das Aspirat wird auf einen Objektträger gebracht und fixiert. In erfahrenen Händen ist der Aussagewert der Saugbiopsie der Stanzbiopsie nahezu gleichzusetzen. Die Komplikationsrate ist niedriger als bei der Stanzbiopsie.

Tabelle 7.27 Differentialdiagnose des palpablen Knotens in der Prostata.

- Prostatakarzinom
- Granulomatöse Prostatitis (9%)
- „Fibrotischer“ Knoten
- Prostatasteine
- Prostatakavernen
- Prostatazyste (Abb. 7.46)

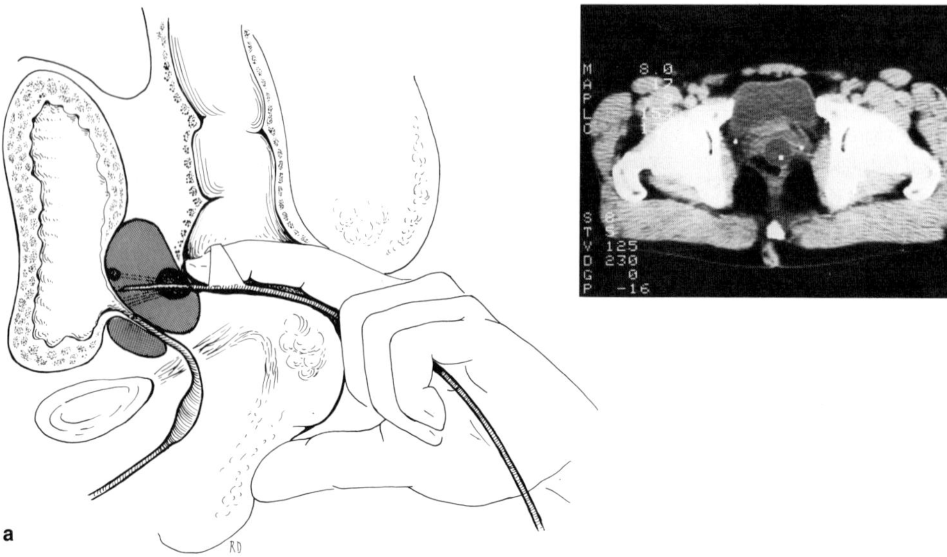

a

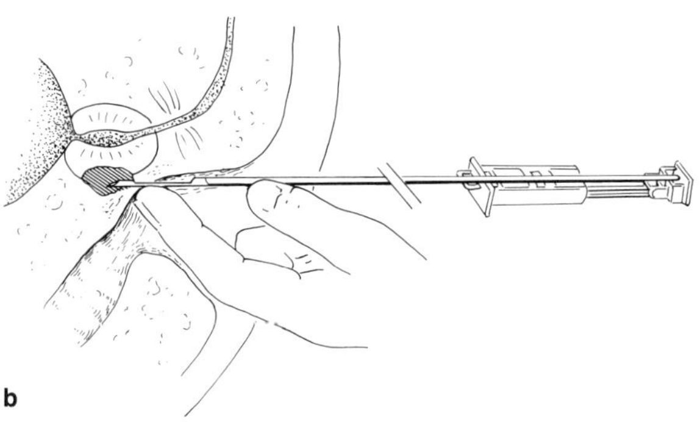

b

Abb. 7.46 a, b **a** Transrektale Feinnadelpunktion eines suspekten Knotens der Prostata. Inset: CT bei kreisrunder Prostatazyste (weißes Quadrat), die bioptisch negativ war.
b Transrektale Stanzbiopsie der Prostata mit der Travenol-Nadel.

Gezielte Biopsie ist unter transrektaler sonographischer Kontrolle möglich, wenn sich der palpable Befund als karzinomverdächtiges echoarmes Gebiet darstellt.

Mit 90%iger Sicherheit wird bioptisch ein Karzinom nachgewiesen. Deshalb sollte ein tastbarer Knoten mit negativem bioptischem Befund innerhalb von 6 Monaten palpatorisch nachuntersucht werden. Bei Größenwachstum des Knotens ist eine nochmalige Biopsie indiziert. Eine lokale Tumorausbreitung wird durch die Biopsie nicht begünstigt, ebenfalls wird eine spätere radikale Operation durch die vorangegangene Biopsie nicht erschwert.

Werden bei der transrektalen Echographie tumorsuspekte (hypodense) Gebiete erkannt, wird die Untersuchung mit einer Biopsie unter Echokontrolle abgeschlossen.

Laboruntersuchungen

1979 wurde aus menschlichem Prostatagewebe ein Glykoprotein extrahiert, das seitdem unter dem Namen Prostataspezifisches Antigen (PSA) bekannt ist. Immunhistochemisch (mit Hilfe von Antiserum) wurde PSA in der normalen, der hyperplastischen und der malignen Prostata nachgewiesen, jedoch nicht in anderem menschlichem Gewebe. Das PSA besteht aus einer einzigen Polypeptidkette. Das natürliche Substrat findet sich als dominierendes Protein in den Samenblasen. Beim direkten Vergleich der Sensitivität von PSA und PAP fand sich eine höhere Sensitivität für PSA besonders in den Kategorien T1 und T2. Deshalb ist die Sensitivität von PSA der von PAP bei der Diagnose des Prostatakarzinoms überlegen. Andererseits hat PSA eine niedrigere Spezifität (häufiger falsch positive Resultate) als PAP, da bei 50 % aller Patienten mit einem Prostataadenom PSA Werte > 4,0 ng/ml gefunden werden. Legt man zur Unterscheidung Adenom/Karzinom den Normalwert höher (> 8 ng/ml) steigt die Spezifität auf 90 % an, bei einem angenommen Grenzwert von 20 ng/ml erreicht die Spezifität nahezu 100 %, allerdings sinkt dann die Sensitivität auf 40 %, das heißt die Rate falsch negativer Befunde nimmt zu. Wegen der hohen Rate falsch positiver Befunde beim Prostataadenom bei einem Normalwert von ⩽ 4 ng/ml eignet sich PSA nur bedingt zur Screeninguntersuchung. Das PSA wird bestimmt bei:

- verdächtigem Palpationsbefund zur Ermittlung eines Ausgangswertes,
- Patienten ohne Therapie im Stadium M1,
- Patienten nach radikaler Prostatektomie (PSA nicht mehr nachweisbar bei vollständiger Tumorresektion),
- Patienten nach Radiotherapie (PSA Abfall? Wiederanstieg?). Gleichzeitige Bestimmung von PAP und PSA sind nicht erforderlich.

Die alkalische Phosphatase (AP) wird freigesetzt bei Knochenerkrankungen mit erhöhter Osteoblastentätigkeit sowie bei Lebererkrankungen, die eine Ausscheidungshemmung des Enzyms zur Folge haben. Beim Prostatakarzinom finden sich überwiegend osteoplastische, nur in ca. 8 % osteolytische Metastasen (die zu keiner Erhöhung der alkalischen Phosphatase führen). Laborchemisch lassen sich für die AP ossäre und hepatische Isoenzyme differenzieren, bei nicht erhöhter alkalischer Phosphatase läßt sich mit 80%iger Sicherheit eine Metastasierung ausschließen.

Hormonprofile (etwa Androgene, Gonadotrophine, Prolaktin) haben für die Primärabklärung keine Bedeutung.

Bildgebende Untersuchungsmethoden

Abdomenübersichtsaufnahme: Knochenmetastasen bevorzugen die Wirbelsäule und den knöchernen Beckengürtel. Bei osteoplastischen Metastasen mit vermehrter Dichte des Knochens ist die normale Knochentrabekulierung nicht mehr erkennbar (Abb. 7.47). Osteolytischen Metastasen entsprechen Bezirke verminderter Dichte. Sie können neben osteoplastischen Metastasen oder allein vorkommen. Differentialdiagnose der osteoplastischen Metastasen: Morbus Paget.

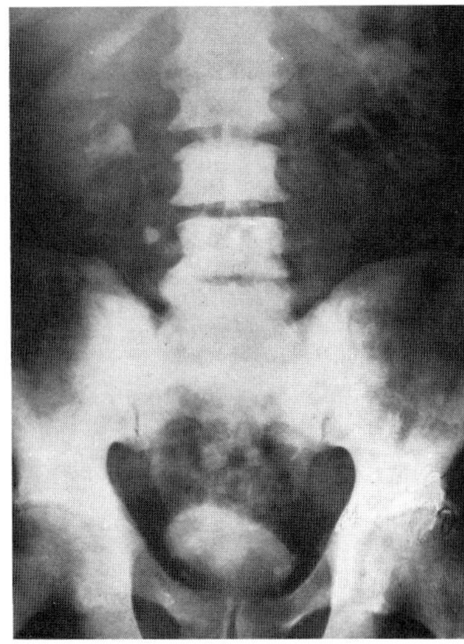

Abb. 7.47 Diffuse, osteoplastische Metastasierung in die Lendenwirbelsäule und Beckenknochen infolge eines Prostatakarzinoms. Freier Kontrastmittelabfluß aus dem oberen Harntrakt.

Die Sonographie weist die Harnstauungsniere, den Restharn und den Tumor nach (vgl. Abb. 7.41, S. 225; Abb. 7.48).

Die lymphogene Metastasierung erfolgt am frühesten in die obturatorischen Lymphknoten, die lymphangiographisch nicht dargestellt werden; daher ist die *Lymphangiographie* von begrenztem Aussagewert. Die Rate der falsch-negativen Befunde beträgt ca. 30 %. Bei kurativen Behandlungsmethoden (radikale Prostatektomie und Radiotherapie) müssen histologisch durch die sogenannte „Staging-Lymphadenektomie" Metastasen der pelvinen Lymphknoten ausgeschlossen werden. Die CT ist zur Lymphknoten-Diagnostik unzureichend (Tab. 7.28).

Nuklearmedizinische Untersuchungen

Skelettmetastasen werden aufgrund des lokal gesteigerten Mineralstoffwechsels mit Hilfe von knochenaffinen Radionukliden erfaßt.

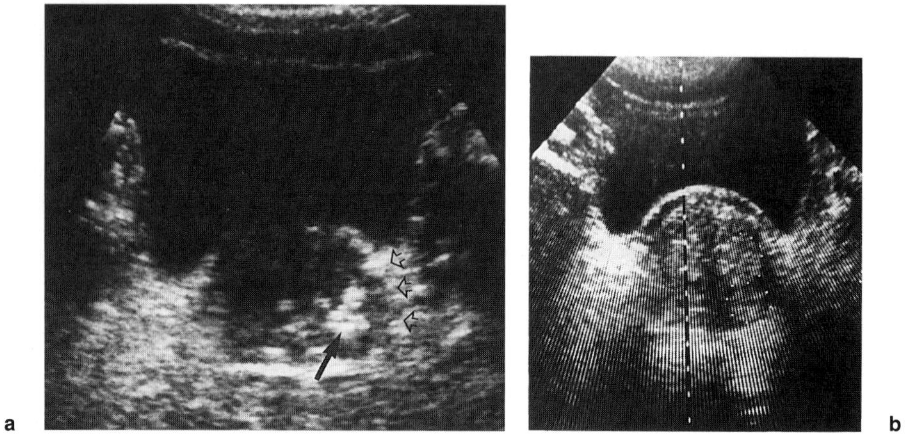

Abb. 7.48 a, b Infiltrierendes Prostatakarzinom im Ultraschallbild.

Tabelle 7.28 Prostatakarzinom: Ergebnis der Konsensus-Konferenz der EORTC (Hull, England, 1989) zur Bewertung des Primärtumors.

1. Das TNM-System 1987 muß modifiziert/interpretiert werden
2. Das Grading ist Bestandteil der Abklärung
3. Die Prostatabiopsie ist der transurethralen Prostataresektion zur Diagnose vorzuziehen
4. Der rektale Tastbefund sollte in ein Diagramm eingetragen werden
5. Die rektale Untersuchung ist für die Primärtumorstadien T_1 und T_4 hilfreich
6. Die Ultraschalluntersuchung ist für die Stadien T_2 und T_3 besser
7. CT und Kernspintomographie sind unwesentlich

Die Knochenszintigraphie ist empfindlicher zum Nachweis von Knochenmetastasen als die röntgenologische Skelettuntersuchung. Die Aussagekraft dieser Untersuchungsmethode wurde vergrößert, seit man ^{99m}Tc-Phosphat-Verbindungen verwendet (Abb. 7.49). Die Sensitivität der Knochenszintigraphie für bestehende Metastasen beträgt praktisch 100 %.

Ausgehend von der T-Kategorie des Tumors (rektaler Befund) findet sich ein positiver Scan im Stadium T_1 in 8,5 %, im Stadium T_2 in 20 %, im Stadium T_3 in 24 %, d.h. auch bei palpatorisch abgrenzbarem Tumor können bereits Fernmetastasen vorliegen.

Die diagnostische Spezifität ist jedoch niedrig durch falsch-positive Befunde bei osteoarthrotischen und arthritischen Prozessen sowie M. Paget. In Kombination mit dem Rönt-

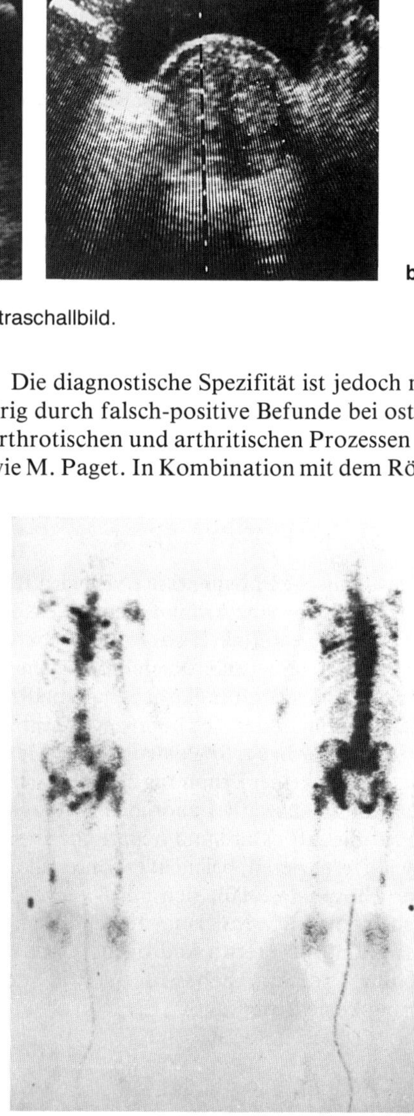

Abb. 7.49 Technetium-Phosphat-Knochenscan bei metastasierendem Prostatakarzinom in Bauchlage (linke Bildhälfte) und Rückenlage (rechte Bildhälfte). Multifokale, asymmetrische Metastasierung des gesamten Skelettsystems. Das Radioisotop wird mit dem Harn ausgeschieden. Nierensilhouette in der rechten Bildhälfte und Dauerkatheter sichtbar.

genbild kann hier jedoch die Diagnose gestellt werden. In Fällen, in denen Röntgenbild und Szintigramm positiv ausfallen, erweist sich in der Regel das Ausmaß der Metastasierung im Szintigramm als wesentlich treffender als im Röntgenbild. Ein Vorteil der Knochenszintigraphie ergibt sich auch bei der Therapiekontrolle: Eine Abnahme der Anzahl, Größe und Intensität der „heißen" Knochenherde (bzw. gegenteiliges bei Therapieversagen) kann dokumentiert werden.

7.9.2.4 Therapie

Die Gesamtzahl der prätherapeutischen diagnostischen Untersuchungen wird als *Staging* bezeichnet. Ihre Bedeutung für die Therapie ergibt sich aus folgenden Zahlen: Im Stadium T_2 (lokal; radikal-operabel) finden sich in 20%, im Stadium T_3 in 50% Lymphknotenmetastasen, d.h. eine kurative Behandlung ist nicht mehr möglich.

Auf einen *einfachen therapeutischen Nenner gebracht: Das lokale Prostatakarzinom wird lokal, das metastasierende Karzinom systemisch behandelt.*

Diese banal klingende Unterscheidung ist erforderlich, da in der Vergangenheit die Diagnose eines Prostatakarzinoms meist gleichbedeutend mit der Orchiektomie und kontrasexuellen Hormonbehandlung (lebenslang Östrogene) war. Die an mehreren Zentren durchgeführte radikale Prostatektomie und vor allem die mit der operativen Behandlung in kurativer Absicht konkurrierende Strahlentherapie des Prostatakarzinoms sorgten hier für einen Wandel. Wie bei anderen Karzinomerkrankungen sollte auch das Prostatakarzinom streng stadiumbezogen therapiert werden.

Stadium $T_1N_{0,x}M_0$. Dieses inzidentelle Prostatakarzinom (s.S. 231) ist weder formalgenetisch noch prognostisch als Einheit anzusehen. Während unifokale G_1-Karzinome mit der Prostatahyperplasie-Entfernung als geheilt anzusehen sind und nur einer regelmäßigen Kontrolle bedürfen, ist das multifokale Karzinom geringerer Differenzierung (G_{2-3}) ein aggressiver, weiterzubehandelnder Tumor: LK-Metastasen in 30%, Skelettmetastasen in 15% bei Primärdiagnose. Daher wird diese Tumorvariante behandelt wie ein T_2-Karzinom.

Stadium $T_{2a}N_0M_0$. Bei diesem Frühkarzinom des „kleinen Knotens" ist bei gutem Differenzierungsgrad (G_1) die expektative Haltung gerechtfertigt. Im Falle eines schlechteren Differenzierungsgrades werden sie behandelt wie T_2-Karzinome.

Da in 40% aller radikal operierter Patienten der Malignitätsgrad der Biopsie nicht mit dem des radikal entfernten Organs übereinstimmte (multifokales Tumorwachstum), sollten multiple Biopsien entnommen werden, um soweit möglich die G_1-Diagnose zu sichern. Bei jüngeren Patienten (<65 Jahre) empfiehlt sich auch in diesen Stadium eine kurative Behandlungsform.

Stadium $T_{2b}N_0M_0$. Tumoren dieses noch auf die Prostata begrenzten, intrakapsulären Tumorstadiums (< 1,5 cm oder multifokal) stellen *die* klassische Indikation zur radikalen Prostatektomie dar, der Differenzierungsgrad ist hier von untergeordneter Bedeutung. Bei diesem retropubisch oder perineal durchgeführten Eingriff werden Prostata und Samenblasen in *toto* exstirpiert und der Blasenhals mit dem Harnröhrenstumpf anastomosiert. Signifikante Nebenerscheinungen wie erektile Impotenz (bis zu 100%), Harninkontinenz (5–20%) und Urethrastriktur (15%) müssen Anlaß sein, mit dem Patienten die Alternative der schonenderen, aber weniger kurativen lokalen Hochvolt-Radiotherapie zu besprechen. Jedoch findet sich bei ≥45% aller unter kurativer Zielsetzung bestrahlter Patienten 2 Jahre nach Radiotherapie bioptisch noch vitaler Residualtumor. Fortschritte in der operativen Technik (Identifikation und Schonung der neurovaskulären Bündel, verantwortlich für die erektile Potenz) erlauben in 80% aller echten T_2 (p T_2)-Tumoren, die erektile Potenz zu erhalten.

Stadium $T_3N_xM_0$. Werden bei der Staging-Lymphadenektomie tumorbefallene Lymphknoten regional gefunden (in 50%), unterbleibt die radikale Prostatektomie. Liegt keine Infiltration der Samenblasen vor und sind die Resektionsränder des entfernten Organs tumorfrei ist Heilung auch in diesem Stadium durch radikale Prostatektomie möglich. Alternativ können Tumoren <4,5 ml (Volumenbestimmung mit der Echographie) durch interstitielle Radiotherapie mit Iridium 195, größere Tumoren durch externe Radiotherapie behandelt werden.

Stadium $T_{3+4}N_xM_x$. Bei Kapselüberschreitung oder Infiltration in die Samenblasen und/oder Blasenhals verspricht eine primär auf Heilung gerichtete Therapie keinen Erfolg. In der Regel wird eine kontrasexuelle (besser: androgenoprive) Behandlung wie beim fernmetastasierten Prostatakarzinom angewandt. Eine Großfeldbestrahlung kann in Erwägung gezogen werden, ebenso ein verzögertes Therapiekonzept wie beim asymptomatischen M_1-Karzinom.

Stadium N_{1-3} oder M_1. Diese Tumorstadien sind leider heute noch *die* Therapiedomäne, da sich an die 60 % der Patienten nach sorgfältigem Staging mit dieser fortgeschrittenen Tumorerkrankung primär präsentieren; eine kurative Behandlung ist nicht mehr möglich.

Allerdings sind die Auffassungen über die einzuschlagende Behandlung kontrovers, dies hat seine Ursache in der *zellulären Heterogenität:* etwa 80 % der Tumorzellklone sind hormonsensitiv und 20 % hormonresistent („hormontaub"). Hormonsensitivität bzw. Hormonresistenz decken sich aber nur teilweise mit der wichtigsten Tumoreigenschaft, der Neigung zur Metastasierung (Abb. 7.50). Daraus ist abzuleiten, daß die am häufigsten praktizierte Hormontherapie niemals alle Klone am Wachstum hemmen kann.

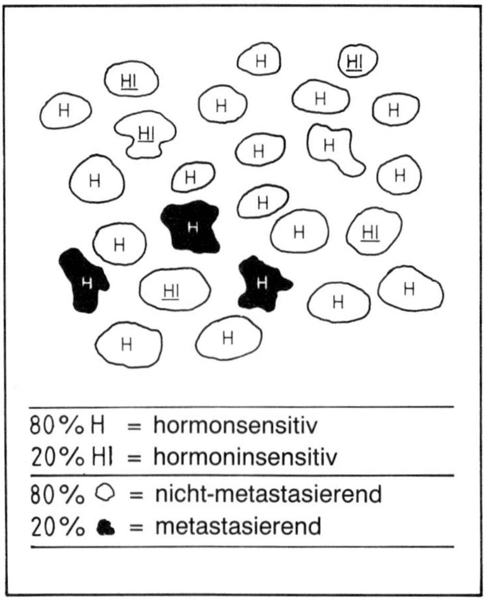

Abb. 7.50 Schema der zellulären Heterogenität des Prostatakarzinoms. Die Neigung zur Metastasierung deckt sich nicht mit der Hormonempfindlichkeit (nach *Coffey*, 1981).

Die erste Hormontherapie des metastasierenden Prostatakarzinoms *Östrogene oder Orchiektomie* geht auf *Charles Huggins* (1941) zurück, der für diese Entdeckung den Nobel-Preis erhielt. Es gelang tatsächlich, mit dieser androgenopriven Therapie die Überlebensrate der Erkrankten zu erhöhen.

Hierzu einige Daten:

1. 10 % der Patienten mit metastasierendem Prostatakarzinom überleben mit einer Östrogenanwendung 10 Jahre, während ohne Behandlung der Tumor seinen Träger in etwa einem Jahr tötet.

2. Die Kombination Orchiektomie und Östrogene erzielt trotz initialer Metastasen eine 5-Jahres-Überlebensrate von 56 %.

3. Die Tumorsterblichkeit sinkt um 45 %.

Die Bedeutung der Orchiektomie-Östrogen-Therapie wurde durch prospektive, randomisierte, kontrollierte Studien (= Phase III-Studien) relativiert. Es ist das Verdienst der ältesten und wichtigsten Phase III-Studie beim metastasierenden Prostatakarzinom, der I. VACURG-Studie (= **V**eterans **A**dministration **C**ooperative **U**rological **R**esearch **G**roup, eine Studie, die gemeinsam an den Veterans-Administration-Krankenhäusern der amerikanischen Armee durchgeführt wurde), eine unvertretbar hohe kardiovaskuläre Komplikationsrate einer hochdosierten Östrogengabe aufgedeckt zu haben. In dieser Studie starben nahezu gleichviel Patienten am Herzinfarkt oder Schlaganfall wie am Prostatakarzinom selbst. Diese Beobachtung stimulierte die Suche nach äquieffektiven, aber nebenwirkungsärmeren Behandlungsalternativen. Die einfachste Maßnahme, um die kardiovaskulären Nebenwirkungen zu senken, ist die Senkung der Östrogendosis von 5 mg auf 1 mg Diäthylstilböstrol (internationales Östrogen-Referenzpräparat). Gegenwärtig ist die Zahl der Behandlungsmöglichkeiten stark angewachsen, die Nebenwirkungsdichte konnte zwar gesenkt werden, dies aber ohne Zunahme der therapeutischen Effektivität. Das klassische Huggins-Postulat nach **Androgen-Kontrolle** besteht unverändert, wenngleich auch auf vier verschiedenen Wegen verwirklicht (Abb. 7.51). Für die Praxis ergeben sich folgende Konsequenzen, die unter fünf Gesichtspunkten diskutiert werden:

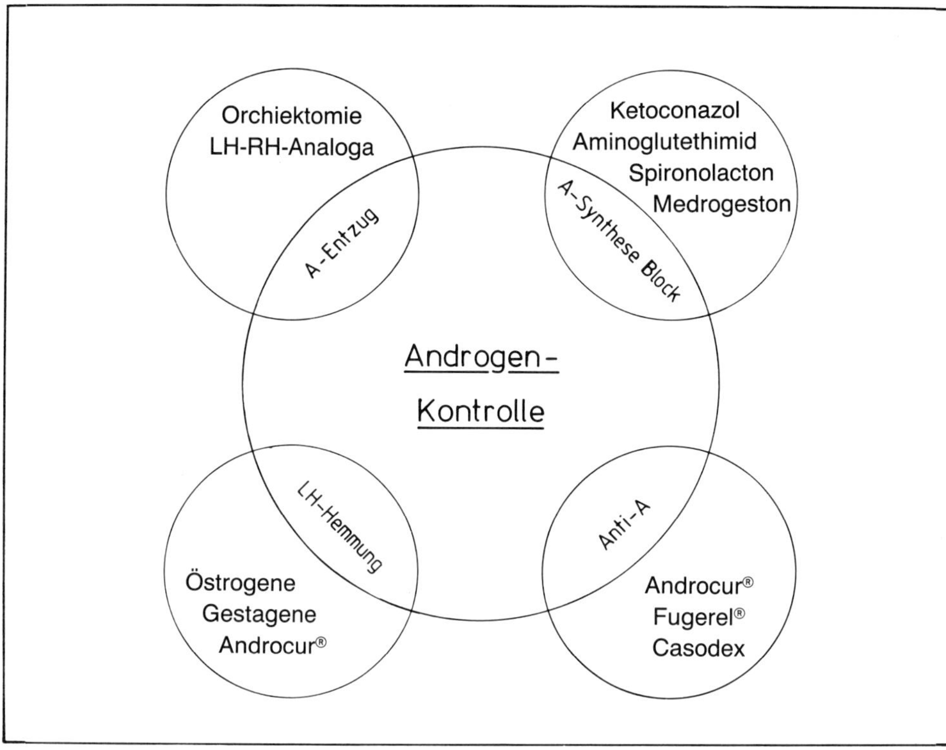

Abb. 7.51 Venn-Diagramm über die vier Möglichkeiten der Androgen-Kontroll(-Therapie). LH-RH = Luteinisierungshormon-Releasinghormon (-Analog, z.B. Zoladex®), A = Androgen.

1. *Therapieziel:* Die Behandlung mit Hormonen ist palliativ und wird daher individualisiert, um den Kranken mit der Behandlung nicht mehr zu schaden (Östrogene!) als zu nützen. Angestrebt wird eine Verzögerung der Tumorprogression; echte Remissionen beispielsweise von Knochenmetastasen sind selten, so daß häufig das unveränderte Fortbestehen von Knochenfiliae als Therapieerfolg bewertet und mit der Bezeichnung „Tumorstabilisierung" versehen wird.

2. *Therapiebeginn:* Da die I. **VACURG**-Studie nachwies, daß quoad vitam eine verzögerte Hormontherapie gleich wirksam ist wie eine sofort eingeleitete Therapie, beginnen amerikanische Urologen die Behandlung eines metastasierenden Prostatakarzinoms erst bei Symptombeginn, etwa beim Auftreten von Metastasenschmerzen (*Paulson* 1985), eine Auffassung, die sich in Deutschland bisher nicht durchsetzen konnte.

3. *Therapieform:* Die Frage nach der Therapieart ist dann zu beantworten, wenn man bedenkt, daß keine Hormontherapie *tumorizid* wirkt, sondern lediglich *indirekt* durch Androgenkontrolle. Östrogene wirken in vitro durchaus tumorizid aber in einer Dosis, die in vivo (Abb. 7.52) nicht zu realisieren ist. Aus dieser Feststellung ist abzuleiten, daß von allen Möglichkeiten der Androgenkontrolle (Abb. 7.51) die verträglichste zu bevorzugen ist. Somit sind drei Formen zur Primärtherapie des unbehandelten Prostatakarzinoms sinnvoll (Tab. 7.29). Die Gonadotropin-Releasing-Hormon-Analoga sind gleich wirksam wie die Orchiektomie (Abb. 7.53).

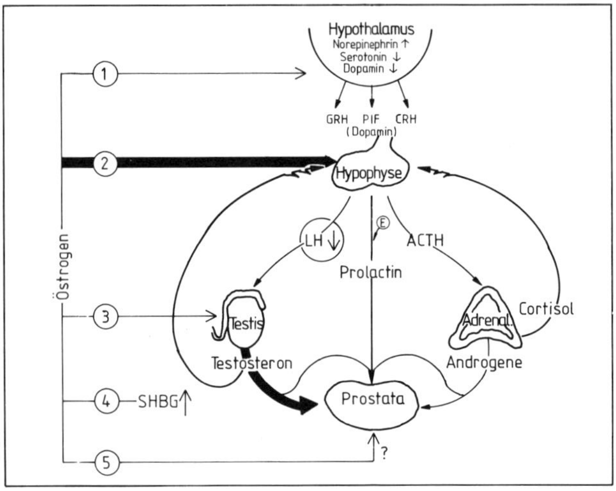

Abb. 7.52 Östrogen-Wirkungen auf den männlichen Hormonhaushalt. GRH = Growth hormone-Releasing-Hormon, PIF = Prolaktin-inhibierender Faktor, CRH = Corticotropin-Releasing-Hormon, SHBG = Sexualhormon-Bindungsglobulin.

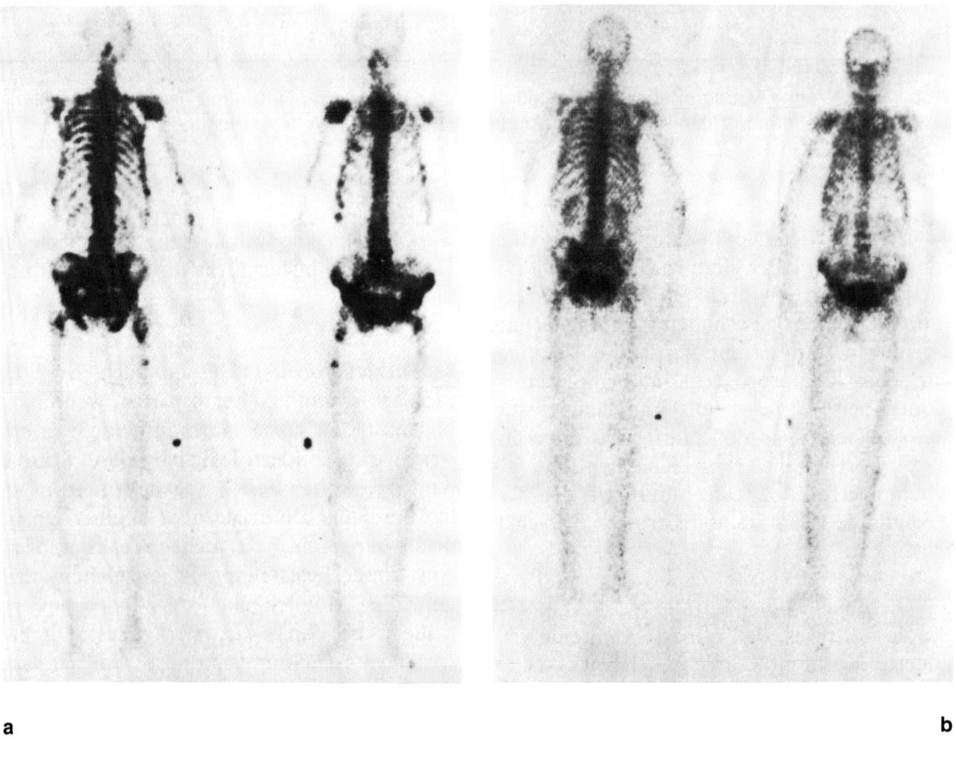

a **b**

Abb. 7.53 a, b **a** Effekt der GnRH-Analoga-Therapie: Rückbildung diffuser Knochenmetastasen. **b** ein Jahr nach Therapieeinleitung.

Tabelle 7.29 Primärtherapie des metastierenden Prostatakarzinoms: M_1, ± Schmerzen, $G_{1\text{-}3}$.

Androgenkontrolle	Bewertung
1. a. Orchiektomie b. GnRH-Analoga (Zoladex®, Decapeptyl®)	„Compliance 100%", Psychische Auswirkungen. Initialer Testosteronanstieg und Schmerzen, die als „Flair up" bezeichnet werden.
2. a. Androcur®	gestagene Wirkung, kardiovaskuläre Nebenwirkungen (Phlebothrombose).
b. Fugerel®	eventuell Potenzerhalt, Magen-Darm-Beschwerden.
3. Antiandrogene + GnRH-Analoga	adrenale Androgene werden geblockt, Notwendigkeit? Hohe Kosten!

4. *Restandrogene:* Schreitet die Tumorerkrankung unter einer der drei Primärtherapien fort (= Progression), dann stellt sich für die Auswahl der *Sekundärtherapie* die Frage nach der Bedeutung der Restandrogene. Hierunter versteht man ca. 0,5 ng/ml im Serum meßbares Testosteron nach bilateraler Orchiektomie oder pharmakologischer Kastration, welches aus dem Nebennierenrinden-Stoffwechsel stammt. Es zeigt sich, daß auch bei Versagen einer primären Hormontherapie (vgl. Tab. 7.29) der Tumor oder seine Metastasen nicht *in toto* hormontaub sind, denn die Gabe von Testosteron steigert die saure Phosphatase und führt zu Knochenschmerzen. Weiterhin ist die Orchiektomie bei erhöhtem Plasma-Testosteron trotz einer wie auch immer gearteten primären Androgen-Kontroll-Therapie noch wirksam. Aus diesen Beobachtungen ergibt sich die nachstehende sekundäre Hormontherapie.

5. *Sekundäre Therapie:* Drei Alternativen sind gerechtfertigt (Tab. 7.30). Die Chemotherapie scheint in Kombination mit einer kontrasexuellen Maßnahme durchaus gerechtfertigt; primär wurden Langzeitüberlebensraten trotz initialer Metastasen von etwa 60% erreicht (*Servadio* 1983).

Schmerztherapie als ultima radio

Gelingt es nicht, eine Schmerzlinderung mit der sekundären Hormontherapie zu erreichen, bieten sich verschiedene Verfahren an, die ambulant oder stationär anzuwenden sind. Ein Behandlungsversuch mit einer Chemotherapie ist gerechtfertigt. Bei umschriebenen

Tabelle 7.30 Sekundäre Hormontherapie nach Versagen der Primärtherapie.

1. hochdosierte kurzzeitige Östrogengabe*
2. Estracyt®**
3. Chemotherapie

* sog. Homvan®-Stoß
** Ist ein N-Lost-Assoziat und damit eine zytostatische Therapie.

Knochenschmerzen werden mit gezielter Radiotherapie (15 bis 20 Gy) über die Hälfte der so behandelten Patienten vorübergehend schmerzfrei. Bei diffusen Knochenmetastasen wird die Schmerzbehandlung stationär vorgenommen. Schmerzlinderung mit osteotropem Strontium oder Yttrium, welches i.v. verabreicht wird, erfolgt nur in wenigen Zentren.

7.10 Früherkennungsuntersuchung

Richtlinien des Bundesausschusses der Ärzte und Krankenkassen über die Früherkennung von Krebserkrankungen (Fassung vom 26. April 1976). Die nach diesen Richtlinien durchzuführenden ärztlichen Maßnahmen dienen:

- der Früherkennung von Krebserkrankungen der Brust, des Genitale, des Rektums, der Nieren, der Harnwege und der Haut bei Frauen vom Beginn des 30. Lebensjahres an sowie des übrigen Dickdarms vom Beginn des 45. Lebensjahres an;

- der Früherkennung von Krebserkrankungen des Dickdarmes, der Prostata, des äußeren Genitales, der Nieren, der Harnwege und der Haut bei Männern vom Beginn des 45. Lebensjahres an.

Die Maßnahmen zur Früherkennung von Krebserkrankungen des Mannes umfassen folgende Leistungen:

- Klinische Untersuchung: Gezielte Anamnese, Inspektion und Palpation des äußeren Genitales, Digitaluntersuchung des Rektums und Abtasten der Vorsteherdrüse vom After aus sowie Palpation regionärer Lymphknoten.
- Schnelltest auf okkultes Blut im Stuhl mittels Testbriefen (Haemoccult).
- Folgerung aus den Ergebnissen und Beratung des Untersuchten. Ergeben diese Untersuchungen das Vorliegen oder den Verdacht auf das Vorliegen einer Krankheit, sollte der Arzt dafür Sorge tragen, daß im Rahmen der Krankenhilfe diese Fälle weiterer, insbesondere gezielter fachärztlicher Diagnostik, im gegebenen Fall Therapie, zugeführt werden.

7.11 Tumornachsorge

Aus Gründen der Praktikabilität wurden Tumornachsorgeprogramme eingeführt (Tab. 7.31–7.35).

Diese geben jedoch nur ein grobes Zeitraster, welches an die individuelle Situation des einzelnen Patienten angepaßt werden muß. D.h. die Nachsorgeintervalle sollten angepaßt sein an:

- Malignitätsgrad und Stadium des Tumors
- Alter und Allgemeinbefinden des Patienten
- Art der durchgeführten Therapie
- Erfolgsaussichten einer Therapie bei aufgedecktem Rezidiv

Vor allem berücksichtigen die aufgeführten Tabellen nicht die tumor- oder therapiebedingten Folgeerkrankungen, so z.B. metabolische Störungen nach neuen Harnableitungen (Pouch, Neoblase, Conduit).

Tabelle 7.31 Nachsorgeprogramm – Nierenzellkarzinom.

	Untersuchungsabstand (in Monaten) 1. Jahr	2. Jahr	3.–5. Jahr	später
körperliche Untersuchung Labor (BKS, BB, Krea, AP) Urinstatus Rö-Thorax Sonographie	3	6	12	12
CT-Abdomen	[nur bei unklarer Sonographie]			
Skelettszintigraphie	12	12	24	

Wichtig: Anamnese: Knochenschmerzen, geistige Ausfälle. Sono: Lokalrezidiv!; bei V.a. LK-Metastasen oder Organmetastasen CT, gilt auch bei unklarem Rö-Thorax. Anstieg der AP: Skelettszintigramm, evtl. Rö-Zielaufnahmen.

Eine Metastasierung ist lokal, in den perirenalen Lymphknoten sowie in Lunge, Skelettsystem, Leber und Gehirn zu erwarten.

Tabelle 7.32 Nachsorgeprogramm – Urothelkarzinom.

bei Ta und T_1, $G_{1\text{-}2}$; Z.n. TUR	**Untersuchungsabstand (in Monaten)** 1. Jahr	**2. Jahr**	**3.–5. Jahr**	**später**
körperliche Untersuchung Urinstatus Urinzytologie Urethrozystoskopie	3	4	6	12
zusätzlich bei T_1, G_3; $\geqq T_2$				
Labor (BKS, BB, Krea, AP) Rö-Thorax Sonographie	3	4	6	12
Urogramm	1 x jährlich			
Skelettszintigraphie	1 x jährlich und bei ansteigender AP			

Wichtig: Die angegebenen Untersuchungen erfassen nicht die Folgeerkrankungen! Anamnese: Miktionsverhalten, Mikro-/Makrohämaturie. Pos. Urinzytologie: Urethrozystoskopie u. Biopsie. Neg. Urinzytologie: Evtl. größere Abstände der Urethrozystoskopie. AP-Anstieg: Skelettszintigramm, evtl. Rö-Zielaufnahmen. Endoskopie der Harnableitungssysteme.

Ein Progreß ist lokal in den iliakalen und lumbalen Lymphknoten sowie in Leber, Lunge und Knochen zu erwarten.

Tabelle 7.33 Nachsorgeprogramm – Peniskarzinom.

	Untersuchungsabstand (in Monaten) 1. Jahr	**2. Jahr**	**3.–5. Jahr**	**später**
körperliche Untersuchung Labor (BKS, BB, Krea, AP) Urinstatus Rö-Thorax Sonographie	3	6	12	12
CT-Becken	[nur bei unklarer Sonographie]			

Wichtig: Körperliche Untersuchung: Bei Z.n. Penisteilamputation, Restpenis palpieren, evtl. rektale Sonographie. Uroflow. Bei perinealem Stoma evtl. Kalibrierung.

Zu erwartende Metastasierung: Inguinale, iliakale Lymphknoten, Lunge, Leber.

Tabelle 7.34 Nachsorgeprogramm – Hodentumoren

	Untersuchungsabstand (in Monaten)		
	1. + 2. Jahr	3.–5. Jahr	6.–10. Jahr
klinische Untersuchung Labor (BKS, BB, Krea, AP, LDH, AFP, beta-HCG) Rö-Thorax Sonographie Sono-Hoden	3	6	12
CT-Abdomen	6 zusätzlich bei unklarer Sonographie	12	
Skelettszintigraphie/CT Schädel	nur Stadium IV oder extratestikulären Tumoren nach Therapieabschluß		

* Rezidive sind bei abwartender Haltung (wait and see) im lokalen Stadium in mehr als 20 % zu erwarten und fordern eine besonders enge Nachsorge.

Rezidive sind in den lumbalen, pelvinen, mediastinalen, inguinalen und supraklavikulären Lymphknoten zu erwarten. Fernmetastasen vor allem in Lunge, seltener Leber, Gehirn, Magen-Darm-Trakt und Skelett.

Wichtig: Körperl. Untersuchung: Palpation des Resthodens. Sono des Resthodens. Bei jeder Auffälligkeit frühere Durchführung der Nachuntersuchung. Bedeutung des Abfalles der Tumormarker entsprechend der Halbwertzeit.

Tabelle 7.35 Nachsorgeprogramm – Prostatakarzinom.

	Untersuchungsabstand (in Monaten)			
	1. Jahr	2. Jahr	3.–5. Jahr	später
körperliche Untersuchung Labor (BKS, BB, Krea, AP, PSA) Urinstatus Sonographie	3	6	12	12
Skelettszintigraphie, Rö-Thorax	jährlich und bei PSA-Anstieg			

Wichtig: Anamnese: Hämaturie, Knochenschmerzen, Harnstrahl. Körperliche Untersuchung: Rektale Untersuchung. PSA-Abnahme. Sono: Bei V.a. Metastasen CT, gilt auch bei unklarem Thorax; evtl. rektale Sonographie. AP-Anstieg, Knochenschmerzen: Skelettszintigramm, evtl. Rö-Zielaufnahmen.

Eine Metastasierung ist vorwiegend in den pelvinen und lumbalen Lymphknoten, sowie in das Skelett, seltener in Lunge oder Leber zu erwarten.

Weiterführende Literatur

Ackermann, R., B.J. Schmitz-Dräger: Biologie des Harnblasenkarzinoms. Akt Urol. 17 (1986) 63–67

Ackermann, R., J.E. Altwein, P. Faul: Aktuelle Therapie des Prostatakarzinoms. Springer, Heidelberg 1991

Alken, C.E.: Die unspezifische Entzündung in der Urologie. Urologe 1 (1962) 2–4

Altwein, J.E., H. Porst: Das infiltrierende Harnblasenkarzinom: Probleme der radikalen und palliativen Behandlung. Akt. Urol. 15 (1984) 196–205

Arrighi, H.M., H.A. Guess, E.J. Metter, J.L. Fozard: Symptoms and signs of prostatism as risk factors for prostatectomy. Prostate 16 (1990) 253–261

Bach, D., Sökeland J., Voigt K.: Die Prostata-Hyperplasie. Dt. Ärztebl. 16 (1988) 696–700

Badalament, R.A., J.R. Drago: Prostate cancer. Promising advances that may alter survival rates. Postgrad Med 87 (1990) 65–67

Bartsch, G., Müller H.R., Oberholzer M. et al.: Light microscopic stereological analysis of normal human prostate and of benign prostatic hyperplasia. J. Urol. 122 (1979) 487–491

Bruskewitz, R.C., M.M. Christensen: Critical evaluation of transurethral resections and incision of the prostate. Prostate 16, Suppl. 3 (1990) 27–38

Cabanas, R.M.: An approach for the treatment of penile carcinoma. Cancer 39: (1977) 456–466

Coffey DS., PC. Walsh: Clinical and experimental studies of benign prostatic hyperplasia. Urol. Clin. North Amer., 17 (3) (1990) 461–75

Daniel, W., Ph.D. Chan: PSA as a marker for prostatic Cancer. Laboratory management 26 (1988) 35–9

Debruyne, F.M.J., L. Denis, Ad P.M. van der Meijden: BCG in superficial bladder cancer. Prog. Clin. Biol. Res. 310 (1989)

van Dieijen-Visser, M.P., K.P.J. Deleare, A.H.J. Gijzen, P.J. Brombacher: A compararative study of the diagnosis value of prostatic acid phosphatase (PAP) and prostatic specific antigen (PSA) in patients with carcinoma of the prostate gland. Clin. Chim. Acta, 174 (1988) 131–140

Einhorn, L.H., J. Donohue: Cis-diamminedichloroplatinum, vinblastine and bleomycin combination chemotherapy in disseminated testicular cancer. Ann. Intern. Med. 87 (1977) 293–298.

Eisenberger, M.A.: Chemotherapy for prostate Carcinoma. NCI Monogr. 7 (1988) 151–163

Faul, P., J.E. Altwein (Hrsg.): Aktuelle Diagnostik und Therapie des Prostatakarzinoms. Informed, München 1983

Fowler, J.E.: Sentinal lymph node biopsy for staging penile cancer. Urology 23 (1984) 352–54

Grabstald, J: Controversies concerning lymph node dissection for cancer of the penis. Urol. Clin. North. Amer. 7 (1980) 793–799

Harving, N., S.E. Petersen, F. Melsen, H. Wolf: Urinary cytology in the detection of bladder tumours. Influence of concomitant urothelial Atypia. Scand. J. Urol. Nephrol. 125, Suppl. (1989) 127–31

Hetherington, J.W., J.K. Sidall, E.H. Cooper: Contribution of bone scintigraphy, prostatic acid phosphatase and prostate-specific antigen to the Monitoring of Prostatic. Eur. Urol. 14 (1988) 1–5

Hinman, F.: Benign Prostatic Hypertrophy. Springer, New York 1983

Hofstetter, A., F. Frank, E. Keiditisch, P. Böwering: Endoskopic neodymium-YAG laser application for destroying bladder tumors. Eur. Urol. 7 (1981) 278–282

Huggins, C., W.W. Scott: Studies on prostatic cancer; effect of castration, of estrogen and of androgen injection on serum phosphatases in metastastic carcinoma of the prostate. Cancer Res. 1 (1941) 293

Huland, H., H. Klosterhalfen: Therapie und Rezidivprophylaxe oberflächlicher Harnblasenkarzinome. Thieme, Stuttgart 1984

Isaacs, J.T., D.S. Coffey: Etiology and disease process of benign prostatic hyperplasia. Prostate 15, Suppl. 2 (1989) 33–50

Jocham, D., G. Staehler, Ch. Chaussy et al.: Integrale Radiophototherapie des Blasenkarzinoms nach tumorselektiver Photosensibilisierung mit Hämatoporphyrinderivat. Akt. Urol. 15 (1984) 109–115

Kurth, K.H., Th.M. de Reijke, E.A.J.M. de Jong et al.: Der Wert der transrektalen Echographie für die Früherkennung des Prostatakarzinoms – Sensititivität und Spezifität. In: *P. Faul, A. Hofstetter* (Hrsg.): Das Prostatakarzinom: Aktuelle Diagnostik und Therapie/Söldener Gespräche. PVV-Verlag Preuss (1990) 87–100

Kurth, K.H., R. Sylvester, M. de Pauw, ten Kate et al: Intracavitary treatment of transitional cell carcinoma of the bladder: Questions and lessons after 27 years of experience. Prog. Clin. Biol. Res. 310 (1989) 125–145

Kurth, K.H., F.J.M. Debruyne, F.H. Schröder, T.A.W. Splinter, D.J.T. Wagener: Progress and Controversies in Oncological Urology. Prog. Clin. Biol. Res. 153 (1984)

Leitenberger, A., J.E. Altwein: Efficacy and discriminative ability of prostate-specific antigen as a tumor marker. Eur. Urol. 17 (1) (1990) 12–16

McDougal, W.S., F.K. Kirchner, R.H. Edwards et al: Treatment of carcinoma of the penis: The case for primary lymphadenectomy. J. Urol. 136 (1986) 38–41

McNeal, J.: Pathology of benign prostatic hyperplasia. Insight into etiology. Urol. Clin. North Amer., 17 (1990) 477–86

Nielsen, K.T., P.O. Madsen: Pathogenesis, diagnosis, and management of benign prostatic hypertrophy. Compr Ther. 14 (1988) 21–6

Oesterling, E.J., W.D. Chan, I.J. Epstein, W.A. Kimball et al: Prostate specific antigen in the preoperative and postoperative evaluation of localized prostatic cancer treatment with radical prostatectomy. J. Urol. 139 (1988) 766–772

Peckham, M.J., A. Barrett, J.E. Husband et al.: Orchidectomy alone in testicular stage I nonseminomatous germcell tumours. Lancet II (1982) 678–680

Rattenhuber, U., W. Wieland: Diagnostik und Therapie des Nierenkarzinoms. Klin. Exp. Urol. 2 (1981) 1

Rosenberg, S.A., Ph.D. Michael, M.L. Muul et al.: A progress report on the treatment of 157 patients with advanced cancer using lymphokine-activated killer cells and interleukin-2 or high-dose interleukin-2 alone. N. Eng. J. Med. 316 (1987) 889–897

Rübben, H.: Prognostische Faktoren des Blasentumors. Therapiewoche 32 (1982) 169

Scher, H.I., A. Yagoda, H.W. Herr, C.N. Sternbergen et al.: Neoadjuvant M-VAC (Methothrexate, Vinblastine, Doxorubincin and Cisplatin) effect on the primary bladder lesion. J. Urol. 139 (1988) 470–474

Scardino, P.T.: Early detection of prostate cancer. Urol. Clin. North. Amer. 4 (1989) 635–655

Servadio, C., E. Mukamel, H. Lurie et al.: Early combined hormonal and chemotherapy for metastatic prostatic carcinoma. Urology 21 (1983) 493

Spiers, A.S.D. (Hrsg.): Chemotherapy and Urological Malignancy. Springer, Berlin 1982

Stamey, A.T., Norman Yang, Ph.D. Alan: Prostate-specific antigen as a serum marker for adenocarcinoma of the prostate. The New Eng. J Med. 316 (1987) 906–16

Stamey, T.A., K.K. Hodge: Ultrasound visualization of prostate anatomy and pathology. Monographs in Urology 9 (1988) 56–63

Stoter, G., R. Sylvester, D.T. Seijfer et al.: Multivariate analysis of prognostic factors in patients with disseminated nonseminomatous testicular cancer: Results from a European Organization for Research on Treatment of Cancer multiinstitutional phase III study. Cancer Res. 47 (1987) 2714–2718

Tannock, I.F., P.R. Hill: The basic science of oncology. Pergamon Press New York (1987).

Union Internationale Contre le Cancer (UICC): TNM-Klassifikation der malignen Tumoren. Springer, Berlin 1987

Vijverberg, P.L.M., K.H. Kurth, L. Blank: Transperineale Jod-125-Implantation zur Therapie des Prostatakarzinoms. In: *H. Sommerkamp, J.E. Altwein* (Hrsg.): Prostatakarzinom, Spektrum der kurativen Therapie. Karger, Basel (1989) 72–83

Voogt de H.J., D. Rathert, M.E. Beyer-Boon: Urinary Cytology. Springer, Berlin 1977

De Voogt, H.J., de, Suciu, R. Sylvester et al: Multivariate analysis of prognostic factors in patients with advanced prostatic cancer. Results from 2 European Organization for Research on Treatment of Cancer trials 141 (1989) 883–888

Walsh, P.C., P.J. Donker: Impotence following radical prostatectomy: Insight into etiology and prevention. J. Urol. 128 (1982) 492–497

Weißbach, L., J.E. Altwein, R. Stiens: Germinal testicular tumors in childhood. Eur. Urol. 10 (1984) 73–85

Weißbach, L., E.A. Boedefeld, S. Seber: Hodentumoren: Frühzeitige Diagnose und stadiengerechte Therapie sichern den Erfolg. Dt. Ärztebl. 82 (1985) 1340–1350

Wespes, E., J. Simon, C.C. Schulman: Cabanas' approach: Is sentinal node biopsy reliable for staging of penile carcinoma? Urology 28 (1986) 278–279

8 Urolithiasis (GK 3-8)

J. Joost, H. Rübben

8.1 Steinarten

Harnsteine setzen sich zusammen aus einer kristallinen, anorganischen Substanz, die 95 bis 98 % des Steingewichtes ausmacht, und aus einem organischen Netzwerk, der sogenannten Steinmatrix, die aus Mukoproteinen besteht. Die genaue Kenntnis der Steinart (Tab. 8.1) ist Grundvoraussetzung für weitere therapeutische und prophylaktische Maßnahmen. Bisher wurde die Analyse meist chemisch durchgeführt. Besser eignen sich kristallographische Untersuchungen, da sie nicht nur Hinweise auf die chemische Zusammensetzung, sondern auch auf die kristalline Struktur geben. Eines der besten Verfahren ist die Röntgendiffraktionsanalyse. Sie beruht auf der Beugung der Röntgenstahlen durch die gesetzmäßige Anordnung von Atomen in einem Kristallgitter. Auch makroskopisch unterscheiden sich die Steinarten aufgrund ihres Erscheinungsbildes, der Farbe, der Härte und der Bruchart: Kalziumoxalatsteine sind meist sehr rauh und hart und von dunkelbrauner bis schwarzer Farbe (meist Oxalat-Monohydrat). Die Oxalatdihydratformen sind äußerst scharfkantig und von gelblicher Farbe. Häufig kommen beide Formen gemeinsam vor. Der Kalziumphosphatstein ist etwas weicher und von grau-weißlicher Farbe. Der Struvitstein hat eine mörtelartige Konsistenz und schmutzig graue Farbe. Harnsäuresteine zeigen eine rundlich glatte Oberfläche und eine gelb bis rostbraune Farbe. Harnsäuresteine sind sehr hart und weisen eine konzentrische Schichtung auf. Zystinsteine haben eine wachsartige, glatte Oberfläche und eine gelbliche Färbung.

8.2 Epidemiologie, Ätiologie und Pathogenese

Das Harnsteinleiden weist in der Bundesrepublik Deutschland eine Inzidenz von 0,5 % und eine Prävalenz von 4 bis 5 % auf *(Valensieck* 1979, *Hautmann* 1985). Danach erkranken jährlich 500 pro 100 000 Einwohner neu an einer Steinerkrankung. Die Chance, unbehandelt einen weiteren Stein zu entwickeln, liegt bei etwa 50 %. Männer erkranken viermal häufiger als Frauen, der Häufigkeitsgipfel liegt um das 35. Lebensjahr.

Tabelle 8.1 Zusammensetzung der Harnsteine.

Chemische Bezeichnung	Kristallographische Bezeichnung	% Häufigkeit als Hauptkomponente
Kalzium-Steine:		
Oxalat-Monohydrat	Whewellit	65
Oxalat-Dihydrat	Whewellit	
Phosphat	Hydroxylapatit Carbonatapatit *seltener:* Brushit	9
Kalziumfreie Steine:		
Harnsäure	Harnsäure	15
Mg-Ammonium-Phosphat (Tripelphosphat)	Struvit	10
Zystin	Zystin	0,5–1
2,8-Dihydroxyadenin		0,01

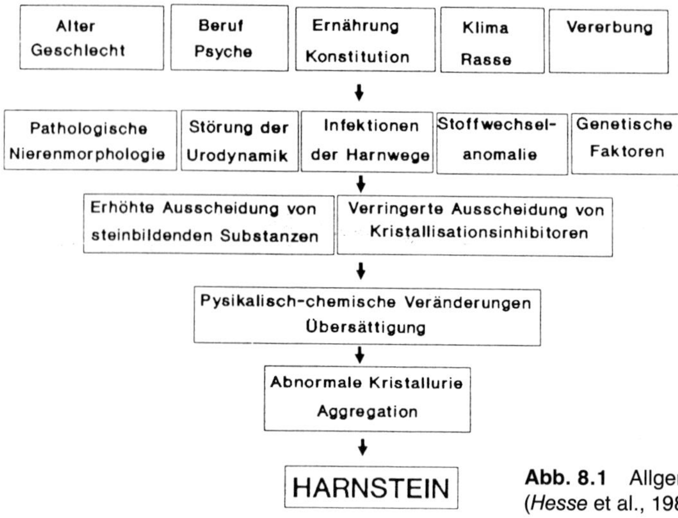

Abb. 8.1 Allgemeine Harnsteinpathogenese (*Hesse* et al., 1982).

Der Harnstein ist eine Manifestation einer übergeordneten System- oder Grundkrankheit. Er entsteht multifaktoriell und nur ein Teil der Ursachen ist bisher bekannt (Abb. 8.1). Bedeutungsvoll sind geographische, klimatische und rassische Einflüsse, auch kurzfristige Hitzeexpositionen (Hochofenarbeiter), Streßsituationen und vor allem die Ernährung. Menge und Zusammensetzung der Nahrung erklären z.B. die Zunahme der Steinhäufigkeit nach dem 2. Weltkrieg. In Österreich ist z.B. der Prokopfverbrauch an Fleisch von 13 (1949) auf 86 Kilo (1979 angestiegen. Die vermehrte Zufuhr von tierischem Eiweiß führt zu einer Zitratausscheidung. Diese Beobachtung erklärt auch die geringe Inzidenz des Nierensteinleidens in der 3. Welt. Endogene Faktoren sind vor allem die verschiedenen Formen der Harnabflußstörung, Harnwegsinfektionen und Stoffwechselerkrankungen (Harnsäurestein bei Gicht).

8.2.1 Wie stellt man sich das Wachstum eines Steines vor (formale Genese)?

Die Harnsteinbildung folgt physikalisch chemischen Gesetzen; im Vordergrund des Verständnisses der Harnsteingenese steht der Begriff des Löslichkeitsproduktes. Es ist das Produkt aus den Ionenaktivitäten eines gelös-

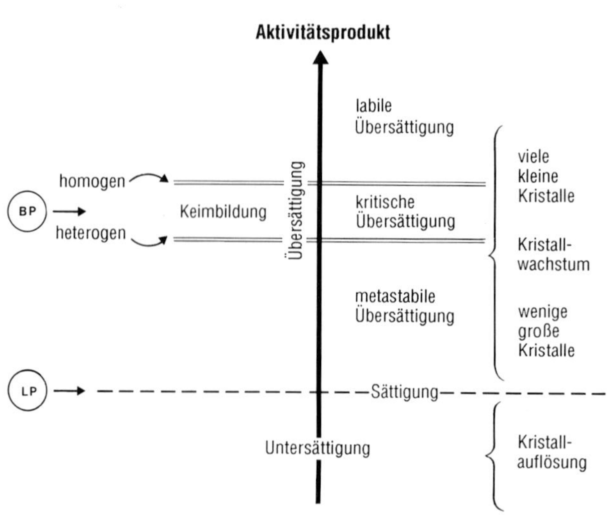

Abb. 8.2 Kristallbildung und Auflösung in Abhängigkeit von der Sättigung.
(BP = Bildungsprodukt,
LP = Löslichkeitsprodukt)

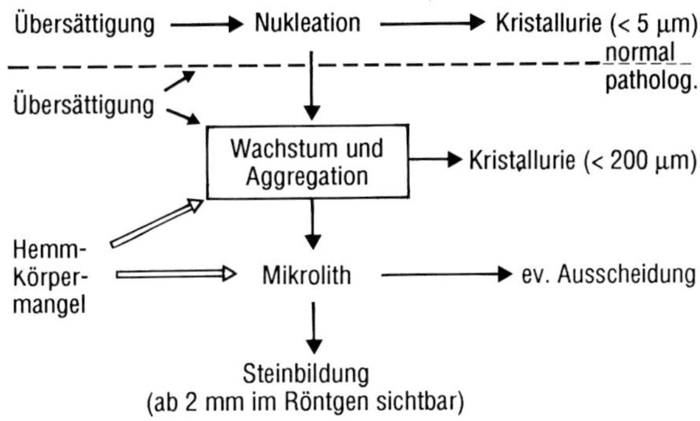

Abb. 8.3 Formale Pathogenese der Steinbildung.

ten Salzes, wenn die flüssige Phase im Gleichgewicht mit der festen Phase steht. Es ist bei gegebener Temperatur eine Konstante. Für die Ausfällung eines Salzes, d.h. die Bildung oder das Wachstum eines Steines ist die Überschreitung dieses Löslichkeitsproduktes Voraussetzung. Durch Zugabe von Ionen läßt sich eine untersättigte Lösung durch Überschreitung des Löslichkeitsproduktes in die Phase der metastabilen Übersättigung überführen. In diesem Bereich können Kristalle wachsen und aggregieren, es können sich jedoch keine Kristalle spontan bilden. D.h. im Bereich der metastabilen Übersättigung können sich Harnkristalle nicht de novo bilden (homogene Nukleation), jedoch können sich an Fremdkristallen oder an organischem Material Kristalle anlagern (heterogene Nukleation). Für die Neubildung von Kristallen ist eine weitere Vermehrung des Ionenproduktes notwendig, das Bildungsprodukt muß überschritten und eine labile Übersättigung erreicht werden (Abb. 8.2).

Welcher Weg bei den einzelnen Steinarten für Bildung und Wachstum verantwortlich ist, ist nicht in allen Bereichen geklärt; z.B. scheint aber bei einer Infektion mit dem Ausfall organischen Materials, das eine sogenannte Steinmatrix bildet und bereits im metastabilen Bereich die Möglichkeit der Anlagerung von Kristallen fördert, die vermehrte Bildung von Struvitsteinen vor allem bei manifester Harntransportstörung zu erklären. Sättigungs- und Übersättigungskurve werden auch bei Gesunden sicherlich häufig überschritten, die gebildeten Kristalle jedoch im Harn asymptomatisch ausgeschieden. Bei Steinträgern müssen demnach andere Faktoren das Kristallwachstum oder die Aggregation von Kristallen zu Konkrementen fördern. Bei Steinpatienten ist nicht nur eine Überschreitung des Löslichkeitsproduktes, sondern auch ein Mangel an inhibitorischen Substanzen anzunehmen, die bei Gesunden Wachstum und Aggregation der Kristalle verhindern (Abb. 8.3). Bekannte Inhibitoren sind Pyrophosphat, Zitrat und Magnesium, sowie hochmolekulare Substanzen wie Glykosaminoglykane und Glykoproteine, denen offensichtlich der größte Anteil der inhibitorischen Aktivität zuzuschreiben ist.

Die Frage nach dem „Wo" der Steinbildung ist noch umstritten. Experimentell konnten Kristalle als Vorstufe der Steinbildung bereits im proximalen Tubulus erzeugt werden. Der Ort der endgültigen Steinbildung ist u.a. bedingt durch die Fixierung von Kristallen und Mikrolithen, deren Wachstumsgeschwindigkeit sowie von der Morphologie des Harntraktes (z.B. vermehrte Steinbildung bei Urinstase).

8.2.2 Warum kommt es zur Steinbildung (kausale Pathogenese)?

Die Ursachen einer Harnsteinbildung sind nicht für alle Steinarten vollständig geklärt.

Beim **Harnsäurestein** ist der Urin-pH von entscheidender Bedeutung: Unterhalb eines pH von 5,75 überwiegt die freie Harnsäure, die leicht auskristallisiert (pKa der Harnsäure = 5,75). Oberhalb dieses pH kommt es zur Dissoziation der Harnsäure, bei einem pH von 7 liegen fast nur noch gut lösliche Urate vor. Weitere Faktoren sind eine vermehrte Harnsäureausscheidung und die Reduktion des

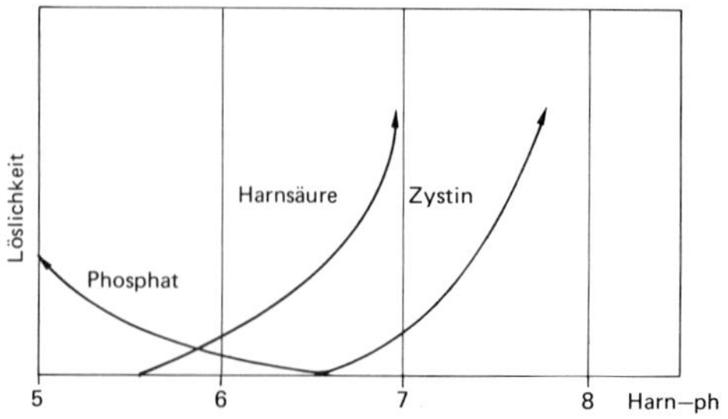

Abb. 8.4 Beziehung zwischen Harn-pH und Löslichkeit steinbildender Substanzen im Urin.

Harnvolumens. Entscheidend ist jedoch die Konzentration an undissoziierter Säure (Abb. 8.4; s. Abb. 8.8). Auch zur **Zystinsteinbildung** kommt es, wenn das Löslichkeitsprodukt im Harn überschritten wird. Die Zystinurie ist eine angeborene tubuläre Transportstörung für Zystin, Lysin, Arginin und Ornithin. Zystin ist besonders schwer löslich (Abb. 8.9). Beim **Struvitstein** führt der Infekt mit ureasebildenden Bakterien zu einem alkalischen Urin-pH und zu einem vermehrten Ammoniumgehalt des Urins. Phosphat ist im alkalischen Milieu schlecht löslich und fällt aus (Abb. 8.4).

Beim *kalziumhaltigen* Stein erscheint diese Erklärung nicht ausreichend, da sich auch bei Gesunden häufig eine Übersättigung des Harns mit Oxalat nachweisen läßt, ohne daß sich ein Konkrement bildet. Beim **Oxalatstein,** der die häufigste Steinart überhaupt darstellt, läßt sich in etwa 50 % der Fälle keine Ursache für die Steinbildung nachweisen. Es spielt offenbar die verminderte Ausscheidung von Hemmkörpern (Inhibitoren) im Urin eine Rolle, die bei Normalpersonen das Wachstum von Kristallen verhindern. Die wichtigsten Inhibitoren sind Nukleinsäuren, Mukopolysaccharide wie Chondroitin und Dermatan. Neuentdeckt wurde Nephrokalzin, ein Glykopeptid, das Kalziumoxalat im Wachstum hemmt. Auch niedermolekulare Substanzen wie Zitrat und Magnesium spielen als Komplexbildner mit Kalzium und Oxalat eine Rolle. Daneben existieren sogenannte Promotoren der Steinbildung. Zu diesen gehört die Epitaxie: Hier kommt es zum Aufwachsen eines Kristalls auf einem anderen (z.B. Kalziumoxalat auf Urat) bei ähnlichem Kristallgitter. Ein weiterer Promotor der Steinbildung ist ein spezielles Mukoprotein (Tamm-Horsfall-Protein) das in höherer Konzentration zu einer verstärkten Kristallisation von Kalziumphosphat und Kalziumoxalat führt.

8.2.3 Erkrankungen, bei denen eine Steinbildung häufig ist

Kalziumhaltige Steine

Dem **primären Hyperparathyreoidismus** liegt eine vermehrte Parathormonbildung durch Adenome oder Hyperplasien der Nebenschilddrüsen zugrunde. Das Parathormon bewirkt eine vermehrte Kalziumresorption aus den Knochen sowie durch Stimulierung des Vitamins D_3 eine gesteigerte enterale Resorption von Kalzium- und Phosphationen. In der Niere findet sich eine verminderte tubuläre Phosphatresorption und eine vermehrte Kalziumresorption im distalen Tubulus. Es erfolgt so ein Anstieg des Kalzium im Serum und hierdurch eine vermehrte glomeruläre Filtration mit einer erhöhten Nettoausscheidung von Kalzium. Parathormon führt so zu einer Hyperkalziurie trotz gesteigerter renaler Kalziumresorption (resorptive Hyperkalziurie). Etwa 70 % der Patienten mit primärem Hyperparathyreoidismus bilden Nierensteine, wobei Kalziumphosphat gegenüber Kalziumoxalat überwiegt. Bei 4 % aller Steinpatienten läßt sich ein primärer Hyperparathyreoidismus als Ursache der Steinbildung nachweisen (Abb. 8.5).

Die **Immobilisation** führt beim Menschen zu einer vermehrten Resorption von Kalzium aus dem Knochen und dadurch zu einer erhöhten Kalziumausscheidung.

Bei der **Vitamin D-Überdosierung** wird vermehrt Kalzium im Darm absorbiert und bei normalem Knochenumbau eine Hyperkalziurie induziert. Seltene Ursachen, die zu einer Störung im Kalziumstoffwechsel führen können, sind Neoplasien und Sarkoidose.

Bei der **primären Hyperoxalurie** liegt eine angeborene Enzymstörung vor. Sie ist durch rezidivierende Kalziumoxalatsteinbildung, Nephrokalzinose, progressive Niereninsuffizienz und meist frühzeitige Urämie gekennzeichnet. Zu einer **sekundären Hyperoxalurie** kann es bei der Kolitis ulcerosa und nach der

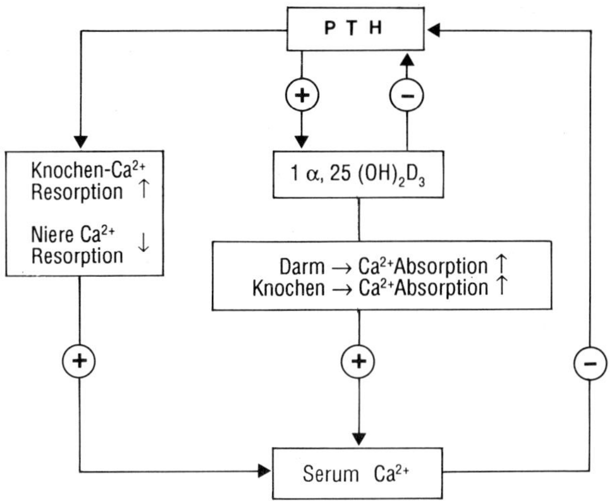

Abb. 8.5 Wirkung von PTH und 1 α, 25(OH)$_2$D$_3$ in der Regulation des Kalziumstoffwechsels (+ fördernd, — hemmend) (nach *H. Reichel, E. Ritz*, 1988).

operativen Ausschaltung von Ileumanteilen bei Adipositas kommen. Normalerweise ist die Oxalsäure im Darmtrakt an Kalzium gebunden. Es findet deshalb nur eine geringe Absorption statt. Bei Erkrankungen des Ileums tritt jedoch häufig eine Malabsorption von Fetten ein. Kalzium verbindet sich mit den Fettsäuren zu sogenannten Fettseifen. Damit steht dann vermehrt freie Oxalsäure zur Absorption zur Verfügung.

Bei der **renalen tubulären Azidose** (4 % der Steinerkrankungen) handelt es sich um die Unfähigkeit des distalen Tubulus, Wasserstoffionen in ausreichender Menge zu sezernieren (Abb. 8.6). Man findet daher immer einen Harn-pH über 6 und meist eine verminderte Bikarbonatkonzentration im Serum. Nachfolgend kann es zu einer vermehrten Kalziumausscheidung kommen. Durch den erhöhten Urin-pH überwiegt hier die Bildung von Kalziumphosphatsteinen (Tab. 8.2).

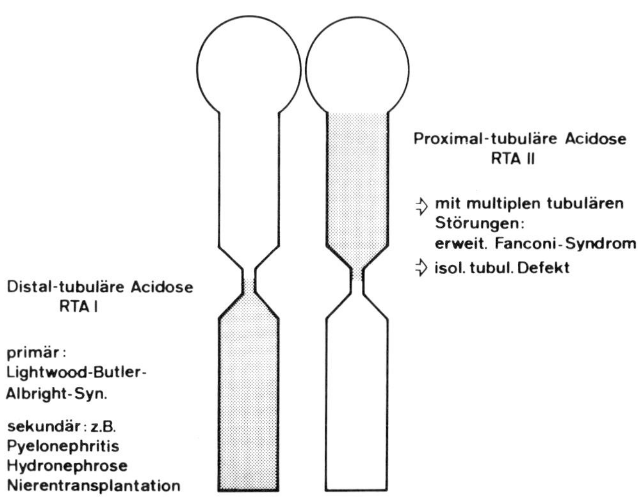

Abb. 8.6 Grundformen der renalen tubulären Azidose (nach *Sommerkamp*, 1977).

Tabelle 8.2 Charakteristika der renalen tubulären Azidose.

- Hyperchlorämische Azidose
- Unproportional alkalischer Harn (pH > 6)
- Insuffiziente Ansäuerung unter Belastung
- Hyposthenurie
- Nephrolithiasis/-kalzinose (ca. 70 %)

Von einer **idiopathischen Nephrolithiasis** kann ausgegangen werden, wenn Krankheiten mit häufiger kalziumhaltiger Steinbildung ausgeschlossen worden sind (Tab. 8.3). Dies trifft für 2/3 aller Patienten mit kalziumhaltigen Rezidivsteinen zu. 50 bis 70 % dieser Patienten haben eine gesteigerte intestinale Kalziumabsorption **(absorptive Hyperkalziurie)** oder seltener eine verminderte Resorption in den Nierentubuli **(renale Hyperkalziurie)**. Sowohl die absorptive wie auch die renale Hyperkalziurie haben im Gegensatz zum primären Hyperparathyreoidismus normale Serum-Kalziumspiegel (normokalzämische Hyperkalziurie). Weitere mögliche Ursachen einer idiopathischen Nephrolithiasis können eine geringe Hyperoxalurie sowie ein Mangel an Inhibitoren sein.

Tabelle 8.3 Kausalpathogenetische Klassifikation der Urolithiasis.

I. *Enzymatische Störungen*
   2,8-Dihydroxyadenin
   Xanthinurie
   Primäre Hyperoxalurie

II. *Tubuläre Störungen*
   Zystinurie
   Renale tubuläre Azidose

III. *Harnsäure*
   Gicht
   Idiopathische Harnsäure-Steinbildung
   Myeloproliferative Erkrankungen
   Zelldestruktion (z.B. CTX)

IV. *Hyperkalziurie*
   Prim. Hyperparathyreoidismus
   Sarkoidose
   Hypervitaminose D
   Immobilisation
   Neoplasien

V. *Urolithiasis bei gastrointestinalen Erkrankungen*
   Enterale Hyperoxalurie

VI. *Idiopathische Kalzium-Urolithiasis*
   Hyperkalziurie absorptiv
   Hyperkalziurie renal
   Hyperoxalurie
   Mangel an Inhibitoren

VII. *Sekundäre Urolithiasis*
   Infekt
   Obstruktion
   Markschwammniere
   Harnableitung mittels Darm
   Medikamente

Harnsäuresteine

Bei der **Gicht** treten Harnsäuresteine in ca. 20 % der Erkrankungsfälle auf.

Die Ursache der Gicht liegt meist in einem übermäßigen Konsum von Nahrungspurinen. Nur bei etwa 10 % der Patienten ist eine erhöhte endogene Harnsäureproduktion nachweisbar. Neben der erhöhten Harnsäureausscheidung im Urin ist auch der erniedrigte Urin-pH für die Steingenese bedeutsam (Abb. 8.8). Er ist bedingt durch eine verminderte Bildung von Ammoniak aus Glutamin in der Niere. Die Gicht kann neben der Steinbildung auch zu anderen pathologischen Veränderungen der Nieren führen (Abb. 8.7).

Seltener kommt es zur vermehrten Harnsäureausscheidung durch myeloproliferative Erkrankungen und im Rahmen einer Zytostatikatherapie (sogenannte sekundäre Hyperurikämien). Hier ist Vorsicht geboten bei der Gabe von Urikosurika, also Medikamenten, die eine vermehrte Harnsäureausscheidung bewirken ohne die Harnsäureproduktion zu vermindern. Bei etwa 40 % der Harnsäuresteinbildner finden sich normale Harnsäurewerte im Serum und Urin. In fast allen Fällen läßt sich jedoch ein erniedrigter Urin-pH (sogenannte Säurestarre) und ein geringes Urinvolumen nachweisen (Abb. 8.8).

Zystinsteine

Zystinsteine treten bei angeborenen Resorptionsstörungen für Zystin im Nierentubulus auf. Übersteigt die Zystinausscheidung bei einem normalen Urin-pH 300 mg/l (entspricht 1250 μmol/l) so kommt es zur Steinbildung (Abb. 8.9).

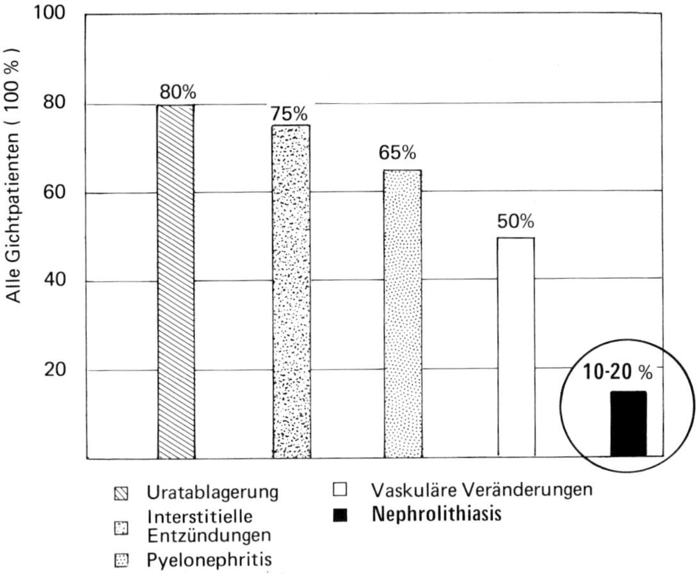

Abb. 8.7 Nierenveränderungen bei Gicht.

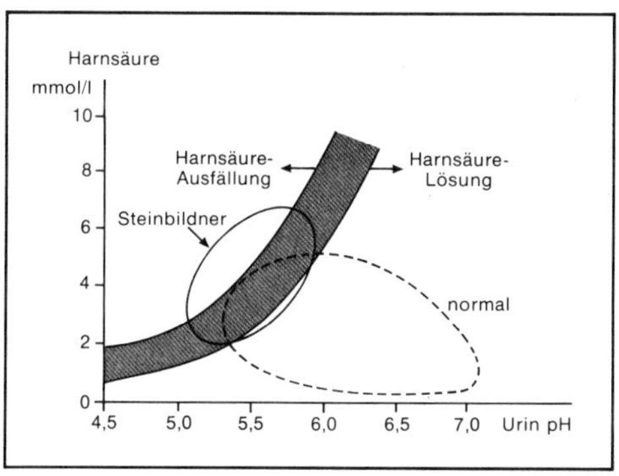

Abb. 8.8 Löslichkeitsdiagramm für Harnsäuresteine. Grau = Zone der metastabilen Übersättigung; diese Zone wird von der Sättigungskurve (Abszissen-wärts) und der Übersättigungskurve (Ordinaten-wärts) begrenzt. Die Verteilung der Konzentrationswerte und des pH ist für Steinbildner und Gesunde wiedergegeben (*Hautmann*, 1985).

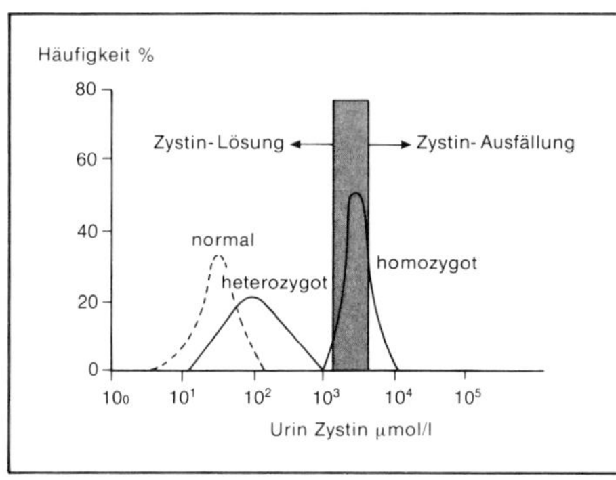

Abb. 8.9 Löslichkeitsdiagramm für Zystinsteine. Das Übersättigungskonzept ist zutreffend. Gemäß der Zystinkonzentration ist bei homozygoten Erkrankten mit einer Zystinsteinbildung zu rechnen (*Hautmann*, 1985).

Phosphatsteine

Harnwegsinfekte begünstigen die Steinbildung durch Verschiebung des Harn-pH in das alkalische Milieu, was zu einer Verminderung der Löslichkeit von Phosphaten führt. Für die Bildung von Struvitsteinen ist ein Harnwegsinfekt mit ureaseproduzierenden Bakterien notwendig. In 70 % der Fälle lassen sich Proteuskeime nachweisen, gefolgt von Klebsiella, Pseudomonas und Ureaplasma urealytikum, dem einzigen Mykoplasma mit Ureaseaktivität. Die Urease ist in der Lage, Harnstoff zu

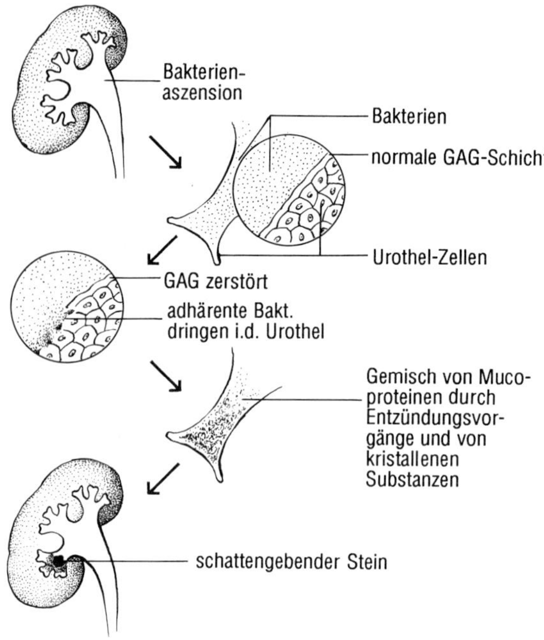

Abb. 8.10 Mögliche Genese des Struvit-Steines (GAG = Glucosaminoglykane) (nach *Lerner*, 1989).

spalten, wodurch es zur Freisetzung von Ammoniak und bei gleichzeitiger Anwesenheit von Magnesiumionen zur Bildung von Magnesiumammoniumphosphat kommt.

$$\text{Harnstoff} + H_2O \xrightarrow{\text{Urease}} CO_2 + 2\,NH_3$$

Zusätzlich führen diese Bakterien auch zu einer Zerstörung der schützenden Glykosaminoglykanschicht des Urothels (Abb. 8.10).

Die Bakterien können dann weiter in das Urothel eindringen und es kommt zu einer Freisetzung verschiedener Proteine und damit zur Bildung einer Steinmatrix mit langsamer Mineralisation durch Struvit und Karbonatapatit. Liegen bei einem solchen Konkrement nur geringe mineralische Anteile vor, so spricht man von „Matrixsteinen". Ein weiterer Faktor der Steinbildung ist eine gleichzeitig vorliegende Abflußbehinderung, die zu einer

Tabelle 8.4 Zusammenstellung der Krankheiten, die eine vermehrte Ausscheidung steinbildender Substanzen fördern.

	Serum	**Harn**
Prim. Hyperparathyreoidismus	Ca↑, P↓, Parathormon↑	Ca↑, P↑, spezif. Gewicht↓
Normokalzäm. Hyperkalziurie:		
Renale Form		Ca↑ auch im Nüchternharn
Absorptive Form		Ca im Nüchternharn normal
Immobilisation		Ca↑
Vit. D-Überdosierung	Ca↑	Ca↑
Neoplasie	Ca (↑)	Ca (↑)
Sarkoidose		
Hyperoxalurie		Oxalsäure↑
Renale tubuläre Azidose	K↓, Bicarbonat (↓)	ph↑, Ca↑
Gicht	Harnsäure↑	ph↓, Harnsäure (↑)
Zystinurie		Zystin (Arginin, Lysin, Ornithin)↑

Änderung der Harnstromdynamik und damit zu einer verminderten Ausschwemmung von Kristallen und Bakterien führt.

8.3 Symptomatik der Harnsteine

Die Symptomatik von Harnsteinen ist abhängig von ihrer Lage und Beweglichkeit. Parenchymsteine sind meist symptomlos und werden häufig zufällig entdeckt. Ruhende Kelch- oder Nierenbeckensteine verursachen nur geringe Beschwerden im Sinne eines unbestimmten Druckgefühls in der Flanke. Durch Schleimhautirritation können sie eine Mikro- oder Makrohämaturie hervorrufen. Beim Übertritt eines Konkrementes vom Kelchsystem in das Nierenbecken oder von dort in den Harnleiter kann es zum Auftreten einer Nierenkolik kommen. Die Kolik beginnt in der Flanke und strahlt in Richtung Harnleiter aus. Falls sich der Stein im Kelchhals oder am pyeloureteralen Übergang verklemmt, kann es zur Abflußbehinderung und zum Auftreten eines Hydrokalix bzw. einer Hydronephrose kommen. Form und Größe der Nierensteine können stark variieren. Die Größe reicht vom stecknadelkopfgroßen, im Sonogramm oder Röntgenbild gerade noch nachweisbaren Kelchstein, über den Nierenbeckenstein bis zum großen Ausguß-, bzw. Korallenstein, wobei sich die Symptomatik oft umgekehrt zur Größe verhält. Ausgußsteine werden oft erst aufgrund einer Hämaturie oder eines Harnwegsinfektes symptomatisch. Sie führen zwar selten zu Abflußbehinderungen, jedoch zu einer chronischen Pyelonephritis mit Parenchymverlust. Bei Erkrankung beider Nieren kann es zur Urämie kommen.

Auch Harnleitersteine entstehen in der Niere. Auf dem Weg nach distal muß das Konkrement die **physiologischen Engen des Harnleiters** passieren:

- Pyeloureteraler Übergang
- Überkreuzung der Iliacalgefäße
- Einmündung des Harnleiters in die Blasenwand.

Die Symptomatik ist gekennzeichnet durch plötzlich einsetzende kolikartige Schmerzen, die in der Flankengegend beginnen und abhängig von der Lage des Steines bis in die Hoden bzw. in die Vulva ausstrahlen können. Durch Einklemmung des Steines im Harnleiter tritt eine lokale Irritation der Schleimhaut und der Nervenrezeptoren ein. Bedingt durch Stein und Schleimhautödem wird der Urinabfluß behindert, durch die Dehnung des Harnleiters werden die afferenten schmerzleitenden Fasern der Nervi splanchnici gereizt. Über zentrale Rückkopplungseffekte tritt eine Beeinträchtigung der Psyche auf. Der Patient ist unruhig und bewegt sich ständig hin und her. Durch renale Freisetzung von Prostaglandinen kommt es zu einer verstärkten Nierendurchblutung und einer verminderten Wirksamkeit von ADH mit nachfolgendem Anstieg des Filtrationsdruckes und der Diurese. Viscero-viscerale Reflexe führen zu einer Beeinträchtigung der Magen-Darm-Motorik mit Brechreiz und Obstipation. Die anfänglich erhöhte Uretermotorik flacht nach einer gewissen Zeit ab, wobei jedoch ein erhöhter Tonus bestehen bleibt. Die Dauer einer Harnleiterkolik reicht von wenigen Minuten bis zu Stunden. Bei prävesikal gelegenen Konkrementen klagen die Patienten häufig über vermehrten Harndrang und Pollakisurie. Eine Makro- oder Mikrohämaturie kann im Rahmen der Kolik auftreten. Die pathologischen Veränderungen durch den Harnleiterstein sind abhängig von Ausmaß und Dauer der Obstruktion sowie vom Vorhandensein eines Harnwegsinfektes (Abb. 8.11). Eine inkomplette Obstruktion ohne Harnwegsinfekt führt auch bei längerem Bestehen zu keinem bleibenden Schaden. Auch bei kompletter Obstruktion produziert die Niere weiterhin Urin, der über Lymphbahnen teilweise abtransportiert wird. Nach kurzer Zeit kommt es jedoch zu einem Absinken der Nierendurchblutung, der glomerulären Filtration und des intrapelvinen Druckes; schon nach wenigen Wochen beginnt sich eine hydronephrotische Nierenatrophie zu entwickeln. Durch den verminderten Auswascheffekt wird auch das Auftreten eines Harnwegsinfektes begünstigt. Durch die Kombination von Stauung und Infektion kann es zum Einschwemmen von Erregern in die Blutbahn und zum lebensbedrohlichen Bild einer Urosepsis kommen. Bei Obstruktion, geringer Virulenz der Erreger und entsprechender Abwehrlage bleibt die Infektion auf die Niere begrenzt und es entwickelt sich eine Pyonephrose.

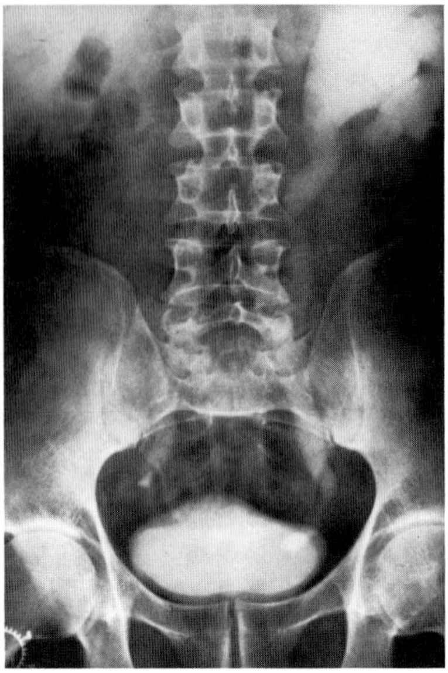

Abb. 8.11 Distaler Ureterstein beiderseits. Links Stauung Emmett III, rechts Stauung Emmett V.

8.4 Diagnostik

Die Anamnese (wiederholte Steinabgänge, Gicht, Medikamente etc.) gibt Hinweise auf die Ursache des Steinleidens. Bei der bimanuellen Untersuchung kann das Nierenlager bei Harnstauung oder Pyelonephritis druckschmerzhaft sein. Im Urin liegt fast obligat eine Mikro- bis Makrohämaturie und seltener eine Leukozyturie vor. Die Ultraschalluntersuchung weist auf das Vorliegen einer Harnstauung und eventuell zusätzliche entzündliche Reaktionen im Nierenparenchym hin. Die sonographische Untersuchung zeigt den typischen Befund einer echoreichen Struktur mit dorsaler Schallauslöschung. Auf der Abdomenübersichtsaufnahme kann der Verdacht auf ein schattengebendes Konkrement geäußert werden, differentialdiagnostisch kommen Phlebolithen, verkalkte Lymphknoten und andere intraabdominelle Verkalkungen in Betracht. Harnsäuresteine sind nicht schattengebend und entgehen der Diagnose auf der Abdomenübersicht; im Urogramm sind sie als Kontrastmittelaussparung zu erkennen (Abb. 8.12).

Zystinsteine sind gering schattengebend, Struvitsteine sind mittelgradig schattengebend und Kalziumphosphat- und Kalziumoxalatsteine sind stark schattengebend (Abb. 8.13). Die Diagnostik der Steinarten im Röntgenbild wird jedoch dadurch erschwert, daß meist mehrere Komponenten in einem Stein vorliegen.

Das Urogramm sollte jedoch nicht innerhalb einer Kolik durchgeführt werden, da das Kontrastmittel eine osmotische Diuresesteigerung herbeiführt und zur Zunahme der Symptomatik führen kann. Im Urogramm können Größe, Form, Lage und Funktionsfähigkeit der Nieren sowie Größe, Zahl und Lage der Nieren- oder Harnleitersteine bestimmt wer-

a

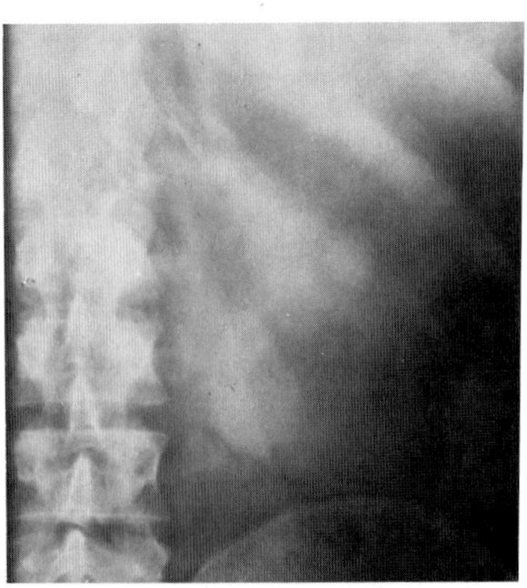

b

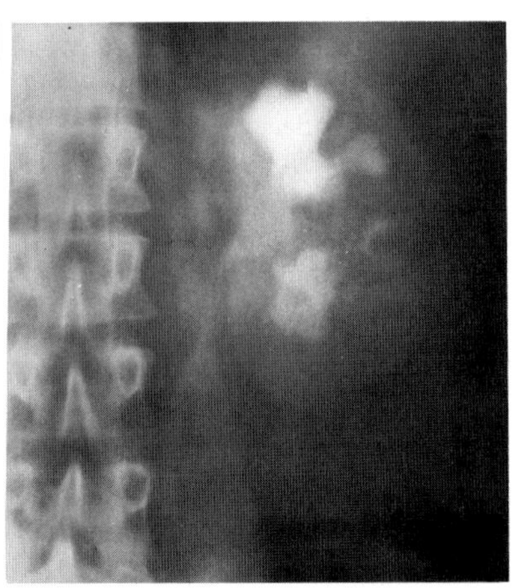

Abb. 8.12 a, b Leeraufnahme (**a**) und Infusionsnephrotomogramm (**b**) bei nicht schattengebendem Nierenbeckenkelchstein der linken Niere mit Stauung. Steinanalyse: Harnsäurestein.

den. Bei einer Stauung und mangelhafter Kontrastmittelausscheidung können das Nierenhohlsystem und der betroffene Harnleiter durch eine retrograde Ureteropyelographie zur Darstellung gebracht werden.

Die Veränderungen von Kalzium, Phosphat und Harnsäure im Serum und Urin orientieren bereits über die möglichen zugrundeliegenden Krankheiten.

Normwerte:

Im Serum:

Ca	8,6 –10,5	mg / 100 ml
	(SI: 2,15– 2,65	mmol/l)
Ph	2,5 – 4,5	mg / 100 ml
	(SI: 0,8 – 1,4	mmol/l)
Hs	2 – 7	mg / 100 ml
	(SI: 0,1 – 0,4	mmol/l)

Im Urin (normale 24-Stunden-Exkretion):

Ca	200 mg (SI: 5 mmol)
Ph	1000 mg (SI: 30 mmol)
Hs	500 mg (SI: 3 mmol)

Differentialdiagnose

Differentialdiagnostische Schwierigkeiten bieten Parenchymverkalkungen (Abb. 8.14).

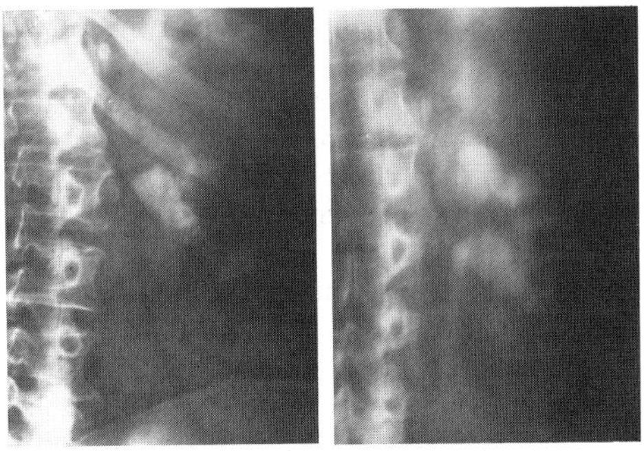

a b

Abb. 8.13 a, b Nierenbeckenkelchstein links mit Stauung, Leeraufnahme (**a**), Nephrotomogramm (**b**). Steinanalyse: Struvit.

Bei Verdacht auf einen nicht schattengebenden Harnsäurestein muß differentialdiagnostisch an Tumor, Blutkoagel oder nekrotische Papillen gedacht werden.

Kommt es bei der Durchführung eines Urogramms nicht zur Darstellung einer Niere,

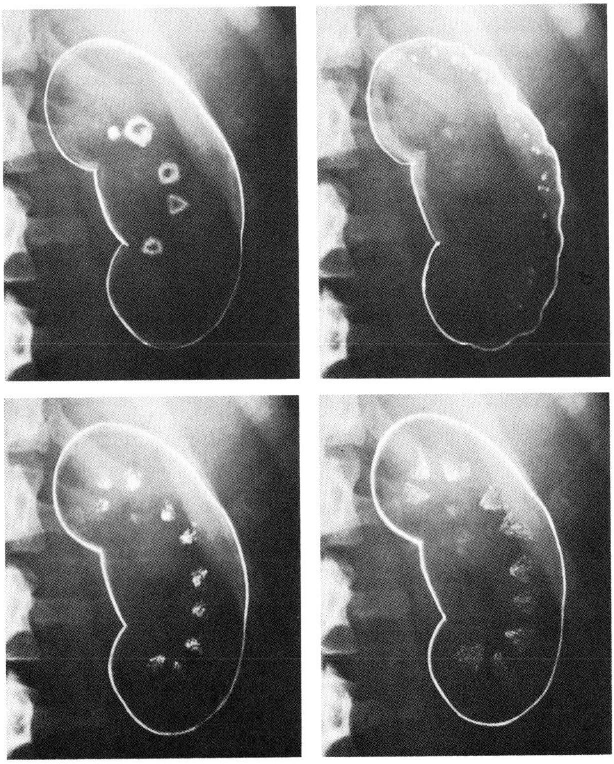

a b c d

Abb. 8.14 a–d Häufige Ursachen von Parenchymverkalkungen.
a Renale tubuläre Azidose
b Glomerulonephritis
c Papillennekrose
d Markschwammniere

müssen zunächst Spätaufnahmen bis zu 24 Stunden durchgeführt werden. Ist auch in Spätaufnahmen keine Kontrastmittelausscheidung auf der betroffenen Seite nachweisbar, ist von einer röntgenologisch funktionslosen Niere auszugehen. Differentialdiagnostisch kann eine Nierenaplasie sonographisch ausgeschlossen werden. Als Ursache einer röntgenologisch funktionslosen Niere kommen Nierengefäßverschlüsse, intrarenale Prozesse wie Tumoren und Entzündungen (z.B. Tbc) sowie eine lang bestehende Abflußbehinderung, die zum Parenchymuntergang geführt hat, in Betracht. Bei der Abflußbehinderung kommen intra- und extraureterale Prozesse in Betracht. Die weitere Abklärung erfolgt zunächst durch Sonographie, bei unklarem Befund durch Computertomographie, Magnetresonanztomographie und bei Verdacht auf einen Befund im Hohlsystem durch eine retrograde Ureteropyelographie.

Differentialdiagnose bei Steinkolik (s. Kap. 15.2).

8.5 Therapie

Die Akutbehandlung der Steinkolik zielt auf die Schmerzausschaltung und Wiederherstellung des Wohlbefindens des Patienten (s. Kap. 15.2).

Mehr als 80 % aller Steine kommen spontan zum Abgang. Ein Spontanabgang ist bei einer Steingröße über 1 cm kaum zu erwarten. Neben der Größe des Steines ist die Dauer der Einklemmung wichtig. Hat ein von der Größe her abgangsfähiges Konkrement seine Position innerhalb von 4 Wochen nicht verändert, ist mit einem Spontanabgang nicht mehr zu rechnen (Abb. 8.15).

Ein wichtiges Kriterium ist das Ausmaß der Harnstauung. Bei ausgeprägter Dilatation des Hohlsystems ist eine Therapie nötig, wenn nicht innerhalb von 2 Wochen ein Spontanabgang des Konkrementes zur Normalisierung der Abflußverhältnisse führt.

Beim fieberhaften Harnwegsinfekt mit Leukozytose und Flankenschmerzen muß umgehend interveniert werden, da trotz Antibiotikagabe die Gefahr einer Urosepsis droht. Neben diesen objektiven Kriterien sind das Schmerzempfinden des Patienten, die Häufigkeit seiner Koliken sowie Beruf u.a. zu berücksichtigen.

Die konservative Therapie beim abgangsfähigen Harnleiterstein ohne Nachweis eines Harnwegsinfektes und geringer Harnstauung zielt auf Schmerzfreiheit des Patienten und die Ermöglichung des spontanen Steinabganges. Es werden Spasmoanalgetika mit peripherer und zentraler Wirkung eingesetzt. Zur raschen Kupierung einer Kolik sollten diese Medika-

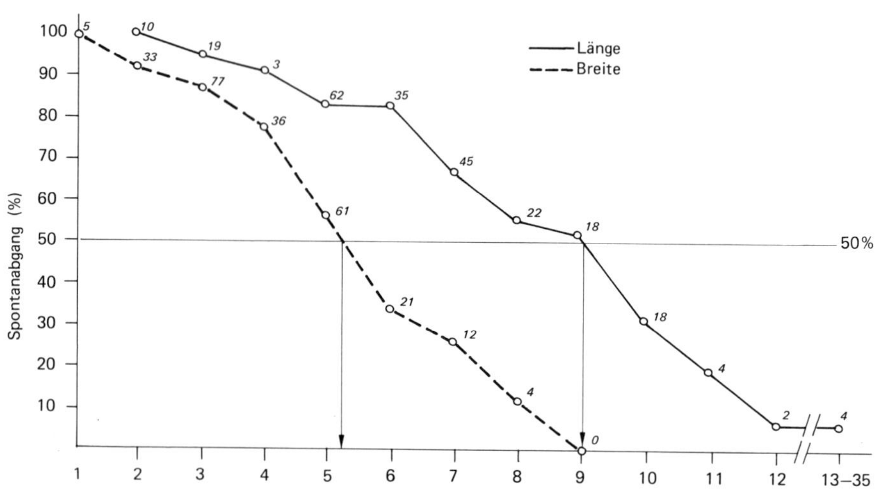

Abb. 8.15 Beziehung zwischen Steingröße und spontaner Abgangsfähigkeit (%). Von Steinen, die 5 mm breit und 9 mm lang sind, ist noch bei jedem 2. Patienten ein Spontanabgang zu erwarten. Die Zahlen beziehen sich auf die Beobachtungszahl pro Größe (mod. nach *Ueno*, 1977).

mente intravenös appliziert werden. Zusätzlich können Prostaglandinsynthesehemmer (z.B. Diclophenac oder Indometazin) verwandt werden.

Nach Abklingen der akuten Symptomatik sollte die Spasmoanalgesie fortgesetzt werden, um den Patienten schmerzfrei zu halten und eine für den Steintransport notwendige normale Harnleiterperistaltik zu ermöglichen. Zusätzliche Maßnahmen bestehen in ausreichender Flüssigkeitszufuhr und körperlicher Bewegung.

Bei ausbleibendem spontanen Steinabgang stehen die Stoßwellentherapie (ESWL), Schlingenextraktion, ureteroskopische oder perkutane Steinentfernung und die offen-operative Entfernung zur Verfügung. Durch Einführung der Stoßwellentherapie und der perkutanen Nephrolithotomie (PNL) ist die offene operative Entfernung von Nieren- oder Harnleitersteinen selten geworden (3 bis 5% der Fälle); die Indikation hierzu stellt sich bei Steinen in dystopen Nieren (z.B. Beckennieren) und bei Patienten, bei denen ein Abflußhindernis gleichzeitig mit der Steinsanierung behandelt werden muß (z.B. Kelchhalsstenose, Nierenbeckenabgangsstenose, Harnleiterstriktur); (Abb. 8.16).

Die intraoperative Suche bei kleinen Kelchsteinen kann mittels eines Pyeloskops erfolgen, mit dem die einzelnen Kelche visuell inspiziert werden. Die Lokalisation von Steinen, die mittels einer Nephrotomie entfernt werden müssen (bei einem Mißverhältnis zwischen Steingröße und Kelchhals), gelingt durch das Aufsetzen einer Ultraschallsonde auf die freigelegte Nierenoberfläche. Um die Verletzung größerer Gefäße bei der Nephrotomie zu vermeiden, können diese ebenfalls mittels Ultraschall nach dem Doppler-Prinzip geortet werden.

1980 wurden erstmals Patienten mit Nierensteinen durch ESWL behandelt (*Chaussy* und Mitarbeiter). Bei diesen Verfahren werden Stoßwellen unter Wasser durch Funkenentladung erzeugt, über ein Halbellipsoid reflek-

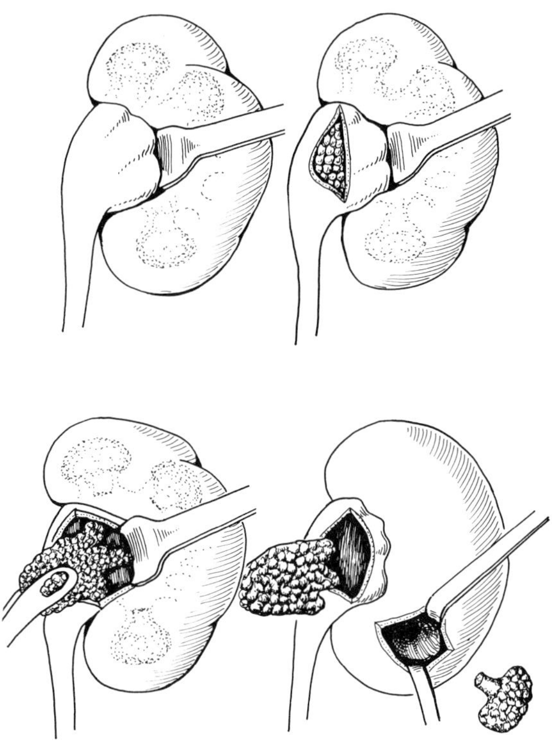

Abb. 8.16 Prinzip der Pyelo-Kalikotomie nach Freipräparation der Kelchhalsabgänge im Nierenhilus. Ein zurückgebliebener Kelchstein wurde durch gezielte Nephrotomie (untere Bildhälfte) entfernt.

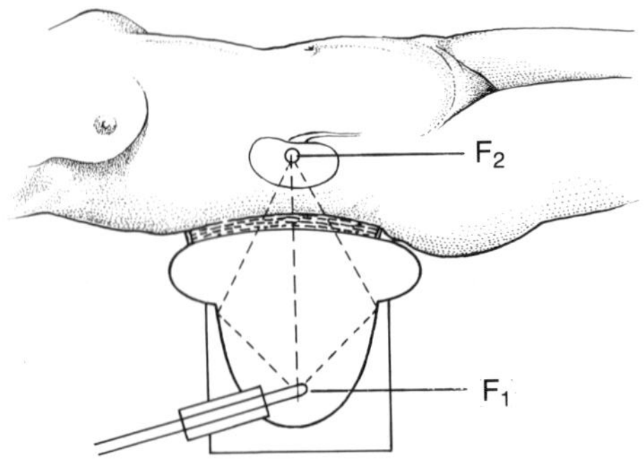

Abb. 8.17 Schematische Darstellung der extrakorporalen Stoßwellentherapie. Erzeugung einer Stoßwelle im 1. Brennpunkt (F_1) eines Halbellipsoids und Fokussierung am Stein (= 2. Brennpunkt F_2).

tiert und in einem zweiten Brennpunkt fokussiert (Abb. 8.17).

Wenn Steine in diesen Brennpunkt gebracht werden, kommt es zu einer Desintegration durch Druck-, Zug- und Scherkräfte. Der Patient mußte bei der ersten Generation von Lithotriptern hierzu in einem Wasserbad gelagert werden. Mittels Röntgenortung wurde der Stein in den Fokus der Stoßwellen plaziert. Inzwischen ist eine zweite und dritte Generation von Lithotriptern entwickelt worden, die Stoßwellen durch elektromagnetische oder piezoelektrische Elemente erzeugen. Die Fokussierung erfolgt bei der Funkenentladung unter Wasser über Reflektion an einem Halbellipsoid, bei den elektromagnetischen Elementen durch Bündelung über eine akkustische Linse und bei piezoelektrischen Elementen durch eine entsprechende parabolische Anordnung. Die Einleitung der Stoßwellen in den Körper erfolgt meist über ein Wasserkissen und auf die Haut aufgetragenes Gel, wobei ein geringer Energieverlust gegenüber der Lagerung des Patienten in einem Wasserbad in Kauf genommen werden muß. Die Steinortung erfolgt weiterhin mittels Röntgenstrahlen in zwei Ebenen oder mit Ultraschall. Die Ultraschallortung bietet neben der Darstellung von nicht schattengebenden Konkrementen den Vorteil, daß der Prozeß der Steindesintegration während der ESWL-Therapie permanent beobachtet werden kann. Nachteile sind die problematische Ortung von Harnleitersteinen und die gegenüber dem Röntgenbild erschwerte Beurteilung des Desintegrationsgrades der Konkremente. Die ESWL-Behandlung erfolgt in Sedoanalgesie oder komplett schmerzfrei. Die durchschnittliche Behandlungszeit beträgt etwa 40 Minuten, die Stoßwellenzahl pro Behandlung liegt zwischen 2500 und 3500. Der Stein sollte möglichst komplett desintegriert werden, damit die Steinpartikel beschwerdearm über Harnleiter und Blase abgehen können. Etwa 20 % der so behandelten Patienten haben mit kolikartigen Schmerzen zu rechnen. Oft bleiben die Desintegrate als sogenannte „Steinstraße" im distalen Harnleiter über längere Zeit nachweisbar. Bei größeren Steinen bzw. multiplen Steinen wird häufig ein Doppel-J-Ureterkatheter plaziert, um eine durch abgehendes Steinmaterial bedingte Abflußbehinderung der Niere zu verhindern. Bei kompletten Ausgußsteinen werden die erreichbaren Steinanteile durch eine perkutane Nephrolithotomie (PNL) entfernt und Reststeine durch die ESWL desintegriert. Zystinsteine sind aufgrund ihrer Elastizität durch die ESWL kaum zu desintegrieren, so daß die Entfernung hier meist durch PNL erfolgt.

Die Komplikationen der extrakorporalen Stoßwellenlithotripsie sind gering, die Inzidenz klinisch relevanter intra- oder perirenaler Hämatome liegt unter 1 %. Kurzfristige geringgradige Störungen der glomerulären und tubulären Funktion sind möglich, so läßt sich eine erhöhte Ausscheidung von Alpha-2-Makroglobulin und Beta-2-Mikroglobulin nach ESWL-Therapie nachweisen. Kurzfristige sonographische Befundkontrollen nach ESWL sind notwendig, um eine stärkere Obstruktion durch die Desintegrate auszuschließen. Die Erfolgsrate der ESWL-Behandlung ist abhängig von der Steingröße, der Steinart, der Lokalisation und der Abflußverhältnisse der betroffenen Niere. Oft dauert es mehrere Monate, bis alle Desintegrate vollständig abgegangen sind. Etwa 80 bis 90 % der so behandelten Patienten sind jedoch nach 3 Monaten steinfrei.

Die Indikation für die perkutane Nephrolitholapaxie wurde in den letzten Jahren zu Gunsten der ESWL eingeschränkt. Der Indikationsbereich liegt jetzt bei Steinen mit gleichzeitiger Obstruktion von Kelchhals, Nierenbecken oder Harnleiter. Bei großer Steinmasse kann die PNL als Zusatzverfahren

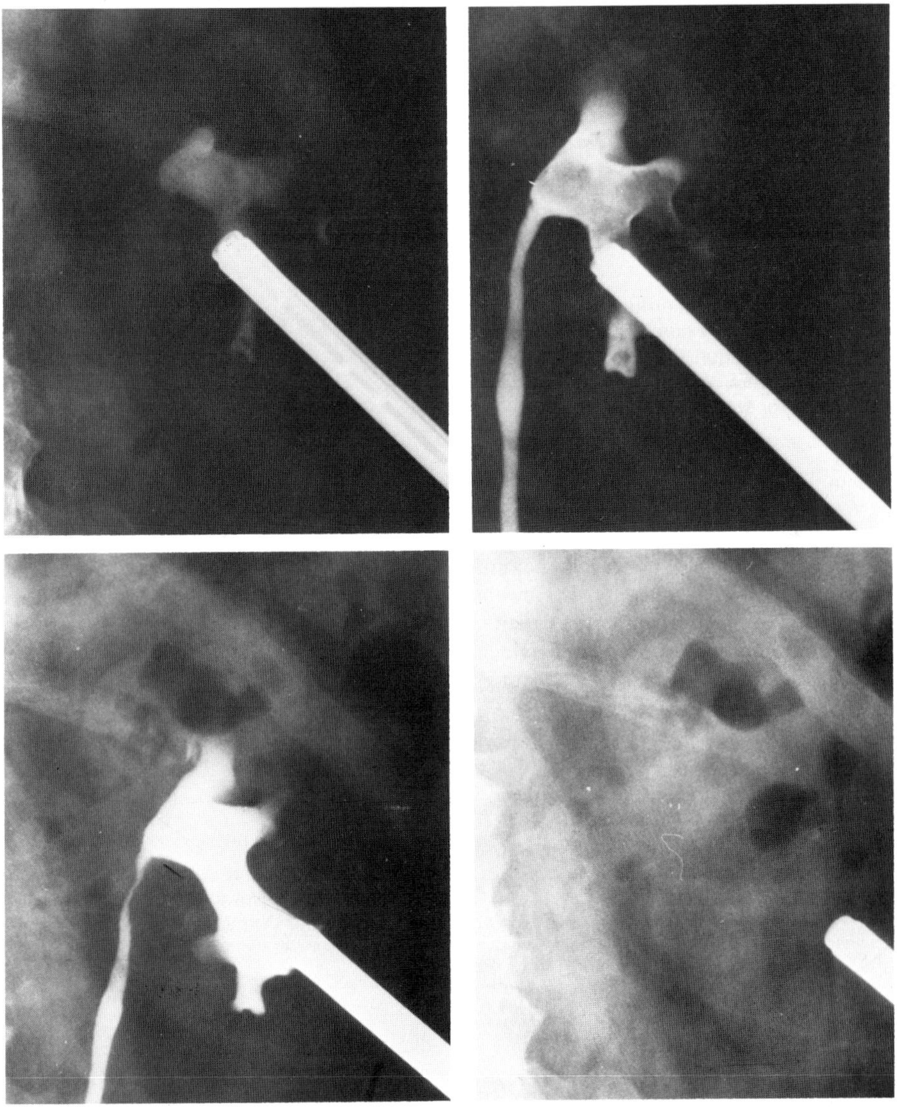

a b c d

Abb. 8.18 a–d Perkutane Nephrolitholapaxie eines partiellen Ausgußsteines der linken Niere.
a Leeraufnahme nach perkutaner Punktion des unteren Kelches und Bougierung.
b Antegrade Pyelographie mit steinbedingtem Füllungsdefekt.
c Pyelographie mit Steinzertrümmerung und Entfernung.
d Leeraufnahme zeigt nur noch 2 x 2 mm großes Restkonkrement, das herausspülbar war.

in Ergänzung zur ESWL angewendet werden (Abb. 8.18, 8.19, 8.20).

Auch beim Harnleiterstein sollte zunächst versucht werden, das Konkrement durch ESWL zu therapieren. Beim hohen Harnleiterstein besteht die Möglichkeit, den Stein durch Einlage eines Ureterkatheters ins Nierenbecken zu verlagern und ihn dort durch ESWL zu desintegrieren (push and smash). Gelingt dies nicht, kann der Stein ureteroskopisch therapiert werden, wobei zur Desintegration die Ultraschall- oder die Laserlithotripsie zur Verfügung stehen. Hierbei kommen Farbstofflaser mit einer Wellenlänge von

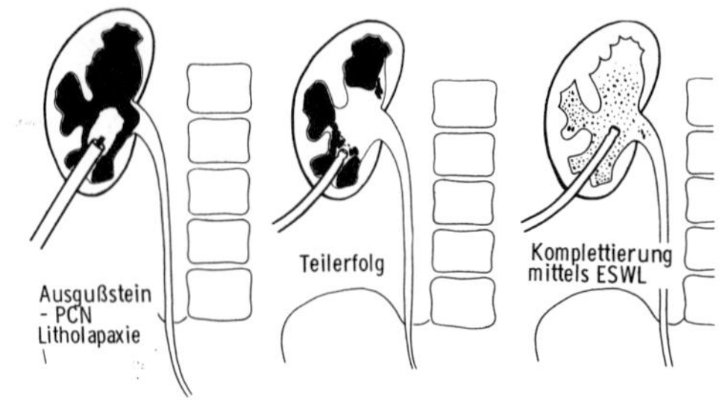

Abb. 8.19 Teilweise Entfernung eines Ausgußsteines der rechten Niere durch perkutane Nephrolitholapaxie. Nach Legen einer Nephrostomie wird der Reststein per ESWL desintegriert und abgesaugt (nach *Miller* et al., 1985).

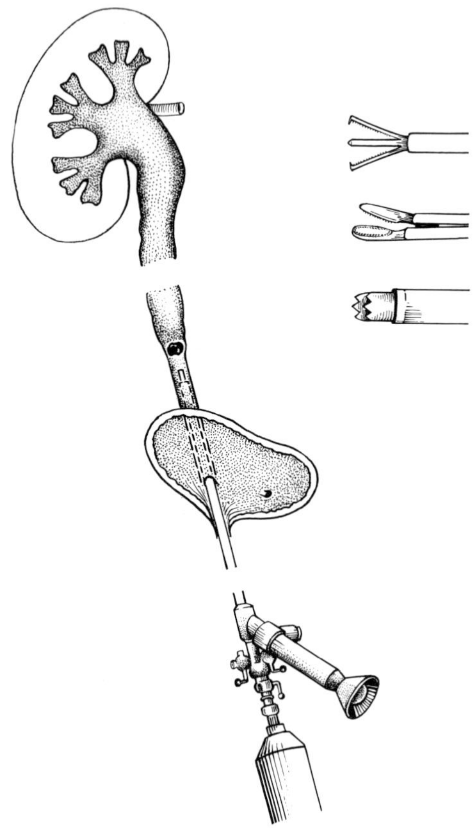

Abb. 8.21 Endoureterale Ultraschall- oder Laserlithotripsie. Steinfragmente werden mit Steinfaßzangen oder Dormiakorb extrahiert.

504 nm und ND-YAG-Laser mit einer Wellenlänge von 1064 nm zum Einsatz. Bei einer Impulsdauer im Bereich von Mikro- bis Nanosekunden und einer Frequenz von maximal 20 Hz kommt es nicht zu thermischen Gewebsschädigungen am umgebenden Harnleiter. Am Grenzbereich zwischen Steinoberfläche und der flüssigen Umgebung ist die Leistungsdichte des Laserlichtes so hoch, daß ein Teil der Flüssigkeit verdampft und eine kleine plasmagefüllte Blase entsteht, die pulsiert und Stoßwellen ausstrahlt. Treffen diese laserinduzierten Stoßwellen auf das Konkrement, treten so große Druck- und Zugspannungen auf, daß es zur Desintegration des Steines kommt (Abb. 8.21).

Der Einsatz von Schlingen zur Steinextraktion ist heute seltener geworden (Abb. 8.22). Diese soll nur bei Steinen im unteren Harnleiterdrittel und Fehlen einer Infektion gelegt werden. Wenn der Stein nicht sehr mobil ist, wird die Schlinge über Tage bei gleichzeitig zunehmender Gewichtsbelastung belassen.

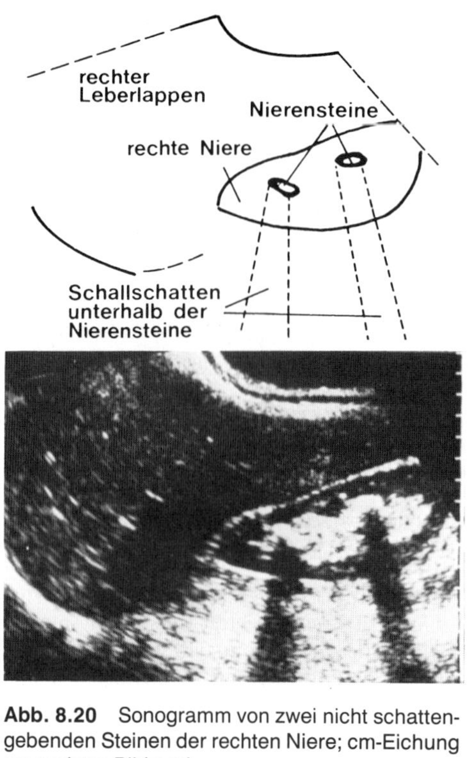

Abb. 8.20 Sonogramm von zwei nicht schattengebenden Steinen der rechten Niere; cm-Eichung am rechten Bildrand.

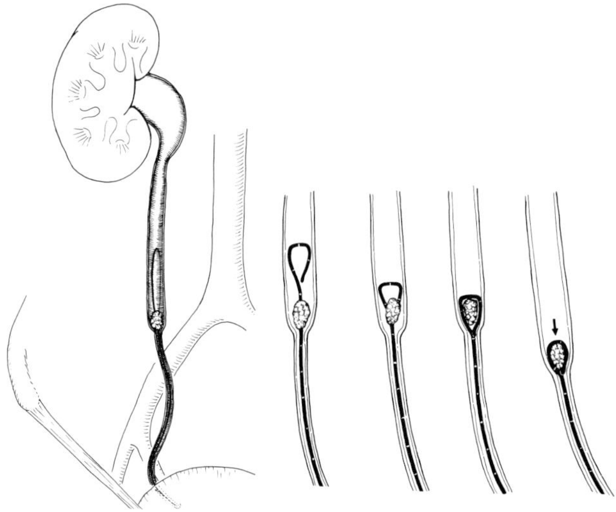

Abb. 8.22 Prinzip der Steinextraktion mit der Zeiss-Schlinge.

Ergebnis der Konsensuskonferenz, Prävention und Behandlung des Nierensteins, August 1988

Therapieempfehlungen:

- Stein < 2 cm: ESWL
- Stein > 2 cm: perkutane Nephrolithopaxie, anschließend ESWL der Restkonkremente unter Belassen der Nephrostomie, abschließend falls nötig Ausspülen oder Entnahmen von desintegrierten Steinfragmenten unter Sicht.
- Bei komplexer Anatomie, Obstruktion, Ausgußsteinen mit gleichzeitig bestehendem Infekt: Offen operative Behandlung mit gleichzeitiger Therapie der Obstruktion.
- Zystinsteine: Bevorzugt perkutane Nephrolithopaxie.
- Tiefer Harnleiterstein: Bevorzugt endourologische Behandlung, ggfs. ESWL.
- Bemerkung: Die Langzeitwirkungen der ESWL auf die Niere sind nicht sicher bekannt. Die Indikation sollte daher streng gestellt werden. Die ESWL ist kein Ersatz für eine gezielte Prävention.

Litholyse

Die Auflösung von Harnsteinen durch orale Verabreichung von Medikamenten gelingt nur beim *Harnsäure-* und *Zystinstein.* Bei einem pH-Wert im Urin von 6,8 bis 7 kommt es zur vollständigen Dissoziation der Harnsäure zum gut löslichen Urat. Dies wird therapeutisch genutzt, indem man durch Verabreichung harnalkalisierender Stoffe, wie Zitraten, den Harn-pH auf diesen Wert anhebt. Bei einer vermehrten Ausscheidung von Harnsäure (> 900 mg; SI = 5,35 mmol) sollte Allopurinol verabreicht werden. Mit diesen Maßnahmen und zusätzlicher Diuresesteigerung gelingt es, auch größere Steine aufzulösen. Bei Vorliegen eines Infektes muß dieser zuerst behandelt werden, weil es sonst durch die Alkalisierung des Harnes zur Phosphatsteinbildung kommen kann. Desgleichen sind regelmäßige Harnkontrollen während der Therapie unerläßlich.

Zystinsteine lassen sich durch alleinige Alkalisierung meist nicht auflösen, da zu große Mengen an Zystin ausgeschieden werden. Der Anstieg der Löslichkeit bei pH-Werten ab 7,5 wird jedoch zur Rezidivprophylaxe ausgenutzt und der Harn-pH durch die Gabe von Natriumbikarbonat auf diesen Wert eingestellt. Eine Steinauflösung wird durch die Gabe von Penicillamin oder besser Thiola (6-Mercaptopropionyl-glycin) erzielt. Diese Medikamente führen zu einer Verminderung der Zystinausscheidung, indem sie mit Zystin (zusammengesetzt aus 2 Molekülen Zystein)

(Thiol)		(Zystin)		(Disulfid)		(Zystein)
R'–SH	+	R–S–S–R	=	R'–S–S–R	+	R–SH
löslich		schlecht löslich		löslich		löslich

Abb. 8.23 Thiol-Disulfid-Austauschreaktion.

reagieren und sich mit jeweils einem Molekül Zystein verbinden (Thiol-Disulfid-Austauschreaktion Abb. 8.23). Die ausgeschiedenen Substanzen, nämlich Zystein und das Kopplungsprodukt von Medikament plus Zystein, sind um ein Vielfaches besser löslich. Zur Steinauflösung muß die Zystinausscheidung auf Werte unter 100 mg/l gesenkt werden; zur Rezidivprophylaxe reicht bereits eine Einstellung auf 200 mg/l aus.

Unter der instrumentellen Chemolyse versteht man die direkte Spülung eines Steines im Nierenbecken zum Zwecke der Auflösung. Der Nachteil liegt darin, daß ein Fremdkörper eingeführt werden muß, sei es eine Nephrostomie oder ein doppelläufiger Ureterkatheter, und dadurch die Gefahr der Keimeinschleppung besteht. Seit Einführung der ESWL hat dieses Verfahren fast keine Indikation mehr. Es kommt noch selten die Spülung mit Bikarbonatlösung bei Harnsäuresteinen in Betracht.

8.6 Abklärung der Steingenese

Bei der Abklärung der Steinätiologie muß zwischen Erst- und Rezidivsteinträgern unterschieden werden. Bei Erststeinträgern ist nur ein minimales Untersuchungsprogramm erforderlich, da die Wahrscheinlichkeit, die Ursache der Steinbildung aufzudecken, gering ist. Bei Kindern, Rezidivsteinträgern, Patienten mit multiplen Steinen oder Nephrokalzinose, ist ein vollständiges Abklärungsprogramm notwendig.

Zusammenfassung der Konsensuskonferenz, Prävention und Behandlung des Steinleidens, August 1988

Abklärungsprogramm beim Erststeinträger

- Steinanalyse: Röntgendiffraktionsanalyse oder Infrarotspektroskopie.
- Anamnese: Beurteilung von Trinkmenge, Urinvolumen, klimatischen Verhältnissen, begleitender Medikation, vorangegangener Steinbehandlung, familiärer Disposition, beruflicher Situation.
- Untersuchung: Neben der körperlichen Untersuchung, Sonographie und Urogramm sollten ein Malignom, Skeletterkrankung, entzündliche Darmerkrankungen, ein Darmbypass und eine Harnwegsinfektion ausgeschlossen werden.
- Urinstatus und Sediment sowie mikrobiologische Urinuntersuchung.
- Serumanalyse: Kalzium, Phosphor, Harnsäure, Elektrolyte und Kreatinin.

Zusätzlich werden bei **Rezidivsteinträgern, Kindern und speziellen Laborkonstellationen** folgende Untersuchungen notwendig:

- 24 Std.-Sammelurin: Bestimmung des Volumens, pH, Kalzium, Phosphat, Natrium, Harnsäure, Oxalat, Zitrat und Kreatinin (diese Untersuchung dient auch in der Nachsorge zur Therapiekontrolle).
- Bei Nachweis einer Hyperkalziurie wird das Parathormon bestimmt. In Abhängigkeit von den Ergebnissen wird in seltenen Fällen ein oraler Kalziumtest sowie die Bestimmung von Inhibitoren der Steinbildung im Urin notwendig. Eine derartige Abklärung sollte frühestens zwei Monate nach der Therapie erfolgen.

Abklärung der Hyperkalziurie

Bei der Hyperkalziurie beträgt die Kalziumausscheidung in 24 Stunden bei der Frau mehr als 250 mg, beim Mann mehr als 300 mg. Die weitere Abklärung unterscheidet in absorptiv, resorptiv und renal. Die Patienten erhalten 3 Tage eine kalziumarme Diät, d.h. die vollständige Einschränkung von Milch und Milchprodukten. Am 4. Tag bleiben die Patienten in der Nacht nüchtern. Am 5. Tag erfolgt über 2 Stunden eine Sammlung des Urins zur Bestimmung von Kalzium, Phosphat und Kreatinin. Gleichzeitig werden im Serum, Kalzium, Phospat und Kreatinin ggfs. Parathormon bestimmt. Anschließend erfolgt eine Kalziumbelastung, z.B. durch Zufuhr von 1000 bis 2000 mg Kalzium als Brausetablette sowie eine anschließende Urinsammelperiode über 4 Stunden und Bestimmung der o.a. Laborparameter.

Die absorptive Hyperkalziurie resultiert aus einer Aufnahme des Nahrungskalziums über den Darm und einer Ausscheidung über den Urin. Um die Bestimmung des Kalziumwertes im Urin von Harnvolumen und Trinkmenge unabhängig zu messen, wird der Kalziumkreatininquotient bestimmt. Er sollte in der Nüchternperiode bei der absorptiven Hyperkalziurie weniger als 0,11 und nach oraler Kalziumbelastung mehr als 0,30 betragen. Die Serumparameter sind bei der absorptiven Hyperkalziurie unauffällig.

Bei der renalen und resorptiven (ossären) Form der Hyperkalziurie beträgt der Kalziumkreatininquotient nüchtern mehr als 0,11. Bei der resorptiven Form der Hyperkalziurie sind die Serumparathormone in der Regel erhöht.

Bei Verdacht auf eine resorptive Hyperkalziurie muß ein primärer Hyperparathyreoidismus ausgeschlossen werden. Verbindlich ist die Untersuchung des Serum-Kalziums, des Parathormons und des Kalzium/Kreatininquotienten im Urin. In der Beckenkammbiopsie ist beim primären Hyperparathyreoidismus eine Fibroosteoklasie zu finden. Die Sonographie bzw. Computertomographie der Schilddrüse ggfs. des Mediastinums führt bei entsprechender Laborkonstellation den Nachweis von Nebenschilddrüsenadenomen. Auch bei normalen bildgebenden Verfahren kann jedoch eine operative Exploration der Nebenschilddrüse notwendig werden.

Abklärung der renalen tubulären Azidose

Vor allem bei Rezidiven von Kalziumammoniumphosphatsteinen (Infektsteine) muß eine renale tubuläre Azidose ausgeschlossen werden. Sie ist gekennzeichnet durch eine hyperchlorämische Azidose im Blut sowie eine erhöhte Urinausscheidung von Kalzium, Phosphat und Bicarbonat sowie die fehlende Möglichkeit den Harn anzusäuern ($pH > 5{,}4$).

Zur Abklärung erhalten die Patienten im nüchternen Zustand 0,1 g/kg KG Ammoniumchlorid gelöst in Fruchtsaft. Vor der Ammoniumchloridbelastung und in stündlichen Abständen über einen Gesamtuntersuchungszeitraum von 6 Stunden erfolgen Urin-pH-Messungen sowie eine Blutgasanalyse vor und drei Stunden nach der Ammoniumchloridgabe. Besteht eine renale tubuläre Azidose, kann der Urin nicht unter einen pH von 6 abgesenkt werden.

Abklärung der Hyperoxalurie

Eine Hyperoxalurie besteht bei einer Ausscheidung von mehr als 40 mg Oxalat pro Tag im 24-Std.-Urin. Der Oxalatbelastungstest dient zum Ausschluß einer enteralen Hyperoxalurie; dies ist von Bedeutung, da diese durch Medikamente (Diethylaminozellulose, Anionenaustauscher) und eine fettarme Diät günstig zu beeinflussen ist.

Tag 1: Kalzium- und oxalatarme Diät: Keine Milchprodukte, Rhabarber, Spinat, Tee, Kaffee, Vitamin C oder D, über 12 Std. Urin sammeln.

Tag 2: Am Vormittag 1 Liter Flüssigkeit mit 25 ml Oxalat einnehmen und über insgesamt 2 Std. Urin sammeln. Steigt die Oxalatausscheidung um mehr als 50 % des Ausgangswertes, ist eine enterale Form der Hyperoxalurie sehr wahrscheinlich.

8.7 Prophylaxe (Metaphylaxe)

Unter der Prophylaxe des Harnsteinleidens versteht man eine Rezidivprophylaxe oder besser Metaphylaxe, da es keine Möglichkeit gibt, einen potentiellen Steinträger zu erkennen. Bei der Metaphylaxe wird zwischen allgemeinen und speziellen medikamentösen Maßnahmen unterschieden.

Zusammenfassung der Konsensuskonferenz, Prävention und Behandlung des Steinleidens, August 1988

- Allgemeine Prophylaxe
  Wichtigste Maßnahme ist eine ausreichende Flüssigkeitszufuhr, um eine Verdünnung des Urins zu erreichen und eine mögliche Übersättigung mit steinbildenden Substanzen zu verhindern. Die Kon-

trolle erfolgt durch Messung der Urinmenge in 24 Stunden, die möglichst über 2 Liter liegen sollte. Besser ist die Bestimmung des spezifischen Uringewichtes mit Hilfe eines Urometers (unter 1015). Die Trinkmenge sollte über 24 Stunden verteilt werden, da auch nachts erhöhte Konzentrationen von steinbildenden Substanzen eintreten können.

- Gezielte Prophylaxe

  Harnsäuresteine findet man oft bei übergewichtigen Patienten, so daß eine Gewichtsreduktion anzustreben ist. Purinreiche Nahrungsmittel wie Innereien, Fleischextrakte, Sardinen usw. sollten vermieden werden. Geeignete Getränke sind Säfte von Zitrusfrüchten, da diese zu einer leichten Akalisierung des Urins führen. Bei erhöhtem Harnsäurespiegel sollte dieser durch Allopurinol gesenkt werden, bei mangelhafter Urinalkalisierung kann dieser medikamentös auf einen pH von 6,8 eingestellt werden.

Infektsteine (Tab. 8.5)

Die Prophylaxe der Infektsteine setzt eine komplette Steinsanierung voraus, ggf. ist eine antibiotische Langzeitbehandlung erforderlich, vor allem dann, wenn eine komplette Steinsanierung nicht möglich ist. Die Anwendung der Acetohydroxamsäureureasehemmer ist grundsätzlich sinnvoll, jedoch von starken Nebenwirkungen begleitet.

Bei **Kalziumphosphatsteinen** empfiehlt sich die Einschränkung stark kalziumhaltiger Speisen (z.B. Milch- und Molkereiprodukte). Eine Ansäuerung des Urins kann mit Ammoniumchlorid oder L-Methionin, einer schwefelhaltigen Aminosäure, erreicht werden. Diese Substanzen führen zu einer erhöhten Wasserstoffionensekretion im Tubulussystem. Der pH-Wert des Urins sollte dabei nicht über 6 liegen. Hierbei ist zu bebachten, daß einige Antibiotika und Sulfonamide im sauren Urinmilieu eine geringere Wirksamkeit aufweisen.

Zystinsteine

Wesentlich ist eine ausreichende Hydratation möglichst mit 4 Litern Flüssigkeitszunahme über 24 Stunden vor allem in der Nacht. Die Alkalisierung des Harns erfolgt ebenso wie beim Harnsäurestein z.B. mit Uralyt® U. Eine spezifische Therapie kann mit Thiola (siehe Litholyse) erfolgen.

Kalziumoxalatsteine (Tab. 8.6)

Nur in etwa 10 % der Kalziumoxalatsteinpatienten läßt sich ein klar definiertes Krankheitsbild finden, wie Hyperparathyreoidismus, primäre Hyperoxalurie, Sarkoidose, Immobilisation etc. Bei den restlichen 90 % (idiopathisch) findet man in ungefähr der Hälfte der Patienten im Urin eine vermehrte Kalzium-, Oxalat- oder Harnsäure- sowie verminderte Zitratausscheidung.

Bei vermehrter Kalziumausscheidung empfiehlt sich eine diätetische Reduktion der Kalziumaufnahme auf unter 1 g pro Tag und vermehrte Natriumzufuhr. Bei renaler Hyperkalziurie ist eine Therapie mit Thiaziden, die zu einer vermehrten Kalziumrückresorption im Tubulus führt, angezeigt. Bei der intestinalen Form der Hyperkalziurie kann eine Therapie mit Zellulosephosphat (Ionenaustauscher) versucht werden. Ist die Harnsäureausscheidung erhöht, empfiehlt sich neben der Einschränkung der Purinzu-

Tabelle 8.5 Pathomechanismus, therapeutisches Prinzip und Medikamente in der Infektsteinrezidivprophylaxe (*Schneider,* 1985).

Pathomechanismus	Therapeutisches Prinzip	Medikament
Harnwegsinfektion mit ureasepositiven Keimen	1. Infekttherapie 2. Ureasehemmung	Antibiotika Ureasehemmer
Alkalischer Urin	Harnsäurung	NH_4Cl, L-Methionin
Hyperphosphaturie	Phosphatresorptionshemmung	Aluminium-Phosphatbinder

Tabelle 8.6 Pathomechanismus, therapeutisches Prinzip und Medikamente in der Kalziumoxalatrezidivprophylaxe (*Schneider,* 1985).

Pathomechanismus	Therapeutisches Prinzip	Medikament
Hyperkalziurie		
– absorptiv	intestinale Resorptionshemmung	Ionenaustauscher
– renal	verbesserte tubuläre Ca-Rückresorption	Thiazide
Hyperoxalurie		
– angeborene Oxalose	Beeinflussung des Oxalsäurestoffwechsels	Vitamin B_6
	Lösungsvermittlung (Komplexierung)	Mg
– enterale	intestinale Oxalatbindung	Ca-Glukonat Anionenaustauscher
Hypomagnesämie	Mg-Substitution	Mg
Hyperurikosurie	Senkung des Harnsäurespiegels	Allopurinol
Inhibitorenmangel	Erhöhung des Zitratspiegels durch Alkalisierung	Alkalizitrat

fuhr und der Zufuhr an tierischem Einweiß die Gabe von Allopurinol zur Harnsäuresyntheseverminderung. Da Zitrat eine Komplexierung von Kalzium und eine hemmende Funktion beim Kristallwachstum hat, kann durch Alkalizitrat die Zitratausscheidung im Urin erhöht werden. Eine Hemmung der Oxalsäureausscheidung ist nur in geringem Maße möglich, Speisen und Getränke wie Milch und Molkereiprodukte, Spinat, Rhabarber, Schokolade und Kakao sollten eingeschränkt werden.

8.8 Blasenstein

8.8.1 Ätiologie

Die Steinbildung in der Blase tritt bei einer Entleerungsstörung ein, da diese die Retention bzw. Fixation von Mikrolithen begünstigt. Eine Blasenentleerungsstörung liegt vor bei Divertikeln, der neurogenen Blase sowie bei infravesikaler Obstruktion (Prostataadenom, Harnröhrenstriktur). Zu 90% sieht man Blasensteine bei Männern im höheren Lebensalter infolge der zunehmenden Obstruktion im Bereich des Blasenhalses (s. Abb. 7.44, S. 229). Weitere prädisponierende Faktoren der Steinbildung sind Fremdkörper wie Katheter, Nahtmaterial und vom Patienten selber eingeführte Gegenstände wie Haarnadeln, Drähte usw. Die Harninfektion entsteht meist sekundär im Gefolge von Entleerungsstörung und Fremdkörpern, begünstigt jedoch ihrerseits wieder die Bildung von Phosphatsteinen.

8.8.2 Symptomatik

Die typischen Symptome sind der terminale Miktionsschmerz und rezidivierende Hämaturien. Manchmal klagen die Patienten über ein Fremdkörpergefühl in der Blase, das sich bei Bewegung verstärkt. Bei kleineren Steinen kann es bis zum „Harnstottern" kommen, wenn der Blasenhals ventilartig durch den Stein verschlossen wird. Bei ausgeprägter Obstruktion können die obstruktiven Miktionsbeschwerden überwiegen, und bei Vorliegen eines Infektes stehen die zystitischen Beschwerden im Vordergrund.

8.8.3 Diagnostik

Häufig findet man eine Mikrohämaturie und Harnwegsinfekte. Harnsäuresteine treten im Zystogramm als Füllungsdefekt in Erscheinung, wobei kleinere solitäre Steine bei Vorliegen eines Prostataadenoms oft nicht sichtbar sind. Differentialdiagnostisch muß bei einem nicht schattengebenden Konkrement immer an einen Blasentumor gedacht werden. Schattengebende Konkremente werden bereits im

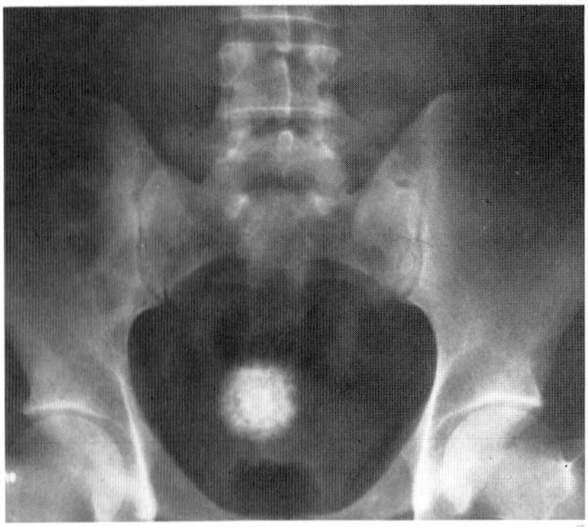

a

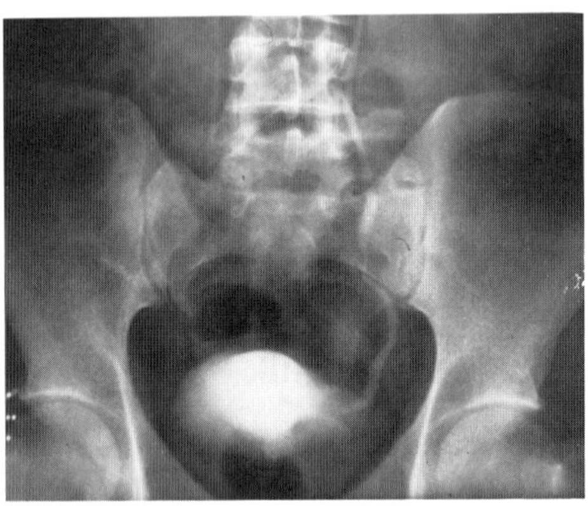

b

Abb. 8.24 a, b Morgensternförmiger Blasenstein. Leeraufnahme (**a**) und zystographische Phase des Urogramms (**b**). Analyse: Kalziumoxalat (Kern: Whewellit, Schale Weddellit).

Leerbild sichtbar (Abb. 8.24), können jedoch manchmal nur schwierig von extravesikalen Verkalkungen wie Phlebolithen und verkalkten Adnex- und Uterustumoren unterschieden werden. Sonographie und Zystoskopie sichern die Diagnose.

8.8.4 Therapie

Die Behandlung kann nicht allein in der Entfernung des Steines bestehen, sondern muß gleichzeitig Obstruktion und Infektion beseitigen. Die operative Behandlung kann über den transurethralen oder suprapubischen Zugangsweg erfolgen. Der offene Eingriff von einem queren (Pfannenstiel) oder medianen Unterbauchschnitt wird bei großen Steinen gewählt, insbesondere bei dem gleichzeitigen Bestehen eines Prostataadenoms, das in einer Sitzung entfernt werden kann. Hierbei wird die Blase extraperitoneal eröffnet, der Stein entfernt und das Adenom digital ausgeschält. Transurethral bestehen mehrere Möglichkeiten der Steinzertrümmerung (Lithotripsie). Der Stein kann mit einer Zange zerkleinert und die Bruchstücke anschließend abgesaugt werden. Bei Vorliegen eines Prostataadenoms kann in derselben Sitzung oder zu einem späteren Zeitpunkt die transurethrale Resektion erfolgen. Weitere Möglichkeiten sind die Zertrümmerung durch Ultraschall oder elektrohydraulische Schlagwellen. Bei beiden wird eine Sonde transurethral in die Blase eingeführt, diese mit Wasser gefüllt und der Stein durch Ultraschall- oder elektrohydraulische Wellen, die durch Funkenentladung erzeugt werden, zerstört (s.S. 258).

Weiterführende Literatur

Chaussy, Ch., W. Brendel, E. Schmidt: Extra-corporally induced destruction of kidney stones by shock waves. Lancet 1 (1980) 1265

Coe, F.L.: Nephrolithiasis: causes, classification and management. Hospital Practice (1981) 33

Eisenberger, F. (Hrsg.): Urologische Steintherapie. Thieme, Stuttgart 1987

Hautmann, R.: Urotlihiasis: Epidemiologie und Pathogenese. Dtsch. Ärztebl. 82 (1985) 27

Hesse, A., D. Bach: Harnsteine und klinisch-chemische Diagnostik. Thieme, Stuttgart 1982

Hesse, A., J. Joost: Ratgeber für Harnsteinpatienten. Hippokrates, Stuttgart 1985

Lerner, S. et al: Infection stones. J. Urol. 141 (1989) 753

Mertz, D.P.: Gicht. Thieme, Stuttgart 1973

Miller, K., G. Fuchs, J. Rassweiler et al.: Perkutane Nephrolithotomie (PCN) als Möglichkeit der Indikationserweiterung der berührungsfreien Nierensteinzertrümmerung bei komplizierter Nephrolithiasis. Urologe B 25 (85) 11

National Institutes of Health Consensus Conference on Development, Prevention and Treatment of Kidney Stones. J. Urol. 141 (1989) Nr. 3, Part 2

Schmiedt, E., Ch. Chaussy: Extrakorporale Stoßwellenlithotrypsie von Harnleitersteinen. Therapiewoche 34 (1984) 6567

Schneider, H.J. (Hrsg.): Urolithiasis. Handbuch der Urologie, Band 17 I und II. Springer, Berlin 1985

Smith, A.D. (Hrsg.): Update on endourology. Urol. Clin. N. Amer. 15 (1988) Nr. 3

Sommerkamp, H.: Diagnostik der renalen tubulären Azidose. In: *Gasser, G., W. Vahlensieck* (Hrsg.) Fortschr. Urol. Nephrol. 9 (1977) 165

Ueno, A., T. Kawamura, A. Ogawa et al: Relation of spontaneous passage of ureteral calculi to size. Urology 10 (1977) 544

Vahlensieck, W. (Hrsg.): Das Harnsteinleiden. Springer, Heidelberg 1987

Walker, V.R. et al (Hrsg.): Urolithiasis. Plenum Press, New York 1989

Consensus Conference. Prevention and Treatment of Kidney Stones. JAMA 260 (1988) 978

9 Verletzungen (GK 3-9)

K.-H. Kurth

9.1 Verletzungsarten

Trauma der Niere

Im Gefolge von Verkehrs-, Sport- und Arbeitsunfällen stehen gegenwärtig Mehrfachverletzungen mit 60% im Vordergrund. Die Niere ist in 43% mitbeteiligt (*Rutishauser* 1982). Die Letalität der Harntraktverletzungen erreicht 16% (Abb. 9.1).

- 10 bis 15% der Verletzungen betreffen vorgeschädigte Nieren (Hydronephrose, Nierentumor, Nierenzysten).
- Überwiegend sind sie Folge von Autounfällen (63%), stumpfen Flankentraumen (23%), Fall und anderen Unfällen (14%).

Die geschlossene Nierenverletzung nach indirektem oder direktem Trauma macht 80–90% aller Nierenverletzungen aus. Bei den im Zivilleben seltenen penetrierenden Wunden des Abdomens finden sich Nierenverletzungen in 7%. Nach schweren stumpfen Bauchtraumen liegen meist Mehrfachverletzungen (Polytrauma: Milz, Leber, Darm und Niere) vor, so daß die primäre Versorgung zunächst in der Traumatologie bzw. chirurgischen Klinik erfolgt. Die Niere ist nach stumpfen Bauchtraumen nach der Milz das am häufigsten verletzte viszerale Organ.

Stumpfe Nierentraumen werden untergliedert in:

1. Kontusio der Niere oder oberflächliche Verletzung des Nierenparenchyms (Abb. 9.2a).
2. Urographisch transkapsuläre Ruptur der Niere bis zum Hohlsystem mit oder ohne Urinextravasation und perirenalem Hämatom (Abb. 9.2b).
3. Fragmentierung des Nierenparenchyms oder Verletzungen des Gefäßstiels (Abb. 9.2c).

Etwa 60% aller Patienten entfallen auf die erste Gruppe. Aus dem Ausmaß der Verletzung ergeben sich die notwendigen therapeutischen Maßnahmen. Rückschlüsse auf die Prognose sind möglich.

Trauma des Harnleiters

Ureterverletzungen (iatrogene Ureterläsionen wie Ureterligatur ausgenommen) sind selten, da die Harnleiter dünnkalibrige und bewegliche Hohlorgane sind, die durch die umgebenden Skelett- und muskulären Anteile (nach dorsal Psoasmuskel, nach medial Wirbelsäule, nach ventral und lateral Abdominalorgane) geschützt werden. In 80% sind sie mit

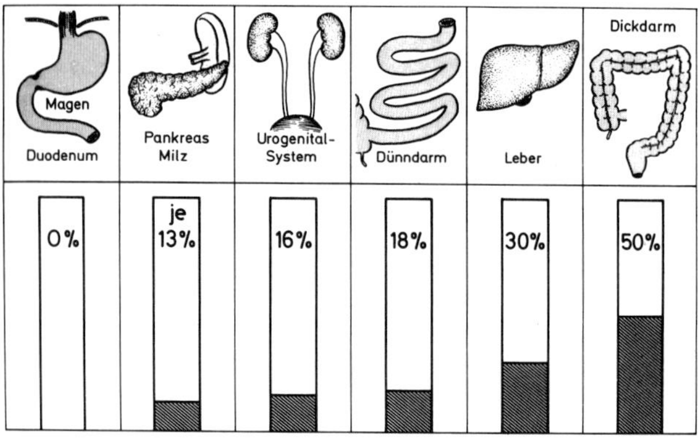

Abb. 9.1 Letalität nach Bauchtraumen (getrennt nach Organsystemen; *Bünte*, 1976).

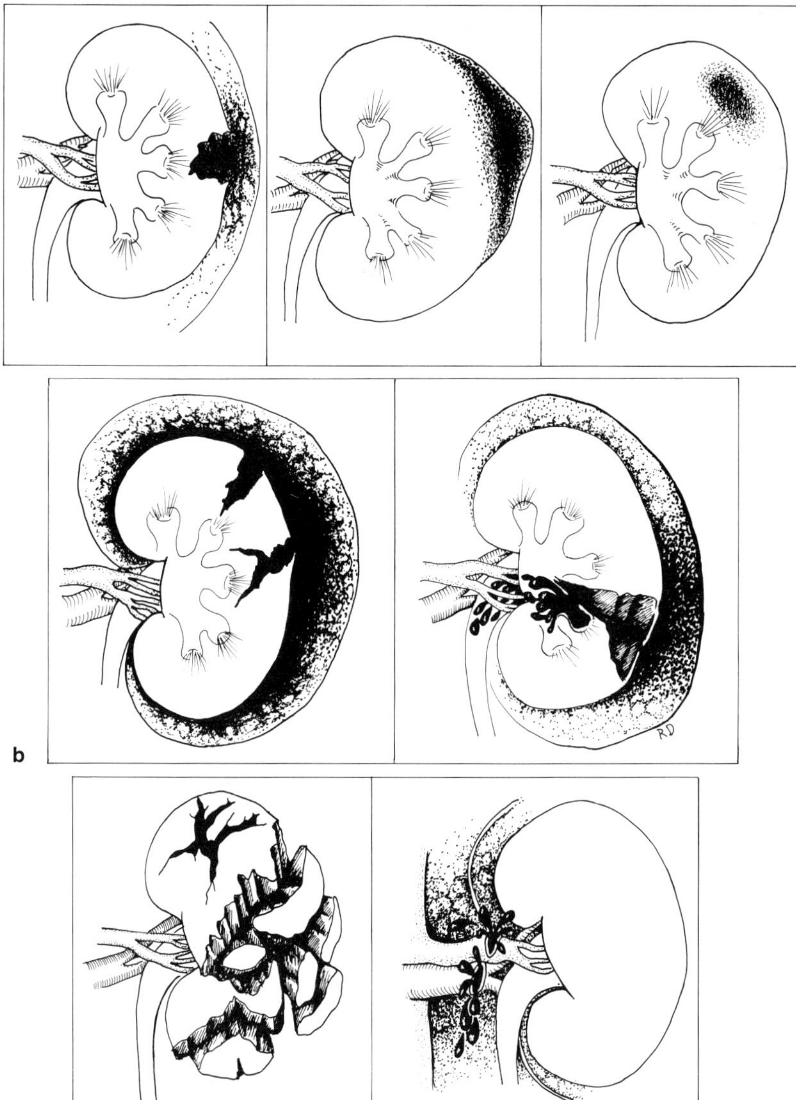

a b c

Abb. 9.2 a–c **a** Nierenkontusion, subkapsuläres Hämatom und Parenchymmazeration (von rechts nach links).
b Multiple Parenchymeinrisse mit perirenalem Hämatom (links) und Nierenquerruptur unter Einschluß des Hohlsystems (rechts).
c Nierenberstung (links) und Nierenstielverletzung (rechts).

Verletzungen der viszeralen Organe und in 40 % mit Gefäßverletzungen kombiniert. Die Inzidenz der Blasenruptur nach Beckenfraktur beträgt 6–10 %. Unterschieden werden:

- Partielle Ruptur der Ureterwand ohne Urinaustritt
- Partielle Ruptur mit Urinaustritt
- Komplette Ruptur mit Durchtrennung der Kontinuität.

Trauma der Blase

Auch hier werden stumpfe und perforierende Traumen unterschieden. Die geschlossenen

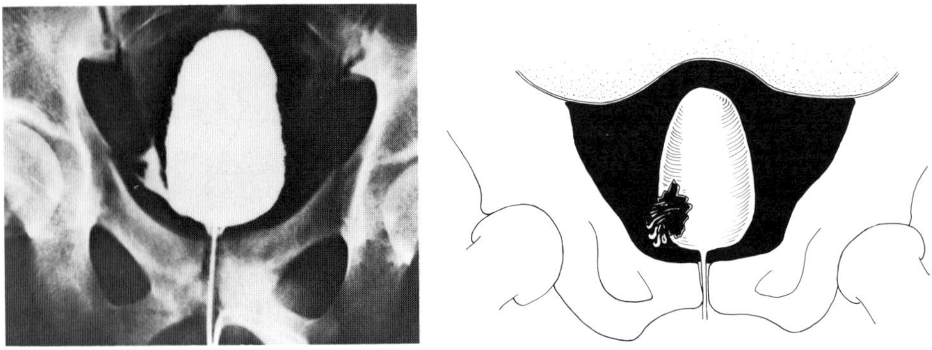

Abb. 9.3 Zystogramm bei extraperitonealer Blasenruptur mit Kontrastmittelaustritt, Verformung der Blase aufgrund des Beckenhämatoms. Vordere Beckenringfraktur (im Schema nicht wiedergegeben).

Verletzungen nach direkter oder indirekter Gewalteinwirkung insbesondere nach Beckenfrakturen stehen im Vordergrund. Unterschieden werden:

- Extraperitoneale Blasenruptur (44 %), bis zu 80 % kombiniert mit Beckenfrakturen (Abb. 9.3).
- Intraperitoneale Blasenruptur: infolge plötzlicher Distension der gefüllten Blase Ruptur der Blasenwand am Locus minoris resistentiae, dem Blasendom; intraperitonealer Urinübertritt (Häufigkeit 48 %; Abb. 9.4).
- Kombinierte intra- und extraperitoneale Blasenruptur (8 %).

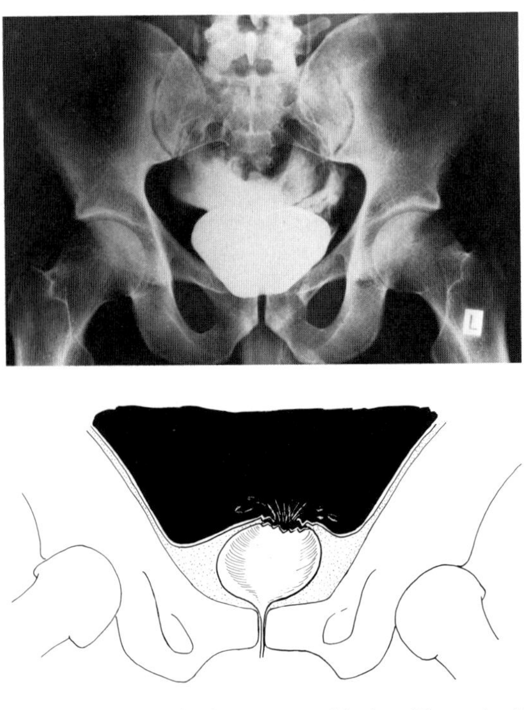

Abb. 9.4 Intraperitoneale Blasenruptur. In der zystographischen Phase des Urogramms ist der Kontrastmittelübertritt in die Peritonealhöhle deutlich.

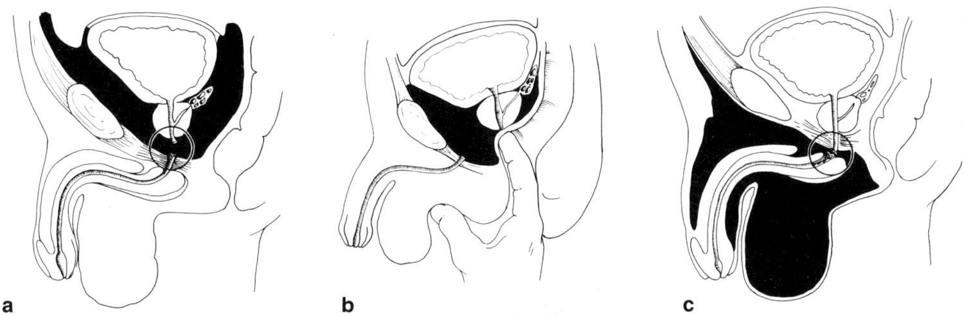

a b c

Abb. 9.5 a–c **a** Intrapelvine Harnröhrenruptur mit paravesikalem Beckenhämatom.
b Dislokation der Prostata bei der rektalen Palpation.
c Extrapelvine Harnröhrenruptur mit perinealem Hämatom, das durch die Collé-Faszie begrenzt wird.

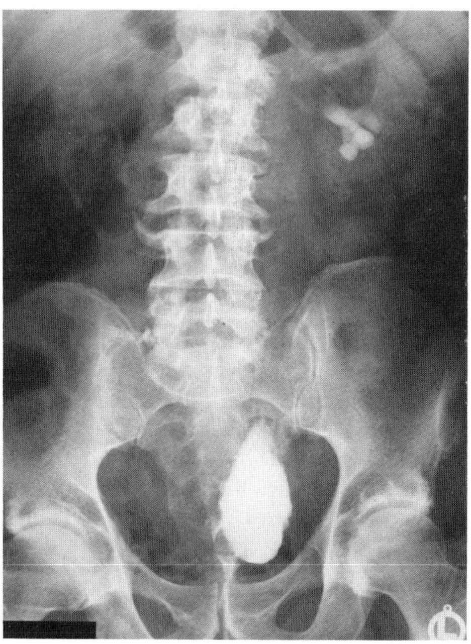

a

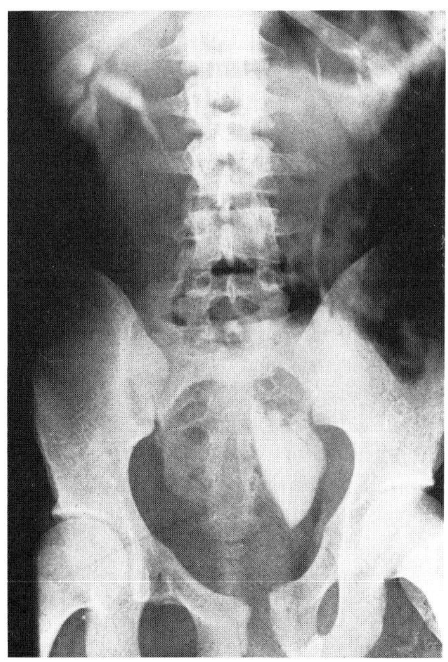

b

Abb. 9.6 a–c **a** Partieller Harnröhrenabriß ohne Beckenfraktur. Die Blase ist durch das Hämatom nach links verlagert; die linke Niere ist gestaut (Urogramm).
b Traumatische Symphysensprengung mit vollständiger intrapelviner Harnröhrenruptur mit Verlagerung von Blase und Prostata. Der Sphincter internus verhindert den perivesikalen Kontrastmittelaustritt.
c Im Schema ist das Beckenhämatom schwarz gezeichnet.

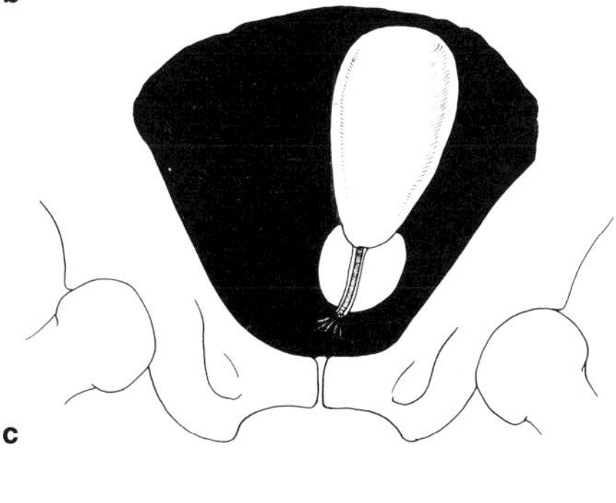

c

Trauma der Harnröhre

Traumatische Verletzungen der Harnröhre sind selten. Ihre Klassifikation erfolgt entsprechend ihrer Beziehung zum Diaphragma urogenitale.

- Intrapelvine Harnröhrenverletzungen oberhalb des Diaphragma urogenitale (Abb. 9.5a, b).
- Extrapelvine Harnröhrenverletzungen unterhalb des Diaphragma urogenitale (Abb. 9.5c).
- Traumen der weiblichen Urethra sind selten. Um ernste Folgen zu vermeiden, müssen sie unmittelbar und anatomisch exakt versorgt werden.

Intrapelvine Harnröhrenverletzungen resultieren aus einer plötzlichen externen Gewalteinwirkung auf den Unterbauch. Die Vorsteherdrüse wird von ihrer Verbindung zum Diaphragma urogenitale abgeschert, die pubo-prostatischen Bänder, an denen die Prostata fixiert ist, reißen ein, die Urethra ist partiell (Abb. 9.6a) oder in ihrer gesamten Zirkumferenz rupturiert. Bei noch erhaltener Funktion des Sphinkter internus tritt trotz gefüllter Blase kaum Urin aus (Abb. 9.6b). Manipulationen mit einem Katheter zur Drainage der Harnwege machen eventuell aus der partiellen eine komplette Urethraruptur und bergen die Gefahr der Infektion!

Unter den extrapelvinen Harnröhrenverletzungen (ausgenommen sind iatrogene Läsionen: Via falsa nach Katheterversuch) rangiert nach einem Unfall das „Straddle"-Trauma, d.h. stumpfe Gewalteinwirkung am Perineum, an erster Stelle (Abb. 9.7).

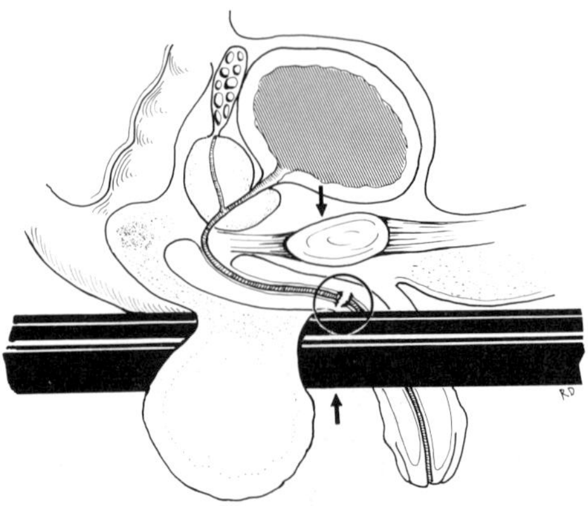

Abb. 9.7 „Straddle"-Verletzung der vorderen Urethra.

Penisfraktur und Skrotaltrauma

Penisfrakturen sind Rupturen der Corpora cavernosa und treten in erigiertem Zustand bei forciertem Koitus auf. Es kommt zu teilweise erheblichen Hämatomen; eine operative Versorgung (Naht der Schwellkörper) ist angezeigt.

Bei Skrotalverletzungen dominieren Ablederungen mit teilweise ausgedehnten Weichteildefekten.

9.2 Symptomatik

Bei jedem penetrierenden Flanken- oder Abdominaltrauma sollte an eine Verletzung der Niere gedacht werden. Gleiches gilt nach einem Fall aus großer Höhe oder Einwirkung grober Kraft auf die Flanke. Unfallhergang, Hämatom-Lokalisation, Schwellungen, Schmerzen in der Flanke oder Makrohämaturie deuten auf eine Verletzung der Harnwege. Wenn von dem bewußtlosen Patienten keine Angaben über Unfallhergang und Schmerzen zu erhalten sind, müssen bei schweren abdominellen Mehrfachverletzungen die Harnwege immer in die Diagnostik einbezogen werden (Sonographie, Computertomographie, Urographie, Zysto-Urethrographie, Angiographie).

9.2.1 Nierentrauma

Eine Hämaturie *fehlt* bei Stielabriß der Niere oder Verlegung des Harnleiters durch Blutkoagel. Bei der körperlichen Untersuchung werden Schmerzen in der kostovertebralen Region angegeben; inspektorisch finden sich Prellmarken oder ein Hämatom über der 11. und 12. Rippe dorsal. Ein heftiger Dauerschmerz in der Flankenregion mag ein Fingerzeig auf eine Thrombose der Arteria renalis mit folgender Infarzierung der Niere nach Schleudertrauma sein (Abb. 9.8). Charakter,

Intensität und Lokalisation der Schmerzen sind für die Abschätzung des Nierentraumas von Bedeutung.

Da im allgemeinen, außer bei sehr schlanken Menschen, die Nieren nicht tastbar sind, weist eine palpable Resistenz im Nierenlager auf eine retroperitoneale Blutung und/oder Urin-Extravasation hin. Nierenerkrankungen wie Nierentumor oder Zyste, können zur Verwechslung führen. Bei leichten Traumen besteht in den meisten Fällen ein ausgeprägter Spontan- und Klopfschmerz. Der Schmerz wird in den Oberbauch oder in die Lende lokalisiert. Wie bei einer Kolik kann er in die Leiste oder den Oberschenkel aus strahlen. Er ist eine Folge der Parenchymverletzung, der Dehnung der Capsula fibrosa der Niere oder der Passage von Blutkoagel im Harnleiter. Die Ruptur des Nierenbeckens provoziert einen plötzlichen scharfen, heftigen Schmerzanfall.

Eine exakte Palpation der Nierenregion ist wegen der vermehrten Bauchdeckenspannung selten möglich *(Sonographie)*.

Bei perforierender Verletzung besteht gewöhnlich eine ausgeprägte Abwehrspannung. Das Hämatom aus einer verletzten Niere kann das gesamte Retroperitoneum bis zur Leiste ausfüllen und dort als Vorwölbung erkennbar sein. Wenn durch das Trauma nicht gleichzeitig das Peritoneum eröffnet wurde und Blut in die Bauchhöhle übertrat, wird das Hämatom durch den Retroperitonealraum begrenzt. Durch einen Druckanstieg in diesem umschlossenen Raum wird die Niere komprimiert und die Blutung aus der Niere kommt zum Stehen. Wie bei der Milz ist auch bei der Niere eine zweiseitige Ruptur bis 2—3 Wochen nach dem eigentlichen Traumaereignis möglich.

80 % der Nierentraumen weisen das Symptom *Hämaturie* auf. Nach kleineren Traumen ist Blut nur mikroskopisch nachweisbar. Wenn Blutkoagel den Harnleiter verlegen, oder nur Verletzungen des Parenchyms an der Konvexität bestehen, muß die Hämaturie nicht unmittelbar nach dem Unfallereignis nachweisbar sein. Bei allen schweren Traumen mit Fragmentation der Niere, nach Stielabriß oder massiver Blutung in den Retroperitonealraum sind die Patienten *schockiert*. Schocksymptome mit blasser Gesichtsfarbe, kalten Extremitäten, feuchter Haut, leichtem Blutdruckabfall und Tachykardie werden auch nach „kleinen Traumen" beobachtet.

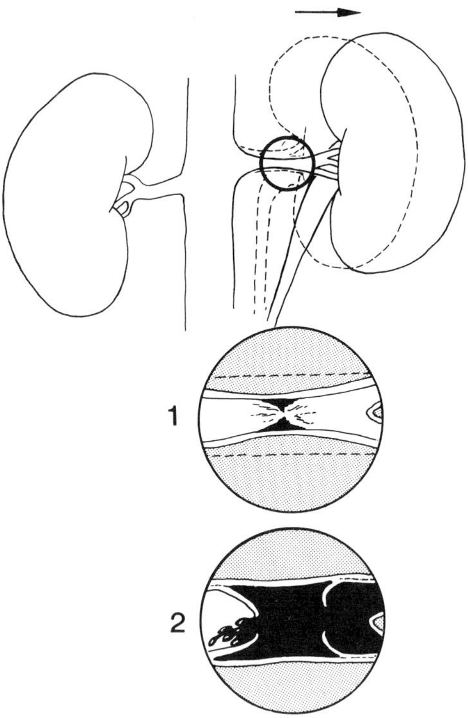

Abb. 9.8 Prinzip des Intimabrisses der A. renalis bei Nierenschleudertrauma (nach *Peters*, 1986).

9.2.2 Harnleitertrauma

Die meisten Harnleiterverletzungen sind iatrogener Natur nach Operationen (z.B. Hysterektomie [S. 367] oder instrumentellen Untersuchungen (z.B. Steinschlingen). In beiden Fällen ist das distale Harnleiterdrittel am häufigsten geschädigt. Andere Ursachen sind penetrierende Verletzungen durch Stich- oder Schußwunden und selten stumpfe Bauchtraumen (besonders bei Kindern). Eine geschlossene Harnleiterverletzung mit Abriß ist Folge einer heftigen, plötzlichen Lateralflexion des Stamms, wobei die kontralaterale Niere über einen Wirbelquerfortsatz geschleudert und der Harnleiter hierbei maximal gedehnt wird. Typisch ist deshalb der Harnleiterabriß im *subpelvinen* Abschnitt. Nach Überfahrungen – hierbei wird der Harnleiter gegen das Lumbalskelett gequetscht – ist bevorzugt der lumbale Abschnitt verletzt.

Da es sich häufig um schwere Traumen handelt, steht der Schock im Vordergrund. Eine Hämaturie kann fehlen. Keinesfalls ist sie ausgeprägt wie bei Nierenrupturen. Die Schmerzsymptome werden auf die Gesamtverletzung bezogen und können deshalb täuschen. Einen Hinweis gibt ein Schmerz von kolikartigem Charakter.

Bei einem größeren retroperitonealen Hämatom oder einer Urinphlegmone mit zunehmender Abwehrspannung ist die Läsion der Harnwege evident. Deshalb sollte immer dann, wenn nach dem Trauma eine Mitbeteiligung der Harnwege möglich erscheint, frühzeitig, d.h. nach Behebung des Schocks und soweit lebensbedrohliche Verletzungen nicht eine Primärversorgung verlangen, eine urologische Diagnostik eingeleitet werden.

9.2.3 Blasentrauma

Nach Beckenbrüchen mit vorderer Ringfraktur sind Verletzungen der Harnblase in 5 % und der Harnröhre in 6 % zu erwarten. Knochensplitter, die die Blasenwand perforieren, führen meist zur extraperitonealen Blasenverletzung. Als Folge einer stumpfen Gewalteinwirkung auf den Unterbauch rupturieren vorgeschädigte Blasen (atone Harnblase, Divertikelblase) und volle Blasen.

Der Verdacht auf eine Blasenverletzung liegt nahe, wenn ein schmerzhafter Harndrang besteht, ohne daß es zu einer Urinentleerung kommt. Prellmarken, Hämatome und Wunden im Unterbauch lassen an eine Harnblasenverletzung denken. Trotz Ruptur ist eine Urinausscheidung noch möglich. Blutiger Urin macht eine Verletzung wahrscheinlich, ob wohl bei dem bewußtlosen Patienten, der keine Angaben über die Schmerzlokalisation machen kann, die Entscheidung, ob es sich um eine Blutung aus den oberen oder unteren Harnwegen handelt, erschwert ist.

Hyperchlorämische metabole Azidose, Hypernatriämie und -kaliämie werden bei übersehener oder spontaner Blasenruptur beobachtet. Sie beruhen auf der Absorption des Harns bei intraperitonealer Ruptur. Die Serumharnstoffwerte steigen an.

An eine iatrogene Blasenverletzung ist nach endoskopischen Eingriffen bei entsprechender Symptomatik zu denken; im Vordergrund steht die abdominelle Abwehrspannung.

9.2.4 Harnröhrentrauma

Beckenfrakturen gehen in 6 % mit Harnröhrenzerreißungen einher. Offene Verletzungen sind seltener als geschlossene. Vordere und hintere Harnröhre sind gleich häufig betroffen. Bei direkter Gewalteinwirkung am Damm (Straddle-Trauma, Abb. 9.7) werden die perineale Harnröhre und das Corpus spongiosum urethrae gegen den Schambeinbogen gepreßt und häufig inkomplett rupturiert. Die Blutung aus dem Corpus spongiosum und den mitverletzten Pudendalgefäßen führt zu einem perinealen Hämatom, das durch die Collé- sowie die Buck-Faszie begrenzt ist (Abb. 9.5 c) und typischerweise eine *Schmetterlingsfigur* zeigt. Bei dieser Hämatomfigur muß eine extrapelvine Harnröhrenverletzung vermutet werden.

Bei indirekter Gewalteinwirkung auf die Harnröhre nach vorderer Beckenringfraktur reißt die Harnröhre an der Pars membranacea infolge ihrer Fixierung durch das Diaphragma urogenitale und den Zug der Ligamenta puboprostatica ganz oder teilweise ab (Abb. 9.6). Das Hämatom breitet sich im kleinen Becken aus und gelangt hinter der Symphyse unter die Bauchdecke. Ein gleichzeitiges perineales Hämatom ist nur dann zu erwarten, wenn das Diaphragma urogenitale oder die Collésche Faszie mitverletzt wurden. Bei inkompletter Harnröhrenverletzung kann die Miktion initial erhalten bleiben. Infolge der Ausbreitung des Hämatoms im kleinen Becken nimmt der Druck auf die Harnröhre zu und führt zur Harnsperre (Abb. 9.9). Blutaustritte aus der Harnröhre sind eher typisch für eine extrapelvine als eine intrapelvine Harnröhrenverletzung.

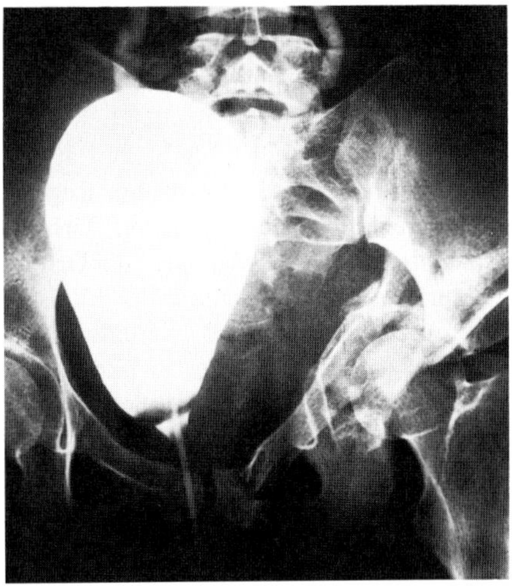

Abb. 9.9 Vordere Beckenringfraktur mit Rechtsverlagerung und birnenförmiger Konfiguration der Blase infolge des Beckenhämatoms. Harnstauung beiderseits Emmett I (beide Ureteren sind erweitert). Wegen Harnsperre erfolgte die retrograde Urethrographie, die eine intakte Harnröhre darstellte, so daß ein Dauerkatheter gelegt werden konnte.

9.3 Diagnostik

9.3.1 Nierentrauma

Die Symptomentrias *Hämaturie, Flankenschmerz und Flankentumor* nach einem Unfall erzwingen ebenso wie die mikroskopisch nachgewiesene Hämaturie eine urologische Diagnostik (Abb. 9.10). Auch schwere Verletzungen der Nierengefäße und des Harnleiters können über Stunden, Tage und Wochen zunächst symptomlos verlaufen. Die verzögerte Diagnostik nach übersehenem Nierentrauma schädigt häufig die Niere irreversibel.

Schock, peritoneale Symptomatik und Blutungsanämie entscheiden über die Dringlichkeit des diagnostischen und therapeutischen Vorgehens. Art und Reihenfolge des Untersuchungsgangs werden bei polytraumatisierten Patienten in Zusammenarbeit mit dem Unfallchirurgen, Anästhesisten und Röntgenologen entschieden. Sobald der Zustand des Patien-

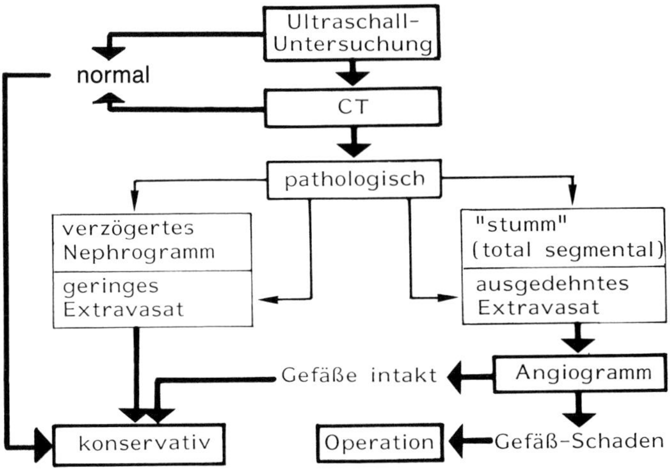

Abb. 9.10 Abklärungsprogramm bei Nierentrauma.

ten es erlaubt und die Schockgefahr behoben ist, sind gezielte Untersuchungen zur Sicherung der Verdachtsdiagnose eines urogenitalen Traumas indiziert. Bis die beweisende Diagnostik eingeleitet ist, bleibt der Patient in ständiger klinischer Beobachtung. Regelmäßig erfolgen Blutdruckkontrollen, Urinsediment-Untersuchungen, Messung der Urinausscheidung und Überwachung der klinischen Symptome (Spannung der Nierenlogen, der Bauchdecken, Zunahme des Flankentumors, Dokumentation der Schmerzäußerungen und Schmerzausstrahlung).

Die Wahrscheinlichkeit einer ernsten Nierenläsion ist gering, soweit nur eine Mikrohämaturie aber keine Schocksymptomatik besteht (0,6 %).

Ultraschalluntersuchung

Mit der Sonographie läßt sich schnell und sicher retro- oder intraperitoneale Flüssigkeit als Hinweis auf eine Organruptur aufdecken. Dies erfolgt bereits während notwendiger intensiv-medizinischer Maßnahmen (Schockbehandlung). Im Abdomen sind bereits Blutmengen von 200 ml nachweisbar. Nierenruptur, Flankentumor durch Hämatom oder ein großes Urinextravasat lassen sich darstellen (Abb. 9.11). Hilfreich ist die Ultraschalluntersuchung auch zur Verlaufskontrolle (Größenzunahme eines Hämatoms). Sonographisch werden Nierentraumen mit einer 80%igen Sicherheit erkannt (Ausscheidungsurogramm 67 %, Renovasographie 88 %).

Röntgendiagnostik

Sie ist indiziert bei jedem Verdacht auf Nierentrauma und jeder auch nur mikroskopisch nachgewiesenen Hämaturie nach einem Unfall.

Abdomenübersichtsaufnahme

Auf Frakturen der unteren Rippen und der Lendenwirbelquerfortsätze ist zu achten. Flüssigkeitsspiegel und freie Luft im Abdomen sprechen für Begleitverletzungen des Bauchraumes. Auf Nierenverletzungen deuten breite Verschattung der Nierengegend, verwaschene Psoaskontur, Verschiebung der Niere aus dem Nierenlager, Hochdrängung des Zwerchfells bei Unterbelüftung der Lunge, Meteorismus, Skoliose der Lendenwirbelsäule zur verletzten Niere hin und Kolon-Verdrängung.

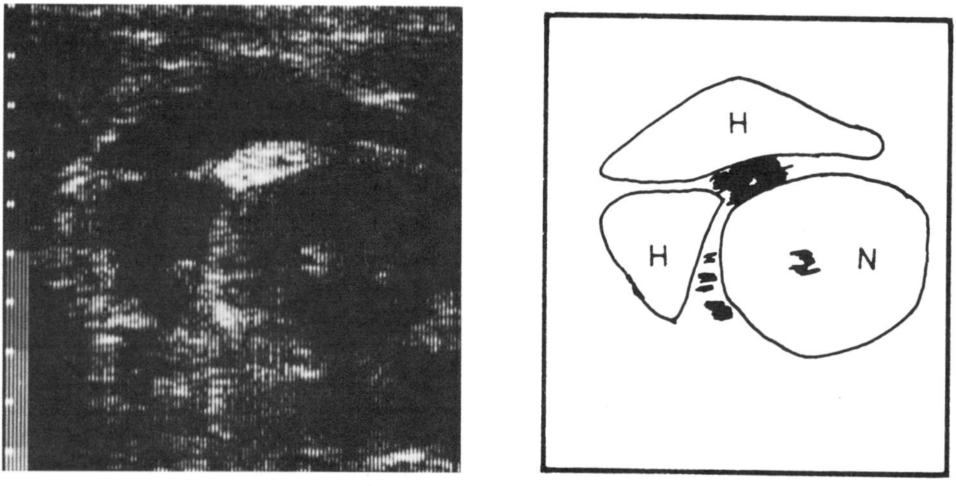

Abb. 9.11 Sonogramm der linken Niere (N) quer; zwei perirenale Hämatome (H) stellen sich echoarm dar. cm-Eichung am linken Bildrand.

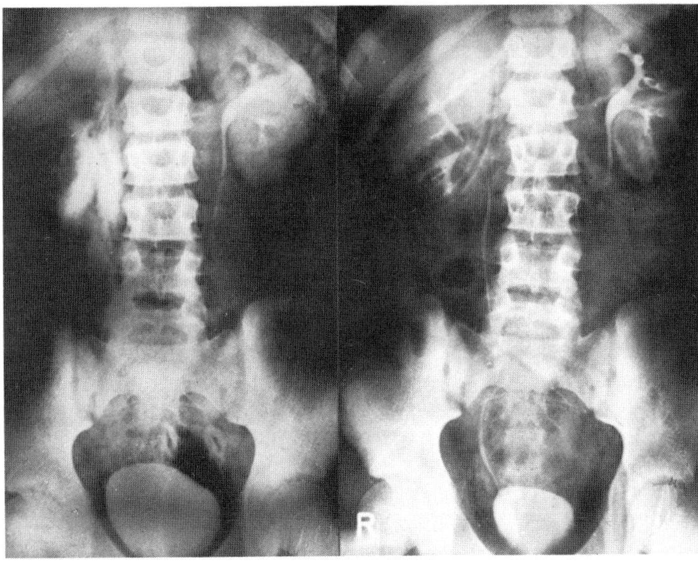

Abb. 9.12 Querruptur der rechten Niere mit Kontrastmittelaustritt (links). Zustand nach operativer Reanastomose beider Nierenhälften. Die Wunddrainage ist noch erkennbar.

Ausscheidungsurogramm

Das Urogramm hat einen hohen Aussagewert und erlaubt die Feststellung der Funktion beider Nieren. Es wäre ein Kunstfehler, eine verletzte Niere zu entfernen, ohne Kenntnis über die Funktion der kontralateralen Niere zu haben.

Das Urogramm erfolgt vorzugsweise als Infusionsurographie, da hiermit größere Kontrastmittelmengen rasch appliziert werden können und durch die vermehrte Harnaus-

a 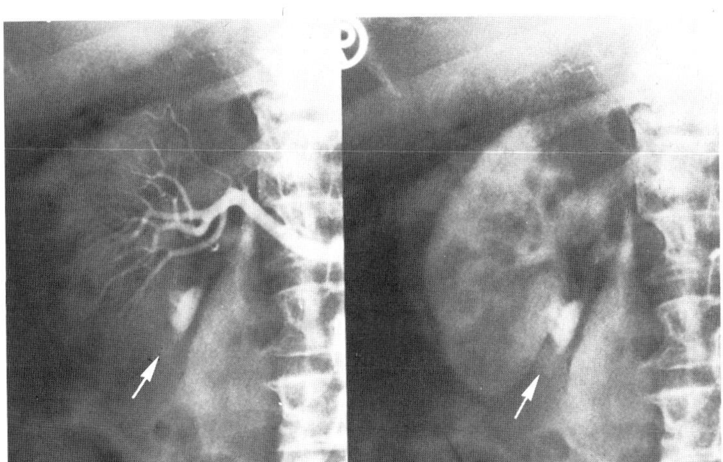 b

Abb. 9.13 a, b Angiogramm (**a** arterielle Phase, **b** Parenchymphase) bei traumatischer Amputation des rechten oberen Nierenpoles (ausgespannte Kapselarterie erkennbar). Der M. psoas wird von einer Kontrastmittelfahne überdeckt. Kontrastmittelretention im Nierenbecken (Pfeil) nach Ureterabriß.

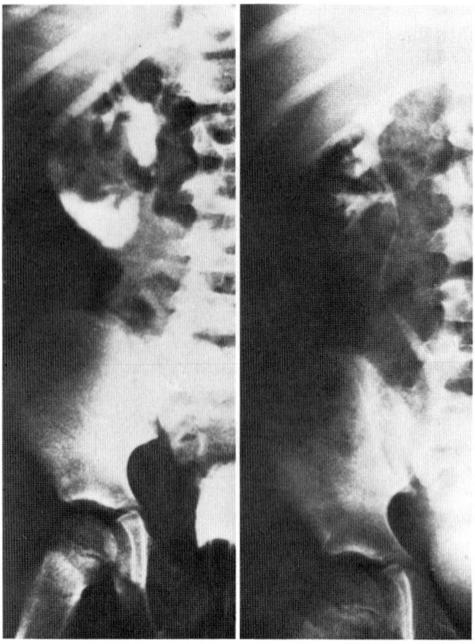

a b

Abb. 9.14 a, b **a** Nierenruptur mit sichelförmigem, subkapsulären Hämatom.
b Vollständige Ausheilung nach konservativer Therapie.

scheidung eine optimale Anreicherung des Urins mit Kontrastmittel (KM) erreicht wird. Das Nierenbecken kann vollständig dargestellt werden, ebenso die Harnleiter in ihrem gesamten Verlauf.

Gleichzeitig ist der nephrographische Effekt verstärkt und bis zu 30 Minuten nach Infusion verlängert. Auch bei schlechter Nierendurchblutung wird eine bessere Kontrastierung erzielt. Unter Ausnutzung des nephrographischen Effektes kann in Verbindung mit dem Nephrotomogramm die Nierenkontur und bei dem nicht vorbereiteten Patienten die Morphologie des Hohlsystems besser beurteilt werden.

Da das gesamte Harnwegesystem kontrastreich dargestellt wird, läßt sich eine Verlagerung der Ureteren oder Verdrängung der Blase nachweisen (Abb. 9.6 a; S. 273). Durch das rasche Auffüllen der Harnblase mit kontrastmittelhaltigem Urin ist bereits nach 30 Minuten eine hohe Kontrastdichte in der Blase erreicht, die die Anfertigung eines Miktionszystourethogrammes erlaubt.

Hinweise für Nierenverletzungen im Ausscheidungsurogramm sind:

Verlagerungen der Niere (sekundäre Dystopie durch Hämatom), KM-Extravasation

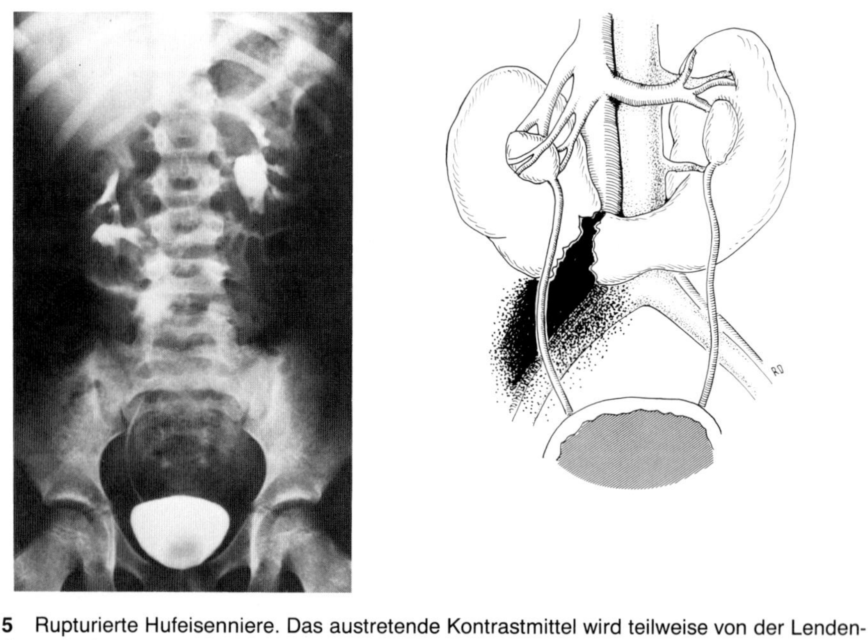

Abb. 9.15 Rupturierte Hufeisenniere. Das austretende Kontrastmittel wird teilweise von der Lendenwirbelsäule verdeckt.

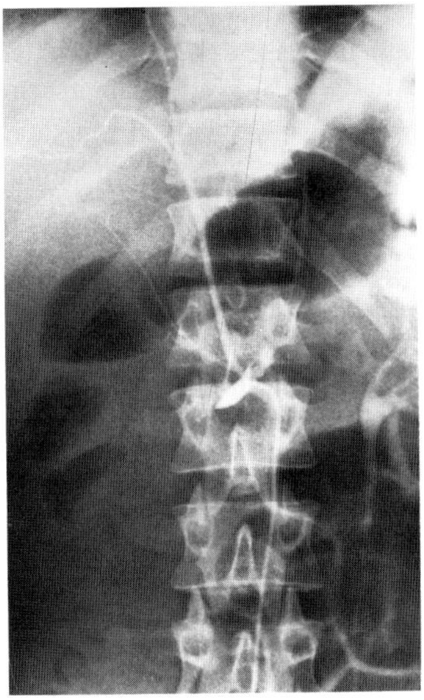

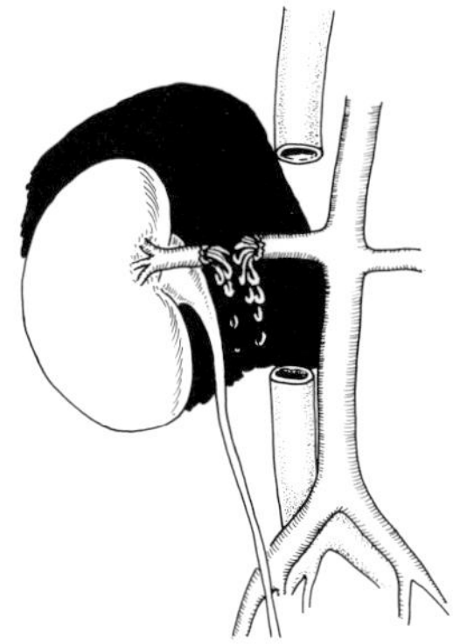

Abb. 9.16 Selektive Angiographie der rechten A. renalis bei Nierenstielabriß.

(Abb. 9.12) und Füllungsdefekte im Nierenhohlsystem (Blutkoagel).

Mit Urogramm und Nephrotomogramm können 60—85% der Nierenverletzungen nach ihrem Schweregrad beurteilt werden.

Spätbilder nach 60—120 Minuten erlauben auch bei gestörter Hämodynamik und dadurch verminderter Ausscheidung den Nachweis der KM-Extravasation bei Nierenbecken- und Ureterrupturen (Abb. 9.13). Bei leichtem Nierentrauma (Nierenkontusion, subkapsuläres Hämatom [Abb. 9.14]) ist das primäre Infusionsurogramm in Verbindung mit der Nierentomographie oder Ultraschalluntersuchung ausreichend. Nierenmißbildungen, die traumatisch geschädigt sind, sind schwierig zu deuten (Abb. 9.15).

Angiographie

Wichtigste Indikation für die renale Angiographie ist die urographisch „stumme" Niere (Tab. 9.1). Nur durch die Angiographie lassen sich Aneurysma, arteriovenöse Fistel, Nierenarterienthrombose, Niereninfarkt oder Nierenstielabriß (Abb. 9.16) nachweisen. Durch die Angiographie sind Ausmaß und Sitz der Parenchymläsion zu definieren (Abb. 9.13 u. 9.17), Fehldiagnosen jedoch nicht ausgeschlossen.

Nuklearmedizinische Untersuchung

Wenn die apparativen Voraussetzungen und der Zeitaufwand es gestatten, kann durch die Nierenszintigraphie die Blutversorgung der einzelnen Nierenabschnitte abgeklärt und im Verlauf dokumentiert werden.

Computertomographie

Die CT erlaubt eine exakte Darstellung des retroperitonealen Hämatoms, des Urinextravasats und Ausmaßes von Nierenrupturen.

Tabelle 9.1 Nierentrauma: Stumme Niere (15% der Urogramme).

Zertrümmerung	35%
A. und V. renalis – Thrombose	23%
Schwere Nierenkontusion	14%
Polamputation	14%
Querruptur	7%
Stielabriß	7%

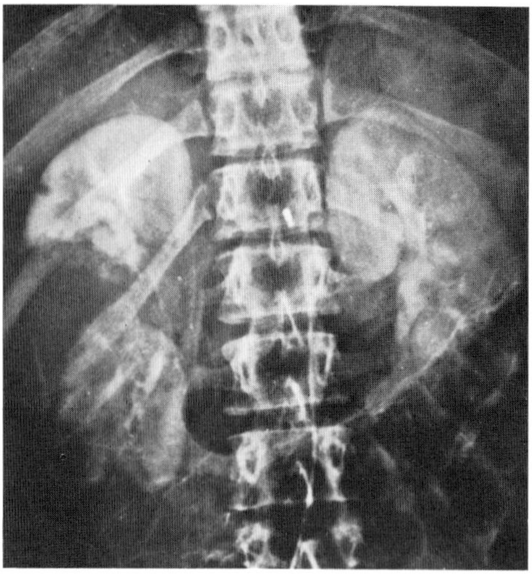

Abb. 9.17 Parenchymphase nach Übersichtsaortographie. Nierenquerruptur rechts.

Darüber hinaus können nach Kontrastmittelbolus nicht-perfundierte Nierenareale identifiziert werden (in etwa 15 %). Ist primär eine CT geplant, sollte auf ein Urogramm wegen der Gesamtmenge des Kontrastmittels und der Einschränkung der Aussagekraft der CT durch verbliebenes Kontrastmittel verzichtet werden.

9.3.2 Uretertrauma

Um die Verdachtsdiagnose einer Ureterläsion zu sichern, muß der Harnleiterverlauf von der Niere bis zur Blase im Urogramm verfolgt werden können. Die Kontrastmittel-Extravasation ist eindeutig für die Ureterläsion, ein normales Ausscheidungsurogramm schließt die Harnleiterverletzung jedoch nicht aus. Häufig wird die Diagnose erst sekundär bei Auftreten von Fieber, Flankenschmerz, tastbarem Flanken- oder Bauchtumor, Sepsis oder verminderter Urinausscheidung gestellt.

Nur wenn trotz Infusionsurographie und Spätbildern ein Harnleiter nicht ausreichend dargestellt ist, erfolgt in Operationsbereitschaft das retrograde Ureterogramm. Der Ureterkatheter wird nicht im Harnleiter hochgeführt, sondern lediglich das Harnleiterostium intubiert und Kontrastmittel instilliert (Abb. 3.13; S. 57). Die Untersuchung erfolgt unter Bildschirmkontrolle.

9.3.3 Blasentrauma

Die urologische Diagnostik erfolgt nach Beckenfraktur, Kontusion des Unterbauchs mit Hämaturie (in über 90 % bei Blasenruptur) und suprapubischen Schmerzen.

Die Dislokation der Beckenfragmente muß nicht ausgeprägt sein, um zu Verletzungen der infravesikalen Harnwege zu führen. Da durch die Infusionsurographie bei ungestörter Nierenfunktion eine hohe Kontrastdichte in der Blase erreicht wird, ist bereits durch diese Untersuchung die Blasenkontur sowie der paravesikale oder intraabdominelle KM-Austritt (Abb. 9.4; S. 272) erkennbar. Immer muß eine Blasenübersichtsaufnahme nach Blasenentleerung angefertigt werden, da die KM-gefüllte Harnblase Kontrastmittel-Extravasationen verdecken kann. Schnell und sicher ist die Läsion der Blase durch die retrograde Urethrozystographie zu klären. Im gleichen Untersuchungsgang wird geprüft, ob es sich um eine Harnröhrenverletzung, einen Harnröhrenabriß bzw. um eine extra- oder intraperitoneale Harnblasenruptur handelt.

Durch eine Katheterisierung wird bei einer Harnröhrenverletzung der Defekt eventuell erweitert. Sie ist deshalb kontraindiziert.

Bei extraperitonealer Blasenruptur stellt sich die KM-gefüllte Blase typischerweise infolge Kompression durch das pelvine Hämatom tränentropfenförmig dar. Das Kontrastmittel-Extravasat verteilt sich flammenförmig beidseits der Blase oder fehlt (Abb. 9.6, S. 273).

Bei intraperitonealer Blasenruptur tritt das KM in die Bauchhöhle über (Abb. 9.4; S. 272). Auch nach retrograder Darstellung der unteren Harnwege erfolgen Aufnahmen im schrägen Strahlengang und nach Blasenentleerung, da nur so kleinere KM-Extravasationen erkennbar werden.

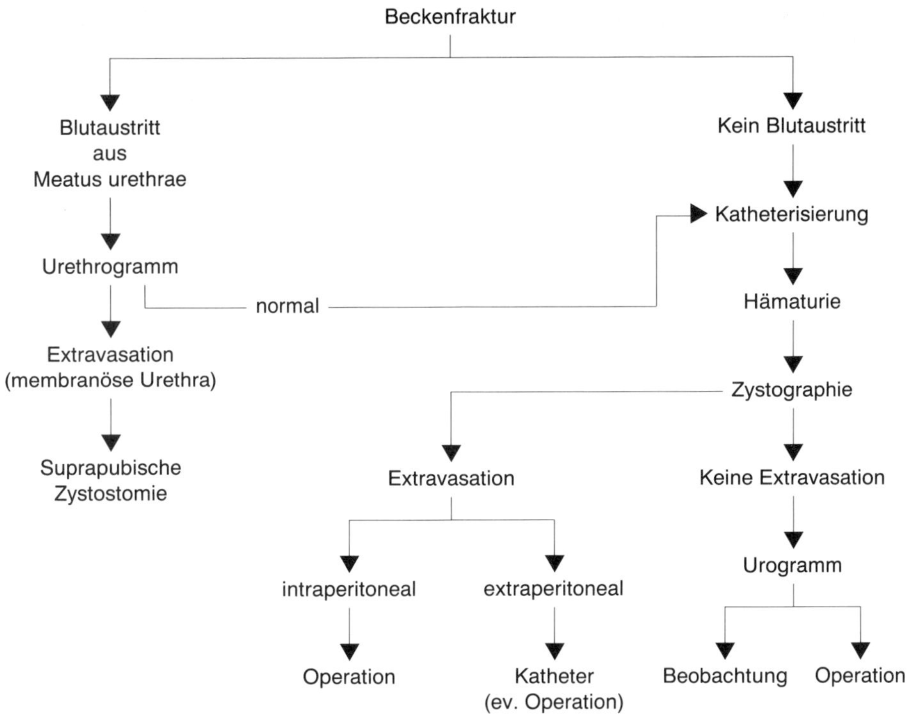

Abb. 9.18 Abklärungsprogramm beim Beckentrauma.

Um mit Sicherheit eine Blasenruptur ausschließen zu können, muß die Blase mit etwa 400 ml Kontrastmittel gefüllt werden.

In 10 % bestehen intra- und extraperitoneale Blasenruptur kombiniert (Beckentrauma, Abb. 9.18).

9.3.4 Harnröhrentrauma

Wichtig ist bei vermuteter Harnröhrenverletzung die *rektale Untersuchung*. Bei intrapelviner Harnröhrenruptur ist die Prostata disloziert bzw. abnorm beweglich. Hinweise auf die Lokalisation der Verletzung gibt die einfache Röntgenübersichtsaufnahme des Beckens. Bei Beckenfrakturen ist mit intrapelvinen Harnröhrenverletzungen bzw. Rupturen zu rechnen. Das klinische Bild einer blutenden Urethra, die Unfähigkeit Urin auszuscheiden, das perineale Hämatom und die bei der rektalen Untersuchung abnorme Lage der Prostata erfordern die weitere urologische Röntgendiagnostik. Im Ausscheidungsurogramms deutet der Blasenhochstand (ohne Austritt von KM) auf einen Abriß der proximalen intrapelvinen Harnröhre (Abb. 9.6; S. 273). Die retrograde Urethrozystographie ohne Katheter klärt, ob es sich um eine vollständige Abscherung der Harnröhre handelt. Hierbei passiert das KM ohne Widerstand die Harnröhre und verteilt sich retrosymphysär. Gelangt das KM teilweise in die Blase, handelt es sich um eine inkomplette Ruptur. Urethraverletzungen bei Frauen sind selten. Verletzungen oberhalb des Diaphragma urogenitale sind häufig kombiniert mit Scheidenverletzungen und erkennbar am Übertritt des Kontrastmittels in die Scheide (Abb. 9.19).

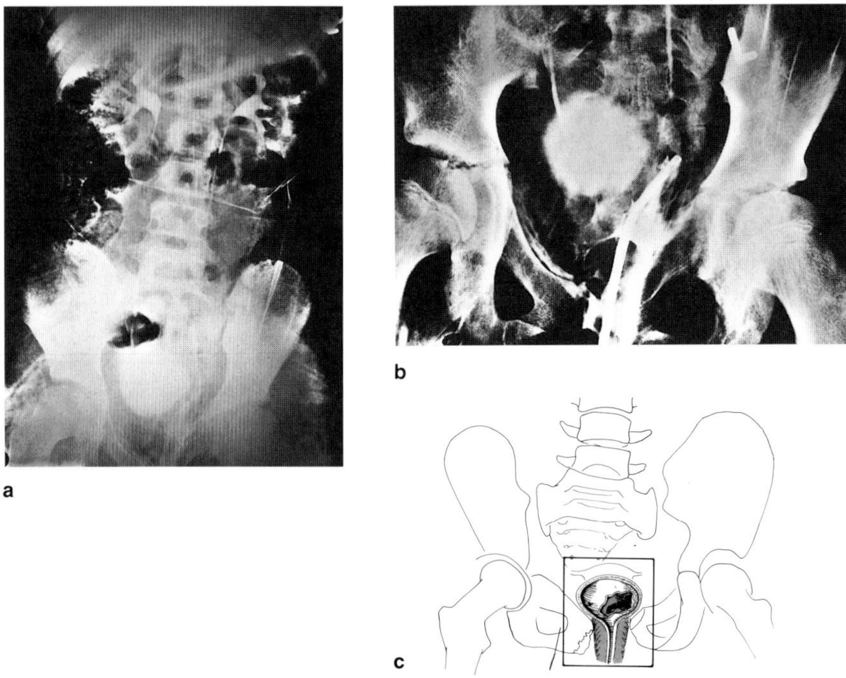

Abb. 9.19 a–c Urethraabriß bei einem Mädchen. Urogramm nach Trümmerfraktur des vorderen Beckenringes bei einem 10jährigen Mädchen, das von einem Pkw überfahren wurde. Die kontrastierte Blase steht hoch und ist nach rechts verlagert; KM-Austritt nach links und intravesikal infolge des Urethraabrisses (**a**). Der transurethrale Katheter tritt nach links aus dem Urethralumen aus (**b**) und Zeichnung mit Darstellung des Harnröhrenabrisses und der Scheidenlazeration (**c**). (Beobachtung Dr. *H. Sparwasser*, Koblenz).

9.4 Therapie

Das therapeutische Vorgehen läßt sich unterteilen in

- Schockbekämpfung
- Notfallmäßige Freilegung
- Eingriff mit Latenz
- Spätoperation
- konservatives Vorgehen

Für die Therapieplanung ist die Klassifikation von *Hodges* (1951) hilfreich (Tab. 9.2).

Während im Stadium Hodges I und II eine sorgfältige Abklärung das Verletzungsausmaß offenbart, erzwingt die kritische Situation des Traumatisierten im Stadium Hodges III die sofortige Intervention.

Durch Infusion von Blutplasma oder Expanderlösung wird initial der hypovolämische Kreislaufkollaps beherrscht. Innerhalb 30 Minuten sind in den entsprechenden Zentren Blutkonserven zu erhalten. Die Behandlung der verletzten Niere richtet sich nach dem klinischen Verlauf und dem Befund der bildgebenden Systeme. Die notfallmäßige Freilegung ist selten erforderlich. Sie ist indiziert bei

- akuter Verblutungsgefahr nach Zertrümmerung und Nierenstielabriß (Abb. 9.16; S. 281).
- Kombinationsverletzungen der Bauchorgane mit Verschlechterung des Allgemeinzustandes (Leber-, Milz-, Darm- und Nierenverletzungen).

Nach abgelaufener Diagnostik ergibt sich die Indikation zur Nierenfreilegung bei

- Zertrümmerung des Nierenparenchyms
- vollständiger Ruptur eines Nierensegmentes
- Verschluß der Arteria renalis

Tabelle 9.2 Nierentrauma: Klassifikation und Häufigkeitsverteilung.

Hodges- **Stadium**	**Kriterien**	***Hodges*** **et al. 1951**	***Eggers*** **et al. 1976**	***Altwein*** **et al. 1980**
I	Parenchymbegrenzte Läsion Kein Schock Makrohämaturie < 48 h	62,2%	41,4%	41%
II	Parenchymüberschreitende Läsion Schock	32,4%	34,3%	38%
III	Kritischer AZ Nierenstielabriß Nierenberstung Nebenverletzungen	1,4%	12,3%	21%
		n = 71	n = 70*)	n = 91

*) 12,9% präexistente Nierenerkrankungen

- Harnleiterabriß
- sonographischem Nachweis einer Größenzunahme des perirenalen Hämatoms
- Urinphlegmone oder periureteritischer Infektion
- vorbestehender Hydronephrose und
- in Zweifelsfällen bei Solitärnieren.

Obwohl Mehrfachverletzungen eine operative Versorgung als Notfallmaßnahme verlangen können und bei ausgedehnten Beckenfrakturen mit Zerreißung der Beckenfaszie der Blutverlust erheblich ist, sind röntgendiagnostische Maßnahmen bei Verletzungen der Harnwege im allgemeinen möglich.

Um die Aussagekraft der diagnostischen Maßnahmen zu erhöhen und nicht unter Zeitdruck auf die vollständige Darstellung der ableitenden Harnwege zu verzichten, sollen die vitalen Funktionen (Atmung, Kreislauf) zunächst stabilisiert werden.

9.4.1 Nierentrauma

Die Therapie erfolgt entsprechend der Läsion (Abb. 9.2; S. 271). Patienten mit einem normalen Sonogramm, Urogramm und Mikrohämaturie bleiben in klinischer Kontrolle bis zum Verschwinden der Symptome.

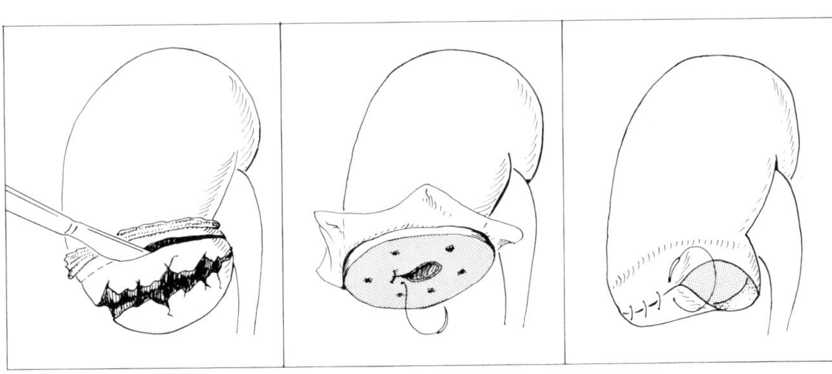

Abb. 9.20 Operative Versorgung einer traumatischen Polamputation. Defektdeckung mit Capsula fibrosa.

Auch bei Patienten mit Ruptur des Nierenparenchyms, Urinextravasation und perirenalem Hämatom ist eine konservative Behandlung mit guten Spätergebnissen möglich. Gründe für abwartende Haltung sind die niedrige Nephrektomierate (3—16 %) gegenüber der Frühoperation (bis 30 %) und vergleichbare Spätkomplikationen (5—20 %). Die operative Behandlung strebt eine sorgfältige Hämostase, die Rekonstruktion vital erhaltener Nierenanteile und die Resektion nicht blutversorgter Parenchymanteile an (Abb. 9.20). Einem organerhaltenden Eingriff wird immer der Vorzug gegeben. Defekte des Nierenparenchyms, die nicht durch die Capsula fibrosa gedeckt werden können, werden mittels perirenaler Fettkapsel oder Peritoneallappen verschlossen. Rupturen des Nierenbeckens werden durch extramuköse Naht versorgt, um einer späteren Steinbildung durch Fadeninkrustation vorzubeugen.

Auch bei Gefäßabrissen oder Gefäßverschluß ist eine Versorgung möglich. Einrisse der Vena renalis werden übernäht. Bei komplettem Abriß wird die Vene mit der V. cava inferior reanastomosiert. Die linke Nierenvene kann ggf. ligiert werden, wenn die Verletzung zwischen der V. cava inferior und dem Zufluß der Nebennierenvene und Gonadengefäße liegt. Die rechte Nierenvene verfügt nicht über diese Kollateralgefäße und darf deshalb nicht ligiert werden.

Nierenarterien sind Endarterien und deshalb muß ihre Verletzung versorgt werden. Falls eine Segmentarterie ligiert wird, muß der ausgefallene Parenchymbereich reseziert werden, der ansonsten Ort einer erhöhten Renin-Produktion sein kann, die zur diastolischen Hypertonie führt.

Die Arterien am unteren Nierenpol versorgen nicht nur das kaudale Nierenparenchym, sondern auch den oberen Harnleiterabschnitt. Die Ligatur der unteren Polarterie führt in ca. 10 % zur Hypertonie. Kleinere Defekte der Hauptarterie werden durch Naht verschlossen, größere mit einem Patch versorgt, um eine Arterienstenose zu verhindern. Defekte größeren Ausmaßes werden mit einem Segment der A. iliaca interna oder der V. saphena überbrückt. Bei Thrombose der Arteria renalis wird nach Thrombektomie die Intima-Läsion versorgt oder der geschädigte Teil reseziert und die Arterie End-zu-End reanastomosiert.

Bei sorgfältiger Rekonstruktion des Nierenhohlsystems, Deckung von Parenchymdefekten und Erhaltung vitaler Parenchymanteile sind postoperative Komplikationen gering.

Bei adäquater Einschätzung der Nierenläsion präoperativ und entsprechendem Vorgehen intraoperativ (präliminär Aufsuchen des Gefäßstieles und gegebenenfalls Anlegen einer Gefäßklemme) kann in bis zu 80 % das schwer geschädigte Organ ohne entscheidenden Verlust der Nierenfunktion erhalten werden (*Aninch*, 1989).

Die Mortalität nach Nierentrauma beträgt 4 % bei Kontusion, 6 % bei Parenchymläsion und 29 % bei Nierenruptur und Verletzungen des Gefäßstieles (*del Villar*, 1972).

Falls wegen eines lebensbedrohlichen Schockzustandes keine Zeit für eine präoperative urologische Diagnostik verblieb, kann auf dem Operationstisch ein Ausscheidungsurogramm oder ein Angiogramm durchgeführt werden.

Ohne die entsprechende Röntgendiagnosik ist die Beurteilung des Parenchyms kaum möglich und die primäre Nephrektomierate hoch.

Durch Drainage des Operationsgebietes sollen Urinextravasate und Hämatome, wenn trotz sorgfältiger Hämostase noch Blutungen bestehen oder neuerlich auftreten, abgeleitet werden. Wenn keine Abflußbehinderung besteht, schließen sich Urinfisteln meist spontan. Bestehen sie über mehrere Wochen trotz konservativer Maßnahmen (versenkter Splint zur Drainage des Urins von der Niere zur Blase) müssen sie operativ verschlossen werden. Dies gilt vor allem für Fisteln infolge Nekrose des Hohlsystems bei unzureichender Gefäßversorgung. Eine weitere Frühkomplikation ist der perinephritische Abszeß. Gewebsnekrose und Urinextravasation wirken prädisponierend.

Partielle oder komplette Schrumpfnierenbildungen sowie die Stenose der A. renalis oder Segmentarterie führen zur Hypertonie. Hieraus ergibt sich die Notwendigkeit regelmäßiger Kontrolluntersuchungen. Eine 5jährige Kontrolle in 6monatlichem Intervall wird als ausreichend betrachtet.

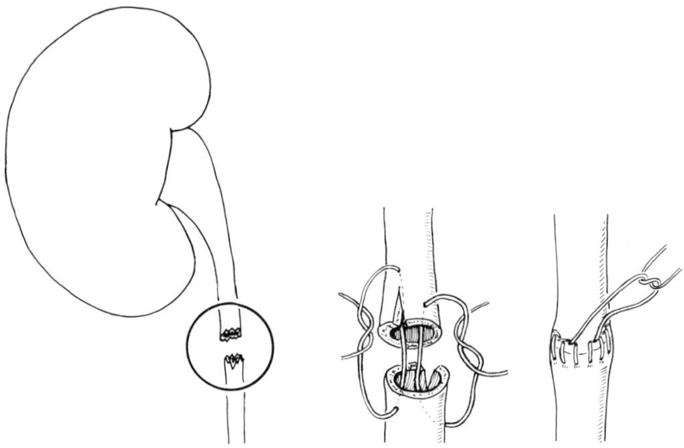

Abb. 9.21 End-zu-End-Anastomose nach Ureterruptur.

9.4.2 Harnleitertrauma

Meist ist der subpelvine Ureter verletzt. Bei vollständigem Abriß werden nach Resektion der geschädigten Rupturenden und Spatulierung des Harnleiters, um eine weite Anastomose zu gewährleisten, Nierenbecken und Harnleiter End-zu-End reanastomosiert (Abb. 9.20). Durch einen transrenal ausgeleiteten Splint wird der Urinabfluß gesichert. Das Operationsgebiet wird drainiert.

Im allgemeinen ist die Niere mitverletzt oder das Nierentrauma steht im Vordergrund. Inkomplette Ureterläsionen können deshalb bei nicht ausreichender präoperativer Röntgendiagnostik leicht übersehen werden.

Verletzungen des Harnleiters im mittleren Abschnitt werden durch End-zu-End Anastomose bzw. bei inkompletter Ruptur durch Verschluß des Ureterlumens und Drainage, distale Harnleiterverletzungen durch Reimplantation in der Blase versorgt. Größere Defekte können ein Ileuminterponat oder eine Autotransplantation der Niere erfordern.

9.4.3 Blasentrauma

Wichtigstes Prinzip ist rascher und sicherer Verschluß der Blasenwunde, suffiziente Harnableitung und Wunddrainage. Die offene Harnblasenverletzung infolge Stich-, Hieb- und Schußverletzung oder Durchspießung von Fragmenten bei Beckenfrakturen geht nicht selten mit einer Darmverletzung einher. Um spätere Blasendarmfisteln zu vermeiden, ist neben der primären 2-schichtigen Blasen- und Darmnaht eine Drainage des perivesikalen, suprapubischen und peritonealen Raumes notwendig. Bei intraperitonealen Blasenrupturen ist die Ablösung des Peritoneums, die Exzision der Wundränder und der Verschluß der Blase und des Peritoneums erforderlich. Die Interposition von Omentum majus zwischen Darm, bzw. Scheide und Blase senkt das Fistelrisiko und das Infektionsrisiko.

Ist nach schweren Mehrfachverletzungen eine unmittelbare Versorgung der Harnblasenruptur nicht möglich, muß zumindest die suprapubische Harnableitung (Zystostomie) gesichert sein. Patienten mit einem Blasentrauma und Beckenhämatom werden wegen der möglichen periureteralen Fibrose mit Obstruktion der oberen Harnwege über mehrere Jahre kontrolliert.

9.4.4 Intrapelvines Harnröhrentrauma

Grundsätzlich ergeben sich zwei Therapiemöglichkeiten:

- *Suprapubische Zystostomie*

Unter der Vorstellung, daß sich das Hämatom spontan resorbiert und durch einen Verzicht

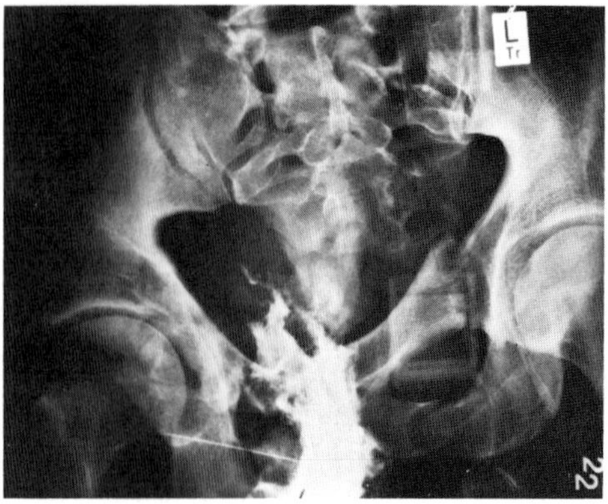

a

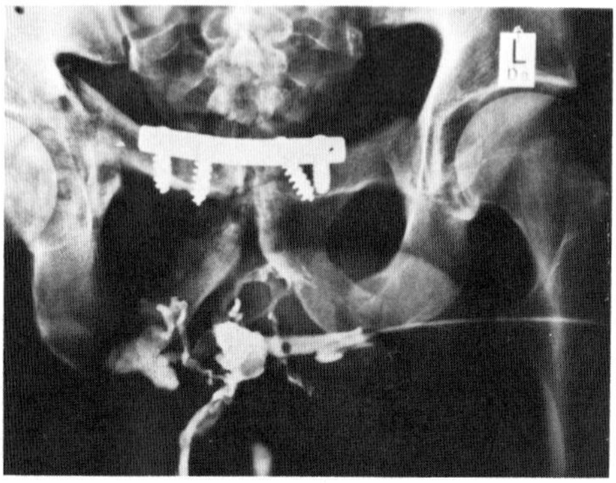

b

Abb. 9.22 a, b Retrogrades Urethrogramm nach vorderer Beckenringfraktur; diffuser KM-Austritt im Bereich der zentralen Harnröhre (**a**). Die erneute retrograde Urethrographie nach Reposition der Fraktur und Symphysenplatte ohne primäre Harnröhrenversorgung offenbart eine vollständige Unterbrechung der Harnröhrenkontinuität zwischen bulbärer und prostatischer Harnröhre. Das KM tritt in die Dammvenen über (**b**).

auf Drainage des retropubischen Raumes die sekundäre Infizierung und Fibrosierung vermieden wird, kann man auf weitere Maßnahmen verzichten. Die bei kompletter Ruptur der membranösen Harnröhre unvermeidliche Unterbrechung der Harnröhrenkontinuität wird in Kauf genommen (Abb. 9.22). In einer 2. Sitzung wird 3–4 Monate später die Harnröhrenkontinuität wiederhergestellt. Vorteil dieser Methode ist, daß später ein kurzstreckiger Defekt zu überbrücken ist, und bei inkompletter Harnröhrenruptur die Harnröhre ohne wesentliche Striktur heilen kann. Nachteil der sekundären operativen Harnröhrenversorgung ist die schwierige Revision durch derbe Narben. Die sekundäre Versorgung birgt aber ein geringeres Impotenz-Risiko.

- *Primäre Harnröhrenversorgung*

Durch die exakte Hämatomausräumung, Beseitigung von Knochenstücken und interponierten Weichteilen, einer exakten Adaptation der verletzten Harnröhre und richtigen Stellung der frakturierten Beckenknochen ist ein gutes Ergebnis möglich. Eine Kombination beider Behandlungsmethoden in Abhängigkeit vom Ausmaß der Schädigung scheint sinnvoll. Bei nicht dislozierter vorderer Beckenringfraktur ohne Symphysenruptur oder Knochensplitterung mit sicherer Ruhigstellung des Patienten in der Beckenschwebe wird der sekundären Harnröhrenversorgung und primären Urinableitung durch eine suprapubische Zystostomie der Vorzug gegeben. Wenn hingegen das Ausmaß der Beckenfraktur eine chirurgische Reposition erforderlich macht oder die Symphysenruptur osteosynthetisch versorgt wird, kann in gleicher Sitzung die primäre Reanastomose der komplett rupturierten Harnröhre versucht werden (Abb. 9.23).

Bei kompletter Dislokation der Prostata mit einem Fragment der Symphyse kann die Prostata noch an den intakten Ligamenta puboprostatica fixiert sein, die verhindern, daß die Prostata bei einer operativen Intervention wieder an die Harnröhre herangeführt wird. Dies ist auch durch Zug nicht möglich. Nach Durchtrennung der puboprostatischen Bänder läßt sich die Prostata leicht an die membranöse Urethra annähern und über einen Katheter mit der distalen Urethra verbinden. Urodynamisch relevante Strikturen werden 4 bis 6 Monate nach dem Heilungsprozeß offen oder bei kurzen Strikturen durch interne Urethrotomie behandelt.

Bei Strikturen der Harnröhre $\leq$ 2 cm kann auf endoskopischem Weg eine Wiederherstellung versucht werden. Hierbei werden simultan die distale Urethra mit dem starren Zystoskop und über eine suprapubische Zystostomie die proximale Urethra mit dem flexiblen Zystoskop eingestellt. Unter Durchleuchtung läßt sich der Abstand zwischen beiden Skopen abschätzen. Von distal wird unter Durchleuchtung die trennende Narbe mit einem starren Führungsdraht oder mit dem Sachse-Urethrotommesser durchstoßen bis mit dem über die Blase eingeführten Endoskop der Führungsdraht oder das Urethrotommesser gesichtet wird. Über den bis in die Blase vorgeschobenen Führungsdraht wird ein Splint durch die Urethra bis in die Blase geführt. Er dient als Führungsschiene für den May-Bougie, mit dem die Striktur bis 28 Charrière aufgedehnt wird. Alternativ kann die Striktur auch mit einem Ballon, wie er zur Aufweitung des Nephrostomiekanals benutzt wird, auf 28 Charr. aufgedehnt werden. Nach Katheterentfernung 4–5 Wochen später muß meist die Harnröhre temporär durch intermittierende Selbstkatheterisierung oder neuerli-

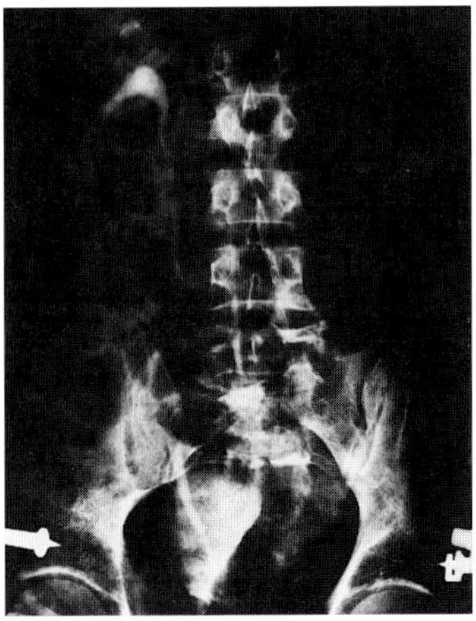

a

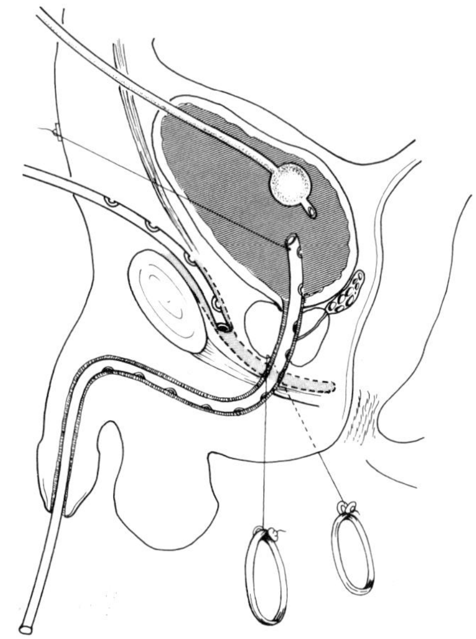

b

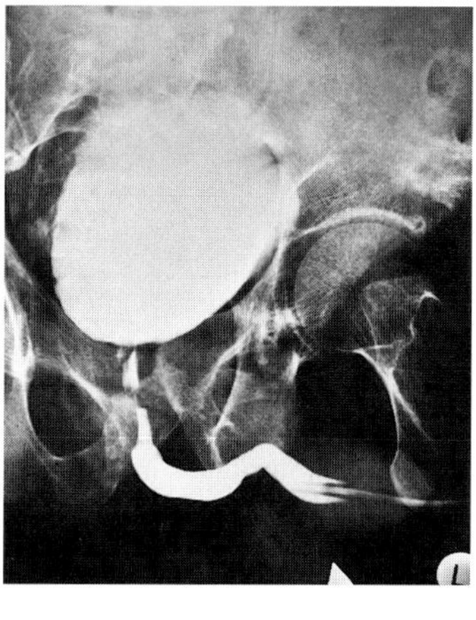

c

Abb. 9.23a–c Intrapelvine Harnröhrenruptur bei einem 26jährigen Mann durch einen Motorradunfall (vgl. auch Abb. 9.6b, s.S. 273).
a Beckenrekonstruktion durch Fixateur externe.
b Die abgerissene Harnröhre wurde primär reanastomosiert (Schema der Prinzipien).
c Retrogrades Urethrogramm 15 Monate später (beobachtet von Dr. *H. Sparwasser*, Koblenz).

che interne Urethrotomie zur Sicherung eines guten Harnflusses nachbehandelt werden (*Marshall*, 1989). Bei Strikturrezidiven ist die Implantation einer Stahlspirale, die von Mukosa überkleidet wird, oder eine offen operative Korrektur angezeigt.

9.4.5 Extrapelvines Harnröhrentrauma

Die Versorgung der penilen und bulbären traumatisierten Harnröhre erfolgt nach einheitlichen Gesichtspunkten. Das Vorgehen ist abhängig vom Ausmaß der Verletzung, Größe des Hämatoms oder Urinextravasats und der Schädigung der perinealen Region. Bei geringem Harnröhreneinriß ohne Urinextravasation wird der Urin über eine suprapubische Zystostomie für 10 Tage abgeleitet. Vor Zystostomieentfernung erfolgt die Überprüfung des Behandlungsergebnisses durch Miktionszystourethrographie.

Bei Hämatom und Urinextravasat wird das Perineum eröffnet und drainiert. Eine Drainage ist im gesamten Ausbreitungsgebiet des Extravasates notwendig. Bei durchtrennter Harnröhre werden die traumatisierten Ränder exzidiert, die Harnröhre nach distal und proximal mobilisiert und die Ränder um 180° gegeneinander versetzt spatuliert. Schließlich erfolgt die Anastomose der Urethra (Abb. 4.15; S. 98). Die Harnröhre wird mit einem mehrfach gelochten Splint geschient. Nach 10–14 Tagen wird der Katheter entfernt und ein Miktionszystourethrogramm durchgeführt.

Bei ausgedehnten Verletzungen der bulbären Urethra, die eine primäre End-zu-End Anastomose nicht erlauben, wird die Harnröhrenschleimhaut mit der Perineal- und Skrotalhaut zu einer Urethrostomie anastomosiert. Einige Monate später wird die Harnröhre durch Umschneidung des Stomas und Anastomose der freien Ränder rekonstruiert. Meist ist jedoch eine einzeitige Korrektur durch Verwendung von gestielten Penisschafthautlappen, Skrotallappen oder freien Hauttransplantaten möglich.

9.5 Prognose

Kontusionen der Niere heilen i.d.R. spontan ab und hinterlassen keine nachweisbare Schädigung. Eine Nierenruptur kann dagegen schwerwiegende Komplikationen nach sich ziehen. Es ist daher wichtig, Kontrolluntersuchungen durchzuführen und die Blutdruckwerte zu überprüfen. Sonographisch werden durch periureterale Fibrose hervorgerufene Hydronephrosen, segmentale oder totale Schrumpfungsprozesse der Niere bzw. abgekapselte perirenale Harnextravasate oder Hämatome nachgewiesen.

Eine Hypertonie nach subkapsulärem Hämatom *(Page-Niere)* und ischämischer Infarzierung eines Nierenparenchymanteils wird in 6–20% beobachtet. Jeder infarzierte Bezirk kann zu einer vermehrten Renin-Produktion führen und die diastolische Hypertonie be-

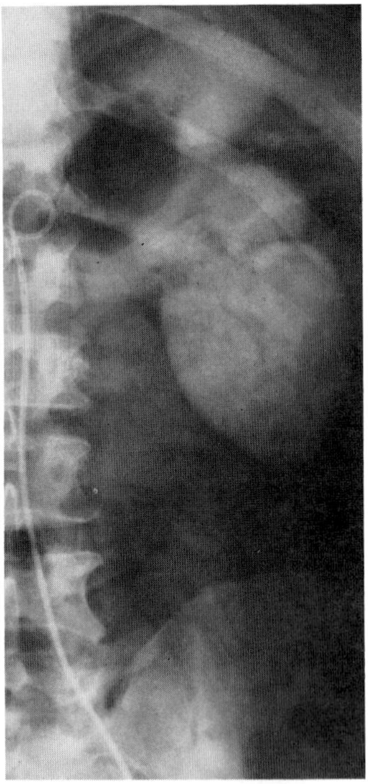

Abb. 9.24 Hochdruck infolge Ischämie des linken oberen Nierenpols nach traumatischer Amputation. Parenchymanfärbung nach Übersichtsaortographie.

günstigen. Diese Spätkomplikationen betreffen in erster Linie nicht operativ behandelte Nierentraumen mit Ruptur des Parenchyms und übersehenen Läsionen des Gefäßsystems (Abb. 9.24).

Eine gute Prognose haben früh versorgte Ureterläsionen. Wenn sekundäre Entzündung oder Fibrose hinzutreten, ist die Wiederherstellung der Harnwegskontinuität erschwert und evtl. die Nephrektomie erforderlich. Die innerhalb der ersten Stunden erkannte Verletzung der Harnblase und eine adäquate Behandlung hat eine günstige Prognose. Wenn jedoch die Läsion übersehen wurde, besteht wegen der Urinphlegmone oder Peritonitis ein lebensbedrohlicher Zustand mit hoher Mortalität (50%).

Rechtzeitige Erkennung und zweckmäßige Behandlung einer frischen Harnröhrenverletzung sind die Voraussetzungen für eine optimale Wiederherstellung der Urethra. Häufigste Spätkomplikation ist die Harnröhrenstriktur (20–50%) und nach Ruptur der membranösen Harnröhre die erektile Impotenz (40%).

Weiterführende Literatur

Altwein, J.E., P. Walz: Nierentrauma. Notfallmed. 6 (1980) 1125

Bünte, H.: Urologische Komplikationen nach stumpfen Nierentraumen. Notfallmed. 2 (1976) 412

Carroll, P.R., J.W. McAninch: Major bladder trauma. The accuracy of Cystography. J. Urol. 130 (1983) 887–888

Carroll, P.R., J.W. McAninch: Staging of renal trauma Urol. Clin. North Amer. 16 (1989) 193–201

Cass, A.S.: Urethral injury in the multiple-injured patient. J. Trauma 24 (1984) 901

Cass, A.S., M. Luxenberg: Management of renal artery injuries from external trauma. J. Urol. 138 (1987) 266–268

Cass, A.S., M. Luxenberg: Features of 164 bladder ruptures. J. Urol. 138 (1987) 743–754

Cass, A.S., M. Luxenberg, J. Wolpert, J. Lee: Bilateral testicular injury from external trauma. J. Urol. 140 (1988) 1435–1436

Devine, J.C., G.H. Jordan, P.C. Devine: Primary realignment of the disrupted prostatomembranous urethra. Urol. Clin. North Amer. 16 (1989) 291–295

Eggers, H.D., U. Menzel, M. Ziegler: Nierenverletzungen. Unfallheilkunde 79 (1976) 359

Fournier, G.R., Jr.F.C. Laing, J.W. McAninch: Scrotal ultrasonography and the management of testicular trauma. Urol. Clin. North Amer. 16 (1989) 377–385

Gelbard, M.K., A.M. Heyman, P. Weintraub: A technique for immediate realignment and catheterization of the disrupted prostatomembranous urethra. J. Urol. 142 (1989) 52–55

Godec, C.J.: Genitourinary Trauma: Urol. Radiol 7 (1985) 185–191

Guerriero, W.J.: Trauma to the kidneys, ureters, bladder and urethra. Surg. Clin. North Amer. 62 (1982) 1047

Hardeman, S.W., D.A. Husmann, K.W.H. Chinn, P.C. Peters: Blunt urinary tract trauma: identifying those patients who require radiological diagnostic studies. J. Urol. 138 (1987) 99–101

Hodges, V., D.R. Gilbert, W.W. Scott: Renal trauma: a study of 71 cases. J. Urol. 66 (1951) 627

Jakse, G.: Ultrasound in patients with blunt renal trauma managed by surgery. J. Urol. 138 (1987) 21–23

Jakse, H., H. Madersbacher, D. Flora: Nierenverletzungen und Polytrauma. Helv. chir. Acta 44 (1977) 317

Jakse, G., Putz: Operative Sofortversorgung von 100 konsekutiven, stumpfen Nierenverletzungen. Akt. Urol. 13 (1982) 239–245

Krauss, B.: Penisfraktur: Pathologie-Diagnostik-Therapie. Akt. Urol. 14 (1983) 141–144

Lowe, M.A., J.T. Mason, K.G. Luna, R. v. Maier et al: Risk factors for urethral injuries in men with traumatic pelvic fractures. J. Urol. 140 (1988) 506–507

Lutzeyer, W.: Traumatologie des Urogenitaltraktes. Springer, Berlin 1981

Marshall, F.F.: Endoscopic reconstruction of traumatic urethral transections. Urol. Clin. North Amer. 16 (1989) 313–318

Marx, F.J.: Begutachtung von Erkrankungen und Verletzungen der Harnröhre und der Harnleiter. In: *K.H. Bichler* (Hrsg.): Begutachtung und Arztrecht in der Urologie. Springer, Berlin 1986 p. 76

Peters, P.C., A.I. Sagalowsky: Genitourinary Trauma. In: Cambell's Urology. Band 1. 5. Aufl. W.B. Saunders, Philadelphia 1986 p. 1192

Peterson, N.E.: Complications of renal trauma. Urol. Clin. North Amer. 16 (1989) 221–236

Rutishauser, G.: Wiederherstellende Chirurgie bei Nierenverletzungen. Indikationen und taktisches Vorgehen. Dtsch. Ärztebl. 79 (1982) 33

Shah, P.M., K.H. Kim, G. Ramirez-Schon, et al: Elevated blood urea nitrogen: An aid to the diagnosis of intraperitoneal rupture of the bladder. J. Urol. 122 (1979) 741–753

Thompson, I.M., H. Latourette, J.E. Montie, et al.: Results of non-operative management of blunt renal trauma. J. Urol. 118 (1977) 522–524

Turner-Warwick, R.: Prevention of Complications resulting from pelvic fracture urethral injuries and from their surgical management. Urol. Clin. North Amer. 16 (1989) 335–358

del Villar, R.G., G.W. Ireland, A.S. Cass: Management of bladder and urethral injury in conjunction with the immediate surgical treatment of the acute severe trauma patient. J. Urol. 108 (1972) 581–585

10 Nebenniere (GK 3-10)

H. Rübben

10.1 Operable Erkrankungen

Die *Nebennierenrinde* macht etwa 80% des Adrenalorgans aus und besteht aus 3 klar definierten, konzentrischen Anteilen unterschiedlicher Morphologie und Funktion. Die äußere Zona glomerulosa der Nebenniere bildet ausschließlich Aldosteron. Die Zona fasciculata beansprucht den Großteil der Nebennierenrinde und produziert Cortisol. Der Medulla anliegend befindet sich die Zona reticularis, in der Androgene und in geringen Mengen Östrogene und Gestagene synthetisiert werden. Die Grundstruktur aller Steroide leitet sich vom Steran (Abb. 10.1a) ab, wobei Cholesterol (Abb. 10.1b) das Ausgangsprodukt ist, aus dem in der weiteren Folge durch enzymatische Prozesse Steroidhormone differenzierter biologischer Potenz und Funktion entstehen.

Steroidhormone der Nebennierenrinde

● Zona glomerulosa	Aldosteron
● Zona fasciculata	Cortisol
● Zona reticularis	Androgene Östrogene Gestagene

Die Regulation der Glukokortikoide unterliegt vollständig dem hypophysären ACTH (*A*dreno-*C*orticotropes *H*ormon) und dem CRH als hypothalamischem Releasing Hormon. Die Aldosteronsekretion wird weitgehend durch Angiotensin II und Veränderungen der Plasma Na^+ und K^+ Konzentration geregelt. ACTH spielt hier nur eine untergeordnete Rolle.

Durch angeborene Enzymdefekte, hypothalamisch-hypophysäre Dysregulation, tumorös bedingte, iatrogen oder idiopathisch induzierte Veränderungen der für die Steroidgenese verantwortlichen Enzyme entstehen Anhäufungen und Ausfälle bestimmter Hormone, die zu spezifischen Krankheitsbildern führen. Diese Funktionsstörungen der Nebennierenrinde (nur Überfunktionszustände sind operabel) sind von urologischer Bedeutung: zum einen bei der Differentialdiagnose und ggf. auch plastischen Korrektur von Erkrankungen des äußeren Genitale (z.B. AGS), als auch der operativen Sanierung von Raumforderungen der Nebenniere selbst (Cushing-, Conn-Syndrom, Phäochromozytom, Neuroblastom).

Das *Nebennierenmark*, entwicklungsgeschichtlich, morphologisch und funktionell von der Nebennierenrinde streng abzugrenzen, ist ein spezialisierter Teil des sympathischen Nervensystems. Da das Nebennierenmarkgewebe sich in der histologischen Färbung mit Kalium-dichromat intensiv anfärbt, spricht man vom *chromaffinen Zellsystem* (siehe auch Phäochromozytom, Neuroblastom).

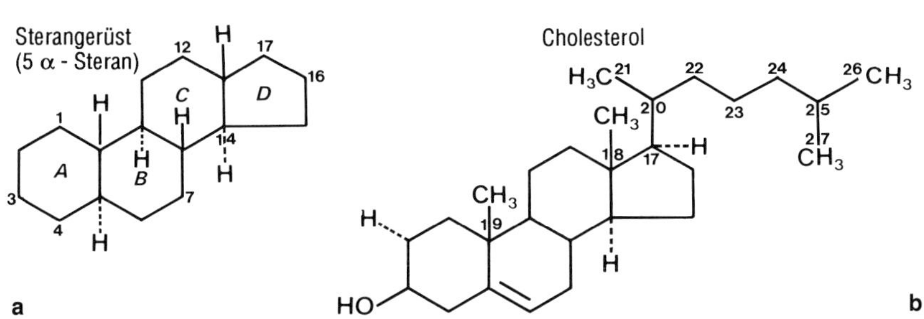

Abb. 10.1 a, b **a** Sterangerüst, Grundstruktur aller Steroide. **b** Cholesterol, Ausgangsprodukt aller Steroide.

Tabelle 10.1 Adrenerge Rezeptoren und ihre Funktionen.

α_1	– Kontraktion der glatten Muskulatur in Blutgefäßen und Urogenitaltrakt – Irisdilatation – Intestinalrelaxation – Uteruskontraktion
α_2	– Kontraktion der glatten Muskulatur in selektiven Gefäßabschnitten – Hemmung der Noradrenalinfreisetzung an den sympathischen Nervenendigungen – Thrombozytenaggregation – Hemmung der Reninfreisetzung – Hemmung der Insulinfreisetzung
β_1	– Stimulation der HF + HZV – Stimulation der Lipolyse – Stimulation der Amylase der Speicheldrüsen
β_2	– Relaxation der glatten Muskulatur von Bronchien, Blutgefäßen, Urogenital- und Intestinaltrakt – Steigerung der Glykogenolyse in Leber und Muskel – Steigerung der Sekretion von Insulin und Glukagon in Pankreas – Stimulation der Reninfreisetzung – präganglionäre Stimulation der Freisetzung von Noradrenalin an den sympathischen Nervenendigungen

Die im Nebennierenmark in hoher Konzentration nachweisbaren Hormone sind Katecholamine, deren Muttersubstanz die Aminosäure *Tyrosin* ist. *Dopamin* ist direkter Vorläufer der medullären Hauptsekretionsprodukte *Adrenalin* und *Noradrenalin*. Während Noradrenalin als Neurotransmitter ubiquitär an den sympathischen Nervenendigungen des peripheren und Zentralnervensystems entsteht, ist Adrenalin fast ausschließlich adrenalen Ursprungs. Beide Katecholamine haben differenzierte, rezeptor- und konzentrationsabhängige Wirkungen an den verschiedenen Zielorganen (Tab. 10.1).

Nachweisbare Abbauprodukte der Katecholamine Adrenalin und Noradrenalin sind die Metanephrine und die Vanillinmandelsäure.

10.2 Diagnostik

10.2.1 Das adrenogenitale Syndrom (AGS)

(s.a. S. 349)

Hierunter subsumiert man eine Gruppe von Enzymdefekten in der Cortisol-, Aldosteron- und Androgensynthese. Je nach Defekt kommt es zur exzessiven Anhäufung von Produkten vor dem Syntheseblock. Abbildung 10.2 zeigt ein Schema der adrenalen Steroidbiosynthese mit den bekannten Enzymdefekten.

Die häufigste Form des AGS ist mit über 95% der *21-Hydroxylasemangel*, der einem autosomal rezessivem Erbgang unterliegt. Dieser führt wegen der fehlenden Synthesemöglichkeit von Cortisol und Aldosteron sekundär aufgrund der hypothalamisch-hypophysären Steuerung zu einem weiteren ACTH-Ausstoß mit Nebennierenrindenhypertrophie und konsekutiv zum Anstieg der Androgene.

Männliche Neugeborene können ein normal erscheindes Genitale haben. Je früher jedoch der Fetus der überproportionalen Androgenproduktion ausgesetzt ist, desto ausgeprägter stellt sich das klinische Bild dar. Es kommt schon früh zum Wachstum eines großen Penis und der entsprechenden Sekundärbehaarung, ohne gleichzeitige Entwicklung der Hoden, da diese aufgrund der erhöhten Androgenspiegel der supprimierten Gonadotropinsekretion (FSH, LH) unterliegen. Dieser Gegensatz zwischen der Entwicklung der primären und sekundären Geschlechtsmerkmale ist mit dem Begriff des *dissoziierten Virilismus* belegt. Auch postpubertär bleiben die Hoden klein und azoosperm. Es entsteht das Bild des *hypogonadotropen Hypogonadismus*. Beim weiblichen Geschlecht reicht das Spektrum von einer milden Klitorishypertrophie bis hin zum Bild einer ausgeprägten „Hypospadie mit Kryptorchismus“.

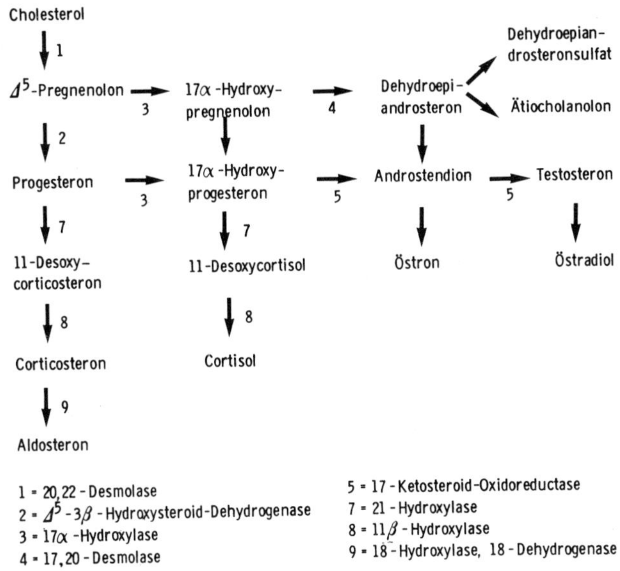

Abb. 10.2 Schema der adrenalen Steroidbiosynthese mit den bekannten Enzymdefekten (nach *Reinwein*).

Da einerseits das innere weibliche Genitale (Uterus, Tuben, Ovarien) normal angelegt ist, kommt es auf der anderen Seite durch den Androgenüberschuß zu maskulinisierenden Effekten auf den Sinus urogenitalis und den Genitalhügel mit dem Resultat einer Vaginaeinmündung in die Urethra, wobei letztere dann unterhalb der hypertrophierten Klitoris mündet. Die Labia majora sind in der Regel ebenfalls hypertroph (skrotumähnlich). Dies entspricht dann einem *Pseudohermaphroditismus femininus* (vom äußeren Habitus her männlich, chromosomal + Keimdrüsen feminin), der einer plastischen Korrektur des äußeren Genitale bereits im frühen Kindesalter bedarf. Wie beim männlichen Geschlecht die Hoden, bleiben bei den Mädchen Mammae, Uterus und die Ovarien infantil, die Menarche setzt nicht ein. Es resultiert eine *primäre Amenorrhoe.*

Beim 21-Hydroxylasemangel existiert sowohl eine Variante mit und ohne (häufigere Form) Salzverlust. Die Laborparameter sind wie folgt typisch verändert:

- Cortisol erniedrigt
- bei Salzverlust (Aldosteron erniedrigt bis fehlend) → Hypotonie
- Androgene erhöht
- Reninaktivität erhöht
- 17-Ketosteroide erhöht

Sonographisch als auch im Abdomen-CT stellen sich die Nebennieren hypertrophiert dar. Röntgenaufnahmen zeigen eine Acceleration des Knochenalters. Im lateralen Zystürethrogramm kommt neben Blase und Urethra evtl. auch die Vagina zur Darstellung. Die anabole Wirkung des Hyperandrogenismus führt:

- beim männl. Geschlecht zur Pseudopubertas praecox
- beim weibl. Geschlecht zu leichter Virilisierung bis hin zum Pseudohermaphroditismus femininus
- zur Muskelhypertrophie
- zum jugendlichem Hochwuchs mit frühzeitigem Epiphysenschluß und
- zum späteren Kleinwuchs

Neben dem 21-Hydroxylasemangel existieren noch 8 weitere Formen. Eine frühe Diagnosestellung mit lebenslanger, adäquater Cortisolsubstitution (außer 18-Hydroxysteroid-Dehydrogenase-Mangel), stellt die wichtigste therapeutische Maßnahme bei allen AGS-Formen dar. Bei Salzverlust ist die Substitution von Mineralkortikoiden, bei Mädchen mit 17-Hydroxylasemangel eine Östrogenzufuhr notwendig. Bei Intersexualität ist

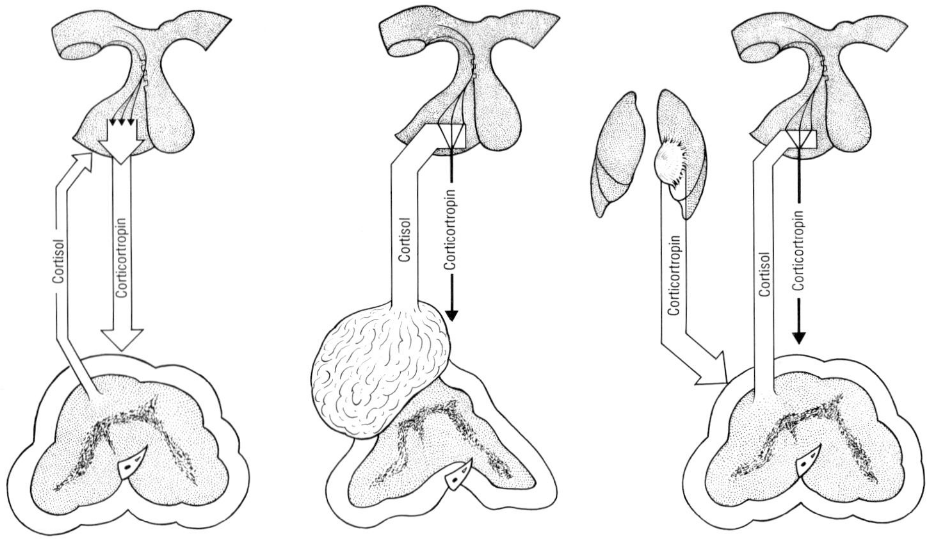

Abb. 10.3 Darstellung des Corticotropin und Cortisol-Spiegel in Abhängigkeit von den Ursachen des Cushing Syndroms.

eine operative Korrektur im frühen Kindesalter angezeigt.

Das *erworbene* adrenogenitale Syndrom ist meist Folge eines androgenproduzierenden Nebennierentumors (Adenom / Karzinom). Die Symptome entsprechen vor der Pubertät denen des kongenitalen AGS, postpubertär einer Virilisierung.

10.2.2 Das Cushing-Syndrom

Hierunter faßt man alle Formen eines chronischen Glukokortikoidexzesses mit Ausnahme des hypothalamisch-hypophysär bedingten *Morbus Cushing* zusammen, auf den ca. 70 % entfallen (meistens aufgrund eines basophilen ACTH produzierenden Adenoms des HVL). Das *Cushing-Syndrom* ist etwa 20 % durch adrenale Tumoren (Adenome, Karzinome) verursacht, während die restlichen 10 % durch eine ektope ACTH-Produktion (z.B. paraneoplastisch durch ein Bronchialkarzinom, Thymom, Phäochromocytom, Pankreas-, Nieren-, Prostata- und Schilddrüsenkarzinom) bedingt sind (Abb. 10.3). Gutartige Nebennierentumoren produzieren meist nur Glukokortikoide, während Karzinome oftmals zusätzlich Androgene und Mineralokortikoide produzieren.

Hyperglukokortizismus

- Enzymdefekt
  keiner
- Hormonveränderung
  Überschuß von Cortisol; selten auch Androgene, Östrogene, Mineralokortikoide
- Nebennierenmorphologie
  Hyperplasie, Adenom, Karzinom

Das klinische Bild des Cushing-Syndroms ist bestimmt durch die Effekte von Cortisol am Fett-, Kohlehydrat- und Eiweißstoffwechsel (katabole und antianabole Wirkung). Cushing Stigmata (Abb. 10.4) sind *Stammfettsucht, Vollmondgesicht, Büffelhöcker, Muskelschwund mit Striae cutaneae, Osteoporose, Hypertonie, Plethora, Kapillarfragili-*

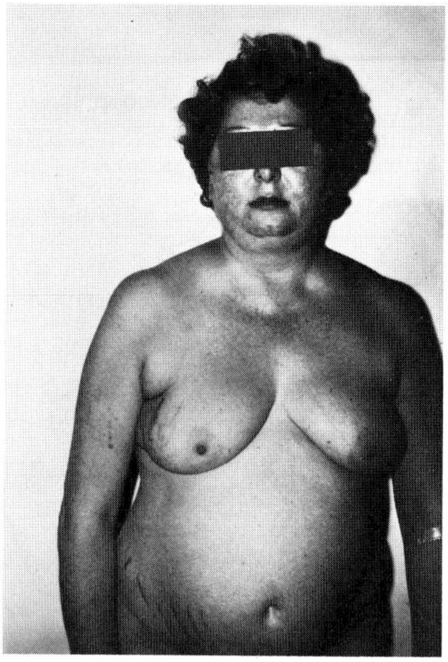

Abb. 10.4 Cushing-Stigmata.

tät, verminderte Glukosetoleranz, Steroiddiabetes, Adynamie, Ödeme sowie psychiatrische Symptome. Bei zusätzlicher erhöhter Androgenproduktion kommt es zum Hirsutismus, Virilismus, zur Akne sowie zur sekundären Amenorrhoe.

Laborchemisch finden sich eine *Granulozytose, Lymphopenie, Eosinopenie, Hypokaliämie und metabolische Alkalose.* Das klinische Bild ist recht variabel und entspricht dem Schweregrad der Hormonentgleisung und den noch partiell intakten Regulationsmechanismen. Der erhöhte Cortisolspiegel führt über die antiphlogistische und antiproliferative Wirkung zu einer Beeinträchtigung des Immunsystems (Immunsuppression) mit möglicher Störung der Wundheilung.

Bei Diagnoseverdacht aufgrund des klinischen Erscheinungsbildes ist besonders die *Medikamentenanamnese (Iatrogener Cushing)* zu beachten.

Als primäre Untersuchung sollten zunächst ein Dexamethasontest und die Bestimmung des freien Cortisols im 24-Std.-Urin (Normwert 15—75 μg/Tag) durchgeführt werden.

Dexamethasontest (kurz): 2 mg Dexamethason um 23 Uhr oral; am nächsten Morgen um 8 Uhr wird eine Cotisolbestimmung im Blut durchgeführt. Konzentration normal < 3 μg/dl.

Weitergehende Untersuchungen sollten die Bestimmung des ACTH im Plasma, den Metopiron®-Test, einen Dexamethasontest (lang), sowie eine CRH-Test beinhalten. An bildgebender Diagnostik sollten

- Abdomensonographie
- Röntgen der Sellaregion
- CT oder NMR Abdomen/Schädel
- Nebennierenszintigraphie (^{131}J-19-iodo Cholesterol)
- Sinus petrosus Katheterisierung mit ACTH-Bestimmung

zur Klärung und Lokalisation des Hyperglukokortizismus führen. Abbildung 10.5 zeigt die typische Befundkonstellationen zur Differenzierung eines Morbus Cushing von den anderen Varianten eines Cushing-Syndroms.

Da keiner der o.g. Tests weder eine 100 % Sensitivität noch Spezifität aufweist, sollte nicht bei einmalig negativem Ergebnis der Verdacht als ausgeräumt betrachtet werden. Differentialdiagnostisch kann sowohl bei Alkoholismus als auch bei alimentärer Adipositas ein cushingoider Habitus bestehen. Die Hormondiagnostik bringt hier jedoch Klarheit.

Cave! Erhöhter Cortisolspiegel durch Schwangerschaft bzw. hormonelle Kontrazeptiva.

Dexamethasontest (lang): 3 Tage 6 x 0,5 mg Dexamethason; Am 4. Tag 8 Uhr Blutentnahme für Cortisol; wenn **keine** Suppression erfolgt, liegt ein **Morbus Cushing** oder ein **Cushing-Syndrom** vor. Zur weiteren Differenzierung weitere 3 Tage 4 x 3 mg Dexamethason oral, am 4. Tag um 8 Uhr Cotisolbestimmung: **Suppression um 50 % oder mehr** spricht für **zentralen Morbus Cushing**, fehlende Suppression für einen NNR-Tumor.

Metopiron®-Test: Tag 1 um 8 Uhr 6 Kps. à 250 mg, dann alle 30 Min. 0,5 g bis zur Gesamtdosis von 4 g. Blutentnahme für Corticoide + 11-Desoxycorticoide um 8, 12 + 16 Uhr. **Anstieg der 11-Desoxycorticoide** spricht für ACTH-Stimulierbarkeit; d.h. **zentraler Morbus Cushing**.

Inzidentalom (lat. incidere = unvermutet stoßen auf)

Mit der weiten Verbreitung der Sonographie als auch der Computertomographie kommt es immer häufiger zum Auffinden von asymptomatischen Raumforderungen der Nebenniere (Abb. 10.6). Da sich dahinter sowohl benigne, als auch maligne Tumoren verbergen können, sind biochemische Untersuchungen zum Ausschluß jeglicher Hormonak-

Test	Ergebnis		
	bei Morbus Cushing	bei ektoper ACTH-Produktion	bei Nebennierentumor
Plasma ACTH	normal bis zweifach erhöht	doppelnormal oder höher	niedrig
Metropiron	zweifach erhöht	normal	normal
ACTH und Cortisol-Spiegel erhöhen CRF	zweifach oder höher	normal	normal
CT-Schädel/Abdomen (bzw. NMR oder Sonographie)	Hypophysentumor sichtbar in 50 % der Fälle	Große Nebennieren	Nebennierentumor
Blutentnahme aus Sinus petrosus	$\frac{\text{ACTH Sinus}}{\text{ACTH venös}} > 1$	Etagenweise Blutentnahme nur bei unklarer ektoper Lokalisation	ACTH niedrig

Abb. 10.5 Tests zur Differenzierung zwischen Morbus Cushing und Varianten des Cushing Syndroms (nach *Sheeler*, 1989).

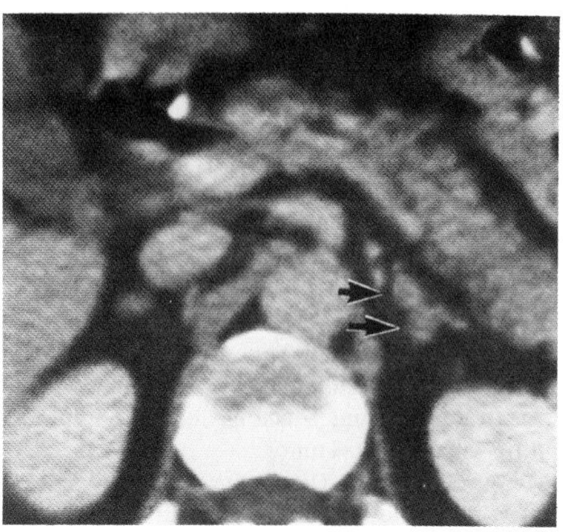

Abb. 10.6 Noduläre Hyperplasie der linken Nebenniere (→) in der Computertomographie (aus: *Frommhold, W., H.-St. Stender, P. Thurn* [Hrsg.] Radiologische Diagnostik in Klinik und Praxis. Band IV. Thieme, Stuttgart 1984).

tivität notwendig. Jeder Nachweis auffälliger Hormonparameter bzw. einer Größe über 3,0 cm sollte die Indikation zu einer operativen Freilegung darstellen. Bei asymptomatischen Tumoren kleiner als 2,0 cm ist eine abwartende Haltung mit regelmäßigen Kontrolluntersuchungen gerechtfertigt.

10.2.3 Das Nebennierenrindenkarzinom

Bösartige NNR-Tumoren mit einer Inzidenz von 1 : 1 500 000 stellen im urologischen Alltag ein seltenes Ereignis dar. Obwohl NNR-Karzinome generell eine schlechte Prognose haben, kann eine 5-Jahres-Überlebensrate von 25—40 % bei kleinen, primär komplett resezierbaren Karzinomen erreicht werden. Das *NNR-Malignom* kann sowohl zu pathologischen Spiegeln von *Cortisol, Androgenen, Östrogenen* als auch *Mineralokortikoiden* führen, wobei jede Kombination und Ausprägung möglich ist. Die Symptome resultieren aus den im Vordergrund stehenden endokrinen und oder lokalen Prozessen.

Hormonbedingte Symptome bei NNR-Karzinom
- Cushing Symptomatik
- Virilisierung
- Feminisierung
- Hyperaldosteronismus

Bei den Karzinomen ohne pathologische Hormonparameter (30—50 %) bestimmen abdominelle Schmerzen, Müdigkeit und Gewichtsabnahme das klinische Bild. Die Diagnose sollte sich auf die endokrinologischen

Basisuntersuchungen beschränken, wobei die relevanten Analysen durch den klinischen Aspekt der im Vordergrund stehenden Hormonpathologie bestimmt werden sollten. Charakteristisch ist aufgrund der erhöhten Cortisolproduktion das ACTH im Plasma erniedrigt, der Dexamethasontest ist negativ. Extrem erhöhte Werte für *freies Cortisol* als auch der *17-Ketosteroide* im Urin, sind hoch suspekt auf ein vorliegendes NNR-Karzinom.

Stadieneinteilung der NNR-Karzinome
(in Anlehnung an *Bodie*, 1989)

Stadium I
Tumor auf die NN begrenzt; kein Nachweis von Lokal- oder Fernmetastasen

Stadium II
Tumor hat benachbarte Strukturen oder regionäre Lymphknoten infiltriert

Stadium III
Fernmetastasen

Häufige Metastasierungsorte sind Leber, Lunge, Peritoneum und Pleura sowie die Infiltration per continuitatem in die Niere und Vena cava. Mit den bildgebenen Verfahren der Sonographie, der Computertomographie oder auch der Kernspintomographie ist die adrenale Raumforderung in aller Regel gut beurteilbar. Präoperativ kann die Arteriographie für den Operateur sinnvolle Zusatzinformationen liefern.

Der einzige kurative Ansatz besteht in einer frühzeitigen, kompletten Exstirpation des Malignoms. Eine erfolgversprechende Chemotherapie beim NNR-Karzinom existiert derzeit nicht. Bei Inoperabilität kann mit Orthopara-DDD eine vorübergehende Tumor- und Hormonregression erreicht werden.

10.2.4 Primärer Hyperaldosteronismus (Conn-Syndrom)

Der *primäre Hyperaldosteronismus* führt über eine exzessive Produktion des Mineralokortikoids Aldosteron zur Hypertonie.

Dies ist zum Großteil (bis 80 %) durch ein Adenom (in der Regel einseitig und adrenal lokalisiert) oder seltener durch spontane beidseitige mikronoduläre Hyperplasie der Zona glomerulosa bedingt. Ein Nebennierenkarzinom kann ebenfalls zu einer Conn-Symptomatik führen. Das Patientenalter liegt durchschnittlich zwischen 30–60 Jahren. Die Häufigkeit des Conn-Syndroms wird mit unter 1 % in unausgewähltem Krankengut von Hypertonikern angegeben.

Die klinische Manifestation wird vornehmlich durch die Wirkung von Aldosteron am distalen Nierentubulus bestimmt mit weitreichenden Konsequenzen auf den Elektrolytstoffwechsel und die Hämodynamik:

Renaler Kaliumverlust →
→ Hypokaliämie (< 3,5 mmol/l)

Renale Natrium-Reabsorption →
↑ Hypernatriämie

Renaler H^+-Ionenverlust →
→ metabolische Alkalose

Aus diesen 3 metabolischen Kardinalveränderungen leiten sich folgende klinische Befunde ab. Anamnestisch stehen

- Kopfschmerzen
- Muskelkrämpfe
- Polydipsie mit Polyurie
- Extremitätenparästhesien

im Vordergrund. Klinisch finden sich

- Hypertonie
- Hypokaliämie (cave: Diuretika + Laxantienabusus)
- milde Hypernatriämie
- metabolische Alkalose
- Hyperkaliurie (> 30 mmol/24 Std. suspekt)
- meist Normonatriurie
- Hyposthenurie
- neutraler bis alkalischer Urin-pH

Diagnostische Routineuntersuchungen beim Conn-Syndrom

- Elektrolyte im Serum
- Plasmaaldosteron plus Plasmareninaktivität (typischer Befund: Renin erniedrigt, Aldosteron erhöht)
- Aldosteron im Urin
- Elektrolyte im 24 Std. Urin (K^+ > 30 mmol/24 Std.)
- Urin-pH und Osmolarität

cave: Blutentnahme für Aldosteronspiegel im Liegen!!!

Spezialuntersuchungen bei unklarer Befundlage

1. Aldosteronsuppressionsversuch nach Na^+-Belastung: (150–200 mmol Na/Tag über 5 Tage;

keine Suppression der Aldosteronexkretion oder des Plasmaaldosterons)
2. Renin und Aldosteronbestimmung nach Na^+- und Volumenentzug: (max. 10 mmol Na/Tag über 5 Tage; kein Anstieg des Renins oder des Aldosterons)
3. Captopril-Test: (25 mg Captopril oral, Blutentnahme vorher und nach 2 Std.; keine Abnahme des Aldosterons)

Bildgebende Diagnostik

Besteht aufgrund der o.g. Untersuchungen der Verdacht eines Conn-Syndroms, so sollte mittels

- Sonographie
- Abdomen CT und
- Nebennierenszintigraphie (Abb. 10.7) (^{131}J-19-iodo Cholesterol)

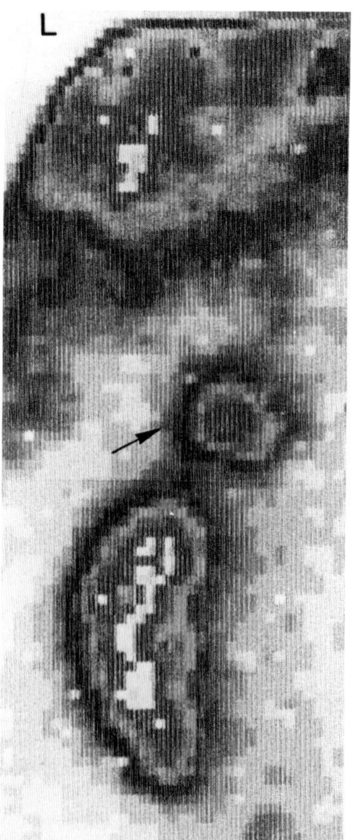

Abb. 10.7 Nebennierentumor links (L) mit deutlicher Aktivität im Nebennierenszintigramm (Pfeil).

eine Tumorlokalisation vorgenommen werden. Weiterhin kann zur Seitendifferenzierung die Bestimmung des Aldosterons (und gleichzeitigem Cortisolspiegel zur Sicherung der korrekten Probenentnahme) aus Nebennierenvenenblut durchgeführt werden.

Anhang: Sekundärer Hyperaldosteronismus. Es liegt keine endokrine Erkrankung, sondern eine Stimulation der Aldosteronproduktion durch extraadrenale Faktoren vor.

10.2.5 Das Phäochromozytom

Phäochromozytome sind katecholaminproduzierende Tumoren, die unabhängig von ihrem adrenalen oder extraadrenalen Ursprung (Paraganglien) aus neuroektodermalem Gewebe hervorgehen. Ca. 80 % entspringen als gutartige, unilaterale Geschwülste aus dem Nebennierenmark (Abb. 10.8). Etwa 10 % der Phäochromozytome sind extraadrenal gelegen, bei Kindern sogar bis 30 %. Der Altersgipfel liegt zwischen 30 und 50 Jahren. Extraadrenale Phäochromozytome können im Retroperitonealraum, in hinteren Mediastinum, am Hals und sehr selten auch im Nierenparenchym, der Milz, Prostata, Ovarien oder der Blasenwand auftreten.

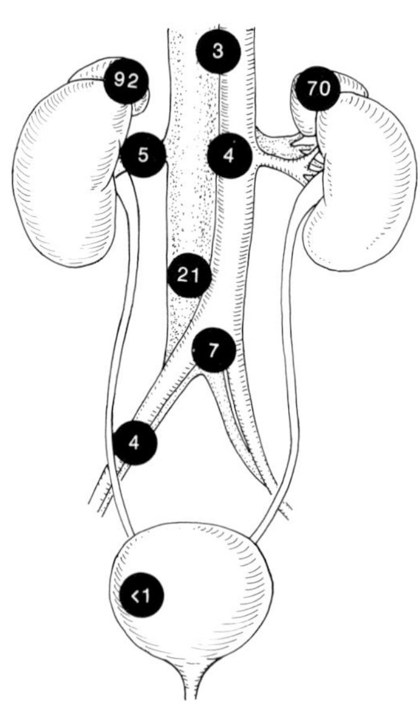

Abb. 10.8 Lokalisation von 207 operativ nachgewiesenen Phäochromozytomen, 79 % waren in den Nebennieren lokalisiert (nach *Graham*, 1951).

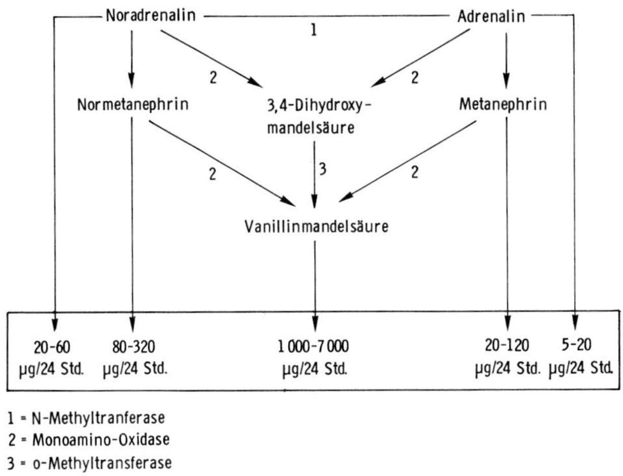

Abb. 10.9 Abbau und Urinausscheidung der Nebennierenmarkhormone.

Maligne Phäochromozytome mit möglicher Metastasierung in die paraaortalen Lymphknoten, in die Leber, Lunge oder das Skelettsystem sind Seltenheiten (10 %). Allerdings ist die histologische Differenzierung des lokalen Tumors nicht unproblematisch.

In einigen Fällen (< 10 %) tritt das Phäochromozytom auch *familiär* gehäuft auf. Hier findet sich dann in fast der Hälfte ein beidseitiger Befall. Weiterhin besteht eine besondere Assoziation mit anderen Erkrankungen:

Multiple Endokrine Adenomatose (MEA)

Typ IIa: Phäochromozytom, Nebenschilddrüsentumor oder -hyperplasie, medulläres Schilddrüsenkarzinom (Sipple-Syndrom);

Typ IIb: zusätzlich Ganglioneuromatose des Gastrointestinaltraktes und/oder Neurome von Mundschleimhaut und Zunge;

Weiterhin kann das Phäochromozytom gemeinsam mit der Neurofibromatosis Recklinghausen sowie der von Hippel-Lindau Erkrankung oder dem Sturge-Weber-Syndrom auftreten. Eine Cholezystolithiasis wird ebenfalls gehäuft beobachtet.

Das klinische Bild wird bestimmt durch die Überschüttung des Organismus mit aktiven Katecholaminen; Adrenalin und Noradrenalin und deren Abbauprodukte erscheinen im Überschuß im Serum und Urin (Abb. 10.9).

Kardinalsymptomatik ist die Dauerhypertonie mit oder ohne paroxysmale Blutdruckanstiege, die in attackenartiger Erhöhung der systolischen und diastolischen Drucke in Minuten-, Stunden- oder Tagesintervallen auftreten (RR > 200/100 mmHg).

Die klinische Symptomatik besteht aus: Kopfschmerz, Schweißausbruch, Unruhe, Tachykardie, perioraler Blässe, Brechreiz, Schwindel, Zittern, fleckiger oder diffuser Rötung, Pupillenerweiterung.

Laboruntersuchungen

Bestimmung der freien Katecholamine im Serum und Urin sowie der Vanillinmandelsäure und der Metanephrine im Urin (Treffsicherheit bei gleichzeitiger Bestimmung 95 %).

Falls wiederholte Katecholaminbestimmungen im Serum und Urin keine Klarheit gebracht haben, können folgende Tests durchgeführt werden:

Clonidin Suppressions Test:
(cave: bei hypotonen Blutdruckwerten)
300 µg Clonidin oral → führt bei physiologischer, neurogen vermittelter Regulation zur Suppression der Katecholaminsekretion, nicht jedoch bei Phäochromozytom

oder ein

Glucagon-Provokationstest: (cave hypertone Krise)
0,1–1,0 mg Glucagon i.v. führt bei Pat. mit Phäochromozytom, nicht jedoch bei Normalpersonen und Hypertonikern, in wenigen Minuten zu deutlich gesteigerter Katecholaminsekretion und RR-Anstieg

Bei allen Katecholaminbestimmungen im Serum und Urin, als auch bei Durchführung der o.g. Tests, sind die pharmakologischen

Interferenzen mit den folgenden Medikamenten zu beachten: α-, β-Blocker, Clonidin, Reserpin, α-Methyldopa.

Lokalisationsdiagnostik

Falls die Größe des Tumors 2 cm überschreitet, ist dieser mittels

– *Sonographie und CT (oder NMR)*

problemlos darstellbar (Abb. 10.10). Zur Darstellung von kleineren oder extraadrenalen Phäochromozytomen ist eine

– *^{123}J oder ^{131}J-Metabenzylguanidin-Szintigraphie*

erforderlich.

Weitere diagnostische Untersuchungen zur Lokalisation stellen die Arteriographie und die stufenweise Blutentnahme der Katecholaminspiegel in der Vena cava dar. Diese Untersuchungen können jedoch zur Auslösung einer hypertensiven Krise führen und sollten daher erst nach ausreichender Vorbehandlung mit einem Alpha-Blocker erfolgen.

Differentialdiagnostisch müssen andere Hypertonieformen sowie eine Hyperthyreose ausgeschlossen werden. Ähnliche Symptome können auch durch psychiatrische Krankheitsbilder hervorgerufen werden. Ein Ausschluß der mit dem Phäochromozytom assoziierten Erkrankungen ist unbedingt notwendig.

Neben vielen beobachteten Sonderfällen sei hier das Phäochromozytom in der Schwangerschaft mit hoher Letalität für Mutter und Kind erwähnt. Der Lokalisation eines Phäochromozytoms in der Blasenwand mit miktionssynchroner Symptomatik (RR-Anstieg, Synkopen, Hämaturie) als für die Urologie in zweifacher Hinsicht relevanten Erkrankung, kommt nur eine geringe Bedeutung zu.

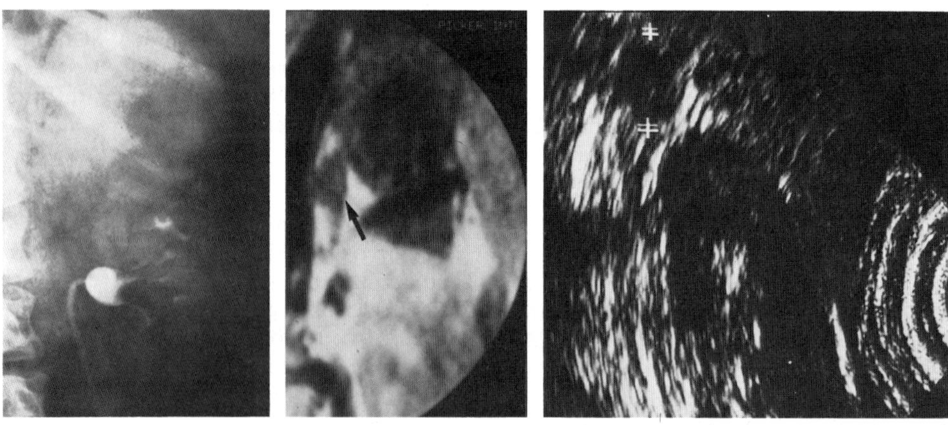

a b c

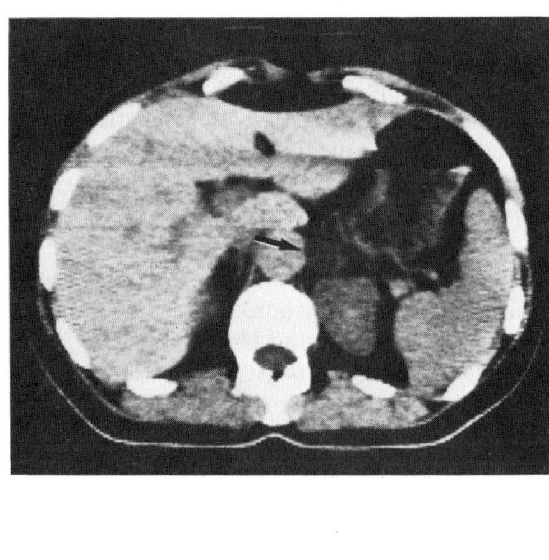

d

Abb. 10.10 a–d Urogramm (**a**), Kernspintomogramm (**b**) und Sonogramm (∅ 2,5 cm) eines Phäochromozytoms der linken Nebenniere (**c**), (**d**) extraadrenales Phäochromozytom kaudal der linken Nebenniere im Computertomogramm (Abb. 10.10 d aus: *Frommhold, W., H.-St. Stender, P. Thurn* [Hrsg.] Radiologische Diagnostik in Klinik und Praxis, Band IV, Thieme, Stuttgart 1984).

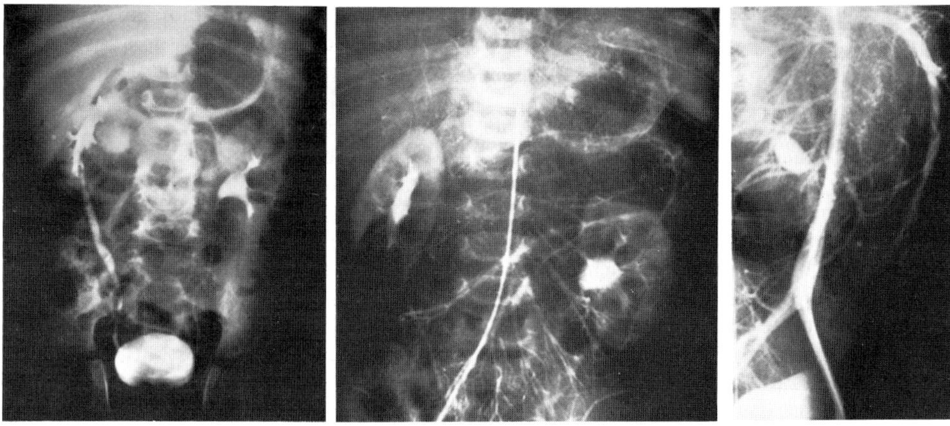

a b c

Abb. 10.11 a–c Urogramm (**a**), Übersichtsaortogramm, anterior-posterior (**b**) und seitlich (**c**) bei einem Neuroblastom der linken Nebenniere, das über die Mittellinie zur Gegenseite reichte. Die linke Niere ist nach kaudal verlagert. Aorta und A. mesenterica superior sind im seitlichen Strahlengang aufgrund des retroperitoneal vorwachsenden Neuroblastoms nach ventral verlagert (5jähriger Knabe).

10.2.6 Das Neuroblastom

(vgl. S. 358)

Es entwickelt sich aus Zellen der Neuralleiste und kann daher an jeder Stelle des Sympathikusstranges auftreten. Das Neuroblastom gehört zu den 3 häufigsten Malignomen (nach Leukämien und Tumoren des ZNS) des Säuglings- und Kleinkindalters und kann bei der Geburt bereits vorhanden sein (Abb. 10.11).

Das Durchschnittsalter bei Diagnosestellung beträgt 3 Jahre, wobei 2/3 der Kinder zu diesem Zeitpunkt bereits Metastasen entwickelt haben.

Lokalisation des Neuroblastoms:

adrenal	ca. 55 %
intraabdominell/extraadrenal	ca. 25 %
Hals/Mediastinum	ca. 20 %

Das Neuroblastom ist hochmaligne und die Prognose ist in erster Linie abhängig vom Tumorstadium, Patientenalter sowie der primären Tumorlokalisation. Die *ersten Symptome* werden in der Regel durch die bestehende Raumforderung verursacht:

- tastbare feste Masse im Abdomen mit
- Kompression von Darm, Blase und Thorax
- Ödeme und Zyanose als auch Parästhesien der unteren Extemitäten
- palpable zervikale Lymphknoten
- sichtbare Veränderungen der Schädelkalotte oder der langen Röhrenknochen durch osteolytische Metastasen
- Hypertonie (10–50 %)

Diagnostisch als auch prognostisch ist die Bestimmung der *Katecholamine, deren Vorläufer und der Abbauprodukte* ein wichtiges Kriterium. Neben der Routineuntersuchung des Serums sollte in jeden Fall eine Knochenmarkaspiration durchgeführt werden. Die bildgebende Diagnostik sollte eine *Sonographie, ein Ganzkörper-CT oder NMR, eine Knochenszintigraphie sowie eine ^{123}J oder ^{131}J-Metabenzylguanidin-Szintingraphie* beinhalten.

Falls der Tumor komplett exzidiert werden kann, stellt dies die erste und erfolgversprechendste Therapie dar. Bei fortgeschrittener Erkrankung mit Infiltration von Nachbarorganen und oder Fernmetastasen sollte zunächst eine Chemotherapie mit anschließender Resektion des Resttumors gefolgt von einer erneuten Chemotherapie durchgeführt werden. Die Radiotherapie erfolgt bei nicht zu resezierender „Bulky-Disease" und Knochenschmerzen sowie zur Prävention von pathologischen Frakturen.

Ganzkörperbestrahlung plus Chemotherapie mit nachfolgender autologer oder allogener Knochenmarkstransplantation stellen ein weiteres Therapieregime dar.

10.3 Therapie

Die unilaterale Adrenalektomie

Die einseitige Entfernung der Nebenniere ist indiziert bei Nebennierenadenomen/karzinomen, die ein Cushing-Syndrom hervorrufen, bei einseitigen Adenomen, die zu einem primären Hyperaldosteronismus (Conn-Syndrom) führen, sowie bei adrenalen Phäochromozytomen. In allen Fällen ist darauf zu achten, daß das gesamte Retroperitoneum dargestellt und eventuell versprengtes, ektopes, hormonaktives Gewebe radikal entfernt wird. Mitunter sind zur Identifikation solcher Gewebsareale intraoperative Schnellschnittuntersuchungen notwendig.

Bei der einfachen Adrenalektomie ist in der Regel ein Flankenschnitt mit eventueller Resektion der 11. und 12. Rippe ausreichend. Bei der erweiterten Adrenalektomie (z.B. Phäochromozytom, Neuroblastom) läßt sich der gesamte retroperitoneale Raum am besten von einem transabdominalen oder thorakoabdominalen Operationsschnitt aus explorieren. Dabei werden alle tumorsuspekten Strukturen radikal entfernt.

Besonderheiten

Da beim Cushing-Syndrom die kontalaterale Nebennierenrinde aufgrund des fehlenden ACTH-Stimulus atrophisch ist, kann je nach Plasmacortisolspiegel postoperativ unter ausschleichender Dosierung eine Substitutionstherapie mit Kortikoiden bis zu einem Jahr notwendig werden.

Eine Adrenalektomie beim Conn-Syndrom ist den Patienten mit unilateraler Tumorlokalisation vorbehalten. Zuvor ist eine medikamentöse Korrektur der Hypertonie, als auch der metabolischen Parameter notwendig. Patienten mit bilateraler Hyperplasie (ohne Nachweis eines Adenoms) sollten medikamentös mit Spironolacton zur Korrektur der Hypokaliämie, ggf. in Kombination mit Antihypertensiva therapiert werden.

Vor der operativen Entfernung eines Phäochromozytoms ist zunächst eine medikamentöse Vorbehandlung mit einem Alpha-Blocker zur Vermeidung hypertensiver Krisen und evtl. sogar die Gabe von β-Blockern zur Arrhythmieprophylaxe notwendig. Insbesondere wegen der Gefahr intraoperativer Hochdruckkrisen durch Manipulation am Tumor mit konsekutiver Erhöhung der Hormonausschüttung oder wegen des Blutdruckabfalles nach plötzlicher Entfernung der Katecholaminquelle (besonders bei der Vorbereitung mit Alpha-Blockern) ist eine peinlich genaue anästhesiologische Kreislaufüberwachung intra- und postoperativ notwendig.

Bei maligner Erkrankung beider Nebennieren ist selbstverständlich eine radikale Exstirpation der Adrenalorgane mit dementsprechender postoperativer Substitutionstherapie indiziert.

Weiterführende Literatur

Altwein, J.E., P.H. Walz: Urologische Behandlung der Intersexualität. In: *Hohenfellner, R., E.J. Zingg* (Hrsg.) Urologie in Klinik und Praxis. Band 2. Thieme, Stuttgart 1983 p. 1114

Altwein, J.E., J. Homoki: Nervenerhaltende, schaftresezierende Feminisierungsoperation zur Korrektur des virilisierten Genitales. Erfahrungsbericht über 25 Kinder mit adrenogenitalem Syndrom. Z. Kinderchir. 44 (1989) 228–233

Bodie, B., A.C. Novick, J.E. Pontes et al.: The Cleveland Clinic experience with adrenal cortical carcinoma. J. Urol. 141 (1989) 257–260

Bravo, E.L.: Physiology of the Adrenal Cortex. Urol. Clin. North. Amer. 16 (1989) 469–479

Bravo, E.L.: Primary aldosteronism. Urol. Clin. North. Amer. 16 (1989) 481–486

Barzilay, J.I., A.G. Pazianos: Adrenocortical carcinoma. Urol. Clin. North. Amer. 16 (19189) 457–468

De Lorimier, A.A., M.R. Harrison, N.S. Adzick: Neuroblastoma. In: *Crawford, E.D., Sakti Das* (Eds.) Lea & Febiger, Philadelphia-London 1990 p. 407–428

*Donohue, J.P.:*Surgery of the Adrenal Gland. In: *Crawford, E.D., Sakti Das* (Eds.) Lea & Febiger, Philadelphia-London 1990 p. 8–20

Graham, J.B.: Pheochromocytoma and hypertension; analysis of 207 cases. Int. Abstr. Surg. 92 (1951) 105

Greene, J.P., A.T. Guay: New perspectives in Pheochromocytoma. Urol. Clin. North. Amer. 16 (1989) 487–503

Marberger, M., H. Marberger, K. Stockamp et al.: Die Korrektur des intersexuellen Genitale in die weibliche Richtung. Akt. Urol. 6 (1975) 102

Reinwein, D., G. Benker: Checkliste Endokrinologie und Stoffwechsel. 2. Auflage. Thieme, Stuttgart – New York 1988

Ringert, R.H., K.A. Walz: Ergebnisse operativer Therapie der virilisierten Vulva. Akt. Urol. 16 (1985) 229

Sheeler, L.R.: Cushing's syndrome. Urol. Clin. North. Amer. 16 (1989) 447–455

Stimpel, M., G. Wambach: Diagnostik des Phäochromozytoms. Dtsch. med. Wschr. 112 (1987) 1422–1425

Tsapatsaris, N.P., D.J. Breslin: Physiologiy of the Adrenal Medulla. Urol. Clin. North. Amer. 16 (1989) 439–445

Vogler, E., H. Schreyer, G. Dietrich et al.: Harnsystem und männliche Genitalorgane, Nebennieren, Retroperitonealraum. In: *Frommhold, W., H.-St. Stender, P. Thuru* (Hrsg.) Radiologische Diagsnostik in Klinik und Praxis, Band IV. Thieme, Stuttgart 1984 p. 1

11 Andrologie (GK 3-11)

H. Heidler

Die Funktionsstörungen der männlichen Geschlechtsorgane treten als **erektile Dysfunktion** (Impotentia coeundi) und **Infertilität** (Sterilität, Impotentia generandi) in Erscheinung. Die **Andrologie** oder Männerheilkunde als ein Spezialgebiet der Urologie befaßt sich mit diesen Störungen.

11.1 Erektile Dysfunktion (ED)

Die wissenschaftlichen Erkenntnisse in den letzten Jahren haben einen bedeutenden Fortschritt in der Kenntnis über die Physiologie, die Ursachen von Störungen und Möglichkeiten einer kausalen Therapie gebracht. Die Entdeckung (*Virag*, 1982) der pharmakologisch induzierten Erektion führte zu einer rasanten Entwicklung der diagnostischen Abklärung der ED durch einen dynamischen Funktionstest.

Ging man früher davon aus, daß 80–90 % der ED psychogen bedingt sind, so sind aufgrund der besseren Diagnostik 85 % auf mehrere Ursachen zurückzuführen (*Virag*, 1984). Unter diesen dominieren Gefäßschäden mit ca. 50 %. Somit besteht das Ziel der Diagnostik nicht mehr in der einfachen Unterscheidung von psychogener und organischer ED, sondern in der integrierten Abklärung psychischer, somatischer und sozialer Ursachen.

Häufigkeit

Die ED ist in der urologischen Praxis häufig, genaue epidemiologische Angaben fehlen jedoch: 2 % der 40jährigen und bereits 7 % der 55jährigen leiden an permanenter ED, die bereits 25 % der 65jährigen trifft.

Definition

Masters und *Johnson* (1970) klassifizieren einen Mann als impotent, wenn er bei mindestens 75 % seiner koitalen Versuche wegen mangelhafter Rigidität zu einer Penetration nicht in der Lage ist. Diese Definition berücksichtigt jedoch nicht diejenigen Patienten, die nach Einführen des Gliedes in die Vagina einen vorzeitigen Erektionsverlust erleiden. Hier liegt zwar keine Impotenz, aber sicherlich eine ED vor. Somit sollte die Definition um diese graduell geringere Störung erweitert werden.

11.1.1 Physiologie der Erektion

Sie beinhaltet das komplexe Zusammenspiel von Psyche, Hormonen, Nerven, glatter Muskulatur, Arterien und Venen. Die beiden **Corpora cavernosa** bestehen aus der nicht-elastischen, derben Tunica albuginea und dem erektilen, spongiösen Gewebe, wobei die Trabekel die Cavernen begrenzen und aus glatter Muskulatur, kollagenem und elastischem Bindegewebe und Nerven bestehen. Die **arterielle Blutversorgung** stammt aus der A. pudenda interna, die sich beidseits in 3 Äste aufteilt: in die die Harnröhre und die Glans versorgende bulbourethrale Arterie, in die A. dorsalis penis und die in das Corpus cavernosum eintretende A. penis profunda mit direkter Verbindung zu den cavernösen Räumen.

Das **venöse Abflußsystem** besteht aus 3 Komponenten: die superficialen Venen am Dorsum penis, die tiefen dorsalen Venen und die die Crura drainierenden tiefen Venen (Abb. 11.1, 11.2). An der Innervation sind der somatische Nervus pudendus zur Vermittlung der taktilen Reize (Sensibilität), der Sympathikus über den Plexus hypogastricus sowie der Parasympathikus über den Nervus pelvicus beteiligt. Parasympathische und sympathische Nervenfasern gelangen aus dem Plexus pelvicus gemeinsam zwischen Harnröhre und Rectum in die Corpora cavernosa.

3 Arten der Erektion werden unterschieden:
– Nächtliche Erektionen treten meist in der REM-Phase mindestens 3 x bei 8stündigem Schlaf mit einer Dauer von 10–15 Minuten

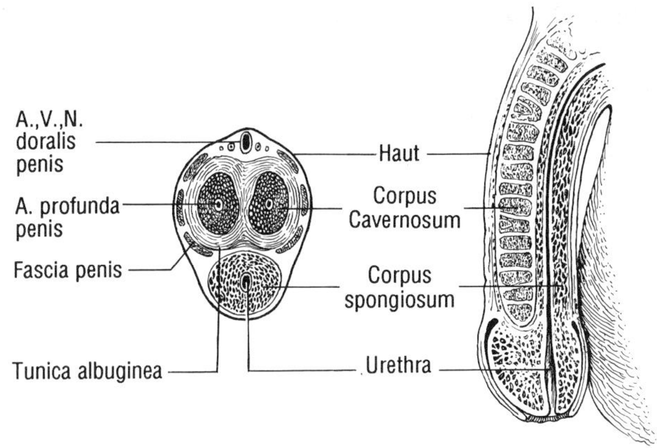

Abb. 11.1 Anatomie des Penis (nach *S.J. Silber:* The Male from Infancy to Old Age, Charles Scribner's Sons, New York 1981, p. 4).

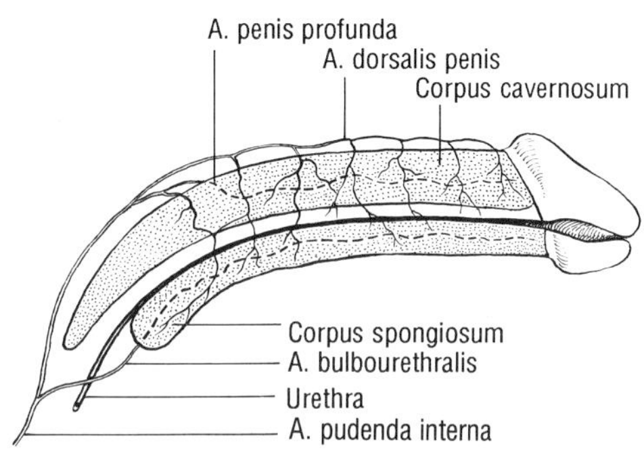

Abb. 11.2 Arterielle Versorgung des Penis (nach *K.R. Kedia:* Vascular disorders and male erectile dysfunction: Current status in diagnosis and management by revascularization of the corpora cavernosa. Urol. Clin. North Am. 8 (1981) 153–168).

und einer Rigidität von 70 % auf. Durch einen unbekannten Mechanismus gelangen vom Frontalhirn Impulse in das Rückenmark und bewirken diesen Erektionstyp.

- Die psychogene Erektion entsteht durch audiovisuelle Anreize oder durch Phantasie. Die Signale steigen vom Cortex in das Rückenmark in das Erektionszentrum S2—S4 ab und aktivieren den Erektionsprozeß.
- Bei der Reflexerektion führen taktile Reize am Penis zu afferenten Impulsen, die einerseits aszendieren, andererseits das Erektionszentrum reflektorisch erregen und zum erektilen Prozeß führen. Bei Rückenmarksläsionen oberhalb des Erektionszentrums in S2—S4 ist nur dieser Erektionstyp möglich.

Mechanismus der Erektion

Im erschlafften Zustand besteht über kontrahierte Arterien und Arteriolen nur eine geringe Blutzufuhr. Die glatte Muskulatur in den Trabekeln ist ebenfalls kontrahiert, die Cavernen sind somit kleinvolumig und die intracavernösen Venen drainieren frei zu den Venae emissariae, die sich in die 3 ableitenden Venensysteme entleeren.

Bei der Erektion erschlaffen durch Neurotransmitter die glatten Muskeln der Arteriolen und Trabekel, wodurch sich die cavernösen Räume stark vergrößern und sich der periphere arterielle Widerstand reduziert. Dies führt zu plötzlichem Anstieg des arteriellen Flow der gesamten Penisarterien und zu einem raschen Füllen der sinusualen Kavernen, das Volumen der Corpora cavernosa nimmt durchschnittlich um das 3—4fache zu. Die Ausdehnung der Sinusoide innerhalb einer kaum ausdehnungsfähigen Tunica albuginea führt zu einer Kompression der kleinen Venen zwischen den Sinusoiden. Weitere Expansion der Sinusoide bei voller Erektion komprimiert die Venae emissariae und reduziert somit den venösen Abfluß auf ein Minimum. Dabei werden intracavernöse Drucke bis zu 100 mmHg gemessen.

Pharmakologie der Erektion

Es gilt als gesichert, daß alle beschriebenen hämodynamischen Vorgänge der Erektion unter nervaler Kontrolle stehen. Dafür agieren 2 Zentren: das sakrale parasymphatische Zentrum, das sowohl auf psychische als auch auf taktile periphere Reize reagiert und das lumbale sympathische Zentrum, das psychisch aktiviert werden kann.

Die die Erektion auslösenden und beendenden Neurotransmitter sind noch nicht geklärt. Neuere Studien haben gezeigt, daß Acetylcholin, VIP (vasoaktive intestinale Polypeptide), PGE 1 (Prostaglandin E 1) und Alpha-Blocker alleine oder in verschiedenen Kombinationen für die Tumeszenz wirksam sind. Die Detumeszenz wird wahrscheinlich durch neuerliche Tonisierung der glatten Muskulatur von Trabekeln und Arteriolen durch adrenergen Einfluß erreicht.

11.1.2 Ätiologie der erektilen Dysfunktion

(Tab. 11.1)

Die Entwicklung der neuen diagnostischen Möglichkeiten hat dazu geführt, daß eine **rein psychogene Ursache** der ED nur in 15 % angenommen wird und es sich bei den verbleibenden 85 % um mehr oder weniger ausgeprägte Mischformen folgender möglicher Ursachen handelt:

Tabelle 11.1 Ursachen der ED.

Ursache	Häufigkeit (%)
● **Arterielle Schädigungen** – Dysplasie: idiopathisch Arteriosklerose Diabetes	45
● **Venöse Schädigungen** – isoliert/kombiniert	20
● **Neurogene Schädigungen** – peripher/zentral	10
● **Traumatisch** – (z.B. Beckenfraktur, iatrogen)	5
● **Endokrin**	5
● **Psychogen**	15

11.1.3 Evaluierung der ED und diagnostisches Vorgehen

(Tab. 11.2)

Das Abklärungsprogramm umfaßt aufgrund der oft mehrschichtig gelagerten Ätiologie eine integrierte **Diagnostik** psychischer, somatischer und sozialer Ursachen. Eine multifaktorielle Untersuchung ist daher wegen des komplexen Zusammenspiels der o.g. Faktoren erforderlich und sollte in Zusammenarbeit von Urologen und einem sexualmedizinischen Zentrum erfolgen.

Allgemeine medizinisch-urologische Anamnese und physikalische Untersuchung

Wichtig erscheinen hier Fragen nach Vorliegen von Durchblutungsstörungen, nach Gefäßoperationen, Operationen im kleinen Becken, an der Prostata und an der Harnröhre, Verletzungen des Beckens und der Harnröhre, Fragen nach rezidivierenden Harnröhren-, Nebenhoden- und Prostataentzündungen, Fragen nach Stoffwechselstörungen, insbes. Diabetes mellitus und nach Nikotinabusus. Beim Schwellkörperinjektionstest (siehe unten) hat sich bei Testpersonen gezeigt, daß nach Konsum von 2 Zigaretten eine weitaus schwächere Erektion erreicht wurde als vorher. Der bekannte vasokonstriktive Effekt des Nikotins könnte dafür verantwortlich sein. Bei den Medikamenten kommen vorrangig zentral und peripher wirkende Sympathikolytika, Thiazide, Hormonpräparate und Psychopharmaka als Ursache einer ED in Frage. Nach effektiver Therapie einer chronischen bakteriellen Prostatitis besserte sich die ED in über der Hälfte der Patienten.

Weiterhin sollte bei der klinischen Untersuchung auf Anzeichen eines Hypogonadismus geachtet werden (kleine, atrophische Hoden, verminderter Bartwuchs und Körperbehaarung, Gynäkomastie).

Die **Sexualanamnese** soll genau über Art, Dauer sowie einen eventuell konkreten Anlaß Auskunft geben. Fragen nach weiteren Störungen wie Obstipation, Qualitätsveränderung des Orgasmus u.a. können bereits Hin-

Tabelle 11.2 Flußdiagramm zur Diagnostik der ED.

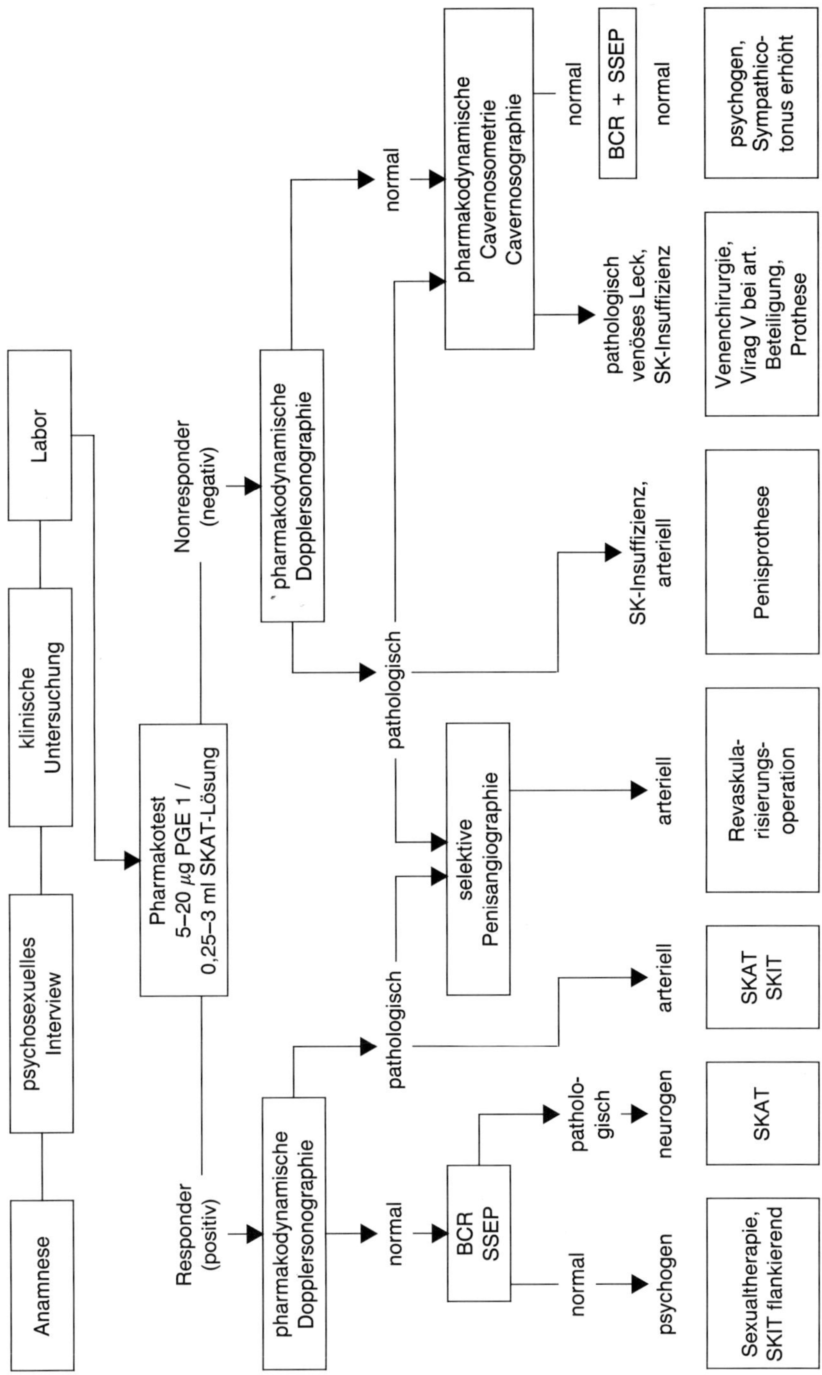

weise auf eine neurologische oder psychogene Ursache ergeben. Bei Abnahme oder Verlust der Libido sind weiterführende Hormonspiegelbestimmungen von Testosteron und Prolaktin erforderlich. Werden ausreichende nächtliche oder morgendliche Erektionen oder zufriedenstellendes Verhalten bei einem anderen Partner angegeben, erscheint eine psychogene Ursache sehr wahrscheinlich. Es hat sich gezeigt, daß die Effektivität der Befragung unter Einbeziehung der Partnerin größer ist und die Aussagen des Patienten dann eher der Realität entsprechen.

Labor: BB, Harnstoff-N, Kreatinin, Blutzucker, Cholesterin, Prolaktin, morgendl. Plasmatestosteron, Urinsediment, Harnkultur, TPHH-Test (Test der Hypothalamus-, Hypophysen-, Gonaden-, Achsen-, Schilddrüsen- und Nebennierenfunktion).

Die weitere Abklärung der ED sollte nach dem in Tab. 11.2 abgebildeten Schema erfolgen.

Der Schwellkörperinjektionstest (SKIT)

Die Entdeckung, daß intracavernöse Injektionen vasoaktiver Substanzen Erektionen induzieren können, hat durch das Vorliegen eines dynamischen Tests die Diagnose revolutioniert.

Für diesen Test haben sich heute 3 Medikamente bewährt: Papaverin 25—75 mg, Papaverin / Phentolamin, Prostaglandin E 1 10—40 μg.

Wenn der Patient eine volle Erektion über mehr als 15 Minuten erreicht, ist eine signifikante arterielle oder venöse Insuffizienz sehr unwahrscheinlich. Eine weitere Abklärung ist dann in Richtung neurogener oder psychogener Störung erforderlich. Ein falsch-negativer Test kann aufgrund von Ängstlichkeit, Streß, vorherigem Nikotinkonsum oder eines erhöhten Sympathikotonus zu verzeichnen sein. Diese Fehlerquelle kann durch manuelle, genitale oder auch visuelle Stimulation reduziert werden.

Weitere Untersuchungen (Dosiserhöhung und Testung anderer vasoaktiver Substanzen) sollten im Rahmen des Abklärungsprogramms durchgeführt werden.

Nach der Pharmakotestung schließt sich die **pharmakodynamische Dopplersonographie** (d.h. Dopplersonographie der Penisarterien nach Injektion von vasoaktiven Substanzen in die Corpora cavernosa) an.

Der **Nachweis spontaner nächtlicher Tumeszenzen** spricht im allgemeinen für das Vorliegen psychogener Ursachen. Bei organischer prostatitis-bedingter ED liegen meist suffiziente nächtliche Tumeszenzen vor. Hier besteht offensichtlich eine Form mit fließendem Übergang zwischen organisch und psychisch bedingter ED. Der einfachste Nachweis gelingt mit dem Briefmarkentest, dem SNAP-GAUGE und mit dem Erektiometer, mit denen zwar über den Penisumfang, nicht jedoch über die Rigidität eine Aussage gemacht werden kann. Dies gelingt lediglich mit dem aufwendigen Rigiscan, der eine kontinuierliche, automatische Messung von penilem Umfang und Rigidität über die Nachtstunden ermöglicht.

Die Pharmako-Cavernosometrie und -graphie wird als invasive Untersuchung dann eingesetzt, wenn trotz mehrfach gesteigerter Applikation vasoaktiver Substanzen (SKIT) keine vollständige Erektion erzielt werden kann. Nach Injektion vasoaktiver Substanzen werden der rechte und linke Schwellkörper für die Druckregistrierung einerseits und die Perfusion andererseits punktiert. Es erfolgt nun die langsame, druckkontrollierte Infusion von physiologischer Kochsalzlösung. Kann auch mit einem Maximalflow von 170 ml/min eine Erektion nicht erreicht werden, so liegt ein massiver pathologischer Abfluß (= cavernösvenöse Insuffizienz) vor. Bei allen anderen Patienten wird der sog. Maintenance-Flow bestimmt, d.h. jene Flüssigkeitsmenge pro Minute, die für die Aufrechterhaltung einer suffizienten Erektion erforderlich ist. Bei Werten unter 20 ml/min ist eine normale venöse Sperrfunktion vorhanden, bei Werten zwischen 20—40 ml/min besteht eine mäßige cavernösvenöse Insuffizienz, Werte über 40 ml/min sind als pathologisch anzusehen.

Nur bei Patienten mit einem pathologischen Maintenance-Flow wird im Anschluß an die dynamische Pharmako-Cavernosometrie eine **Cavernosographie** durchgeführt. Dabei wird nun Kontrastmittel infundiert, um die anatomische Lokalisation der sog. venösen Lecks aufzuzeigen.

Die **Pharmako-Phalloarteriographie** stellt den Abschluß der arteriell-cavernösen Diagnostik dar und ist nur indiziert bei Patienten, für die eine Revaskularisationsoperation in Frage kommt und die auch eine Operationsbereitschaft zeigen. Sie wird entweder als intraarterielle, digitale Subtraktions- oder als konventionelle Angiographie der A. pud. internae bds. durchgeführt.

Desweiteren werden der **Bulbocavernosus-Reflex** und die somato-sensorisch evozierten Potentiale (SSEP) als Test zum Nachweis einer neurogen bedingten ED herangezogen. Dadurch können Pudendus-Neuropathien oder autonome afferente Neuropathien wie beim Diabetes mellitus durch Setzen von elektrischen Reizen an Glans und Blasenhals evaluiert werden.

11.1.4 Therapie der ED

Bei primären Hodenerkrankungen wie dem hypergonadotropen Hypogonadismus besteht die Therapie in regelmäßigen Testosteronapplikationen (250 mg i.m. alle 3 Wochen). Bei Patienten mit einer Hyperprolaktinämie kann mittels Bromocriptin bzw. im Falle eines Hypophysentumors durch einen entsprechenden operativen Eingriff eine Verbesserung der Sexualfunktion erreicht werden.

Bei psychogener ED ist die **Sexualtherapie** durch einen Sexualtherapeuten das Vorgehen der Wahl, kann jedoch gegebenenfalls durch die Schwellkörperinjektionstherapie (SKIT) ergänzt werden.

Die **Pharmakotherapie** besteht in der intracavernösen Injektion von vasoaktiven Substanzen wie Papaverin, Phentolamin oder Prostaglandin E 1 (Schwellkörperinjektionstherapie = SKIT, Schwellkörperautoinjektionstherapie = SKAT) in der beim Test angegebenen Dosierung (siehe oben). Sexuelle Stimulation kann dabei die Erfolgsrate erhöhen und die erforderliche Dosis reduzieren. Die Ansprechrate beträgt bei neurogener ED nahezu 100 % und bei vaskulär bedingter ED 60–70 %.

Komplikationen der Pharmakotherapie

Bei einer prolongierten Erektion von mehr als 6 Std. Priapismus erfolgt zunächst die Abpunktion von 50–100 ml Blut aus den Corpora cavernosa und bei wieder auftretender Erektion die lokale Injektion eines α-Sympathomimetikums (Effortil® 0,01 mg) unter fortlaufender Blutdruckkontrolle. Die Durchführung einer Shuntchirurgie erweist sich nur in Extremfällen als erforderlich.

Bei partieller Erektion (überhaupt oder nach SKIT) können die **Vakuumpumpe** mit Konstriktionsband oder der Konstriktionsring alleine als mechanische Hilfsmittel mit teilweise zufriedenstellendem Erfolg eingesetzt werden, wobei durch die Vakuumpumpe eine entsprechende Blutfülle des Penis und durch das Konstriktionsband der erektionsähnliche Zustand aufrechterhalten werden kann.

Die **operative Therapie bei arterieller Insuffizienz** besteht vorrangig in einer Bypass-Operation, bei der die A. epigastrica inferior in der Methode nach *Hauri* (Abb. 11.3) zur Revaskularisation dient und bei der durch Schaffung eines arterio-venösen Shunts zwischen der Arterie und V. dorsalis penis die Priapismusgefahr und das Thromboserisiko minimiert wer-

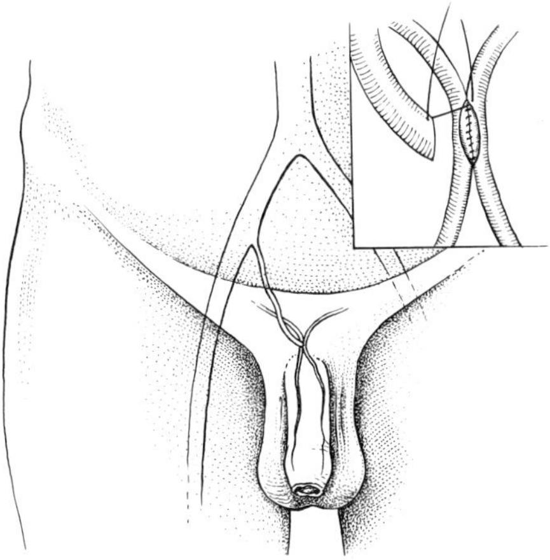

Abb. 11.3 Penisrevaskularisation nach *Hauri:* Art. epigastica inferior End-zu-Seit auf eine Seit-zu-Seit Anastomose zwischen einer penilen Dorsalarterie und der tiefen dorsalen Penisvene (siehe kleiner Bildausschnitt).

den. Die Erfolgsrate kann mit 60–80 % angesetzt werden.

Die **operative Therapie der venösen Insuffizienz** (Lecks) richtet sich nach den in der Cavernosographie erhobenen Befunden und verfolgt das Ziel, die pathologisch gesteigerten Abflußverhältnisse durch diverse Venenligaturen zu korrigieren. Dabei wird meist die tiefe Vena dorsalis penis verschlossen. Bei ausgeprägten venösen Lecks stellt das Penisimplantat die Therapie der Wahl dar.

Bei Aussichtslosigkeit der gängigen operativen Verfahren oder bei Versagen der konservativen oder operativen Therapien besteht nur die Möglichkeit der **Implantattherapie** (Penisprothesen). Derzeit werden überwiegend 2 Typen verwendet. Die semirigiden Implantate mit einfacher operativer Technik, optimalen Langzeitergebnissen, jedoch kosmetischen Nachteilen und die sog. inflatilden Implantate mit höherer technischer und operativer Komplikationsrate, aber dem Vorteil, daß eine komplette Erschlaffung des Penis möglich ist.

Die verbesserten technischen Voraussetzungen und die operativen Erfahrungen haben zu einer beträchtlichen und somit derzeit akzeptablen Senkung der Anzahl der Revisionen geführt. Die Akzeptanz bei den mit inflatilden Implantaten operierten Patienten beträgt 83 % und 70 % der Partnerinnen würden nochmals einer derartigen Operation zustimmen.

Das bessere Verständnis von Physiologie und Pathophysiologie der Erektion hat die Möglichkeit eines rationellen, wenig invasiven diagnostischen Vorgehens ermöglicht, woraus sich wiederum die rationellen Behandlungsmöglichkeiten – je nach individueller Situation und Wunsch des Patienten – ableiten lassen (s. Tab. 11.2, S. 309).

11.2 Fertilitätsstörungen

Von Infertilität oder Sterilität wird dann gesprochen, wenn in einer Ehe trotz regelmäßiger Kohabitationen ohne kontrazeptionellen Schutz nach 2 Jahren keine Schwangerschaft eingetreten ist. Nach großen Statistiken liegen die Ursachen für die Infertilität einer Ehe zu 30–50 % beim männlichen Partner. Die Fertilitätsuntersuchungen des Mannes sollten deshalb dem diagnostischen und therapeutischen Eingriff bei der Frau vorausgehen.

Das Ejakulat wird meist durch Masturbation gewonnen, hat ein milchig-weisses, opales Aussehen und setzt sich aus Spermien, Nebenhoden-, Samenblasen- und Prostatasekret zusammen. Durch reichliche Leukozytenbeimengung erhält das Ejakulat einen gelblichen Ton (Pyospermie), Blutbeimengungen färben das Sperma je nach Alter der Blutung rot bis schwarz-braun (Hämospermie). Ursache in beiden Fällen ist meist eine Prostatovesikulitis.

Das Sperma koaguliert unmittelbar nach der Ejakulation und wird innerhalb von 5–30 Minuten wieder verflüssigt. Eine verlängerte Verflüssigungszeit sowie eine geänderte **Viskosität** findet man in erster Linie bei verändertem Samenblasensekret.

Das **Ejakulatvolumen** beträgt normalerweise zwischen 2 und 6 ml und wird durch die Funktion der akzessorischen Geschlechtsdrüsen bestimmt.

Die **Wasserstoffionenkonzentration** (pH) des Ejakulats wird nach dem Anteil des alkalischen Samenblasen- und Hodensekretes und des sauren Prostata- und Nebenhodensekretes bestimmt. Der pH-Wert liegt gewöhnlich zwischen 7,2 und 7,8.

Die mikroskopische Nativuntersuchung ermöglicht die Feststellung des Vorhandenseins von Spermien und der Qualität der **Beweglichkeit** der Samenfäden.

Die **Spermiendichte** wird durch Auszählen in der Zählkammer bestimmt. Die Gesamtzahl ergibt sich aus dem Produkt von Spermiendichte und Volumen.

Die Bestimmung der Quantität der sich bewegenden Spermien ergibt den Prozentsatz der **Motilität.**

Abschließend erfolgt nach Färbung eines Spermienausstriches die Beurteilung der Spermienmorphologie auf pathologische Veränderungen an den Spermien (Differentialspermiogramm). Diese finden sich hauptsächlich am Kopf, weniger am Schwanz und Mittelstück (Abb. 11.4).

Von den biochemischen Untersuchungen hat die Fructosebestimmung die größte Bedeutung. Die Fructose bildet die Energiequelle des anaeroben Stoffwechsels der Spermien im Ejakulat. Sie wird von den Samenblasen gebildet.

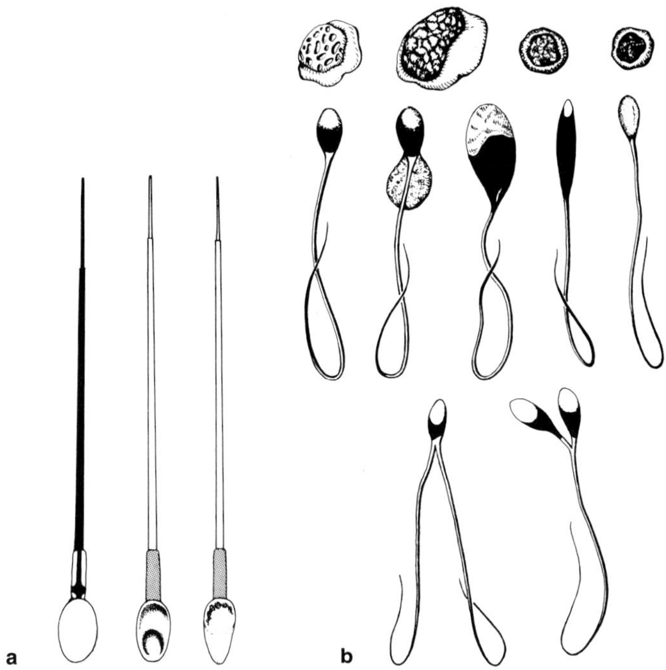

Abb. 11.4a, b **a** Spermien des Menschen. Jedes Spermium besteht aus Kopf, Mittelstück und Schwanz.
b Samenreifungszellen: (obere Reihe von links) Spermatogonie, Spermatozyt, Präspermatide, Spermatide; (mittlere Reihe von links) normalaussehendes Spermium, Spermium mit Protoplasmatropfen, Spermium mit Riesenkopf „tapering form", Hypochromakopf; (untere Reihe von links) Spermium mit Schwanzdoppelung und Kopfdoppelung.

Liegen die einzelnen Spermaqualitäten innerhalb der an fertilen Männern gewonnenen Norm, so wird das Ergebnis der einfachen Fertilitätsuntersuchung als Normozoospermie bezeichnet (Tab. 11.3).

Die Befruchtungswahrscheinlichkeit sinkt, je mehr sich die einzelnen Eigenschaften des Ejakulats von diesen Durchschnittswerten entfernen. Mittelgradige Abweichung einer Samenqualität kann durch gute andere Qualität kompensiert werden. Erhebliche Verschlechterung einer Samenqualität oder Kombination mehrerer Abweichungen äußern sich in einem Absinken der Fertilitätschancen. Die Tabellen 11.4, 11.5 geben einen Überblick über die Nomenklatur der pathologischen Ejakulatbefunde sowie die Klassifizierung der verschiedenen Spermaparameter.

Tabelle 11.3 Kriterien der Normozoospermie.

Ejakulationsvolumen	2,5–6 ml
Spermienzahl	> 20 Mill./ml
Motilität	> 50 % spontane gute Beweglichkeit 2 Stunden nach Gewinnung < 20 % Motilitätsverlust
Differentialspermiogramm	> 60 % Normalformen
Ejakulatfruktose	> 1200 ug/ml
Verflüssigungszeit des Ejakulats	15–20 Minuten

Tabelle 11.4 Pathologische Spermiogrammbefunde.

Aspermie	kein Sperma/Ejakulat
Hypospermie	Spermavolumen < 2 ml
Hyperspermie	Spermavolumen > 6 ml
Azoospermie	Keine Spermien im Ejakulat
Oligozoospermie	< 20 Mill. Spermien/ml
Polyzoospermie	> 250 Mill. Spermien/ml
Asthenozoospermie	herabgesetzte Motilität unter 50 %
Teratozoospermie	> 50 % abnormale Spermatozoen
OAT-Syndrom	**O**ligo**a**stheno**t**eratozoospermie

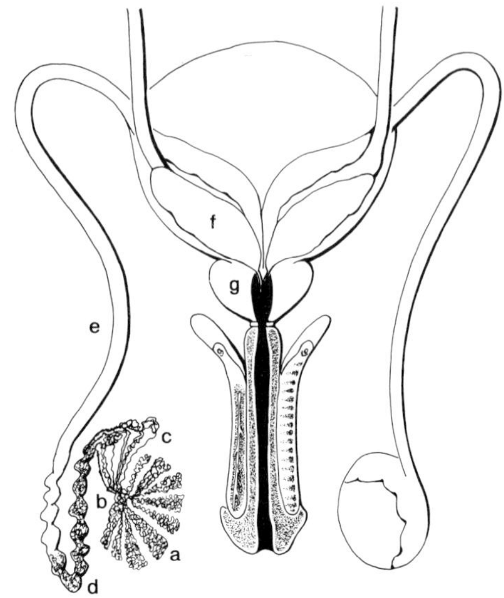

Abb. 11.5 Übersicht der männlichen Geschlechtsorgane. Auf der linken Seite sind die Tubuli seminferi (**a**), das Rete testis (**b**), die Ductuli efferentes (**c**), der Ductus epidymidis (**d**), der Ductus deferens (**e**), die Samenblase (**f**) und die Prostata mit den Ductuli ejaculatorii (**g**) dargestellt.

11.2.1 Ätiologie

Die Beeinträchtigung der Fertilität kann durch eine Störung der Hodenfunktion oder Erkrankung der samenableitenden Wege und akzessorischen Geschlechtsdrüsen (Abb. 11.5) bedingt sein.

Hodenfunktionsstörungen

Bei der Hodeninsuffizienz muß die tubuläre (= exokrine) Hodeninsuffizienz mit Störung der Spermiogenese von der inkretorischen Hodeninsuffizienz mit unzureichender Testosteronproduktion durch die Leydig-Zellen unterschieden werden. Bei primärer Erkrankung der Hoden besteht ein primärer **Hypogonadismus.** Ist die Hodeninsuffizienz die Folge einer Funktionsstörung der übergeordneten Zentren wie Hypophyse und Hypothalamus, so spricht man von einem **sekundären Hypogonadismus.** Die Unterscheidung erfolgt durch Bestimmung der Funktionsparameter der Hypophysen-Gonaden-Achse (Abb. 11.6), wobei FSH, LH und Testosteron im Serum radioimmunologisch bestimmt werden.

Dysfunktionen des Nebenhodens und der akzessorischen Geschlechtsdrüsen

Nach einer Epididymitis oder Prostatitis können Dysfunktionen des Nebenhodens und der akzessorischen Geschlechtsdrüsen zu Motilitätsstörungen der Spermatozooen oder zur Viskosipathie führen.

Pathologisch-anatomische Störungen im Bereich der samenableitenden Wege

Der **beidseitige Verschluß** im Bereich der samenableitenden Wege führt zu Azoospermie. Ein einseitiger Verschluß oder eine Stenose der

Tabelle 11.5 Klassifizierung der Spermaparameter. Dichte, Gesamtmotilität und Morphologie, sog. Fertilitätsindex.

Gruppe	Spermatozoen-Dichte (Mill/ml)	Gesamtmotilität (%)	Morphologie (Normalformen)
I	1– 5	<30	<40
II	5–12	30–40	40–50
III	12–20	40–50	50–60
IV	>20	>50	>60

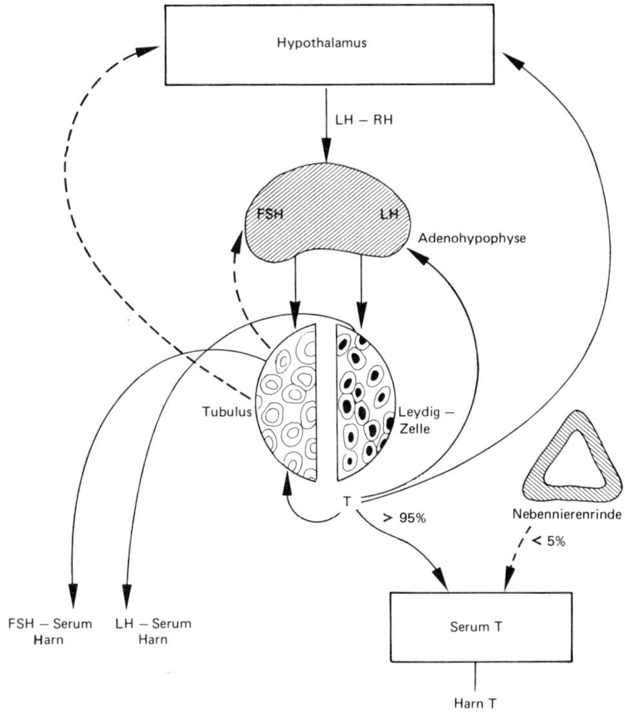

Abb. 11.6 Hypothalamisch-hypophysär-testikulärer Gegenregulationsmechanismus des Mannes. RH = Releasing Hormon. T = Testosteron.

samenableitenden Wege kann Ursache einer Oligozoospermie sein. Nach Freilegung der Samenwege erlaubt das Ausspülen mit physiologischer Kochsalzlösung oder Methylenblau eine Aussage über die Durchgängikeit derselben. Als **Mißbildungen** der aus dem Wolffschen Gang stammenden Organe werden Aplasie, Hypoplasie und Zystenbildung von Rete testis, Nebenhoden, Samenleiter und Ductuli ejaculatorii beobachtet. Unterbrechung des Samentransportes als Folge einer artifiziellen **Unterbindung** des Samenleiters bei Bruchoperationen im Kleinkindesalter sowie **Traumen** im Genitalbereich und **funktionelle Durchgängigkeitsstörungen** bei neurologischen Erkrankungen sind seltenere Ursachen der Infertilität.

Männliche Adnexitis

Eine wesentliche und häufige Ursache von Störungen im Bereiche der samenableitenden Wege stellen die Entzündungen dar. Die **Orchitis** entsteht in erster Linie hämatogen als Begleiterkrankung im Rahmen von Mumps, Influenzagrippe, Varizellen, Morbus Pfeiffer, septischer Angina und Lues, seltener durch Übergreifen einer akuten unspezifischen Epididymitis auf den Hoden. Die Beeinträchtigung der Fertilität ist abhängig vom Ausmaß der Hodenläsion. Die Mumpsorchitis führt in ca. 1/3 der Fälle zur Infertilität.

Die **Epididymitis** entwickelt sich durch aszendierende, kanalikuläre Keiminvasion über den Ductus deferens oder fokusbedingt hämatogen. Die akute Entzündung kann mit einem Verschluß des Nebenhodenganges abheilen. Bei der chronischen Entzündung ist der Spermientransport stets unterbrochen. Eine konsequente Therapie der akuten Epididymitis ist deshalb von größter Bedeutung.

Die chronische **Prostatovesikulitis** als häufigste Entzündung der männlichen Adnexe wird meist durch kanalikuläre Ausbreitung von Keimen aus der hinteren Harnröhre hervorgerufen, jedoch ist auch hier ein hämatogener Infektionsweg möglich. Begünstigend wirken Herabsetzung der allgemeinen oder lokalen Resistenz und sexuelle Dysfunktionen. Bei annähernd der Hälfte der Patienten mit einer bakteriellen chronischen Prostatitis finden sich pathologische Spermiogramme, wobei eine Oligozoo- und Asthenozoospermie am häufigsten anzutreffen sind. Die Ursache von Infertilität bei Infektionen mit Mykoplasmen und Chlamydien liegt in der Störung frühester embryonaler Entwicklung der Spermatozoen.

Varikozele

Die Varikozele gehört zu den häufigsten Genitalerkrankungen des Mannes, die bei über 10 % der 12—25jährigen in Reihenuntersuchungen nachgewiesen wurde. Wehrpflichtigen-Musterungen offenbarten sogar bei über 20 % eine Varikozele, dabei ist wieder bei jedem 5. Varikozelenträger ein pathologisches Spermiogramm zu erwarten. Bei Fragen der Fertilität kommt ihr somit eine größere Bedeutung zu als bisher angenommen wurde. Ca. 15—20 % der Patienten einer andrologischen Sprechstunde leiden an einer Varikozele.

Als Varikozele wird die Erweiterung und Verlängerung der Venen des Plexus pampiniformis bezeichnet. Sie tritt in 90 % der Fälle linksseitig auf, bedingt durch schlechtere hämodynamische Verhältnisse an der rechtwinkeligen Einmündungsstelle in die linke Vena renalis mit Venenklappeninsuffizienz. Der negative Einfluß der Varikozele auf die Spermiogenese ist unbestritten, was sich einerseits durch die bei 2 von 3 Patienten feststellbare Volumenverminderung des ipsilateralen Hodens und andererseits durch eine hohe Anzahl pathologischer Biopsiebefunde des Hodenparenchyms dokumentieren läßt. Infolge der venösen Hyperämie werden als schädigende Faktoren die Hyperthermie, die Hypoxie und die erhöhte Katecholaminkonzentration diskutiert. Eine Beeinträchtigung der Leydig-Zellfunktion wurde bisher nicht nachgewiesen.

Deszensusstörungen

Die männliche Keimdrüse wandert unter Leitung des Gubernaculum testis während des 3. bis 10. Lunarmonats bis in das Skrotalfach. Der mütterlichen Gonadotropinproduktion wird dafür eine wichtige Rolle zugeschrieben. Die Skrotallage des Hodens gilt als ein Reifezeichen des Neugeborenen.

Deszensusstörungen werden als Hodendystopie, Maldeszensus oder Kryptorchismus bezeichnet und finden sich bei den unbehandelten Erwachsenen in 3 Promille. Bei beidseitigem Maldescensus testis ist mit starker Einschränkung der Fertilität zu rechnen. Auch bei unilateralem Maldeszensus ist nur bei einem Drittel der Patienten eine gute Fertilitätschance zu erwarten. Histologische Untersuchungen haben gezeigt, daß die postembryonale Reifungsentwicklung kontinuierlich stattfindet und somit eine operative Korrektur möglichst noch während des 2. Lebensjahres eine stärkere Parenchymschädigung verhindern kann.

Da bei 1/3 der nichtdeszendierten Hoden Nebenhodenabnormalitäten bestehen, wird für den Deszensus eine wesentliche Rolle des Nebenhodens angenommen.

Exogene Faktoren

Hier sind **Genußgifte** wie Alkohol und Nikotin, **Arzneimittel** wie Zytostatika, Antiandrogene, Psychopharmaka und Antihypertensiva, **Umwelt- und Berufsnoxen** wie Schwermetalle, Pestizide, Herbizide, ionisierende Strahlen und thermische Einwirkung und **psychogene Störungen** durch Streß infolge Angst, Berufs- und Leistungsdruck anzuführen.

Immunologische Ursachen

Im Falle einer infertilen Ehe bei ausgeschlossenen organischen Ursachen mit durchwegs unauffälligen Untersuchungs- und Testergebnissen — somit einer nicht erklärbaren Infertilität — werden immunologische Ursachen vermutet, wobei Spermaantikörper bei Mann und Frau auf eine derzeit noch nicht bekannte Wirkungsweise entstehen und die Infertilität verursachen können. Die Therapie mit Cortison hat hier vereinzelt Erfolge gezeigt.

11.2.2 Diagnostik

Der diagnostische Weg zur Klärung der männlichen Infertilität beginnt bei der allgemeinen **Anamnese**, erweitert durch die Sexualanamnese. Gezielte Fragen sind zu richten nach Mumpsorchitis, Operationen und Verletzungen im Genitalbereich, verspätetem Deszensus, verzögertem Eintritt der Pubertät, nach Nikotin- und Alkoholabusus sowie regelmäßiger Medikamenteneinnahme.

Bei der **körperlichen Untersuchung** sind Wachstumsproportionen, Fettverteilung, Hautbeschaffenheit und Behaarungstyp aspektmäßig zu erfassen und die Inspektion und Palpation der Brust und des Genitales mit Nachweis eines Ductus deferens beidseits, Ausschluß von Varikozele und Hydrozele sowie Untersuchung der Prostata möglichst mit Gewinnung und Beurteilung des Prostatasekretes, durchzuführen.

Daran schließt sich die **Ejakulatuntersuchung** an. Bei abnormem Ergebnis der Grunduntersuchung ist die Indikation zur weiteren Diagnostik gegeben.

Spezialuntersuchungen

Von 200000 Spermatozoen, die in der Vagina deponiert werden, erreicht im Normalfall nur eines die Eileiter. Daher erscheint es wichtig, durch zusätzliche Untersuchungen vor einer Infertilitätsbehandlung die Befruchtungsfähigkeit der Spermien abschätzen zu können. Zur Überprüfung der Invasionsfähigkeit der Spermien in das Zervikalsekret dient vorrangig der **Postkoitaltest** (Sims-Huhner-Test): Nach 2—3 Tagen Karenz und 6—10 Stunden post coitum werden bei 400facher Vergrößerung mindestens 10 motile Spermien pro Blickfeld im Zervikalschleim gefordert. Als einfaches und jederzeit einsetzbares Verfahren steht der **BCM-Test** (Bovin-Cervixmucos-Test) als Penetrationstest zur Verfügung.

Die Wertigkeit des HOP-Tests (Hamster-Ovum-Penetrationstest), des HOS-Tests (Hypoosmotischer Schwelltest) sowie die Überprüfung der Akrosomenreaktion ist begrenzt und umstritten. Daneben spielen die **Hormonuntersuchungen** in der Diagnostik von Fertilitätsstörungen eine wesentliche Rolle.

Das follikelstimulierende Hormon (FSH) bewirkt beim Mann die Aufrechterhaltung der Spermiogenese. Das zwischenzellstimulierende Hormon (ICSH = LH) ist beim Mann für die Entwicklung der Leydigschen Zwischenzellen und die Produktion von Androgenen in diesen Zellen verantwortlich. Die Sekretion dieser Gonadotropine wird von den Produkten der Erfolgsorgane in reziproker Weise gesteuert (s. Abb. 11.6).

Die Gonadotropine werden heute selektiv im Blutplasma radioimmunologisch bestimmt. Beim primären Hypogonadismus sind die Serumgonadotrophine erhöht, wir sprechen von einem **hypergonadotropen Hypogonadismus.** Fehlt eine reziproke Erhöhung der Gonadotropine, so handelt es sich um einen **hypogonadotropen Hypogonadismus.** Zur weiteren ursächlichen Abklärung dient nun der Stimulationstest des Hypothalamus mit Chlomiphen sowie der LH-RH-Test oder Gn-RH-Test als Stimulation der Hypophyse. Die **quantitative Bestimmung von Testosteron** im Blut ermöglicht eine selektive Beurteilung der inkretorischen Hodenfunktion. Aufgrund großer Schwankungsbreiten der Basalwerte stellt der Stimulationstest eine wesentliche Bereicherung in der endokrinologischen Diagnostik dar.

Der **Choriongonadotropin-Test** (HCG-Test) gibt Aufschluß über den Funktionszustand und die Funktionsreserve der Leydigschen Zwischenzellen durch ihre Stimulierbarkeit. Der Test ermöglicht bei niedrigen Plasmatestosteronwerten die Differenzierung zwischen primärer und sekundärer Insuffizienz (bei mangelhafter Stimulierung durch LH) der Leydigschen Zellen. Eine weitere Spezialuntersuchung stellt die **Hodenbiopsie** dar, für die bei Azoospermie bei normaler Hodengröße eine absolute Indikation besteht. Spermien im Tubuluslumen oder auf einem Abklatschpräparat weisen auf den Verschluß in den samenableitenden Wegen hin. Bei Oligozoospermie und Teratozoospermie ermöglicht die Hodenbiopsie eine Beurteilung der Erfolgschancen einer einzuleitenden Therapie. In aussichtslosen Fällen können so dem Patienten kostspielige und nutzlose Therapieversuche erspart bleiben.

11.2.3 Therapie

Das primäre Ziel der Therapie von Fertilitätsstörungen des Mannes ist die Verbesserung der Spermaqualität und somit eine höhere Schwangerschaftsrate.

Dabei sind die Behandlungsmöglichkeiten auch heute noch wesentlich beschränkter und gleichzeitig auch meist weniger effektiv als die Therapie bei der Frau. Beim ausgeprägten OAT-Syndrom (Oligoasthenoteratozoospermie) bestehen weiterhin schlechte Aussichten auf ein eigenes Kind.

Die Probleme der Sterilitätstherapie bei Männern beruhen auf der meist unklaren Ätiologie und dem heterogenen Patientengut einerseits und den überwiegend fehlenden kausalen Therapiemöglichkeiten andererseits. Es handelt sich hier meist um empirische Behandlungen.

Medikamentöse Therapie

Der Schwerpunkt der medikamentösen Therapie liegt in der Hormonbehandlung. Die Behandlung erstreckt sich normalerweise über einen Zeitraum von 3 Monaten. Jeder Patient muß darauf hingewiesen werden, daß die Behandlung nur als Versuch zu werten ist. Beim **hypergonadotropen Hypogonadismus** (= primärer Hodenschaden mit hypergonadotroper Reaktion der Hypophyse) bestehen praktisch keine Therapiechancen.

Beim **hypogonadotropen Hypogonadismus** (= sekundärer Hodenschaden bei verminderter Hypophysen-Hypothalamusfunktion) hingegen bestehen gute Therapiemöglichkeiten durch Substitution von HCG und HMG in Form von Pregnyl® 5000 iE/Woche und Pergonal® 75 iE 3 x pro Woche.

Beim **normogonadotropen oder idiopathischen Hypogonadismus** existiert kein einheitliches Therapiekonzept. Chlomiphen und Tamoxifen bewirken über Angriffspunkte am Hypothalamus eine erhöhte Freisetzung von LHRH und somit von FSH und ICSH (= LH) und daher auch von Testosteron (Abb. 11.6). Die empfohlene Dosis beträgt 1—2 x tgl. 25 mg Dyneric® bzw. Novaldex® 20 mg tgl. über mehrere Monate. Bei dieser Therapie kann zusätzlich Mesterolon als oral anwendbares Androgen in Form von Proviron® 3 x 25 mg tgl. verabreicht werden. Es bestehen jedoch nur mäßiggradige Erfolgsaussichten.

Bei normaler Hypophysenfunktion gilt die pulsatile LHRH-Therapie als kausale Behandungsform. Mit Einzelimpulsen von 2—10 μg in Intervallen von 90—120 Min. über einen Pumpautomat werden gute Erfolge berichtet.

Bei dem **selteneren Hodenschaden mit Androgenmangel** mit neg. HCG-Stimulationstest erfolgt die Therapie in erster Linie als Dauersubstitutionstherapie mit Depot-Testosteron bis maximal 250 mg/3 Wochen (Testoviron Depot®).

Die Hyperprolaktinämie bei Hypophysenerkrankungen mit deutlichem Anstieg des Serumprolaktins stellt eine neuerdings erkannte Ursache für Infertilität und noch mehr von Impotenz dar, wobei es mit Bromocriptin (Pravidel® 10—20 mg tgl.) meist gelingt, den Serumspiegel zu normalisieren und Spermiogramm und/oder Potenz zu verbessern. (cave: Hypophysentumor)

Bei der isolierten **Asthenozoospermie** besteht eine weitere Therapiemöglichkeit mit Kallikrein (Padutin® 100) von 3 x 1—2 Tbl. täglich über 3 Monate.

Bei Vorliegen einer chronischen **Prostatovesikulitis** als nicht seltene Ursache von Infertilität empfiehlt es sich laut Antibiogramm der Exprimatkultur über zumindest 6 Wochen antibiotisch in voller Dosis zu behandeln, wobei als häufigste Antibiotika dafür Doxycyclin, Gyrasehemmer, Trimethoprim und Erythromycin in Frage kommen. In bis zu 1/3 der behandelten Patienten wurden damit Schwangerschaften erzielt.

Bei der Oligoasthenospermie (> 5 Mill/ml) kann eine Anreicherung der Spermien (wdh. Masturbation und Kryollonservierung) mit anschließender künstlicher Insemination versucht werden. Bei Spermienzahlen < 5 Mill/ml, aber noch normalen FSH-Werten, bleibt als letzte Möglichkeit die operative Samengewinnung aus Nebenhoden oder Hoden zur in vitro Insemination an dafür eingerichteten Zentren. Die Erfolgsaussichten sind jedoch z.Zt. noch gering.

Operative Therapie

Bei der Verschlußazoospermie liegen meist Obstruktionen im Bereiche des Nebenhodenschwanzes als Folge einer unspezifischen Epididymitis vor. Durch eine Anastomose zwischen Ductus deferens und Nebenhodenkörper bzw. -kopf (Epididymovasostomie, Abb. 11.7) kann dieses Hindernis umgangen werden. Voraussetzungen für den Versuch einer

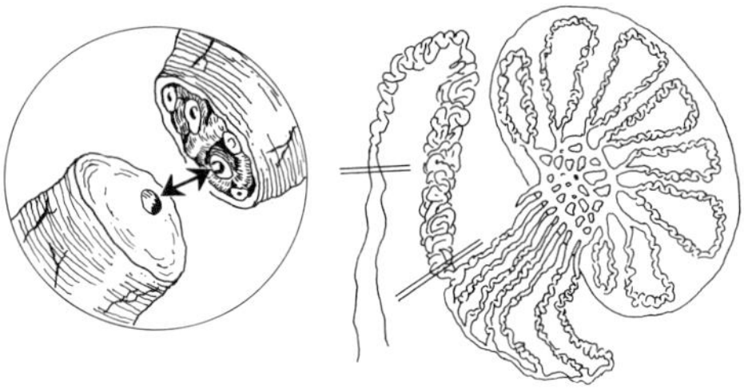

Abb. 11.7 Einschichtig splintfreie Epididymovasostomie nach Resektion einer entzündlichen Stenose des Ductus deferens (Verschlußazoospermie).

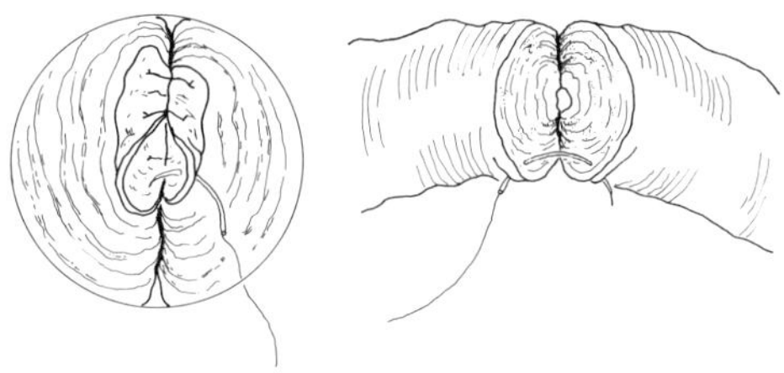

Abb. 11.8 Zweischichtige mikrochirurgische Vasovasostomie nach stattgehabter Vasektomie (Refertilisierung nach 3 Jahren).

operativen Korrektur sind ausreichend bewegliche Spermien im Abklatschpräparat, das intraoperativ von der Nebenhodeninzision gewonnen wird, sowie eine freie Durchgängigkeit des Ductus deferens. Auch diese Prüfung erfolgt erst intraoperativ durch langsame Perfusion von 10 ml physiologischer Kochsalzlösung durch den Ductus deferens. Die Erfolgsrate dieser Operation liegt bei 50 %.

Seltener wird als Ursache eine Obstruktion des Ductus deferens gefunden. Hier wird durch End-zu-End-Vereinigung (Vasovasostomie, Abb. 11.8) der Samenleiterstücke nach Resektion des veränderten Abschnittes in 70 % eine Durchgängigkeit erreicht. Bei der **Varikozele** wird die Operationsindikation aufgrund der Beschwerden oder des Kinderwunsches des Patienten gestellt. Postoperativ wird bei 2/3 der Fälle mit herabgesetzter Fertilität mit Verbesserung der Motilität, Dichte und Spermienmorphologie gerechnet. Zur Ligatur der meist mehrfach vorhandenen Äste der Vena spermatica bieten sich mehrere Zugangswege an. Die hohe Resektion der Vena spermatica *(Bernardi)* erfolgt im linken Unterbauch über einen Wechselschnitt. Bei der Ope-

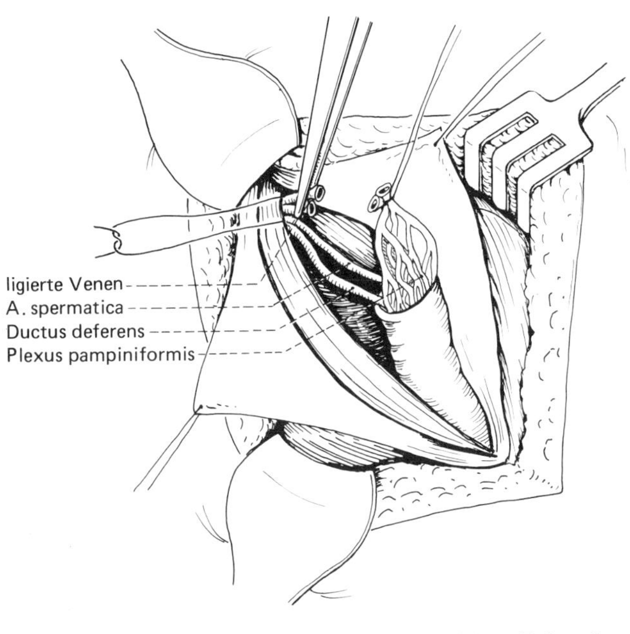

Abb. 11.9 Inguinale Resektion der Vv. spermaticae nach Ivanessevich zur Behandlung der Varikozele. Am inneren Leistenring werden die Vv. spermaticae ligiert und durchtrennt. A. spermatica und Ductus deferens bleiben unberührt.

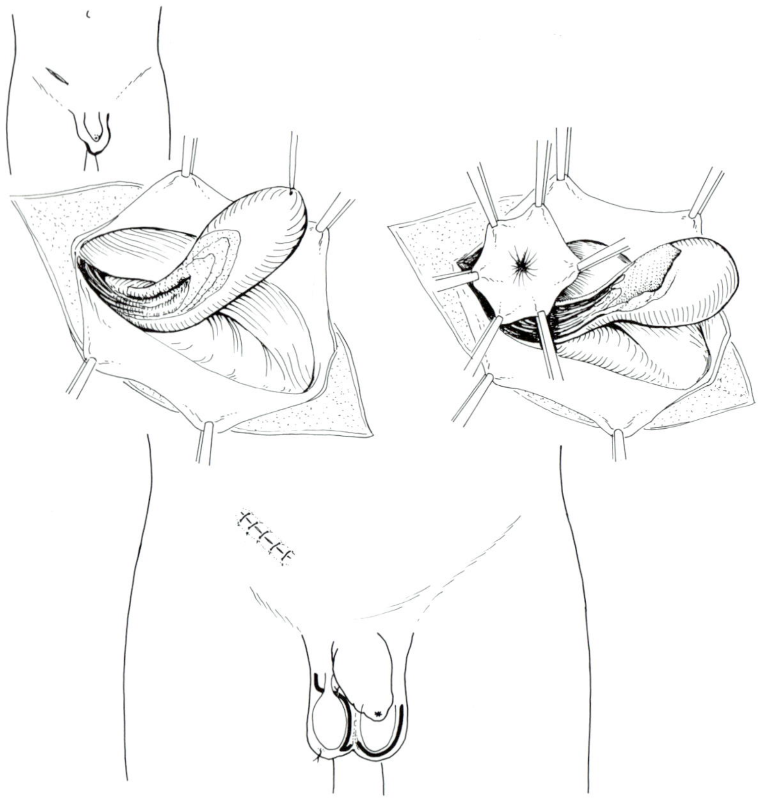

Abb. 11.10 Operationsschritte und Korrektur eines Leistenhodens. Der Processus vaginalis peritonei wird vom Samenstrang abpräpariert und ligiert. Nach Abpräparation der Fasern des M. cremastericus vom Samenstrang wird der Hoden in eine Subdartos-Tasche verlagert.

ration nach Palomo werden die Venen und die Arterie retroperitoneal oberhalb des inneren Leistenringes aufgesucht und unterbunden. Wird diese Unterbindung der pathologisch veränderten Äste des Plexus pampiniformis im Bereiche des Leistenkanals durchgeführt, spricht man von der Methode nach Ivanissevich. (Abb. 11.9). Eine heute weitverbreitete Therapiemöglichkeit der Varikozele stellt die radiologische Vena spermatica-Okklusion mit Metallspiralen oder Varicocid® dar. Der Vorteil dieser Verfahren der interventionellen Radiologie (sog. Sklerotherapie) besteht – neben dem Verzicht auf einen chirurgischen Eingriff – in der Möglichkeit zur phlebographischen Darstellung der Gegenseite: eine asymptomatische subklinische kontralaterale Varikozele ist in bis zu 30 % nachweisbar! Beim Varikozelenrezidiv nach primärer Operation ist die Phlebographie immer indiziert und die radiologische Venenokklusion Methode der Wahl. Ursächliche Faktoren für eine Rezidivvarikozele sind

- Kollateralvenen, welche die Ligatur umgehen,
- kreuzende Venen von der Gegenseite, die distal der Ligatur die Varikozele speisen.

Bei 1100 Varikozelenoperationen aus dem Schrifttum betrug die Varikozelenpersistenz 8 % und schwankt zwischen 1 und 25 %, je nach Ligaturhöhe bei primärer Operation. Nach adäquater Therapie der Varikozele ist eine Verbesserung der Spermaqualität besonders in den ersten 6 Monaten zu beobachten.

Bei der **Deszensusstörung** soll bei Erfolglosigkeit der Hormontherapie aus den vorher erwähnten Gründen möglichst frühzeitig die operative Korrektur durchgeführt werden.

Die Operation besteht in einer Adhäsiolyse der Samenstranggefäße und des Samenleiters sowie in der Korrektur einer eventuell vorliegenden Leistenhernie. Der spannungsfreie, in das Skrotum gebrachte Hoden darf nur elastisch fixiert werden (Orchidopexie, Abb. 11.10). Dafür wurden zahlreiche operationstechnische Verfahren beschrieben und angewandt.

Pathospermie beim Hodentumor

Beim einseitigen Hodentumor ist auch im kontralateralen Hoden in 50—76 % mit einer abnormalen Spermatogenese zu rechnen, wobei es in Einzelfällen nach der hohen Semikastratio zu einer Besserung der Spermaqualität gekommen ist.

11.3 Sterilisation des Mannes

Die Konzeptionsverhinderung durch Sterilisation des Mannes gewinnt auch in Europa zunehmende Bedeutung, nachdem sich in den Vereinigten Staaten in den letzten Jahren 13 % der männlichen Ehepartner der Vasektomie als derzeit sicherste Methode zur Kontrolle der männlichen Fertilität unterzogen haben. 1984 haben schätzungsweise 33 Mio Ehepaare weltweit der Vasektomie zur Geburtenkontrolle vertraut. Der medikamentösen Sterilisation kommt vorläufig keine praktische Bedeutung zu.

Die Durchtrennung des Samenleiters wird meist in Lokalanästhesie von 2 kleinen Skrotalinzisionen durchgeführt (Abb. 11.11). Von jedem Ductus deferens werden nach Möglichkeit 3 cm reseziert und zur histologischen Untersuchung eingesandt. Die Stümpfe werden 2fach ligiert, umgeschlagen und durch ein Bindegewebsseptum getrennt, um Spermagranulombildung und spontane Rekanalisierung zu verhindern.

Als Indikation für diesen Eingriff ergeben sich für den Arzt medizinische, eugenische und soziale Gründe sowie Gründe im Sinne der sog. Familienplanung.

Probleme aus **medizinischer Sicht** können neben den üblichen Frühkomplikationen mit Hämatom- und Wundinfektion in zweierlei Hinsicht auftreten: Einmal die Frage nach der **Reversibilität** und die Frage über die Häufigkeit des Auftretens **immunologischer Reaktionen,** die eine spätere Schwangerschaft evtl. verhindern. Die Möglichkeit der Wiedervereinigung der durchtrennten Stümpfe der Samenleiter ist absolut gegeben. Bei 16000 ambulant durchgeführten Vasektomien haben *Philip* und Mitarbeiter (1984) Wundheilungsstörungen in 0,9 % sowie eine frühe Rekanalisation in 0,36 % berichtet. 2 negative Spermiogramme 8 Wochen nach Vasektomie sollten den Operationserfolg dokumentieren und werden auch aus forensischen Gründen gefordert. Vor allem nach Ehescheidung und neuer Partnerwahl suchen heute zunehmend Männer den Urologen mit der Frage einer Refertilisierung auf. Bei mikrochirurgischer Rekanalisation bis zu 7—8 Jahre nach der Vasektomie liegt die Erfolgsrate bei 80—90 %, die daraus resultierende Schwangerschaftsrate schwankt zwischen 50—60 %. Für den Operationserfolg ausschlaggebend sind neben der mikrochirurgischen Technik

- Art und Ausmaß der stattgehabten Vasektomie
- Zeitintervall zwischen Vasektomie und Vasovasostomie
- mögliche Autoimmunisierung durch Antikörper gegen Spermatozoen.

Probleme aus juristischer Sicht

Da die Sterilisation die Fähigkeit zur Zeugung auf Dauer beseitigt, darf sie nur nach eingehender ärztlicher Aufklärung über die Folgen und über die Bedeutung des Eingriffes ausgeführt werden. Sie soll nur erfolgen, nachdem die Beteiligten über andere Möglichkeiten der Empfängnisverhütung beraten worden sind.

Der Arzt darf eine Sterilisation erst dann ausführen, wenn die Voraussetzungen für eine nicht rechtswidrige Sterilisation festgestellt worden sind. In der Bundesrepublik Deutschland ist nach § 226 a des StGB eine Körperverletzung mit Einwilligung des Verletzten nur dann rechtswidrig, wenn sie gegen die gute Sitte und Gebräuche verstößt. Nach Entscheidung des Bundesgerichtshofes vom 27.10.1964 gibt es keine deutsche Strafvorschrift mehr, die freiwillige Sterilisation mit Strafe bedroht.

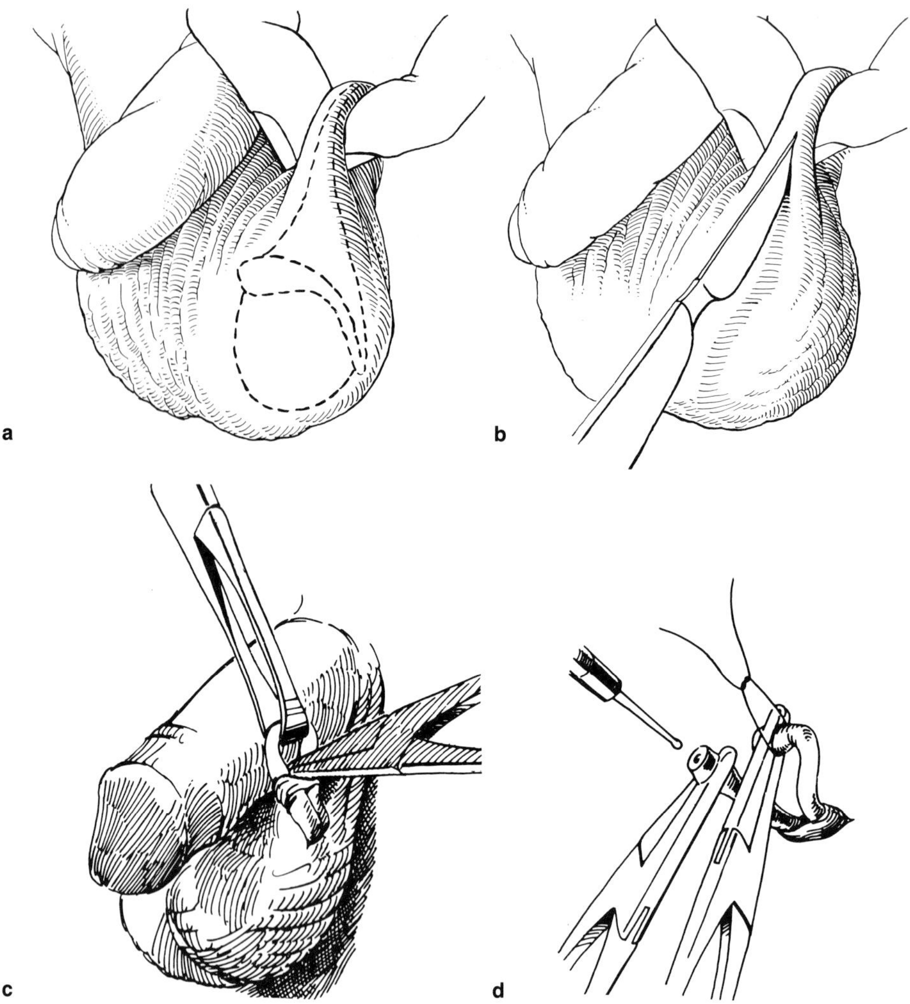

Abb. 11.11 a–d Vasektomie.
a Palpation des Samenleiters.
b Inzision der Skrotalhaut.
c Freipräparation und Luxation.
d Elektrokoagulation des Lumens und Ligatur.

Aus diesen rechtlichen Bestimmungen resultieren als generelle Richtlinien für Vasektomie die kritische Prüfung der **Beweggründe** für den Sterilisationswunsch, die **erschöpfende Aufklärung** beider **Ehepartner** über die Art des Eingriffes und dessen Folgen und die Abfassung einer **rechtswirksamen Einwilligung** beider Ehepartner für diesen Eingriff.

Die schriftliche Einwilligung sollte die Feststellung der Notwendigkeit postoperativer Spermiogrammkontrollen enthalten. Vor einem Verzicht auf anderweitige Verhütungsmittel ist aus juristischen Gründen der 2malige Nachweis einer Azoospermie erforderlich.

11.4 Anhang: Induratio penis plastica (Peyroniesche Erkrankung)

Die Induratio penis plastica (IPP) ist eine Erkrankung des männlichen Gliedes, in der sich sowohl Erektions- und Kohabitationsstörungen vereinigen. Auf diesen Zusammenhang hat *F. Peyronie* in seiner Erstbeschreibung 1743 bereits hingewiesen. **Pathologisch** handelt es sich um solitäre oder multiple fibrotische Plaques zwischen Tunica albuginea und Corpora cavernosa am Dorsum penis. Chronisch entzündliche fibroblastische Proliferationen führen zur Kontraktur.

Klinisch prädominiert bei der Erektion dieser Männer im mittleren Lebensalter die kontrakturbedingte schmerzhafte Abknickung des Penis nach dorsal oder dorso-lateral mit schwersten Störungen bei der Intromissio. Beim erschlafften Glied sind die steinharten, flachen Plaques tastbar.

Ätiologische Faktoren sind Betablocker, Trauma, Atherosklerose, immunogenetische Faktoren und Alkoholabusus, eine familiäre Prädisposition und Koinzidenz mit der Dupuytren'schen Kontraktur an der Hand sind bekannt.

Diagnostisch sind neben der Anamnese (Eigenfotographie bei Erektion zeigt das Ausmaß der Penisdeviation), die Palpation und die Sonographie, falls die Plaques sekundär kalzifiziert sind, ausschlaggebend.

Therapeutische Möglichkeiten beinhalten die orale Gabe von Vitamin D oder Paraaminobenzoat (Potaba®), die unter manuellem Druck durchzuführende fokale Injektion von Orgotein (Peroxynorm®), Cortison oder Interferon sowie die lokale Radiotherapie. Eine Erfolgsquote von 20–50 % steht einer spontanen Besserungsrate von 30 % gegenüber. In therapieresistenten Fällen kann durch Resektion der Plaques und Defektdeckung (Dura, Faszie) oder kontralateralen Tunica albuginea-Excision (Operation nach *Nesbit)* eine Gliedbegradigung erreicht werden. Mitunter ist die Implantation einer flexiblen Penisprothese indiziert (*Kelami,* 1983).

Weiterführende Literatur zu 11.1

Gerstenberg, T.C., J. Nordling, T. Hald, G. Wagner: Standardized evaluation of erectile dysfunction in 95 consecutive patients. J. Urol. 141 (1989) 857

Hauri D.: A new operative technique in vasculogenic erectile impotence. World J. Urol. 4 (1986) 237

Levine, St.B., St.E. Althoff, L.A. Turner, C.B. Risen, D.R. Bodner, E.D. Kursh, M.I. Resnick: Side effects of self-administration of intracavernous papaverine and phenotolamine for the treatment of impotence. J. Urol. 141 (1989) 54

Lue, T.F.: Impotence: A patient's goal-directed approach to treatment. Worlds J. Urol. 8 (1990) 67

Lue, T.F., E.A. Tanagho: Physiology of erection and pharmacologic management of impotence J. Urol. 137 (1987) 829

Pedersen, B., L. Tiefer, M. Ruiz, A. Melman: Evaluation of patients and partners 1 to 4 years after Penile prothesis surgery. J. Urol. 139 (1988) 956

Sarica Y., I. Karacan: Bulbocavernosus reflex to somatic and visceral nerve stimulation in normal subjects and in diabetics with erectile impotence. J. Urol. 138 (1987) 55

Stackl W., R. Hasun, M. Marberger: Intracavernous injection of prostaglandin E1 in impotent men. J. Urol. 140 (1988) 66

Stief, C.G., W. Bähren, H. Gall et al.: Schwellkörper-Autoinjektionstherapie (SKAT): erste Erfahrungen bei erektile Dysfunktion. Urologe A 25 (1986) 59

Stief, C.G., M. Djamilian, F. Schäbsdau, M.C. Truss, R.W. Schlick, J.H. Abicht, E.P. Alhoff, U. Jonas: Single potential analysis of cavernous electric aktivity – a possible diagnosis on anatomic impotence? World J. Urol. 8 (1990) 75

Virag, R.: Revascularisation of the penis. In *Bennett A.M.* (Ed.): Management of Male Impotence. Williams und Wilkins, Baltimore, 1982 219–233

Virag, R., D. Frydman, M. Legmann et al.: Hemodynamic evaluation of arterial and venous lesions as a cause of impotence. Inter. Angio. 2 (1984) 241

Weiterführende Literatur zu 11.2

Caroll, P.R., M.J. Morse, W.F. Whitmore Jr., P.C. Sogani, L. Klotz, H.W. Herr, W.R. Fair, R. Feldshuh, R.S.K. Chaganti: Fertility status of patients with clinical stage I testis tumors on an surveillance protocol. J. Urol. 138 (1987) 70

Giamarellou, H., K. Tympanidis, N.A. Bitos, E. Leonidas, G. Daikos: Infertility and chronic prostatitis. Andrologia 16 (1984) 417

Joel C.H.A.: Fertility disturbances in men and women. Karger, Basel 1972

Kelami, A., J.P. Pryor: Peyronie's disease, induratio penis plastica. Karger, Basel 1983

Ludvik, W.: Andrologie. Thieme, Stuttgart 1976

Lunenfeld, B., V. Insler (Hrsg.): Diagnosis and treatment of functional infertility. Grosse, Berlin 1978

Mandelbaum St.G., M.P. Diamond, A.H. Decherney: The impact of antisperm antibodies on human infertility. J. Urol. 138 (1987) 1

Masters W.H., V.E. Johnson: Human Sexual Inadequacy. Little, Brown & Co, Boston 1970

Nesbit, R.M.: Congenital curvature of the phallus: Report of 3 cases with description of corrective procedure. J. Urol. 93 (1965) 230

Philp, T., H. Guillebaud, D. Budd: Complications of vasectomy: Review of 16000 patients. Brit. J. Urol. 56 (1984) 745

Pincus, G.: The control of fertility. Academic Press, New York 1965

Preier, L.: Retentio testis im Kindesalter. WMW 18 (1989) 421

Reitelman, C., K.A. Burbige, I.S. Sawczuk, T.W. Hensle: Diagnosis and surgical correction of the pediatric varicocele. J. Urol. 138 (1987) 1038

Schirren, C.: Praktische Andrologie. Hartmann, Berlin 1971

Silber, S.J.: Vasectomy and its microsurgical reversal. Urol. Clin. North Am. 5 (1978) 573

Spilman, C.H., T.H. Lobl. K.T. Kirton: Regulatory mechanism of male reproductive physiology. Excerpta medica. Amsterdam 1976

12 Urologische Erkrankungen im Kindesalter (GK 3-12)

K.F. Klippel, J.E. Altwein

12.1 Besonderheiten der Symptomatik

Das urologisch kranke Kind weist spezielle, von der Erwachsenenurologie unterschiedliche Probleme auf. Das Kind ist oft unfähig, seine Symptome zu beschreiben und die Konsequenzen und Schwere seiner Krankheit zu begreifen.

Hauptsymptom: „Bauchweh“

Kinder mit Nieren-, Harnleiter- und Blasenaffektionen klagen über vage abdominelle Schmerzen, teilweise assoziiert mit akuter Flankensymptomatik. Übelkeit, Brechreiz sind manchmal die einzigen differenzierbaren Symptome. Die ausführliche Anamnese kann zwischen dem Stauungsschmerz des Nierenbeckens, der meist in der Flanke ohne Ausstrahlung lokalisiert ist, und der Ureterstauung, die durch den scharfen in die Leiste ausstrahlenden Schmerz charakterisiert ist, unterscheiden. Flankenschmerzen unter Diuresebedingungen können einen Hinweis auf eine subpelvine Stenose geben.

Hauptsymptom: Abdomineller Tumor

Keineswegs ungewöhnlich wird beim Kind mit einem urologischen Leiden die Primärdiagnose „abdominal palpabler Tumor“, gestellt (Abb. 12.1). Die urologische Differentialdiagnose bezieht sowohl die kindliche polyzystische Nierendegeneration, Wilms Tumor, Neuroblastom, subpelvine Stenose, Nierenvenenthrombose, neurogene Blase, Harnverhalt infolge Urethraklappe, Meatusstenose oder Phimose als auch andere von der Blase und Urethra ausgehenden Erkrankungen ein.

Hauptsymptom: Anomales Miktionsverhalten

Ein Neugeborenes sollte innerhalb der ersten 48 Stunden zwischen 50–60 ml Urin gelassen haben. Die Miktionsfrequenz des Säuglings

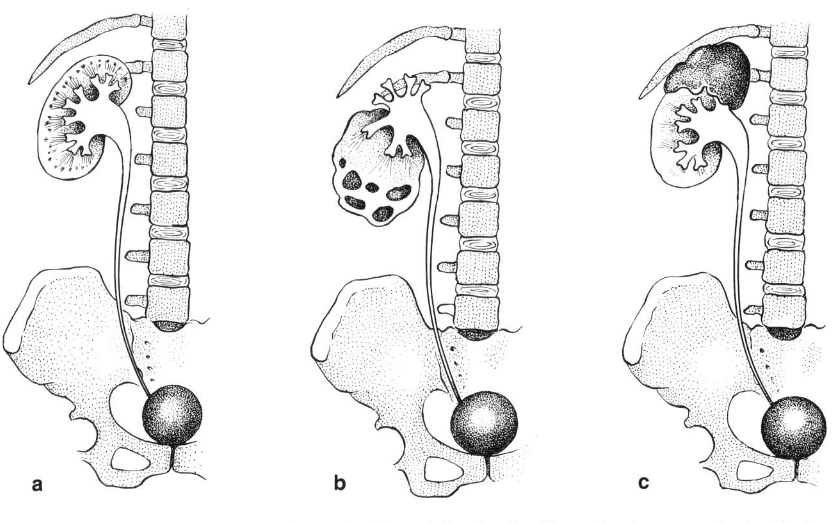

Abb. 12.1 a–c Möglichkeiten großer palpabler abdomineller Raumforderungen beim Kind.
a Polyzystische Nierendegeneration.
b Wilms Tumor.
c Neuroblastom.

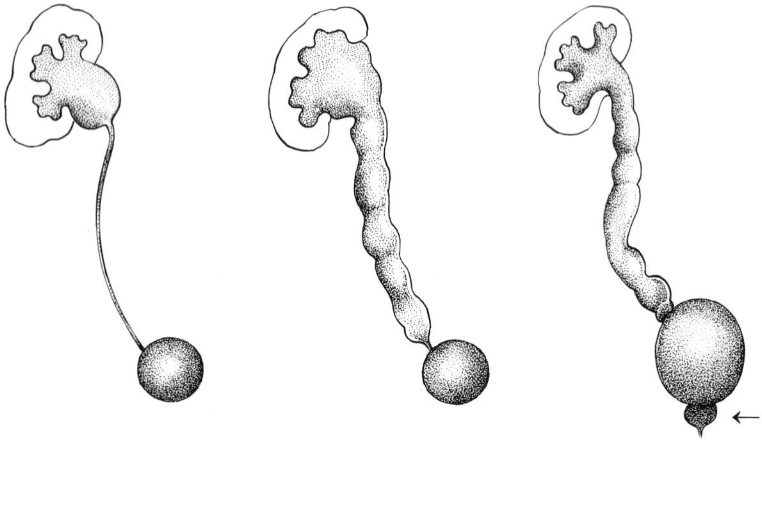

a b c

Abb. 12.2a–c Typische Sonographiemuster.
a Nierenbeckenabgangstenose.
b „Megaureter" (häufig Reflux).
c Harnröhrenklappe.

beträgt etwa 20–30 mal in 24 Stunden. Anurie oder Harnverhalt bei männlichen Neugeborenen lassen an Urethralklappen, neurogene Blase, Meatusstenose und Urethrastriktur denken.

Inkontinenz und Enuresis sind Symptome, keine Diagnose und sind Aufforderung zu weiterer Untersuchung. Sonographie, MZU, Zystomanometrie und Zystoskopie gehören zum urologischen Abklärungsprogramm. Ständiges Einnässen kombiniert mit normaler Miktion legt den Verdacht auf eine ureterale Ektopie nahe. Urge-Inkontinenz kann Ausdruck einer akuten oder chronischen Zystitis, einer okkulten neuropathischen Blase oder ungehemmter Blasenkontraktionen sein.

Allgemeine Symptome

Viele urologische Erkrankungen werden zunächst aufgrund der Symptomatologie anderen Organsystemen zugeschrieben. Übelkeit und Brechreiz sind Symptome der Urämie, der Azidose, der akuten Pyelonephritis und der Nierenbecken-Ureter-Obstruktion. Eine metabolische Azidose wirkt sich in körperlicher Schwäche aus; Knochenschmerzen können die Folgen von Kalzium-Phosphatstörungen sein.

Wichtige allgemeine Untersuchungen sind:
1. Größen- und Gewichtsbestimmung des Kindes und
2. Blutdruckmessung.

Die ermittelten Werte sollten anhand der statistisch ermittelten Somatogramme über eine Größenverschiebung Auskunft geben. Wuchsretardierung ist die häufigste Folge der chronischen Niereninsuffizienz. Kinder mit urologischen Erkrankungen unterliegen einem besonderen Risiko der Hypertonie.

Laboruntersuchung

Zur Uringewinnung gibt es für den männlichen oder weiblichen Säugling speziell adaptierbare Klebebeutel. Unter Umständen muß zur genauen bakteriologischen Differenzierung ein Blasenpunktionsurin gewonnen werden.

Zur Beurteilung einer Leukozyturie (Pyurie) muß berücksichtigt werden, daß die normale Leukozytenexkretion beim Kind bis zu 10000/ml liegt, was beim Erwachsenen bereits pathologisch ist.

Psychologische Aspekte

Psychologische Faktoren wie Trennungsängste oder Kastrationsängste, besonders in der Adoleszenz, bedürfen der vorsichtigen Führung nicht nur des Kindes, sondern auch der Eltern.

12.2 Kongenitale Fehlbildungen

12.2.1 Perinatale Urologie

Das Urogenitalsystem läßt sich sonographisch bereits in utero leicht darstellen und in seiner Funktion beurteilen. Insbesondere lassen sich Harntraktsfehlbildungen mit und ohne Stauung diagnostizieren. Nach den bisherigen Erfahrungen werden bei 0,4—0,7% aller Schwangerschaften Fehlbildungen des fetalen Harntrakts entdeckt (Tab. 12.1). Folgende sonographische Verdachtsdiagnosen sind pränatal zu stellen:

1. Subpelvine Stenose	16%
2. Megaureter	10%
3. Prune-Belly-Syndrom	6%
4. Harnröhrenklappe	4%
5. Ureterozele	2%
6. Nierenaplasie (Potter Syndrom)	2%

Bei 56% aller Feten wird eine vorübergehende Harntransportstörung diagnostiziert. Der rechte und linke Ureter sind gleichhäufig betroffen; als Ursachen werden unter anderem eine Basisplattenschwäche mit vesikoureteralem Reflux diskutiert. Gegenwärtig läßt sich folgende Schlußfolgerung aus den pränatal gewonnenen Erkenntnissen ziehen:

- Die pränatale Verdachtsdiagnose ist noch mit einem hohen Unsicherheitsfaktor belastet. Sie korrespondiert mit der postnatalen nur etwa in 66% (*Sholder* et al., 1988). Allein aus diesem Grund ist eine pränatale Therapie *in utero* selten indiziert.
- Hauptvorteil dieser vorverlegten Diagnostik ist die frühzeitige Festlegung eines Therapieplanes bereits am Geburtstermin.
- Diese Strategie ist an folgendem Fallbeispiel verdeutlicht (Abb. 12.3).

12.2.2 Fehlanlagen der Nieren

(s. Tab. 5.2, S. 119)

Nierenparenchymanomalien (Hypoplasie, Dysplasie und zystische Nierenerkrankungen) treten in mannigfachen Spielarten entweder allein oder in Kombination mit anderen Fehl-

Tabelle 12.1 Zeitpunkt des sonographischen Nachweises fetaler Organe/Fehlbildungen.

Organ/Mißbildung	Schwangerschaftswoche Beginn	Schwangerschaftswoche Optimal
Wirbelsäule	14	22
→ Anenzephalus	13	16
→ Spina bifida (α-Feto-Protein ↑)	17	22
Blase	14	—
Niere	16	22
→ Potter Syndrom	22	22
→ Hydronephrose	18	22
→ Multizystische Dysplasie	18	26
→ Zystennieren	18	26
Weite hintere Urethra	30	36
Skrotum/Vulva (Sonographische Geschlechtsdifferenzierung)	22	28

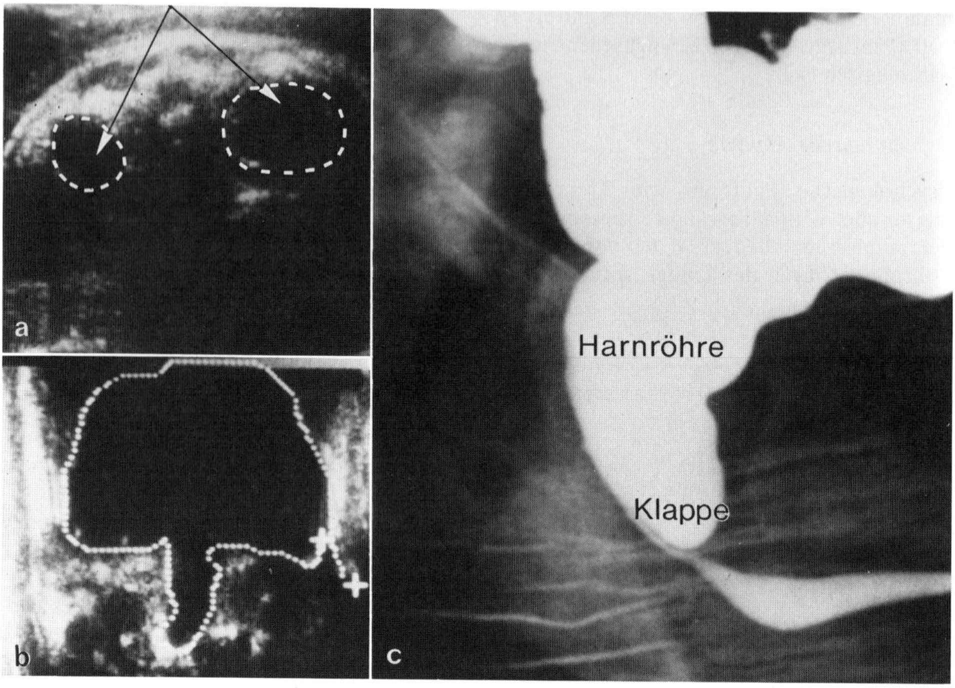

Abb. 12.3a–c **a** Die Sonographie in der 33. Schwangerschaftswoche (routinemäßige Schwangerschaftsvorsorge) zeigt im Rumpf-Horizontalschnitt beidseitige Hydronephrosen.
b Im dazugehörigen Frontalschnitt stellt sich eine maximal gefüllte Harnblase mit weiter hinterer Harnröhre dar; zusammen mit dem Symptom des Oligohydramnion der Mutter liegt die Verdachtsdiagnose einer Harnröhrenklappe nahe.
c Postpartale Bestätigung der weiten hinteren Harnröhre infolge der Klappe im Miktionszystourethrogramm und sofortige Behandlung durch Einlage eines Katheters sowie Klappenschlitzung am 6. Lebenstag.

bildungen auf. Sie karikieren bestimmte ontogenetische Phasen. Hochdruck (multizystische Nierendysplasie), Niereninsuffizienz (polyzystische Nierendegeneration) oder Steinbildung (Ureterstenose bei Hufeisenniere) sind typische behandlungsbedürftige Komplikationsmöglichkeiten der Nierenfehlanlage.

12.2.3 Harnstauungsniere

Die Harnstauungsniere wird anhand des Sonogramms klassifiziert.

Hydrokalix-Megakaliose

Bereits eine Hydrokalix (s. Abb. 4.7, S. 93) bedingt durch Kelchhalsstenose, vermag beim Kleinkind das Symptom des tastbaren Tumors hervorzurufen. Demgegenüber ist die kongenitale Megakaliose (Abb. 12.4) sicher abzugrenzen, bei der sich alle Kelche (mehr als 12) ektatisch im Sonogramm oder Urogramm ohne nachweisbares Abflußhindernis darstellen. Eine Therapie ist bei der Megakaliose meist nicht erforderlich.

Subpelvine Harnleiterstenose

Die Harnleiterabgangsstenose ist fast immer embryonaler Genese. Im Anschluß an das Nierenbecken folgt ein enges aperistaltisches Segment, dessen muskuläre Spiralformation durch longitudinale Fasern oder Bindegewebe ersetzt ist. Häufig finden sich um den Ureter embryonale Briden, die zur Knickbildung und Abflußstörung führen (Abb. 12.5). Aberrierende Gefäße, Ureterklappen und Polypen können Ursache dafür sein.

Bilaterales oder Vorkommen in einer Einzelniere kann zu Gedeihstörungen und Azotämie führen. Die Nierenschädigung ist vom Ausmaß der Stenose (Transportkapazität), Dauer des Krankheitsbildes und von Begleitinfektionen abhängig. Die symptomatische Stenose imitiert beim älteren Kind gastrointestinale Beschwerden. Der stechende, auch dumpfe Flankenschmerz nach Flüssigkeitsbelastung weist auf das Überschreiten der Transportkapazität des engen Segmentes im Harnleiter hin und führt zur Druckerhöhung im Nierenbecken (Norm bis 1,96 kPa ≙ 12 cm H_2O). Mikro- und Makrohämaturie können Begleitsymptome der subpelvinen Stenose sein.

Die Diagnose wird durch das Sonogramm (Abb. 12.5) und das Diurese-Isotopennephrogramm gestellt. Bei fraglichem Befund sichert die Druck-Fluß-Messung nach Nierenbeckenpunktion (Whitaker-Test) die Diagnose (s.S. 95).

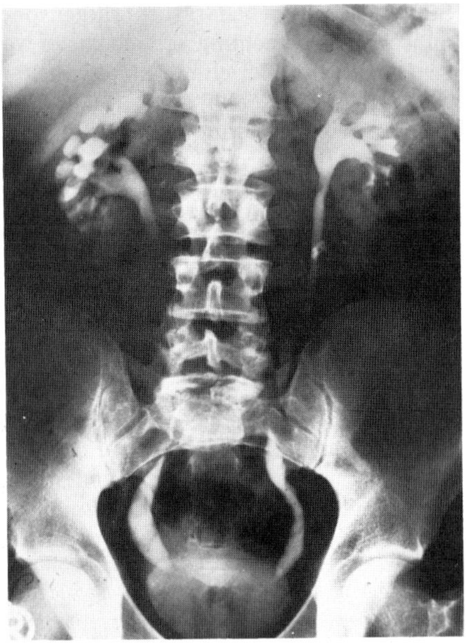

Abb. 12.4 Kongenitale Megakaliose bei einem Knaben mit deutlicher Verplumpung sämtlicher Kelche rechts.

Therapie

Indikationen zur Operation sind Schmerz, Infektion, Zunahme der Dilatation, sicher pathologisches Lasix-ING und die Einschränkung der Partialfunktion der erkrankten Niere <40%. Die Therapie der Wahl ist die Nierenbeckenplastik unter Exzision des engen Segmentes, Verkleinerung des Nierenbeckentotraumes und Vereinigung des längsinzidierten kranialen Ureters mit den freien Enden des „maßgeschneiderten" Nierenbeckens am tiefsten Punkt (s. Abb. 4.9, s.S. 95).

Die intrauterin oder postnatal durch Ultraschall festgestellte asymptomatische subpelvi-

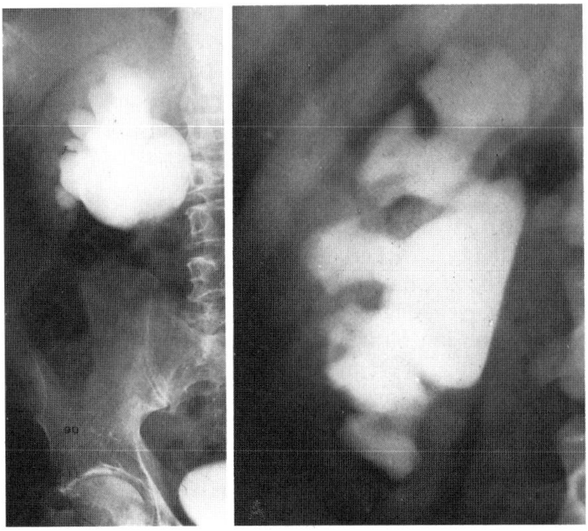

a b

Abb. 12.5 a, b **a** Rechtsseitige extreme Ballonierung des Nierenbeckens bedingt durch eine subpelvine Stenose.
b Subpelvine Stenose mit dem sogenannten Hutterschen Psoas-Randphänomen, das das Nierenbecken linear nach medial scharf abgrenzt und oftmals eine intrinsische subpelvine Stenose vortäuschen kann.

ne Stenose < 12 mm bedarf sorgfältiger sonographischer Überwachung, jedoch keiner weiteren Diagnostik. Bei einer Dilatation > 12 mm erfolgt der Ausschluß des Refluxes durch ein MZU sowie die Bestimmung der Funktion der Niere und des Harntraktes durch ein ING, ggf. mit Lasix. Besteht keine Operationsindikation, erfolgt die Kontrolle sonographisch und mittels ING (invl. Bestimmung der Partialfunktion der Niere) (*Dejiter*, 1988).

12.2.4 Megaureter

Der Begriff Megaureter bedeutet weit dilatierter Ureter ohne Hinweis auf die Ätiologie. Zur Abgrenzung der verschiedenen Formen der Ureterdilatation empfiehlt sich folgende Einteilung:

1. Megaureter bei VUR = *primär refluxiver Ureter.*
2. Megaureter mit nachgewiesener Obstruktion = *primär obstruktiver Ureter.*
3. Megaureter bei infravesikaler Obstruktion und neuropathischer Blase = *sekundär refluxiver* oder *obstruktiver Ureter.*
4. Nicht refluxiver – nicht obstruktiver Megaureter.
5. Sekundärer Megaureter bei Einzelniere oder Diabetes insipidus: „adaptiver“ Megaureter.

Die weitgestellten Hohlsysteme der Gruppe 4 und 5 sind nicht behandlungsbedürftig. Nicht obstruktive und nicht refluxive Megaureter heilen i.d.R. folgenlos im Laufe des Wachstums aus. Die Weitstellung in der Gruppe 5 ist eine physiologische Reaktion auf die vermehrte Diurese. Warum sind Megaureter der Gruppen 1–3 klinisch relevant?

- Obstruktiver Megaureter bedeutet Druckerhöhung. Druckerhöhung führt auf Dauer zur Nierenschädigung.
- Refluxiver Megaureter bedeutet bei jeder Miktion eine plötzliche Druckerhöhung in Harnleiter, Nierenbecken, Sammelrohren und tubulärem Apparat (sogenannter Wasserhammereffekt), der bei zusätzlicher und häufiger Infektion zum progredienten irreversiblen Nierenschaden führt.

Dem primären Megaureter liegt wahrscheinlich ein kongenitaler Defekt der Ureterwand zugrunde. Elektronenmikroskopische Studien ergaben ähnlich wie in den Segmenten der subpelvinen Stenose, so auch in den obstruktiven Segmenten unterhalb des Megaureters eine vermehrte Kollageneinlagerung zwischen den Muskelzellen und dicht proximal davon degenerierte Muskelzellen, verbunden mit ausgeprägter Hypertrophie in der Muskularis des Megaureters.

Die sekundären Megaureteren, seien sie refluxiv oder obstruktiv, basieren auf der mechanischen Annahme, daß sich eine infravesikale Obstruktion (z.B. Urethralklappen) sekundär über die Blase dem Ureter mitteilt, sei es über einen Reflux oder über eine sekundär sich ausbildende Stenose.

Die Harnleiterverengung kann auch bedingt sein durch eine Muskelwandhypertrophie der Blase, also durch eine Muskelmassenzunahme oder Tonuserhöhung (neuropathische Blase) und so sekundär zu einem Abflußhindernis mit Ureterdilatation führen.

Therapie

Die Unterscheidung zwischen obstruktiv, refluxiv und klinisch nicht bedeutsamer Ektasie erfolgt durch ein MZU (Refluxnachweis) und

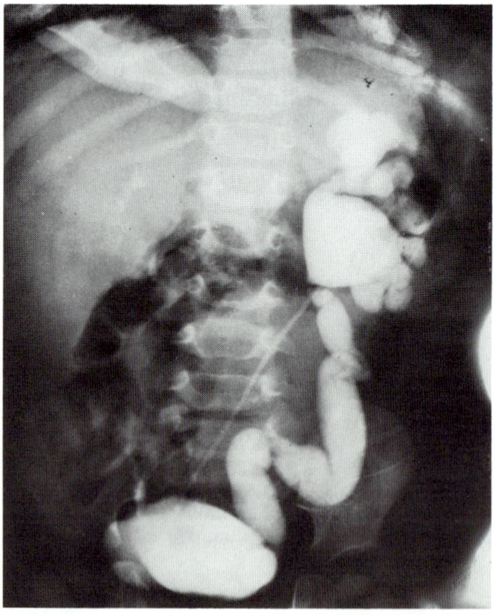

Abb. 12.6 Primär obstruktiver Megaureter links mit sekundärer Schleifenbildung des Ureters, während auf der rechten Seite das Kontrastmittel bereits in die Blase abgelaufen ist.

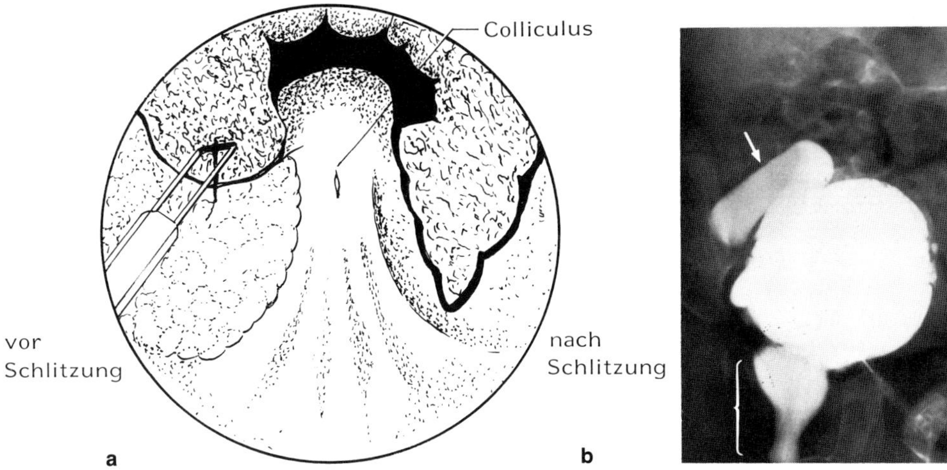

Abb. 12.7 a, b **a** Zystoskopischer Blick nach proximal auf den Colliculus, wobei sich vom Colliculus ausgehend Harnröhrenklappen nach lateral aufstellen. Der Haken zeigt angedeutet die therapeutische Inzision.
b Miktionszystourethrogramm bei Harnröhrenklappe. Deutlich wird die kolbige Auftreibung der prostatischen Harnröhre mit sekundärer Einengung am Blasenhals sowie ausgeprägtem Reflux rechts (Pfeil).

einen Lasix ING, ggf. mit Whitaker-Test (Druckflußmessung nach Nierenbeckenpunktion).

Der primär obstruktive Megaureter (Abb. 12.6) wird unter Exzision des engen Segmentes in die Blase mit einer Antirefluxplastik neu eingepflanzt.

Der primär refluxive Ureter wird ebenfalls mit einer Antirefluxtechnik neu in die Blase eingepflanzt. Eine Verschmälerung des Ureterkalibers hat kosmetischen Charakter, erleichtert aber die technische Durchführung der Antirefluxplastik. Indikationen zur Operation sind der fieberhafte Infekt oder die beginnende Funktionseinschränkung der betroffenen Niere (< 40 %).

Beim sekundären Megaureter gilt es zunächst, das auslösende Abflußhindernis zu identifizieren und zu beseitigen (z.B. Inzision von Harnröhrenklappen) (Abb. 12.7).

Der dekompensierte, obstruktive Megaureter (septisches Krankheitsbild) wird durch supravesikale Harnableitung entlastet (perkutane Nephrostomie, s. Abb. 4.21, S. 103; oder besser durch eine Ring-Ureterokutaneostomie, s. Abb. 4.22, S. 104). Der dekompensierte refluxive Megaureter wird durch Zystostomie entlastet. In diesen Fällen erfolgt die definitive operative Korrektur nach Erholung von Patient und Hohlsystem.

12.3 Blasenentleerungsstörungen

Ursachen

Wie bei Erwachsenen finden sich bei Kindern
neurogene,
obstruktive und
funktionelle
Blasenentleerungsstörungen.

- Bei den neurogenen Blasenentleerungsstörungen handelt es sich entweder um *erworbene Störungen* wie z.B. nach Enzephalitis oder Poliomyelitis, oder, bei Kindern häufiger, um *angeborene Defekte* mit Auswirkungen auf die Blasenzentren wie Myelomeningozele, Spina bifida (s.S. 388), Sakralagenesie oder Blockwirbelbildung (weitere Einzelheiten über neurogene Blasenentleerungsstörungen sowie deren Diagnostik s. Kap. 14.1).

- Auch die Obstruktion ist meist auf angeborene Störungen zurückzuführen, bei denen *morphologische* und *funktionelle* Hindernisse zu unterscheiden sind. Typische Lokalisation der infravesikalen Obstruktion ist

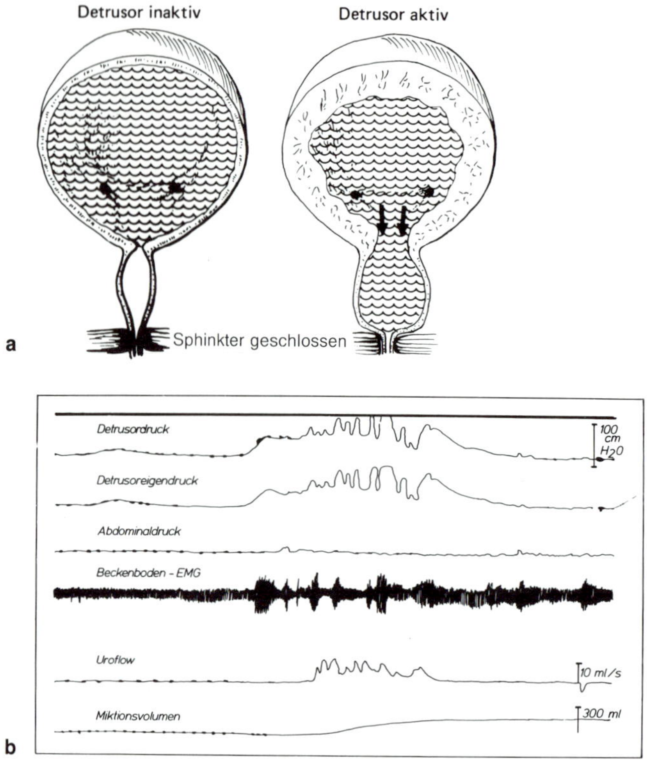

Abb. 12.8 a, b **a** Die Detrusor-Sphinkter-Dyssynergie (DSD) deutet die mangelnde Kooperation zwischen Sphinkter und Detrusor an. Während der Miktion öffnet sich der Sphinkter nicht genügend oder bleibt geschlossen, so daß sekundäre Veränderungen am Blasenhals und der Blasenmuskulatur im Sinne einer infravesikalen Obstruktion auftreten (vgl. Abb. 14.3, S. 382).
b Urodynamische Untersuchung bei DSD. Zeitgleich mit dem Detrusordruck steigt die Beckenbodenaktivität, so daß nur ein frustraner Uroflow resultiert; das Miktionsvolumen ist gering.

der Blasenhals
die proximale Harnröhre
der Beckenboden
die distale Harnröhre
der Meatus externus.

Der *Blasenhals* kann infolge funktioneller *Blasenhalshypertrophie* oder morphologischer *Blasenhalssklerose* mit vorwiegend fibrosierten Gewebsanteilen obstruierend wirken.

In der proximalen *Harnröhre* lokalisierte *Harnröhrenklappen* (Abb. 12.7), die segelförmig durch den Miktionsstrahl aufgebläht werden, wirken je nach Schweregrad obstruierend. Aufgrund ihrer Anordnung stellen sie einem transurethral eingeführten Katheter keinen Widerstand entgegen und werden bei der retrograden Urethrozystoskopie wegen ihres membranartigen Charakters häufig übersehen („wie ein geöffnetes Ventil").

Der Beckenboden sowie der *Sphinkter externus* wirken als funktionelles Hindernis bei der sogenannten *Detrusor-Sphinkter-Dyssynergie (DSD)* und beim *Beckenbodenspasmus*. Als Dyssynergie ist die Beckenbodenaktivitätssteigerung simultan zur Detrusorkontraktion zu verstehen (Abb. 12.8). Es resultiert daraus ein abnorm hoher Harnröhrenwiderstand. Die normalerweise reziproke Innervation von Detrusor und Sphinkter externus ist durch mangelnde zentrifugal-hemmende Impulse aufgehoben, es entwickelt sich ein Massenreflex.

Die distale Harnröhrenstenose bei Mädchen und die bulbäre *Ringstenose* bei Knaben besteht im wechselnden Ausmaß aus fibrosiertem Bindegewebe und quergestreifter Muskulatur, so daß auch hier eine angeborene Störung als sogenannte *dyskinetische distale Urethra* angenommen werden kann.

Die Meatusstenose (s. Abb. 4.18, S. 100) stellt einen Narbenring dar und entwickelt sich meist aufgrund chronisch rezidivierender Entzündungen im Vestibulum vaginae oder der Phimose (Abb. 12.9) und kann zur schwersten Obstruktion führen.

Zur Diagnostik der infravesikalen Hindernisse sind Miktionszystourethrogramm, Ure-

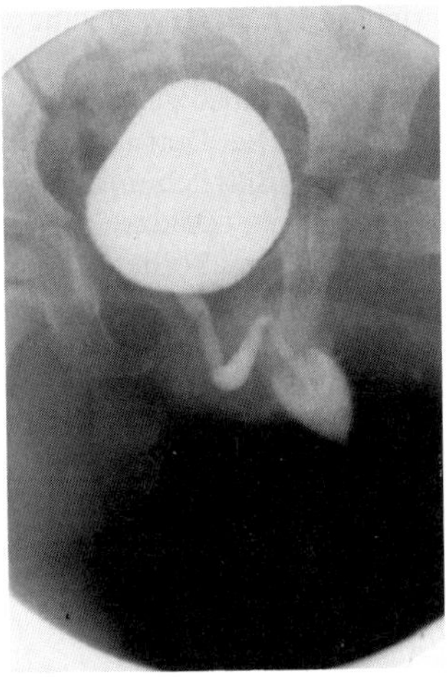

← *

Abb. 12.9 2jähriger Knabe mit obstruktiver Phimose im Miktionszystourethrogramm. (* ballonierte Vorhaut)

throzystoskopie mit Kalibrierung (s. Abb. 4.16, S. 99) und urodynamische Untersuchung unentbehrlich.

Folgen für die oberen Harnwege

Je nach Schweregrad der infravesikalen Obstruktion beträgt die *klinische Latenzzeit* – bis zum Auftreten von Symptomen – Monate bis viele Jahre. An klinischen Befunden sind in erster Linie rezidivierende Harnwegsinfektionen, Enuresis, Pollakisurie und Nykturie zu erwarten. Die Diagnostik stellt den untersuchenden Arzt häufig vor große Probleme, so daß sich nach Auftreten der Befunde bis zur richtigen Diagnosestellung die *diagnostische Latenzzeit* anschließt. Aufgrund der so erklärbaren meist mehrjährigen Erkrankungsdauer ist in einer beträchtlichen Anzahl mit

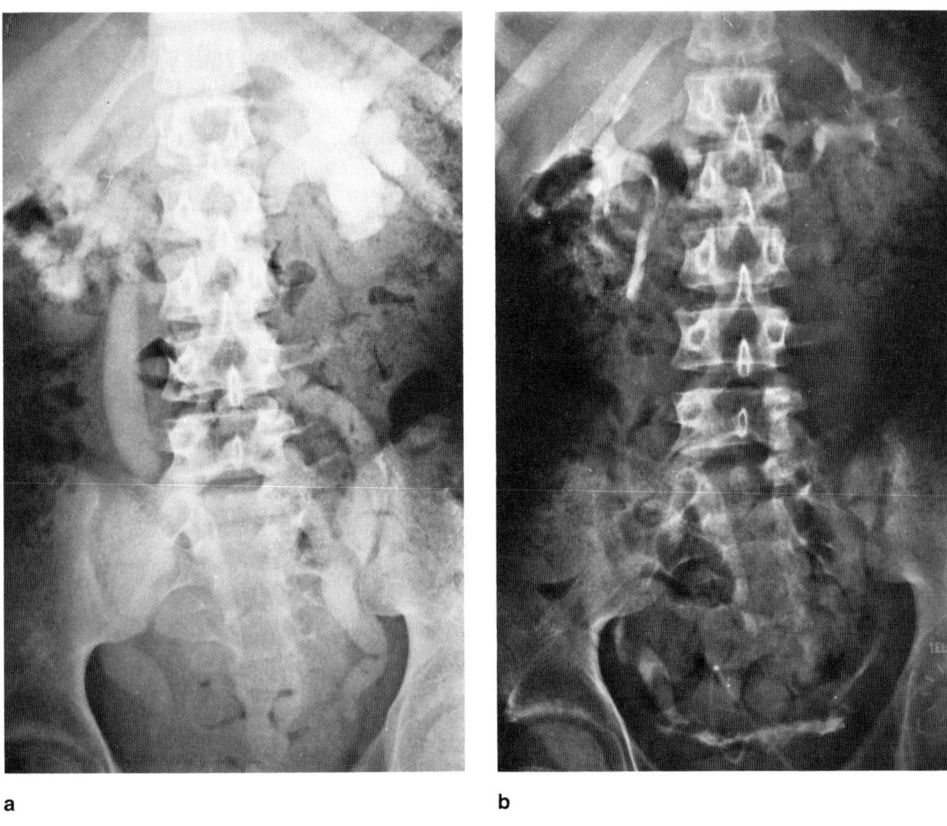

a b

Abb. 12.10 a, b **a** Harnstauungsnieren beiderseits infolge DSD auf dem Boden einer Myelodysplasie. **b** Prompte Besserung der Harnstauung nach suprapubischer Entlastung durch Zystostomie; die Sphinkterotomie wurde anschließend vorgenommen.

Folgen für den oberen Harntrakt zu rechnen.

Pathophysiologisch bewirkt das infravesikale Hindernis eine *Detrusorhypertrophie*, die eine intramurale beidseitige Ureterstenose bedingt. Die nachfolgende Harnstauung führt zu Hydroureter und Hydronephrose (Abb. 12.10). Ebenso kann das infravesikale Hindernis durch Blasenüberdehnung zur Trigonuminsuffizienz führen, es kommt zur Entwicklung eines vesiko-renalen Refluxes.

So werden die urologischen Probleme langsam zu nephrologischen Problemen; nach der Detrusorhypertrophie entwickelt sich die *Detrusordekompensation* mit Restharnbildung und Urinstase-bedingter Harnwegsinfektion, die durch Reflux- und Harnstauung in den oberen Harnwegen zur Pyelonephritis führt. Wiederholte entzündliche Nierenparenchymerkrankungen führen zur Niereninsuffizienz. Die chronische Urämie mit Wachstumsstörung stellt den klinischen Endzustand mit „ausgebrannten" pyelonephritischen Nieren dar.

Therapie

● funktionelle Blasenentleerungsstörung

Funktionelle infravesikale Hindernisse können meist konservativ medikamentös erfolgreich beseitigt werden. Bei Hypertonie des Blasenhalses und der proximalen Urethra werden α-Sympatholytika (Dibenzyran®) mit gutem Erfolg eingesetzt. Die Detrusor-Sphinkter-Dyssynergie kann zusätzlich mit Parasympatholytika (Vagantin®, Dridase®) behandelt werden. Spricht Pharmakotherapie nicht an, kann ein Trainingsprogramm zur Erlernung einer geregelten Miktion durchgeführt werden (biofeedback). Selten muß auf operative Maßnahmen zurückgegriffen werden (Abb. 12.11).

Ein besonderes Problem stellt die Enuresis dar (s. Kap. 12.11).

● obstruktive Blasenentleerungsstörung

Für *morphologische infravesikale Hindernisse* stehen uns transurethrale Operationsmethoden zur Verfügung.

Am *kindlichen Blasenhals* wird gelegentlich als Blasenhalserweiterungsplastik die YV-Plastik bei offenen Blasenoperationen vorgenommen. Bei Blasenhalssklerose wird allerdings bevorzugt die transurethrale Resektion oder Blasenhalsschlitzung nach *Turner-Warwick* bei 5,7 und 12 Uhr durchgeführt (s. Abb. 4.13, S. 98). Harnröhrenklappen im Bereich der hinteren Harnröhre werden ebenfalls transurethral inzidiert (s. Abb. 12.7a, S. 331).

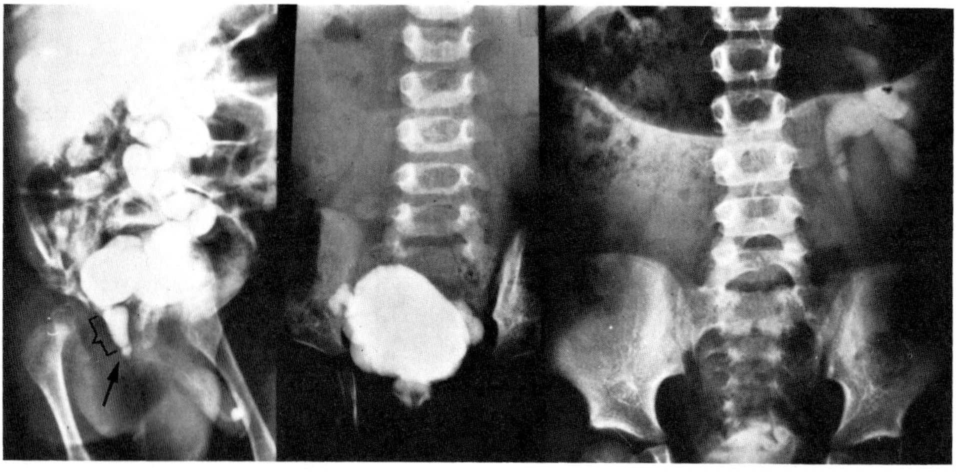

a b c

Abb. 12.11 a–c **a** Harnröhrenklappe (Pfeil) bei einem neugeborenen Knaben mit sekundär refluxivem Megaureter beiderseits; typisch ist die weite hintere Harnröhre (Akkolade) im Miktionszystourethrogramm (= MZU).
b MZU nach transurethraler Klappenresektion, Entfernung der funktionslosen Niere rechts; Verschmälerung und Neueinpflanzung des linken Harnleiters.
c Urogramm im Alter von 8 Jahren.

Hier hat die präx- und unmittelbar postnatale Diagnostik eine frühe Therapie ermöglicht. Seitdem Kinder mit urodynamisch wirksamen Harnröhrenklappen bereits am 1. Lebenstag über einen Katheter sofort entlastet und die Klappen sekundär durch Schlitzung entfernt werden, benötigen heute weniger als 10% der Kinder im weiteren Verlauf der Dialyse, gegenüber 50% bei verzögerter Therapie.

Sonstige Harnröhrenstenosen werden sowohl durch Urethrotomia interna (s. Abb. 4.14, S. 98) als auch externe offene Urethrotomie beseitigt. Die Meatusstenose wird durch Meatotomie korrigiert (s. Abb. 4.19, S. 100).

- neurogene Blasenentleerungsstörung

Vorgehen bei Kindern mit Spina bifida (s.a. Kap. 14.4)

Es gibt 4 verschiedene Muster der neurogenen Blasenstörung (Abb. 12.12). Die Höhe der Läsion bzw. die exakte neurologische Benennung hat keine Konsequenz für die Therapie, sondern lediglich die symptomatische Manifestation an der Blase.

Die **Primärphase** (bis 5. Lebensjahr) verfolgt als Ziel: Schutz des oberen Harntraktes. Da die Kontinenz in diesem Alter keine wesentliche Rolle spielt, kann der Schutz des oberen Harntraktes „mit einer Inkontinenz erkauft werden". Die Erstvorstellung erfolgt meist in der 2.–4. Woche postpartal durch die neurochirurgische Klinik, wo die Myelomeningozele verschlossen wird. Die Kinder werden im Rahmen der Spina bifida-Ambulanz ebenfalls von der pädiatrischen und der orthopädischen Klinik betreut. Eine Dibenzyranmedikation wird eingeleitet (alpha-Blocker zur Senkung des Auslaßwiderstandes, Dosierung 0,5 mg/kg/KG).

Untersuchung

- klinische Untersuchung
- Sonographie
- Urinkultur und Sediment, Kreatinin
- 2.–4. Lebenswoche: MZU und i.v. Urogramm
- Kontrolle der Dibenzyranmedikation (Gewichtsanpassung).
- Falls VUR → Prophylaxe mit Cotrimoxazol, Nitrofurantoin u.a.

Empfehlung

Monat	3.	6.	12 → 1/2jährl.
Sonographie Urin	X	X	X
Urodynamik*			X

* transurethral mit dem Ziel der Differenzierung zwischen spastischer und schlaffer Blase

Die **Sekundärphase** (ab 5. Lebensjahr) verfolgt das Ziel: Schutz des oberen Harntraktes und Erreichen einer Kontinenz.

Wichtig ist die Compliance der Eltern bzw. die soziale Integration des Kindes, da die Therapieumstellung eine verläßliche Mitarbeit und eine sorgfältige Überwachung erfordert.

Nach Aufklärung der Eltern über die Folgen der Therapieänderung wird ein Zeitplan erstellt:

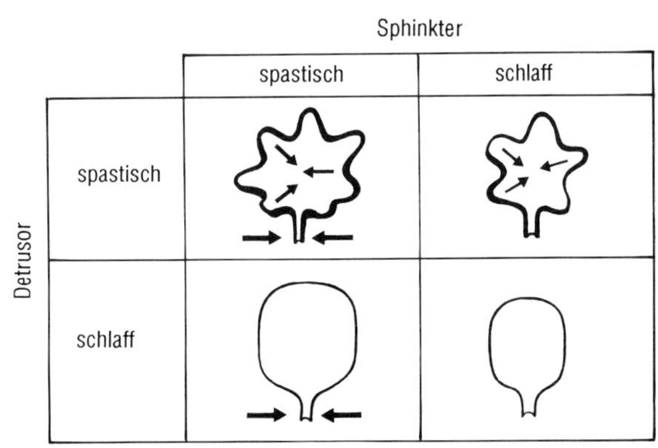

Abb. 12.12 Die vier typischen Muster einer neurogenen Blasenstörung in Abhängigkeit von Detrusor- und Sphinkterfunktion.

- Beendigung der Dibenzyranmedikation (ausschleichend in ca. 7–10 Tagen). Die Kinder sind jetzt trocken, haben jedoch meist ausgeprägten Restharn oder einen hohen Blasendruck.
- Urodynamik* + MZU, Sono, Urin, evtl. Urogramm

* *Fragestellung bei Urodynamik nach 2–4 Wochen:*
1. Spastik ausreichend gedämpft bzw. neu aufgetreten?
2. Auslaßwiderstand und Restharn?
3. Spontanmiktion möglich ja/nein?
4. Streßinkontinenz?

- Anleitung der Eltern zum sauberen intermittierenden Katheterismus unter Prophylaxe für 3 Monate mit Lofric-Katheter oder normalem Katheter plus Instillagel.
- Miktionsprotokoll zu Hause = Dokumentation der Trockenphasen und der Urinvolumina
- Therapie: spastische Blase: Dridase®
schlaffe Blase : ∅
VUR : Prophylaxe

Die Kontrollintervalle bzw. die Modifikation der Therapie richtet sich nach Therapieerfolg und Komplikationen und reicht von fehlender weiterer Behandlungsnotwendigkeit bis zur arteriellen Sphinkterimplantation und Blasenaugmentation (s.S. 388).

12.4 Vesiko-ureteraler Reflux

Entwicklungsgeschichtliche Erkenntnisse haben wesentlich zum Verständis des vesiko-renalen Refluxes beigetragen. Die Ureterknospe entspringt dem Knie des Wolffschen Ganges und strebt dem Metanephros, der zukünftigen Niere, entgegen, um sich nierenbecken- und nierenkelchbildend mit ihr zu vereinigen.

Möglicherweise trifft der refluxive Ureter mit dem ektopen lateralisierten Ostium durch Entwicklungsverzögerung nicht auf das vorgesehene Metanephros, sondern auf minderwertige Randteile des Metanephros oder auf Reste des Mesonephros. Diese Hypothese beinhaltet, daß die Ursache einer späteren chronischen Pyelonephritis oder Schrumpfniere bei refluxivem Ureter weniger auf dem Reflux selbst, sondern auf anlagemäßiger Minderwertigkeit der Niere beruht.

Anatomie

Bei Eintritt des Ureters in die Blase bildet die äußere Längsmuskelschicht und die mittlere Ringmuskelschicht die Waldeyer-Scheide, während die innere Längsmuskelschicht die Kontinuität bis zum Colliculus seminalis erhält. Das Ostium bedeutet nicht das kaudale Ende des Ureters. Die funktionelle Einheit Ureter-Waldeyer-Scheide-Trigonum-Muskel ist anatomisch, embryonal und neurologisch definierbar (Abb. 12.13).

Physiologie

Die „uretero-vesikale Klappe" hat zwei Aufgaben:

1. ungehinderter Transit des Urins in die Blase
2. Verhinderung des Refluxes.

Normalerweise ist die Klappe geschlossen und öffnet sich nur während der bolusartigen, peristaltikbedingten Urinpropulsion in die Blase. Dehnt sich der Detrusor füllungsbedingt aus, so wird durch den Füllungsdruck die Klappe geschlossen; das intramurale Uretersegment kollabiert. Während der Miktion wird bei der Öffnung des Blasenhalses durch Streckung des Trigonums nach kaudal eine Zugspannung durch den Bellschen Muskel ausgeübt, was ebenfalls den Ostiumverschluß zur Folge hat.

Klinik

Röntgenologisch wird der Reflux durch ein Miktionszystourethrogramm bewiesen. Via Katheter wird Kontrastmittel in die Blase gefüllt, die Einlaufphase im Intervall auf einen „low-pressure"-Refluxes geprüft, um dann nach Entfernung des Katheters unter Miktionsbedingungen einen „high pressure"-Reflux im Röntgenbild zu dokumentieren.

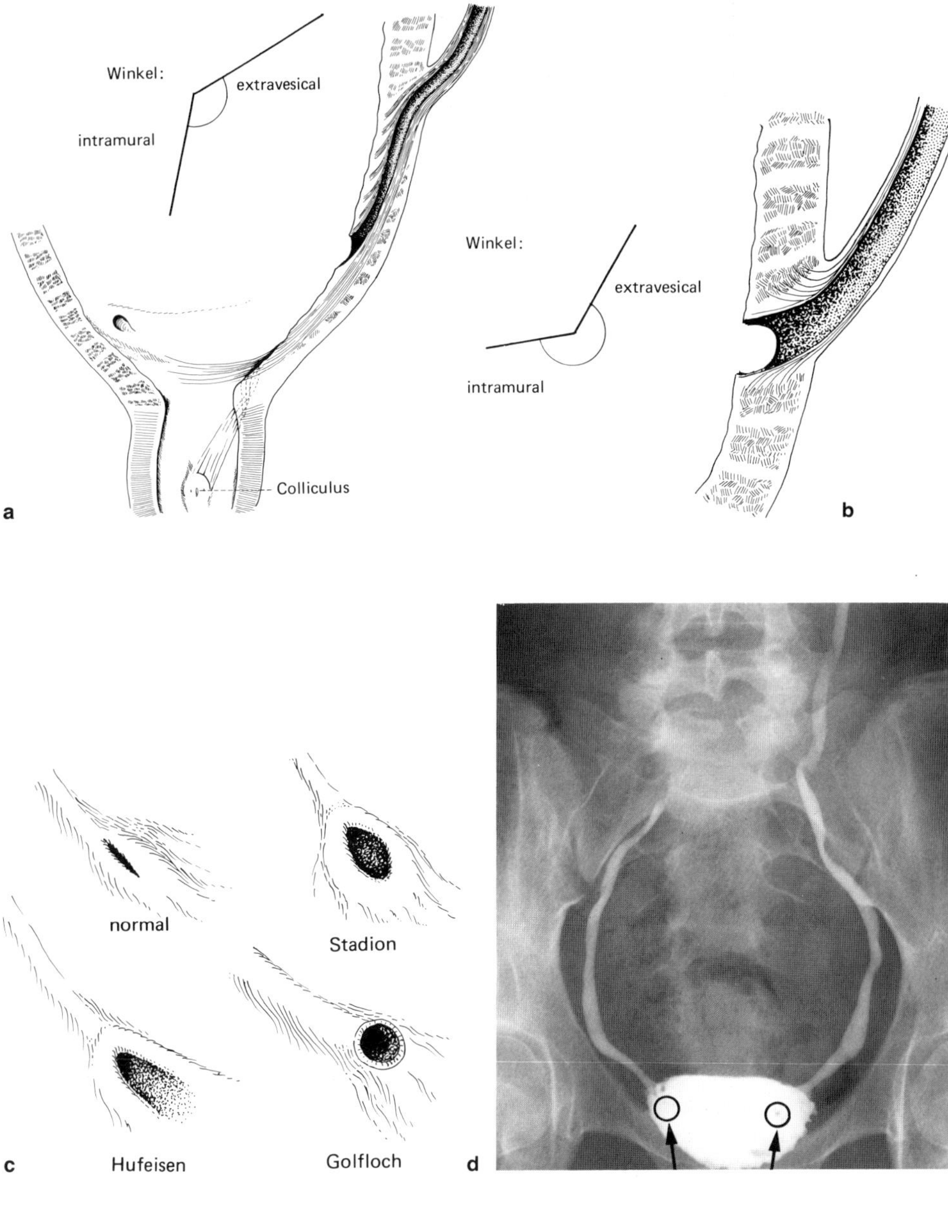

Abb. 12.13 a–d **a** Normale Einmündung eines Harnleiters in die Blase, wobei der extravesikale Winkel unter 180° liegt.

b Refluxives Golflochostium: extravesikaler Einfallswinkel zwischen intramuralem und extravesikalem Harnleitersegment über 180°.

c Ostienmorphologie: Spielarten der zystoskopischen Erscheinung der Harnleiterostien zwischen normal und dem sicher refluxiven Golflochostium. Die Zwischenformen sind refluxverdächtig.

d 18jährige Patientin mit Parkkulainen II-Reflux bei röntgenologisch sichtbaren Golflochostien (Pfeile).

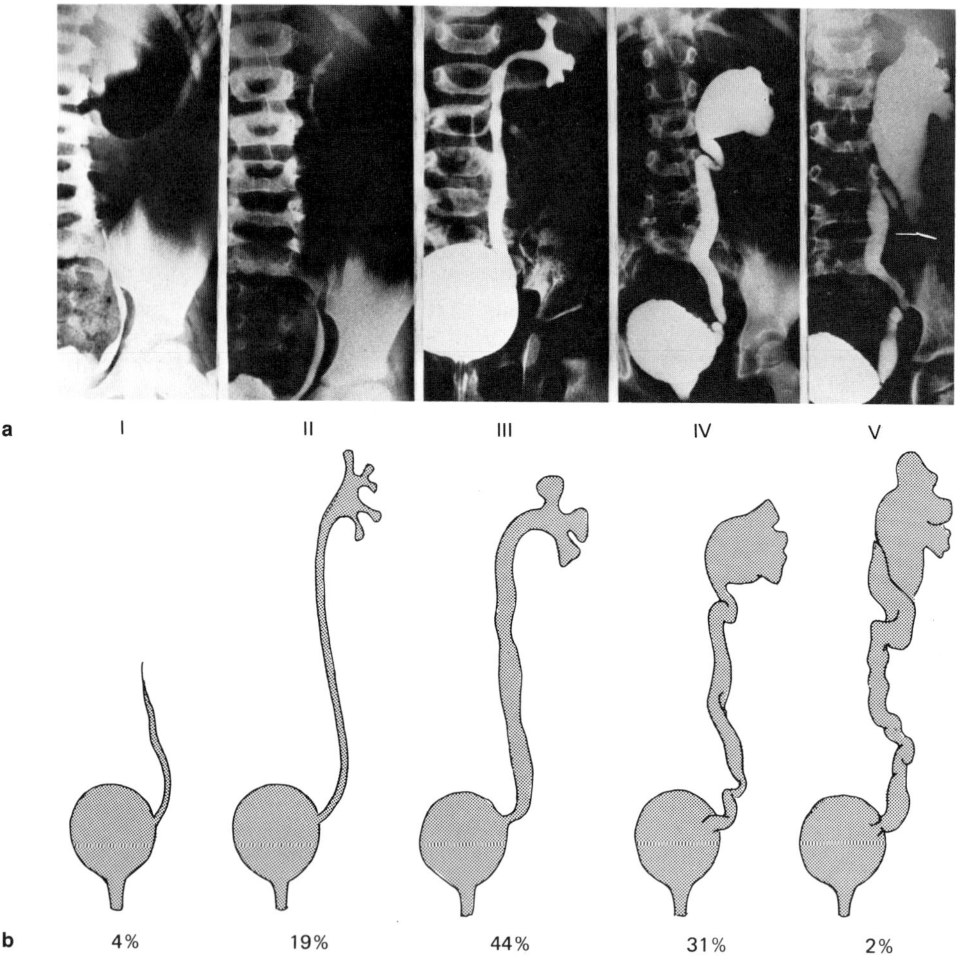

Abb. 12.14 a, b **a** Parkkulainen-Klassifikation des vesikoureteralen-renalen Refluxes von I–V. **b** Verteilung der verschiedenen Refluxgrade (Parkkulainen I–V) an der Urologischen Universitätsklinik Mainz an einem großen Patientenkollektiv.

Das Ausmaß des Refluxes kann mit Hilfe des Refluxzystogrammes in die 5 Stadien nach *Parkkulainen* eingeteilt werden (Abb. 12.14).

Behandlungskonzept

Nichtdilatierende Refluxe (Grad I und II) haben eine große Neigung, spontan im Verlauf des Wachstums des Kindes auszuheilen (Maturation). Bei dilatierenden Refluxen (Grad III–V) ist dies nur noch in etwa 30% der Fälle zu beobachten. Die Maturation des Refluxes ist zudem bei Kindern mit begleitenden Fehlbildungen (Ureterocele, Doppelanlage, Divertikel) selten, ebenso bei hochpathologischer Konfiguration des Ostiums wie Golfloch- oder stark lateralisierte Ostien, da hier ein submuköser Tunnel weitgehend fehlt (s. Abb. 12.13 c, d). Eine Maturation ist nach dem 6. Lebensjahr kaum noch zu erwarten.

Daraus resultiert, daß bis zum 6. Lebensjahr nicht dilatierende Refluxe ohne hochpathologische Ostien und ohne begleitende Fehlbildungen zunächst nicht operativ behandelt werden müssen.

Voraussetzung ist jedoch, daß drohenden fieberhaften Harnwegsinfekten erfolgreich vorgebeugt werden kann. Dies erfolgt durch eine mindestens zweijährige antibiotische Reinfektionsprophylaxe mit Nitrofurantoin oder Trimethoprim/Sulfoxazotol. Die Dosis beträgt 1/5 der üblichen therapeutischen Dosis.

Sind die Voraussetzungen für eine Maturation nicht gegeben, liegen begleitende Fehlbildungen vor, tritt ein fieberhafter Harnwegsinfekt unter Reinfektionsprophylaxe auf oder bildet sich der Reflux unter der Reinfektionsprophylaxe nicht zurück, ist die Indikation zur Operation zu stellen.

Erfolgt die Operation zu spät, d.h. treten wiederholt Pyelonephritiden auf, ist mit Langzeitschäden zu rechnen:

- Hypertonie: 25 %
- Niereninsuffizienz: 10 %
- Nephrektomie: 18 %
- vermehrte Eklampsierate in der Schwangerschaft (*Jacobsen* et al., 1989).

Somit sind hochgradige Refluxe Grad III–V, rezidivierende Harnwegsinfektionen und eine abnormale Blasenfunktion Faktoren, die die Narbenbildung in den Nieren verursachen.

Bei Vorliegen dieser Konstellation sollte die frühzeitige Antireflux-Operation durchgeführt werden (*Shimada*, 1988).

Kinder mit ausgeprägten pyelonephritischen Veränderungen mit Einschränkung der Nierenfunktion auf weniger als 1/3 Restfunktion sollten nicht operiert werden, falls sie asymptomatisch sind.

Zusätzliche Entscheidungshilfen bieten immunologische Untersuchungen wie z.B. das „antibody coating" von nephrogenen Bakterien mittels Immunfluoreszenz. Die mit Antikörper beladenen, von der Niere stammenden Bakterien sollen Indikator einer Pyelonephritis sein und somit die Differentialdiagnose zwischen banalem Harnwegsinfekt und Nierenparenchymbeteiligung erleichtern.

Antirefluxoperation

Das Prinzip der Antirefluxplastik beruht auf der Bildung bzw. Verlängerung des intramuralen Uretersegmentes. Das erste erfolgreiche Korrekturverfahren wurde von *Politano* und *Leadbetter* 1958 angegeben.

Grundsätzlich unterscheidet man zwischen dem extravesikalen Verfahren von *Lich-Grégoir*, bei dem unter Belassung des Originalostiums der intramurale Ureter freipräpariert wird. Anschließend wird der Ureter in eine völlig von Detrusormuskulatur freie Rinne direkt von außen auf die Blasenschleimhaut gelegt. Darüber wird die Muskulatur über dem Harnleiter durch Nähte verschlossen (Abb. 12.15).

Die vielfach modifizierten intravesikalen Verfahren streben die Neueinpflanzung des Harnleiters nach völliger Trennung des vesiko-ureteralen Übergangs unter Bildung eines submukösen Tunnels an (Länge des Tunnels = 4 x Breite des Harnleiters). Beispiele sind die Technik von *Politano* und *Leadbetter* sowie die Antirefluxplastik von *Cohen* (Abb. 12.16).

Die Technik nach *Cohen* scheint sich bei neurogenen Blasen zu bewähren; im übrigen sind Politano, Leadbetter oder Lich-Grégoir übliche Verfahren.

Beide zeigen mit über 90 % Erfolg hohe Effizienz. In neuerer Zeit wird versucht, durch eine transurethrale endoskopische Technik

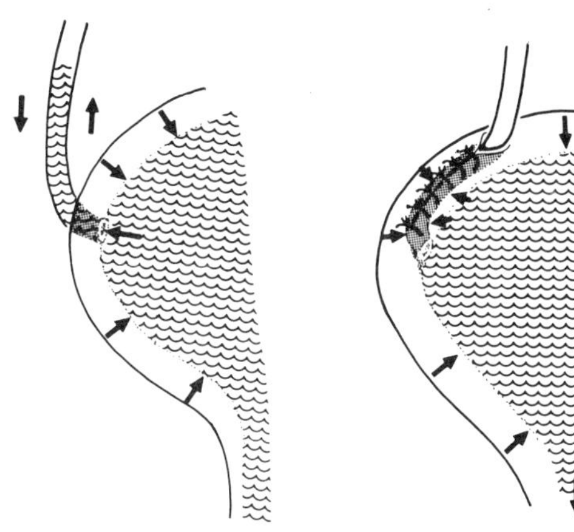

Abb. 12.15 Prinzip der extravesikalen Antirefluxtechnik nach *Grégoir:* Der refluxive Ureter mit dem Golflochostium und dem kurzen intramuralen Segment wird in eine von Muskulatur freipräparierte Rinne direkt über die Blasenschleimhaut gelegt und anschließend die Muskulatur über dem Harnleiter vereinigt, so daß durch den neu gebildeten Tunnel ein langes intramurales Segment entsteht.

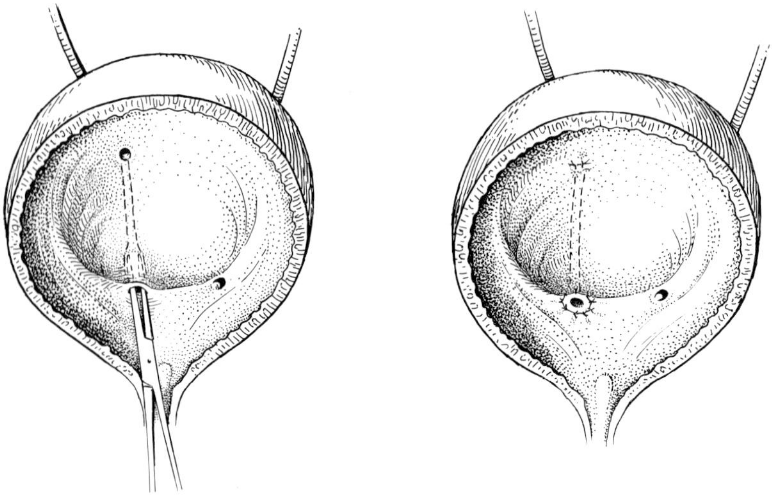

Abb. 12.16 Transvesikale Antirefluxoperation nach *Politano-Leadbetter:* Bildung eines submukösen Tunnels. Lösen des Harnleiters aus seiner Originalverankerung am Originalostium. Durchziehen des Harnleiters durch den vorgebildeten Tunnel, so daß das neue Ostium an orthotoper Stelle im Trigonum implantiert wird.

Tabelle 12.2 Therapiekonzept für den vesiko-renalen Reflux.

- Primäre Operationsindikation: Ureter duplex, Ureterozele, paraureterales Divertikel.
- Im übrigen ist die Initialbehandlung die Reinfektionsprophylaxe für mindestens 24 Monate bzw. bis zum 4. bis 6. Lebensjahr.
- Sekundäre Operationsindikation: Akute Pyelonephritis unter Reinfektionsprophylaxe.

Alter	Refluxgrad	Indikation zur operativen Behandlung
0–1 Jahr	I–III	Keine weitere Indikation über die in der Einleitung aufgeführten hinaus.
	IV–V	Hohe Ableitung bei progressiver Dilatation oder progressiver Niereninsuffizienz.
1–5 Jahre	I–III	Bei entsprechender Anamnese und in Abhängigkeit vom Miktionszysturethrogramm sollte eine abgestufte urodynamische Untersuchung durchgeführt werden. Bei maturierfähigen Ostien ist als Alternative zur Reinfektionsprophylaxe die subureterale Kollageninjektion zu diskutieren.
	IV–V	Zusätzlich zu den angegebenen Indikationen sollte die Antirefluxplastik bei lateralisierten Golflochostien frühzeitig durchgeführt werden.
>5 Jahre	I–III	Keine weitere Indikation über die in der Einleitung aufgeführten hinaus.
	IV–V	Siehe entsprechende Angaben im Alter zwischen 12 und 60 Monaten. Keine Operation bei Jungen mit asymptomischem Krankheitsverlauf.

den vesiko-ureteralen Reflux durch Injektion von z.B. Polytetrafluoroäthylen-(Teflon)Paste submukös in die Uretermündung zu behandeln, um dieselbe im Lumen zu verringern. Damit konnte in 87 % der Kinder der Reflux beseitigt werden, darüber hinaus in 76 % bei Kindern mit neurogener Blase (*Kaplan* et al., 1987, *O'Donnell* et al., 1988).

Eine antibiotische Nachbehandlung ist erforderlich, da nach heutiger Auffassung der Reflux nur als kofaktorieller Verursacher der chronischen Pyelonephritis angesehen wird (Tab. 12.2).

12.5 Ureterozele

(s.a. Kap. 5.2)

Zur allgemeinen Bedeutung der Ureterozele sei auf das Kapitel 5.2 hingewiesen.

Einfache, orthotope Ureterozelen (Abb. 12.17) findet man bei Kindern selten, was zu der Vermutung Anlaß gab, es könnte sich um eine erworbene Fehlbildung handeln. Am wahrscheinlichsten ist die teilweise Persistenz einer Membran, die entwicklungsgeschichtlich zunächst das Ureterlumen von dem der Blase trennt. Die transurethrale Schlitzung der Ureterozele ist wegen der Gefahr des iatrogenen Refluxes ein Behandlungsversuch. Therapie der Wahl ist die Ureterneueinpflanzung nach Exzision des unteren Uretersegmentes.

Häufiger findet man im Kindesalter die ektope Ureterozele, bevorzugt bei kleinen Mädchen (Knaben: Mädchen 1:6). Die zystische Aufblähung des distalen intramuralen Ureteranteiles kann zum Ausballonieren des gesamten Blasenlumens führen. Extremformen können als extraurethrale Prolapse imponieren. Ist das Ostium hierbei außerhalb des Sphinkters, so ist die Inkontinenz Leitsymptom. Die ektope Ureterozele unterscheidet sich vom ektopen Ureter durch intravesikale Ausbildung.

Das Ostium kann stenotisch oder refluxiv weit sein. In beiden Fällen finden sich an den oberen Harnwegen die typischen Erscheinungsformen der Druckerhöhung (Megaureter, Hydronephrose usw.). Die häufige Konstellation Doppelniere und Ureterozele (zugehörig zum oberen Nierenanteil) wird bei funktionslosem oberen Teil (DMSA!) durch Hemi-Nephroureterektomie behandelt.

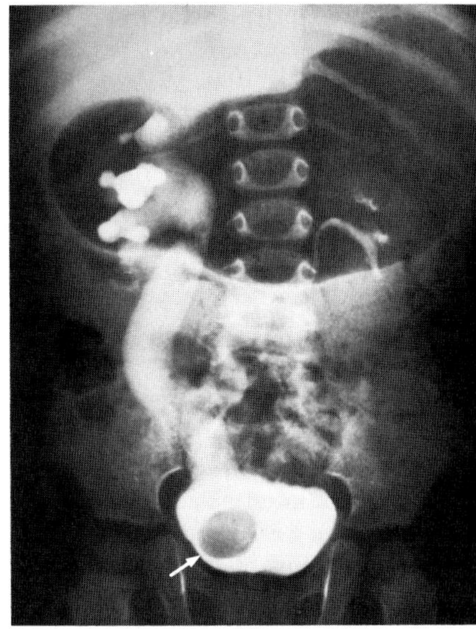

Abb. 12.17 Typische orthotope Ureterozele rechts (Pfeil) mit Megaureter und Ektasie des Nierenbeckenkelchsystems rechts (s. Abb. 5.24, S. 136).

12.6 Therapie von Abflußstörungen

Die Therapie der verschiedenen Abflußstörungen ergeben sich aus dem Text der im einzelnen besprochenen Erkrankungen.

12.7 Fehlbildungen von Blase und Urethra

12.7.1 Blasenekstrophie

(vgl. Kap. 5.3)

Wegen der äußerlich sichtbaren und ständig Uringeruch verbreitenden Fehlbildung stellt die Blasenekstrophie eine für das Kind und die

Umwelt schwere pflegerische und psychische Belastung dar.

Die Ekstrophie der Blase geht mit einem Defekt der mittleren kaudalen Bauchwand einher. Die Blase liegt am Unterbauch offen – eine urethrale „Tubulisation“ (Epispadie) hat nicht stattgefunden. Die Symphyse ist nicht geschlossen, in einigen Fällen kann zusätzlich eine vesiko-intestinale Fistel gefunden werden.

Die schwerste und seltenste Form des Ekstrophie-Epispadie-Komplexes ist die kloakale Ekstrophie mit einer Inzidenz von 1 in etwa 300000 Geburten. Das besondere der kloakalen Ekstrophie ist die Verbindung der Hemiblasen mit intestinalen Segmenten.

Die operative Rekonstruktion zeigt Überlebensraten von etwa 50 % mit steigender Tendenz bei dieser schwersten Fehlbildungsform (*Hurwitz*, 1987).

Klinik

Beim Knaben sind Prostata und Testes normal, wenn auch in 40 % ein Leistenhoden gefunden wird. Häufig findet sich ein Scrotum bifidum und ein total epispader kleiner Penis. Beim Mädchen geht die Blasenekstrophie mit einer gespalteten Klitoris – bei deutlicher vorderer Separation der Labia majora und minora – einher. Bei 2/3 der Patientinnen sieht man eine Vaginalstenose.

Therapie

Die Therapie des Kindes mit Blasenekstrophie läßt sich nicht schematisieren. Die Keratinisierung der offenen Urothelschicht beginnt bereits zwei Wochen nach der Geburt. Dadurch gelegentlich verursachte Harnstauungsnieren bedürfen primärer Versorgung.

Alle Patienten leiden unter dem unvollständigen Beckenringverschluß bei klaffender Symphyse und dadurch bedingter Rektusdiastase. Der erste Operationsschritt erfolgt in den ersten 2 Wochen des Lebens.

Die Harnleiter-Darm-Implantation mit Resektion der Blasenplatte im 2. Lebensjahr einerseits und die frühe Blasenaufbauplastik mit Rekonstruktion des Blasenhalses sind konkurrierende Verfahren.

Gleichzeitig wird versucht, die klaffende Symphyse durch Dauerzugnähte zu approximieren, teilweise unter Zuhilfenahme der bilateralen iliakalen Osteotomie. Dieser Teil der Operation ist der Grund des frühen Operationstermins, da zu diesem Zeitpunkt das Becken wegen der fehlenden Verknöcherung noch leicht verformbar ist.

Obwohl die höchste Kontinenzrate mit über 80 % mit der Technik der Harnleiter-Darm-Implantation erreicht wird, wird damit das Risiko der Nierenfunktionseinschränkung erhöht.

In 8 % der Kinder mit Blasenekstrophie entwickelte sich später ein Karzinom (*Mesrobian* et al., 1988), vor allem nach Harnleiterdarmimplantation.

12.7.2 Epispadie

Unter Epispadie versteht man den unvollständigen Verschluß der Urethralrinne. Beim Knaben liegt die Urethralrinne dorsal des Penis (Abb. 12.18). Der Penis ist charakteristischerweise kurz, bei klaffender Symphyse. Die Corpora cavernosa haben jedoch normale Größe. Das Corpus spongiosum urethrae fehlt. Das Präputium ist ventral im Überschuß vorhanden, dorsal findet sich eine Chorda, die zur Verkürzung des Penis führt. Die erektile Potenz ist oft ungestört. Verkrümmungen während der Erektion sind jedoch typisch.

Mädchen haben einen kurzen, weiten Urethralstreifen und eine Clitoris bifida. Epispadien als Einzelmißbildungen sind selten (1 : 10000; Knaben : Mädchen = 4 : 1). Beim Mädchen findet sich der komplette Typ (subsymphysär) mit Sphinkterbeteiligung und dadurch bedingter Streß- bzw. Totalinkontinenz in 90 %.

Therapie

Die operative Therapie sollte vor der Pubertät stattgefunden haben, wenn möglich im frühen Kindesalter. Verschiedene operative Techni-

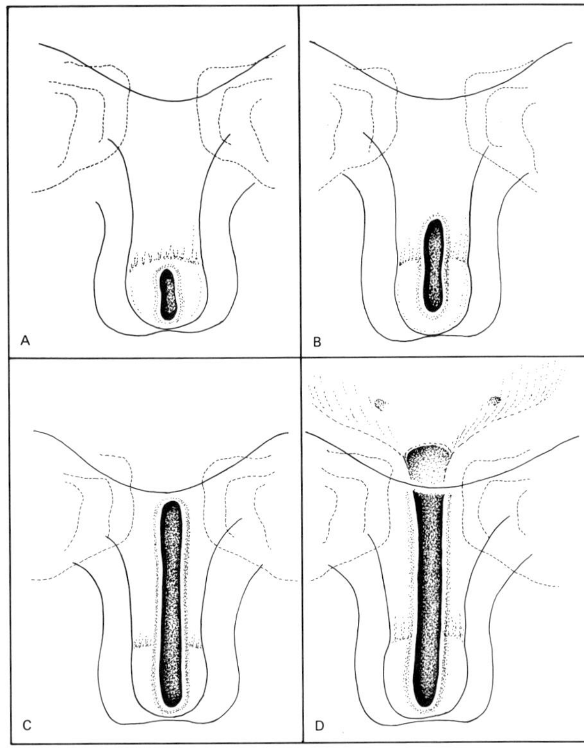

Abb. 12.18 Verschiedene Formen der männlichen Epispadie, wobei nur B, C und D behandlungsbedürftig sind.

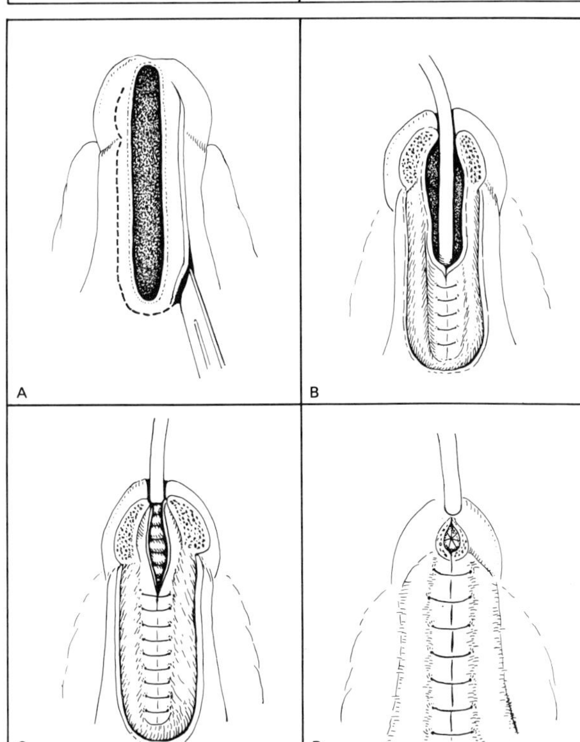

Abb. 12.19 Prinzip des Verschlusses einer offenen Harnröhre hier als Epispadiekorrektur. A: Umschneidung des Urethraldefektes zur Bildung von freien Hauträndern. B: Einlegen eines Urethralkatheters. C: Vereinigung der freien Hautränder über dem Katheter. D: Verschluß der Hautschichten.

ken versuchen in erster Linie den Verschluß der Harnröhre durch lateral gewonnene Hautlappen des Penisschaftes zu erreichen. Die Zirkumzision des reichlich vorhandenen Präputiums sollte erst nach erfolgreicher Korrektur durchgeführt werden, da Präputialhaut zur plastischen Deckung bei evtl. nötiger zweiter Sitzung gebraucht werden kann. Sollte eine chordabedingte Penisverkrümmung vorhanden sein, so muß zunächst die Chorda exzidiert werden, bevor die Urethralrekonstruktion angegangen werden darf (Abb. 12.19).

12.7.3 Urachusanomalien

Der Urachus ist ein dreischichtig aufgebauter tubulärer Gang, der zwischen Peritoneum und Fascia transversalis den Blasendom mit dem Nabel verbindet. Bleibt die Verödung des Lumens postnatal aus, so können neben der einfachen Persistenz des urachealen Ganges Urachuszysten, uracheale Sinus oder vesiko-uracheale Divertikel auftreten. Die sekundäre Infektion dieser abnormen Hohlräume führt meist erst zur Diagnose (Abb. 5.31, S. 35, S. 144).

Ein schleimbildendes Adenokarzinom am Blasendom oder im Ligamentum vesiko-umbilikale leitet sich fast immer von persistierenden Urachusresten ab.

12.7.4 Hypospadie

Die Inzidenz der Hypospadie liegt bei 0,5 %. Glücklicherweise sind die leichteren Formen dieser Fehlbildung (z.B. Hypospadia glandularis) die häufigsten.

Die Einteilung der Hypospadie wird von der Position des Meatus bestimmt (Abb. 12.20):

A glandulär
B koronar
C Penisschaftmitte
} vordere Hypospadie 75 %

D penoskrotal
E skrotal
F perineal
} hintere Hypospadie 25 %

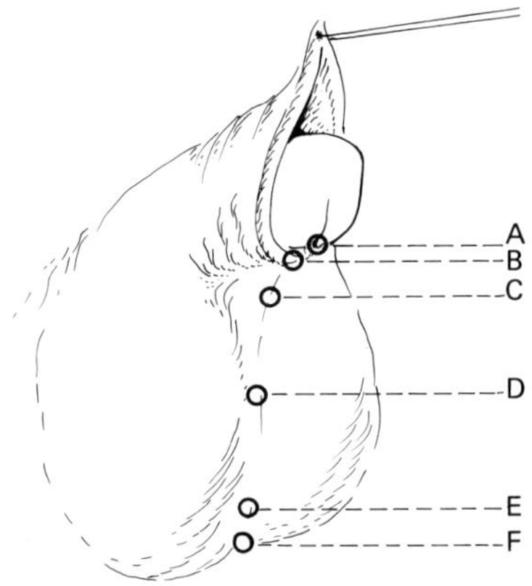

Abb. 12.20 Verschiedene Formen der Hypospadie, klassifiziert nach der anatomischen Mündung des Orificium urethrae.

Embryologie

Beim männlichen Fetus elongiert das Genitaltuberkel, um den Phallus zu bilden, umgeben von den Labio-Skrotalfalten; gleichzeitig schließt sich die Urethra in der Urethralrinne, während ein epitheliales Einwachsen an der

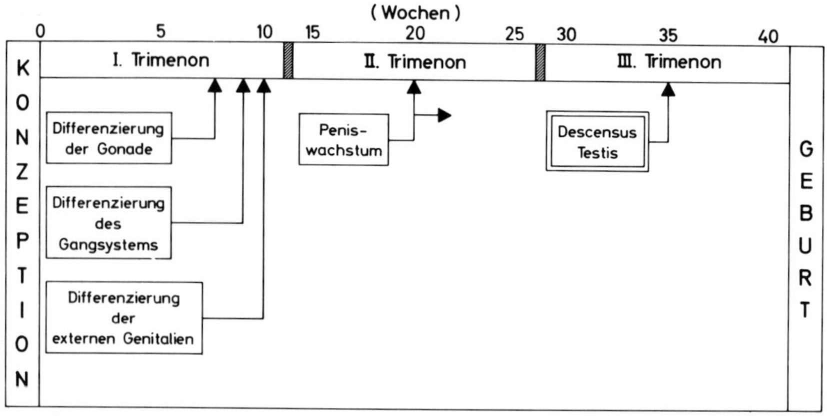

Abb. 12.21 Normaler zeitlicher Ablauf der Geschlechtsdifferenzierung.

Penisspitze die Urethra glandularis bildet. Die Nahtstelle der beiden „Röhren“ ist die Fossa navicularis (10.–12. Woche [Abb. 12.21]). Gelingt diese Fusion nicht, so arretiert der Meatus irgendwo auf der Strecke zwischen Perineum und Glans.

Ätiologisch werden genetische Disposition oder hormonelle Störungen, wie verfrühte oder zu kurze Testosteronausschüttung in der Embryonalentwicklung oder Nichtansprechen des Zielorgans (Phallus) auf hormonelle Wachstumsstimulation postuliert.

Schwere Formen der Hypospadie weisen assoziierte Fehlbildungen im Urogenitalbereich auf.

Fast alle Hypospadievarianten weisen eine ventrale Chorda auf, die aber nur in etwa der Hälfte zu funktionellen Störungen führt. Die Chorda, rudimentäre Stränge des Corpus spongiosum, führt zu teilweise grotesken Knickbildungen des Penis im Erektionszustand, ein Phänomen, das im Adoleszentenalter schwersten Leidensdruck erzeugen kann.

Therapie

Ein Penislängenwachstum kann durch Testosteronapplikation (systemisch oder lokal) provoziert werden, um bessere operative Bedingungen zu erreichen.

Die Operation der Hypospadie orientiert sich heute an folgenden Erfolgskriterien:

1. Qualität der Penisaufrichtung durch sorgfältige Exzision der Chorda und intraoperative Überprüfung der Begradigung (sog. artefizielle Erektion).
2. Meatus- und Urethralfunktion; der Neomeatus wird in Glansspitze gelegt.
3. Kosmetisch ansprechender Aspekt, um Nachteile für den heranwachsenden Knaben zu vermeiden.
4. Ausschlaggebend für die Wahl des Korrekturverfahrens sind geringe Komplikationsraten (Fisteln) und Vermeidung von Spätkurvaturen bei möglichst geringer Zahl von Operationsschritten (einaktige Korrekturen).

Bei mehr als 150 beschriebenen Operationsverfahren kann hier die Technik nur leitlinienartig wiedergegeben werden.

Prinzipien: Bei der koronaren Hypospadie wird gegenwärtig das MAGPI-Verfahren angewandt (Abb. 12.22a).

Bei der distal-penilen Hypospadie wird mittels Schwenklappentechnik (Penisschafthaut) der Harnröhrendefekt überbrückt.

Bei höhergradiger Hypospadie kann in einer Sitzung aus dem inneren Vorhautblatt eine neue Röhre ausgeschnitten werden. Das Rohr wird auf die Volarseite des Penis verlagert und durch Anastomose mit dem hypospaden Meatus entsteht die Neourethra (*Duckett* 1980; Abb. 12.22b).

Bei ausgeprägter Chorda oder erfolgloser Voroperation (Hypospadie-Krüppel; *Devine* und Mitarb. 1977) empfiehlt es sich, in einer 1. Sitzung zunächst den Penis aufzurichten und in einem 2. Operationsakt die Harnröhre neu zu bilden.

Zeitpunkt der Behandlung: Die Behandlung der Hypospadie soll bis zum Ende des 3. Lebensjahres abgeschlossen sein. Aus psychologischen Gründen wird die Zeit zwischen dem 2. und 18. Lebensmonat für operative Eingriffe als besonders geeignet betrachtet. Die Kinder werden in der Regel im Alter von 8 bis 18 Monaten behandelt. Die stationäre Aufnahme der Mutter ist selbstverständlich.

Hypospadie beim Mädchen

Beim Mädchen sind Hypospadien selten und verursachen selten urologische Symptome. Die Position des Meatus kann im Bereich des Hymenalringes oder in stärker ausgebildeten Fällen intravaginal liegen. In Extremfällen tritt Urininkontinenz auf.

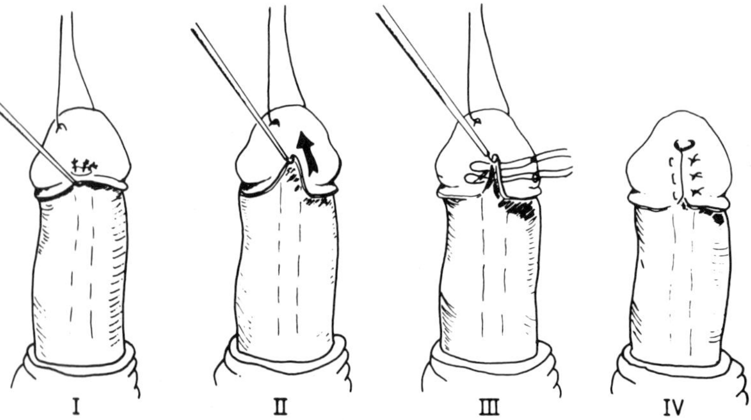

a

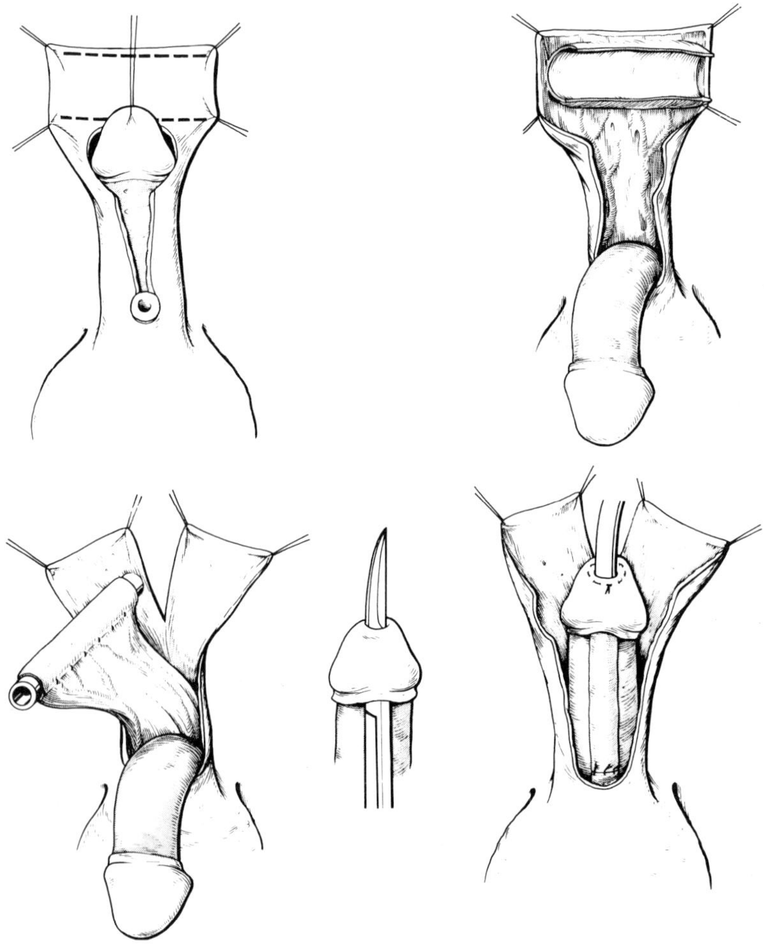

b

Abb. 12.22 a, b **a** MAGPI-Verfahren bei coronarer Hypospadie ohne Chorda und somit fehlender Penisverkrümmung.
b Einzeitige Hypospadiekorrektur durch quere Präputialinsellappentechnik nach *Duckett* bei peniler Hypospadie nach Chordaresektion zur Penisaufrichtung.

12.7.5 Urethralprolaps

Selten, wenn auch nicht ungewöhnlich, kann im Kindesalter beim Mädchen ein Urethralprolaps auftreten, der meist als vaginale Schmierblutung primär diagnostiziert wird. Die Ursachen sind unbekannt, differentialdiagnostisch muß an eine prolabierende Ureterozele oder an ein Sarcoma botryoides gedacht werden.

Die Therapie der Wahl ist die scharfe Exzision der überschießenden Mukosa und Einlegen eines Urethralkatheters für 24 Stunden.

12.7.6 Urethraldopplungen

Die doppelte Urethra verursacht außer einer möglichen Inkontinenz selten urologische Symptome.

Die meisten urethralen Duplikationen des Knaben sind nicht behandlungsbedürftig. Die komplette Duplikation mit totaler Inkontinenz bedarf der Exzision des Urethralkanals in kombinierter peniler und retropubischer Sitzung.

12.7.7 Urethrale Agenesie und Atresie

Diese seltenen Mißbildungen sind, wenn keine andere Abflußmöglichkeit, z.B. ein offener Urachus, besteht, mit dem Leben nicht vereinbar. Ebenfalls in seltenen Fällen kann die Urindrainage durch eine urethrorektale Fistel gewährleistet sein.

12.7.8 Urethraldivertikel

Kongenitale Urethraldivertikel sind seltene Mißbildungen (Abb. 12.23). Häufig werden sie erst als Zufallsbefund diagnostiziert, eine Abgrenzung zwischen einer vorderen urethralen Klappe ist manchmal schwierig. Rezidivierende Harnwegsinfekte geben in einigen Fällen Anlaß zu einer offenen Resektion bei großen Hohlräumen oder zu transurethraler breiter Eröffnung mit sicherer Kommunikation zur Urethra, um Urinstasen zu verhindern und Ausspülung während der Miktion zu gewährleisten.

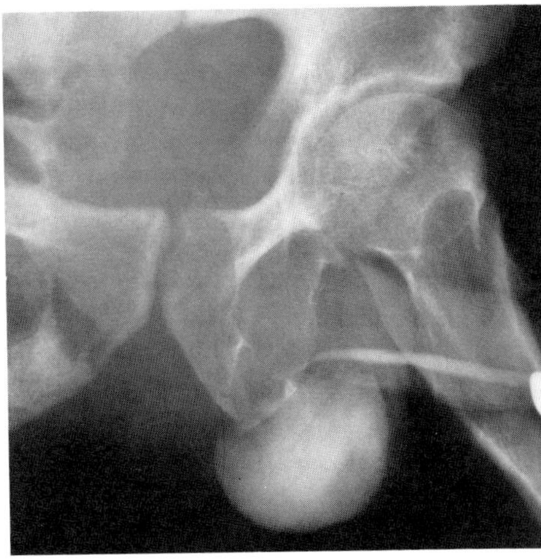

Abb. 12.23 Großes Harnröhrendivertikel im retrograden Urethrogramm. Am rechten Bildrand ist die Spitze der Penisklemme im Bereich der Kranzfurche sichtbar.

12.8 Störung der Sexualdifferenzierung (Intersex)

Die Ausbildung männlicher Geschlechtsmerkmale ist an das Vorhandensein fetalen Hodengewebes gebunden. Die Ausbildung des weiblichen Genitales ist Ovar-unabhängig. Daraus leitet sich der Schluß ab, daß fetale Hoden die Feminisation blockieren und die Maskulinisation induzieren.

Bei XY-Chromosomenkonstellation beginnt die testikuläre Entwicklung um die 7. Lebenswoche (s. Abb. 12.21, S. 344). Zwei differenzierbare Hormontypen, der „Müller-Gang-Regressionsfaktor“ und die androgenen Steroide führen zur Entwicklungshemmung des Müllerschen Ganges und zur Weiterentwicklung des Wolffschen Ganges.

Durch verschiedene Defektmöglichkeiten in der Hormonsynthese oder ihrer Zielstrukturen ergeben sich eine weite Reihe unterschiedlicher Fehlbildungen (Tab. 12.3).

Jenseits des typischen Genitalaspekts im Sinne der Zwittrigkeit sollte auch bei der Konstellation *Hodenretention* und *Hypospadie* an das Vorliegen einer Intersexualität gedacht werden. Eine Orientierungshilfe zum Nach-

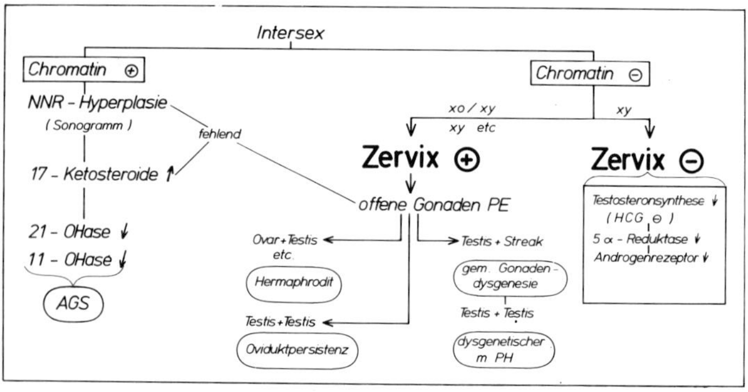

Abb. 12.24 Praktisches Vorgehen zur Abklärung bei Verdacht auf Intersexualität (NNR = Nebennierenrinde. OHase = Hydroxylase; *Altwein* et al., 1983).

weis oder Ausschluß eines Intersex bietet das folgende Abklärungsprogramm (Abb. 12.24). An dessen Anfang steht der Nachweis des *Epstein-Barr*-Körperchens im Wangenschleimhaut-Abstrich.

Hermaphroditismus verus (echter Zwitter)

Der echte Hermaphrodit besitzt sowohl testikuläres als auch ovarielles Gewebe. In etwa einem Drittel befindet sich das Ovar auf der linken Körperhälfte und der Hoden ist rechts (lateraler Typus). Der bilaterale Typ ist seltener und geht oft mit Gewebsverschmelzung – Ovotestes – einher. In über der Hälfte der Fälle ist Hoden- und Ovargewebe gemeinsam unilateral angelegt, mit fakultativer Ausbildung auf der Gegenseite. Die Differenzierung der äußeren Geschlechtsmerkmale vermag alle Stadien zwischen männlich und weiblich anzunehmen (Abb. 12.25).

Tabelle 12.3 Störungen der Sexualdifferenzierung.

Kategorie	Diagnose	Karyotyp	Gonade	Pubertät
● Genetisch	echter Zwitter	XX oder Mosaik	Ovar und Testis	maskulin Gynäkomastie
	Klinefelter Syndrom	XXY	Testes	maskulin/ eunuchoid
	gemischte Gonadendysgenesie	XO/XY	Testis und dysplastische Gonade	maskulin
● Gonadal	Anorchie	XY	fehlt	eunuchoid
● Phänotypisch	AGS (= weibl. PH)	XX	Ovar	weiblich (durch Therapie)
	männl. PH			
	– Oviduktpersistenz	XY	Testis	maskulin
	– Androgensynthesestörung	XY	Testis	eunuchoid
	– Androgenresistenz			
	1. testikuläre Feminisierung	XY	Testis	weiblich
	2. familiärer inkompl. männl. PH Typ I/II	XY	Testis	eunuchoid

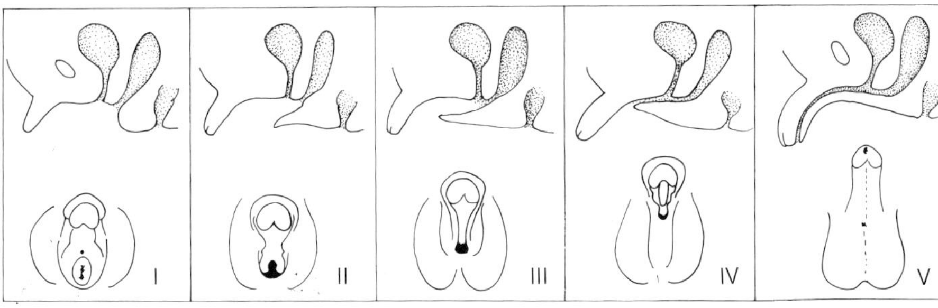

Abb. 12.25 Einteilung der intersexuellen Genitalentwicklung nach *Prader*.

Urologisch findet sich in 50–85 % eine Nierenmißbildung, meistens harmlose Rotationsanomalien, Hufeisennieren, Doppelanlagen, subpelvine Stenosen, Nierenzysten oder Agenesie werden im Zusammenhang mit dem Turner-Syndrom berichtet. Umgekehrt muß bei jeder der oben genannten Nierenanomalien, die dem Urologen zur Abklärung geschickt werden, beim Mädchen an das Turner-Syndrom gedacht werden.

Klinefelter-Syndrom

Eine häufige Form der männlichen Infertilität, verbunden mit Hypogenitalismus, oft mit leichter mentaler Retardierung, ist das Klinefelter-Syndrom.

Symptome

Aspermie, kleine Hoden, Gynäkomastie, eunuchoider Hochwuchs und erhöhte Gonadotropine im Urin sind pathognomonisch.

Die Hodenbiopsie zeigt die beweisende Hyalinisierung der Tubuli seminiferi. Die klassische Chromosomenanalyse ergibt XXY; aber auch XX/YY-Konstellationen weisen die gleiche Symptomatik auf. Wegen der Größe des Phallus wird die überwiegende Mehrzahl der Kinder als Knaben erzogen.

Die XXXXY-Variante zeichnet sich neben der stärker ausgeprägten mentalen Retardierung durch mehr oder weniger große mißgebildete Ohren, Kurzhals, Hypertelorismus, Strabismus, Myopie und mandibuläre Prognathie aus. Urologischerseits imponiert die genitale Hypoplasie.

Gewöhnlich zeigen diese Kinder eine Hypospadie mit unterschiedlicher labioskrotaler Fusionsstörung. Häufig trifft man auf Kryptorchismus oder Leistenhernie, in denen das Ovar, die gemischten Gonaden oder auch der Uterus liegen können. Die Differenzierung der inneren Gonaden korreliert gewöhnlich mit dem äußeren Erscheinungsbild. Die chromosomale Analyse ist undefiniert und erleichtert nicht die pathogenetische Erklärung, warum zum Beispiel trotz Fehlen eines Y-Chromosomen Testes gefunden werden.

Adrenogenitales Syndrom (AGS, weiblicher Pseudohermaphroditismus)

(s.a. S. 294)

Äußeres Kennzeichen des weiblichen Individuums ist die Vermännlichung des äußeren Genitale (Abb. 12.26). Die Diagnose ist beim

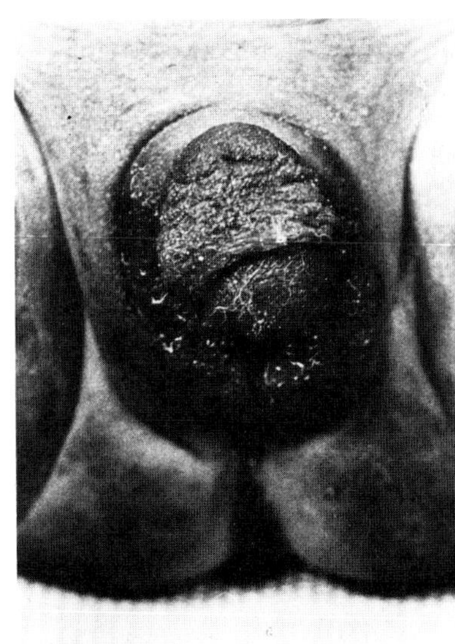

Abb. 12.26 Prader IV–AGS (Neugeborenes mit dem charakteristischen ambisexuellen Genitale).

Neugeborenen mit einem ambisexuellen Genitale durch sonographischen Nachweis der vergrößerten Nebennieren zu vermuten.

Männlicher Pseudohermaphroditismus

Unter dem männlichen Pseudohermaphroditismus versteht man eine mangelhafte Virilisierung des männlichen Individuums. Diese Gruppe von Patienten ist genetisch und gonadal männlich.

Testikuläre Feminisierung

Man versteht unter diesem Begriff eukaryote XY-Männer mit weiblichem Genital-Phänotyp. Die Vagina ist ein blinder Sack; der Uterus und die Ovarien fehlen. Die Hoden sind intraabdominal. In der Pubertät setzt eine Gynäkomastie ein: alle sekundären Geschlechtsmerkmale und der Habitus sind weiblich. Diese Kinder werden von ihren Eltern als Mädchen erzogen und von der Umwelt als solche akzeptiert. Die Unfähigkeit, Gewebsandrogenrezeptoren auszubilden, verursacht diesen Pseudohermaphroditismus. Therapeutisch soll nach der Pubertät die Kastration der Leistenhoden — wegen des erhöhten Risikos der malignen Entartung — mit anschließender Östrogensubstitution vorgeschlagen werden.

Die Anlage zur testikulären Feminisierung wird bei der Frau als Konduktor mit 50 % phänotypischer Ausbildung beim Mann vererbt (X-chromosomal-rezessiv). Die leichtesten Formen des männlichen Pseudohermaphroditismus, bedingt durch inkomplette testikuläre Feminisierung, bieten außer der Sterilität nur eine Gynäkomastie (Differentialdiagnose: Leydigzelltumor, Choriokarzinom) (vgl. Abb. 7.26, S. 211).

Alle anderen Ursachen eines männlichen Pseudohermaphroditismus sind sehr selten.

12.9 Phimose

Normalerweise läßt sich die Vorhaut nach der Geburt nicht über die Glans zurückstreifen. Erst gegen Ende des zweiten Lebensjahres sollte die Präputialverklebung bei Persistenz gelöst werden, da es sonst zu Smegmaretentionssteinchen und Balano-Posthitis kommen kann.

Wird die Präputialretraktion forciert, so kann es neben Rhagaden und Fissuren mit konsekutiver narbiger Phimose auch zum akuten Präputialverhalt proximal des Sulcus coronarius kommen — der *Paraphimose*. In fast allen Fällen läßt sich die sehr schmerzhafte Paraphimose durch geduldiges Manöver reponieren. In resistenten Fällen muß inzidiert werden (s. Abb. 15.12, S. 412).

Die Verengung der Vorhaut nach dem ersten Lebensjahr, die sich durch Ballonierung während der Miktion auszeichnet, bedarf der Zirkumzision (Beschneidung).

Die rituelle Beschneidung oder die gewünschte prophyhlaktische Beschneidung wird während der ersten Lebenstage durchgeführt. Die Entfernung der Vorhaut verhindert die spätere Entstehung von Peniskrebs und bei dem späteren Geschlechtspartner wird angeblich die Inzidenz des Gebärmutterhalskarzinoms reduziert.

12.10 Lageanomalien des Hodens

Lageanomalien des Hodens werden als Kryptorchismus („versteckter“ Hoden) bezeichnet. Nach Topographie und Genese wird unterschieden:

- die Hodenretention (Retentio testis inguinalis, abdominalis, Abb. 12.27), bei der der Hoden auf seiner regulären Wanderung in das Skrotum meist im Bereiche des Leistenkanals stecken bleibt,
- *Ektopie des Hodens* (Ectopia inguinalis, perinealis, cruralis sive pubica), bei der der Hoden auf seiner Wanderung nicht dem Gubernaculum testis in das Skrotum folgt, sondern an eine falsche Stelle deszendiert.

Die leichteste Form der Lageanomalie stellt der *Pendelhoden* dar. Zeitweise wird eine orthotope Hodenlokalisation beobachtet. Der

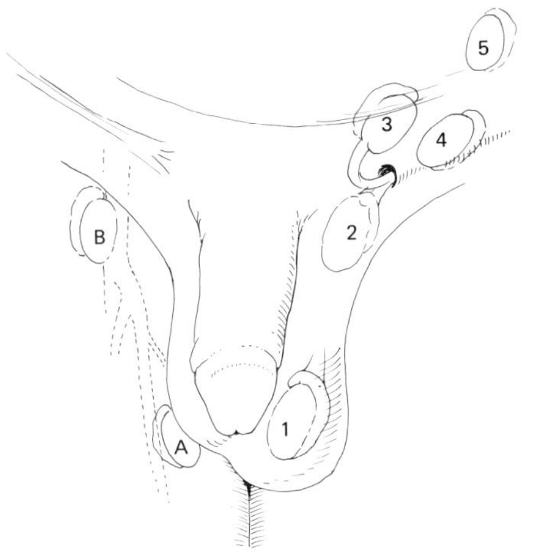

Abb. 12.27 Lageanomalien des Hodens: 1 orthotop, 2 präinguinal, 3 präinguinal nach kranial umgeschlagen, 4 im Inguinalkanal, 5 retroperitoneal evtl. abdominal. A und B ektop femoral.

Hoden weist bei nicht obliteriertem Processus vaginalis peritonei eine gesteigerte Beweglichkeit auf oder wird durch den überaktiven Musculus cremaster alternierend in eine dystope Lage gezogen. Er ist nicht behandlungsbedürftig.

Tabelle 12.4 Infertilität und Operationsalter beim unilateralen Maldeszensus (n = 71; *Ludwig* et al., 1975).

Op.-Alter (Jahre)	Infertilität (%)
1. und 2.	12,5
3. und 4.	42,9
5.– 8.	61,5
9.–12.	75
über 13.	85,7

In zahlreichen Untersuchungen wurde deutlich, daß ganz offenkundig das *2. Lebensjahr als Scheidepunkt* für eine normale bzw. eingeschränkte oder fehlende Funktion des dystopen Hodens angesehen werden muß.

Histologische Untersuchungen und Fertilitätsprüfungen machten deutlich, daß die sekundären Veränderungen des dystopen Hodens schon im 2. Lebensjahr ausgeprägt werden (Tab. 12.4).

Bestimmt man die Spermatogonienzahl in den Samenkanälchen, dann zeigt sich, daß im 2. Lebensjahr die Schere zwischen dem normal funktionierenden orthotopen Hoden und seinem dystopen Partner klafft (Abb. 12.28). Beginnend mit dem 2. Lebensjahr findet man bereits bei 22% der dystopen

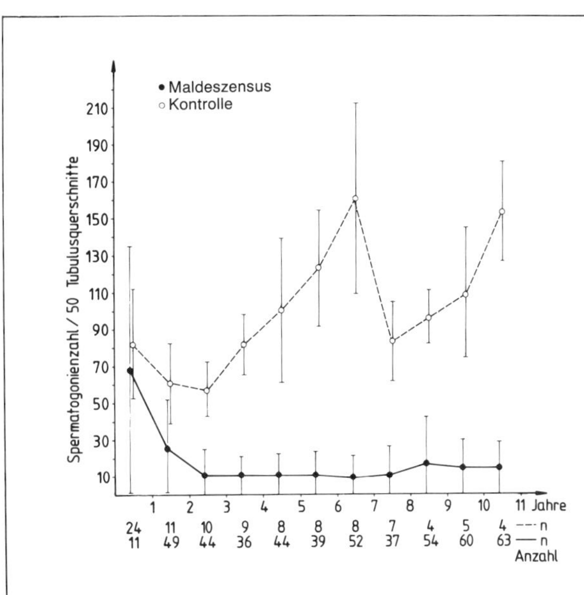

Abb. 12.28 Spermatogonienzahl / 50 Tubulusquerschnitte (nach *Hedinger*, 1979).

Hoden überhaupt keine Spermatogonien mehr.

Wird die Volumendichte für die Bewertung der Funktionstüchtigkeit der Tubuli seminiferi zugrunde gelegt, dann fällt die Volumendichte der Spermatogonien in dem 6. Lebensjahr auf 40 % der orthotopen Kontrollhoden. Jenseits der quantitativen Veränderungen der Spermatogonien sind die verbleibenden häufig geschädigt; es werden Doppelkernigkeit oder eine verschobene Kern-Plasma-Relation beobachtet. Begleitend mit einem Sistieren des Samenkanälchen-Wachstums fibrosiert das peritubuläre Bindegewebe – wohl infolge des Gonadotropin-Mangels. Die Leydig-Zellen atrophieren nach dem 2. Lebensjahr zunehmend, so daß die HCG-Stimulierbarkeit nach dieser Zeit zurückgeht.

Der Krankheitswert der Hodendystopie geht aus den zahlreichen Komplikationsmöglichkeiten hervor. Die *Fertilitätserwartung* wird durch eine häufige Mitschädigung des orthotopen Hodens bei unilateraler Retention gesenkt. Verantwortlich für diese negative Entwicklung ist die hohe Umgebungstemperatur des retinierten Hodens. Vereinbar mit dieser Auffassung ist die Beobachtung, daß in 91 % der Bauchhoden Keimzellen fehlen, beim Leistenhoden sinkt die Zahl auf 41 % und bei präskrotaler Dystopie auf 20 %.

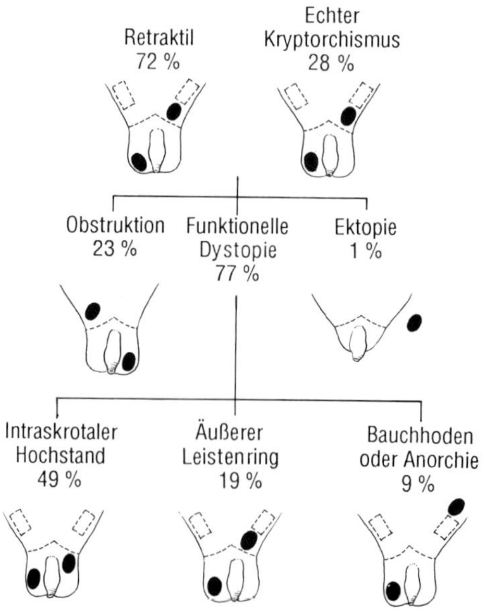

Abb. 12.29 Kryptorchismus-Arten (nach *Lipschultz*, 1976).

Jenseits des Therapiezeitpunktes sind eine pathologisch-anatomische Klassifikation der Maldeszensus-Arten (Abb. 12.29) und eine korrekte Therapiewahl sinnvoll; denn beispielsweise sollte der ektope Hoden stets operativ korrigiert werden, da ein Ansprechen einer Hormontherapie aus mechanischen Gründen nicht möglich ist.

Die Diagnostik bereitet in der Regel wenig Probleme, da bei der Inspektion ein hypoplastisches Skrotum auf einen Maldeszensus hinweist. Lediglich der retraktile Hoden kann Schwierigkeiten bereiten. Es hat sich bewährt, den Testikel kaudal zu ziehen und den Abstand zur Symphysenoberkante zu messen. Der echte Pendelhoden kann 8 cm kaudalwärts verlagert werden. Behandlungsbedürftigkeit ist gegeben, wenn beim Neugeborenen der Hoden auf Zug nur 2,5 cm, beim Säugling 4 und beim Schulkind 6 cm tiefer tritt (Gleithoden).

Besonderes Interesse verdient bei nicht tastbarem Hoden die Laparoskopie. Eine Biopsie ist ebenfalls möglich.

Bei Knaben mit kongenitaler Hodendystopie ist gehäuft mit weiteren Anomalien zu rechnen, von denen Harnwege und Genitale besonders betroffen sind. Im Vordergrund steht ein *offener Processus vaginalis* bei etwa jedem 2. retinierten Hoden. Fehlbildungen der Niere wurden in 3–17 % festgestellt. Aus diesen Gründen ist eine Ultraschallabklärung des oberen Harntraktes zweckmäßig. Schließlich werden noch Fehlbildungen der externen Genitalien in 8 % der Patienten mit dystopen Testes beobachtet.

Bei 36 % der dystopen Hoden muß mit Nebenhodenanomalien gerechnet werden. Am häufigsten ist die Elongation des Nebenhodens. Diese ist verantwortlich für die Fehldiagnose blind endender Samenleiter ohne Nachweis von testikulärem Gewebe. Eine Dia-

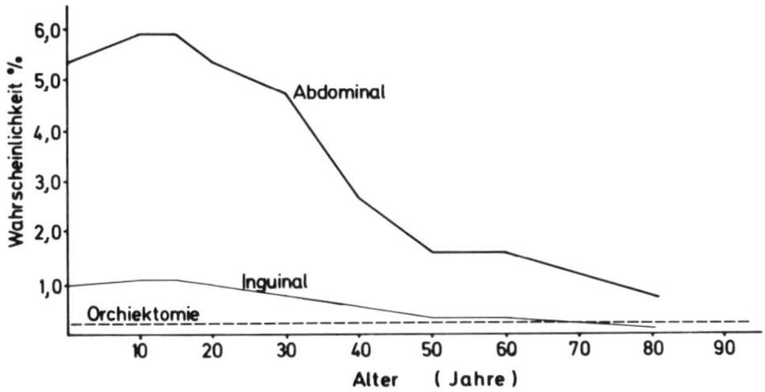

Abb. 12.30 Mortalitätsrisiko beim Tumor im retinierten Hoden (nach *Martin* et al., 1975).

gnose sollte durch adäquate Präparation – dem Ductus deferens folgend – angestrebt werden.

Ein praktisch wichtiger Diskussionspunkt ist die Beziehung zwischen Kryptorchismus und *Hodentumorentwicklung* (Abb. 12.30). Etwa 10% aller Hodentumoren entstehen in einem dystopen Hoden. Im Vergleich zum orthotopen Hoden ist das Risiko, tumorös zu entarten, etwa 5 mal größer (*Giwercman* et al., 1987). Besonders gefährdet sind Individuen mit einer abdominalen Hodenretention, wobei der Gefährdungsfaktor nochmals um das 4fache größer wird. Entscheidende Voraussetzung für die maligne Entartung des dystopen Hoden ist die Atrophie, besonders bei zu später Orchidopexie. Nach dem 12. Lebensjahr vermindert die Deszensusoperation nicht mehr das Tumorgenese-Risiko für seinen Träger.

Therapie

Neuere diagnostische Methoden zur Lokalisation des nicht palpablen Hodens sind die Sonographie, aber auch die Laparoskopie zur Identifikation des Ductus deferens oder der Vasa spermatica bei primär nicht lokalisierbarem Hoden (*Weiss* et al., 1987).

Das Ziel der Behandlung ist die spannungsfreie Verlagerung des Hodens in das Skrotum mit einem günstigen funktionellen und kosmetischen Ergebnis. Nicht regulär deszendierte Hoden werden im Alter zwischen *3 Monaten und 2 Jahren* behandelt. Es kommen konservative und operative Behandlungsverfahren zur Anwendung, die sich gegenseitig ergänzen. In der Regel wird mit der Hormon-Behandlung begonnen. Diese ist lediglich bei der Hodenektopie, der Begleithernie oder nach Herniotomie sowie Hodendystopie, die erstmals während der Pubertät behandelt wird, nicht indiziert.

In der Regel folgt die Orchidopexie der Hormontherapie nach (Tab. 12.5 und Tab. 12.6).

Die Sorgfalt, mit der eine Funikolyse und Orchidopexie vorgenommen werden müssen, ergibt sich aus der Beobachtung, daß bei 28% der orchidopexierten Knaben eine Hodenatrophie beobachtet wurde (*Altwein* et al., 1984).

Für die eigentliche intraskrotale Pexie werden verschiedene Techniken angegeben, die im Vergleich zu einer sorgfältigen Funikulolyse nur geringe Bedeutung haben. Jede Restspannung führt entweder zum Rezidiv oder mit hoher Wahrscheinlichkeit zur Hodenatrophie.

Tabelle 12.5 Kombinierte konservative Behandlung mit LH-RH (Kryptocur®) und HCG (Primogonyl®).

1. LH-RH 3 x 400 μg
   Aufteilung der Einzeldosis auf 2 x 200 μg
2. Bei nicht ausreichendem Therapieerfolg
   3 x 1500 E HCG im Abstand von 10 Tagen

Tabelle 12.6 Orchidopexie – Indikation und Kontraindikation.

1. **Indikation**	Bilateraler Maldeszensus vor der Pubertät (Versagen der Hormontherapie) Unilateraler, tastbarer dystoper Hoden vor der Pubertät (Versagen der Hormontherapie)
2. **Fragwürdige Indikation**	Nicht tastbare Kanalhoden vor der Pubertät Retraktile Hoden um die Pubertät (Hormontherapie vorausgegangen) Bilateraler Maldeszensus um die Pubertät
3. **Kontraindikation**	Geistige Retardierung Intersex Fehlende Ejakulation

Beabsichtigt man beim Bauchhoden die mikrochirurgische Autotransplantation des Testis, dann sollte das Verfahren zuvor erlernt worden sein.

Ein Blick auf die Spätergebnisse macht deutlich, daß selbst bei unilateraler Orchidopexie nur in 35 % ein gutes spermiographisches Ergebnis erzielt wurde. Nach bilateraler Orchidopexie wurde nur noch bei 10 % der Patienten ein gutes Spermiogramm beobachtet. Dem stehen im Schrifttum Fertilitätsraten von 0 bis 75 % gegenüber.

Schlußfolgerung

1. Bei jedem neugeborenen Knaben sollte sorgfältig auf einen Kryptorchismus geachtet werden. Bei fraglicher Hodendystopie ist der Plasmatestosteronspiegel zwischen dem 2. und 6. Lebensmonat zu bestimmen. Nach einem Alter von 10 Monaten sollte sich eine GnRH-Behandlung in einer Dosis von 3 x 400 μg als Nasenspray über 4 Wochen anschließen (Kryptocur®). Bei einem Mißerfolg werden die Testes mit einer Wochendosis von 1500 E HCG über 3 Wochen stimuliert.

2. Bei der Ektopie und einer begleitenden Hernie oder Hodendystopie in der Pubertät sollte primär eine Orchidopexie vorgenommen werden. Die sekundäre Orchidopexie schließt sich beim Versagen der Hormontherapie an. Die Behandlung sollte im zweiten Lebensjahr abgeschlossen sein.

12.11 Enuresis

Enuresis (nocturna oder diurna [*Einnässen*]), stellt den Fortbestand oder das Wiederauftreten eines kindlichen Verhaltens der Blase ab dem 4. Lebensjahr dar. Wahrscheinlich handelt es sich um eine mangelhafte oder verspätete Reifung der neuromuskulären Blasenelemente, ohne daß physische Abnormalität am Harntrakt oder ein pathologischer Harnbefund gefunden werden kann (Abb. 12.31). Diese Beschreibung grenzt die *Enuresis* von der neurogenen *Blasenentleerungsstörung* sowie von der *symptomatischen Inkontinenz* bei infravesikalen Veränderungen ab.

Die Enuresis kommt in 30 % bei Kindern bis zu 5 Jahren gelegentlich vor (Abb. 12.32). In der Hälfte der Fälle besteht eine Familienanamnese. Das Einnässen tritt einerseits in Familien mit unterdurchschnittlicher sozialer Stellung und Fürsorge für die Kinder und in großen Kinderheimen auf, andererseits auch in Familien mit überbeschützten Kindern. Häufig zeigen die Kinder selbst emotionelle Störungen mit Verängstigung, Nervosität, Ablehnung und Trotz. Seltener liegen Verhaltensstörungen oder psychopathische Persönlichkeiten vor.

Die unterschiedlichen *Behandlungsmöglichkeiten* sind in ihren Ergebnissen weitgehend von der Sorgfalt der Zuwendung und dem Zeitaufwand abhängig. Das *Zeittraining* beinhaltet das regelmäßige Miktionieren nach der Uhr während des Tages, bei dem mit den Jahren die Miktionsintervalle verlängert werden

Alter	Geburt – 6 Monate	6 – 12 Monate	12 – 24 Monate	48 Monate
Miktions-frequenz	20	20	15	11
Miktions-volumen	27 ml	30 ml	60 ml	80 ml
Miktion	unbewußt, ungehemmt, häufig	unbewußt gehemmt, weniger häufig	Empfindung, unbewußt gehemmt, weniger häufig	Empfindung, unbewußt und willentlich gehemmt, normale Frequenz, direkt willkürlich stimulierbar

Abb. 12.31 Miktionsreifung während der ersten 5 Lebensjahre (nach *Yeates*, 1973 und *Goellner* et al., 1981).

können. Nächtliches Wecken zur Miktion soll nicht häufiger als einmal pro Nacht durchgeführt werden. Bei Enuresis diurna können Parasymatholytika (Dridase®, Vagantin®) zur Dämpfung des überaktiven Detrusors eingesetzt werden. Dies führt zu Steigerung der Blasenkapazität. Daneben besitzt Dridase eine antidiuretische Wirkung. Als eigentliches Antidiuretikum (ADH) wirkt Minurin, das bei Einsatz über 3 Monate ähnlich gute Erfolge wie Dridase erzielt. Die Spontanheilungsquote ist groß, resistente Fälle bedürfen der Psychotherapie des Kindes sowie der Eltern.

Bei Versagen der angeführten Therapiemöglichkeiten muß eine infravesikale Obstruktion oder neurogene Blasenentleerungsstörung ausgeschlossen werden. Die konstante Enuresis diurna et nocturna weist differentialdiagnostisch auf eine Ureterektopie hin. Eine begleitende Harnwegsinfektion zwingt zum MZU, ggf. zur urodynamischen Untersuchung.

12.12 Tumoren

K.-H. Kurth, T. Otto

1 % der Krankheiten des Kindesalters sind bösartige Erkrankungen. Nach den Unfällen sind Krebskrankheiten die häufigste Ursache der Kindersterblichkeit. Ungefähr 80 % der bösartigen Tumoren bei Kindern entstehen im Nerven-, blutbildenden und lymphatischen Gewebe (bei Erwachsenen entwickeln sich die Tumoren zu etwa 80 % im Alimentär-, Genital- und respiratorischen System). Nach einer

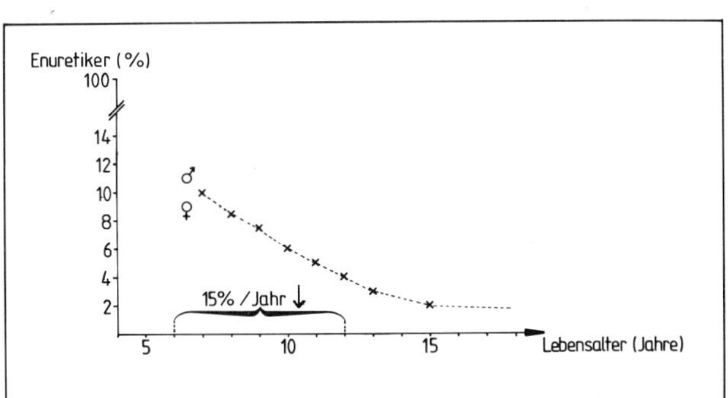

Abb. 12.32 „Spontanheilungsrate" der Enuresis nocturna (stark mod. nach *Forsythe* et al., 1974).

Tumor-Sterbestatistik der USA für die Altersgruppe von 0—15 Jahren (1969) ergeben sich nach dem Zelltyp folgende Zahlen: Bezogen auf eine Million Gleichaltrige starben pro Jahr an Leukämie 34,6, an einer Neubildung des ZNS 11,4, am Lymphom 5,4, am Neuroblastom 5,1, am Wilms Tumor 4,0, am Knochentumor 2,9, am Rhabdomyosarkom 1,6, am Leberkarzinom 0,9, am Retinoblastom 0,6 und am Teratom 0,6 Prozent der Kinder.

Von der Gesamtzahl wegen maligner Grunderkrankung behandelter Kinder beträgt der Prozentsatz der wegen Tumoren des Urogenitaltrakts operierten Kinder ca. 17 %. Nahezu ausschließlich handelt es sich um embryonale Tumoren: *Wilms Tumor, Neuroblastom* und *Rhabdomyosarkom*. Hypernephrome und embryonale Karzinome des Hodens sind sehr selten.

12.12.1 Wilms Tumor (Nephroblastom)

Wilms Tumoren treten meist ab dem 3. Lebensjahr auf. Sie verteilen sich gleichmäßig auf beide Geschlechter. In größeren Serien fand sich eine auffällige Kombination mit angeborenen Mißbildungen (Tab. 12.7).

Der Tumor entsteht aus embryonalem Nierengewebe. Histologisch findet man neben undifferenzierten Zellen differenziertes Gewebe mit verschiedener Ausreifung der Nierenstruktur, kombiniert mit rhabdomyoblastischem oder anderem heteroblastischem Gewebe. Die Chromosomenzahl der Tumorzellen zeigt nur geringe Abweichungen vom normalen menschlichen Karyotyp von 46 Chromosomen.

Tabelle 12.7 Assoziierte Fehlbildungen beim Wilms Tumor.

Aniridie ca. 30 %!
Hemihypertrophie
EMG-Syndrom (Exomphalos, Makroglossie, Gigantismus)
Große vaskularisierte, pigmentierte Nävi
Gelegentlich vermehrt bei:
- Hypospadien
- Kryptorchismus
- Hufeisenniere

Stadieneinteilung der National Wilms Tumor Study (USA: die Einteilung berücksichtigt Operationsbefund und -ergebnis).*

Gruppe I: Tumor auf eine Niere begrenzt und vollständig entfernt.

Gruppe II: Tumor überschreitet die Nierengrenzen, Tumor völlig entfernt.

Gruppe III: Nicht hämatogene abdominelle Tumoraussaat (Tumor wurde biopsiert oder rupturierte prä- oder intraoperativ. Tumorbefall der paraaortalen Lymphknoten, unvollständige operative Tumorresektion wegen Einbruch in benachbarte Organe, Befall des Peritoneums).

Gruppe IV: Hämatogene Metastasen (nach Häufigkeit: Lunge, Leber, Knochen und Gehirn).

Gruppe V: Bilateraler Befall der Nieren simultan oder sukzessiv.

Neben dem Wilms Tumor werden bei Kindern das sehr viel gutartigere kongenitale mesoblastische Nephrom und der hellzellige Typ der Nierenkarzinoms gefunden, letzterer wesentlich bösartiger als der klassische Wilms Tumor.

Symptome (Tab. 12.8)

Bauchtumor, Schmerzen, Hämaturie und Fieber sind Initial-Symptome. Das Nephroblastom kann über längere Zeit asymptomatisch bleiben und zufällig bei der körperlichen Untersuchung entdeckt werden.

Etwa 10 % aller Erkrankungen in der Bundesrepublik wurden anläßlich von Vorsorge-Untersuchungen bei asymptomatischen Kindern der verschiedenen Altersgruppen entdeckt.

Tabelle 12.8 Häufigkeit der Symptome beim Wilms Tumor.

palpable Schwellung im Abdomen	50 %
Obstipation	20 %
Makrohämaturie	20 %
Harnwegsinfekt	10 %
Hypertonie	10 %
Gewichtsabnahme	5 %

* Die NWTS verwendet statt Stadium den Begriff „Gruppe": TNM-Einteilung s. *Gutjahr* et al., 1986.

Klinischer Befund

Hauptbefund ist ein glatter, halbseitig lokalisierter, die Mittellinie meist nicht überschreitender Tumor von derb weicher Konsistenz. Die Palpation darf wegen Metastasierungsgefahr bei deutlich erkennbarer Bauchdeckenvorwölbung nur einmal und äußerst vorsichtig durchgeführt werden. Sonogramm, Ausscheidungsurogramm und abdominale Computertomographie sind die wesentlichen Untersuchungsverfahren zur Sicherung der Diagnose. Wichtig ist die Abgrenzung des Tumors gegenüber den Nachbarorganen. Die kontralaterale Niere wird sorgfältig mituntersucht, da in 10 % mit einem bilateralen Befall zu rechnen ist (synchron oder metachron). Das Tumorvolumen wird nach der Formel V = Länge (cm) x Breite (cm) x Tiefe (cm) x 0,52 (Konstante) berechnet; es dient dem Vergleich nach Radio- bzw. Chemotherapie. Im Ausscheidungsurogramm findet sich typischerweise ein deformiertes und verlagertes Nierenhohlsystem (Abb. 12.33), gelegentlich ist die Niere stumm. Die abdominelle computertomographische Untersuchung kann die erhobenen Befunde bestätigen oder erweitern.

Differentialdiagnose

In etwa 70 % ist das Neuroblastom im Abdominalraum lokalisiert. Weitere maligne und benigne Raumforderungen des Abdominalraumes sind in der Tabelle 12.9 angegeben.

Therapie

Alle tumorkranken Kinder werden nach ständig in Überarbeitung befindlichen Protokollen behandelt: Ansprechstelle beim Wilms Tumor ist: Wilmstumorstudie SIOP9/GPO, Univ.-Kinderklinik Heidelberg, Im Neuenheimer Feld 150, 6900 Heldelberg 1, Tel.: 06221/562311.

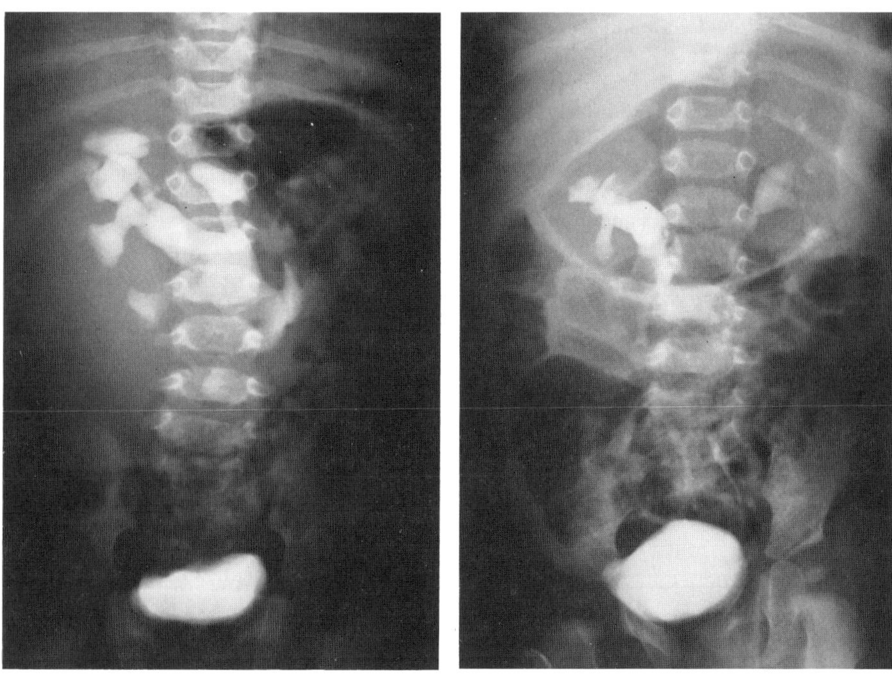

a b

Abb. 12.33 a, b **a** Urogramm mit rechtsseitigem Wilms Tumor; deutliche Verlagerung des Tumors über die Medianlinie hinaus nach links.
b Urogramm des gleichen Kindes nach präoperativer Vorbestrahlung: Deutliche Regression der tumortragenden Niere.

Tabelle 12.9 Abdominelle Raumforderungen in der Differentialdiagnose des Wilms Tumors.

Maligne Raumforderung	Benigne Raumforderung
● Neuroblastom ● Rhabdomyosarkom ● Hepatoblastom ● primär extragonadaler Testistumor	● polyzystische Nieren ● Hydronephrose ● Nebennierenblutung ● Nierenvenenthrombose

Tabelle 12.10 Therapiekonzept in der stadienbezogenen Behandlung von Wilms Tumoren.

Stadium	Therapie
I II	radikale Tumornephrektomie postoperative Chemotherapie
III IV V	präoperative Chemotherapie (Actinomycin D + Vincristin) postoperative lokale Strahlentherapie [20–406] postoperative Chemotherapie (Actinomycin D + Vincristin + ggf. Adriamycin)

Mit der Intensität der Behandlung nimmt die Komplikationsrate zu. Zu den therapiebedingten Folgeerscheinungen zählen Enteritis, Übelkeit, Erbrechen, Knochenmarksdepression, erhöhte Infektionsgefahr, Schleimhaut-Ulzera und Haarausfall. Spätfolgen der radiotherapeutischen Behandlung sind: Skoliosen der Wirbelsäule, Beckendeformitäten, Myokard-Schäden und Lungenfibrose bei Bestrahlung des Thorax (Tab. 12.10).

Prognose

Die globale Ziffer für Heilung in allen Gruppen beträgt 75 %; 100 % für die Gruppe I, 80 % für die Gruppe II und 60–70 % für die Gruppen III und IV. Auch bei bilateralem Wilms Tumor ist Heilung möglich.

12.12.2 Neuroblastom

(vgl. S. 303)

Das abdominelle Neuroblastom geht von den embryonalen sympathischen Neuroblasten des Nebennierenrindenmarkes oder den Sympathikusganglien aus. Der Tumor neigt sehr zur Metastasierung (am häufigsten in Lymphknoten, Knochen und Leber). In etwa 80 % der Fälle findet man eine sekretorische Aktivität der Tumorzellen; die gesteigerte Ausscheidung von Vanillinmandelsäure im Urin ist differentialdiagnostisch und prognostisch wichtig.

Stadieneinteilung

Stadium I: Tumor auf das Organ oder die Herkunftsstruktur begrenzt.

Stadium II: Tumor breitet sich über das Organ oder den Herkunftsort aus, überkreuzt nicht die Mittellinie, regionale homolaterale Lymphknoten können befallen sein.

Stadium III: Tumor überschreitet die Mittellinie, regionale Lymphknoten können bds. befallen sein.

Stadium IV: Organ-, Skelett- und Weichteilbefall oder Befall iuxtaregionärer Lymphknoten.

Stadium IV-S: Tumorgröße wie in Stadium I oder II mit Tumorausbreitung in die Leber und/oder Haut und/oder Knochenmark.

Stadium O: Neuroblastoma in situ.

Symptome und Diagnose

Initial: Inappetenz, Gewichtsverlust, Schwäche, Erbrechen, Bauchschmerzen, Knochenschmerzen und Fieber. Bei hormonproduzierenden Tumoren treten Blutdruckkrisen mit Kopfschmerzen auf. Hauptbefund ist ein höckrig derber Bauchtumor, der häufiger links lokalisiert ist und meist die Mittellinie überschreitet. Auf der Abdomenübersichtsaufnahme erkennt man häufig (bis zu 60 %, bei Wilms Tumor bis zu 15 %) Verkalkungen unterhalb des Abgangs der 10. Rippe (Abb. 12.34). Das intravenöse Pyelogramm (Abb. 10.11. S. 303) zeigt ein verdrängtes, aber nicht wie beim Wilms Tumor deformiertes Nierenbeckenkelchsystem.

Therapie

Ansprechpartner für das Neuroblastom: Neuroblastomstudie NB 90, Univ.-Kinderklinik

Köln, Joseph-Stelzmann-Str. 9, 5000 Köln 41, Tel.: 0221/4784380.

Wie bei Wilms Tumoren kombinierte operative, strahlen- und chemotherapeutische Behandlung.

Tabelle 12.11 Therapiekonzept in der stadienbezogenen Behandlung von Neuroblastomen.

Stadium	Therapie
I	Radikaloperation
II, III, IV	operative Tumorreduktion postoperative Chemotherapie (Cisplatin, Etoposid, Vindesine, Vincristin, DTIC, Ifosfamid, Adriamycin) im klinischen Stadium III ggf. Kombination mit postoperativer Radiotherapie (25–40 gy) → erneute operative Tumorreduktion

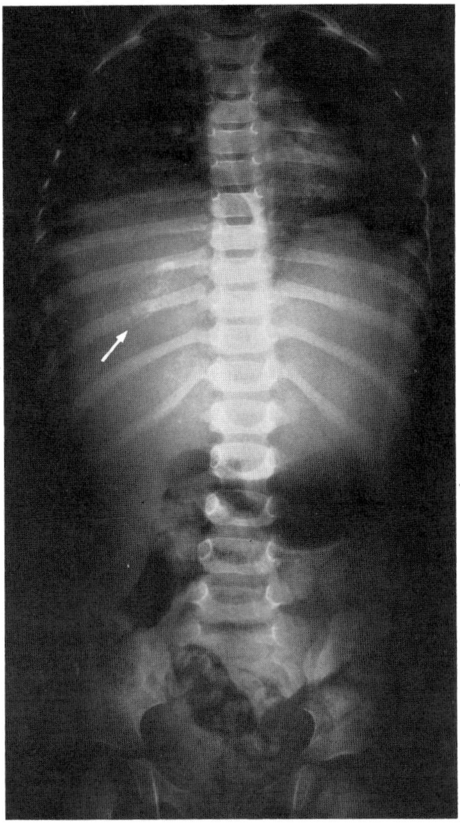

Abb. 12.34 Neuroblastom von der rechten Nebenniere ausgehend. Spreizung des Abstandes zw. 10. und 11. Rippe (Pfeil) rechts infolge der Raumforderung. Typische Verkalkung.

12.12.3 Rhabdomyosarkom der Blase

Neben Kopf und Hals ist der Urogenitaltrakt der bevorzugte Entstehungsort des embryonalen Rhabdomyosarkoms. Histologisch findet man nur selten die typische Querstreifung der Rhabdomyoblasten, meist handelt es sich um undifferenzierte Zellen, Fehldiagnosen wie Fibrosarkom, anaplastisches Karzinom, osteogenes Sarkom, Neuroblastom und Lymphom sind deshalb möglich. Die Prognose ist abhängig von Ausdehnung und Lokalisation. Das Rhabdomyosarkom (Sarcoma botryoides) ist der häufigste kindliche Blasentumor; urotheliale Blasenkarzinome sind selten, Neurofibrome, Phäochromozytome, Hamartome und Hämangiome in der Blase Raritäten.

Symptome und Diagnose

Der Tumor verlegt den Blasenausgang. Schmerzen bei der Blasenentleerung, Hämaturien und typischerweise intermittierender Harnverhalt sind Erstsymptome. Bei Mädchen prolabiert der traubenartige (daher Sarcoma botryoides; griech. botrys = Traube) Tumor gelegentlich vor den Meatus urethrae. Differentialdiagnose: Ureterozele, Urethralprolaps. In der zystographischen Phase sind multiple, polyzyklisch begrenzte Füllungsdefekte des Blasenbodens kennzeichnend (Abb. 12.35 a). Die Zystoskopie und transurethrale Biopsie in Narkose zeigt die Ausdehnung des Tumors. Bimanuelle Untersuchung und ggf. transrektale Prostatabiopsie vervollständigen die Diagnostik (Abb. 12.35 b).

Therapie

Ansprechpartner für das Rhabdomyosarkom ist: Cooperative Weichteilsarkomstudie CWS 91: Olgahospital Kinderklinik Stuttgart, Bismarckstr. 8, 7000 Stuttgart 1, Tel.: 0711/63771.

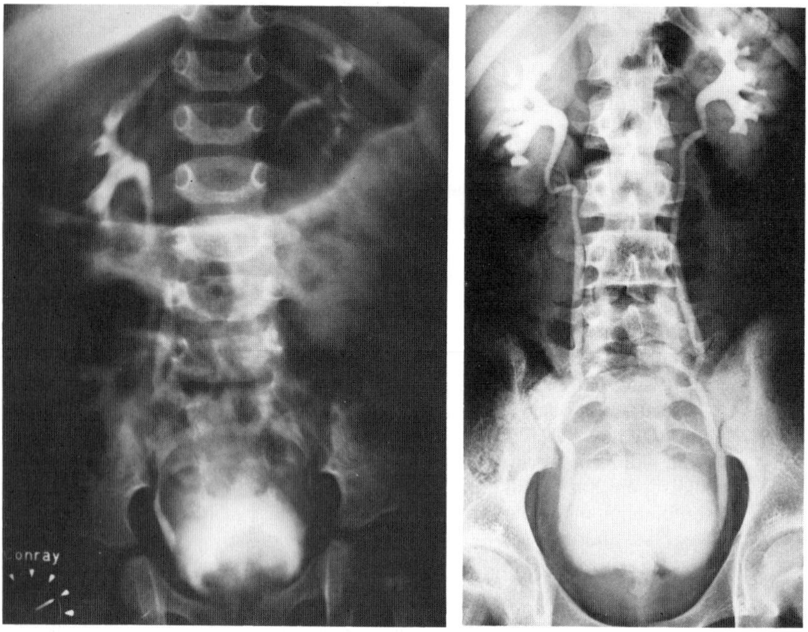

a b

Abb. 12.35 a, b **a** Urogramm beim Rhabdomyosarkom der Blase. Man erkennt die Kontrastmittelaussparung in der Blase, bedingt durch den raumfordernden Tumor.
b Urogramm bei einem Prostatarhabdomyosarkom. Typisch ist der angehobene Blasenboden bei fehlendem KM-Defekt.

Die radikale Zystoprostatektomie führt selbst bei lokal begrenztem Rhabdomyosarkom nicht zum Erfolg. Erst die zusätzliche Chemo-Radiotherapie hat die Prognose entschieden verbessert. Nach transurethraler oder transrektaler Biopsie zur Diagnosesicherung wird eine intensive primäre Chemo-Radiotherapie vorgenommen. Die Tumorregression wird endoskopisch bestimmt. Bei fehlendem Ansprechen wird im Sinne einer *verzögerten Erstoperation* die Zystektomie ausgeführt (Tab. 12.12).

Prognose

Die kombinierte chirurgisch radiotherapeutische Behandlung führte lediglich in 35 % zur Heilung, durch die Chemotherapie wurde Heilung bis in 80 % der behandelten Kindern erreicht.

Tabelle 12.12 Therapiekonzept in der stadienbezogenen Therapie von Rhabelomyosarkomen.

Stadium	Therapie
I	präoperative Chemotherapie (Actinomycin D, Vincristin, Cyclophosihamid, ggf. Adriamycin) radikale Tumorentfernung adjuvante Chemotherapie (gleiches Schema)
II III IV	präoperative Chemotherapie (gleiches Schema) Versuch der radikalen Tumorentfernung postoperative Chemotherapie (gleiches Schema, ergänzt um: Cisplatin, Ifosfamid, Etoposid) (fakultativ Radiotherapie 25–40 Gy)

12.12.4 Kindliche Hodentumoren (s.S. 208)

Unter den soliden malignen Tumoren des Kindes beträgt die Häufigkeit der Hodentumoren 1 %. Gutartige Tumoren, Tumoren nicht germinalen Ursprungs und sekundäre Tumoren (Metastasen) sind häufiger. Zu den germinalen in der Kindheit vorkommenden Tumoren zählen:

1. der *Dottersacktumor* (Orchioblastom), mit 50 % häufigster maligner kindlicher Tumor, meist vor dem 4. Lebensjahr, in bis zu 35 % metastasierend. Die übliche Behandlung des nicht metastasierenden Tumors besteht in der radikalen Orchiektomie ohne weitere zusätzliche Maßnahmen (Stadium I).
   Die Heilungsrate der metastasierten Patienten durch Chemotherapie, Radiotherapie und Operation beträgt knapp 70 % (*Kaplan,* 1988).
2. das *Seminom,* nur bei älteren Knaben, ca. 5 % der Hodentumoren, bis zu 10 % Metastasen bei der Erstdiagnose;
3. das *Teratokarzinom,* ca. 10 % der Hodentumoren. Die Mehrheit der Kinder ist unter 4 Jahren; kongenitales Vorkommen ist möglich, der Tumor metastasiert und
4. das *reife Teratom,* ca. 20 % der Hodentumoren. Die Mehrheit der Kinder ist unter 4 Jahren; der Tumor metastasiert sehr selten.

Bei den übrigen Hodentumoren handelt es sich überwiegend um Leydig-Zellen-Tumoren (ca. 15 %); Sertoli-Zell-Tumoren sind seltener.

Für die Therapie der malignen kindlichen Hodentumoren gelten nicht die gleichen Grundsätze wie für Hodentumoren im Erwachsenenalter, da Chemotherapie und Radiotherapie wegen ihrer myelosuppressiven Nebenwirkung dem Reifegrad des heranwachsenden Organismus angepaßt werden müssen.

Ansprechpartner für maligne Hodentumoren im Kindesalter ist: Maligne Hodentumoren MAHO 88: Univ.-Kinderklinik München, Lindwurmstr. 4, 8000 München 2, Tel.: 089/51602856.

12.13 Harnsteinleiden

J. Joost

Die Häufigkeit von Harnsteinen im Kindesalter ist regionalen Unterschieden unterworfen. In Mitteleuropa erkrankt etwa 1 Kind von 2000 an Harnsteinen. Die Steinarten sind dieselben wie im Erwachsenenalter (Kapitel 8), jedoch finden sich bis zum 5. Lebensjahr überwiegend Infektsteine, ab dem 10. Lebensjahr ist eine deutliche Zunahme der kalziumhaltigen Konkremente zu verzeichnen. Ätiologisch lassen sich fünf Gruppen abgrenzen.

1. Infekte mit Urease-bildenden Bakterien (Kap. 8).

2. Harntraktanomalien wie Markschwammniere, Hufeisenniere, Ureterabgangsstenose, Ureterozele, infravesikale Obstruktion etc., die eine verminderte Auswaschung von Kristallen bewirken, aber auch häufig zu Infekten führen.

3. Immobilisation mit Demineralisation des Knochens und erhöhter Kalziumausscheidung.

4. Metabolische Störungen: Zystinurie und renale tubuläre Azidose (Kap. 8).

Bei der primären Hyperoxalurie liegt eine genetisch bedingte Oxalat-Stoffwechselstörung vor, die häufig zu rezidivierenden Oxalat-Steinen und zur Urämie führt. Der Typ I ist eine Störung der Glyoxylat-Aminotransferase (nicht wie bis vor kurzem angenommen der Glyoxylat-Karboligase!) mit erhöhter Ausscheidung von Glykolat und Glyoxylat neben Oxalat. Der Typ II (selten) ist eine Störung der Glyzerat-Dehydrogenase mit erhöhter Ausscheidung von Glyzerat neben Oxalat. Wird durch Vitamin B6 keine Reduktion der Oxalsäure-Ausscheidung erzielt, muß eine Leber-Nieren-Transplantation (Enzymstörung in der Leber!) in Erwägung gezogen werden.

Bei nicht schattengebenden Steinen lassen sich im Kindesalter häufig Purinstoffwechselstörungen nachweisen. Harnsäure-Steine bilden sich bei Mangel an Hypoxantin-Guanin-Phosphoribosyl-Transferase (HGPRT) oder Überaktivität von Phosphoribosylpyrophosphat-Synthase (PRPP). Bei kompletter Defizienz von HGPRT kommt es zum Lesch-Nyhan-Syndrom mit gleichzeitiger Störung im Zentralnervensystem. Erst in letzter Zeit wurden auch Adenin-Steine nachgewiesen. Diese können nur durch eine kristallographische Analyse festgestellt werden, da sie bei der chemischen Steinanalyse nicht von Harnsäure zu differenzieren sind! Kinder mit dieser Steinart haben einen kompletten Mangel an Adenin-Phosphoribosyltransferase (APRT), wobei die Störung autosomal rezessiv vererbt wird. Die Therapie besteht in der Gabe von Allopurinol neben reichlicher Flüssigkeitszufuhr. Sehr selten sind Xanthin-Steine, wenn ein Mangel an Xanthin-Oxydase vorliegt.

Bei der infantilen Hyperkalzämie, die im 2.–8. Lebensmonat auftritt, ist der Vitamin-D-Stoffwechsel gestört. Das Kind zeigt einen deutlichen Entwicklungsrückstand, Obstipation und Hypotonie. In 20 % kommt es zum Auftreten einer Nephrokalzinose.

5. Idiopathische Kalzium-Urolithiasis, hier läßt sich manchmal eine Hyperkalziurie nachweisen.

Die klinische Symptomatik ist grundsätzlich dieselbe wie im Erwachsenenalter, bei Kleinkindern sind jedoch reine Flankenschmerzen seltener, oft werden diffuse Bauchschmerzen angegeben. Nicht selten stellt eine Hämaturie oder eine Pyurie die einzige Symptomatik dar. Bei der Abklärung muß neben der Sonographie und dem Urogramm auch ein Miktions- bzw. Refluxzystogramm durchgeführt werden, um eine infravesikale Obstruktion oder einen vesiko-renalen Reflux auszuschließen. Die metabolische Abklärung erfordert die Bestimmung folgender Parameter im Serum: Kreatinin, Natrium, Kalium, Chlorid, Kalzium, Phosphor, Protein, Harnsäure, Astrup. Im 24-h-Harn Kalzium, Phosphat, Cystin, Oxalsäure, Harnsäure und Kreatinin.

Bei den Zystin- und Harnsäure-Steinen steht therapeutisch die Litholyse im Vordergrund (Kap. 8). Da die Kombination von Obstruktion und Infekten eine günstige Konstitution für die Steinbildung darstellt, ist die alleinige Steinentfernung bei nachgewiesenem Abflußhindernis unzureichend. Wenn möglich, sollte die Korrektur der Anomalie gleichzeitig vorgenommen werden. Bei Vorliegen eines vesiko-renalen Refluxes hat zuerst die Steinentfernung zu erfolgen. Besteht der Reflux weiterhin bei sterilem Harn, ist evtl. eine Antirefluxplastik vorzunehmen. Bei fehlender Obstruktion ist heutzutage auch bei Kindern die ESWL durchführbar, insbesondere mit den neuen piezoelektrischen Geräten. Diese haben den Vorteil, daß sie völlig schmerzfrei arbeiten, da die Ortung in vielen Fällen mittels Ultraschall durchführbar ist und die Fokusfläche klein ist, so daß das umgebende Gewebe geschont wird.

Die Rezidivprophylaxe besteht im Kindesalter vorwiegend in einer erhöhten Flüssigkeitszufuhr sowie einer antibiotischen Langzeittherapie bei Infektsteinen. Einschneidende diätetische Maßnahmen sind nicht empfehlenswert. Medikamente (Thiazide, Kationen-Austauscher usw.), wie sie im Erwachsenenalter häufig zur Metaphylaxe verwendet werden, sind bei Kindern nur in den seltensten Fällen indiziert, da sie zu sehr in den Stoffwechsel des wachsenden Organismus eingreifen.

Weiterführende Literatur

Altwein, J.E., D. Bach: Lageanomalien des Hodens. Urologe B 24 (1984) 1

Altwein, J.E., P.H. Walz: Urologische Aspekte der Intersexualität. In: *Hohenfellner, R., E.J. Zingg* (Hrsg.) Urologie in Klinik und Praxis. Band 2. Thieme, Stuttgart 1983 p. 1114

Bernstein, G.T., J. Mandell, R.L. Lebowitz, S.B. Bauer, A.H. Colordny, A.B. Retik: Ureteropelvic Junction Obstruction in the neonate. J. Urol. 140 (1988) 1216–1221

Cohen, S.J.: Ureterozystoneostomie: Eine neue Antirefluxtechnik, Akt. Urol. 6 (1975) 1

Decter, R.M. et al.: Vesicoureteral Reflux in boys J. Urol. 140 (1988) 1089–1091

Dejter, S.W., D.F. Eggli, M.D. Gibbens: Delayed Management of enonatal Hydronephrosis J. Urol. 140 (1988) 1305–1309

Devine, C.J. C., C.E. Horton: Hypospadias repair. J. Urol. 188 (1977) 118

Diamond, D.a. et al.: Etiological factors in pediatric stone recurrence. J. Urol. 142 (1989) 606

Duckett, J.W.: Transverse preputial island flap technique for repair of servere hypospadias. Urol. Glin. N. Anm. 423 (1980) 7

Duckett, J.W.: MAGPI (meatoplasty and glanuloplasty): A procedure for subcoronal hypospadias. Urol. Clin. N. Am. 513 (1981) 8

Eckstein, H.B., R. Hohenfellner, D.I. Williams: Surgical Pediatric Urology. Thieme. Stuttgart 1977

Forsythe, W.I., A. Redmond: Enuresis and spontaneous cure rate. Study of 1129 enuretics. Arch. Dis. Child. 49 (1974) 259

Giwercman, A. et al.: Testicular cancer risk in boys with maldescended testis: a cohort study. J. Urol. 138 (1987) 1214–1216

Goellner, M.H., E.E. Ziegler, S.J. Fomon: Urination during first three years of life. Nephron 28 (1981) 174

Grégoir, w.: Lich-Grégoir Operation. In: *Eckstein, H.B., R. Hohenfellner, D.I. Williams* (Hrsg.) Surgical Pediatric Urology. Thieme, Stuttgart 1977 p. 265

Gutjahr, P., H.J. Schmitt, J.E. Altwein et al.: Pädiatrische Onkologie. In: *Hohenfellner, R., J.W. Thüroff H. Schulte-Wissermann* (Hrsg.) Kinderurologie in Klinik und Praxis. Thieme Stuttgart 1986 p. 592

Hedinger, Chr.: Histological data in cryptorchidism: Cryptorchidism, diagnosis and treatment. Paediatr. Adolese, Endocrinol 6 (1973) 3

Heikel, P.E., K.V. Parkkulainen: Vesicoureteric reflux in children: A classification and results of conservative treatment. Ann. Radiol. 9 (1966) 37

Hohenfellner, R., J.W. Thüroff, H. Schulte-Wissermann: Kinderurologie in Klinik und Praxis. Thieme, Stuttgart 1986

Hurwitz, R.S.: Cloacal Extrophy. A report of 34 cases. J. Urol. 138 (1987) 1060–1064

Hutsch, J.A., A.D. Amar: Vesicoureteral Reflux and Pyelonephritis. Appleton-Century-Crofts, New York 1972

Jacobson, St. et al.: Long term results in children with genito-urinary infections combind with reflux. Brit. Med. Journal 229 (1989) 703–706

Joost, J., H. Marberger: Urolithiasis im Kindesalter. Urologe A 21 (1982) 133

Kaplan, W.E. et al.: The endoscopic correction of Reflux by Polytetrafluoroethylene in injection. J. Urol. 138 (1987) 953–955

Kaplan, G.W. et al.: Prepubertal Yolk Sac testicular tumors – Report of the testicular tumor registry. J. Urol. 140 (1988) 1109–1112

Kelalis, P.P., L.R. King: Clinical Pediatric Urology. 2. Aufl. Saunders, Philadelphia 1985

Lipschultz, L.I., R.R. Caminos-Torres, C.S. Greenspan et al.: Testicular function after orchidopexy for unilaterally descended testis. N. Engl. J. Med. 15 (1976) 195

Ludwig, G., J. Potempa: Der optimale Zeitpunkt der Behandlung des Kryptorchismus. Dtsch. Med. Wschr. 100 (1975) 680

Mackie, G.G., F.D. Stephens: Duplex Kidneys: A correlation of renal dysplasia with position of the ureteral orifice. J. Urol. 274 (1975) 114

Malek, R.S.: Urolithiasis. In: *Kelalis, P.P.* et al. (Hrsg.) Clinical Pediatric Urology. Saunders, Philadelphia 1985 p. 1093

Marberger, M. et al.: Piezoelectric extracorporeal shock wave lithotrypsy in children. J. Urol. 142 (1989) 349

Martin, D.C., H.R. Menck: The undescended testis: Management after puberty. J. Urol. 77 (1975) 114

Mesrobian, H.J. et al.: Long Term follow up of 103 Patients with bladder extrophy. J. Urol. 139 (1988) 719–722

Mitchell, M.E., J.A. Piser: Intestinoplasty and total Bladder Replacement in Children and Young adults. J. Urol. 138 (1987) 579–584

O'Donnell, B., P. Puri: Technical Refinements in endoscopic correction of vesicoureteral Reflux. J. Urol. 140 (1988) 1101–1102

Politano, V.A., W.E. Leadbetter: An operative technique for the correction of ureteric reflux. J. Urol. 79 (1958) 932

Prader, A.: Die Klinik der häufigsten chromosomalen Störungen. Helv. med. Acta. 29 (1962) 403

Shimada, J. et al.: Renal growth and progression of Reflux Nephropathy in children with vesicoureteral Reflux. J. Urol. 140 (1988) 1097–1100

Sholder, A.J. et al.: Caution in antenatal intervention. J. Urol. 139 (1988) 1026–1029

Sigman, M. et al.: Initial Experience with extracorporal Shock wave Lithotrypsy in children. J. Urol. 138 (1987) 839

Skoog, S.J. et al.: Nonsurgical Approach to Management of primary vesicoureteral Reflux. J. Urol. 138 (1987) 941–946

Thon, W., J.E. Altwein: Voiding dysfunctions. Urology 23 (1984) 323

Weiss, M.R., J.H. Seaskore: Laparoscopy in the Management of the nonpalpable testis. J. Urol. 138 (1987) 382–384

Yeates, W.K.: Bladder function in normal micturition. In: *Kolvin, I., R.C. MacKeith, S.R. Meadow* (Hrsg.) Bladder Control and Enuresis. W. Heinemann, London 1973

13 Urologische Erkrankungen der Frau (GK 3-13)

E. Petri

Aus der engen anatomischen und funktionellen Beziehung zwischen äußerem und inneren Genitale der Frau und dem unteren Harntrakt resultieren pathologisch-anatomische und pathophysiologische Wechselbeziehungen. Entzündliche oder neoplastische vom Genitale ausgehende Prozesse können auf das harnableitende System übergreifen und umgekehrt.

13.1 Erkrankungen der Niere und der ableitenden Harnwege

13.1.1 Entzündungen

Genitalinfektionen gehören zu den häufigsten gynäkologischen Erkrankungen schon in der Kindheit, Pubertät und Adoleszenz. Häufigste Erkrankung ist dabei eine Vulvovaginitis (etwa 50 %), die bei gleichzeitig häufig fehlerhafter Genitalhygiene zu aufsteigenden Infektionen zunächst von Harnröhre und Blase, dann auch der Ureter und Nieren führen kann. Während in der Neonatalperiode Knaben viermal häufiger als Mädchen Harnwegsinfekte aufweisen, hatten bei Schulabschluß etwa 5 % aller Mädchen eine asymptomatische Bakteriurie, während bei Knaben in diesem Alter praktisch keine Harnwegsinfekte mehr auftreten. Ursache sind neben den oben genannten Infektionen des Genitalsystems die Kürze der Harnröhre, die im Kindesalter fehlende Östrogenisierung der Scheide mit der Erleichterung eines Sekundärinfektes, im gebärfähigen Alter Veränderungen des pH-Wertes und der Vaginalflora unter Ovulationshemmern bzw. Intrauterinspiralen, in der Zeit des Klimakteriums und der Menopause die dann neuerlich eintretenden hormonellen Schwankungen mit fehlender Östrogenisierung von Scheide und Urethra.

Bei jedem chronisch rezidivierenden Harnwegsinfekt sollte deshalb neben der üblichen urologischen Routinediagnostik eine gynäkologische Untersuchung zum Ausschluß von Infektionsquellen oder infektunterhaltenden Fehlbildungen des Genitaltraktes durchgeführt werden.

Die Therapie muß auf eine Beseitigung der Infektionsursache abzielen, d.h. im Kindesalter z.B. die Entfernung eines vaginalen Fremdkörpers, Hinweise zur Toilettenhygiene, im gebärfähigen Alter die Behandlung einer Kolpitis, bei chronischer Zervizitis unter Intrauterinpessaren die Entfernung des IUP, Wechsel von Tampons auf Vorlagen. Als begleitende Maßnahme können die Applikation von desinfizierenden Ovula oder Vaginaltabletten, der Wiederaufbau einer Laktobazillen-Flora mit entsprechenden Ovula, sowie Sitzbäder zu einer Linderung des Beschwerdebildes führen. Bei Hormon-defizitären Vulvo-Vaginitiden sollte eine systemische und/oder lokale Applikation natürlicher Östrogene erfolgen, wobei im Kindesalter an die Möglichkeit einer Pseudopubertas praecox bzw. einer frühzeitigen Mammaentwicklung gedacht werden muß.

Bei ähnlichem Beschwerdebild muß eine Endometriose der Harnblase scharf von den Entzündungen getrennt werden. Bei Befall der Harnblase kommt es gegen Ende des Zyklus zu heftigen Blasentenesmen mit Pollakisurie und Dysurie, gelegentlich auch Hämaturie, die bis gegen Ende der Menstruation anhalten kann. Während der Menses stark blutende, scharf umschriebene, prominente blaurötliche Schleimhautbezirke, aber auch ein zyklisch wechselndes bullöses Ödem sollten bei der Zystoskopie an dieses Krankheitsbild denken lassen. Die Therapie ist die langfristige Gabe eines Gestagenpräparates oder eines Gestagenbetonten Ovulationshemmers (z.B. die „Minipille"), neuerdings auch die langfristige Einnahme eines Antigonadotropines (Danazol®).

13.1.2 Erkrankungen der Harnwege in der Schwangerschaft

Während der Schwangerschaft entstehen funktionelle und morphologische Veränderungen der Niere und des harnableitenden Systems. Diese überwiegend geringfügigen physiologischen Veränderungen haben während der normalen Gravidität keine Bedeutung, können jedoch die Entwicklung einiger Schwangerschaftskomplikationen, z.B. der „Pyelonephritis gravidarum" begünstigen. Eine Dilatation der ableitenden Harnwege (60–80 %, rechts mehr als links) wird zum einen durch den sich vergrößernden Uterus verursacht, seine Dextrorotation und der Schutz des linken Ureters durch das Sigma erklären die vorwiegend rechts auftretende Dilatation (Abb. 13.1). Durch Einfluß des Progesteron kommt es zu einer Ureteratonie bzw. einer verminderten Ureterperistaltik, die die Keiminvasion begünstigt. Der vorwiegend rechts ausgebildete Plexus der Vena ovarica, der in der Schwangerschaft bis zum 60fachen seines Volumens dilatiert sein kann, soll durch eine Kompression des Ureters ebenfalls eine Stauung provozieren können (Abb. 13.2).

Eine akute Pyelonephritis wird in der Schwangerschaft in 1–3 % beobachtet, wobei sie sich, begünstigt durch die oben genannten Faktoren, zumeist auf dem Boden einer asymptomatischen Bakteriurie (5–8 % aller Graviden) entwickelt.

Bei der Schwangerschaftspyelonephritis bestehen subjektiv typische kolikartige Flankenschmerzen; es kann zu Fieber, Schüttelfrösten und Pyurie kommen. Etwa zwei Drittel der Erkrankungen verlaufen jedoch relativ symptomarm, wobei lediglich ein Flankenschmerz und eine Klopfschmerzhaftigkeit des Nierenlagers bestehen. Das Beschwerdebild klingt bei Bettruhe und Lagerung auf die kontralaterale Seite im allgemeinen spontan ab. Spasmolytika und Antibiotika können im zweiten und dritten Trimenon verordnet werden. Unter Berücksichtigung möglicher teratologischer Schäden werden in erster Linie Ampicilline, Penicilline, Cephalosporine und Carbenicilline eingesetzt. Klingen die Beschwerden unter dieser Behandlung nicht ab,

a

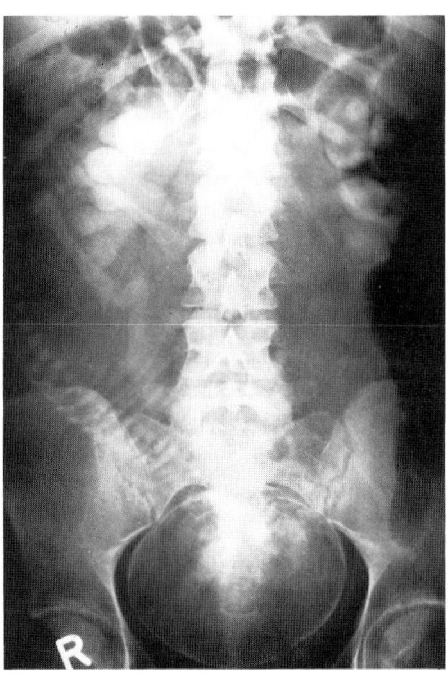

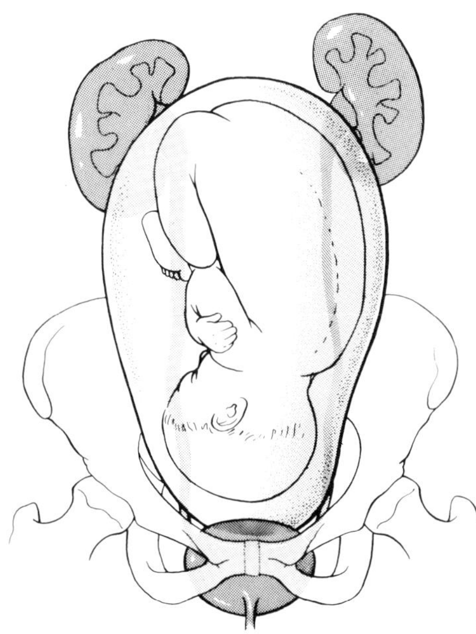

b

Abb. 13.1 a, b Kompression der terminalen Harnleiterabschnitte beiderseits während des letzten Schwangerschaftsmonats.
a Urogramm mit Harnstauungsnieren beiderseits.
b Situationsskizze.

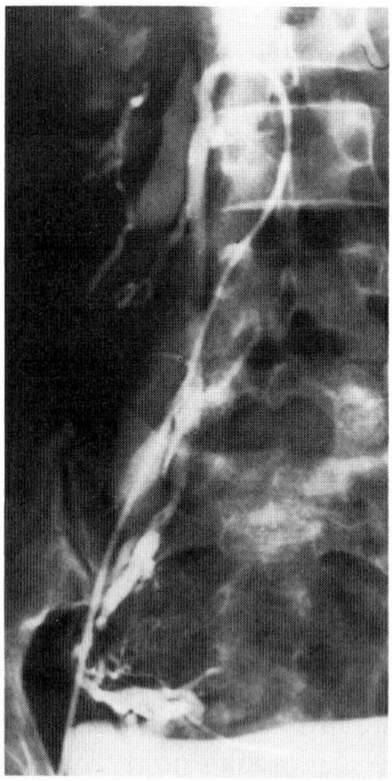

a

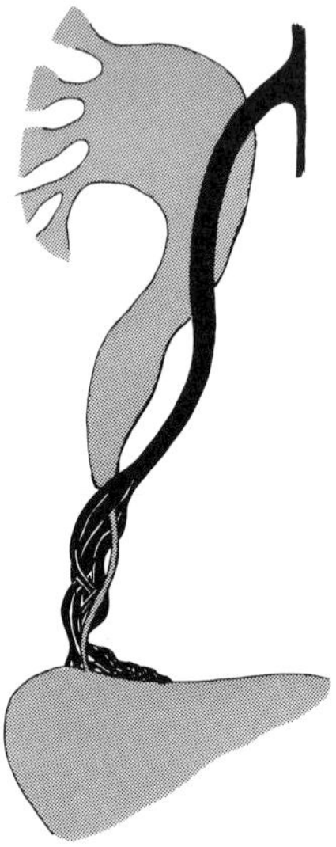

b

Abb. 13.2 a, b V. ovarica dextra-Syndrom.
a Phlebographie der V. ovarica dextra.
b Skizze.

so muß differentialdiagnostisch an das Vorliegen einer Steinerkrankung gedacht werden.

Die Sonographie erlaubt eine Seitenlokalisation, Beurteilung des Grades der Stauung und evtl. den Konkrementnachweis. In Zweifelsfällen ist auch eine Röntgenuntersuchung mit Übersichtsaufnahme und Bild 20 Min. nach Kontrastmittelgabe zu verantworten. Die Strahlenempfindlichkeit des Feten erfordert jedoch, daß bei erkannter Schwangerschaft medizinisch-radiologische Maßnahmen mit strengster Indikationsstellung anzuwenden sind. Mit den oben genannten Röntgenaufnahmen wird jedoch der kritische Wert von 1–5 rem nicht erreicht.

Bei therapieresistenter Symptomatik bzw. Symptomen einer beginnenden septischen Niere (Thrombozytensturz) muß (selten!) eine Entlastung mittels versenktem Doppel-J-Ureterkatheter oder durch perkutane Nephropyelostomie erfolgen (S. 398).

13.1.3 Verletzungen unter der Entbindung

Bei normaler Lage und intakter Funktion beider Nieren sind Verletzungen durch Geburt und operative Entbindung kaum möglich. Spontane Rupturen können jedoch bei Hydronephrose, Pyonephrose und Nierensteinen auftreten. Dabei besteht die größte Gefährdung in der Austreibungsperiode. Bei sakral dystopen Nieren (Beckennieren) kann es bei spontaner Geburt zu parenchymatösen Blutungen und Funktionsstörungen kommen. Wird die Geburt operativ (Zange, Vakuum) beendet, kann das dystope Organ ein- oder gar abreißen.

Verletzungen des Ureters und der Harnröhre sind heute selten und werden praktisch nur in Entwicklungsländern beobachtet. Die Zunahme der Klinikentbindungen und der Verzicht auf riskante geburtshilfliche Operationen haben wesentlich dazu beigetragen.

Nach Voroperationen (Re-Sectio, Lagekorrektur des Uterus, Adnextumoren) kann die Harnblase mit dem Uterus fest verwachsen sein. Bei einer abdominalen Schnittentbindung muß sie dann sorgfältig abpräpariert werden, um eine Eröffnung mit möglicher Ausbildung einer Blasen-Zervixfistel zu verhindern.

13.2 Urologische Folgeerscheinungen gynäkologischer und geburtshilflicher Eingriffe

Urologische Komplikationen während und nach gynäkologisch-geburtshilflichen Operationen und einer Strahlentherapie wegen eines gynäkologischen Karzinoms sind aufgrund der engen topographischen Beziehung im kleinen Becken möglich. Die Frequenz iatrogener Harntraktverletzungen liegt heute in der Regel unter 1 % und erreicht nur parallel zur Radikalität des Eingriffes bis zu 2 %.

13.2.1 Verletzungen

Intraoperativ erkannte Harnleiterverletzungen (ausgedehnte Denudation, tangentiale Eröffnung des Harnleiterlumens, Durchtrennung des Ureters) werden am besten durch sorgfältige Wiedereinpflanzung des Harnleiters in die Blase, bei hochsitzenden Läsionen durch Einpflanzung des Ureters in einen, zu einem Rohr geformten Blasenlappen (Boari) oder durch Bildung einer Hörnerblase (Psoas Hitch; S. 97) versorgt. Die versehentlich eröffnete Harnblase wird durch zweischichtige Naht wieder verschlossen.

Intraoperativ nicht erkannte Verletzungen führen zu lokalen Urinomen, seltener zum Urinaszites und dann in den meisten Fällen zur Fistelbildung mit Harnabgang durch die Scheide. Tritt diese Komplikation erst zwischen dem 8. und 12. postoperativen Tag auf, so ist sie durch eine Ernährungsstörung im Bereich des distalen Harnleiters (Ureternekrose bzw. Harnleiterspätfistel) verursacht. Bis zu 70 % der Fisteln treten postoperativ auf, 20 % nach einer Strahlentherapie.
Bei subfebrilen bis febrilen Temperaturen klagen die Patientinnen zumeist über Flankenschmerzen auf der betroffenen Seite, das Beschwerdebild kann aber auch völlig uncharakteristisch sein. Muß aufgrund des Operationsverlaufes bzw. der postoperativen Beschwerden an eine Harntraktsverletzung gedacht werden, so muß neben der Urinkultur zum Ausschluß eines Harnwegsinfekts eine Sonographie bzw. Urographie erfolgen. Als Akutmaßnahme bietet bei Ureterläsionen die perkutane Nephrostomie eine Entlastung des oberen Harntrakts (s. S. 398).

Die Wiederherstellung einer Ureter-Scheidenfistel erfolgt bei unauffälliger Klinik am günstigsten innerhalb der ersten 12–24 Stunden. Bei verzögerter Diagnose kann unter dem Schutz der perkutanen Nephrostomie nach 4–6 Wochen operiert werden. Zu diesem Zeitpunkt haben sich auch ältere Patientinnen von dem ersten Eingriff im allgemeinen gut erholt. Entzündungserscheinungen der Blase haben sich zurückgebildet, auch lokale periureterale Reaktionen haben zu einer Abgrenzung des Fistelgebietes gegenüber der Umgebung geführt. Blasenscheidenfisteln werden auf trans-

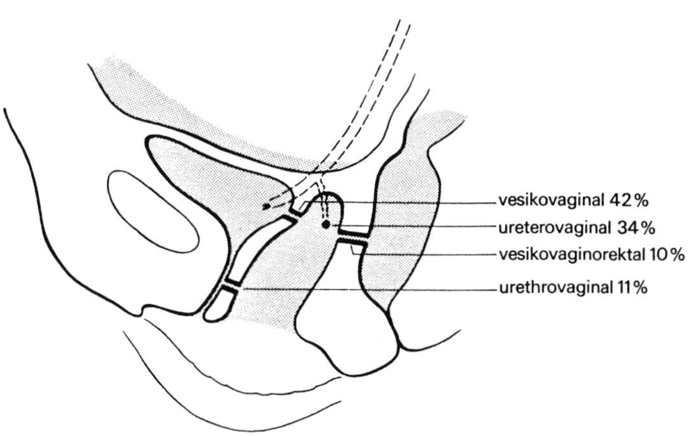

Abb. 13.3 Schema und Häufigkeit gynäkologischer Fistellokalisationen.

vaginalem oder transperitonealem Wege versorgt. Bei der Behandlung einer Kloake (Rektum-Blasen-Scheidenfistel) entscheidet die Grundkrankheit über eine plastische Rekonstruktion oder die Durchführung eines Palliativeingriffs.

Bei den Fisteln zwischen Harn- und Genitaltrakt unterscheidet man je nach kommunizierendem Organ (Abb. 13.3):

1. Ureter-Scheidenfisteln („Posthysterektomie-Fistel")
2. Blasen-Zervixfisteln (häufig nach Sectio)
3. Blasenscheidenfisteln (bis zu 40% der Strahlenkomplikationen)
4. Harnröhren-Scheiden-Fisteln
5. Blasen-Scheiden-Rektum-Fisteln („Kloake", vorwiegend Bestrahlungsfolge)

13.2.2 Harnabflußstörungen

Bei jeder postoperativ auftretenden Kolik oder einer Oligo-Anurie besteht der Verdacht auf eine Harnleiterligatur. Die Sonographie ermöglicht eine Seitenlokalisation und Beurteilung des Grades der Dilatation. Eine perkutane Nephrostomie ermöglicht neben der Akutentlastung des oberen Harntrakts die diagnostische Klärung durch antegrade Uretersplintung. Bei nicht sondierbarem Ureter (Stop meist in Höhe zwischen 4 und 8 cm prävesikal; Abb. 13.4) ist die sofortige Relaparotomie mit Deligatur oder Neueinpflanzung in die Blase Methode der Wahl. Erfolgt die Diagnose verzögert oder sind diese Maßnahmen nicht möglich, geht man unter Nephrostomieschutz wie bei Ureterfisteln vor.

Insbesondere nach radikalen gynäkologischen Operationen (z.B. Wertheim-Meigs beim Kollumkarzinom) kann postoperativ durch partielle Resektion des Ganglion pelvicum der Zustand der atonen, reflexlosen Blase entstehen. Eine ausgedehnte Exstirpation der Lymphknoten verzögert zusätzlich den Lymphabfluß im periureteralen und perivesikalen Bereich. Ödeme in Ureter und Harnblase sind die Folge. Unter suffizienter Blasendrainage (am besten suprapubisch) sind diese Veränderungen jedoch weitgehend reversibel.

Nach Strahlentherapie von Genitalkarzinomen kommt es in 12% zu Ureterstenosen. Sie treten frühestens nach 3–4 Monaten, 70% aber innerhalb der ersten beiden Jahre auf. Bei radiogener Stenose ist die Neueinpflanzung des Ureters bei gesicherter Rezidiv-Freiheit indiziert. Ist bei einseitiger Stenose die Nierenfunktion durch eine chronisch rezidivierende Pyelonephritis erheblich eingeschränkt, wird die Nephrektomie zu erwägen sein.

13.2.3 Harnwegsinfektionen

Traumatisierung von Harnblase und Ureter, unterbrochener Lymphabfluß, temporäre

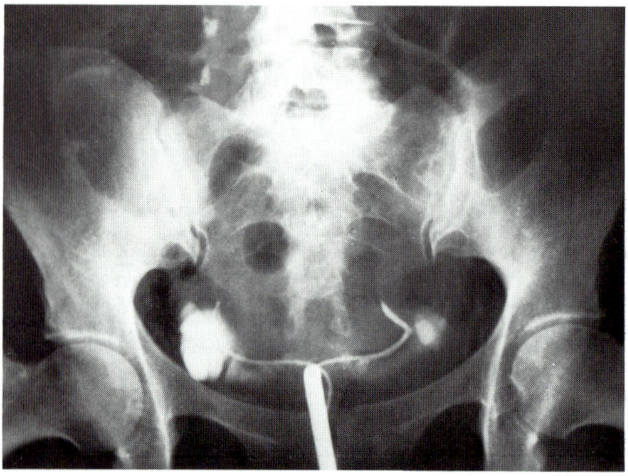

Abb. 13.4 Harnleiterligatur beiderseits nach gynäkologischer Operation. Simultane retrograde Ureterographie beiderseits; Stop 5 cm kranial der Ostien.

Ischämie, längere Harnableitung über einen transurethralen Katheter oder hohe Restharnmengen begünstigen Infektionen. Zystitis und Pyelonephritis sind die häufigsten Komplikationen nach gynäkologischen Eingriffen (in Abhängigkeit von der Größe des Eingriffs teilweise über 50%).

Durch die operative Traumatisierung und herabgesetzte Blasen-Sensibilität verlaufen postoperative Harnwegsinfekte häufig symptomarm oder atypisch. Dysurie und Pollakisurie treten hinter Symptomen wie Pyurie, erschwerter Miktion, Inkontinenz und Restharnbildung zurück. Die Urinkultur mit Antibiogramm erbringt die Diagnose und gibt Hinweise für die gezielte antibiotische Behandlung.

13.3 Erkrankungen der weiblichen Blase und Harnröhre

13.3.1 Fehlbildungen

Genetische Entwicklungsstörungen des weiblichen Genitale sind häufig mit Fehlbildungen im Bereich des Urogenitaltrakts kombiniert oder führen zu Komplikationen im ableitenden Harnsystem. Bei Doppelbildungen des Uterus und der Vagina sowie bei Aplasien (z.B. Rokitansky-Küster-Syndrom) kommen einseitige Nierenaplasien gehäuft vor. Ein Hydro- oder Hämatokolpos (Abb. 13.5) kann zu Miktionsstörungen bis hin zum Harnverhalt führen. Entwicklungsstörungen des Urogenitaltraktes können andererseits zu Verwechslungen mit pathologischen gynäkologischen Befunden Anlaß geben. Eine Beckenniere wurde schon mehrfach als Ovarialtumor fehlgedeutet. Ureterdopplungen oder ektope Verläufe führen, sind sie nicht präoperativ durch das Urogramm erkannt, bei gynäkologischen Operationen zu verhängnisvollen Fehlschlüssen.

In der Differentialdiagnose der Harninkontinenz müssen neben Hypospadie und Epispadie ektope Harnleitermündungen (Abb. 13.6) ausgeschlossen werden.

13.3.2 Zystitis

Die Kürze der weiblichen Harnröhre und die unmittelbare Nachbarschaft zur genitalen und analen Region bieten eine Erklärung für die Häufigkeit von Invasion und Aszension unspezifischer Keime, Pilze und Trichomona-

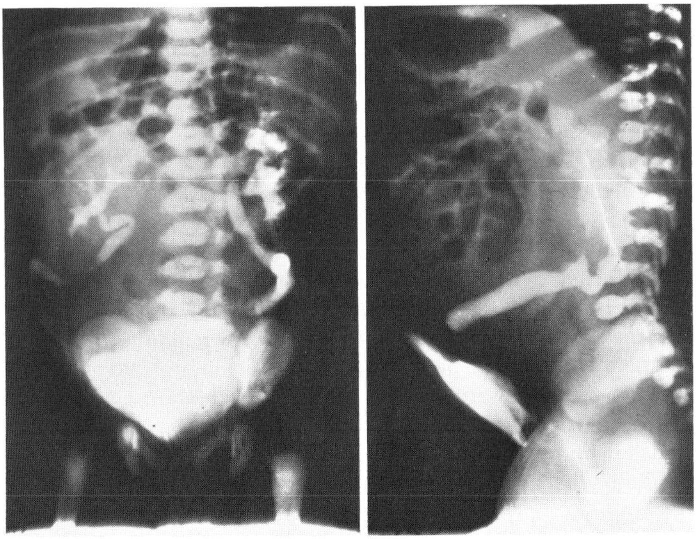

a b

Abb. 13.5a, b Hydrokolpos. (**a**) Anterior-posterior-Urogramm und (**b**) Seitaufnahme. Aufgrund des Hydrokolpos ist die Blase nach ventral verlagert. Mittelgradige Harnabflußstörung beiderseits.

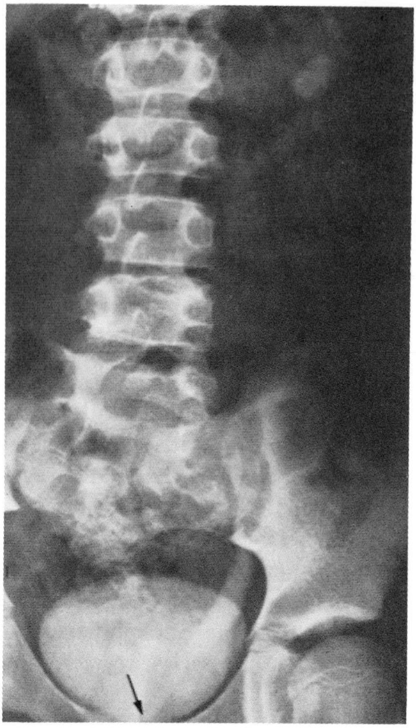

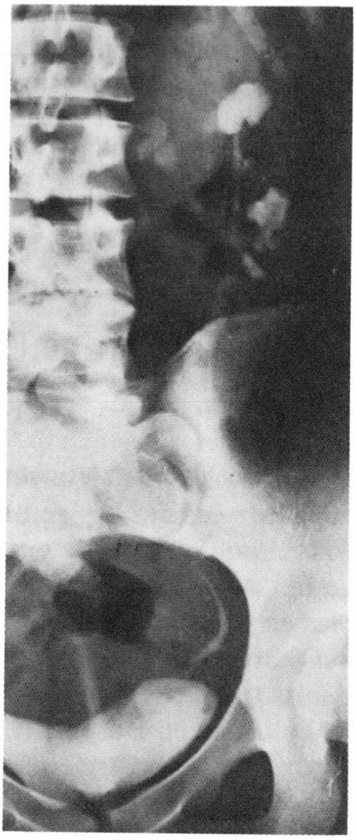

Abb. 13.6 a, b **a** Ausscheidungsurogramm bei urethraler, extrasphinktärer Ureterektopie links (Pfeil); Einzelniere.
b Zustand nach Harnleiterneueinpflanzung in die Blase.

den. Über 90% der Patientinnen mit chronischer Zystitis haben eine pathologische Besiedlung des Introitus und der Scheide. Durch die Mitbeteiligung des unteren Harntrakts beim normalen Zyklus der Frau kommt es prämenstruell und während der Menstruation zu einer Hyperämie und Schleimhautschwellung im unteren Ureter und in der Harnblase. Dies kann in Einzelfällen zu heftigen Schmerzen im Nierenlager durch Harnabflußbehinderung führen. Im Sediment sind dabei keine pathologischen Formbestandteile nachweisbar. Therapeutisch lassen sich die Beschwerden in den meisten Fällen durch Spasmolytika lindern.

Akute Zystitiden bei jungen Frauen stehen nicht selten in Zusammenhang mit dem ersten Geschlechtsverkehr. Zystoskopisch findet sich bei dieser „Honeymoon-Cystitis" typischerweise eine gefäßinjizierte Blasenschleimhaut, vor allem im Bereich des Trigonums. Unter der Behandlung mit Spasmolytika, am besten kombiniert mit Sulfonamiden, klingen die Beschwerden rasch wieder ab.

13.3.3 Interstitielle Zystitis

Ätiologisch unklar ist das gehäuft bei Frauen auftretende Krankheitsbild der interstitiellen Zystitis. Subjektiv wird fast immer eine Pollakisurie-Strangurie, häufig terminale Hämaturie bis hin zur Makrohämaturie angegeben, die sich während einer Schwangerschaft oder nach künstlicher Amenorrhoe deutlich bessern.

Bei der Zystoskopie sieht man Ulzera der Blasenschleimhaut, häufig mit fibrinösen Membranen bedeckt, oftmals aber auch nur Zeichen einer diffusen Zystitis mit feinen Fibrinschleiern. Bei einem Gipfel der Erkrankungen um das 50. Lebensjahr findet sich terminal bei zunehmender Fibrose der Blasenwand das Bild einer Schrumpfblase mit Reflux und Nierenparenchymreduktion (Abb. 6.12, s.S. 161). Eindeutige und sichere Heilerfolge konnten bisher nicht ermittelt werden. Blasendilatationen in Narkose, Antiphlogistika, Sexualhormone, Kortikoide, Antihistaminika, lokale Injektionen in die Blasenschleimhaut und Neuroleptika führen zu einer Besserung der Beschwerden. In den letzten Jahren wird, ausgehend von der Annahme, daß die interstitielle Zystitis auf einer neurogenen Fehlsteuerung beruht, versucht, diese durch eine intravesikale Neurostimulation zu behandeln. Letzte Möglichkeit, die Patienten von ihren unerträglichen Schmerzen zu befreien stellt die totale Zystektomie und Harnableitung dar.

13.3.4 Radiozystitis

Die Strahlenzystitis ist bei Frauen eine typische Komplikation der Strahlentherapie (Radium, Telekobalt, Betatron) von Genitalkarzinomen, wenngleich durch computergestützte Bestrahlungsplanung und Fraktionierung der Einzeldosis die Inzidenz deutlich gesenkt wurde. Subjektiv werden alle Symptome einer Zystitis angegeben. Im Anfangsstadium stehen Ödeme, petechiale Blutungen und Teleangiektasien im Vordergrund. Strahlenbedingte fibrosklerotische Veränderungen der Blasenmuskulatur mit resultierender Schrumpfblase (Abb. 6.10, S. 159) treten als Spätschäden erst Monate bis Jahre nach Beendigung der Strahlentherapie in Erscheinung. Eine gezielte antibiotische Behandlung der häufigsten Begleitinfektion und systemische Kortikoidgabe dienen der Vermeidung der Schrumpfblasenbildung. Bei ausgeprägter Schrumpfblase mit heftigen Beschwerden bleibt oft nur die Zystektomie mit Harnableitung.

13.3.5 Blasenendometriose

Scharf von den Entzündungen zu trennen sind gegen Ende des Zyklus eintretende, heftige Blasentenesmen mit Pollakisurie und Dysurie, gelegentlich auch Hämaturie, die bis gegen Ende der Menstruation anhalten. In diesen Fällen besteht der begründete Verdacht auf das Vorliegen einer Endometriose der Harnblase.

Pathologisch-anatomisch handelt es sich um versprengte, funktionsfähige Korpusschleimhaut. Während der Menses stark blutende, scharf umschriebene, prominente blaurötliche Schleimhautbezirke, aber auch ein zyklisch wechselndes bullöses Ödem sollten bei der Zystoskopie an dieses Krankheitsbild denken lassen. Therapie der Wahl ist nach Abstimmung mit dem Gynäkologen die langfristige Therapie mit einem Gestagen-Präparat, einem Antigonadotropin (Danazol®) oder einem gestagenbetonten Ovulationshemmer (z.B. die „Minipille“), wenn eine Resektion der Bezirke nicht zum Erfolg geführt hat.

13.3.6 Reizblase

Die Reizblase wird häufig als Sammelbegriff für Blasendysfunktionen nicht -entzündlicher Genese benutzt. Sie kommt bei Frauen im Alter zwischen 30 und 50 Jahren vor. Die Patientinnen klagen über suprasymphysäre Schmerzen, Pollakisurie und imperativen Harndrang. Der Gynäkologe behandelt diese Frauen oft gleichzeitig wegen Pelveopathien, Zyklusstörungen und Kohabitationsbeschwerden. Urinstatus und Kultur sowie die Zystoskopie sind unauffällig. Urodynamisch wird bei geringen Füllungsmengen der Harnblase Harndrang ohne motorische Reaktion des Detrusors angegeben (sensorische Urge). Die Ätiologie ist unbekannt.

Als Zeichen der engen Beziehung zwischen Psyche, vegetativem Nervensystem und endokrinem System ist manchmal ein Östrogendefizit nachweisbar.

Mit allgemein roborierenden Maßnahmen, Psychopharmaka mit zentraldämpfender und relaxierender Wirkung, Antiphlogistika und Östrogenen entsprechend dem zytologischen Hormonstatus *(karyopyknotischer Index)* sowie einer Psychotherapie lassen sich bis zu 75 % gute Behandlungsergebnisse erzielen.

Vor der Diagnosestellung „Reizblase“ müssen Erkrankungen der Blase selbst, z.B. ein Blasenkarzinom, Erkrankungen des weiblichen Genitale, im kleinen Becken und des oberen Harntrakts ausgeschlossen werden.

13.3.7 Differentialdiagnose bei Erkrankungen der Urethra

Bei der gynäkologischen Spiegeleinstellung bzw. der bimanuellen Tastuntersuchung können Befunde vor allem im Bereich der vorderen Vaginalwand zu Schwierigkeiten in der Zuordnung zum Genitale oder dem unteren Harntrakt führen. Prallelastische suburethrale Knoten können von Vaginalzysten (Erweiterungen des Gartner-Ganges), Myome oder Fibrome der glatten Muskulatur der Vaginalwand verursacht sein, aber auch Urethralkarzinome (s.S. 395 u. Abb. 15.1, S. 396) müssen von Vaginal- oder Vulvakarzinomen unterschieden werden.

13.3.8 Ausdehnung gynäkologischer Tumoren auf den Harntrakt

Neben dem Vaginal- und Vulvakarzinom führen vor allem Geschwülste des Uterus und der Adnexe häufig zu einer Mitbeteiligung des Harntrakts. Bei benignen Tumoren (Ovarialzysten, Uterus myomatosus) kommt es mit fortschreitendem Wachstum zur Kompression der Harnblase, des Ureters und des Rektums. Besonders bei intraligamentären Ovarialtumoren treten die Beschwerden sehr frühzeitig auf. Pollakisurie, Flankenschmerz, Kreuzschmerz und Obstipation sind typische Symptome. Auch bei Differentialdiagnose des Flankenschmerzes muß bei Verdacht auf einen Ureterstein an stielgedrehte Ovarialtumoren, die Ruptur einer Eierstockzyste und an eine Eileiterschwangerschaft gedacht werden, die ebenfalls mit Pollakisurie und Dysurie einhergehen können.

Unter den malignen Tumoren finden sich vor allem beim Kollumkarzinom in Abhängigkeit vom Tumorstadium Harnwegskomplikationen. Häufig sind ureterale Abflußstörungen durch Infiltration der Parametrien und lumbale Lymphknotenmetastasen, welche mit steigendem Tumorstadium bis zu 30% unilateral und 10% bilateral auftreten (Abb. 13.7). Die Sonographie und das CT sichern die Diagnose. Nach Operation und/oder Strahlentherapie sollten sie in der Anfangsphase mindestens jährlich wiederholt werden, um neben iatrogenen Veränderungen vor allem die Ausbildung eines Rezidivs frühzeitig zu erkennen.

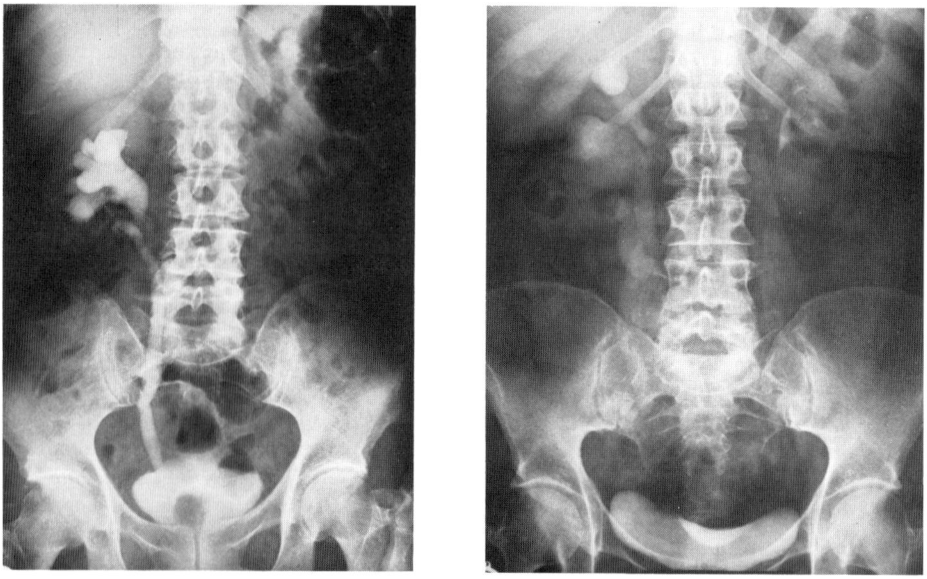

a b

Abb. 13.7a, b **a** Kollumkarzinom, Stadium II, stumme Niere links mit Harnstauungsniere (Emmett II). **b** Kollumkarzinom, Stadium III, mit Harnstauungsniere (Emmett IV) rechts.

Weiterführende Literatur

Ostergard, D.R.: Gynecologic Urology and Urodynamics-Theory and Practice. 2nd ed. Williams & Wilkins, Baltimore 1985

Petri, E.: Gynäkologische Urologie. 2. Aufl. Thieme, Stuttgart, in Vorbereitung

Stanton, S.L.: Clinical Gynecologic Urology. Msoby, St. Louis 1984

Stanton. S.L., E. Tanagho: Surgery of female incontinence. 2nd ed. Springer, Berlin 1986

13.4 Harninkontinenz

M. Goepel, E. Petri

Harninkontinenz ist ein unwillkürlicher Urinverlust unabhängig von der willentlich eingeleiteten Miktion.

Die Harninkontinenz ist nicht ein eigenständiges Krankheitsbild, sondern ein Symptom verschiedener Erkrankungen von Blase, Harnröhre und Schließmuskelapparat. Auf dem Boden der unterschiedlichen Ätiologie lassen sich verschiedene Formen der Harninkontinenz einteilen (Tab. 13.1). (Blasenentleerungsstörung bei Kindern s. Kapitel 12.3).

Die Inkontinenz ist ein häufiges Symptom, vor allem bei älteren Patientinnen. Aber auch jüngere Frauen klagen gelegentlich nach vaginalen Entbindungen oder Operationen im kleinen Becken über tropfenweisen unwillkürlichen Urinabgang bei körperlicher Belastung.

Die in der Tabelle dargestellten erworbenen Formen der Harninkontinenz sind von der kongenitalen Harninkontinenz zu trennen, die neurogen (Spina bifida) oder anatomisch (Epispadie, Ekstrophie, Ureterektopie) bedingt sind. Bei den erworbenen Formen der Harninkontinenz kommt die Streßinkontinenz der Frau am häufigsten vor.

13.4.1 Ätiologie

Die Ätiologie der erworbenen weiblichen Harninkontinenz ist vielgestaltig.

1. Streßinkontinenz

Patienten mit Streßinkontinenz klagen über unwillkürlichen Urinabgang ohne Harndranggefühl bei körperlicher Belastung, z.B. Husten, Nießen, sportlicher Tätigkeit. Bei den meisten Patientinnen liegt eine Insuffizienz des Beckenbodens vor, die häufig mit einer Lageveränderung der Harnblase bei abdomineller Druckerhöhung kombiniert ist (Descensus vesicae). Auslösende Faktoren sind ein Trauma des Beckenbodens bei vaginalen Entbindungen, Innervationsstörungen der Beckenbodenmuskulatur oder Veränderungen der topographischen Anatomie z.B. nach Operationen im kleinen Becken. Bei diesen Lageveränderungen von Blase und Blasenhals fehlt unter Belastungsbedingungen die Übertragung des abdominellen Druckes auf die proximale Harnröhre und die passive und aktive Drucktransmission des Beckenbodens auf die Urethra (Abb. 13.8).

Tabelle 13.1 Einteilung der Harninkontinenz.

1. **Streßinkontinenz**	Sphinkterinkompetenz Blasendruck bei Belastung über Harnröhrendruck, aber keine Detrusorkontraktionen
2. **Urge(= Drang)-Inkontinenz**	Urinabgang bei imperativem Harndrang
a) motorisch	nicht beeinflußbare Detrusorkontraktionen
b) sensorisch	ohne nachweisbare Detrusorkontraktionen
3. **Reflexinkontinenz**	bei „neurogener“ Blase: Läsion des oberen motorischen Neurons der Harnblase
4. **Überlaufinkontinenz**	Blasendruck über Harnröhrendruck, erhöhter Blasendruck durch Blasenwandüberdehnung, keine Detrusorkontraktionen
5. **Extraurethrale Inkontinenz**	Urinabgang durch andere Kanäle als die Urethra (z.B. Fisteln, Ureterektopie)

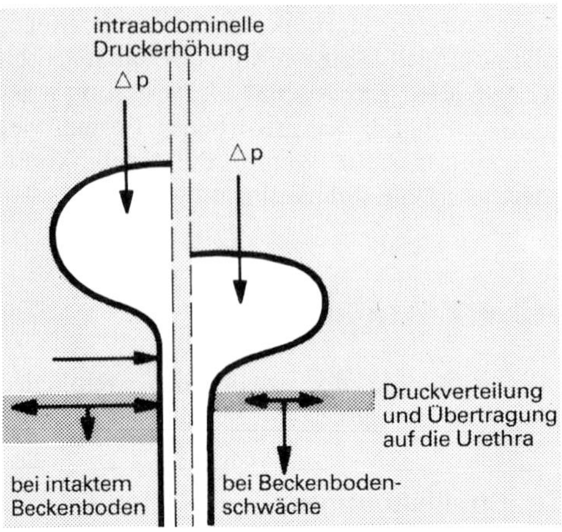

Abb. 13.8 Drucktransmission auf die proximale Urethra und den Beckenboden.

Eine zusätzliche Rolle bei der Streßinkontinenz der Frau spielt der Östrogenmangel in der Postmenopause. Östrogene führen zu einer verstärkten Füllung der submukösen Venenplexus oder in einer gesteigerten Proliferation des Epithels.

Daneben führen Medikamente wie Betaadrenergika, Alpharezeptorenblocker und einer Reihe von Psychopharmaka ebenfalls zu einer Senkung des Harnröhrenverschlußdruckes und damit eventuell zum Auftreten einer Streßinkontinenz.

2. Dranginkontinenz

Patienten mit Dranginkontinenz klagen über plötzlichen, unbeherrschbaren Harndrang mit nachfolgendem Urinverlust auch bei geringer Blasenfüllung.

Man unterscheidet nach dem Ergebnis der urodynamischen Untersuchung die

- motorische Dranginkontinenz („motorischer Urge" = unwillkürliche Detrusorkontraktion mit Harnabgang

von der

- sensorischen Dranginkontinenz („sensorischer Urge") = Harndrang ohne Detrusorkontraktion mit nachfolgendem Harnabgang

Die möglichen Ursachen der Dranginkontinenz sind in Tabelle 13.2 dargestellt.

Tabelle 13.2 Ursachen der Dranginkontinenz.

- **Symptomatisch**
  1. entzündlich – spezifisch (z.B. Tbc, Bilharziose) – unspezifisch
  2. interstitielle Zystitis
  3. radiogen (z.B. nach Bestrahlung eines Collum-Ca.)
  4. Tumoren (Harnblase, Uterus, Prostata)
  5. Fremdkörper
  6. subvesikale Obstruktion (mechanisch, funktionell)
  7. neurogen (Läsion des oberen motorischen Neurons der Harnblase)
  8. hormonell (Östrogenmangel)
- **Idiopathisch**

3. Reflexinkontinenz

Die Reflexinkontinenz tritt bei Schädigung des oberen motorischen Neurons der Harnblase (kongenital z.B. bei Spina bifida, erworben z.B. nach Trauma mit Querschnittslähmung) auf. (Näheres s. Kap. 14)

4. Überlaufinkontinenz

Die Überlaufinkontinenz ist durch tropfenweisen Urinabgang bei maximal gefüllter Harnblase ohne eigentliche Miktion gekennzeichnet. Die Harnblase kann aktiv nicht entleert werden. Häufigste Ursache ist eine mechanische subvesikale Obstruktion, seltener sind funktionelle subvesikale Obstruktionen (z.B. bei neurogener Blasenentleerungsstörung).

5. Extraurethrale Inkontinenz

Hier liegt ein konstanter Harnabgang unabhängig von der Miktion oder ohne eigentliche Miktion vor. Durch Fistelbildung (z.B. Blasenscheidenfistel) kommt es zum Urinverlust über die Vagina, bei kongenitaler Ureterektopie ist neben der normalen Blasenentleerung Harnverlust aus der Harnröhre, Vagina oder der Uretermündung am Perineum nachweisbar.

13.4.2 Diagnostik

Ziel der diagnostischen Maßnahmen bei der Harninkontinenz ist zunächst die Abgrenzung einer Streßinkontinenz von den verschiedenen

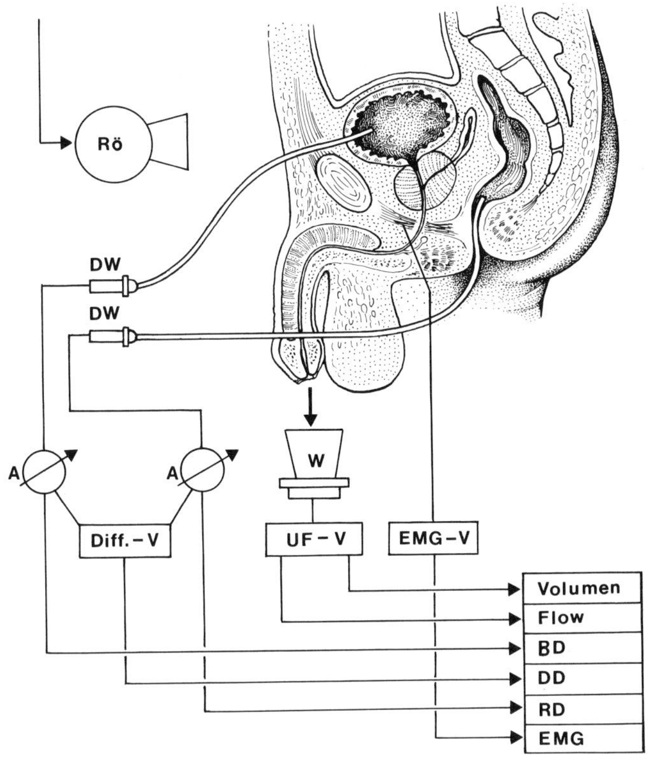

Abb. 13.9 BD = Blasendruck, DD = Detrusordruck, RD = Rektaldruck bei Rückenmarkverletzten (nach: *Stöhrer*, Urologie. Springer, 1979).

Formen der Dranginkontinenz. Hierzu wird eine urodynamische Untersuchung durchgeführt: Druckmeßkatheter werden in Blase und Rektum plaziert und anschließend am sitzenden Patienten eine kontinuierliche Aufzeichnung des intravesikalen und intraabdominellen Druckes während der Füllung und Entleerung der Harnblase aufgezeichnet. Gleichzeitig wird über Klebe- oder Nadelelektroden ein Elektromyogramm des Beckenbodens registriert und die ausgeschiedene Flüssigkeitsmenge durch einen Uroflowmeter gemessen. Die Füllung der Harnblase erfolgt entweder mit körperwarmer isotoner Kochsalzlösung oder mit angewärmter verdünnter Kontrastmittellösung, so daß eine gleichzeitige röntgenologische Beurteilung der Blasenfüllungs- und Entleerungsphase (Miktionszyturethrogramm) möglich ist (s. Abb. 13.9).

Bei Vorliegen einer motorischen Dranginkontinenz kommt es innerhalb der Füllungsphase zu ungehemmten Detrusorkontraktionen entweder spontan oder auf Provokation durch Hustenreiz oder Beklopfen der Blasenregion. Bei der sensorischen Harninkontinenz wird bereits bei geringen Füllungsvolumina ein imperativer Harndrang angegeben ohne daß Detrusorkontraktionen zystomanometrisch nachweisbar wären. Bei der Streßinkontinenz lassen sich bei abdomineller Druckerhöhung durch Bauchpresse oder Hustenstoß Urinabgänge ohne Harndranggefühl oder Detrusorkontraktion nachweisen. Bei der gleichzeitig durchgeführten Durchleuchtung werden Lageveränderungen der Harnblase bei abdomineller Druckerhöhung im sagittalen und lateralen Strahlengang sichtbar. Als weiterführende Untersuchung bei der Abklärung einer Streßinkontinenz steht die Messung des Urethradruckprofils zur Verfügung. Hierbei wird der intraurethrale Druck in Ruhe und unter abdomineller Druckerhöhung sowie die funktionelle Urethralänge, sowie bei gleichzeitiger Registrierung des intravesikalen Druckes auch der urethrale Verschlußdruck aufgezeichnet. Die hierbei erzielten Meßwerte lassen eine Einschätzung der Sphinkterfunktion der Urethra zu.

Grundlage dieser invasiven Diagnostik ist eine exakte Miktionsanamnese, eventuell die Durchführung eines mehrtägigen Miktionsprotokolls durch den Patienten oder zur Einschätzung der klinischen Relevanz einer Inkontinenz die Durchführung eines sogenannten „Pad-Testes" (Pad-Test = Benutzung von Vorlagen über mindestens 24 Stunden, Wechsel der Vorlagen zu festgelegten Zeitpunkten [z.B. alle 2 Stunden] und Auswiegen der Vorlagen zur Einschätzung der verlorenen Harnmenge).

Zusätzlich müssen mikroskopische und bakteriologische Untersuchungen des Urins durchgeführt werden, um einen Harnwegsinfekt als Ursache einer Harninkontinenz auszuschließen. Zytologische Untersuchungen des Urins ergeben Hinweise auf tumorverdächtige Zellen.

13.4.3 Therapie

1. Streßinkontinenz

Bei der vielfältigen Ätiologie der Streßinkontinenz stehen weit über 200 Operationsverfahren und eine Vielzahl von konservativen Behandlungsmöglichkeiten zur Verfügung.

Konservative Therapie

Die konservative Therapie der Streßinkontinenz ist bei Nachweis einer hypotonen Urethra als Ursache des insuffizienten Harnblasenverschlußmechanismus indiziert.

Eine medikamentöse Steigerung des Harnröhrentonus ist durch Alphasympathomimetika (z.B. Gutron®) indiziert oder durch Östrogengabe (systemisch oder lokal [z.B. Ovestin®]) möglich. Kontraindikationen zur Therapie mit Alphasympathomimetika sind eine bestehende arterielle Hypertonie oder kardiovaskuläre Risiken.

Operative Therapie

Entscheidend für den Erfolg einer operativen Behandlung ist die richtige Auswahl des Operationsverfahrens. In Abhängigkeit vom urodynamischen und endoskopischen Untersuchungsergebnis und eventuell zusätzlich bestehenden pathologischen Untersuchungsbefunden sind verschiedene Operationstechniken indiziert. Zur Verfügung stehen kombinierte suprapubisch-vaginale Techniken (Faszien-

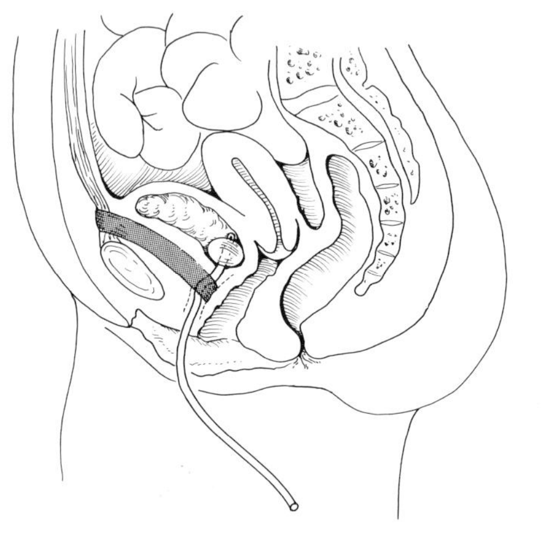

Abb. 13.10 Faszienzügelplastik.

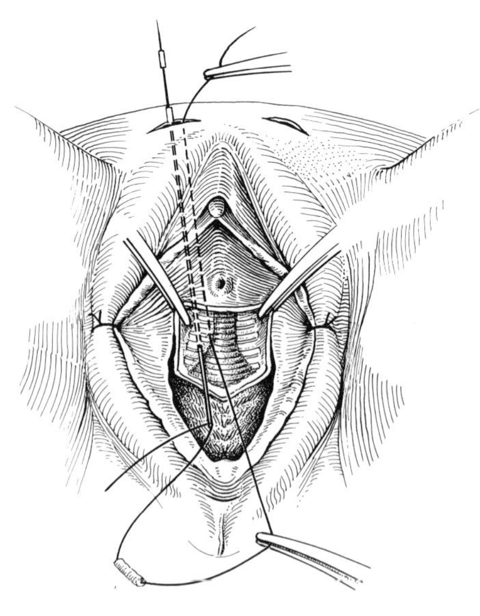

Abb. 13.11 Nadelsuspensionsplastik nach *Stamey-Pereira*.

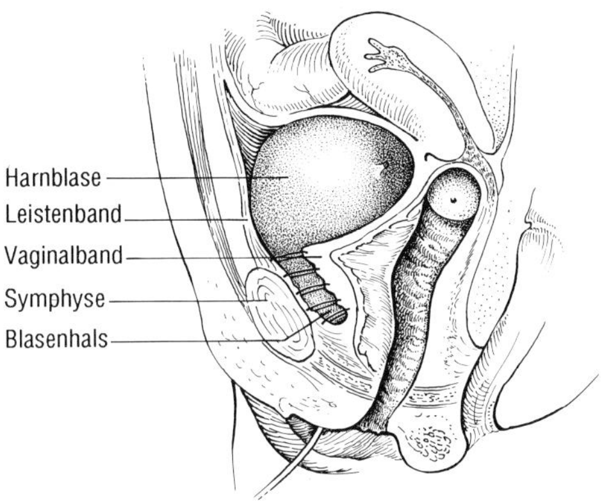

Abb. 13.12 OP nach *Marshall-Marchetti-Krantz*.

zügelplastik (Abb. 13.10), Nadelsuspensionsplastik (Abb. 13.11) oder rein suprasymphysäre Operationsverfahren wie die Kolposuspension nach Burch oder nach Marshall-Marchetti-Krantz (Abb. 13.12).

Ziel aller Operationstechniken ist es, die veränderte topographische Anatomie des kleinen Beckens zu korrigieren und den urethralen Verschlußdruck zu erhöhen.

In seltenen Fällen kann nach Versagen dieser Therapieformen die Implantation eines alloplastischen Harnblasensphinkters erwogen werden.

Bei richtiger Wahl des Operationsverfahrens kann eine Streßinkontinenz bei der Frau in 80 bis 85 % erfolgreich behandelt werden.

Artefizieller Sphinkter

Die Kontinenz wird über eine Manschette erreicht, die um den Blasenhals, bzw. beim Mann auch um die bulbäre Harnröhre angelegt wird. Über eine Pumpe, die in eine Schamlippe bzw. ein Skrotalfach eingelegt wird, kann die Manschette entleert und die Miktion eingeleitet werden. Über das Reservoir füllt sich die Manschette selbständig innerhalb einer Minute wieder (Abb. 13.13).

Indikation zum artefiziellen Sphinkter sind
- Inkontinenz nach Prostataoperationen [40 %]
- angeborene Blasenentleerungsstörungen [40 %] (s. Spina bifida, Meningomyelozele)
- traumatische Inkontinenz (Wirbelsäule, Becken) [10 %]
- neurologische Ursachen [10 %]

2. Dranginkontinenz

Bei der Therapie der motorischen Urgeinkontinenz kommen anticholinerge Substanzen mit hoher spezifischer Wirkung auf den Bla-

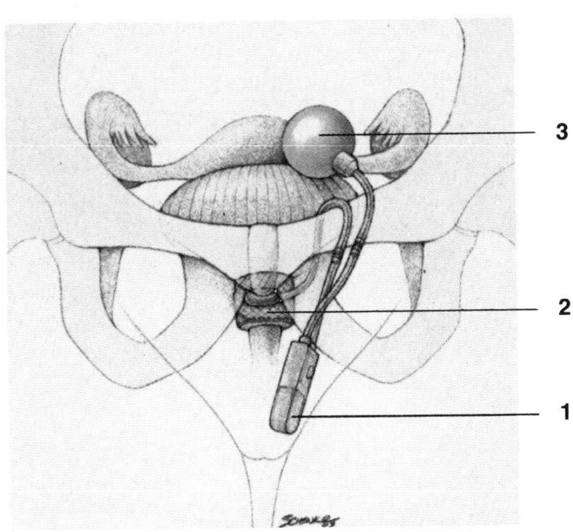

Abb. 13.13 Schemazeichnung eines artefiziellen Sphinkters am Blasenhals der Frau (1 = Pumpe, 2 = Manschette, 3 = Reservoir)

senmuskel zum Einsatz (Oxybutinin, Terodilin, Flavoxat). Der Einsatz dieser Medikamente ist allerdings durch mögliche Nebenwirkungen (Mundtrockenheit, Akkomodationsstörungen, Obstipation, orthostatische Dysregulation) limitiert, so daß bei schweren Formen der motorischen Urgeinkontinenz nach Versagen konservativer Therapiemöglichkeiten eine operative Therapie gerechtfertigt ist. Hierbei stehen neben der Harnblasenaugmentation mit Dünn- oder Dickdarmanteilen, die Neuromodulation der Harnblase durch Implantation von Stimulationsselektroden in die Sakralforamina S2 bis S4 zur Verfügung. Durch konstante Stimulation dieser implantierten Elektroden durch einen unter die Bauchhaut implantierten Impulsgebers („Blasenschrittmacher") gelingt die Neuromodulation der bei der motorischen Urgeinkontinenz gestörten Blaseninnervation.

Bei der Augmentation der Harnblase wird durch komplette Durchtrennung des Harnblasenmuskels in der Sagittalebene oder Transversalebene und Implantation eines antimesenterial inzidierten Darmanteiles eine Blasenerweiterung erreicht, bei der Kontraktionen der Detrusormuskulatur nicht mehr drucksteigernd wirksam werden können.

Die Therapiemöglichkeiten der sensorischen Urgeinkontinenz sind bisher begrenzt, zum Einsatz kommen neben den o.g. anticholinergen Pharmaka verschiedene invasive Behandlungsmethoden, Injektion von Lokalanästhetika, subtotale Zystektomie mit Neoblasenbildung (z.B. aus Ileumanteilen). Bei leichten Formen der sensorischen Urgeinkontinenz kann eine Physiotherapie mit Biofeedback versucht werden.

3. Reflexinkontinenz

s. Kap. 14.3

4. Überlaufinkontinenz

s. Kap. 7.9

5. Extraurethrale Inkontinenz

s. Kap. 5.3

Weiterführende Literatur

Caine, M.: The Parmacology of the Urinary Tract. Springer 1984

Debruyne, F.M.J., Ph. E.V.A. van Kerrebroeck: Practical aspects of urinary incontinence. Martinus Nijhoff Publishers 1986

Jonas U., H. Heidler, H. Thüroff: Urodynamik. Diagnostik der Funktionsstörungen des unteren Harntraktes. Enke, Stuttgart 1980

Stanton, St.L., E.A. Tanagho: Surgery of Female Incontinence. Springer 1986

Torrens, M., J.F.B. Morrison: the Physiology of the Lower Urinary Tract. Springer 1987

14 Neurogene Blasenfunktionsstörungen (GK 3-14)

H. Heidler

14.1 Funktion und Dysfunktion von Harnblase, Harnröhre und Beckenboden

Die Harnblase hat die Aufgabe, den Harn zu sammeln *(Speicherfunktion)* und dann unter willkürlicher Kontrolle auszustoßen *(Entleerungsfunktion)*. Diese zwei gegensätzlichen Funktionen werden von den gleichen neuromuskulären Strukturen ausgeführt; Blase, Harnröhre und quergestreifte Sphinktermuskulatur bilden für diese Aufgaben eine funktionelle Einheit.

Ungestörte sensomotorische Funktion bedeutet das Vorliegen eines intakten Miktionsreflexes. Dazu zählen eine **adäquate Blasensensibilität** (Vorliegen von Harndrang bei entsprechender Blasenfüllung), eine **ungestörte Speicherphase** (ohne imperativen Harndrang oder Dranginkontinenz, ohne Harnverlust bei Belastung), eine **willkürliche Miktionseinleitung** und die Fähigkeit der Miktionsunterbrechung, während der Miktion der **Synergismus zwischen Detrusorkontraktion** und Relaxation der quergestreiften Sphinktermuskulatur und der proximalen Harnröhre sowie die **restharnfreie Blasenentleerung** durch eine anhaltende Detrusorkontraktion.

Dieser globale Funktionsablauf kann nach Bradley in 4 integrierte Funktionskreise auf zerebraler, spinaler und peripherer Ebene unterteilt werden, an denen der Parasympathikus (Nervus pelvicus), der Sympathikus (Plexus hypogastricus) und der somatische Nervus pudendus beteiligt sind (Abb. 14.1).

Funktionskreis 1 besteht aus Bahnen zwischen dem Frontalhirn und dem Hirnstamm. Eine entsprechende Anzahl von afferenten Impulsen der Blase löst im Großhirn das Gefühl des Harndranges aus, über die efferenten Bahnen ist die Willkürsteuerung des langen Miktionsreflexes (Funktionskreis 2) möglich.

Der Funktionskreis 2 stellt den langen Miktionsreflexbogen dar und besteht aus einer peripheren und spinalen Komponente. Von den parasympathischen Dehnungsrezeptoren laufen die afferenten Impulse über den Nervus pelvicus über die Hinterwurzel im Rückenmark in den **Hirnstamm**.

Hier erfolgt die Umschaltung auf parasympathische Bahnen, die die efferenten Impulse über Rückenmark, Nuclei pelvici im Sakralmark und Nervus pelvicus an den Plexus vesicalis und zum Detrusormuskel führen.

Der Funktionskreis 3 garantiert im Ablauf dieses langen Miktionsreflexbogens den Synergismus zwischen Detrusorkontraktion und Relaxation der quergestreiften Sphinktermuskulatur.

Der Funktionskreis 4 stellt die direkte Verbindung zwischen Motorcortex und der quergestreiften Sphinktermuskulatur über den Nervus pudendus dar und ermöglicht z.B. die willkürliche Miktionsunterbrechung durch Kneifen des Beckenbodens.

Bei der **ungestörten Speicherphase** gelangen afferente Impulse von Blase und Harnröhre über den Funktionskreis 2 in das Rückenmark und werden kortikal in Funktionskreis 1 als Harndrang verspürt. Bei zunehmender Intensität bewirken die Hemmfunktionen des Cortex und die spinalen Hemmneurone, daß der Miktionsreflex nicht ausgelöst wird, daß keine efferenten Impulse auf den Detrusor übertreten.

Bei der **willkürlichen Miktionseinleitung** fallen bei starker Aktivität der Blasenafferenzen der hemmende Einfluß des Cortex (Funktionskreis 1) und die Aktivität der spinalen Hemmneurone entlang des langen Miktionsreflexbogens (Funktionskreis 2) weg, der efferente Weg wird damit freigegeben. Die rücklaufenden efferenten Impulse bewirken nun eine schlagartige Auslösung der Miktion. Beim Zustandekommen des Miktionsreflexes wird der spinale Sympathikus gehemmt, wodurch der Sympathikotonus auf die glatte Muskulatur der proximalen Harnröhre wegfällt und die Miktion damit erleichtert wird. Gleichzeitig kommt es bei Bahnung des Mik-

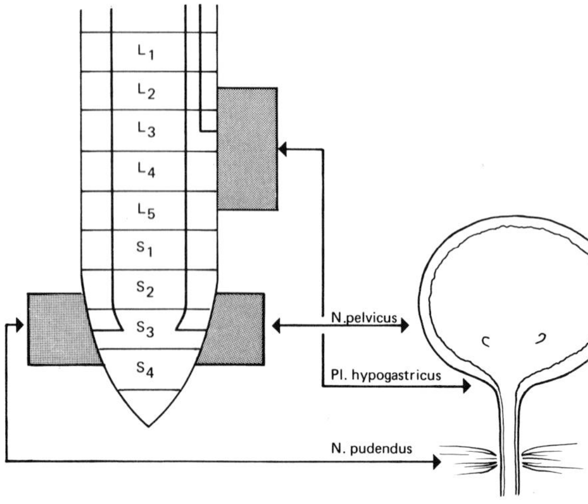

a

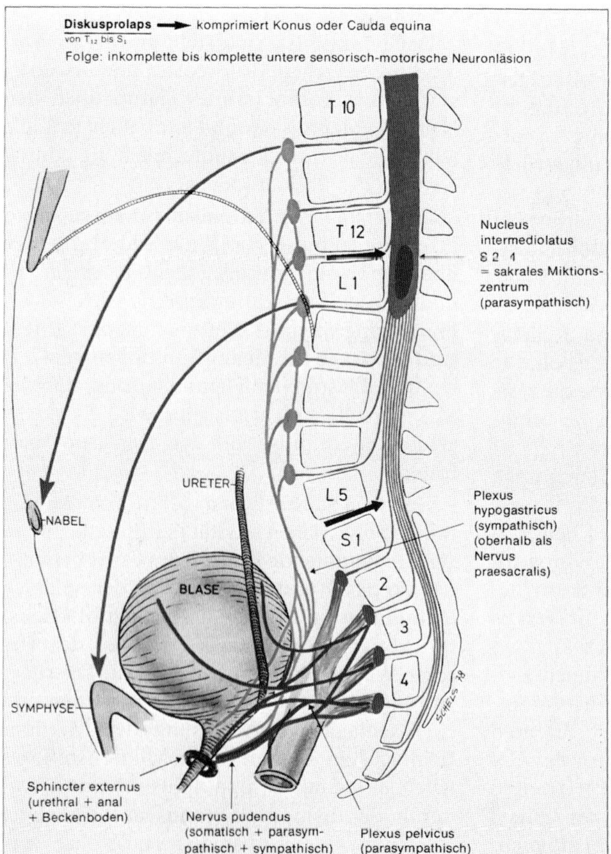

b

Abb. 14.1 a, b **a** Schematische Darstellung der normalen Blaseninnervation.
b Schema der motorischen und sensorischen Nervenversorgung der Blase (*Sigel* et al., 1978).

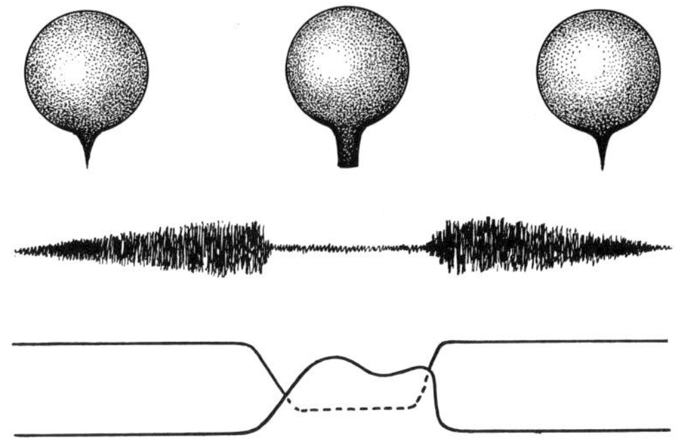

Abb. 14.2 Schematische Darstellung des Synergismus während der Miktion.
(BB = Beckenboden)

tionsreflexes über den Funktionskreis 3 im Sinne der **Synergie** zum Wegfall der tonisierenden Impulse auf die quergestreifte Sphinktermuskulatur (Abb. 14.2).

Das **führende Symptom** der neurogenen Blasenstörung ist die **Harninkontinenz**. Unter Harninkontinenz verstehen wir einen Defekt entweder der Harnröhrenverschlußmechanismen oder der willkürlichen Kontrolle der Miktion, wodurch Harnverlust durch die Harnröhre verursacht wird.

Die bislang geläufige Einteilung der Harninkontinenz erfolgte in **symptomatischer Hinsicht** und unterschied 4 Formen: Streßinkontinenz, Dranginkontinenz, Reflexinkontinenz und die Überlaufinkontinenz.

Definitionen:

Streßinkontinenz = Harnverlust bei insuffizientem Harnröhrenverschluß unter Belastung bei unauffälliger Blasenmotorik, verursacht durch eine Blasenauslaßinkompetenz.

Dranginkontinenz (Urge Inkontinenz) = Harnverlust bei gesteigertem Harndrang und unwillkürlicher Blasenmotorik, bei intaktem Harnröhrenverschlußmechanismus, verursacht durch eine Detrusorüberaktivität.

Überlaufinkontinenz = Harnverlust bei großen Restharnmengen ohne jede Blasenmotorik, verursacht durch eine Detrusorunteraktivität.

Reflexinkontinenz = Harnverlust ohne Harndrang durch selbständige unwillkürliche, aktive Blasenentleerung, verursacht durch eine Detrusorhyperreflexie.

Dem gegenüber steht heute die Einteilung in **funktioneller** Hinsicht, somit nach den funktionellen Störungen, im Vordergrund:

Gestörte Blasenfunktion bei:

- Detrusorhyperaktivität, Detrusorhyperreflexie
- Detrusorhypoaktivität, Detrusoratonie
- Blasenauslaßobstruktion
- Blasenauslaßinkompetenz

Die **Detrusorhyperaktivität** führt üblicherweise zur Dranginkontinenz, wofür folgende Defekte als Ursache in Frage kommen.

- Die Überempfindlichkeit des Trigonums und der Harnröhre führt zur peripheren Überstimulation und ist mit Pollakisurie und eventuell verminderter Blasenkapazität vergesellschaftet.
  Wenn diese Überempfindlichkeit durch eine erkennbare Ursache in Form von z.B. Harnwegsinfektion, Fremdkörper wie Steine oder Dauerkatheter oder durch eine Harnröhrenenge bedingt ist, handelt es sich um eine **sekundäre** Dranginkontinenz.
- Die Unterempfindlichkeit des Trigonums ist bedingt durch einen Mangel an Harndrangsensoren, wobei durch Wegfall dieses Frühwarnsystems und somit ohne Pollakisurie die Dehnungsrezeptoren der Blasenwand bei adäquater Blasenfüllung zum plötzlichen imperativen Harndrang bis zur nicht verhinderbaren Miktion führen.
- Der Mangel an zentralnervöser Hemmung mit Defekt im Funktionskreis 1 kann bereits bei geringer Harndrangstärke zur nicht verhinderbaren Miktion führen und ist meist mit einer Hirnleistungsstörung verbunden. Bei komplettem Fehlen der Bla-

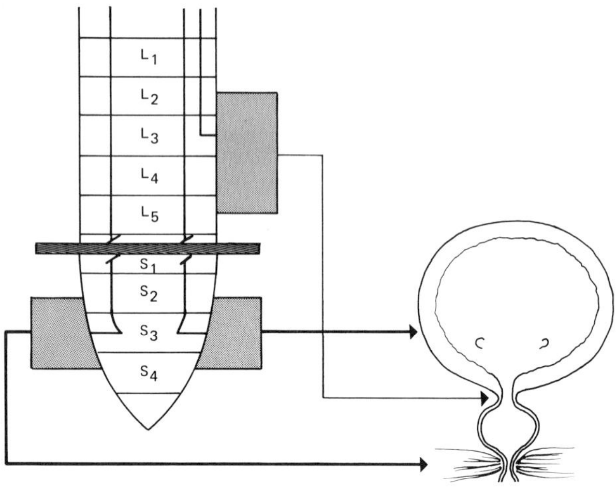

a

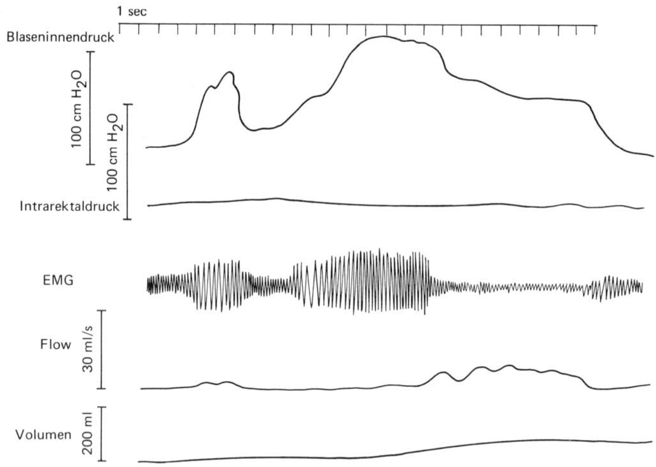

b

Abb. 14.3 a, b **a** Schematische Darstellung der Detrusor-Sphinkter-Dyssynergie.
b Bei der Blasendruckmessung wird deutlich, daß synchron mit ansteigendem Blaseninnendruck die Beckenbodenaktivität, erkennbar im EMG, zunimmt. Die Miktion ist nur mit schlechtem Flow möglich (vgl. Abb. 12.8, S. 332).

sensensibilität spricht man hier von der **Detrusorhyperreflexie**, wobei die Läsion oberhalb des Sakralmarkes liegt (= supranukleäre Läsion) (Abb. 14.3).

Die **Detrusorhypoaktivität** (Detrusoratonie) führt meist zur Miktion mit Bauchpresse, zur Restharnbildung und zur Überlaufinkontinenz und ist verursacht entweder durch eine Läsion der sensiblen Fasern mit fehlendem Bewußtwerden der Blasenfüllung und demnach fehlender Reizanflutung für eine Detrusorkontraktion oder durch Läsion der efferenten Bahnen im Sacralmark oder im Nervus pelvi-

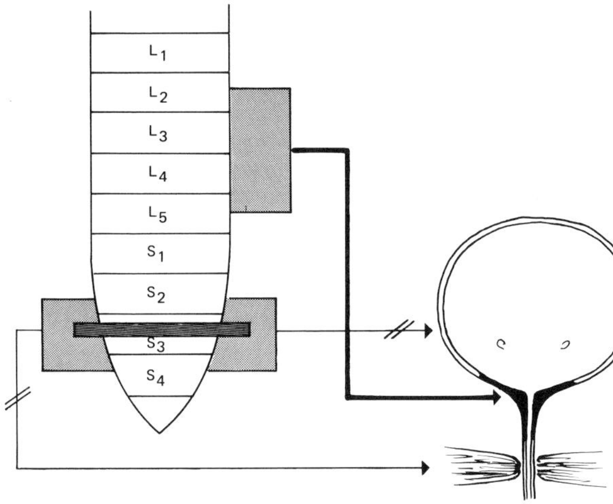

a

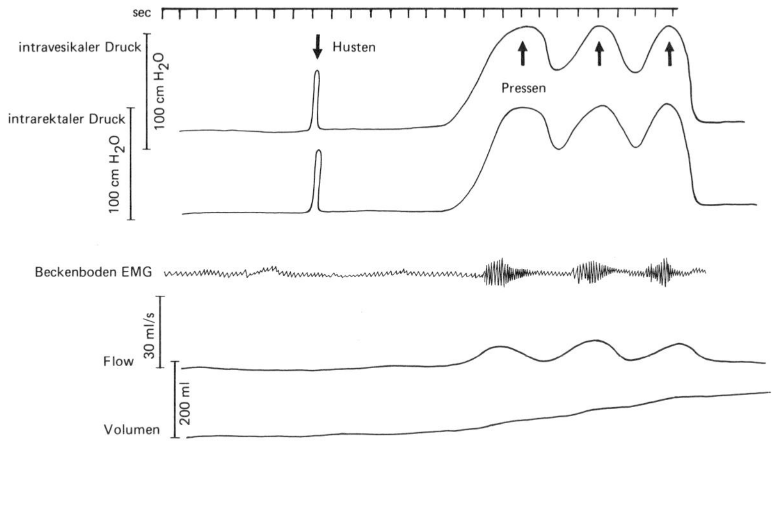

b

Abb. 14.4 a, b **a** Schematische Darstellung einer infranukleären Läsion.
b Ergebnis der Blasendruckmessung bei infranukleärer Läsion. Die Miktion gelang bei diesem Patienten nur durch Betätigung der Bauchpresse. Der intrarektale Druck steigt synchron. Der Flow erfolgt wellenartig.

cus (= infranukleäre Läsion) (Abb. 14.4, Tab. 14.1).

Die **Blasenauslaßobstruktion** kann prinzipiell mechanische oder funktionelle Ursachen haben, wobei bei der neurogenen Blasenfunktionsstörung die funktionellen Störungen natürlich im Vordergrund stehen. Hier kann die funktionelle Enge im Bereich des Blasenhalses

Tabelle 14.1 Synonyme Begriffe zum Klassifikationsschema.

Neurogene Störung		Synonymer Begriff
Supranukleäre Läsion	komplett	Reflexblase, automatische Blase, Upper motor neuron lesion, Rückenmarksblase, spastische Blase.
	inkomplett	Obere senso-motorische Läsion, ungehemmte Blase
Infranukleäre Läsion	komplett	Autonome Blase, schlaffe Blase, inaktive Blase, Lower motor neuron lesion, atonische Blase.
	inkomplett	Pelvic bladder, motorische Läsion

und der proximalen Harnröhre (Hypertonie der proximalen Harnröhre, Detrusor-Sphinkter internus-Dyssynergie) und im Bereich der quergestreiften Sphinktermuskulatur (Sphinkter externus-Spastik, Detrusor-Sphinkter-externus-Dyssynergie) unterschieden werden. Der Pathomechanismus besteht nun darin, daß es bei der Detrusorkontraktion nicht zur reziproken Erschlaffung einerseits der proximalen Harnröhre und des Blasenhalses und andererseits der quergestreiften Sphinktermuskulatur kommt, die Synergie ist gestört.

Die Blasenauslaßinkompetenz führt zur Streßinkontinenz und ist verursacht entweder durch eine Beckenbodenschwäche bei Läsion des Nervus pudendus oder durch einen verminderten Harnröhrentonus bei Läsion des Sympathikus (Plexus hypogastricus). Die Beckenbodenschwäche und die verminderte Reflextätigkeit des Beckenbodens sind die Ursachen dafür, daß bei intrabdomineller Druckerhöhung nicht die entsprechende Druckübertragung (Drucktransmission) auf die Harnröhre stattfindet und Streßinkontinenz resultiert. Bei mangelhaftem oder fehlendem Harnröhrenverschlußdruck (Harnröhrentonus) übersteigt der Blaseninnendruck den Harnröhrenwiderstand, es resultiert wieder Harninkontinenz bei sonst unauffälliger Blasenmotorik.

Wenn wir davon ausgehen, daß die Blase eine Speicherfunktion und eine Entleerungsfunktion besitzt, so kann nun eine gestörte Speicherfunktion durch eine Detrusorhyperaktivität/-hyperreflexie oder durch eine Blasenauslaßinkompetenz verursacht sein, während eine gestörte Entleerungsfunktion durch eine Detrusorunteraktivität oder durch eine Blasenauslaßobstruktion bedingt sein kann.

Kombinationen dieser Störungsformen sind häufig.

14.2 Ursachen der neurogenen Blasenfunktionsstörungen

Wir kennen angeborene und erworbene Ursachen der neurogenen Blasenfunktionsstörung, die ein Symptom einer neurologischen Erkrankung darstellt (Tab. 14.2).

Die angeborenen und die erworbenen Krankheiten des zentralen Nervensystems zeigen wegen ihres multifokalen und disseminierten Auftretens morphologisch und funktionell keine einheitliche Symptomatik. Die Rückenmarkstraumen und -tumoren hingegen geben eine exakte Möglichkeit einer Begrenzung und Typisierung (siehe oben) der funktionellen Ausfälle bzw. Störungen.

14.3 Allgemeine Diagnostik

14.3.1 Anamnese

Direkte Anhaltspunkte für das Vorliegen einer neurogenen Blasenentleerungsstörung liefern Harnverlust, Pollakisurie, Nykturie, Harnverhaltung und die nur selten spontan vom Patienten angegebene Miktion ausschließlich mit der Bauchpresse. Mechanische infravesikale Hindernisse wie Prostatavergrößerung, Harnröhrenstrikturen und Meatusstenosen müssen ausgeschlossen werden. Indirekte Anhaltspunkte für das Vorliegen einer neurogenen Blasenentleerungsstörung sind Restharngefühl, lange Miktionszeiten und chronisch rezidivierende Harnwegsinfektionen.

Beim Vorliegen einer Inkontinenz kann häufig anamnestisch eine Dranginkontinenz

Tabelle 14.2 Ursachen der neurogenen Blase.

Angeboren

Myelodysplasie (Myelomeningozele, kongenitale Agenesie des Os sacrum, Spina bifida occulta, Analastresie).

Erworben

1. Traumata der Wirbelsäule (Querschnittslähmung, Tetraplegie).
2. Läsionen des Plexus pelvicus bei Operationen im kleinen Becken.
3. Akute Einklemmung der Cauda equina in einer Bandscheibe der LWS.
4. Toxische Neuropathie (Diabetes mellitus, Perniziosa, Porphyrie, Botulismus).
5. Degenerative Neuropathie (Tabes dorsalis, Syringomyelie, multiple Sklerose).
6. Entzündungen (Myelitis, Arachnoiditis, Polyradikulitis, Neuritis, Herpes zoster).
7. Vaskuläre Neuropathie (Erkrankung oder Verletzung ernährender Gefäße des Rückenmarks).
8. Tumoröse Erkrankungen des Rückenmarks.
9. Pharmakologische Neuropathie.
10. Zerebrale Erkrankungen (Hirntumoren, zerebrale Angiopathie, bulbäre Erkrankungen, M. Parkinson).

von einer Streßsituation unterschieden werden. Im ersten Fall wird Harndrang kurz vor dem Harnverlust angegeben, außerdem besteht Pollakisurie und Nykturie. Im zweiten Fall ist der zeitliche Zusammenhang des Harnverlustes mit Pressen, Husten usw. ohne das geringste Blasengefühl bezeichnend.

Pollakisurie ohne Nykturie oder Enuresis nocturna allein deuten eher auf eine vegetative als auf eine neuro-urologische Störung hin.

Bauchpresse bei der Miktion wird entweder nur am Beginn der Miktion betätigt, um gleichsam vermehrte Impulse und damit die spontane Detrusorkontraktion mit Blasenentleerung zu erreichen, oder sie wirkt permanent – ohne Pressen besteht kein Fortgang der Miktion. Dies ist ein wichtiger Hinweis für eine komplette infranukleäre Läsion. Eine Stakkatomiktion spricht für ein infravesicales Hindernis bei erhaltener Detrusoraktivität.

Eine weitere wesentliche Hilfe stellt das über eine Woche vom Patienten aufgestellte Miktionsprotokoll dar, in das der Patient die Miktion tags und nachts mit Uhrzeit und Miktionsvolumen und gegebenenfalls Harnverlust einträgt.

Eine wichtige Ergänzung in der Anamnese stellt die Erhebung der Stuhlprobleme und des Sexualverhaltens dar, da dadurch Rückschlüsse auf nervale Läsionen gewonnen werden können.

14.3.2 Allgemeine urologische Untersuchung

Am Anfang steht die Erhebung des allgemeinen urologischen Status, danach folgt eine grobe neurologische Untersuchung mit Prüfung der Reithosensensibilität, des Analsphinktertonus, der willkürlichen Analsphinkterkontrolle und des Bulbocavernosus-Reflexes. Die Harnuntersuchung beinhaltet die Bestimmung von Erythrozyten, Leukozyten und Eiweiß sowie eine Harnkultur mit Resistenzbestimmung.

Das Ausscheidungsurogramm gibt wichtige Aufschlüsse über den Zustand des oberen Harntraktes. Ein abschließendes Röntgenbild der Blase nach Miktion weist das Fehlen oder Vorhandensein von Restharn nach, dessen Volumen in Beziehung zur Blasenkapazität gesetzt, den sogenannten Restharnquotienten ergibt. Daneben gibt auch die Sonographie des Harntraktes wichtige Informationen dem Untersucher, so daß insbesondere bei Kontrolluntersuchungen auf Röntgenuntersuchungen weitgehend verzichtet werden kann.

14.3.3 Urodynamische Funktionsdiagnostik

(Abb. 14.5)

Die **Zystomanometrie** = Blasendruckmessung stellt die wesentliche diagnostische Maß-

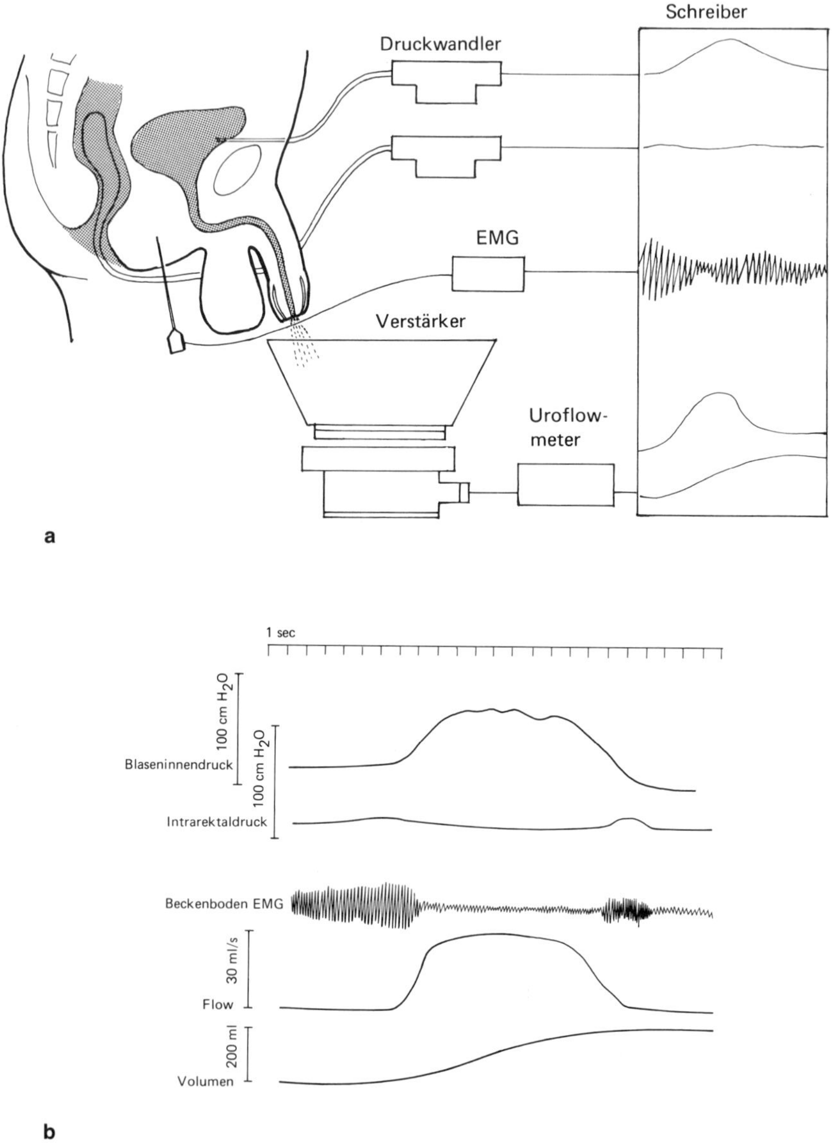

Abb. 14.5 a, b **a** Schematische Darstellung der urodynamischen Funktionsdiagnostik. Der Blasendruck, Rektaldruck, das Beckenbodenelektromyogramm, der Uroflow und das miktionierte Volumen werden aufgezeichnet.
b Ergebnis der urodynamischen Funktionsdiagnostik bei einem normalen Miktionsvorgang.

nahme zur Objektivierung der Detrusorreaktion auf eine Füllungszunahme mit oder ohne Provokation dar. Die zystometrische Untersuchung ermöglicht bereits eine Klassifikation neurogener Blasenstörungen oder der Inkontinenz, wobei einerseits die Füllungsphase und andererseits die Entleerungsphase (= Miktiometrie) unterschieden werden müssen.

Die Urethrometrie = Harnröhrendruckprofilmessung bestimmt die intraurethrale

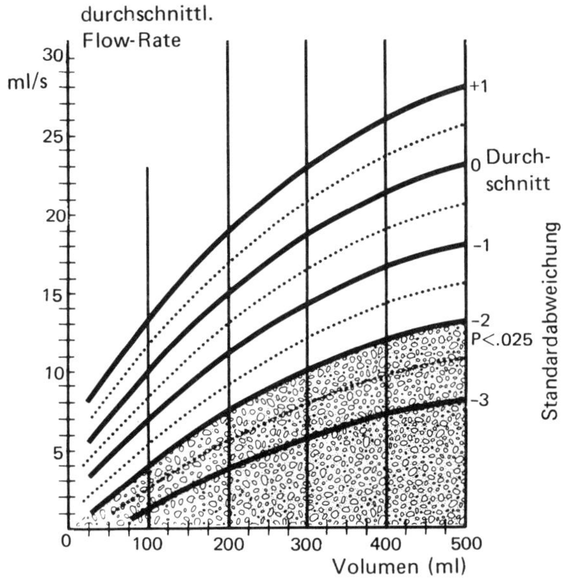

a

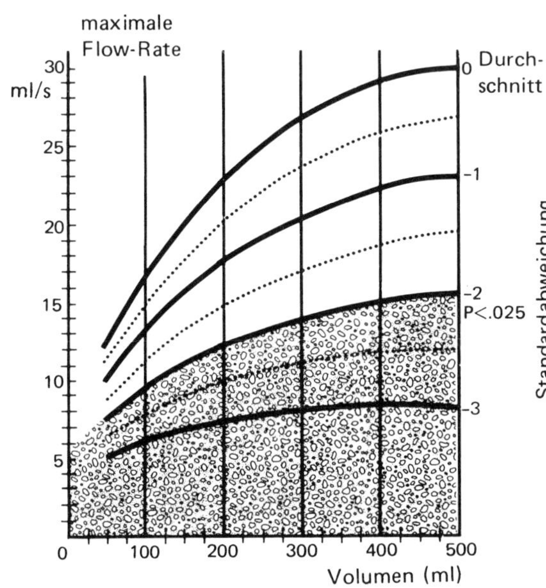

b

Abb. 14.6 a, b Abhängigkeit der durchschnittlichen (**a**) und maximalen Flow-Rate (**b**) vom Miktionsvolumen (nach *Siroky* et al., 1979).

Druckverteilung im Harnröhrenverlauf bei konstant hohem Druck in der Blase. Bei der üblicherweise durchgeführten Untersuchungstechnik mit Rückzug eines Maßkatheters durch die Harnröhre kann eine Urethrometrie in Ruhe (= Ruheprofil), unter willkürlicher Kontraktion des Beckenbodens (= Arbeitsprofil) oder unter intermittierenden Hustenstössen und somit intraabdomineller Druckerhöhung (= Streßprofil) durchgeführt werden. Die Aussagekraft des Harnröhrenruheprofils besteht nun darin, einen verminderten Harnröhrentonus nach Läsion des sympathischen Plexus hypogastricus als Ursache einer Streßinkontinenz auszuschließen. Die Aussagekraft des Arbeitsprofils liegt in der Dokumentation von willkürlichen Kontraktionen der quergestreiften Sphinktermuskulatur und das Streßprofil ergibt einen wertvollen Hinweis auf die Übertragung einer intraabdominellen Druckerhöhung auf die proximale Harnröhre (= passive Drucktransmission) und auf die intraurethrale Druckerhöhung unter Streßbedingung durch reflektorische Beckenbodenkontraktionen (= reflektorische Drucktransmission). Hier kann eine Hyporeaktivität des Beckenbodens als Ursache einer Streßinkontinenz bestimmt werden.

Die Uroflowmetrie (Harnflußmessung) bestimmt das durch die Harnröhre entleerte Volumen in ml/Zeiteinheit (sec.). Dieses Sekundenvolumen ist abhängig vom in der Blase aufgebrachten Miktionsdruck und dem Harnröhrenwiderstand. Da die Uroflowmetrie eine Beurteilung der Entleerungsphase zuläßt, sind prinzipiell alle Störungen der Blasenentleerung als Indikation für eine Harnflußmessung anzusehen. Diese nichtinvasive Untersuchung stellt aufgrund der für den Patienten risikolosen und nicht belastenden Durchführbarkeit eine wertvolle Screeningmethode dar und sollte daher am Beginn der Untersuchung entstehen (Abb. 14.6).

Die Miktionszystourethrographie zielt auf eine funktionelle und morphologisch-anatomische Aussage ab und ist isoliert betrachtet von untergeordneter Bedeutung. Erst im Kombinationsverfahren mit Miktionsdruckmessung während der Zystomanometrie und Uroflowmetrie gewinnt sie große Bedeutung zur Lokalisierung eines infravesikalen Hindernisses. Auch hier wurden zuletzt sonographische Methoden beschrieben, die auch diesbezüglich unter Umständen eine Röntgenuntersuchung entbehrlich machen.

Die heute klinisch angewandten und **urodynamischen Kombinationsverfahren** bestehen aus der simultanen Erfassung von Rönt-geninformationen und Zystomanometrie, Flowmetrie und Elektromyogramm (kombinierte Videourodynamik). Entsprechend der klinischen Fragestellung sind zur Klärung der Diagnose meist Videographie der Miktion und die Druckflußmessung (Zystomanometrie und Uroflowmetrie) ausreichend, bei Problempatienten ist jedoch oft die Mehrfachkombination nicht zu umgehen. Die simultane Registrierung des Miktionszystourethrogramms ist deshalb wichtig, da zwischen dem heute erhobenen Befund der Druckflußmessung und dem zu einem anderen Zeitpunkt erhobenen radiologischen Miktionsablauf keine Korrelation besteht.

14.4 Spezielle Diagnostik, Therapie und Management

Entsprechend der wichtigsten angeborenen und erworbenen Ursachen, die in Tab. 14.2 aufgezählt sind, folgt nun die kurze Beschreibung der dabei zu erwartenden neurogenen Blasenfunktionsstörungen und deren Management aus heutiger Sicht (s.a. S. 335).

Die Myelodysplasie

In Mitteleuropa beträgt die Inzidenz der Myelomeningozele 1,2—2,8 Promille, d.h. 2 Fälle auf 1000 Geburten. Bei der Myelomeningozele (MMC), Spina bifida occulta und Sakralagenesie (Abb. 14.7) finden sich eher mosaikartige, als querschnittsartige neurologische Ausfälle. Demzufolge kann jede Form von Detrusorhyperreflexie, Detrusorhyperaktivität oder Detrusorareflexie, Detrusorhypoaktivität vorliegen, weiteres sowohl eine der Formen der funktionellen Blasenauslaßobstruktion als auch eine Blasenauslaßinkompetenz festzustellen sein.

Für die Erhaltung eines funktionstüchtigen oberen Harntraktes spielt der Blaseninnendruck während der Füll- und Entleerungsphase der Blase eine eminent wichtige Rolle. Die Werte des Blaseninnendruckes stellen den wesentlichen und heute auch allgemein anerkannten prognostischen Faktor für den oberen Harntrakt dar.

Die **Erstuntersuchung** sollte somit kurz nach der Geburt erfolgen und folgende Schritte umfassen: Erstellung von Harnuntersuchung inkl. Harnkultur, Sonographie der Nieren und der Blase, insbesondere im Hinblick auf Restharn, einfache Zystomanometrie mit Erfassung des Blaseninnendruckes am Beginn und am Ende der kontinuierlichen Blasenfüllung, das dann erreicht ist, wenn Flüssigkeit neben dem Meßkatheter aus der Harnröhre austritt = Harnaustrittsdruck und mit Erfassung des Blaseninnendruckes bei einer eventuellen Spontanmiktion mit regulärer Detrusorkontraktion.

Prinzipiell besteht das Nahziel der Behandlung in der Erhaltung eines funktionstüchtigen oberen Harntraktes und erst das Fernziel besteht in der Kontrolle der Harninkontinenz.

Therapeutische Konsequenzen ergeben sich ab dem Säuglingsalter dann, wenn pathologisch erhöhte **Blaseninnendrucke** während der Blasenfüll- und/oder Entleerungsphase festzustellen sind. Dabei gelten für den (länger bestehenden) Harnaustrittsdruck als Grenzwert 40 cm H_2O, für den (nur kurz bestehenden) Miktionsdruck als Grenzwert 90 cm H_2O, ab dem eine Intervention erforderlich wird, um Schäden am oberen Harntrakt zu vermeiden.

Hier hat nun während der letzten 20 Jahre ein deutlicher Wandel im Vorgehen und im Management der Blasenfunktionsstörungen durch die Verbreitung des intermittierenden (Selbst) **Katheterismus** und durch Einführung neuer effektiver **Anticholingergika** stattgefunden (s. Tab. 14.3, medikamentöse Therapie).

Ein Ausdrücken der Blase durch Credé-Manöver gilt mit Ausnahme weniger Situationen als absolet. Die prophylaktische Anwendung des sauberen intermittierenden Katheterismus hat in großen Behandlungszentren gezeigt, daß bei MMC-Kindern mit erhöhten Blaseninnendrucken eine Verschlechterung des oberen Harntraktes nur in 10% zu verzeichnen war, während bei Zuwarten ohne Katheterismus eine Verschlechterung in 50% zu erwarten ist. Erst bei Veränderungen am oberen Harntrakt die Therapie zu beginnen, erscheint nach Vorliegen dieser stichhaltigen prognostischen Parameter ein zu konservatives, nihilistisches Vorgehen darzustellen.

Dadurch kann heute meist von Kindern mit MMC ein funktionstüchtiger oberer Harntrakt erhalten werden, chirurgische Interventionen im Sinne einer supravesikalen Harnableitung werden seltener notwendig.

Eine zusätzliche Therapiemöglichkeit stellt die intravesikale Elektrostimulation nach *Katona* dar. In bis zu 30 Sitzungen werden vorhandene afferente Fasern des Nervus pelvicus durch Legen eines Elektrostimulationskathe-

Tabelle 14.3 Medikamentöse Therapiemöglichkeiten der Blasenfunktionsstörungen (nach Störungsformen).

Detrusorhyperaktivität Detrusorhyperreflexie	Detrusorhypoaktivität	Blasenauslaßobstruktion	Blasenauslaßinkompetenz
Anticholinergica Uro-Ripirin (Emeproniumbromid) Spasuret (Flavoxat) Dysurgal (Atropin, Ephedrin, Strychnin) Dridase (Oxybutynin) Mictrol (Terodoline) Spasmex forte (Trospiumchlorid) **Trizyklische Antidepressiva** Tofranil (Imipramin)	**Cholinergika** Ubretid (Distigminpubromid, Azetylcholinesterasehemmer) Myocholine (Bethanechol) Doryl (Carbachol)	**α-Sympathicolytica** Minipress (Prazosin) Dibenzyran (Phenoxybenzamin) Hydergin **Antispastica** Buscopan (Butylscopolamin) Trancopal (Chlormezanon) Sirdalud (Tizanidin) Lioresal (GABA)	**α-Sympathicomimetika** Gutron (Midodrin) Fugoa (Norephedrin)

ters stimuliert, wodurch die intravesikalen Drucke in der Füllphase, die Detrusorkontraktionen, die Blasensensibilität und der Restharn gebessert werden können. Insbesondere bei Kindern mit initial bereits vorhandenen Detrusorkontraktionen können in bis zu 80% Erfolge erzielt werden.

Bei hohen Blaseninnendrucken, die nicht auf die Therapie mit Anticholinergika ansprechen, erfolgt eine **Blasenerweiterungsplastik** mit ausgeschalteten Darmabschnitten und nachfolgendem intermittierenden Katheterismus.

Während über die operative Versorgung der MMC selbst meist kein Zweifel besteht, zeigen neuere Untersuchungen, daß auch bei der Spina bifida occulta die frühzeitige operative Korrektur angezeigt ist. Hier kann in 2/3 der Kleinkinder mit einer Rückbildung der Blasenfunktionsstörung gerechnet werden.

Die beschriebenen therapeutischen Vorgangsweisen kommen für die Blasenfunktionsstörungen im Sinne der Detrusorhyperaktivität/-hypoaktivität sowie der Blasenauslaßobstruktion in Betracht. Hingegen bei der **Blasenauslaßinkompetenz mit Streßinkontinenz** kann Kontinenz – zumindest über eine gewisse Zeit – durch Alpha-Sympathikomimetica (s. Tab. 14.3) oder bei Versagen durch einen künstlichen Harnröhrenverschluß (Sphinkter) erzielt werden.

Das **weitere Management** der Kinder (Langzeitbetreuung) mit Myelodysplasie nach Erstuntersuchung mit und ohne nachfolgende therapeutischen Konsequenzen besteht auch bei momentan zufriedenstellenden Befunden in regelmäßigen, 6 monatigen, später jährlichen Kontrollen mit einem Mindestuntersuchungsumfang wie bei der Erstuntersuchung. Dabei kann sonographisch die adäquate Entwicklung der Nierengröße ausreichend dokumentiert werden. Die Überprüfung der Miktionstechnik und die Untersuchung auf Harnwegsinfekte stellen wichtige Punkte in der Langzeitbetreuung dar.

Die Mehrzahl der Kinder mit MMC weist eine permanente oder intermittierende signifikante Bakteriurie auf, die fallweise zum Auftreten von klinischer Symptomatik führen kann und dann antibiotisch behandelt werden muß.

Ansonsten ist meist eine intermittierende Antibiotikatherapie ausreichend, wobei die Langzeitansäuerung des Harnes (z.B. mit L-Methionin, Acetohydroxaminsäure) unterstützend wirkt.

Die Querschnittslähmung

Die Ursache ist meist traumatisch oder neoplastisch bedingt. Oberhalb der Sakralsegmente führt die Querschnittlähmung zum klassischen Bild der Detrusorhyperreflexie (= Reflexblase = supranukleäre Läsion), häufig kombiniert mit dem Vorliegen einer Blasenauslaßobstruktion im Sinne der Detrusor Sphincter externus-Dyssynergie (s. Abb. 14.3, S. 382).

Demnach wird die **Symptomatik** in der Regel von der Harninkontinenz geprägt, oft in Verbindung mit Restharn bei funktioneller infravesikaler Obstruktion, eine Konstellation, die fast pathognomonisch für neurogene Blasenfunktionsstörungen ist.

Urologische Erstversorgung bei Querschnittsläsion: Im spinalen Schock liegt allgemein eine Detrusoratonie mit großen Rest-

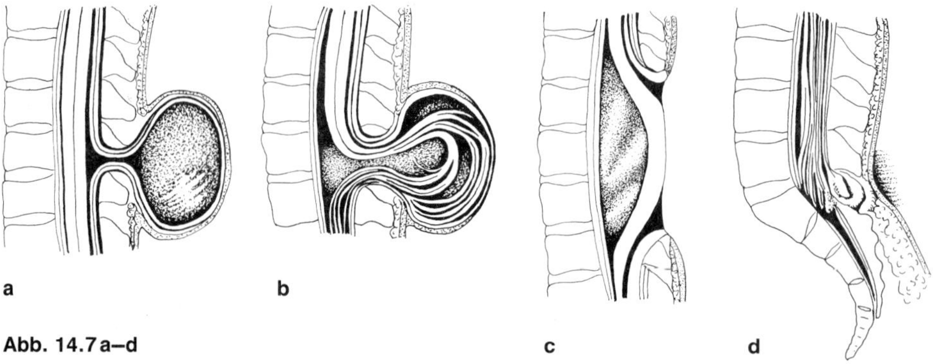

a b c d

Abb. 14.7a–d

Abb. 14.7 a–g **a** Meningozele nur mit Dura ausgekleidet, jedoch ohne Rückenmarksubstanz.
b Meningomyelozele mit Cauda.
c Myelozele ohne Ausbuchtung und
d Spina bifida occulta.
e Weibliches Neugeborenes mit Myelomeningozele und Paraparese beider Beine mit Klumpfüßen.
f Ausscheidungsurogramm eines 10jährigen Knaben mit Myelomenigozele (offener Wirbelkanal, s. Pfeile) und supranukleärer Läsion.
g Zunehmende Restharnbildung und Entwicklung von Harnstauungsnieren beiderseits im Verlauf von 3 Jahren.

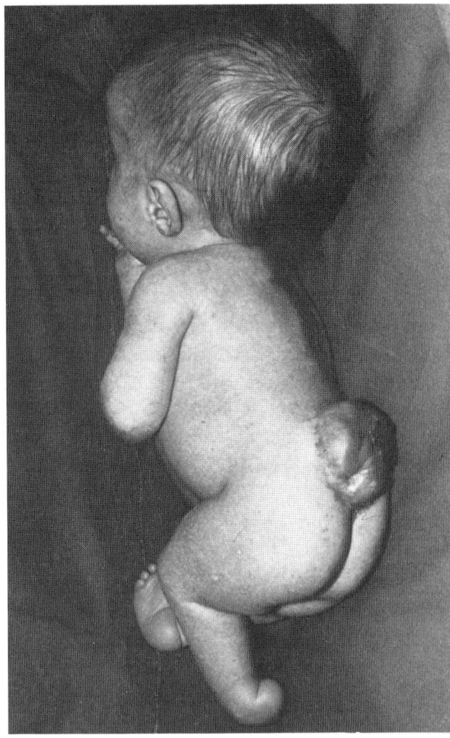

e

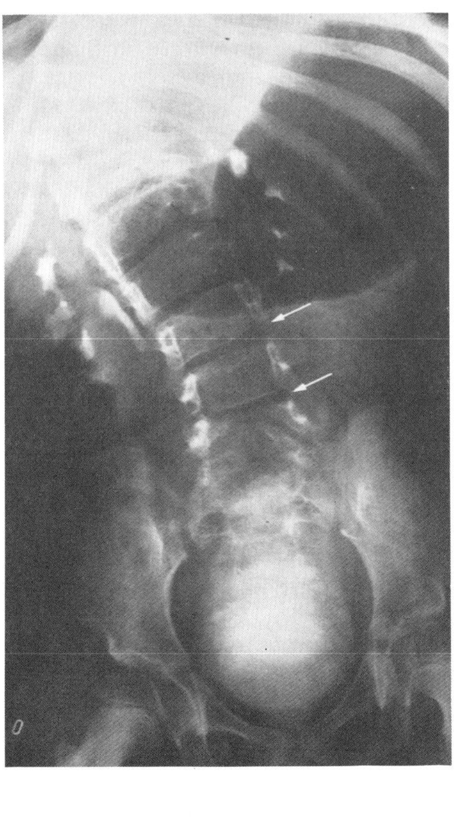

f

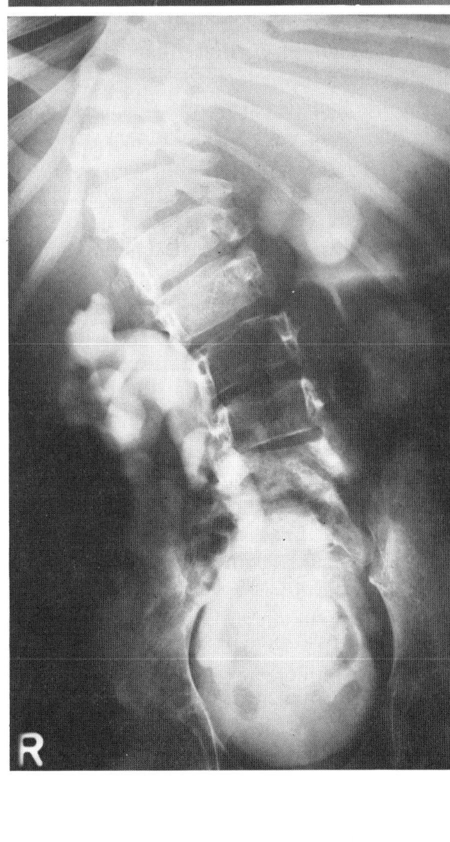

g

harnmengen vor. Zur Verhinderung einer für die spätere Blasenrehabilitation ungünstigen Blasenüberdehnung ist daher eine kontinuierliche Harnableitung über eine Punktionszystostomie oder ein regelmäßiger intermittierender Katheterismus für den Patienten von großer Bedeutung. Zur besseren Kontrolle der Harnentleerung kann in der Übergangsphase zur Reflexblase mit einzelnen Inkontinenzepisoden der Detrusor durch potente Anticholinergika gedämpft werden. Zeigt dann die urodynamische Untersuchung das Vorliegen des Vollbildes einer Reflexblase, beginnt das Blasentraining, wodurch durch das sogenannte Triggern, durch Setzen bestimmter peripherer Reize, meist durch suprapubisches Klopfen, eine sozusagen gewollte Miktion ausgelöst wird und damit im Idealfall längere trockene Intervalle erzielt werden.

Therapie und Betreuung im Rehabilitationszentrum:

Klinische Studien haben ergeben, daß die Effizienz der Miktion nach 3 Monaten am größten ist. Das bedeutet, daß eine primär ausgewogene getriggerte Blasenentleerung (Miktionsdruck < 90 cm H_2O, Blasenkapazität > 200 ml, Restharnquotient $< 25\%$, in der Füllphase Druckanstieg nicht über 40 cm H_2O, somit keine low compliance bladder) sich während der nächsten Monate verschlechtern kann und somit regelmäßige monatliche urologische Kontrollen erforderlich sind.

Auch hier wie bei der Myelodysplasie gilt es insbesondere, einen funktionstüchtigen oberen Harntrakt zu erhalten. **Pathologisch erhöhte Blaseninnendrucke** während der Blasenfüll- und Blasenentleerungsphase stellen auch hier den wesentlichen Prognosefaktor für den oberen Harntrakt dar. Somit ergibt sich häufig auch hier die therapeutische Notwendigkeit eines intermittierenden Katheterismus und des Einsatzes neuer effektiver Anticholinergika. Liegt eine funktionelle infravesikale Obstruktion im Sinne einer Detrusor-Sphincter externus-Dyssynergie vor, kann neben einer medikamentösen, antispastischen Therapie (s. Tab. 14.3) die **12-Uhr-Sphinkterotomie** des Sphincter externus zur Besserung der Situation führen. Eine weitere Therapiemöglichkeit stellt die intrasphinktäre Injektion von Botulinum A-Toxin dar, das durch Hemmung der Azetylcholinfreisetzung an der neuromuskulären Endplatte eine gezielte Sphinkterdenervation hervorruft.

Sprechen die urodynamisch nachgewiesenen erhöhten Blaseninnendrucke auf diese Maßnahme nicht an, müssen ausgedehntere operative Maßnahmen wie die schon erwähnte **Blasenerweiterungsplastik** oder die sogenannte **sakrale Deafferention** mit nachfolgender **sakraler Vorderwurzelstimulation** bei der Reflexblase zum Einsatz kommen.

Dabei werden neurochirurgisch die von der Blase kommenden Hinterwurzeln komplett durchtrennt und die somit ruhiggestellte Harnblase durch eine Elektrostimulation der Vorderwurzeln zu einer kontrollierten effizienten Blasenentleerung gebracht. Dabei erweisen sich manchmal zusätzliche Durchtrennungen einzelner peripherer Äste des Nervus pudendus als erforderlich.

Die weitere Langzeitbetreuung nach Erreichen zufriedenstellender Befunde besteht in anfänglich 6monatigen, später jährlichen umfassenden Kontrollen in darauf spezialisierten Kliniken, wobei Funktion und Morphologie des oberen und unteren Harntraktes nach den oben angeführten Kriterien überprüft werden.

Daneben gilt es natürlich, im Sinne der sozialen Rehabilitation dieser Patienten ein für den Patienten wirklich praktikables, daneben aber auch sicheres Management der Blase zu erarbeiten und anzubieten. Für die Anwendung von Antibiotika und harnansäuernden Medikamenten gelten praktisch die gleichen Richtlinien wie in der Nachsorge der Myelomeningozele.

Rektumoperation und **Wertheimsche Radikaloperation** erreichen in ihrer Radikalität nicht selten Anteile des Plexus pelvicus oder sogar des Plexus hypogastricus. Dementsprechend finden sich hier durch diese erworbenen infranukleären Läsionen Detrusorhypoaktivität bis zur Detrusoratonie (Detrusorareflexie) mit Restharn bis zur Überlaufinkontinenz, Blasenauslaßobstruktion oder Blasenauslaßinkompetenz.

Die **Cauda-Läsion** durch Bandscheibenvorfall oder benigne Tumore mit Detrusorhypoaktivität bzw. Detrusoratonie ist bei rechtzeitiger Druckentlastung reversibel. Einen analogen Blasenbefund findet man bei der **toxischen Neuropathie**; beim Diabetes mellitus überwiegt dabei die **sensorische Läsion**.

Durch die Zunahme der Verwendung von Psychopharmaka stieg die **pharmakologisch bedingte Funktionsstörung** der Harnblase sprunghaft an. Jahrelanger Konsum von Schlaf- und Beruhigungstabletten kann die Blase chronisch schwächen und letztlich bis zur Harnverhaltung führen. Auch Antihistaminika, Antihypertensiva, Akinetika und Narkotika zeigen differente pharmakologische Angriffspunkte präganglionär, ganglionär oder postganglionär.

Die **multiple Sklerose** als disseminierte Erkrankung führt zu motorischen und sensorischen supra- und infranukleären, meist inkompletten Läsionen, wobei am Beginn der Krankheit meist eine funktionelle infravesikale Obstruktion im Sinne einer Detrusor-Sphincter externus-Dyskoordination mit sekundärer Dranginkontinenz und Restharnentwicklung besteht. Bei der **Tabes dorsalis** überwiegt die sensorische Läsion unterschiedlicher Höhe.

Beim **Morbus Parkinson** als extrapyramidaler Erkrankung zeigen ca. 3/4 der Patienten Blasensymptome wie Pollakisurie, imperativer Harndrang bis zur Dranginkontinenz, wobei sich bei der urodynamischen Untersuchung eine Detrusorhyperaktivität, eventuell mit schlecht relaxierendem Beckenboden während der Miktion, zeigt.

Gerade bei älteren Männern ist hier bei dieser Symptomatik wichtig, durch die urodynamische Untersuchung zu klären, ob zusätzlich eine obstruktive Prostatahyperplasie vorliegt und der Patient von einer Prostataoperation im Hinblick auf diese Symptome profitieren würde. Bestehen trotz Beseitigung der Obstruktion die Symptome fort, können nun besser als präoperativ Anticholinergika zum Einsatz kommen.

Im kommenden Teil werden nun noch spezielle Krankheitsbilder besprochen, bei denen **Blasenfunktionsstörungen ohne streng definierbares neurologisches Substrat** bestehen, die aber zahlenmäßig kein geringes Krankengut ausmachen:

- **die Blasendysfunktion bei Kindern**
- **die psychogene Blasenfunktionsstörung**
- **die Blasendysfunktion im Alter**.

Die **Blasendysfunktion bei Kindern** zeigt sowohl bei erkennbarer neurologischer oder auch nicht erkennbarer Ursache eine vergleichbare Symptomatik, die sich primär durch funktionelle Störungen in der Koordination von Blase und Sphinktermechanismus und sekundär in pathologisch-anatomischen Veränderungen des unteren und oberen Harntraktes wie Restharn, vesiko-renaler Reflux, Hydronephrose, chronische Harnwegsinfektion ergibt. Für die Beurteilung eines pathologischen Verhaltens ist es erforderlich, über die normale **Reifungsentwicklung** der Miktion Bescheid zu wissen. Von der Geburt bis zu 6 Monaten besteht eine unbewußte, ungehemmte und sehr häufige Miktion bis zu 20 x / 24 h. Zwischen 6 und 12 Monaten kommt es zu einer unbewußten Hemmung, die Miktion ist weniger häufig. Im Alter von 1–2 Jahren ergibt sich ein geringes Blasengefühl, es besteht weiterhin nur eine unbewußte Hemmung, die Miktion ist weniger häufig. Erst im Alter über 4 Jahren führt das Blasengefühl zu einer bewußten und unbewußten Hemmung, somit zur normalen Frequenz und zur Willkürmiktion. Bei der hier meist vorliegenden Detrusor-Sphincter externus-Dyskoordination wirkt das Kind anfangs bewußt einer instabilen Blase mit Sphincter externus-Kontraktion entgegen, woraus sich dann die unbewußte Blasendysfunktion mit funktioneller infravesikaler Obstruktion entwickeln kann. Mit verbesserten diagnostischen Maßnahmen ist es heute möglich, in bis zu 30 % der Kinder mit Blasendysfunktion eine Detrusor-Sphincter externus-Dyskoordination zu entdecken. In diesen Fällen besteht die Therapie in bewußter Relaxierung und Kontraktion der quergestreiften Sphinktermuskulatur, in Vermittlung eines ausreichenden Verständnisses für die Blasenfunktion und in wöchentlichem Intensivtraining mit dem Therapeuten. Dabei wird der Behandlungsfortschritt durch Uroflow alleine oder besser in Kombination mit dem Beckenboden-EMG überprüft.

In erfolglosen Fällen kann dieses Biofeedback-Training mit Erfassung der Beckenboden-EMG-Aktivitäten auch täglich zuhause durchgeführt werden. Das Behandlungsziel besteht in einer verbesserten Harnstrahlleistung bei adäquater Relaxation der quergestreiften Sphinktermuskulatur. Die zusätzliche Gabe von Anticholinergika (s. Tab. 14.3) kann den Erfolg verbessern.

Ergibt die urodynamische Untersuchung lediglich das Vorliegen einer Detrusorhyperaktivität bei defektem „Frühwarnsystem" oder einer geringen Blasenkapazität bei Hypersensitivität, besteht das **Blasentraining** in willkürlichem Miktionsbeginn nach der Uhr mit Unterdrücken des Harndranges zwischendurch und Führen eines Miktionsprotokolles mit Festhalten von Uhrzeit und Volumen der Miktionen tags und nachts. Bei Erfolglosigkeit kann auch hier ein Biofeedback-Training mit Beobachtung der Druckkurve während der Zystomanometrie sowie der dabei auftretenden Blasenempfindungen erfolgen.

Die Blasendysfunktion bei Kindern kann somit in verschiedenen Mustern auftreten, wobei sich die Therapie zum Erreichen einer höheren Erfolgsrate nach dem Typ der Miktionsanomalie richten soll.

Die **psychogene Blasenfunktionsstörung** kann durch exogene oder endogene Faktoren hervorgerufen werden. Die Symptome reichen von der verzögert eingeleiteten und mehrfach unterbrochenen Miktion bis zur kompletten Harnverhaltung. Die urodynamische Untersuchung gibt meist keinen weiteren Aufschluß. Aufgrund des pathologischen Miktionsvorganges können sich jedoch Restharn, chronische Harnwegsinfektion und vesiko-renaler Reflux entwickeln. Ein symptomatischer Behandlungsversuch mit Verminderung des Harnröhrenwiderstandes durch Alpha-Sympathicolytica und Antispastika (s. Tab. 14.3) kann besonders bei postoperativ aufgetretenen Problemen neben dem intermittierenden Katheterismus erfolgreich sein.

Die **Blasendysfunktion im Alter** ist klinisch geprägt vom imperativen Harndrang und der Dranginkontinenz. Zystometrisch findet sich hier ein hoher Prozentsatz von ungehemmten Detrusorkontraktionen, die auf eine **mangelnde zentral nervöse Hemmung** des langen Miktionsreflexbogens zurückzuführen sind. Es finden sich hier häufig als Ursache Hirnleistungsstörungen bzw. eine cerebrovasculäre Insuffizienz. Der therapeutische Einsatz von Anticholinergika soll im Hinblick auf die bei älteren Patienten häufiger angegebenen Nebenwirkungen und auf die eventuell bestehende anatomische infravesikale Obstruktion (z.B. Prostatahyperplasie) mit der Gefahr der Harnverhaltung nur mit erhöhter Vorsicht erfolgen.

Weiterführende Literatur

Abrams P., R. Fenely, M. Torrens: Urodynamik in Klinik und Praxis. Springer, Berlin 1987

Berger Y., J.G. Blaivas, E.R. Delarocha, J.M. Salinas: Urodynamic findings in Parkinson's disease. J. Urol. 138 (1987) 836

Bors E.H., A.E. Comarr: Neurological Urology. University Park Press, Baltimore 1971

Diokno A.C., M.B. Brown, B.M. Brock, A.R. Herzog, D.P. Normolle: Clinical and cystometric characteristic of continent and incontinent non-institutionalized elderly. J. Urol. 140 (1988) 567

Heidler, H.: Funktion und Dysfunktion von Harnblase, Harnröhre und Beckenboden. Akt. Urol. 15 (1984) 301

Hinman, F.: Hydrodynamics of micturition. Charles C. Thomas, Springfield 1971

Jonas U., H. Heidler, J. Thüroff: Urodynamik. Enke, Stuttgart 1980

Kaplan W.E., I. Richards: Intravesical bladder stimulation in myelodysplasia. J. Urol. 140 (1988) 1282

Kiesswetter, H.: Harninkontinenz, Reizblase, Miktionsstörungen. Edition Medizin, Weinheim 1981

Koff ST.A., M.A. Byard: The daytime urinary frequency syndrome of childhood. J. Urol. 140 (1988) 1280

Krane, R.J., M.B. Siroky: Clinical neuro-urology. Little, Brown § Co, Boston 1979

Apides J., A.C. Diokno, F.R. Gould et al.: Further observations on self-catheterization. J. Urol. 116 (1976) 169

Melchior H.J.: Urologische Funktionsdiagnostik. Thieme, Stuttgart 1981

Palmtag H.: Praktische Urodynamik. G. Fischer, Stuttgart 1988

Rudy D.C., S.A. Awad, J.W. Downie: External sphincter dyssynergia: an abnormal continence reflex. J. Urol. 149 (1988) 105

Seiferth, J.: Das Spina bifida-Kind. Schattauer, Stuttgart 1976

Siroky M.B., C.A. Olsson, R.J. Krane: Flow rate nomogram. I. Development. J. Urol. 122 (1979) 665

Tanagho E.A., R.A. Schmidt, B.R. Orvis: Neural stimulation for control of voiding dysfunction: A preliminary report in 22 patients with serious neuropathic voiding disorders. J. Urol. 142 (1989) 340

Turner-Warwick R., C.G. Whiteside: Clinical urodynamics. W.B. Saunders, Philadelphia – London – Toronto 1979

15 Urologische Notfallsituationen (GK 3-15) (ohne Verletzungen)

M. Hartmann

Notfälle stellen akute oder sich akut verschlechternde Beeinträchtigungen des Gesundheitszustands mit potentiell gravierenden Komplikationen dar. Notfallsituationen erfordern ein schnelles und gezieltes Vorgehen, um die drohenden Folgen der Situation zu verhindern. Allgemein gilt der Grundsatz, zunächst die Vitalfunktionen zu sichern und Schmerzen zu bekämpfen, um nach Beherrschen der akuten Symptomatik Zeit für die weitere Diagnostik zu gewinnen.

Daher wird sich der behandelnde Mediziner in Notfallsituationen von Kardinalsymptomen leiten lassen. Hierzu zählen neben allgemeinen Aspekten wir Störungen der Ventilation und des Kreislaufs, Schüttelfrost oder Fieber, lokale und spezifische Symptome wie Schmerzen, Umfangsänderung, Hämaturie, Algurie und Anurie.

Die traumatisch bedingten urologischen Notfälle sollen in diesem Kapitel nicht angesprochen werden.

15.1 Harnverhaltung – Anurie

15.1.1 Harnverhaltung (Ischurie)

Das plötzliche Unvermögen, die volle Harnblase zu entleeren, kennzeichnet die akute Harnverhaltung. Die Ätiologie läßt sich in 4 Gruppen teilen:

1. Die obstruktive Retention

Die Verlegung des Blasenhalses oder der Harnröhre ist die häufigste Ursache einer akuten Harnverhaltung. Meist sind Männer betroffen, aber auch Kinder und selten Frauen. Die Harnblase ist palpabel, schmerzhaft, der Patient unruhig, blass und schweißig. Er klagt über quälenden Harndrang.

Mögliche Ursachen sind:

- Die benigne **Prostatahyperplasie** (BPH) wird besonders bei Männern über 50 Jahren beobachtet. In etwa 15 % ist die plötzliche Unfähigkeit zu urinieren das Schlüsselerlebnis, das sie zum Arzt führt. Der Harnverhalt kann in allen Krankheitsstadien der BPH auftreten. Auslösende Ursachen bei bestehender BPH sind eine übervolle Blase, Kälte oder den Detrusor direkt beeinflussende Medikamente wie Sympathikomimetika oder Parasympathikolytika.
- **Prostatakarzinom.** Obstruktive Symptome treten normalerweise spät auf. 25 % der Patienten mit einer akuten Harnverhaltung haben ein Prostatakarzinom.
- **Akute Prostatitis** abhängig vom Ausmaß der Schwellung und des Schmerzes.
- **Blasenerkrankungen:** Tumor, Stein, Blasenhalssklerose und -fibrose z.B. nach *transurethraler Resektion.*
- **Harnröhrenstriktur, Meatusstenose**, posttraumatisch, nach Instrumentation, oder postinfektiös, z.B. nach Gonorrhoe. Die Schwierigkeit, einen Katheter einzuführen, weist auf eine Striktur.
- **Harnröhrenklappe,** angeboren bei männlichen Kindern in der prostatischen Harnröhre.
- **Andere urethrale Ursachen:** Fremdkörper, Steine, schwere Urethritis, Urethratumoren (Abb. 15.1), Verletzungen.
- **Peniserkrankungen:** hochgradige Phimose, Paraphimose mit Kompression der Glans, Meatusstenose (angeboren oder sekundär durch Narbenbildung).
- **Trauma:** s. dort.

Obstruktive Erkrankungen bei Frauen sind selten und meist durch Kompression von außen bedingt. Blasenhalsengen, Meatusstenosen, Urethradivertikel und zystische Reste des Müller'schen Ganges sollten bedacht werden.

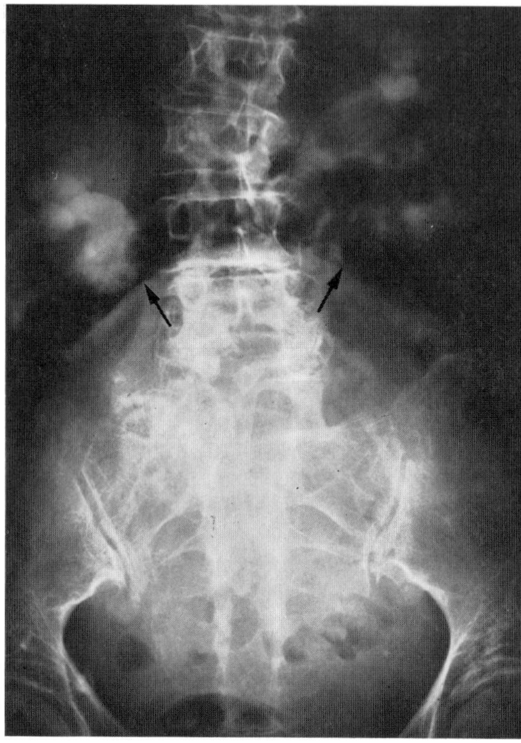

Abb. 15.1 Chronische Überlaufblase bei einer 56jährigen Frau mit Urethrakarzinom. Die schwach KM-haltige Blase reicht bis zum Nabel. Harnstauungsnieren beiderseits (Pfeile am Blasenrand).

2. Die neurogene Retention

Die Symptomatik des neurogen bedingten Harnverhaltens richtet sich nach der Lokalisation der Schädigung:

- Die obere motorische Läsion, also über dem spinalen Segment S 2—4 (entspricht Wirbelkörper L2) – dem Miktionszentrum – führt zur spastischen oder Reflexblase bei erhaltenem Reflexbogen, Verlust der zerebralen Kontrolle und Detrusor-Sphinkter-Dyssynergie bei spastischem externen Sphinkter. Somit nimmt der Urinfluß ab, der Restharn steigt, es kommt zur Dekompensation und zum Harnverhalt. Häufige Ursachen sind Verletzung der Wirbelsäule, Tumoren und die multiple Sklerose.
- Die untere motorische Läsion am Miktionszentrum in der Cauda equina unterbricht den Reflexbogen. Der Verlust des Blasenfüllungsgefühls bedingt eine Detrusorüberdehnung und Muskelatonie. Die Beckenbodenmuskulatur ist schlaff. Ursächlich steht auch hier das spinale Trauma an erster Stelle, gefolgt vom Diskusprolaps L 3—5 (Abb. 14.1a, b, S. 380) mit Kompression des Conus medullaris oder der Cauda equina. Weitere Ursachen können sein: spinale Tumor oder Abszeß, Multiple Sklerose, Tabes dorsalis, Poliomyelitis, Myelomeningozele.
- Direkte Läsionen der afferenten oder efferenten Fasern der pelvinen Nerven können eine akute Harnretention zur Folge haben. Ursachen können sein: Diabetes mellitus, Herpes zoster oder Operationen, die entweder direkt die Nerven verletzen oder zu einer reflektorischen Inhibierung der Blasenfunktion besonders in der postoperativen Phase führen. Es sollte bedacht werden, daß gemischte oder unvollständige Läsionen die Diagnose erschweren.

Die Symptome unterscheiden sich von der obstruktiven Harnsperre: die Miktion bleibt fast „unbemerkt" aus, der Dehnungsschmerz ist nur gering. Grundsätzlich unterscheidet sich die obere motorische Läsion durch eine Spastik von der unteren, die durch schlaffe Muskulatur und fehlende Reflexe – auch der Extremitäten – imponiert.

Die frische Querschnittsläsion z.B. nach unfallbedingtem Rückenmarkstrauma ist eine häufige Ursache der neurogen Blasenentleerungsstörung. Neurologisch ist das Rückenmarkstrauma mit Transsektion durch eine Areflexie unterhalb der Verletzungsstelle charakterisiert.

Diese **spinale Schockphase** dauert 2–8 Wochen. In dieser Zeit ist eine willkürliche Blasenentleerung nicht möglich, da der Detrusorreflex fehlt. Wichtig ist während der spinalen Schockphase die Harnentleerung der gelähmten Blase sicherzustellen. Die niedrigste Infektrate hat der intermittierende Katheterismus 3–5 x / Tag; er ist daher zu bevorzugen.

3. Die pharmakologisch bedingte Retention

Eine große Zahl bekannter Medikamente, die auf Muskeln oder Nerven wirken, können zum akuten Harnverhalt führen. Deshalb darf bei der Anamnese des Patienten nie die Frage nach einer Medikamenteneinnahme fehlen (Tab. 15.1).

4. Die psychogen bedingte Retention

Sie wird meist bei jungen Frauen beobachtet und kann bei schweren depressiven Reaktionen oder in der Folge eines akuten psychischen Traumas auftreten. Der psychogen bedingte akute Harnverhalt sollte allerdings eine Ausschlußdiagnose bleiben.

Tabelle 15.1 Medikamente, die zu einer Harnretention führen können.

Sympathikomimetika (alpha-adrenerge Substanzen)
Sympathikomimetika (beta-adrenerge Substanzen)
Antidepressiva
Antiarrhythmika
Anticholinergika
Antiparkinsonmittel
Antipsychotika
Antihistaminika
Antihypertensiva
Muskelrelaxantien
Amphetamine, Dopamin, Vincristin, Morphine

Akute Behandlung

Die erste Maßnahme ist die sofortige Entlastung der Blase. Eine Blutung e vacuo braucht man bei der akuten Harnverhaltung nicht zu befürchten. Sie kann aber bei der schnellen Entlastung einer chronischen Harnretention vorkommen.

Zwei Möglichkeiten stehen zur Verfügung: die Katheterisierung und die Blasenpunktion. Meist läßt sich die Blase über einen 14 bis 18 Charr. Einmalkatheter entlasten. Grundsatz beim Einführen: steril und ohne Gewalt!

Ein unüberwindbares Hindernis, der Verdacht auf einen entzündlichen Prozeß oder eine Verletzung der Harnröhre zwingen zur suprapubischen Punktion.

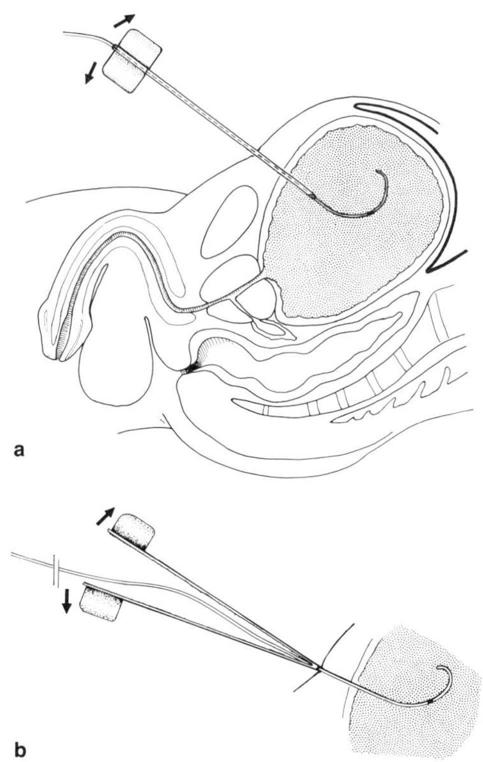

Abb. 15.2a,b Schematische Darstellung der suprapubischen Blasenpunktion unter Verwendung eines Einmalpunktionsbesteckes. Durch die Punktionskanüle kann ein Schlauch in die Blase eingeführt und als Zystostomie belassen werden. Nach Zurückziehen der Metallhülse aus dem Punktionskanal wird diese durch Auseinanderbrechen entfernt (Cystofix®-Prinzip).

Nach Rasur, Desinfektion der Haut und Lokalanästhesie durchsticht man 2 Querfinger über der Symphyse senkrecht zur Haut mit einer 10 cm langen kräftigen Nadel die Bauchdecke. Nach etwa 5 cm erreicht man die Blase und schiebt die Nadel noch ca. 2 cm vor. Nach Blasenentleerung wird die Kanüle entnommen, der Punktionskanal schließt sich sofort. Ggf. führt man auch über eine eingestochene Hohlnadel einen dünnen Verweilkatheter ein (s. Abb. 15.2). Zu gegebenem Zeitpunkt erfolgt dann die Behandlung der zugrundeliegenden Erkrankung.

15.1.2 Anurie

(s. Kap. 1.2)

Die Anurie (Abb. 15.3) fordert ein rasches ursachenbezogenes Handeln.

Postrenale Anurie

Entsprechend der Ätiologie fordert die Therapie die Aufhebung der postrenalen Obstruktion auf den verschiedenen Ebenen:

- supravesikal (beidseitig!)
- vesikal
- infravesikal (s. Harnverhalt)

Bei normaler Nierenfunktion entsteht eine postrenale Anurie nur bei bilateraler Ureterblockade, z.B. bei doppelseitiger Uratverstopfung oder Ureterligatur. Eine Ausnahme bilden Einzelnieren.

Die Diagnose der postrenalen Anurie ist sonographisch zu stellen, wobei sich erweiterte Nierenbeckenhohlsysteme finden. Auch die Beurteilung der Niere ist wichtig. So ist z.B. bei einem chronischen Prozeß mit einer Verschmälerung des Parenchymsaums zu rechnen. Die Infusionsurographie ist selten indiziert. Die Kontrastdarstellung ist bei einer Azotämie schwach und die Gefahr einer kontrastmittelinduzierten Nierenschädigung gegeben.

Die akute Behandlung richtet sich nach der Lokalisation der Obstruktion. Die infravesikale Obstruktion fordert die vesikale Harnableitung (transurethraler Katheter, suprapubische Blasenpunktion).

Prärenal („Zirkulationsstörung")	1. Intravasaler Flüssigkeitsmangel durch Blutungen, Exsikkose, enteralen Flüssigkeitsverlust, Verbrennung, Verlust über die Haut oder Nieren 2. Flüssigkeitsfehlverteilung durch Ödeme, Aszites, Gefäßerweiterung (Sepsis, endo- und exogene Toxine), Elektrolytstörung 3. Verminderte Herzleistung wie Links-/Rechtsherzfehler, Perikarditis 4. Nierengefäßverschlüsse
Renal	1. Glomulär – primär (akute GN, akute PN, hämolytisch-urämisches Syndrom) – sekundär (SLE, Vaskulitis, Endocarditis) 2. Tubulo-interstitiell – ischämisch: akute tubuläre Nekrose (Schockniere) – endogen-toxisch wie Hämo-, Myolyse, Fehltransfusion – exogen-toxisch wie Arzneimittel, Chemikalien, Giftpilze 3. Vaskulär wie maligne Hypertonie, Sklerodermie, DIC
Postrenal („Obstruktion")	1. Supravesikale Ebene (beidseitig!) – intraureteral (Steine, Papillennekrosen, Uratverstopfung, Tumoren, Blutgerinnsel) – extraureteral (retroperitoneale Fibrose, Tumor) 2. Vesikale Ebene Blasentumor, Blasentamponade, Blasenstein, neurogene Blasenstörung 3. Infravesikale Ebene (s. Harnverhalt) Urethraobstruktion (Striktur, Stein, Phimose, Meatusstenose, BPH, Prostatakarzinom)

Abb. 15.3 Ursachenbezogene Einteilung der Anurie.

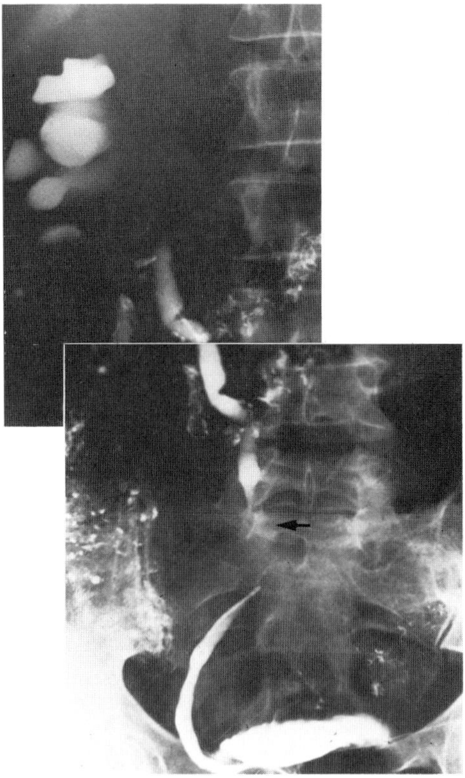

Abb. 15.4 Retrogrades Pyelogramm (Montage) bei urographisch stummer Niere bei M. Ormond. Die retrograde Pyelographie macht die mediale Verlagerung des mittleren Harnleiterdrittels (←) rechts infolge der retroperitonealen Fibrose deutlich. Ausgeprägte Pyelo-Kaliektasie. Kontrastmittelreste im Dünn- und Dickdarm nach MDP.

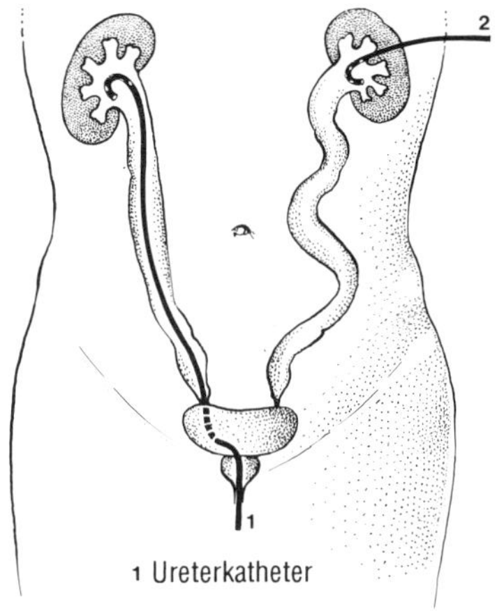

Abb. 15.5 Therapie der postrenalen Anurie supravesikaler oder vesikaler Ursache durch retrograde Einlage eines Ureterkatheters (1) oder perkutane Punktion des Nierenbeckens (2).

Die anderen Formen werden über endoskopisch eingelegte Harnleiterschienen (ausgeleitete Harnleiterkatheter, in die Blase versenkte Doppel-J-Katheter) versorgt (Abb. 15.5). Nach erfolgter Akutversorgung kann die zugrundeliegende Erkrankung behandelt werden.

Therapie akuter Komplikationen eines ANV

1. Eine Überwässerung kann sich als interstitielles (fluid lung) oder alveoläres Lungenödem manifestieren. Symptome sind Atemnot, Dyspnoe, Orthopnoe, Zyanose, Puls- und Blutdruckanstieg sowie Halsvenenstau.

   Die Therapie besteht in der Hochlagerung des Oberkörpers, Gabe von Furosemid (initial 40–200 mg) zur Ausschwemmung, O_2-Atmung 4 l/min über Nasensonde, Glyceroltrinitrat, das zur Gefäßerweiterung und dadurch zur Reduktion des Volumenangebots an das Herz und zu verstärkter systolischer Entleerung führt; Applikation sublingual oder als Spray möglich. Sedierung mit z.B. Diazepam 5 mg. Gegebenenfalls auftretende Herzrhythmusstörungen können das Ödem verschlimmern und sollten daher therapiert werden. Bei sprudelndem oder therapierefraktärem Lungenödem muß die Intubation und Überdruckbeatmung erfolgen.

2. Die Hyperkaliämie stellt durch die Gefahr der Beeinflussung der neuromuskulären Erregbarkeit am Herzen im Sinne einer Verzögerung der intraventrikulären Erregungsbereitschaft eine bedrohliche Komplikation dar. Bei fehlenden klinischen Zeichen einer Hyperkaliämie und einem Serumkalium unter 8 mmol/l können rektal oder oral Ionenaustauscher verabreicht

werden. Bei höheren Kaliumkonzentrationen kann durch Infusion von 500 ml 25%iger Glukoselösung mit Zusatz von 1 Einheit Alt-Insulin je 3 Gramm Glukose eine Verschiebung des Kaliums in den intrazellulären Raum erreicht werden. Bei lebensbedrohlichen Komplikationen sollte eine Hämodialyse durchgeführt werden; bis zur Verfügbarkeit dieser Maßnahme stellen Kalium-Antagonisten (20 ml 10%ige NaCl-Lösung oder 100 ml 10%ige Kalziumglukonatlösung) jeweils unter EKG-Kontrolle eine weitere therapeutische Option dar.

3. Die hypertensive Krise macht wegen der möglichen kardialen und zerebralen Komplikationen eine rasche Blutdrucksenkung innerhalb der ersten 15—30 Minuten erforderlich. Bei nicht ausgeschlossenem Verdacht auf ein Phäochromozytom sollten zunächst 5 mg des Alpha-Rezeptorblockers Phentolamin injiziert werden. Sollte nach 5 Minuten kein deutlicher Blutdruckabfall auftreten, wird der Kalzium-Antagonist Nifedipin, 10 mg sublingual, eingesetzt. Bei ungenügender Wirkung sollte diese Gabe nach 10 Minuten wiederholt werden. Bleibt der Effekt nach weiteren 10 Minuten aus oder ist ein rascherer Effekt nötig, sollen Clonidin 0,15 mg und Dihydralazin 12,5 mg kombiniert werden. Als weitere Substanzen stehen Diaxozid und Nitroprussidnatrium zur Verfügung. Allen Medikamenten ist gemein, daß bei ihrer Gabe ein Blutdruckmonitoring durchgeführt werden muß. Eine initiale Senkung des Blutdrucks unter 160/90 mm Hg ist unnötig und sogar gefährlich.

Tabelle 15.2 Schädigungen, die eine ATN verursachen können.

- **Renale Ischämie**
  - Hypovolämie: über Haut, Darm, Nieren, durch starke Blutverluste
  - Kardiovaskuläre Insuffizienz, z.B. verminderter kardialer Output
  - Selektive renale Ischämie, z.B. beim hepatorenalen Syndrom
- **Nephrotoxische Agentien**
  wie Antibiotika, Anästhetika, Röntgenkontrastmittel, Chemotherapeutika, Schwermetalle, organische Lösungsmittel, Pestizide
- **Farbstoffbedingt**
  durch ausgedehnte Muskelzerstörung, Hämolyse (z.B. Transfusionszwischenfall)
- **Schwangerschaftsbezogen**
  septischer Abort, uterine Blutungen, Eklampsie

Für alle nephrologischen Notfälle gilt: nach überstandener Krise Verlegung des Patienten in eine Intensiveinheit mit Dialysemöglichkeit.

Akute tubuläre Nekrose (ATN)

Die häufigste und potentiell reversible Ursache eines ANV ist die akute tubuläre Nekrose. Meist geht eine renale Ischämie voraus; etwa 60 % treten in Verbindung mit einer Operation oder einem Trauma auf (Tab. 15.2).

Die ATN verläuft meist oligurisch. Pathogenetisch spielt sich der ischämische Prozeß vorwiegend an den proximalen metabolisch aktiven und sauerstoffabhängigen Tubuluszellen ab. Für den Kliniker ist es wichtig, zwi-

Tabelle 15.3 Renale Funktionsteste bei beginnender Anurie (< 20 ml/h).

	Prärenales ANV (max. konz. Urin)	**Manifeste renale Schädigung** (meist ATN) (unkonz. Urin)
Urin-Chlorid	< 10 mmol/l	> 20 mmol/l
Urin-Natrium	< 10 mmol/l	> 20 mmol/l
Urin-Harnstoff	> 165 mmol/l	< 165 mmol/l
Urin-Osmolalität	> 600 mmol/l	< 350 mmol/l
Fraktionierte Na-Exkretion	< 1 %	> 2 %
Urin/Plasma Harnstoff	> 8	< 3
U/P Kreatinin	> 40	< 20
U/P Osmolalität	> 1,3	< 1,3
P[BUN]/Kreatinin	> 20	≦ 10
Spezifisches Gewicht	> 1020	< 1015

schen einer prärenalen Ursache und einem intrarenalen Prozeß, wie er bei der ATN vorliegt, zu unterscheiden, da prärenale ANV bei adäquater Therapie reversibel sind (Tab. 15.3).

Die Laboruntersuchungen werden gestützt durch die Beobachtung, daß die normale Niere auf eine reduzierte Blutzufuhr durch Salz- und Wasserrestriktion reagiert. Ergebnis ist eine Oligurie mit konzentriertem natrium-armen Harn. Das spezifische Gewicht liegt über 1020. Bei der ATN nähert sich dieses dem spezifischen Gewicht der extrazellulären Flüssigkeit, das jedoch verfälscht sein kann, z.B. durch Proteinverlust, Hyperglykämie und Injektion eines hypertonen Röntgenkontrastmittels. Daher ist die direkte Messung der Urinosmolalität – als Maß der Anzahl der in 1 kg gelösten Moleküle – vorzuziehen, die weniger häufig auf Artefakte im Urin reagiert. Die U/P-Relation der Osmolalität ist bei einer ATN $< 1{,}3$.

Als Schlüsseluntersuchungen zur Differenzierung eines prärenalen ANV von einer ATN gelten neben der Osmolalität Urin-Natrium, Urin-Chlorid und die fraktionierte Natrium-Exkretion (FE_{Na}). Bei Patienten mit ausgeglichenem Säure-Basen-Haushalt ist das Urinchlorid eng mit dem Natrium korreliert. Deshalb ist bei der prärenalen Azotämie das Urinchlorid <20 mmol, genau wie das Urin-Natrium, das allerdings steigt, wenn zum prärenalen ANV eine metabolische Alkalose hinzukommt.

FE_{Na} ist definiert als der Prozentsatz des filtrierten Natriums, der in den Urin ausgeschieden wird:

$$FE_{Na} = \frac{\text{Urinnatrium : Plasmanatrium}}{\text{Urinkreatinin : Plasmakreatinin}} \times 100$$

Bei prärenalen Prozessen und der Glomerulonephritis ist der $FE_{Na} < 1\,\%$, bei der ATN $> 2\,\%$.

Notfallbehandlung einer manifesten ATN s. S. 399ff.

Die weitere Behandlung richtet sich nach der zugrundeliegenden Erkrankung. Daneben konzentriert sie sich auf eine ausgleichende Flüssigkeitsbilanz, eine hohe Kalorienzufuhr, den Aminosäuren- und Vitaminersatz. Die Hauptindikationen zur Dialyse sind

- Hypervolämie
- Hyperkaliämie
- Progressive Urämie
- Schwere Azidose

Die Dauer der Anurie bei manifester ATN beträgt durchschnittlich 8 Tage, die Phase der Erholung zeigt sich durch einen zunehmenden Anstieg der Urinausscheidung bis zu 2–3 Liter pro Tag und erstreckt sich über ca. 2 Wochen.

Die Mortalität der ATN liegt bei 50 %.

15.2 Kolik

Eine Kolik ist ein plötzlich einsetzender „vernichtender" Schmerz, der Minuten (Hyperperistaltik der glatten Muskulatur) bis Stunden (Nierenkapselspannung) anhalten kann. Der Schmerz zeichnet den Ureterverlauf nach: kostovertebraler Winkel – Unterbauch – Leiste.

Die Schmerzauslösung erfolgt durch die akute Überdehnung von Ureter und Nierenbeckenwand durch direkte Reizung der Schmerzfasern des Sympathikus.

Die spontane Abgangsfähigkeit eines Steines hängt wesentlich von seiner Größe (Abb. 15.6) ab. Steine bis 4 mm Durchmesser gehen in ca. 80 % spontan ab, Steine ab 8 mm jedoch nur noch in ca. 10 %.

Diagnose

Bereits die Anamnese gibt Hinweise: 50 % der Betroffenen erleiden in den ersten 5 Jahren ein Rezidiv. Leidet der Patient an rezidivierenden Harnwegsinfekten?

Labor: Nahezu immer findet sich im Urinsediment eine Mikrohämaturie.

Bildgebende Verfahren: Erste Untersuchung ist die Sonographie. Sie weist die Dilatation des Harntraktes proximal des Steines nach, meist auch den Stein selbst.

Beweisend ist ein i.v. Urogramm. Es kommt zu einer Ausscheidungsverzögerung auf der erkrankten Seite mit vermehrter KM-Darstellung des Parenchyms. Oft wird erst auf Spätaufnahmen der erweiterte Ureter bis zum Hindernis sichtbar. Röntgennegative Steine imponieren durch Kontrastmittelaussparungen, aufgestaute Ureter und Nierenbecken. Nur ge-

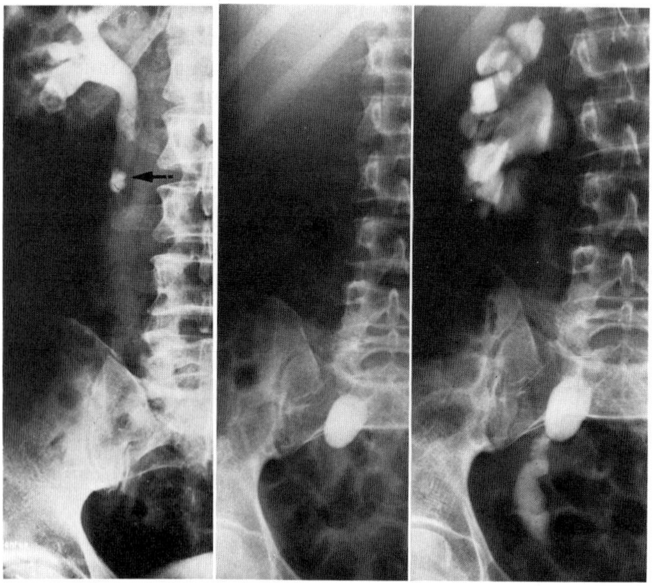

a b c

Abb. 15.6 a–c **a** Ausscheidungsurogramm (20 Min.-Aufnahme) im kolikfreien Intervall bei einem blockierenden abgangsfähigen röntgenpositiven Ureterstein rechts (→ Stein).
b Leeraufnahme mit pflaumengroßer kalkdichter Verschattung in Höhe des Os sacrum.
c nach Kontrastmittelinjektion Darstellung eines pflaumengroßen nicht abgangsfähigen partiell obturierenden Steines, Stauung des rechten Nierenhohlsystems.

legentlich wird ein retrogrades Pyelogramm erforderlich. Wegen der Infektionsgefährdung sollte dieses möglichst nur unmittelbar prätherapeutisch angefertigt werden (Abb. 15.4).

Differentialdiagnose

- *Urologische Erkrankungen,* die mit Koliken ablaufen können:

Mit Hämaturie:

- Koagelabgang bei Nieren- und Nierenbeckentumor, Nierenverletzung, bei Zystennieren;
- Abgang von nekrotischem Gewebe bei Tumoren, interstitieller Nephritis und Diabetes mellitus (Papillennekrose) und Nierentuberkulose (sterile Leukozyturie!).

Ohne Hämaturie:

- Ureterstenose, angeboren oder erworben (entzündlich, traumatisch, nach Radiatio);
- Ureterkompression, meist durch gynäkologische oder retroperitoneale Tumoren; Schwangerschaft;

- *Urologische Erkrankungen,* die eine Kolik imitieren können:
- Nierenarterienembolie (keine Dilatation bei Sonographie, „stumme Niere" im Urogramm → Angiographie);
- Epididymitis (Untersuchung!);
- Hodentorsion (Untersuchung, Dopplersonographie).

- *Abdominelle Schmerzzustände* (s. Abb. 2.4, S. 40).

Differentialdiagnostisch müssen akute Erkrankungen abgegrenzt werden, bei denen heftige Schmerzen im rechten und linken Hypogastrium und in der rechten und linken Fossa iliaca auftreten. Sonogramm, Urogramm und Sediment sind unauffällig. Durch den peritonealen Reiz tastet man eine Abwehrspannung der Bauchdecken. Bei entzündlichen Erkrankungen liegt der Patient ruhig, die Beine sind angezogen und ein typischer Entlastungsschmerz ist auslösbar. Stuhl- und Windverhaltungen kommen hinzu.

1. Rechtes Hypogastrium

- Cholelithiasis mit Steineinklemmung: Ikterus, Schmerzpunkt unter der Spitze der 12. Rippe, Schmerzausstrahlung zur rechten Schulter; Leberenzyme erhöht, Bilirubin im Urin, Cholezystogramm typisch.
- Cholezystitis: Entlastungsschmerz, BSG erhöht, Leukozytose, negatives Cholezystogramm.
- Gedeckt perforiertes Ulcus duodeni: rechtsbetonte zirkuläre Schmerzausstrahlung, scharf umschriebener Spontan- und Entlastungsschmerz, okkultes Blut im Stuhl, typischer Gastroduodenoskopie-Befund.
  Bei freier Perforation: diffuse Peritonitis, Ileus, röntgenologisch Gassichel unter dem Zwerchfell.

2. Linkes Hypogastrium

- Gedeckt perforiertes Magenvorderwandgeschwür: Schmerzausstrahlung, umschriebener Spontan- und Entlastungsschmerz, Hämatemesis. Typischer Gastroskopiebefund.
- Akute Pankreatitis: Alkoholanamnese, gürtelförmige Schmerzen, Entlastungsschmerz, Leukozytose, α-Amylase und Lipase erhöht.
- Sehr selten: Milzinfarkt, spontane Milzruptur, Pankreasapoplexie.

3. Rechte Fossa iliaca

- Appendizitis: Schmerzmaximum über dem McBurney-Punkt, Leukozytose, nur leicht erhöhte BSG, Temperaturdifferenz axillar-rektal > 1 °C.
- Ileitis terminalis Crohn: langdauernde Diarrhöen, starke BSG-Erhöhung, mäßige Temperaturen, typischer Dünndarmröntgenbefund.
- Gynäkologische Erkrankungen: eine stielgedrehte Ovarialzyste führt durch die enge Verbindung mit dem Peritoneum zu einer lokalen Peritonitis mit Abwehrspannung. Eine Extrauteringravidität zeigt gleiche Symptome (Menstruationsanamnese, positiver Schwangerschaftstest).

4. Linke Fossa iliaca

- Akute Divertikulitis: „linksseitige Appendizitis", Schleim- und Blutabgang sind typisch.
- Gynäkologische Erkrankungen (s. 3).

5. Mechanischer Ileus

mit Darmkoliken, Darmsteifungen, evtl. kotigem Erbrechen bei Briden (frühere Operationen, keine Leukozytose), bei inkarzerierten Hernien (Lokalbefund), bei Darmtumoren (Anamnese, okkultes Blut im Stuhl), bei Invaginationen (typische Darmspiegelbildungen im Röntgenbild).

Klinik und Therapie

Prodromi wie Druckgefühl in der Nierenregion oder eine Hämaturie können der Kolik vorausgehen. Während der Schmerzattacken ist der Patient blaß und unruhig, das Gesicht verzerrt, die Haut kaltschweißig. Der Puls geht schnell. Brechreiz, Erbrechen, reflektorischer paralytischer Ileus und Meteorismus vervollständigen das Erscheinungsbild.

Bei hochsitzenden Steinen lokalisiert sich das Schmerz-Maximum in die Flankenregion und den kostovertebralen Winkel. Je tiefer die Position des Steines im Ureter ist, desto mehr ziehen die Schmerzen zum äußeren Leistenring, in das Genitale und zur Innenseite des Oberschenkels (Abb. 2.4, s. S. 40). Bei prävesikalen Steinen kommt ein imperativer Harndrang hinzu.

Eine Einweisung des Patienten sollte sofort bei Fieber, aber auch bei permanentem Erbrechen und Dehydrierung, Koliken seit mehr als 72 Stunden, einer kompletten Obstruktion sowie bei einer Rest- oder Einzelniere erfolgen.

Die Akutbehandlung besteht in:
1. Analgetika i.v., z.B. Novalgin® 5 ml;
2. Spasmolytika i.v., z.B. Buscopan® 5 ml; ggf. intravenöse Infusion (2 Ampullen Buscopan® auf 500 ml 0,9%ige Kochsalzlösung);
3. Durchbrechen Spasmolytika die Kolik nicht: 50—100 mg Dolantin® i.m. oder sehr langsam i.v.;
4. Feuchte Wärme auf die betroffene Flanke, warmes Bad;
5. Erbrechen: Flüssigkeitsersatz.

Die therapeutische Grundeinstellung ist abwartend. 80 % der Steine bis 4 mm Durchmesser gehen spontan ab, 50 % in den ersten 48 Stunden, weitere 20 % innerhalb 1 Woche. Selbst eine hochgradige Obstruktion bis zu 1 Woche führt bei vorher gesunder Niere zu keiner bleibenden Nierenschädigung. Zum sofortigen Vorgehen wird man bei einer fieberhaften Infektion mit der Gefahr der Urosepsis, bei Anurie, bei beidseitigem Steinverschluß oder Solitärniere gezwungen. Unter dem Schutz eines bakteriziden Breitspektrum-Antibiotikums (z.B. Mezlocillin, Cephalosporin) muß die Obstruktion entfernt werden. Erlaubt der Zustand des Patienten nur einen kleinen Eingriff, hilft eine passagere Harnableitung über eine perkutane Nephrostomie oder auch gelegentlich über einen Ureterkatheter (s.S. 399). Dies gilt vor allem bei Verdacht auf eine Infektion! Blutdruckabfall, Pulsanstieg und Thrombozytensturz sind Zeichen einer drohenden Sepsis.

Fehlen Zeichen der Infektion oder ist sie ausreichend behandelt (Harnableitung, Antibiotika), folgt die Steintherapie, die in aller Regel in der extrakorporalen Stoßwellentherapie, seltener in endourologischen Maßnahmen (perkutane Nephrolitholapaxie, Ureterorenoskopie) besteht (s.S. 262). Eine Ureterolithotomie ist nur noch im Ausnahmefall erforderlich.

15.3 Akutes Skrotum (Hodenschwellung)

Die akute Schwellung und Schmerzentwicklung des Skrotalinhaltes und der Skrotalhaut werden als „akutes Skrotum" bezeichnet. Die Zusammenfassung unter diesem Begriff ist aus verschiedenen Gründen berechtigt (*Weißbach* 1980):

Die akut einsetzenden Veränderungen eines einzelnen Organs führen durch die enge Nachbarschaft innerhalb kurzer Zeit zu einer Sekundärpathologie des gesamten Skrotums.

Das primär betroffene Organ läßt sich dann nicht mehr abgrenzen, so daß aufgrund des Tastbefundes keine Differentialdiagnose mehr gestellt werden kann.

Erste Krankheitszeichen sind der Spontanschmerz in einer Skrotalhälfte und starker lokaler Druckschmerz, der bis in den Leistenkanal ausstrahlt.

Der Schmerz kann plötzlich einsetzen, so daß treffend von einer „Hodenkolik" gesprochen wird. Der Schmerz wird oft in den Unterbauch projiziert. Darin liegen die Fehldiagnosen begründet (Appendizitis, Harnleiterstein). Bei Säuglingen muß man sich auf den Lokalbefund verlassen: innerhalb weniger Stunden rötet sich das Skrotum, das Ödem hebt die Fältlung der Skrotalhaut auf.

Im weiteren Krankheitsverlauf treten allgemeine Symptome hinzu: Durch eine Peritonealreizung kommt es zu Übelkeit, Erbrechen, Schweißausbruch und Kreislaufreaktion.

Nicht immer berichten die Patienten über einen stürmischen und qualvollen Beginn der Erkrankung. Bei einem protrahierten Krankheitsbeginn sind Patient bzw. Eltern weniger besorgt, so daß erst bei vollständiger Symptomatik der Arzt konsultiert wird.

Inspektion, Palpation und die Dopplersonographie der Samenstrang-/Hodengefäße sind die Untersuchungsverfahren, auf die man zurückgreifen muß.

Nach ihrer Ursache ergibt sich folgende Einteilung des akuten Skrotums:

- **Entzündung:** Epididymitis, Epididymoorchitis, Orchitis, Hodenabszeß, *Fourniersches* Gangrän;
- **Blutzirkulationsstörung:** Hodentorsion, Torsion einer Hydatide bzw. Appendix testis; inkarzerierte Leistenhernie;
- **Trauma:** Hämatozele, Hodenruptur;
- **Tumor:** Hoden- oder Nebenhodentumor;
- **Seltene Ursachen:** Skrotalödem, skrotale Fettnekrose, Purpura Schönlein-Hennoch, Thrombose der Samenstrangvenen, Peritonitis und intraabdominelle Blutungen.

15.3.1 Akute Epididymitis

Die akute Epididymitis ist die häufigste Ursache für ein akutes Skrotum. Je älter ein Patient ist, desto wahrscheinlicher wird die Diagnose. Im Kindesalter bis einschließlich der Pubertät dominiert die Torsion. Fast immer liegt eine Infektion der Harnwege vor. Der übliche In-

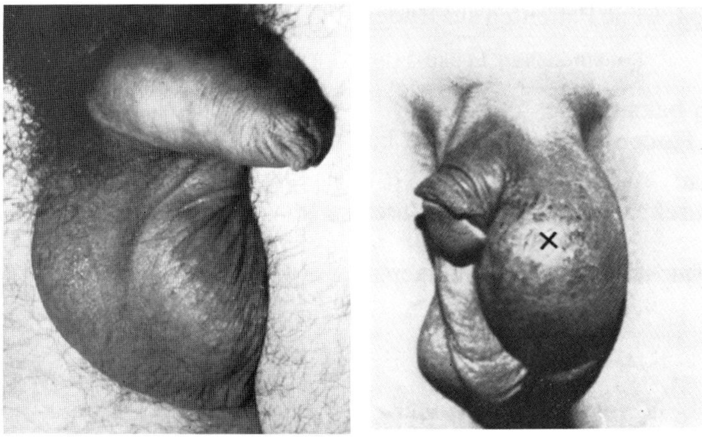

a b

Abb. 15.7 a, b **a** akute Epididymitis rechts, Frühstadium. **b** Akute Epididymitis links, drohende Abszedierung (x).

fektionsweg ist die retrograde Passage des Urins über die Samenleiter zum Nebenhoden. Prostataadenom, Urethrastriktur, aber auch Dauerkatheter oder eine Prostata-Operation sind prädisponierende Faktoren für eine Infektion der Nebenhoden.

Seltene Infektionswege sind eine hämatogene oder lymphogene Aussaat.

Die Altersgipfel liegen zwischen dem 20. und 30. sowie dem 40. und 60. Lebensjahr. Der Befall beider Nebenhoden zur gleichen Zeit wird in 3—9 % beobachtet.

Wenn Kinder erkranken, liegen oft Abnormitäten der Harnwege (Urethralklappen) vor.

Bei Knaben, homosexuellen jungen Männern und bei Männern über 40 Jahre lassen sich vor allem coliforme Bakterien, Pseudomonas und grampositive Kokken nachweisen. Bei heterosexuellen jungen Männern ist der häufigste Keim Chlamydia trachomatis, gefolgt von Neisseria gonorrhoeae. Ureoplasma urealytikum als Erreger ist zumindestens umstritten (negative Nebenhodenaspirate).

Klinik und Diagnose

Allgemeines Krankheitsgefühl, Fieber und Leukozytose sind häufig, sowie in wenigen Stunden zunehmender Schmerz, der in die Leistenregion ausstrahlt, Dysurie und pathologischer Urinbefund, Schwellung von Nebenhoden und auch Hoden, Berührungsschmerz, Rötung und Ödem der Skrotalhaut. Palpatorisch findet sich ein derbes bis hartes Konglomerat aus Nebenhoden und Hoden mit relativ glatter Oberfläche; nur im Frühstadium läßt sich der Nebenhoden als derber verdickter Strang abgrenzen (Abb. 15.7).

Das Prehn-Zeichen (Anheben des Skrotums zur Symphyse hin verursacht Abnahme des Schmerzes), das zur Abgrenzung gegen eine Hodentorsion herangezogen werden soll, ist unzuverlässig. Dopplersonographisch kann ein verstärkter Blutfluß zum betroffenen Hoden nachweisbar sein. Bleibt die Abgrenzung zur Torsion unklar, erfolgt die operative Freilegung.

Labor

Blutbild, BSG, Urinstatus; vor Therapiebeginn Harnröhrenabstriche zum Nachweis von Chlamydia trachomatis, Gramfärbungen und Kulturen zum Nachweis von Neisseria gonorrhoeae.

Nachfolgende Untersuchungen: Männer mit einer „coliformen Epididymitis“ sollten einem Sonogramm, Miktionszysturethrogramm, einer retrograden Urethrographie, Uroflowmessung mit Restharnbestimmung und ggf. einer Urethrozystoskopie zum Ausschluß einer subvesikalen Obstruktion unterzogen werden. Männer mit sexuell übertragenen Keimen brauchen nach Therapieabschluß Kontrollkulturen.

Tabelle 15.4 Akutes Skrotum: Differentialdiagnostische Überlegungen.

	Patientenalter	Leukozytose/ Fieber	Urin	Palpation/ Inspektion	Schmerz	Richtungsweisende Untersuchung
1. **Akute Epididymitis***	20–30 / 40–60 selten vor der Pubertät	+	Leukos. Erys. Bakt.	Nebenhoden-Hodentumor, Rötung, Schwellung	+	Klinische Untersuchung
2. **Hodentorsion**	ab Kleinkind	(+)	–	Nebenhoden an untypischer Stelle	+ +	Dopplersonographie
3. **Orchitis**	ab Kleinkind	(+)	–	Größenverhältnis umgekehrt zu 1.	+	Klinische Untersuchung
4. **Hodentumor**	20–40	–	–	hart, knotig, intratestikulär	–	Untersuchung, Sonographie

* Häufigkeit der akuten Epididymitis im Vergleich zu den aufgeführten Erkrankungen: 95 %

Differentialdiagnose

Das eigentliche Problem ist die Abgrenzung der Hodentorsion. In nahezu 50% werden Fehldiagnosen gestellt (Tab. 15.4).

Klingt eine „akute Epididymitis" unter der Therapie nicht innerhalb 1 Woche ab, muß man den Verdacht auf einen malignen Tumor haben und weitere diagnostische Schritte einleiten.

Therapie

1. Xylocain®-Infiltration des Samenstranges nach Austritt aus dem äußeren Leistenring mit 10 ml einer 1%igen Lösung.
2. a) „Coliforme Epididymitis": Breitspektrumantibiotikum hochdosiert.
   b) Epididymitis durch sexuell übertragene Keime, aber auch bei Ureaplasma urealyticum und bei anderen häufigen Keimen des Urogenitaltraktes: Ceftriaxon (Rocefin®) 1 g i.m. oder i.v., dann für 10 Tage Tetracyclin- oder Doxycyclinpräparat p.o.
3. Analgetika
4. Antiphlogistika (z.B. Voltaren®), ggf. Kortikosteroide in abfallender Dosierung
5. Hoden hochlagern (Hodenkissen) und kühlen; strenge Bettruhe.
6. Suche nach der ursächlichen Erkrankung, ggf. gezielte Therapie (z.B. Tuberkulostatika). Sexualpartner ggf. in die Therapie einbeziehen.

Komplikationen

- Eitrige Einschmelzung (Abszeß) erfordert die Ablatio testis.
- Ausbildung einer entzündlichen Hydrozele, die später operativ abgetragen wird.
- Übergang in chronisch rezidivierende Epididymitiden. Hier kann die prophylaktische Vasektomie oder die Epididymektomie helfen.
- Vernarbungen des Samenleiters, die den Samentransport verhindern.

15.3.2 Orchitis

Die Epididymoorchitis geht durch Übergreifen einer Infektion vom Nebenhoden aus; primäre eitrige Orchitis nach hämatogener Streuung (selten); Virusorchitiden als Komplikation bei Parotitis epidemica, infektiöser Mononukleose, Coxsackie-Virus-Infektionen, Varizellen.

Klinik

Epidemie, Auftreten einige Tage nach Beginn der Grundinfektion, selten bei Kindern unter 10 Jahren. Häufig geprägt durch die Grundinfektion; Fieber; nur in 15 % beidseitig. Zu Beginn der Schwellung läßt sich der noch unbeteiligte Nebenhoden abgrenzen, später bestehen jedoch ausgeprägte Schwellung von Hoden und Nebenhoden, Ödem und Rötung der Skrotalhaut. Wärme, glatte Oberfläche sowie heftige Schmerzempfindlichkeit. Eine sichere palpatorische Abgrenzung zur Epididymoorchitis oder Torsion ist nicht mehr möglich. Eine Freilegung kann erforderlich werden.

Spezielle Diagnostik (bei Virusorchitis)

Keine Harnwegsinfektion nachweisbar, erhöhte spezifische Antikörpertiter im Serum.

Therapie

Bei gesicherter Virusorchitis: Bettruhe, Hoden hochlagern und kühlen, Antipyretikum, Antiphlogistikum, evtl. Gamma-Globulin, Kortikoide. Inzision der Tunica albuginea zur Minderung des Druckgefühls bietet sich bei Operation einer reaktiven Hydrozele und nach diagnostischer Freilegung an. Bei der Mumpsorchitis scheint die Interferontherapie den Krankheitsverlauf günstig zu beeinflussen.

Prognose

Ca. 60 % der erkrankten Hoden werden atrophisch. Eine Hypotrophie nach Befall beider Hoden bedeutet nicht unbedingt einen Fertilitätsverlust.

15.3.3 Hodenabszeß

Alle bakteriellen Entzündungen, die vom Nebenhoden fortschreiten oder durch hämatogene Streuung entstehen, können zum Abszeß führen. Oft ist die klinisch-akute Phase bereits Tage bis Wochen zurückliegend.

Lokaler Befund

Hoden-Nebenhoden-Konglomerat, rote, glatte Skrotalhaut, Schmerz. Häufig ist die Skrotalhaut in einen umschriebenen Bezirk mit einbezogen. Dann läßt sich der Tumor nicht mehr verschieben, die Haut macht einen papierdünnen Eindruck mit glänzender Oberfläche, palpatorisch besteht Fluktuation über der Einschmelzung. Unbehandelt bricht der Abszeß nach außen durch.

Therapie

Meist Orchiektomie, Inzision und Drainage äußerst selten und nur im Anfangsstadium möglich. Bei Befall der Skrotalhaut transskrotales Vorgehen unter Exzision des infiltrierten Hautbezirks.

Malakoplakie

Sehr selten, bei 40—50jährigen Patienten, gewöhnlich sind beide Hoden befallen. Elektronenoptisch konnten intrazelluläre Bakterienhaufen (E. coli) in einigen Zellen gesichert werden, auch ließen sich intrazellulär Michaelis-Gutmann-Körperchen nachweisen. Die Therapie besteht in der antibiotischen Behandlung (TMP/SMZ).

15.3.4 Hodentorsion

Unter den akuten Erkrankungen des Hodens ist die Samenstrangtorsion — Hodentorsion ein echter Notfall. Wird die richtungsweisende Diagnose durch den Erstuntersucher nicht innerhalb von 2—6 Stunden gestellt, so bedeutet das bei kompletter Torsion den Verlust des Keimzellgewebes. Die für die Androgenproduktion wichtigen Leydigschen Zwischenzellen sind widerstandsfähiger gegen eine Ischämie.

Es gibt zwei Inzidenzgipfel: ein kleiner im 1. Lebensjahr und ein größerer in der Pubertät. Die durchschnittliche Inzidenz bei Männern unter 25 Jahren beträgt einen Fall auf 4000.

Pathophysiologie
(s. Abb. 15.8)

Oft besteht eine angeborene Anomalie mit weiter Tunica vaginalis oder Insuffizienz des Ligamentum scrotale testis und/oder des Mesorchiums. Die eigentliche Ätiologie ist jedoch

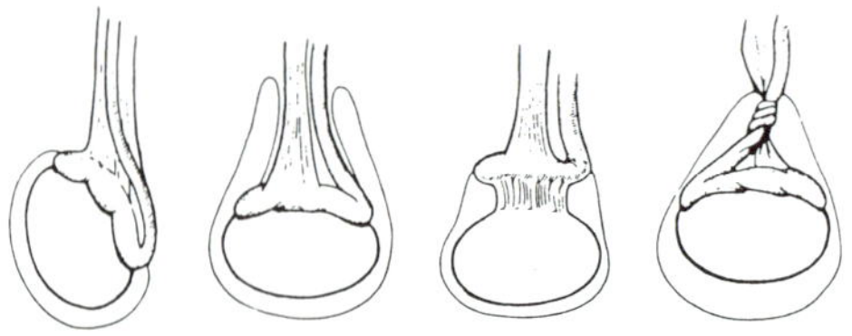

a b c d

Abb. 15.8 a–d **a** Normale Anatomie.
b Glockenschlegel-Deformität (ungefähr 50 %).
c Lockere Verbindung zwischen Hoden und Nebenhoden (ungefähr 20 %).
d Hodentorsion, transversale Hodenlage.

unklar. Bei Verlegung der Venen mit nachfolgendem Ödem kommt es zur Venenthrombose und zum hämorrhagischen Infarkt, bei vollständiger Gefäßverlegung durch eine Drehung um 360 ° zur anämischen Infarzierung, bei der der Hoden bereits nach 4—6 Stunden irreversibel geschädigt ist. Auch Teildrehungen mit partieller Gefäßverlegung und geringerer Durchblutungsstörung werden beobachtet.

Kryptorche Hoden neigen eher zur Torsion und zeigen dann das Bild des akuten Abdomens.

Anamnese

Die Hälfte der Patienten hat schon früher plötzliche Episoden von heftigem Schmerz durchgemacht, die ebenso plötzlich wieder vergingen (spontane Detorquierung).

Klinik

Plötzlicher Schmerz, der den Patienten bei Auftreten während der Nacht aus dem Schlaf reißt. Aber 10 % der Patienten klagen über nur geringe Schmerzen!

Schmerzpunkte sind das untere Abdomen und die Leisten. Bei kleinen Kindern herrscht der Bauchschmerz vor (Nabelkolik). Häufig Übelkeit, selten Erbrechen. Die Bauchdecken sind weich, lokale peritoneale Reizerscheinungen möglich.

Nur in sehr frühem Stadium: tastbarer, elastisch fixierter Hodenhochstand, Nebenhoden abgrenzbar und nicht an typischer Stelle. Verdrehung palpabel. Unsicheres Prehn-Zeichen: Zunahme der Schmerzen bei Anheben des Hodens. Zur Zeit der Klinikaufnahme ist der Skrotalinhalt meist zu schmerzhaft für eine sichere Palpation. Es besteht eine starke Schwellung und ein Erythem der Skrotalhaut. Im Stehen kann die abnormale Achse des Hodens und eine abnormale Lage des Nebenhodens auffallen.

Diagnose

Bei einer Torsion und korrekter Anwendung (Messung am unteren Hodenpol) kann eine Doppler-Ultraschalluntersuchung das Fehlen von Pulswellen bestätigen und die Diagnose sichern.

Ist die Diagnose dopplersonographisch nicht zu stellen, bleibt die operative Freilegung.

Differentialdiagnose

Die Fehldiagnose akute „Epididymoorchitis" wird in 33 % gestellt (Tab. 15.5). Nur bei 25 % war die Diagnose vom einweisenden Arzt vermutet worden. Dieser Umstand erklärt die hohe Hodenverlustrate, die je nach Autor zwischen 21 und 45 % liegt; denn in Unkenntnis der Ursache wurde das Zeitintervall zur erfolgreichen Retorquierung überschritten.

Therapie

Besonders bei partieller Torsion kann eine manuelle Retorquierung versucht werden. Dazu erfolgt die Infiltration des Samenstranges mit einem Lokalanästhetikum, die Drehrichtung ist rechts im, links entgegen dem Uhrzeigersinn. Die spätere Orchidopexie ist erforderlich. Gelingt dies nicht, muß operiert werden, um das Keimzellge-

Tabelle 15.5 Fehldiagnosen bei Einweisung der operativ gesicherten Hodentorsion (Literaturübersicht).

1.	Epididymoorchitis	33 %
2.	Inkarzerierte Hernie	12 %
3.	Unklare Bauchschmerzen	11 %
4.	Hodentrauma	7 %
5.	Appendizitis	5 %
6.	Hodentumor	4 %
7.	Uretersteinkolik	1 %
8.	Inguinale Lymphhadenitis	1 %
9.	Paraphimose	1 %

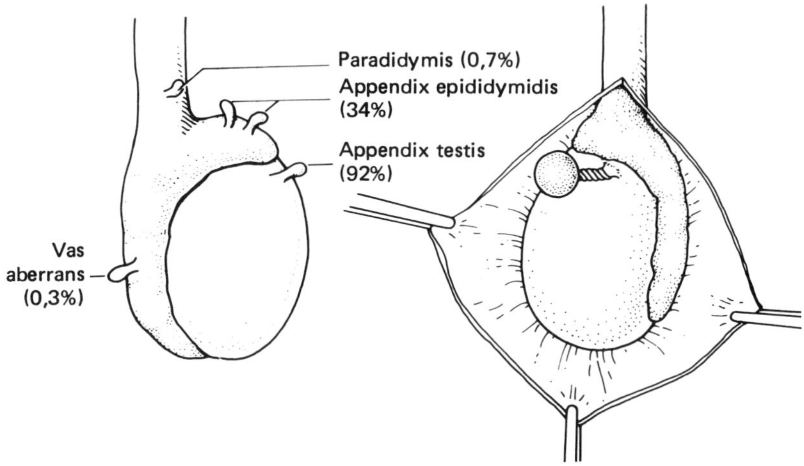

Abb. 15.9 Formen und Häufigkeit der testikulären Hydatiden (links), Torsion einer Morgagni-Hydatide (rechts).

webe des betroffenen Hoden retten zu können. Der intraoperative Befund entscheidet über einen möglichen Hodenerhalt: bei einer Rückbildung der lividen Verfärbung innerhalb von 15–20 Minuten sollte der Hoden erhalten bleiben, da zumindest die Leydigschen Zwischenzellen überleben.

Bei der Infarzierung und ausbleibender Erholung des Gewebes ist die Semicastration angezeigt.

Nach 10 Stunden können nur noch 20% der Hoden unbeschadet retorquiert werden, nach 24 Stunden keiner mehr. In der Operation sollte auch der 2. Hoden fixiert werden. Folge einer zu späten Operation oder einer Fehldiagnose ist die Hodenatrophie.

15.3.5 Torsion der Hydatiden des Hodens

Formen (Abb. 15.9). Ca. 90% der Torsionen erfolgen an der Appendix testis (Morgagni-Hydatide). Während des Lebens ein häufiges Ereignis, das wegen der kurzen Schmerzattacke meist nicht in klinische Behandlung kommt. Bei 90% aller Autopsien konnte ein solches Ereignis nachgewiesen werden.

Klinik

Oft sind Knaben zwischen dem 10. und 13. Lebensjahr betroffen. Die Schmerzen sind manchmal am oberen Hodenpol lokalisierbar. Häufig ist die gedrehte Hydatide wie eine blaue Erbse durch die Skrotalhaut sichtbar. Der Prozeß kann aber auch wie eine Hodentorsion imponieren. In Zweifelsfällen ist eine Freilegung erforderlich! Ansonsten kommt man mit einer kurzfristigen Schmerztherapie aus.

15.3.6 Akute Hydrozele

Werden die Verklebungen eines zuvor obliterierten Processus vaginalis durch eine kräftige Bauchpresse (z.B. durch Schreien) eröffnet, kann eine Hydrozele akut auftreten. Durch die Verbindung zwischen Peritonealhöhle und Cavum serosum testis kommt es zum Flüssigkeitsübertritt in die Hodenhüllen, die an Volumen zunehmen, die Skrotalschwellung zeigt sich einseitig, eine Rötung fehlt. Meist hat in der Vorgeschichte eine Hydrozele testis bestanden (im Säuglings- bzw. Kleinkindalter). Die Anamnese weist auf die Diagnose. Akute therapeutische Maßnahmen sind bei spontaner Rückbildung im ersten Lebensjahr nicht erforderlich.

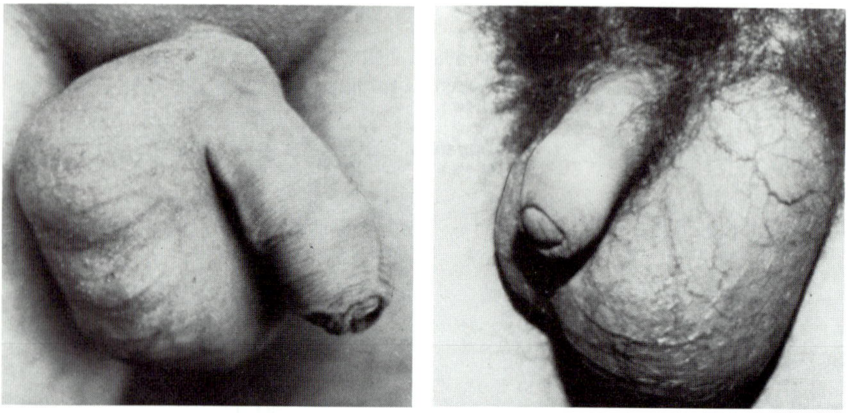

Abb. 15.10 a, b **a** Hodentumor rechts. **b** Hydrozele links.

Sekundäre Hydrozelen können durch Entzündung, Trauma, Torsion oder Tumor verursacht werden und die ursächliche Erkrankung maskieren (Abb. 15.10). Die inguinale Hodenfreilegung ist im Zweifelsfall angezeigt.

15.3.7 Inkarzerierte Leistenhernie

Bei weitem, elastischem Leistenring können bei einer intraabdominellen Druckerhöhung Peritoneum, Darm und Netz durch den Leistenkanal treten und eingeklemmt werden.

Bei lange bestehenden Skrotalhernien kann es zu einer Koteinklemmung kommen.

In beiden Fällen folgen nach Drosselung des venösen Abstroms Ödem, Entzündung, Nekrose und Perforation. Nach einer Phase der Hyperkinese tritt der Ileus ein. Die Schmerzen ziehen durch Zug am Mesenterium oder Netz bis in den Oberbauch. Es besteht zugleich eine Defense musculaire der Bauchdecken, die bei Übergreifen der Entzündung auf das Peritoneum bretthart werden. Die sofortige Operation ist erforderlich!

Klinisch sind sowohl Inguinal- und Skrotalregion geschwollen, ein normaler Hoden läßt sich unter der Hernie tasten.

15.3.8 Hämatozele/Hodenruptur

Nach schweren, meist direkten Traumen können die Blutgefäße oder der Hoden selbst zerreißen. Die Folge ist ein schmerzhaftes Hämatom in den Hodenhüllen. Bei Zunahme des Hämatoms oder Ruptur der Tunica vaginalis erfolgt die operative Revision.

Eine Operation in den ersten 3 Tagen kann in 80 % den Hoden retten, bei einer Freilegung nach 9 Tagen und später waren nur noch 30 % der Hoden zu erhalten.

Eine gute Information über den Zustand des Hodens kann die Sonographie liefern.

15.3.9 Tumor

Die seltene entzündliche Form eines Hodentumors imponiert wie eine akute Epididymoorchitis, wobei die entzündliche Komponente die Grunderkrankung maskiert. Daher muß man den Prozeß bei Weiterbestehen einer Induration nach Abklingen der Entzündung durch eine Hodensonographie abklären, in Zweifelsfällen operativ freilegen. Bei Tumorverdacht erfolgt eine *inguinale* Freilegung!

15.3.10 Fourniersche Gangrän

Die Fourniersche Gangrän ist eine fulminante nekrotisierende Fasziitis des Penis und des Skrotums, vermutlich durch ein gangränöses Erysipel bei geschwächten Patienten auslöst. Mortalität je nach Studie 7–50 %. Die Therapie besteht in einer ausgedehnten Resektion

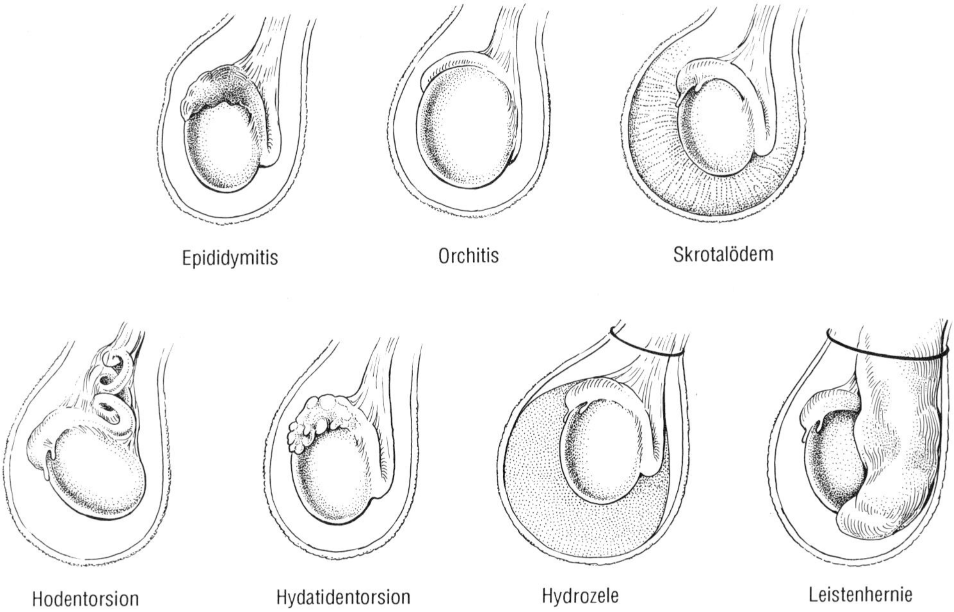

Abb. 15.11 Schematische Darstellung verschiedener Ursachen eines akuten Skrotums.

allen nekrotischen Gewebes, Spüldrainage, antibiotische Therapie, in schweren Fällen einer hyperbaren Behandlung.

15.3.11 Seltene Ursachen

- Die ein- oder beidseitige skrotale Fettnekrose wird bei Kindern vor der Pubertät beobachtet, wobei das Fettpolster neben der Tunica vaginalis betroffen und daher gut abgrenzbar ist. Konservative Therapie.
- Die nonthrombozytopenische Purpura Schönlein-Hennoch als systemische Vaskulitis kann auch den Genitaltrakt betreffen. Diese Beteiligung wurde in 2—3 % der Fälle beobachtet, die Therapie ist konservativ, falls die Diagnose sicher zu stellen ist.
- Eine Peritonitis oder intraabdominelle Blutung kann sich bei offenem Processus vaginalis ins Skrotum fortsetzen.
- Die Ätiologie einer Thrombose der Samenstrangvenen ist unbekannt, eine Behandlung nicht erforderlich. Die Diagnose wurde bei den meisten beschriebenen Fällen durch die operative Freilegung gestellt.

15.4 Paraphimose

Ätiologie und Pathogenese

Bei der Paraphimose, früher „spanischer Kragen" genannt, besteht ein Mißverhältnis zwischen der Größe der Glans und dem Kaliber der Präputialöffnung. Diese Vorhautenge kann latent oder in Form einer Phimose bestanden haben. Kommt es bei zurückgestreifter Vorhaut zu einer Erektion, bildet sich hinter der Glans im Sulcus coronarius ein Schnürring. Bei weiterbestehendem arteriellem Zufluß ist der oberflächliche venöse Rückfluß unterbrochen. So entsteht ein schmerzhaftes Ödem der Glans und des inneren Vorhautblattes. Gefahr: wird dieser Zustand nicht behoben, kommt es auch zum arteriellen Verschluß und zur Nekrose der Glans.

Diagnose

Eindeutige Anamnese; Vorhautschnürring im Sulcus coronarius, geschwollene, blaurot verfärbte Glans penis, proximaler Penisschaft in Größe und Hautfarbe unverändert (Abb. 15.12a). Lokaler Schmerz.

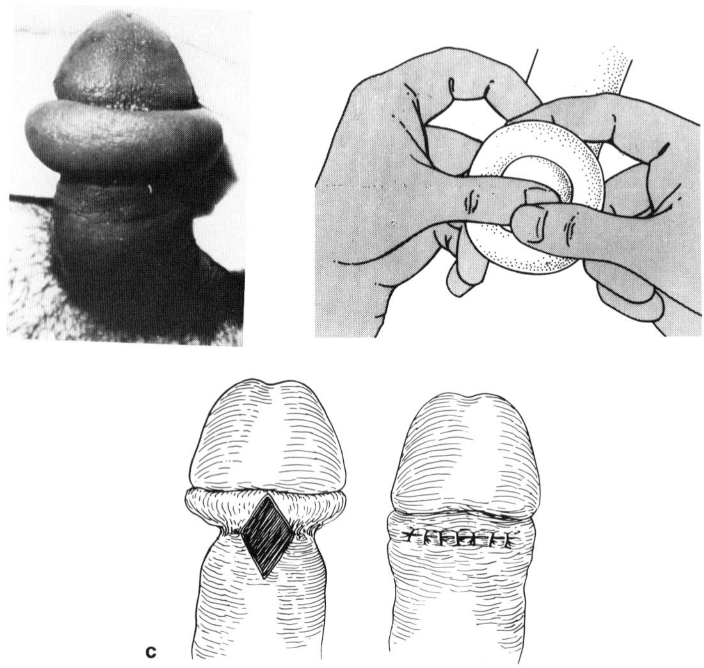

Abb. 15.12a–c **a** Paraphimose.
b Manuelle Reposition.
c Inzision des dorsalen äußeren Schnürringes.

Therapie

1. Konservativer Therapieversuch (Abb. 15.12b): Digitale Kompression der Glans über ca. 5 Minuten, dann Zurückschieben mit dem Daumen. Gegebenenfalls mehrmals versuchen! Führt meist zum Erfolg!

Eine Lokalanästhesie (ohne Adrenalinzusatz!) zirkulär um die Peniswurzel ist häufig erforderlich.

2. Gelingt die manuelle Reposition nicht, muß der äußere Schnürring dorsal longitudinal inzidiert und transversal vernäht werden (Abb. 15.12c).

Um ein Rezidiv zu vermeiden, erfolgt nach Abklingen der akuten Phase bzw. der Wundheilung eine *Zirkumzision*. Bis dahin verordnet man Penisbäder mit Kamillosanlösung und Salbenverbände.

15.5 Hämaturie

Mit dem bloßen Auge sichtbare Blutbeimengung im Urin (bereits 1 ml auf 100 ml Urin), also eine Makrohämaturie, ist ein häufiger urologischer Notfall. Man unterscheidet die initiale, aus der Harnröhre stammende, die terminale aus dem Prostatabereich sowie die totale Makrohämaturie. Hämaturien sind schmerzlos oder schmerzhaft, frischblutig (hellrot) oder altblutig. Auch der Abgang von koaguliertem Blut ist häufig sowie eine Blasentamponade.

Differentialdiagnostische Überlegungen

1. Urologische Erkrankungen

- **schmerzhafte Makrohämaturie**
  - mit Harnleiterkoliken: Stein, Abgang eines Koagels oder nekrotischen Gewebepartikels bei Neubildungen oder desquamierter Papille;
  - mit Algurie, Pollakisurie und/oder Dysurie: unspezifische Zystitis, Prostatavarizen, zerfallener Blasentumor, Prostatakarzinom, akute Prostatitis, Pyelonephritis, Blasenstein, Fremdkörper in der Blase, Strahlenblase, Überlaufblase (Blutung e vacuo), tuberkulöse Zystitis,

nach diagnostischen und therapeutischen Eingriffen.
- während der Menstruation: Endometriose des Harntraktes;
- bei Traumen von Blase, Harnleiter, Nieren.

- **schmerzlose Makrohämaturie**
Tumor der Niere, des Nierenbeckens oder der Blase; Ausgußstein, Zystennieren, Hydronephrose, Nierenzysten, Bilharziose.

2. Internistische Erkrankungen

Nephritisformen, Blutgerinnungsstörungen, toxisch-allergische Nierenschädigung (Vergiftungen und bestimmte Medikamente), Sichelzellanämien.

Medikamente wie Endoxan®, Marcumar® oder Reducdyn®, renale Venenthrombose.

3. Rot gefärbter Urin

Hämoglobinurie (intravasale Hämolyse), Medikamente wie Nitrofurantoin, Nahrungsmittel wie rote Rüben, Farbstoffe in Süßigkeiten, Porphyrie (z.B. Morbus Günther).

15.5.1 Diagnostische Maßnahmen

Zuerst sollte man an die häufig mit Makrohämaturie einhergehenden Erkrankungen denken. Seltene Ursachen bedürfen einer ausgedehnten Diagnostik. Neben einer genauen Anamnese, die Vorerkrankungen, erbliche Belastungen, Operationen, Aufenthalt in den Tropen, Medikamenten-Einnahme, Alter usw. erfassen soll, sind gezielte Fragen nach der Dauer der Blutung, Rezidivblutungen, Art und Lokalisation von Schmerzen und nach Dysurien zu stellen. Inspektion und Palpation sollen besonders beachten:

Allgemein: Hautkolorit, Lymphknotenschwellungen, Ödeme.

Urologisch: Verletzungen, Schmerzpunkte, Stand des Blasenfundus, Vorwölbung der Bauchdecken, Prostatagröße und -konsistenz.

Einfache Routinemessungen: Blutdruck, Puls, Temperatur nicht vergessen!

Spezielle Untersuchungen

1. *Die schmerzhafte Makrohämaturie mit Koliken* läßt sich häufig durch ein Sonogramm und ggf. ein Urogramm abklären. Meist ist sie durch Steine bedingt, die zum Aufstau mit Erweiterung von Ureter und Nierenbecken führen.

Bei Makrohämaturie, Algurie, Pollakisurie oder Dysurie, ist an eine Infektion zu denken. Urinsedimente weisen auf diese Diagnose. Eine Urethrozystoskopie unter antibiotischem Schutz schließt einen Tumor der Blase aus. So läßt sich auch der Ort der Blutung festlegen: aus einem zerfallenden Blasentumor, vom Blasenhals bei Varizen eines Prostataadenoms, diffus aus einer geröteten, ödematösen Schleimhaut bei einer Zystitis. Bei Fieber ist ein parenchymatöses Organ, z.B. Prostata oder Niere beteiligt. Instrumentelle Untersuchungen sind dann zu vermeiden.

2. *Schmerzlose Makrohämaturien* sind immer verdächtig auf ein Malignom. Zunächst werden Niere und Blase, mit Einschränkungen auch die Prostata sonographisch untersucht. Durch eine sofortige Zystoskopie läßt sich die Blutungsquelle bzw. bei einer renalen Blutung die betroffene Seite feststellen. Die entscheidende Differentialdiagnose zwischen einer Zyste und einem soliden Tumor läßt sich meist durch die Sonographie treffen.

Ist eine Darstellung der oberen Hohlsysteme erforderlich, hilft ein Urogramm: intrapelvine oder intraureterale papilläre Tumoren sind als Kontrastmittelaussparung zu sehen. Man kann bei Verdacht eine Ureterorenoskopie vornehmen und gleichzeitig Nierenbeckenurin zur zytologischen Untersuchung auf Tumorzellen entnehmen (Tab. 7.1; s.S. 180).

15.5.2 Therapie

- Üblicherweise wird die Hämaturie durch die Behandlung der Ursache behoben (Nierentumor → Nephrektomie, Blasentumor → Resektion, Stein → ESWL usw.). Ist eine ursachenbezogene Therapie nicht angezeigt, werden symptomatische Konzepte, meist mit palliativer Zielsetzung notwendig. Beispiele sind:

Ursache: Blutung aus	*palliative Maßnahme*
metastasierendes Nierenkarzinom	Nierenarterienembolisation
fortgeschrittenes Blasenkarzinom	transureterale Resektion, dann ggf. systemische Chemotherapie
metastasiertes Prostatakarzinom	transurethrale Resektion.

● *Blasentamponade*

Das klinische Bild gleicht dem der akuten Harnverhaltung. Die Blasenregion ist äußerst schmerzhaft, im Unterbauch sieht und fühlt man die Vorwölbung der Blase. Der Allgemeinzustand ist stark reduziert. Kreislaufzusammenbrüche sind möglich (Schmerz, Schockzustand).

In Regional- oder Allgemeinnarkose sofortige Freispülung der Blase mit einem Evakuator über einen großlumigen Spülkatheter oder über den Schaft eines Resektoskopes. Danach läßt sich die Blutungsquelle auffinden und koagulieren.

● Diffuse lebensbedrohliche Blutungen, z.B. bei Strahlenblase können mit Instillationen einer 1%igen wässrigen Alaunlösung pH 4,5 kupiert werden. Die Lösung wird als Dauertropf über einen Dreiwegekatheter mit einer Flußgeschwindigkeit von ca. 200 ml/Std. instilliert, insgesamt 5 Liter, am 1. Tag 2 Liter, an den drei darauffolgenden Tagen je 1 Liter. Die Instillation kann wiederholt bzw. verlängert werden.

Unterstützende Maßnahmen sind die Stabilisierung der Kreislaufverhältnisse, die Infusion von Flüssigkeit und Furosemid sowie Epsilon-Aminokapronsäure (6–8 g täglich) zur Inhibierung der Hyperfibrinolyse. Die Ligatur der Aa. iliacae internae hat wegen der vielen Anastomosen nur selten Erfolg. Während einer akuten Blutung muß ein Dauerkatheter eingelegt und die Ein- und Ausfuhr bilanziert werden.

15.6 Urosepsis

Das Urogenitalsystem besteht aus parenchymatösen- und Hohlorganen, über die Harn abfließt. Infektionen des Urins können auf die angrenzenden Gewebe übergreifen und über den Blutkreislauf den Gesamtorganismus treffen. Folgende Begriffe müssen abgegrenzt werden:

- Bakteriämie: Kurzfristige Anwesenheit eines bakteriellen Mikroorganismus im Blut, klinisch meist inapparent, manchmal kurzfristig Fieber.
- Septikämie/Sepsis: Die Mikroorganismen und ihre Toxine überschwemmen das Blut und führen zur Allgemeininfektion und Absiedlung in Organen mit hohem intermittierenden Fieber.
- Septischer Schock: Durch eine Sepsis verursachter Schock oder ein Schock, bei dem als Komplikation eine Sepsis eintritt. Störung der Mikrozirkulation und des Gerinnungssystems. Sehr variables, klinisches Bild, da jede Kombination zwischen Störung der Mikrozirkulation, des Gerinnungssystems und eines Schockorgans (Lunge, Niere, Splanchnikus-Bereich, Herz) möglich ist. Der septische Schock ist die schwerste Form der Sepsis.
- Urosepsis: Von den Organen des Urogenitalsystems ausgehende Sepsis.

Ätiologie

50 % der septischen Krankheitsverläufe sind Folge urologischer Erkrankungen:

● Obstruktive Harnwegserkrankungen, die über eine Urininfektion die angrenzenden Gewebe infizieren, z.B. subpelvine Ureterstenose → Pyelonephritis; Ureterstein → Stauung → Pyelonephritis.

● Primär entzündliche mikrobielle Erkrankungen wie Prostatitis, Epididymitis, Zystitis und Pyelonephritis.

● Abszedierungen in parenchymatösen Organen wie Prostataabszeß, einschmelzende Epididymitis, Nierenabszeß und -karbunkel, paranephritischer Abszeß. Diese Erkrankungen können auch hämatogen-metastatisch entstehen.

● Iatrogene Infektionen nach diagnostischen und therapeutischen Eingriffen an den Urogenitalorganen.

● Infektionen mit polyresistenten, selektierten Hospitalkeimen ohne vorausgegangene Manipulationen. Eine Autoinfektion ist

Tabelle 15.6 Gerinnungsstatus bei Verbrauchskoagulopathie.

Test	Normal	Verbrauchskoagulopathie
Thrombozyten/mm^3	250000 ± 50000	< 150000
Fibrinogen (mg/dl)	230 ± 35	< 160
Antithrombin III (mg/dl)	30 ± 8	< 70%
Prothrombin Zeit (Sek.)	12,0 ± 1,0	> 15,0
Thrombin Zeit (Sek.)	10 ± 1,6	> 25

auch mit eigenen, durch Antibiotika selektierten Darmkeimen möglich. Insgesamt infizieren sich 50% aller stationär behandelten Patienten mit Hospitalkeimen (nosokomiale Infektionen). 8% aller Krankenhaustodesfälle sind auf diese zurückzuführen.

Das Infektionsrisiko steigt um das 2–3-fache, wenn resistenzmindernde Faktoren wie Diabetes mellitus, Gicht, Tbc, Malignom, Operationstrauma, hohes Lebensalter, Alkoholabusus, Medikamente wie Zystostatika, Kortikoide oder Immunsuppressiva hinzukommen.

Pathophysiologie

Am Anfang steht die zytotoxische Wirkung fremder Proteine oder Polysaccharide, durch die die zelluläre Sauerstoffaufnahme und Energieproduktion über eine Veränderung der Kapillardurchblutung und -permeabilität sowie durch eine disseminierte intravasale Gerinnung frühzeitig vermindert wird. Gleichzeitig kommt es neben der Aktivierung der Gerinnungskaskade zur Aktivierung anderer Kaskadensysteme des Körpers wie des Komplement- und des Kallikrein-Kinin-System. Die einsetzende Blutgerinnung überbeansprucht das Inhibitorsystem, verbraucht Gerinnungsfaktoren und Thrombozyten mit Bildung von intravasalen Mikrothromben. Die Blutungsneigung steigt und wird durch die reaktive Fibrinolyse der Mikrothromben noch verstärkt. Die Erkennung dieser Verbrauchskoagulopathie (syn. DIG = disseminierte intravasale Gerinnung) gelingt hämostaseologisch (Tab. 15.6) und klinisch.

Zu den peripheren Veränderungen der Zellfunktion und der Mikrozirkulation treten zentrale Effekte im pulmonalen und systemischen Kreislauf. In der Frühphase des septischen Schocks überwiegt die hyperdyname Kreislaufreaktion mit gesteigertem Herzminutenvolumen, vermindertem peripheren Gefäßwiderstand, normalem oder erniedrigten systemischen Blutdruck. Die arterio-venöse Sauerstoffdifferenz des Blutes ist in der hyperdynamen Schockphase gegenüber der Norm vermindert und weist auf unzureichende Sauerstoffausschöpfung hin. Durch die bestehende Gewebehypoxie kann Laktat im Gewebe akkumulieren und eine metabolische Azidose verursachen. Unbehandelt kann der hyperdyname septische Schock in seine hypodyname Phase übergehen. Hier kommt es zum Abfall von Herzzeitvolumen und Sauerstoffverbrauch, zum Blutdruckabfall und zu ansteigendem peripheren pulmonalen Gefäßwiderstand. Liegt die Letalität beim hyperdynamen septischen Schock zwischen 10% und 20%, so nimmt sie bei Auftreten der hypodynamen Kreislaufreaktion auf 70% bis 90% zu.

Abfallender Blutdruck, ansteigender peripherer Gefäßwiderstand, Absinken des Herzminutenvolumens und eine renale Vasokonstriktion verstärkt durch das Renin-Angiotensin-System, führen in der hypodynamen Schockphase zum verminderten renalen Blutfluß und zur Abnahme der glomerulären Filtration. Tubuläre Zellschädigung, hohe Natriumkonzentration im Primärharn und unselektive Rückdiffusion sind unter anderem verantwortlich für die eintretende Oligurie. Ein Ausdruck der inadäquaten Perfusion ist der erniedrigte Quotient:

$$\frac{\text{Urin}_{\text{Osmolarität}}}{\text{Plasma}_{\text{Osmolarität}}} \text{ zwischen } 1{,}2\text{–}1{,}4 \text{ (normal } > 1{,}5)$$

Die Thrombozyten werden zusätzlich durch ansteigende Urämietoxine (z.B. Harnstoff) geschädigt.

Tabelle 15.7 Spektrum der häufigsten Erreger, die bei Septikämien nachgewiesen werden.

	Prozentualer Anteil
1. Gramnegative Erreger, meistens Endotoxinbildner	
– E. coli	35–50 %
– Enterobacter/Klebsiella	20–25 %
– Pseudomonas/ Acinetobactergruppe	15 %
– Proteusgruppe	10–15 %
– Hämophilusgruppe	5 %
2. Grampositive Bakterien, meistens Ektotoxinbildner	
– Pneumokokken	5 %
– Staphylokokkus aureus	< 5 %
– Streptokokken	< 5 %
– Enterokokken	< 5 %
3. Anaerobier z.B. Clostridium perfrigens (zunehmend)	
4. Pilze, insbesondere iatrogen durch unkontrollierte Antibiotikagabe (zunehmend)	

Mikrobiologie

Alle pathogenen und fakultativ pathogenen Bakterien, Viren, Pilze können eine Sepsis auslösen. Lebensbedrohlich ist die Septikämie durch gramnegative Keime (Tab. 15.7) mit der Einschwemmung von Endotoxinen in die Blutbahn. Der Keimnachweis über eine Blutkultur gelingt allerdings nur bei 20 %–40 % der Patienten.

Diagnose

Achtung bei Fieber, Schüttelfrost, Hypotension, Hyperventilation, Tachykardie und Ruhelosigkeit bei einer urologischen Erkrankung oder nach einem Eingriff! Blutverlust und kardiale Affektion ausschließen! Nach einer Frühphase von höchstens 48 Stunden beginnt die Spätphase mit ungünstiger Prognose (Tab. 15.8).

Da keines der Zeichen obligat ist, müssen möglichst viele Hinweise zusammengetragen werden. Die respiratorische Alkalose z.B. ist eine Folge der Störung der Lungenfunktion. Die anhaltende Störung der Mikrozirkulation

Tabelle 15.8 Symptomatologie und Verlaufsform des uroseptischen Schock.

Frühphase (meistens hyperdynam)	**Spätphase** (meistens hypodynam)
1. Klinisch – Schüttelfrost, sept. Temperaturen – ruhelos bis delirant – trockene, warme, rosige Extremitäten – Hyperventilation – Hypo- bis Normotonie – Tachykardie – Normo- bis Polyurie	1. Klinisch – Bewußtseinstrübung – Abfall des Blutdrucks und Anstieg der Pulsfrequenz – kalte, zyanotische, feuchte Haut – Oligo- bis Anurie
2. Hämodynamik – hoher (bis normaler) ZVD – hoher Herzindex – niedriger peripherer Strömungswiderstand	2. Hämodynamik – erniedrigter Herzindex – erhöhter peripherer Widerstand – vermindertes zirkulierendes Blutvolumen – Verbrauchskoagulopathie
3. Labor Noch keine deutlichen Veränderungen im Zellmetabolismus, daher uncharakteristisch: ggf. Thrombozytensturz, AT-III-Abfall, eher Leukopenie, respiratorische Alkalose, positive Urinkultur	3. Labor – Linksverschiebung im DD-Blutbild – Thrombozytopenie – metabolische Azidose – Hyperlaktatämie bis Laktatazidose – Hypophosphatämie < 2 mg/dl – AT III-/Plasminogen-/Kallikrein-Abfall – positive Urinkultur

führt zur Hypoxie, Azidose, und Anhäufung toxischer Stoffwechselprodukte.

Der Herzindex ist definiert als HMV pro Körperoberfläche und muß über 2,5 $l/min/m^2$ liegen, wenn die Peripherie mit vasoaktiven Substanzen aussichtsreich beeinflußt werden soll.

Therapie

In der Therapie des septischen Schocks gilt:

1. Stabilisierung der Vitalfunktionen
2. antibiotische Behandlung
3. Herdsanierung

ad 1: Hier ist der erste Schritt in einer Volumensubstitution mit Kristalloiden oder kolloidalen Lösungen zu sehen. Initial ist oft die Zufuhr erheblicher Mengen kristalloider Lösungen (Ringer-Laktat) notwendig, als Kolloide werden neben Proteinlösungen vor allem Hydroxyäthylstärke 6 % mit einem Molekulargewicht von ca. 200000 empfohlen. Es kommen auch hyperosmolare Salzlösungen in kleinen Mengen erfolgreich zum Einsatz. Die Volumensubstitution soll über großkalibrige venöse Zugänge, die mehrlumig die gleichzeitige Verabreichung der vielen erforderlichen Medikamente erlauben, unter kontinuierlicher Überwachung von Blutdruck und rechts- bzw. linksventrikulärer Füllungsdrucke erfolgen.

Für den zentralen Venendruck und für den pulmonal-kapillären Verschlußdruck werden Richtwerte von etwa 15 mm Hg empfohlen. Bei kardial vorgeschädigten Patienten sollte die Volumentherapie sorgfältig dosiert und frühzeitig mit positiv inotropen bzw. vasoaktiven Substanzen therapiert werden. Besonders die beiden Katecholamine Dopamin und Dobutamin zählen zur Ersttherapie im septischen Schock. Die durchblutungssteigernde Wirkung von Dopamin in niedriger Dosierung (2—4 $\mu g/KG/min$) auf Nieren- und Splanchnikusgebiet sowie die positive Inotropie bei mittlerer Dosierung (bis 8 $\mu g/KG/min$) könnten im septischen Schock günstige Wirkungen zeigen. In Kombination mit Dopamin hat sich auch Dobutamin bei Patienten mit kardialem Pumpversagen bewährt, da hierbei die positiv inotrope Wirkung und die Verminderung der kardialen Füllungsdrucke zusammen eine positive Wirkung entfalten können. Der Einsatz von Adrenalin oder Noradrenalin ist dann notwendig, wenn der mittlere arterielle Druck nur mit sehr hohen Dopamin-Dosierungen (mehr als 20 $\mu g/KG/min$) auf über 70 mm Hg anzuheben ist bzw. gleichzeitig eine Tachykardie (mehr als 130 Schläge/min) auftritt. Die Katecholaminzufuhr erfolgt gleichmäßig über ein Extralumen des Venenkatheters unabhängig von anderen Injektionen, Ernährungslösungen oder der Volumentherapie.

Die Antikoagulantienbehandlung mit Heparin ist wegen der Aktivierung der Gerinnungskaskade naheliegend, obwohl positive Auswirkungen sehr schwer nachweisbar sind. Eine Dosierung zwischen 10 und 20000 IE/Tag unter Kontrolle der partiellen Thromboplastinzeit wird empfohlen. Die PTT soll zwischen 30 und 45 Sekunden liegen. Darüberhinaus soll wegen des Verbrauchs des Thrombininhibitors Antithrombin III regelmäßig seine Aktivität im Plasma bestimmt und ggf. substituiert werden. Eine effektive Heparinwirkung ist obligat an das Vorhandensein von AT III gebunden. Heparin ohne AT III bleibt fast ohne gerinnungshemmende Wirkung. Bei klinisch manifesten Blutungen oder bei vorausgegangenen Operationen soll jedoch auf die Heparingabe verzichtet werden, die Hemmung der Gerinnung sollte hier durch AT III erfolgen. Das gleiche gilt für die Situation einer ausgeprägten Verbrauchskoagulopathie, wo zusätzlich zum AT III auch Gerinnungsfaktoren entsprechend den aktuellen Laborwerten substituiert werden müssen. In der Regel erfolgt dies im septischen Schock mit tiefgefrorenem Frischplasma.

Weitere wichtige therapeutische Maßnahmen müssen bei fallendem PaO_2 und drohendem Lungenversagen getroffen werden. Frühzeitig sollte intubiert und beatmet werden (sogenannte PEEP-Beatmung: positiv endexpiratorischer Druck).

Bei Oligurie und drohendem Nierenversagen wird zunächst mit Furosemid in hoher Dosierung behandelt, bei Wirkungslosigkeit wird eine Dialyse erforderlich. Die Behandlung der metabolischen Azidose mit Natriumbikarbonatinfusionen (s.S. 401) ist umstritten, nach Kreislaufstabilisierung geht sie von selbst zurück.

Die Entstehung von Mediatoren bzw. die Verhinderung ihrer negativen Wirkungen sind derzeit noch im experimentellen Stadium:

Arachidonsäuremetabolismus, Tumornekrosefaktor (TNF), myocardial depressant factor (MDF), Opiat-Antagonist Naloxon.

ad 2. Die hochdosierte Infusion von Antibiotika sollte sich nach dem Resistogramm richten, das allerdings nur selten zur Verfügung steht, weil der Keimnachweis nicht gelingt oder keine Wartezeit zur Verfügung steht. Im Zweifelsfall muß man eine gramnegative Sepsis annehmen. Bakterizide Antibiotika, am besten in Kombination wie Penicilline oder β-Laktam-Antibiotika (Cephalosporine), die auch auf die meisten grampositiven Keime wirken, plus Aminoglykoside sollten gewählt werden. Gramnegative anaerobe sporenlose Keime sprechen auf Tetrazykline, Doxycyclin, Erythromycin an, grampositive anaerobe Keime auf Penizilline, Cephalosporine und Tetrazykline. Bei einer Pilzsepsis erfolgt zumeist eine kombinierte Therapie mit Amphotericin B plus Flucytosin (Ancotil®).

ad 3. Unumgänglich ist die frühe Herdsanierung. Beispiele sind:

- Nephrektomie bei schwerster abszedierender Pyelonephritis
- perkutane oder offene Drainage von Abszessen
- Drainage des obstruierten infizierten Hohlsystems; z.B. Nephrostomie bei Pyonephrose infolge Harnleiterstein, suprapubische Punktion bei Pyozystis, transurethrale Ableitung bei Neugeborenen mit Harnröhrenklappen und Zeichen der Sepsis („Megaureter + Megazystis").

15.7 Priapismus

Als Priapismus muß jede schmerzhafte Dauererektion des Penis ohne sexuelle Erregung angesehen werden. Im Zeitalter der medikamentösen Behandlung der erektilen Dysfunktion kann er häufiger beobachtet werden.

Pathophysiologie

Für eine normale Erektion ist das ungestörte Zusammenspiel neurovaskulärer Gewebe erforderlich. Das Corpus spongiosum urethrae ist nicht einbezogen.

Eine Zunahme des penilen Blutflusses führt zur Erektion. Eine nerval gesteuerte Verlegung der Venae emissariae, die in die tiefen Penisvenen münden, komprimiert diese durch den ansteigenden Druck in den Schwellkörpern. Bei der Fähigkeit des Penis, den Blutzufluß zu verstärken und die Größe zu verändern, dominiert der Parasympathikus lokal und zentral. Über Alpha-adrenerge Rezeptoren, die reichlich im erektilen Gewebe vorhanden sind, wird die Erschlaffung reguliert.

Der Priapismus tritt auf, wenn der Blutzufluß die Abflußmöglichkeiten übersteigt. Zwei grundsätzliche oft vermischte Störungen können vorliegen: eine Störung der Balance der nervalen Reize oder eine mechanische Verlegung des venösen Abflusses. So läßt sich ein nicht-ischämischer „High-flow"-Priapismus vom ischämischen „Low-flow"-Priapismus unterscheiden, ersterer nerval bedingt, letzterer mechanisch mit livider Farbe des Penis, Neigung zur Thrombose und Fibrose und ohne Reaktion auf vasoaktive Substanzen. Er ist zudem schmerzhafter wegen der starken Gewebsischämie, lokalen Hypoxie und steigenden CO_2-Spannung, die Prognose ist schlechter.

Ätiologie

1. Der Begriff idiopathischer oder primärer Priapismus sollte für die wenigen Fälle reserviert bleiben, bei denen eine Ursache nicht gefunden werden kann. Gelegentlich tritt er nach einer extrem verlängerten sexuellen Stimulation auf.

2. Der sekundäre Priapismus:

- Bei Blutkrankheiten wie Leukämien, Sichelzellanämie, Polyzytämie, Thrombozytopenie, Makroglobulinämie. Entscheidend ist eine Erhöhung der Zahl der kursierenden Blutpartikel. Diese Form des Priapismus wird besonders auch bei Säuglingen und Kindern beobachtet.
- Durch Medikamente provoziert: Antihypertensiva und Antidepressiva/Antipsychotika können über eine Störung der neurovegetativen Balance zum Priapismus führen. Meist resultiert die Störung in einer Dominanz des Parasympathikus am erektilen Gewebe. In diese Gruppe gehört auch

der selbst induzierte Priapismus im Rahmen der Autoinjektionsbehandlungen (s. S. 311). Dies ist heute die weitaus häufigste Ursache des Priapismus. Ebenso zu dieser Gruppe zählt man den Alkohol- und Marihuana-induzierten Priapismus.

- Bei zentralen oder peripheren nervalen Läsionen durch z.B. spinale Traumen, lokalisierte Entzündungen, Neoplasien, tuberöse Sklerose, Diabetes, zerebralen Insult, multiple Sklerose kann eine pathologische Tumeszenz hervorgerufen werden.
- Selten bei Infektionskrankheiten wie Mumps-Orchitis, Infiltration des erektilen Gewebes durch einen systemischen Prozeß, Verlegung der Beckenvenenplexus, bei Hämodialyse trotz Heparinisierung, bei der Infusion von Fettemulsionen.

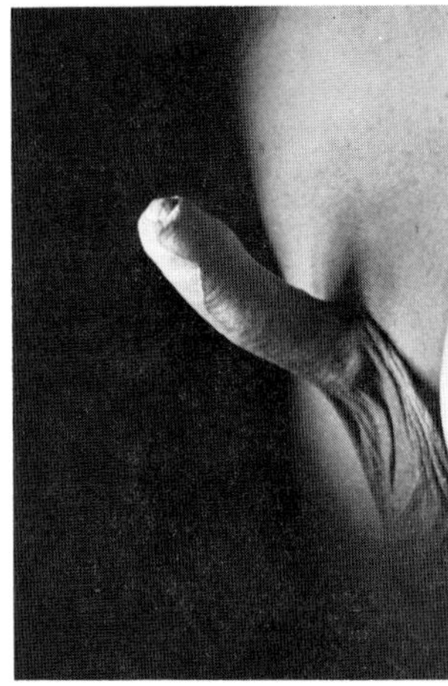

Abb. 15.13 Priapismus (39jähriger Mann).

Diagnose und Differentialdiagnose (Abb. 15.13)

Typisch ist, daß nur die Corpora cavernosa erigiert sind, dagegen Corpus spongiosum urethrae und Glans unbeteiligt bleiben. Die Probleme des Patienten werden häufig durch einen Harnverhalt verstärkt, der durch die schmerzhafte Erektion ausgelöst wird. Verwechslungen mit einem Penisödem, Penishämatom oder einer entzündlichen Erkrankung wie einer Kavernitis sind bei genauer Anamnese, lokaler und allgemeiner Untersuchung sowie der Hilfe laborchemischer Parameter (vor allen Dingen Differentialblutbild und Gerinnungsstatus) kaum möglich. Manche Autoren empfehlen die Bestimmung der intrakavernösen Blutgase im Vergleich mit den arteriellen zur Unterscheidung des nicht-ischämischen vom ischämischen Priapismus. Hilfreich ist auch die Dopplersonographie, besonders zur Beurteilung eines zunehmenden Blutflusses bei erfolgreicher Behandlung.

Therapie

Unbehandelt nimmt die Erektion nach 2—3 Wochen spontan ab. Zurück bleiben unelastische, insgesamt verdickte Corpora cavernosa ohne narbige Bezirke, die sich hierdurch von der Induratio penis plastica unterscheiden. Erektionen sind nicht mehr möglich. Ein Wiederkehren der Erektionsfähigkeit wird in durchschnittlich 50 % beschrieben (20—82 %), wobei jüngere Männer die besseren Chancen haben. Der Zeitfaktor vom Beginn der Erektion bis zum Einsetzen der Behandlung spielt eine Rolle.

Neben der Impotenz gelten die Schwellkörperfibrose und die Penisgangrän (Ischämie und Infektion) als Hauptkomplikationen.

Die Akutmaßnahmen umfassen Analgesie (Morphine), Sedierung (Benzodiazepine), Hydrierung („Blutverdünnung"). Lokale nicht-invasive Maßnahmen können Eisapplikationen auf die Leistenregionen, rektale Lavage und auch Prostatamassage sein. Eine erste invasive Maßnahme ist die Lokalanästhesie der Penisbasis und die Punktion und Aspiration der Schwellkörper. Ist dies ohne Erfolg, folgen die intrakavernösen Injektionen von sympathikomimetischen Substanzen wie Metaraminol (1 ml entsprechend 1 mg in 4 ml Kochsalzlösung) oder besser Norepinephrin 10—15 µg unter strenger Kreislaufkontrolle, wobei der nicht-ischämische „High-flow"-Priapismus, der eine neurogene Desorganisation als auch eine Frühphase darstellen kann, gut anspricht, der ischämische Priapismus aber eher eine aggressivere Therapie erfordert.

Bei Mißerfolg der bisherigen Maßnahmen greift man auf die Shunt-Verfahren zurück. An erster Stelle steht hier der Ebbehoy-Winter-Shunt (Abb. 15.14) als einfache und erfolgreiche Methode, die auch wiederholt wer-

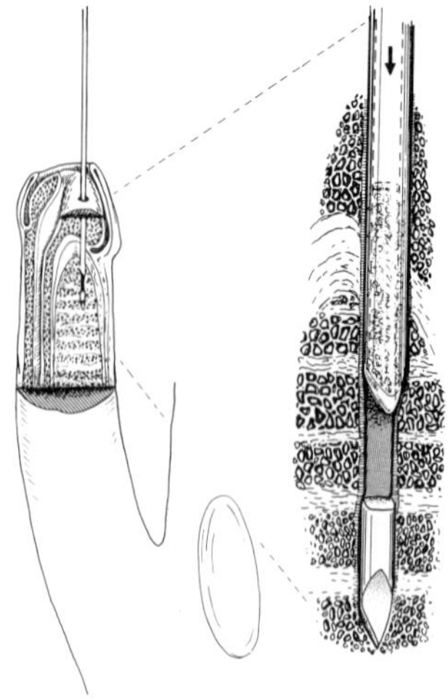

Abb. 15.14 Erstbehandlung des Priapismus durch Punktion der Glans bis in die Corpora cavernosa mit der Travernol®-Nadel. Nach Entfernung des Gewebezylinders besteht eine Kommunikation zwischen den Corpora cavernosa und dem Corpus spongiosum. Das eingedickte Blut der Corpora cavernosa wird abpunktiert, frisches Blut kann über das Corpus spongiosum abfließen.

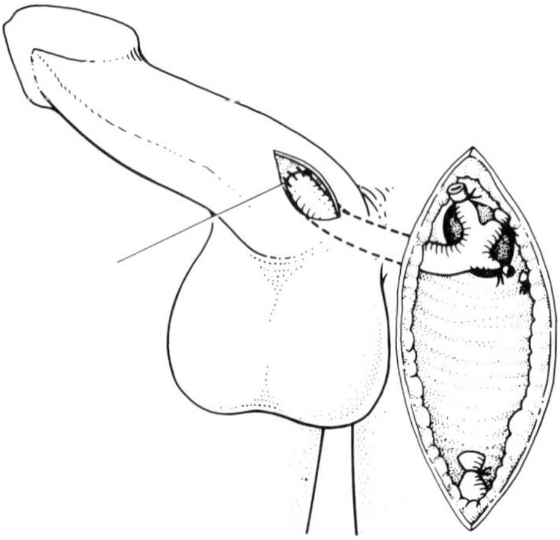

Abb. 15.15 Anastomose zwischen Vena saphena und Corpus cavernosum.

den kann. Falls andere Shunt-Verfahren noch erforderlich werden, stehen folgende Methoden zur Auswahl: Eine Anastomose zwischen Vena saphena magna und korrespondierendem Corpus cavernosum (Abb. 15.15). Auch der Shunt zwischen Corpus cavernosum und spongiosum ist möglich, jedoch mit einer höheren Komplikationsrate behaftet. Bei gut ausgebildeter Vena dorsalis penis läßt sich diese ebenfalls zur Anastomose benutzen.

Weiterführende Literatur

1. Allgemein

Blaifeld, W. u.a.: Schock. Handbuch der Inneren Medizin, Bd. 9, Teil 2. Springer, Berlin 1987

Bundschuh, G.: Lexikon der Immunologie. 1. Aufl. Medical-Service, München 1988

Hohenfellner, R., E.J. Zingg: Urologie in Klinik und Praxis, Bd. 1 u. 2. Thieme, Stuttgart 1982

Kilian, J., K. Meßmer, F.W. Ahnefeld: Schock, Springer, Berlin, 1987

Sigel, A., S. Chlepas, K.M. Schrott: Urologische Eilfälle. DIA 11 (1978) 8

Stewart, Ch.: Geniturinary Emergencies. Emerg. Med. Clin. N. Am. Saunders, Philadelphia, 1988

Weißbach, L., M. Figge: Das akute Skrotum. Notfallmed. 6 (1980) 374

2. Speziell

Corwin, H.L., J.V. Bonventre: Acute renal failure in the intensive care unit. Intensive care Medicine 14 (1988) 10–16 u. 86–96

Grossmann, P.: Hämolytisch-urämisches Syndrom heute. Kinderärztliche Praxis 56 (4) 1988, 163–164

Koban, F., B. Rogner, W. Rose: Nephrologische Notfälle. Z. ges. Inn. Med. 43 (17) 1988, 495–498

Liaño, F. et al.: Easy and early prognosis in acute tubular necrosis: A forward analysis of 228 cases. Nephron 1989 (51), 307–313

Ponticelli, C.: Acute tubular necrosis. Arch Ital Urol Nefrol Androl 61 (1) 1989, 17–21

Smithies M.N., J.S. Cameron: Can we predict outcome in acute renal failure? Nephron 1989 (51), 297–300

16 Praktische Hinweise zur Durchführung der Chemo- und Immuntherapie

T. Otto, H. Rübben

Der Inhalt dieses Kapitels ist vom Gegenstandskatalog nicht ausdrücklich aufgeführt. Nebenwirkungen und Komplikationen der Chemo- und Immuntherapie urologischer Tumoren sind jedoch häufig urologischen Not- bzw. Eilfällen gleichzusetzen, so daß Hinweise zu ihrer Vermeidung und Behandlung hier Eingang gefunden haben.

Mit der Einführung neuer Therapiekonzepte in der systemischen oder topischen Chemo- bzw. Immuntherapie urologischer Tumoren konnten die Ergebnisse der Behandlung vor allem beim Germinalzelltumor entscheidend verbessert werden. Die Indikationsstellung einer solchen Therapie erfordert Kenntnisse der Ansprechraten, der substanzspezifischen Nebenwirkungen und insbesondere der Richtlinien zur Behandlung onkologischer Notfallsituationen.

16.1 Chemotherapie urologischer Tumoren

Relative Kontraindikation einer systemischen Chemotherapie können sein:

- ein reduzierter Allgemeinzustand (WHO-score < 2)
- eine Einschränkung der Knochenmarksreserve
- eine Niereninsuffizienz
- eine Herzinsuffizienz
- eine Einschränkung der Leberfunktion
- eine vorbestehende Lungenfunktionsstörung

Da die Chemotherapeutika zum Teil unterschiedlichen Metabolisations- und Eliminationsmechanismen unterworfen sind, kann dies zu chemotherapiebedingten spezifischen Organfunktionseinschränkungen führen (Tab. 16.1).

Das Ausmaß einer vorbestehenden Organinsuffizienz muß bei der Dosierung von Zytostatika berücksichtigt werden. In der Regel erfolgt die Bestimmung der zu applizierenden Zytostatikamenge anhand von Nomogrammen (Abb. 16.1).

Die Dosierung knochenmarksdepressiver Zytostatika erfolgt in Abhängigkeit der im peripheren Blut gemessenen Leukozyten- und Thrombozytenzahl. Maßgeblich für die Fortführung einer Chemotherapie ist Grad und Dauer der zu erwartenden myelosuppressiven Nebenwirkungen. Zur Abschätzung des Risikos müssen die substanzspezifischen Charakteristika im Hinblick auf die Myelosuppression Beachtung finden.

So findet sich der Zeitpunkt der maximalen Myelosuppression (Nadir) für die Substanz Mitoxantron zwischen dem 6. und 13. Tag nach Applikation. Im Unterschied dazu besteht nach systemischer Gabe von Mitomycin C der Nadir erst nach 28—42 Tagen (Tab. 16.2).

Die Dosierung der jeweils verwandten zytostatischen Substanz muß an die hämatologischen Parameter (Leukozyten- und Thrombozytenzahl) angepaßt werden (Tab. 16.3).

Hinweise zur zytostatischen Therapie mit nephrotoxisch wirksamen Substanzen

Maßgeblich für die Dosierung renal ausgeschiedener Zytostatika ist die glomeruläre Filtrationsrate, die mit Alter, Geschlecht und Gewicht des Patienten korreliert. Da die Bestimmung des Serum-Kreatinin erst bei einer Einschränkung der glomerulären Filtrationsrate von mehr als 50 % erhöht ist, sollte vor Einleitung einer Behandlung mit nephrotoxisch wirksamen Zytostatika (z.B. Cisplatin, Methotrexat, Bleomycin, Etoposid, Cyclophosphamid) die glomeruläre Filtrationsrate gemessen werden. Standardmethode zur Bestimmung des Glomerulumfiltrates ist die In-

Tabelle 16.1 Toxizitäten und relative Kontraindikationen bei in der Uro-Onkologie gebräuchlichen Zytostatika.

Zytostatika	Abkürzung	Toxizität	Relative Kontraindikationen
Doxurubicin	ADM	Myelotoxizität Kardiotoxizität Mukositis	Herzinsuffizienz, Zustand nach Bestrahlung des Mediastinums oder der linken Thoraxapertur (Dosisreduktion!)
Mitoxantron	MITOX.	Myelotoxizität Kardiotoxizität	Knochenmarksinsuffizienz Herzinsuffizienz
Epirubicin	EPI	Myelotoxizität Kardiotoxizität	Knochenmarksinsuffizienz Herzinsuffizienz
Bleomycin	BLEO	Pneumotoxizität Myelotoxizität Nephrotoxizität Dermatotoxizität (selten) Mukositis Kardiotoxizität (selten) Perikarderguß	Pneumopathie, eingeschränkte Lungenfunktion, Zustand nach mediastinaler oder pulmonaler Bestrahlung (Dosisreduktion!), Thrombozytopenie, Lebensalter > 50 Jahre
Mitomycin C	MMC	Myelotoxizität Pneumotoxizität Neurotoxizität	Knochenmarksinsuffizienz, **schwere** Lungeninsuffizienz
Cisplatin	DDP	Myelotoxizität Nephrotoxizität Neurotoxizität Ototoxizität Mukositis	Knochenmarksinsuffizienz, Niereninsuffizienz
Carboplatin	CHIP	Myelotoxizität	Knochenmarksinsuffizienz
5-Fluorouracil	5-FU	Myelotoxizität Neurotoxizität Dermatotoxizität Mukositis Diarrhoe Anorexie	Knochenmarksinsuffizienz
Ifosfamid	IFO	Urotoxizität Nephrotoxizität Myelotoxizität	Knochenmarksinsuffizienz, Niereninsuffizienz, Harnwegsobstruktion, schwere Herzinsuffizienz
Methotrexat	MTX	Myelotoxizität Nephrotoxizität Urotoxizität Neurotoxizität Pneumotoxizität (selten)	Knochenmarksinsuffizienz, Ulcus ventriculi, Ulcus duodeni, Mukositis, Niereninsuffizienz, Leberinsuffizienz
Vinblastin	VBL	Myelotoxizität Neurotoxizität Mukositis Pneumotoxizität Hepatotoxizität	inkompletter Ileus, schwere Neuropathien, Knochenmarksinsuffizienz, schwere Leberinsuffizienz
Vincristin	VCR	Myelotoxizität Neurotoxizität Mukositis Pneumotoxizität Hepatotoxizität	Schwere Neuropathie, Knochenmarksinsuffizienz, inkompletter Ileus

Tabelle 16.1 Fortsetzung

Zytostatika	Abkürzung	Toxizität	Relative Kontraindikationen
Etoposid	EPO	Myelotoxizität Nephrotoxizität Neurotoxizität Dermatotoxizität (selten) Kardiotoxizität (selten)	Herzinsuffizienz, schwere Neuropathie, Knochenmarksinsuffizienz
Estramustin-phosphat	ECYT	Kardiotoxizität Hepatotoxizität	Schwere Herzinsuffizienz, schwere Leberinsuffizienz

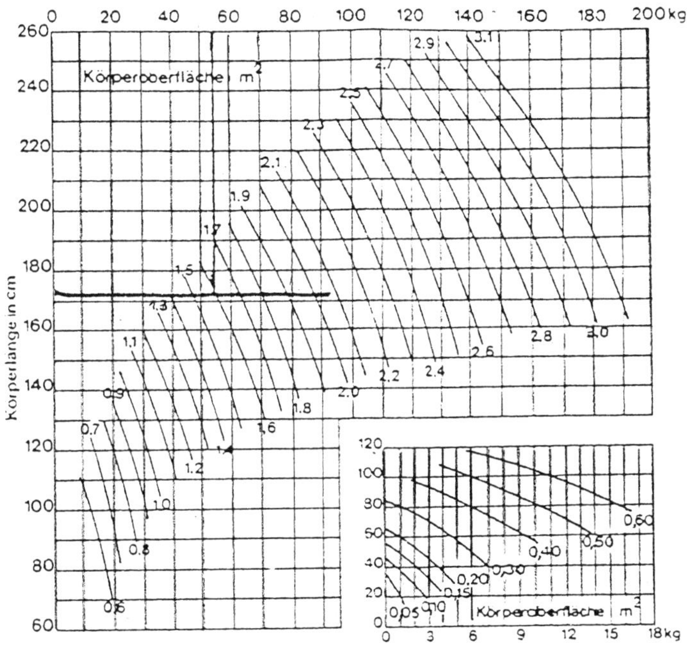

Abb. 16.1
Nomogramm zur Berechnung der Körperoberfläche.

Tabelle 16.2 Zeitliche Differenzen im Auftreten des Nadirs in Korrelation zum jeweils verwandten Zytostatikum.

Substanz	Myelosuppression „Nadir" [Tag]
Vincristin	4– 9
Cisplatin	12–14
Carboplatin	12–14
Doxorubicin	6–13
Epirubicin	6–13
Mitomycin C	28–42
Vinblastin	4–10
Mitoxantron	6–13
Cyclophosphamid	8–14
5-Fluorouracil	9–14
Methotrexat	7–14
Etoposid	16

ulin-, Thiosulfat- oder Chrom-EDTA-Clearence. Beträgt die ermittelte glomeruläre Filtrationsrate mehr als 60 % der Sollgröße, so kann die Dosierung potentiell nephrotoxisch wirksamer Zytostatika in unveränderter, d.h. nicht reduzierter Form erfolgen. Dem gegenüber müssen nephrotoxisch wirksame Chemotherapeutika bei Einschränkung der glomerulären Filtrationsrate auf 10–60 % der Sollgröße reduziert werden (Tab. 16.4).

Um die nephrotoxische Wirkung zu vermindern, ist eine erhöhte intravenöse Flüssigkeitszufuhr vor Einleitung der Therapie sowie unter der Behandlung mit nephrotoxisch wirksamen Zytostatika obligat (Tab. 16.5).

Vor Einleitung einer Chemotherapie mit renal ausgeschiedenen Zytostatika müssen uro-

Tabelle 16.3 Myelotoxisch wirksame Substanzen – Richtlinien zur Dosisreduktion.

Leukozyten/nl **Thrombozyten/nl**	**≧ 3000** **≧ 150000**	**2500– 3000** **100000–150000**	**2000– 2500** **75000–10000**	**< 2000** **< 75000**
Cisplatin Carboplatin Doxorubicin Methotrexat Mitomycin C Vinblastin Etoposid Ifosfamid Cyclophosphamid 5-Fluorouracil Mitoxantron	100% der Solldosis	75% der Solldosis	50% der Solldosis	Verschiebung bis zur Normalisierung

Tabelle 16.4 Dosierungsrichtlinien für Zytostatika bei Einschränkung der glomerulären Filtrationsrate (GFR) auf 10–60% der GFR-Sollgröße.

Substanz	**Dosierung in Prozent der errechneten Gesamtdosis**
Cisplatin	0
Carboplatin	100
Cyclophosphamid	75
Ifosfamid	75
Etoposid	75
Bleomycin	50
Methotrexat	10–50
5-Fluorouracil	100
Doxorubicin	100
Mitomycin C	100
Vinblastin	100
Epirubicin	100

Tabelle 16.5 Infusionsplan bei Verwendung nephrotoxischer Chemotherapeutika.

Substanz	**ml**	**Zeitlicher Ablauf**
NaCl 0,9%	1000	10.00–12.00
Osmofundin	250	12.00–13.00
NaCl 0,9% **+ nephrotox. Zytostatikum**	500	12.30–16.00
Sterofundin	1000	12.30–16.00
NaCl 0,9%	1000	16.00–18.00

dynamisch wirksame Abflußhindernisse beseitigt sein. Patienten mit Harnableitungen (Neoblase, Pouche) erhalten unter der Therapie einen in das Reservoir eingelegten Dauerkatheter, um eine erneute Resorption des Zytostatikums aus dem Urin zu vermeiden.

Hinweise zur Applikation kardiotoxisch wirksamer Substanzen

Das Ausmaß einer vorbestehenden Herzinsuffizienz wird bestimmt durch Anamnese, klinischen Befund, EKG, Rö.-Thorax-Untersuchung in 2 Ebenen und mittels der Echokardiographie. Potentiell kardiotoxisch wirksame Chemotherapeutika sind bei systemischer Anwendung Doxorubicin, Epirubicin, Mitoxantron, Bleomycin und Estramustinphosphat. Eine klinisch manifeste Herzinsuffizienz (NYHA ≧ 3) stellt in der Regel ein Ausschlußkriterium für die Verwendung solcher Substanzen dar (Abb. 16.2).

Hinweise zur Applikation pneumotoxisch wirksamer Chemotherapeutika

Eine pulmonale Fibrose kann verursacht werden durch Substanzen wie Bleomycin, seltener auch durch Cyclophosphamid, Methotrexat oder Mitomycin C. Das Krankheitsbild der pulmonalen Fibrose wurde beobachtet auch unter der kombinierten Anwendung von Vincristin oder Vinblastin mit Mitomycin C. Vor Applikation solcher Zytostatika muß eine Ventilationsstörung ausgeschlossen werden. Beurteilungsgrundlage einer pulmonalen Insuffizienz sind Lungenfunktionsprüfungen

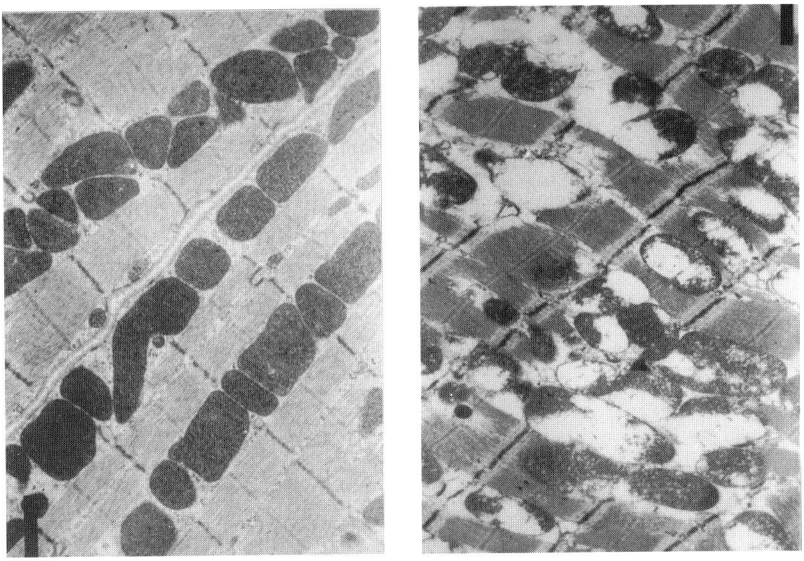

a b

Abb. 16.2 Myokardschädigung nach Zytostatikagabe. a Normales Myokardgewebe. b Nach Gabe von Doxorubicin.

zur Bestimmung der Vitalkapazität und Ein-Sekunden-Ausatmungskapazität (Abb. 16.3).

Hinweise zur Applikation neurotoxisch wirksamer Chemotherapeutika

Periphere Neuropathien äußern sich in Parästhesien und Dysästhesien. Solche Veränderungen werden 3—4 Monate nach Applikation der verursachenden Chemotherapeutika beobachtet. Solche Substanzen können sein: Cisplatin, Etoposid, Methotrexat, Vinblastin und Vincristin. Häufig ist das klinische Bild der peripheren Neuropathie dosiskorreliert. Es besteht eine periphere Neuropathie nach Cisplatin ab einer kumulativen Gesamtdosis von 270 mg/m^2, für Etoposid ab einer Gesamtdosis von 300—400 mg/m^2 (Abb. 16.4).

Ototoxisch wirksame Chemotherapeutika wie Cisplatin können auch nach einmaliger Gabe zum Verlust insbesondere des Hochfrequenzbereiches führen. Zur Vermeidung ototoxischer Komplikationen durch Cisplatin sollte auf die gleichzeitige Gabe von Aminoglykosiden oder Cephalosporinen verzichtet werden.

Akute oder chronische Enzephalopathien werden beobachtet nach hochdosierter Gabe von Methotrexat, 5-Fluorouracil, Ifosfamid, Cisplatin, Vinblastin oder Vincristin. Neurologische Störungen infolge neurotoxisch wirksamer Chemotherapeutika sind nur schwer zu beeinflussen und häufig nicht reversibel.

Hinweise zur Applikation hepatotoxisch wirksamer Chemotherapeutika

Ein erhöhtes Toxizitätsrisiko bei eingeschränkter Leberfunktion besteht für die Chemotherapeutika Vinblastin, Vincristin, Estramustinphosphat und Methotrexat. Zur Abschätzung der Leberfunktion dient die Bestimmung des Serum-Bilirubins sowie der Serum-Transaminasen. Besteht eine Hyperbilirubinämie bis 3 mg/dl oder eine Erhöhung der Serum-Transaminasen um das 2—3fache der Normalwerte, so erfolgt eine Dosisreduktion der hepatobilär ausgeschiedenen Chemotherapeutika auf 50 % der errechneten Solldosis. Eine Reduktion auf 25 % der Solldosis erfolgt bei einer Hyperbilirubinämie $>$ 3 mg/dl oder einer Erhöhung der Serum-Transaminasen auf mehr als das 3fache der Normalwerte. Da insbesondere die Serum-Transaminasen nicht leberspezifisch sind, muß der hepatobiläre Zusammenhang der Enzymerhöhung zunächst

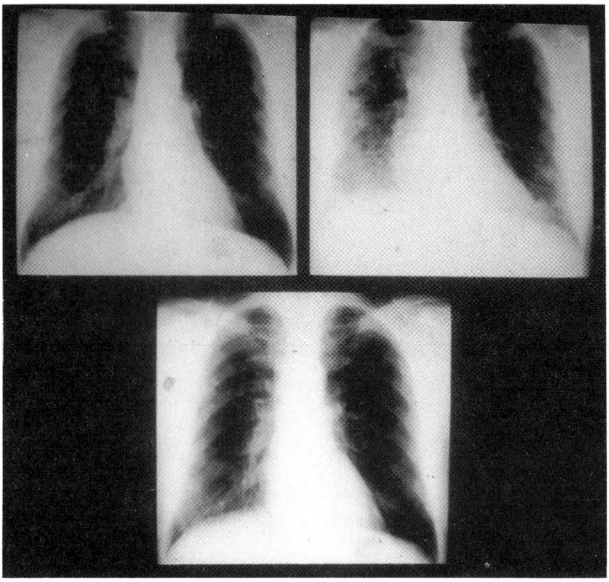

Abb. 16.3 Verlauf einer akuten pulmonalen Fibrose nach Bleomycingabe.

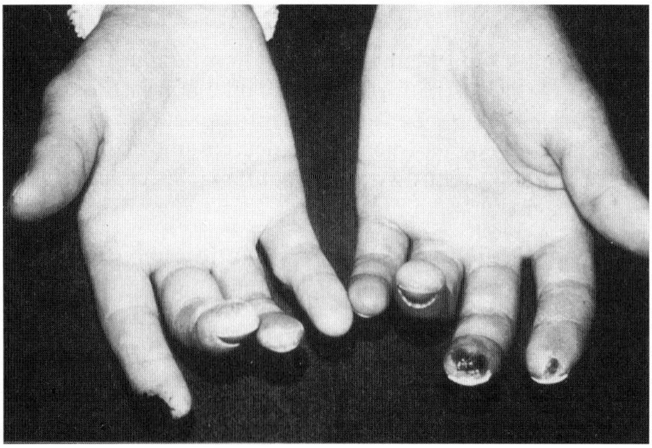

Abb. 16.4 Kombinierte Vaskulitis und Neuropathie nach Vinblastingabe.

geklärt und andere Ursachen ausgeschlossen werden.

Pharmakologische Wechselwirkungen in der Anwendung von Zytostatika

Die Kombination mehrerer Zytostatika oder die Kombination von einem Zytostatikum mit anderen Pharmaka kann zu einer vermehrten Toxizität führen.

Nachgewiesene organspezifische Toxizitätserhöhungen bestehen für die in Tabelle 16.6 dargestellten Zytostatika-Kombinationen.

Bestimmte Pharmaka können in der Kombination mit einem Zytostatikum eine antagonistische Wirkung aufweisen, d.h. die Zytostatika-spezifische Wirkung abschwächen. In Tabelle 16.7 sind antagonistisch wirksame Substanzen aufgeführt.

Chemotherapeutika wie Methotrexat, Ifosfamid und Cyclophosphamid können zu einer Wirkungsverstärkung oraler Antidiabetika, Antikoagulanzien oder Narkotika führen. Dies kann lebensbedrohliche Hypoglykämien,

Tabelle 16.6 Substanzen, die in Kombination zu einer vermehrten Toxizität führen können.

Cisplatin	Vinblastin Adriamycin Furosemid	Nephrotoxizität
	Cephalosporine Aminoglykoside	Ototoxizität Ototoxizität
Adriamycin	Mitoxantron Epirubicin	Kardiotoxizität
Vinblastin/ Vincristin	Mitomycin	Pneumotoxizität
Cyclophos-phamid	Allopurinol Barbiturate Glukokortikoide	Myelotoxizität
5-Fluorouracil	Allopurinol	Myelotoxizität
Methotrexat	Alkohol	Hepatotoxizität

Tabelle 16.7 Antagonistisch wirkende Pharmaka mit Abschwächung der Wirkung des Zytostatikums.

Zytostatikum	**Additivum mit antagonistischer Wirkung**
5-Fluorouracil	Methotrexat
Methotrexat	Bleomycin Penizillin Allopurinol Glukokortikoide
Ifosfamid	Glukokortikoide
Epirubicin	Barbiturate

Tabelle 16.8 Arzneimittelinteraktion von Chemotherapeutika mit Antidiabetika, Antikoagulantien und Narkotika.

Zytostatikum	**Additivum**	**möglicher Effekt**
Methotrexat	Antikoagulantien Antidiabetika	Blutung Hypoglykämie
Ifosfamid	Antidiabetika	Hypoglykämie
Cyclo-phosphamid	Narkotika	Apnoe

Blutungen oder einen Atemstillstand zur Folge haben (Tab. 16.8).

16.1.1 Chemotherapie von Hodentumoren

Nichtseminomatöse Germinalzelltumoren sind ebenso wie Seminome auch in fortgeschrittenen Stadien der Erkrankung durch den Einsatz der Chemotherapie heilbar (s. Kap. 7.7). Eine häufig verwandte Kombinationschemotherapie ist die Gabe von Cisplatin, Etoposid und Bleomycin im Rahmen des sog. PEB-Schemas (Tab. 16.9).

Tabelle 16.9 Gebräuchliche Zytostatika-Kombination in der Behandlung nichtseminomatöser Germinalzelltumoren (PEB Schema).

Substanz	**Dosierung**	**Applikation**
Cisplatin	20 mg/qm	Tag 1–5
Etoposid	100 mg/qm	Tag 1–5
Bleomycin	30 mg/qm	Tag 2, 9, 16

Wdh. nach 21 Tg.

Tabelle 16.10 Polychemotherapie fortgeschrittener Germinalzelltumorstadien bei vorbestehender Lungenfunktionseinschränkung (PEI Schema).

Substanz	**Dosierung**	**Applikation**
Cisplatin	20 mg/qm	Tag 1–5
Etoposid	75 mg/qm	Tag 1–5
Ifosfamid	1200 mg/qm	Tag 1–5

Wdh. nach 21 Tg.

Tabelle 16.11 Polychemotherapie fortgeschrittener Germinalzelltumorstadien bei vorbestehender Niereninsuffizienz (CEB Schema).

Substanz	**Dosierung**	**Applikation**
Carboplatin	350 mg/qm	Tag 1
Etoposid	100 mg/qm	Tag 1–3
Bleomycin	30 mg/qm	Tag 2, 9, 16

Wdh. nach 21 Tg.

Eine Lungenfunktionseinschränkung führt zum Wegfall der Bleomycingabe und Ersatz durch z.B. Ifosfamid (Tab. 16.10).

Eine vorbestehende oder Cisplatin induzierte Niereninsuffizienz muß bei einer Fortführung der Chemotherapie berücksichtigt werden. In der Behandlung fortgeschrittener Germinalzelltumoren kann Cisplatin bei dieser Indikation durch Carboplatin ersetzt werden (Tab. 16.11).

Die Anzahl der vorgesehenen Chemotherapiezyklen erfolgt in Korrelation zum Anspre-

Tabelle 16.12 Intravesikale Anwendung und Dosierung von Chemotherapeutika.

Substanz	Dosierung
Mitomycin C	20–40 mg/20 ml NaCl
Epirubicin	40–60 mg/50 ml NaCl
Doxorubicin	50–80 mg/50 ml NaCl

Anwendungsschema	
Start:	2–4 Wochen nach TUR
Intervall:	4–6 x/wöchentlich → monatlich
Gesamtdauer:	6–12 Monate

chen des Tumors auf die Behandlung. Im Falle eines zeitgerechten Tumormarkerabfalls und fehlenden Hinweisen auf noch vorhandenen Tumor sind in der Regel 2 adjuvante Behandlungszyklen ausreichend. Dies führt zu der einfachen Regel:

Zahl der Zyklen (gesamt) = x + 2
(x = Zahl der Chemotherapiezyklen bis zum Erreichen einer kompletten Remission.)

Sollte eine komplette Remission nicht nach maximal 4 Therapiezyklen erreicht werden, so muß frühzeitig an eine mögliche Umstellung der Therapie gedacht werden. Dies beinhaltet neben operativen Eingriffen, geänderten Konzepten der Chemotherapie, die Möglichkeit einer Bereitstellung autologer Stammzellen ggf. in Kombination mit einer Knochenmarkstransplantation.

16.1.2 Intravesikale Chemotherapie des Harnblasenkarzinoms

Zur topischen Anwendung im Sinne einer Rezidivprophylaxe oberflächlicher Harnblasenkarzinome können die Substanzen Mitomycin C, Epirubicin und Doxorubicin verwandt werden. Die Substanzen sind äquieffektiv und werden aufgrund ihres Molekulargewichtes nicht resorbiert und sind systemisch **nicht** wirksam (Tab. 16.12).

Ein Harnwegsinfekt wird vor Therapie ausgeschlossen. Die intravesikale Verweildauer des Chemotherapeutikums sollte 1–2 Stunden betragen; der Nutzen einer Langzeitbehandlung von mehr als 1 Jahr hat sich als nicht überlegen erwiesen. Die Chemotherapeutika können nach intravesikaler Anwendung allergische Reaktionen, Miktionsbeschwerden, eine Hämaturie oder eine spätere Harnröhrenstriktur hervorrufen. Ca. 10% der Patienten brechen aufgrund lokaler Beschwerden die topische, d.h. intravesikale Behandlung mit Chemotherapeutika ab. Lokale Beschwerden bilden sich in der Regel nach Beendigung der Instillationsbehandlung zurück. In seltenen Fällen ist eine analgetische und spasmolytische Behandlung erforderlich.

Tabelle 16.13 Systemische Chemotherapie des metastasierten Urothelkarzinoms mit Cisplatin und Methotrexat.

Substanz	Dosierung	Applikation
Cisplatin	70 mg/qm	Tag 1
Methotrexat	40 mg/qm	Tag 1, 15

Wdh. nach 28 Tg.

16.1.3 Die systemische Chemotherapie des fortgeschrittenen Harnblasenkarzinoms

Lokale Behandlungsmaßnahmen metastasierter Harnblasenkarzinome sind quoad vitam unzureichend. Dies hat zur Einführung der systemischen Chemotherapie mit methotrexat- und cisplatinhaltigen Kombinationen geführt. Die zu erwartenden Nebenwirkungen der Chemotherapie sind substanzspezifisch, dosisabhängig und nehmen mit der Summe der kombinierten Chemotherapeutika zu. Bei vergleichbarer Effektivität besteht eine relativ geringe Nebenwirkungsrate unter der Zweierkombination von Cisplatin und Methotrexat (Tab. 16.13).

Wesentlich ausgeprägtere Nebenwirkungen (Sepsis, Mukositis, Myelosuppression, Kardiotoxizität) bestehen unter der Polychemotherapie mit 4 verschiedenen Zytostatika, wie z.B. nach dem MVAC-Schema (Tab. 16.14).

Die Kardiotoxizität dieses Behandlungsschemas kann verringert werden durch den Er-

Tabelle 16.14 Polychemotherapie des metastasierten Urothelkarzinoms nach dem MVAC-Schema.

Substanz	Dosierung	Applikation
Methotrexat	30 mg/qm	Tag 1, 15, 22
Vinblastin	3 mg/qm	Tag 2, 15, 22
Doxorubicin	30 mg/qm	Tag 2
Cisplatin	70 mg/qm	Tag 2

Wdh. nach 28 Tg.

satz des Doxorubicins durch Epirubicin (30 mg/m^2, Applikation am Tag 2).

Nach Durchführung von 2 Zyklen erfolgt eine erneute Diagnostik. Im Falle einer kompletten Remission oder einer subjektiven Besserung werden 2 weitere Therapiezyklen angeschlossen; andernfalls erfolgt ein Abbruch der Chemotherapie und die weitere Behandlung mittels supportiver Maßnahmen.

16.1.4 Durchführung der systemischen Chemotherapie beim hormonrefraktären Prostatakarzinom

Die systemische Chemotherapie des Prostatakarzinoms erfolgt unter der Zielsetzung die karzinombedingte Symptomatik und damit die Lebensqualität für den Patienten zu verbessern. Da die Behandlung ohne kurativen Ansatz durchgeführt wird, ist die Kombination mehrerer Chemotherapeutika nicht indiziert. Die Gabe von Anthrazyklinderivaten führt zu einer Besserung der Lebensqualität bei ca. 60 % der so behandelten Patienten. Die Chemotherapie darf in der Therapie dieser Tumorentität keine Nebenwirkungen bedingen (Tab. 16.15).

Die Therapie erfolgt in 8–28tägigen Abständen; die Fortdauer der Behandlung wird von der subjektiven Ansprechrate abhängig gemacht. Die für Zytostatika spezifische kumulative Gesamtdosis darf im Rahmen dieses palliativen Behandlungskonzeptes nicht überschritten werden.

Tabelle 16.16 Systemische Chemotherapie des metastasierten Peniskarzinoms.

Substanz	Dosierung	Tag
Cisplatin	70 mg/m^2	1
Methotrexat	40 mg/m^2	8, 15
Bleomycin	30 mg	15
Leucoverin	2 x 12 mg	9, 16

16.1.5 Chemotherapie des metastasierten Peniskarzinoms

Ein gesicherter kurativer Effekt einer Chemotherapie des fortgeschrittenen Peniskarzinoms liegt nicht vor. Ansprecharten wurden beobachtet unter der kombinierten Anwendung von Cisplatin, Methotrexat und Bleomycin. Ein Einfluß auf die Überlebensrate dieser Patienten konnte bislang nicht nachgewiesen werden; aus diesem Grunde sollte diese Therapie ausschließlich im Rahmen prospektiver Untersuchungen geprüft werden (Tab. 16.16).

Tabelle 16.15 Gebräuchliche systemisch applizierte Chemotherapeutika in der Behandlung des symptomatischen, hormonrefraktären Prostatakarzinoms.

Substanz	Dosierung mg/m^2	Intervall	kumulative max. Gesamtdosis
Mitoxantron	14	alle 21 Tage	160 mg/m^2
Epirubicin	30	alle 8 Tage	850 mg/m^2
Mitomycin C	8	alle 28 Tage	

16.2 Immuntherapie urologischer Tumoren

Ziel der Immuntherapie ist eine Stimulation des Immunsystems, die zur Erkennung und Elimation von Tumorzellen führen soll. Dies kann erreicht werden durch eine aktive unspezifische Immuntherapie oder im Rahmen der Zytokintherapie durch zelluläre, nicht antikörpervermittelte Immunreaktionen (s. Tab. 16.17).

16.2.1 Immuntherapie des oberflächlichen Harnblasenkarzinoms

Die intravesikale Immuntherapie mit BCG ist eine aktive, unspezifische Behandlung und senkt die Rezidivhäufigkeit im Vergleich zur alleinigen transurethralen Tumorresektion. Im Vergleich zur topischen Chemotherapie finden sich häufiger therapiebedürftige Nebenwirkungen. So besteht in 43 % der Fälle eine BCG-induzierte Zystitis, in 10 % eine Orchidoepididymitis, in 8 % Fieber über 38 ° C sowie in 8 % ausgeprägte Hautreaktionen. Die Therapie BCG-induzierter zystitischer Beschwerden erfolgt mit Isoniazid (300 mg/die). Bei systemischen Beschwerden wie anhaltendem Fieber über 38 ° C wird eine Monotherapie mit Isoniazid (300 mg über 6 Monate) empfohlen. Bei unzureichendem Ansprechen wird eine klassische tuberkulostatische Dreiertherapie mit den Substanzen Isoniazid (300 mg/die), Rifampicin (600 mg/die) und Ethambutol (1.200 mg/die) durchgeführt. Im Falle einer sehr seltenen BCG-Sepsis empfiehlt sich aufgrund des rascheren Wirkungseintrittes die Gabe von Cycloserin (250–500 mg, 2 x täglich oral für die Dauer von insgesamt 3 Tagen). Diese Substanz muß über die Auslandsapotheke bezogen werden.

Die intravesikale BCG-Immuntherapie wird durchgeführt mit BCG der Stämme Connaught und Tice (Tab. 16.18).

Die Behandlung des Harnblasenkarzinoms mit Interferonen, Interleukin-2 oder TNF befindet sich zur Zeit in der klinischen Prüfung; Hinweise zur Applikation und zur Ansprechrate sind aus diesem Grunde z.Zt. nicht sinnvoll bzw. möglich.

16.2.2 Immuntherapie des metastasierten Nierenzellkarzinoms

Aufgrund enttäuschender Ergebnisse einer Strahlen- oder Chemotherapie des Nierenzellkarzinoms wurden große Erwartungen in klinische Phase I- und II-Studien zur adoptiven Immuntherapie oder aktiven, unspezifischen Immuntherapie mit Interferon oder Interleukin gesetzt. Im Rahmen von Phase-I-Studien hat sich die subkutane Verabreichung der Immunmodulatoren gegenüber der intravenösen Applikationsform als überlegen erwiesen, da signifikant weniger Nebenwirkungen auftreten. Da bislang ein Einfluß der Immuntherapie auf das Überleben von Patienten mit metastasierten Nierenzellkarzinomen nicht nachgewiesen werden konnte, bleibt diese Behandlungsform ausschließlich klinischen Studien vorbehalten (Tab. 16.19).

Bei Auftreten von Nebenwirkungen (WHO-Grad ≧ 3) erfolgt eine Dosisreduktion, in der Regel auf 50 % der Solldosis. Im Falle schwerwiegender Nebenwirkungen oder fehlendem Ansprechen (stable disease, Progression) erfolgt der Abbruch der Immuntherapie und eine Fortführung der Behandlung mit rein supportiven Maßnahmen.

Die Behandlung mit den o.g. Zytokinen kann zu schweren systemischen Nebenwirkungen wie Fieber, generalisierter Ödembildung sowie diversen Organfunktionseinschränkungen (Herz, Leber, Lunge, Hirn, Knochenmark, Schilddrüse) führen. Die Vielzahl möglicher Nebenwirkungen erfordert eine engmaschige Kontrolle der Patienten. Ein häufiges Begleitsymptom einer Zytokintherapie ist Fieber unter der Behandlung. Hier ist eine Therapie mit Metamizol oder Paracetamol indiziert. Acetylsalicylsäure ist kontraindiziert aufgrund einer möglichen verstärkten Thrombozytopathie.

Tabelle 16.17 Übersicht über Zytokine.

Zytokin/Abkürzung	Herkunft	Hauptwirkungen	Nebenwirkungen
Interferone			
Interferon-Alpha IFN-Alpha	mononukleäre Leukozyten	zytotoxisch, immunmodulierend, myelosuppressiv	akut: Allg. NW wie Fieber, Schüttelfrost, grippeähnliche Beschwerden, Myalgien, Kopfschmerz chronisch: Anorexie, Abgeschlagenheit
Interferon-Beta IFN-Beta	Fibroblasten, T-Lymphozyten	s.u. IFN-Alpha	
Interferon-Gamma IFN-Gamma	T-Lymphozyten	s.u. IFN-Alpha	
Interleukine			
Interleukin 1 IL 1 (Alpha und Beta)	Makrophagen	immunmodulierend; Induktion einer Zytokinsekretion (IL2, IL6, IFN, TNF)	Fieber, Schüttelfrost, grippeähnliche Beschwerden, Capillary-leak-Syndrom, Organfunktionsstörungen, Abgeschlagenheit, Arthralgien, lokale Reaktionen, gastrointestinale Symptome, Kopfschmerzen
Interleukin 2 IL2	aktivierte T-Zellen	Aktivierung und Proliferation von T-Zellen, NK-Zellen und LAK-Zellen	
Koloniestimulierende Faktoren (CSFs)			
Granulozyten-Makrophagen-CSF GM-CSF	T-Zellen, Stromazellen, Fibroblasten	Proliferation und Differenzierung von Granulozyten und Monozyten	Fieber, Schüttelfrost, grippeähnliche Beschwerden, Capillary-leak-Syndrom, Organfunktionsstörungen, Abgeschlagenheit, Athralgien, lokale Reaktionen, gastrointestinale Symptome, Kopfschmerzen, Knochenschmerzen
Granulozyten-CSF G-CSF	T-Zellen, Stromazellen, Fibroblasten	Proliferation und Differenzierung von Granulozyten	
Makrophagen-CSF M-CSF	T-Zellen, Stromazellen, Fibroblasten	Proliferation und Differenzierung von Monozyten	
Tumornekrosefaktoren			
Tumornekrosefaktor-Alpha/TNF Alpha	Makrophagen	hämorrhagische Tumornekrose, Synergismus mit IFNs, Stimulation von Zytokinen, Prostaglandinen, Hormonen	Fieber, Schüttelfrost, grippeähnliche Beschwerden, Schock, gastrointestinale Symptome, Hepatopathie
Tumornekrosefaktor-Beta/TNF Beta	T- und B-Zellen	s. unter TNF Alpha	

Tabelle 16.18 Dosierung und Applikationshinweise in der BCG-Immuntherapie oberflächlicher Harnblasenkarzinome.

BCG-Stamm	Dosierung	Gesamtdauer
Connaught	120 mg/50 ml NaCl	6 x wöchentlich → monatlich / x6
Tice	50 mg/10 ml NaCl	6 x wöchentlich → monatlich / x6

Tabelle 16.19 Immuntherapie des metastasierten Nierenzellkarzinoms im Rahmen klinischer Phase I/II. Dargestellt sind gebräuchliche Zytokindosierungen.

Substanz	Dosierung pro Woche	Applikation	
IFNγ	200 μg	s.c.	1 x/Woche
IFNα	12–30 x 10^6 IU	s.c.	5 x/Woche/2x tgl.
IL-2	36–72 x 10^6 IU	s.c.	5 x/Woche/2x tgl.
IFN α + IL-2	12 x 10^6 IU + 72 x 10^6 IU	s.c.	5 x/Woche/2x tgl.
oder	30 x 10^6 IU + 36 x 10^6 IU	s.c.	5 x/Woche/2x tgl.

16.3 Supportive Maßnahmen und Behandlung uroonkologischer Notfälle

Ziel supportiver Maßnahmen ist die Verbesserung der Lebensqualität und die Behandlung bzw. Vermeidung von Nebenwirkungen. Diese Maßnahmen beinhalten

- eine medikamentöse Schmerztherapie
- die Therapie von Fieber ungeklärter Ursache bei Neutropenie
- die Substitution von Blut- und Blutprodukten

16.3.1 Tumorschmerz

Voraussetzung zur Durchführung einer Schmerztherapie ist die Kenntnis über Lokalisation, Intensität und Qualität des Schmerzes. Darüber hinaus muß die bisherige Schmerzmedikation geprüft werden, bevor ein Konzept zur analgetischen Therapie erstellt werden kann.

Bewährt hat sich in diesem Zusammenhang ein Stufenplan in der analgetischen Behandlung. Im Falle einer unzureichenden Wirkung ist umgehend, d.h. nach 1 bis 2 Tagen, die nächste Behandlungsstufe einzuleiten (Tab. 16.20).

Bei Knochenschmerzen hat sich die Kombination eines zentral wirksamen Analgetikums mit dem Prostaglandinsynthesehemmer Ibuprofen bewährt. Ibuprofen hat im Vergleich zu anderen nicht steroidalen Antirheumatika die geringsten Nebenwirkungen bei gutem analgetischen Effekt.

Neben Prostaglandinsynthesehemmern werden Antidepressiva in der Schmerztherapie eingesetzt. Die meisten Erfahrungen liegen für trizyklische Antidepressiva vor. Zu ihnen gehören: Amitriptylin, Nortriptylin, Imipramin, Clomipramin und Desipramin. Neben der antidepressiven Wirksamkeit weisen die Substanzen sedierende, anticholinerge, anthistaminerge und chinidinähnliche Wirkungen auf. Die analgetische Dosierung solcher Antidepressiva liegt niedriger als in der antidepressiven Behandlung aus psychiatrischer Indikation. Die Substanzen werden oral verabreicht in einer Dosierung von 10—75 mg/die. Ein Wirkungseintritt durch trizyklische Antidepressiva wird nach 3—7 Tagen beobachtet. Nebenwirkungen nichtsteroidaler Antirheumatika können Ulzera im Bereich des Magen-

Tabelle 16.20 Dreistufenplan in der analgetischen Behandlung urologischer Tumoren.

Stufe I		Stufe II		Stufe III	
Acetylsalicylsäure	500–1000 mg/4 h	Kodein	60 mg/4 h	Buprenorphin	0,4–1,0 mg/6 h
Paracetamol	500–1000 mg/4 h	Dextropropoxyphen	150 mg/4 h	Morphinsulfat	10–300 mg/8 h
Metamizol	500–1000 mg/4 h	Tramadol	bis 100 mg/4 h		
Ibuprofen	bis 800 mg/8 h	Tilidin + Naloxon	20–40 mg/4 h		
Diclofenac	bis 600 mg/6 h				

Tabelle 16.21 Antiemetika unter der Anwendung schwach emetogener Chemotherapeutika.

Generic	Handelsname	Dosierung
Metoclopramid	Paspertin®	10–30 mg/die i.v.
Dimenhydrinat	Vomex A®	10–30 ml/die i.v.
Triflupromazin	Psyquil®	10–30 mg/die i.v.

Tabelle 16.22 Antiemetika unter der Anwendung stark emetogener Chemotherapeutika.

Generic	Handelsname	Dosierung
Ondansetron	Zofran®	8–32 mg/die i.v.

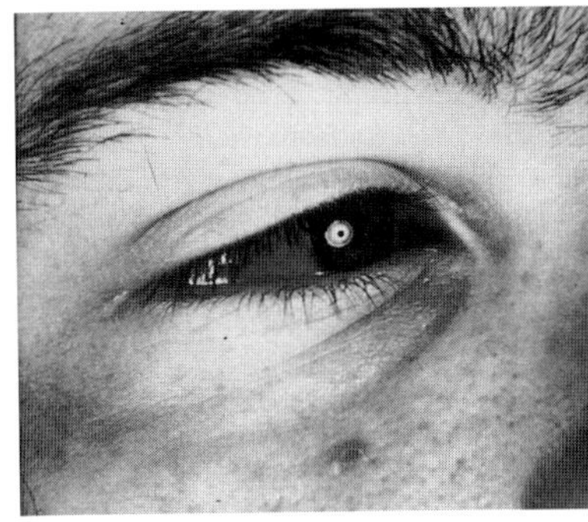

Abb. 16.5 Konjunktivale Unterblutung (Hypophagma) nach zytostatikainduziertem Erbrechen.

Darmtraktes, gastrointestinale Blutungen, ein akutes Nierenversagen sowie Blutbildveränderungen sein. Morphinhaltige Präparate können in den ersten 3 Tagen der Behandlung zu Übelkeit und Müdigkeit führen. Diese Nebenwirkungen sind jedoch ohne weitere Begleitmedikation rückläufig. Ein persistierendes Problem unter Morphintherapie stellt die spastisch bedingte Obstipation dar. Deshalb sollte die Morphintherapie grundsätzlich mit einer Laxantientherapie kombiniert werden (z.B. Lactulose, Dosierung individuell nach Stuhlbeschaffenheit).

16.3.2 ANE-Syndrom (Anorexie/Nausea/Emesis)

Übelkeit und Erbrechen schränken die Lebensqualität deutlich ein (Abb. 16.5). Ziel einer antiemetischen Behandlung ist sowohl das akute Erbrechen, die anhaltende sowie verzögerte Emesis und das durch Konditionierung entstandene, sog. antizipatorische Erbrechen zu verhindern. Werden Chemotherapeutika eingesetzt, die eine geringe emetogene Potenz aufweisen (Bleomycin, Etoposid, Vinblastin, Mitoxantron, Epirubicin), so reicht in der Regel eine antiemetische Therapie mit Metoclopramid, Dimenhydrinat oder Triflupromazin aus (Tab. 16.21).

Stark emetogen wirksame Chemotherapeutika wie Cisplatin sprechen auf diese Therapie nur unzureichend an. Hier hat sich die Behandlung mit 5 HT3-Rezeptorantagonisten wie Ondansetron als überlegen erwiesen (Tab. 16.22).

Das Antiemetikum sollte 20—30 Minuten vor geplanter Verabreichung des Zytostatikums appliziert werden. Falls erforderlich, kann die antiemetische Therapie fortgeführt werden mit der oralen Gabe von 3 x 8 mg Ondansetron Kapseln.

16.3.3 Knochenmarksdepression

Die chronische Anämie infolge einer Tumorerkrankung stellt per se keine zwingende Indikation zur Transfusion dar. Indiziert ist diese, falls der Patient kardiopulmonal eingeschränkt ist, eine Dyspnoe oder Tachykardie besteht. In Bezug auf die Transfusionsrichtlinien nach *Disseroth* und *Wallerstein* ist die Transfusion bei einem Hämoglobin < 6—7 g/dl erforderlich.

Die Leukozyten im peripheren Blut sind bei Tumorpatienten häufig erniedrigt. Dies kann zum einen durch eine eingeschränkte Knochenmarksreserve infolge ossär metastasierter Tumoren bedingt sein, zum anderen führen zahlreiche Chemotherapeutika zur Myelosuppression. Insbesondere ist die Granulozytopenie korreliert mit dem Auftreten schwerer infektiöser Komplikationen (*Pizzo* 1984). Durch den Einsatz hämatopoetischer Wachstumsfaktoren kann der Erneuerungsprozeß von Blutzellen beeinflußt werden. Ein solcher

Tabelle 16.23 Therapie bei unklarem Fieber (1. Phase).

Schema	alternativ
Piperacillin + Aminoglykosid	1. Cephalosporin der 3. Generation

Tabelle 16.24 Maßnahmen bei paravenöser Zytostatikainjektion.

1. Zugang **nicht** entfernen
2. Flüssigkeit aspirieren
3. Infiltration des Paravasates mit 20 ml NaCl 0,9% + 5.000 I.E. Heparin
4. Aufschwemmung des Paravasates mit 20 ml NaCl 0,9% + Hyaluronidase 1.000 I.E.
5. Salbenverband
   + Hochlagerung des Armes
   + Eisumschlag

Faktor ist der Granulozytenkoloniestimulierende Faktor G-CSF.

Die routinemäßige G-CSF-Gabe in der supportiven Behandlung urologischer Tumoren ist nur selten indiziert. Eine solche Indikation ist Fieber bei Granulozytopenie sowie eine Granulozytopenie ($> 1.000/\mu l$) bei geplanter Fortführung der Chemotherapie mit myelotoxischen Substanzen. G-CSF wird subkutan appliziert in einer Dosierung von 5 μg/kg KG. Seltene Komplikationen der G-CSF-Gabe sind Knochenschmerzen und grippeähnliche Symptome.

Eine Thrombozytopenie von $< 100.000/mm^3$ führt zu einer verlängerten Blutungszeit. Eine schwerwiegende Nebenwirkung der Thrombozytopenie ist die Hirnblutung. Das Risiko einer intrakraniellen Blutung steigt signifikant bei einer Thrombozytopenie von weniger als $10.000/mm^3$ an. Da die Thrombozytentransfusion zur Antikörperbildung führt, muß die Indikation zur Thrombozytentransfusion klar definiert werden. Im Rahmen einer Chemotherapie sollten Thrombozyten transfundiert werden, falls eine Thrombozytopenie $< 20.000/mm^3$ vorliegt. Ansonsten ist die Thrombozytentransfusion indiziert bei thrombozytopenisch bedingten Blutungen oder bei geplanten operativen Eingriffen bei Thrombozytenwerten unter $50.000/mm^3$.

16.3.4 Fieber ungeklärter Ursache unter Chemotherapie

Der Symptomkomplex ist definiert als einmalige Temperaturerhöhung von 38,5° C oder höher oder eine Temperatur von 38 °C über 12 Stunden in Kombination mit einer Neutropenie. Die umgehend eingeleitete Diagnostik beinhaltet die Anlage von jeweils 3 Blutkulturen auf Bakterien und Pilze sowie die Suche nach infizierten Fremdkörpern, wie z.B. zentralen Venenkathetern.

Die umgehend eingeleitete Behandlung beinhaltet die Entfernung verdächtiger Fremdkörper, sowie bei Granulozytenwerten $< 500/cm^3$ die Gabe von G-CSF; in Kombination mit einer antibiotischen Kombinationsbehandlung. Die Gabe der Antibiotika erfolgt intravenös; empfohlen wird nach den Richtlinien der Paul Ehrlich Gesellschaft initial folgendes Behandlungsschema (Tab. 16.23).

Bei Nichtansprechen auf die Behandlung folgt entsprechend des Resistogramms eine Umstellung der Therapie oder Ergänzung der Zweierkombination um Vancomycin. Systemisch angewandte Antimykotika sind Amphotericin B und 5-Fluorocytosin. Ist der Patient nach 3 Tg. fieberfrei, wird die Therapie für mindestens weitere 4 Tage fortgeführt.

16.4 Vorgehen bei paravenöser Injektion von Zytostatika

Nach paravenöser Injektion kommt es zu ausgeprägten Gewebsreaktionen mit begleitender Rötung, Schwellung, Schmerzen und späterer Entwicklung von Nekrosen. Treten am Ort der Injektion Schmerzen oder eine Rötung auf, so besteht der dringende Verdacht auf eine Paravasation. Die weitere Injektion des Zytostatikums muß **sofort** beendet werden. Die Kanüle darf **nicht** entfernt werden, da über den Zugang möglichst viel Flüssigkeit aspiriert wird (Abb. 16.6, Tab. 16.24).

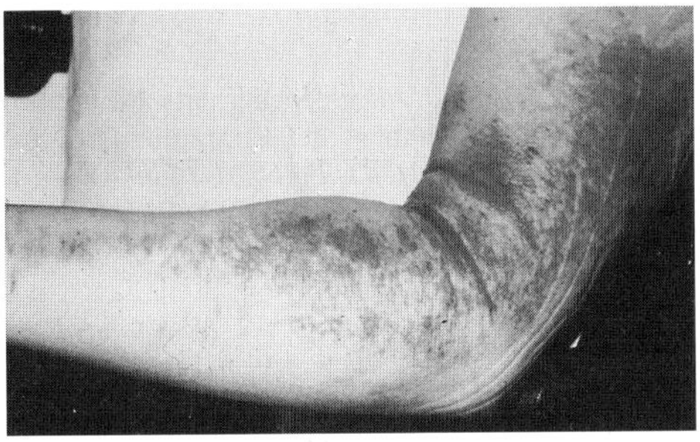

Abb. 16.6 Zustand nach paravenöser Cisplatin-Injektion.

Tabelle 16.25 Substanzspezifische Maßnahmen bei Zytostatikaparavasation.

Substanz	Infiltration des Paravasates
Cisplatin	1 ml Ascorbinsäure 50 mg/ml
Epirubicin	Hydrokortison 50 mg/ml Paravasat
Mitomycin C	20 ml $NaHCO_2$ (8,4 %) → Hydrokortison (100 mg)
Methotrexat	Folsäure (3 mg/5 ml)
Cyclophosphamid	Natriumthiosulfat (2,9 %)
Doxorubicin	Natriumbikarbonat (8,4 %) → DMSO → Propanolol-HCl intradermal

Abweichend von diesen Richtlinien erfolgt bei Extravasation von Cisplatin, Epirubicin, Mitomycin, Methotrexat und Cyclophosphamid die Infiltration des Paravasates mit anderen Substanzen (Tab. 16.25).

16.5 Zubereitung und Entsorgung von Zytostatika

Da die meisten Zytostatika potentiell mutagen und damit karzinogen sowie teratogen sind, müssen Vorsichtsmaßnahmen bei der Zubereitung der applikationsfertigen Substanzen im Hinblick auf das Personal getroffen werden. Zu den Schutzvorrichtungen gehören: das Tragen von Handschuhen, Mundschutz und Schutzbrille. Die Zubereitung der Lösung wird unter Beachtung der genannten Schutzmaßnahmen an einer Werkbank mit vertikaler Flow der Sicherheitsstufe 2 vorgenommen. Eine gefahrlose und kostengünstigere Möglichkeit der Zubereitung erfolgt im Rahmen von Krankenhausapotheken durch den kooperierenden Apotheker.

Für den Fall der Entsorgung, bzw. chemischen Inaktivierung wurden Richtlinien erstellt (Tab. 16.26).

Tabelle 16.26 Möglichkeiten der Inaktivierung von Zytostatika (modifiziert nach *Schmoll* et al. 1987).

Substanz	Inaktivierungsmethode	
Methotrexat	1 N NaOH-Lösung → Hitzeinaktivierung 1 h/121 °C	
Doxorubicin	Chlorbleichlauge 10 %ig	
Epirubicin	Inaktivierung des Chemotherapeutikums wird durch Farbumschlag angezeigt	
Cisplatin	Verdünnte Salzsäure + Aluminium	alternativ: 900 °C
Cyclophosphamid	0.2 N methanolische Kalilauge, 1 h	alternativ: 700 °C
Mitomycin	Zugabe von Säure pH = 1	
Etoposid	1.000 °C	
Bleomycin	Verdünnung → Ätznatron (1 g/100 ml), 5 h → Neutralisieren	alternativ: 900 °C
Estramustinphosphat	5–10 % methanolische Natronlauge, 24 h	alternativ: 1.000 °C

Weiterführende Literatur

Deisseroth, A., R. Wallerstein: Use of blood and blood products. In: *De Vita, V.T. jr., S. Hellmann, S.A. Rosenberg* (Hrsg.): Cancer Principles and Practice of Oncology, 3rd ed. J.B. Lippincott, Philadelphia 1989, S. 2045–2059

Otto, T., A. Bex: Immuntherapie in der Urologie. Urol [B] 30 (1991) 172–179

Otto, T., H. Rübben: Blasentumoren. In: *Hautmann, R., K. Kleinschmidt* (Hrsg.): Therapie urologischer Erkrankungen. Enke, Stuttgart 1992, S. 123–133

Peters, H.-D., H.-J. Illiger: Sicherheitsbestimmungen und Maßnahmen bei Kontamination. In: *Schmoll, H.-J., H.-D. Peters, U. Fink* (Hrsg.): Kompendium internistische Onkologie. Springer, Heidelberg 1987, S. 138–140

Pizzo, P.A., J. Meyers: Infections in the cancer patient. In: *De Vita, V.T. jr., S. Hellmann, S.A. Rosenberg* (Hrsg.): Cancer Principles and Practice of Oncology, 3rd ed. J.B. Lippincott, Philadelphia 1989, S. 2088–2133

Sachregister

C

F

G

I

N

O

P

Q

R

T